D1754858

Quellen und Forschungen zur Geschichte und Landeskunde des Kantons Basel-Landschaft, Band 81

ANNA C. FRIDRICH

... DAS EINEM DAS GUTHE ZU FLIESSEN SOLLE WIE DASS BÖSSE

Laufen – eine Kleinstadt in der
Frühen Neuzeit

2002 VERLAG
des Kantons Basel-Landschaft

Kommission «Quellen und Forschungen»:
lic. phil. Doris Huggel, Pfeffingen, Präsidentin
lic. phil. Barbara Alder, Basel
Thomas Kamber, Therwil
lic. phil. Barbara Müller-Heyes, Oberwil
lic. phil. Regula Nebiker Toebak, Liestal
Dr. phil. Karl Martin Tanner, Seltisberg
Max Zoller, Schönenbuch

Redaktion:
lic. phil. Barbara Alder, Basel
lic. phil. Dominik Wunderlin, Basel

Die vorliegende Arbeit wurde am 11. April 2002 von der Philosophisch-Historischen Fakultät der Universität Basel auf Antrag von Frau Prof. Dr. Claudia Opitz und von Herrn Prof. Dr. Heiko Haumann als Dissertation angenommen.

Diese Arbeit ist als ein Projekt der *Forschungsstelle Baselbieter Geschichte* angenommen worden.

Grafische Gestaltung: Roland Grieder, notabene, Basel
Satz und Druck: Offsetdruck Grauwiller Partner AG, Liestal
Bindearbeiten: Grollimund AG, Reinach

LOTTERIEFONDS BASEL-LANDSCHAFT Diese Publikation wurde mit Mitteln aus dem Lotteriefonds ermöglicht.

© Copyright VERLAG 2002
des Kantons Basel-Landschaft

ISSN 0480-9971
ISBN 3-85673-274-8

INHALT

Vorwort	11
Einleitung	13
Fragestellung und Forschungsstand	14
Quellenlage: «Fliegende Blätter»	26
Archives de l'ancien Evêché de Bâle (AAEB)	27
Stadtburgarchiv Laufen	29
Rahmenbedingungen des städtischen Lebens	33
Zur Entstehung der Stadt Laufen	33
Laufen – Zentralität mit Einschränkungen	39
Das Hochstift Basel, ein geistliches Fürstentum in der Frühen Neuzeit	45
Zum Verhältnis von Obrigkeit und Untertanen	49
Widerstand gegen die erstarkende bischöfliche Herrschaft	52
Die Herrschaftskrise der Troublen und das Ende des Fürstbistums	56
Erster Teil: Demografische und sozioökonomische Strukturen	
1. Zur Bevölkerungsentwicklung der Stadt Laufen	63
Quellen zur demografischen und sozialen Struktur Laufens	65
1586	66
1630	67
1698	69
1709	70
1722/23	72
1745	74
1753	77
1770/71	77
1786	79
Ergebnisse	79
Der bürgerrechtliche Status der städtischen Bevölkerung als Hinweis auf Wanderungsbewegungen	85
Ökonomischer Kontext	91
2. Wirtschaft und Gesellschaft	95
Der Haushalt als ökonomische Einheit	97
Haushaltsgrösse in Laufen	101

Handwerk und Landwirtschaft	105
Die Administrativzählung von 1723	106
Das Spektrum des Laufner Handwerks	107
Zur Bedeutung der Landwirtschaft	111
Zur Berufsstruktur um 1800	118
Frauenerwerbsarbeit in der Stadt	121
Laufen – eine Ackerbürgerstadt	126
Dreizelgenwirtschaft	129

3. Städtisches Handwerk – Zünfte auf dem Land — 133

Zur Entstehung der Laufner Zünfte	136
Charakteristika der Laufner Zunftgründungen	142
Zeitpunkt der Zunftgründungen	144
Zunftordnungen: Ziele der zünftischen Politik	146
Handwerksausbildung	146
Wanderschaft	150
Regulierung des Nachwuchses	152
Aufnahme in die Meisterschaft	153
Betriebsgrösse und Konkurrenzverbot	154
Zunftzwang	156
Innerzünftische Organisation	159
Innerzünftische Konkurrenz zwischen städtischen und ländlichen Handwerkern	164
Konflikte um Handel, Marktrecht und Zunftzwang	168
Die Forderung der Laufner Krämer nach freiem Handel	171
Gegen fremde Produzenten	176
Frauenarbeit im Handwerk	178
Rückblick: Landzünfte im 18. Jahrhundert	179

4. Landjuden in den Vogteien Zwingen, Birseck und Pfeffingen — 183

Zur Entdeckung der Landjuden durch die Forschung	184
Beginn und Dauer jüdischen Lebens in Birseck, Pfeffingen und Zwingen	187
Zur Lage und Grösse der jüdischen Wohnorte	193
Alltag und Erwerbsmöglichkeiten	195
Die Vertreibung von 1694	199
Nach der Vertreibung	205

INHALT 7

Zweiter Teil: Die Stadt als kommunales Gebilde

5. Kommunale Organisation einer Kleinstadt — 213
Quellen zur kommunalen Organisation Laufens — 223

6. Städtische Rechte – Städtische Herrschaft: Der Vertrag von 1532 — 227

7. Die Meier von Laufen — 241
Die Inhaber des Meieramtes — 243
    Die Wahl der Meier — 243
    Zur sozialen und geografischen Herkunft der Meier — 248
    Alter beim Antritt des Meieramtes, Amtsdauer — 253
Auswertung der Bestallungen — 254
    Die Bestallungen des 17. Jahrhunderts — 257
    Die Bestallungen des 18. Jahrhunderts — 259
Das Meieramt: herrschaftlich oder kommunal? — 268

8. Gemeindeversammlung, Geschworene und städtischer Rat — 275
Gemeindeversammlung und Geschworene — 276
Bürgermeister und Rat — 278
    Wahl des Bürgermeisters — 282
    Funktionen des Rates — 285
    Zur Beziehung zwischen Landvogt,
    Stadtmeier und Laufner Räten: Symbolische Hinweise — 288
Konflikte zwischen Rat und Bürgerschaft — 290

9. Konfikte um die Amtsauffassung im kommunalen Bereich: Zur Biografie von Stadtmeier Nikolaus Kern, 1744–1777 — 295
Herkunft, Heirat, Kinder, Patenschaften — 297
Gesundheit und Krankheit — 301
Einkommen — 302
Wahl zum Meier — 305
Das Aufbrechen des Konflikts — 306
Das Gerücht von 1748 — 308
    Der Konflikt nimmt seinen Lauf — 310
Achtung und Hierarchie — 315
Verwandtschaft und Vetternwirtschaft — 316
Kommunikation im Spannungsfeld
obrigkeitlicher Anforderungen und kommunaler Handlungsspielräume — 321

Schlussbetrachtungen   325
Sozioökonomische Strukturen   326
Kommunale Organisation   329

Anhang

Biografische Daten der Laufner Meier   339

Masse und Gewichte, Münzen   343

Bibliografie   344
Abkürzungen   344
Gedruckte Quellen   345
Ungedruckte Quellen   345
Hilfsmittel   349
Literatur   349

Abbildungsnachweis   376

Verzeichnis der Tabellen

Tabelle 1:
Die Bevölkerung von Stadt und Vorstadt Laufen, 1586–1786   81

Tabelle 2:
Überblick über die Bevölkerungsentwicklung der Vogtei Zwingen   83

Tabelle 3:
Haushaltsgrössen in Laufen, 1698 und 1771   102

Tabelle 4:
Erwerbsstruktur in Laufen, 1723   107

Tabelle 5:
Handwerkerhaushalte in Laufen, 1630, 1698, 1723, 1753, 1771, 1797   108

Tabelle 6:
Verteilung des Rindviehbesitzes auf die Haushalte, 1630   111

Tabelle 7:
Acker- und Mattlandbesitz in Laufen, 1698   114

Tabelle 8:
Verteilung des Viehbesitzes auf die Haushalte, 1753   116

Tabelle 9:
Zusammenfassung der Artikel 1–4 des Vertrags von 1532   233

Tabelle 10:
Die Inhaber des Stadtmeieramtes in Laufen, zirka 1500–1792   244

Verzeichnis der Karten

Karte 1: Vogtei Zwingen	37
Karte 2: Ämter Laufen und Zwingen, 1532	235

VORWORT

An dieser Stelle möchte ich all jenen danken, die mich beim Entstehen dieses Buches unterstützt haben. Zuerst geht mein Dank an Claudia Opitz, die diese Arbeit als Dissertation am Historischen Seminar der Universität Basel betreut hat. Sie hat den Entstehungsprozess aufmerksam, umsichtig und geduldig begleitet und mich stets zum Weitermachen ermutigt. Heiko Haumann danke ich für die Übernahme des Korreferates und für sein spontanes Interesse an meiner Untersuchung.

Die vorliegende Arbeit entstand im Auftrag der Forschungsstelle Baselbieter Geschichte in Liestal. Die offene, kreative und vielfältige Atmosphäre, die in diesem ausseruniversitären Forschungsprojekt herrschte, hat viel zum Gelingen meiner Arbeit beigetragen. Ein besonderer Dank gebührt Albert Schnyder, der mein Projekt seit 1995 betreut hat und dem ich zahlreiche Anregungen verdanke. Dass ich meine Dissertation parallel zur Arbeit an der neuen Kantonsgeschichte «Nah dran, weit weg. Geschichte des Kantons Basel-Landschaft» zu Ende führen konnte, verdanke ich meinen Kollegen Albert Schnyder, Ruedi Epple und Daniel Hagmann. Danken möchte ich auch Martin Leuenberger, Dorothee Rippmann und der Aufsichtskommission, namentlich René Salathé und Dominik Wunderlin.

Für das Bereitstellen unzähliger gefüllter Archivschachteln, die historisches Arbeiten erst ermöglichen, danke ich den Mitarbeiterinnen und Mitarbeitern der Archives de l'ancien Evêché de Bâle, des Staatsarchivs des Kantons Basel-Landschaft und Herrn Erwin Richterich vom Stadtburgerarchiv Laufen. Er öffnete mir viele Male die Tür zum Archiv und liess mich ungestört forschen, bis er abends wieder abschloss. Danke für das Vertrauen.

Dem Lotteriefonds Basel-Landschaft, der Einwohnergemeinde Laufen, der Jubiläumsstiftung der Basellandschaftlichen Kantonalbank, der Christine Bonjour-Stiftung in Basel, der Emil und Rosa Richterich-Beck-Stiftung in Laufen sowie der Stadtburgergemeinde Laufen danke ich für die Finanzierung der Drucklegung. Die Redaktion des Buches besorgten Barbara Alder und Dominik Wunderlin; Bernhard Knab übernahm das Korrektorat, Roland Grieder die grafische Gestaltung; Max Zoller begleitete die Produktion, wofür ihnen herzlich gedankt sei.

Maja I. Siegrist, Marina Amiet und Andrea Binternagel lenkten meine Konzentration immer wieder vom frühneuzeitlichen Laufen weg in die Gegenwart. Ihnen und meinen Tanzkolleginnen ist es zu verdanken, dass ich mit beiden Beinen auf dem Boden blieb – im übertragenen Sinn natürlich.

Ohne die Unterstützung und Hilfe von Freundinnen und Berufskolleginnen hätte ich diese Arbeit nicht schreiben können. Danken möchte ich besonders Simona Slanička, Carlien Hirzel-Strasky, Dorothea A. Christ, die unermüdlich Texte vom ersten Entwurf an las, kritisierte und Erreichtes hervorstrich sowie

Ursula Bausenhart, mit der ich in den letzten anderthalb Schreib-Jahren die Freuden und Leiden einer entstehenden Dissertation teilte. Olivia Hochstrasser, Mireille Othenin-Girard und Hans Berner haben mir mit zahlreichen Hinweisen geholfen. Danke auch an Simone Berger Battegay, Barbara Heldstab Brodmann, Ruth Haener, Sabine Schmitt und Franziska Trefzer.

Dank gebührt nicht zuletzt meiner Familie: meinen Eltern, Elizabeth und Raimund Fridrich, die mir selbstverständlich das Studium ermöglicht haben, meinen Geschwistern, Raimund Fridrich und Katrin Fridrich, sowie Roland Grieder.

Basel, im Juli 2002

EINLEITUNG

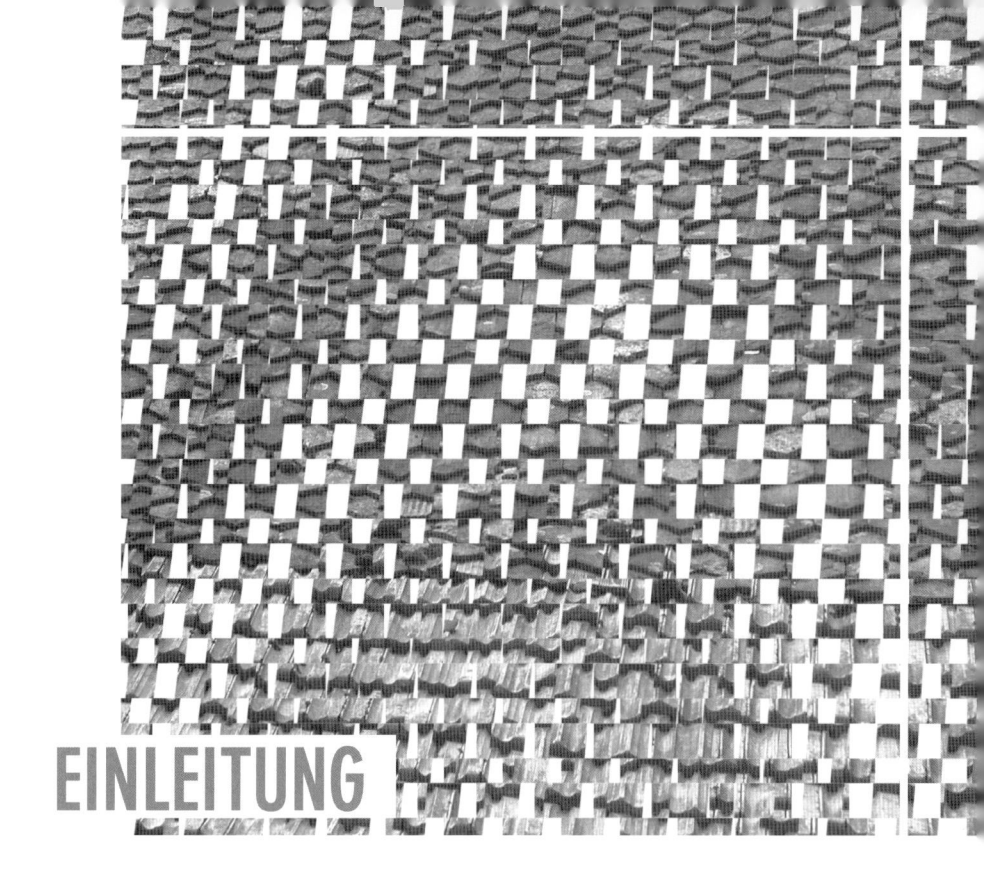

« ... das einem das Guthe zu fliessen solle wie dass Bösse» – mit diesem Argument begründeten die Laufner Bürger 1791 ihre Beschwerde gegen die städtischen Ratsherren.[1] Sie drückten damit ihre Vorstellung von Gerechtigkeit in der Verteilung von Nutzen und Lasten aus und forderten eine ausreichende Vertretung der Bürgerschaft im Rat. Die vorliegende Arbeit beschäftigt sich mit Konflikten vor dem Hintergrund sozioökonomischer und herrschaftlicher Veränderungen in einer landesherrlichen Stadt. Die Kleinstadt Laufen liegt im Fürstbistum Basel, dem Territorium eines geistlichen Reichsfürsten. Im Zentrum des Interesses steht der alltägliche Umgang mit Herrschaft jenseits von spektakulären Aktionen und Unruhen.

Laufen, 1295 vom Bischof zur Stadt erhoben, war seit 1461 Teil der Vogtei Zwingen, zu der neun weitere Dorfgemeinden[2] gehörten. Die Vogteien stellten die untersten Verwaltungseinheiten des fürstbischöflichen Staates dar. Laufen bildete

---

[1] AAEB, B 234/15, 2.1.1791, S. 10. Vgl. Kap. 8.
[2] Die neun Gemeinden: Blauen, Brislach, Dittingen, Laufen Vorstadt, Liesberg, Nenzlingen, Röschenz, Wahlen und Zwingen. Als zehnte Gemeinde hatte bis 1527 Bärschwil zur Vogtei Zwingen gehört.

ein kirchliches und wirtschaftliches Zentrum für die ländlichen Gemeinden der Vogtei, nicht jedoch ein herrschaftliches, da der Landvogt als Amtmann des Bischofs in Zwingen residierte. Laufen besass nur beschränkte Autonomie und geringes Entwicklungspotential. Die landesherrliche Stadt verfügte über kommunale Strukturen, an deren Spitze der Meier stand. Ausserdem war die Stadt Mittelpunkt eines Gerichtskreises. Laufen war zwar die grösste Gemeinde der Vogtei, sie blieb aber verglichen mit anderen, zur selben Zeit gegründeten Städten klein und in ihren politischen wie ökonomischen Entfaltungsmöglichkeiten gehemmt.

Trotz der kleinräumigen Strukturen und der minimalen Privilegierung lässt sich anhand der Quellen das Bild einer frühneuzeitlichen[3] Stadt zeichnen, in der laufend um die Herrschaftsverhältnisse gerungen wurde. Die komplexe herrschaftliche Verschränkung innerhalb der Stadt und zwischen der Stadt und der Obrigkeit, ihre lokale und regionale Verortung, führte immer wieder zu Konflikten und erzwang deren Lösung. Mein Augenmerk richtet sich in diesem Spannungsfeld weniger auf den fürstlichen Zentralstaat oder die intermediäre Ebene der Vogtei[4] als auf die Herrschaftsverhältnisse in der Stadt selbst. Am Beispiel Laufens möchte ich untersuchen, ob sich Herrschaftskonflikte allein zwischen dem sich formierenden frühneuzeitlichen Territorialstaat und seinen Untertanen oder auch innerhalb der städtischen kommunalen Institutionen abspielten. Dabei stellt sich die Frage, ob der städtischen Selbstverwaltung – trotz der Ansprüche des fürstbischöflichen Staates – Spielräume blieben und inwiefern diese durch das Ausbleiben beziehungsweise das Aufbrechen von Konflikten innerhalb der kommunalen Institutionen oder der städtischen Gesellschaft beeinflusst wurden.

Fragestellung und Forschungsstand

Stadtgeschichtsforschung ist ein traditionsreiches, klassisches Thema der historischen Forschung.[5] Besonders gilt dies für den Raum von der Poebene bis zum

---

3   Zur Epochenbezeichnung, vgl. Bödecker/Hinrichs 1991; Vierhaus 1992; zur Entstehung von Epoche und Begriff, vgl. Mieck 1997. Schorn-Schütte (1999, S. 8) hinterfragt die Auswirkungen der modernisierungstheoretischen Blickrichtung in der Frühneuzeitforschung, die dazu geführt habe, dass die historische Zeitspanne «Frühe Neuzeit» auf die Vorgeschichte der «eigentlichen» Moderne reduziert und zur «Vormoderne» wurde. Sie plädiert, meines Erachtens zurecht, für die Diskussion der epochenprägenden, epochenspezifischen Charakteristika der Frühen Neuzeit.
4   Diesen Bereich, den Hohkamp (1998) als «Aussenposten» von Herrschaft bezeichnet, untersucht sie am Beispiel der vorderösterreichischen Obervogtei Triberg.
5   Zur deutschen Stadtgeschichtsforschung seit 1820, vgl. den kurzen Überblick von Reulecke 1989, S. 21–27. Zum Forschungsstand in der mittelalterlichen Stadtgeschichte, vgl. Isenmann 1988; zur frühneuzeitlichen Stadt Gerteis 1986; Schilling 1993. Einen Überblick über die europäische Stadtgeschichtsforschung gibt Mayrhofer (Hg.) 1993. Literaturberichte zur Stadtgeschichte, vgl. Borst 1991; Ehbrecht 1987, 1992, 1996; Schröder/Stoob 1986, 1996. Die stadtgeschichtliche Bibliografie von Rodger 1996 berücksichtigt schwerpunkt-

Ärmelkanal, den Stadthistoriker gerne als *urban belt* bezeichnen.[6] Ich konzentriere mich im Folgenden auf die neuere Historiografie zu Städten im Reich und in der Eidgenossenschaft, weil ich mich mit einem Städtetyp beschäftige, den es im übrigen Europa nicht gab. Landesherrliche Städte sind Städte, die im hohen und späten Mittelalter oder in der Frühen Neuzeit aufgrund territorial- oder landesherrlicher Initiative entstanden beziehungsweise privilegiert worden sind.[7] Hier übte der Territorialherr Einfluss, ja Herrschaft über die Stadt aus, wobei sowohl die Zugriffsmöglichkeiten des Landesfürsten, als auch der Spielraum städtischer Autonomie ausserordentlich variieren konnten. Landesherrliche Städte sind nicht von vorne herein kleine Städte; die kleinen Städte waren jedoch in besonderem Masse Instrumente landesherrlicher Politik. Während Kleinstädte ein europäisches Phänomen sind, kommen landesherrliche ausschliesslich im Reich vor.[8]

Die scharfe Trennung zwischen Reichs- und Land- oder Territorialstädten war erst die Folge der frühmodernen Staatenbildung. Der klare verfassungsrechtliche Status der Reichsstädte mit ihrer Stellung auf dem Reichstag habe sich – so Schilling – erst zwischen dem späten 15. Jahrhundert und 1648 herausgebildet. Die Autonomie sei keinesfalls auf die Reichs- und die freien Städte beschränkt gewesen. Die «Nicht-Reichsstädte» umfassen grob drei Gruppen: Städte ohne oder mit einer eingeschränkten Autonomie; eine breite Mittelgruppe mit erheblicher Selbstbestimmung und schliesslich faktisch autonome Stadtrepubliken, die Schilling als «Semi-Reichs-» oder Autonomiestädte bezeichnet. Zu Beginn der Neuzeit sei Autonomie oder zumindest eine Teilautonomie der Normalfall gewesen. Zwischen 1500 und 1650 wurden sämtliche «Nicht-Reichsstädte» auf den Status untergeordneter Territorialstädte festgelegt. Eine wichtige Zäsur in dieser Entwicklung bildete das Gesetzeswerk von 1555: Es billigte den Reichsstädten eine staatsrechtliche Sonderstellung zu, die «Nicht-Reichsstädte» hingegen unterstellte es ohne Unterschied in Religionsfragen ihrem Landesherrn. Damit war die Dichotomie von Reichs- und Territorialstädten reichsrechtlich festgeschrieben.[9]

---

mässig Grossbritannien und die USA und ist deshalb für die Geschichte des Reichs wenig ergiebig.
6 Blickle 2000, Bd. 2, S. 71f. kritisiert, dass «urban» nur wirtschaftlich verstanden werde.
7 Treffeisen/Andermann (Hg.) 1994, Vorwort, S. 9; vgl. auch Johanek 1994.
8 Johanek 1994, S. 10f. Gerteis 1986 und Schilling 1993 verwenden den Begriff der landesherrlichen Stadt nicht, sondern sprechen von Land- und Territorialstädten. Eine Kontroverse um die Begrifflichkeit gibt es meines Wissens jedoch nicht. Auch in der Schweiz wird, wenn man die Angaben im entstehenden Historischen Lexikon der Schweiz als Konsens des Forschungsstandes zugrunde legen möchte, von Landstädten gesprochen. Der in der schweizerischen Historiografie oft synonym verwendete Begriff der Munizipalstadt geht auf die Helvetische Verfassung zurück, die Landstädte zu Munizipalstädten aufwertete, HLS, Art. Landstädte. Zur rechtlichen Unterscheidung von Reichsstädten und dem Territorialstaat untergeordneten Landstädten in der Frühen Neuzeit, vgl. Schilling 1993, S. 39–41.
9 Schilling 1993, S. 39–41.

Obwohl kleine landesherrliche Städte im Reich sehr viel zahlreicher waren als die einstigen freien und Reichsstädte, sind die landläufigen Vorstellungen von stadtbürgerlicher Freiheit, von kommunaler Selbstverwaltung sowie von städtischem Handel und Gewerbe in früheren Jahrhunderten im Wesentlichen geprägt von den Verhältnissen in den grossen und reichsunmittelbaren Städten. Das breite Spektrum der kleinen und kleinsten Städte spielt im Bild von der Stadt und ihrem Bürgertum kaum eine Rolle. Umso wichtiger ist es, dass sich die Forschung, auch wenn sie noch am Anfang steht,[10] zunehmend mit kleinen Städten beschäftigt.[11]

Die Stadtgeschichtsforschung widmete sich zunächst vor allem den mittelalterlichen Städten.[12] Dies erstaunt nicht weiter, denn die Gründung von Städten setzte im 12. Jahrhundert ein, erreichte um 1250 ihren Höhepunkt und war im 14. Jahrhundert im Wesentlichen abgeschlossen.[13] Das besondere Interesse für mittelalterliche Städte begründet sich auch durch deren Blüte: Das Spätmittelalter war die Zeit der grössten politischen und wirtschaftlichen Selbständigkeit des Stadtbürgertums.[14] Mit der städtischen Freiheit und mit der Emanzipationsbewegung der Stadt von ihrem Stadtherrn konnten sich bürgerliche Historiker im 19. Jahrhundert identifizieren.[15] Geprägt war die Forschung der bürgerlich-liberalen Wissenschaftler – oft waren sie keine Fachhistoriker, sondern Rechtswissenschaftler, Nationalökonomen, Geografen und Soziologen – durch gegenwartspolitische Interessen und durch die Dominanz der Rechts- und Verfassungsgeschichte. Gegen letztere konnten sich wirtschafts- und sozialgeschichtliche Fragestellun-

---

10 Dies gilt insbesondere für die Kleinstadt in der Frühen Neuzeit und zwar nicht nur in Deutschland, sondern auch im europäischen Vergleich, vgl. Clark (Ed.) 1995, Preface, p. XVII, Clark, Introduction, p. 3f.; Cowan 1998, p. VII; Gräf 1997; Gräf (Hg.) 1997. Dass Kleinstädte erst allmählich auf grösseres Interesse der Forschung stossen, überrascht insofern, als die Bedeutung derselben in unterschiedlichem Zusammenhang immer wieder betont wurde. Ihre Führungsrolle im Bauernaufstand von 1525 streichen beispielsweise Berner (1994, S.75) und Landolt (1996, S.240ff.) hervor, wobei Landolt einschränkend darauf hinweist, dass die Quellen sich auf die Vorgänge in der Stadt Liestal konzentrieren, während jene in den Ämtern kaum Erwähnung finden. Ebenfalls eine wichtige Rolle spielten Bürger aus Landstädten in der Helvetischen Revolution, vgl. Böning 1985 sowie zu den Aargauer Städten Meyer/Müller 1997, S.291f.
11 Johanek 1994, S.11ff. Zur Grösse frühneuzeitlicher Städte und zu Veränderungen in der «Städterangliste», vgl. Schilling 1993, S.4ff. und 20ff.
12 Einen handbuchartigen Überblick über den Forschungsstand zur deutschen Stadt im Spätmittelalter bietet Isenmann 1988.
13 Johanek 1994, S.17; Isenmann 1988, S.26f.; vgl. auch Gerteis 1986, S.5ff.
14 Isenmann 1988, S.12.
15 Hoffmann 1997, S.21, vgl. dazu auch Reulecke 1989, S.22f.; Schilling 1993, S.52. Identifiziert haben sich die Wissenschaftler im späten 19. Jahrhundert auch mit den städtischen Beamten des 15. Jahrhunderts: In ihnen sahen sie – manche von ihnen waren selbst Beamte – Vorläufer und Geistesverwandte, und zogen Entwicklungslinien von der mittelalterlichen Bürgerstadt zum preussischen Beamtenstaat des 19. Jahrhunderts. Als Beispiele nennt Groebner (2000, S.97) Gustav Schmoller und Georg von Below.

gen[16] sowie die stadttypologischen Ansätze, wie sie Max Weber und Werner Sombart an der Wende zum 20. Jahrhundert entwickelten, nicht durchsetzen.[17] Eine historiografische Neuorientierung und thematische Verbreitung der Stadtgeschichtsforschung erfolgte erst nach dem Zweiten Weltkrieg.[18]

Die Rezeption des 1932 vom Geografen Walter Christaller entwickelten Begriffs «zentraler Ort»[19] in der Stadtgeschichtsforschung führte nach dem Zweiten Weltkrieg dazu, dass die Stadt nicht mehr isoliert, sondern in ihrem gesellschaftlichen Umfeld betrachtet wurde; die Umlandbeziehungen waren begrifflich mitgedacht.[20] Durch diese Perspektive entfernte sich der Fokus von der Stadt im Rechtssinn und richtete sich auf die funktionale Bedeutung von Städten im politischen, rechtlichen, verfassungsgeschichtlichen, sozialen, wirtschaftlichen, kirchlichen und kulturellen Sinn.[21] Vielfach knüpfte die historische Forschung nach dem Zweiten Weltkrieg an Vorläufer an: Erinnert sei an die Frage nach der Definition von Städten oder an sozial- und wirtschaftsgeschichtliche Fragestellungen. Das Interesse an diesen Themen, die bereits von der Jüngeren Schule der Nationalökonomie bearbeitet worden waren, war erlahmt und wurde erst in den 1960er Jahren wieder aufgenommen.[22] Auch Überlegungen zum Wesen und zur Definition der Stadt lösten sich von der Betonung (verfassungs-)rechtlicher Aspekte; zur Anwendung kamen nun Kriterienbündel, die ökonomische, soziale und kulturelle Faktoren mitberücksichtigten.[23] Neben dem überwiegenden Interesse an den grossen freien und Reichsstädten lenkten Heinz Stoobs[24] Studien zur Stadtentstehung

---

16 Vertreter dieser Richtung waren Karl Bücher, Karl Lamprecht, Henri Pirenne und Werner Sombart, Schilling 1993, S. 52. Reulecke (1989, S. 25) nennt auch Georg von Below, der die konstitutive Bedeutung des Marktes für die Stadtentstehung betont habe.
17 Reulecke 1989, S. 24 f. Isenmann (1988, S. 19–25) fasst die Überlegungen Sombarts, Schmollers und Webers zur Frage «Was ist eine Stadt?» kurz zusammen.
18 Zu den Auswirkungen dieser Entwicklung für die Erforschung der frühneuzeitlichen Stadt, vgl. Schilling 1993, S. 53 ff.
19 Zu Christallers Überlegungen, vgl. Meynen (Hg.) 1979, Einführung, S. VII ff.; Mitterauer 1980a.
20 Mitterauer 1980a, S. 27. Den Stand der schweizerischen Stadt-Umland-Forschung referieren (zum Mittelalter) Gilomen 1998, (zur Frühen Neuzeit) Körner 1998.
21 Vgl. die Tagungsberichte von Maschke/Sydow (Hg.) 1974; Meynen (Hg.) 1979, Schulze (Hg.) 1985; ausserdem Mitterauer 1980.
22 Maschke/Sydow (Hg.), Einführung 1967, S. VII; vgl. auch Maschke/Sydow (Hg.) 1972, Vorwort, S. VII: Der Arbeitskreis für südwestdeutsche Stadtgeschichtsforschung veranstaltete zwischen 1964 und 1969 drei Tagungen zur Ober-, Unter- und Mittelschicht in den Städten, vgl. die Tagungsbände Maschke/Sydow (Hg.) 1967 (Unterschicht) und 1972 (Mittelschicht), der erste Band zur Oberschicht liegt offenbar nur hektografiert vor und war mir nicht zugänglich. Die Erforschung der sozialen Schichtung, die Maschke/Sydow 1967 als dringendes historisches Anliegen bezeichneten, hat nichts an Relevanz eingebüsst, vgl. z. B. Groebner 1993.
23 Reulecke 1989, S. 27.
24 Flachenecker/Kiessling (Hg.) 1999, Einführung, S. 6, sprechen Stoob das Verdienst zu, der Kleinstadtforschung zum Durchbruch verholfen zu haben.

– in der zweiten Phase der Städtegründungen ab zirka 1250 bis 1300 entstanden überwiegend Kleinstädte[25] – und seine methodischen Überlegungen zu den «Minderstädten»[26] den Blick auch auf kleine Städte.[27] Früher schon hatte Hektor Ammann mittelalterliche Kleinstädte erforscht. Bereits 1928 sprach er von einer «Städtelandschaft»,[28] eine Perspektive, die heute nicht zuletzt in Bezug auf kleine spätmittelalterliche und frühneuzeitliche Städte verfolgt wird.[29] In der Schweiz beschäftigte sich Martina Stercken im Zusammenhang mit dem entstehenden Historischen Städteatlas[30] systematisch mit mittelalterlichen Kleinstädten.[31]

Für die frühneuzeitliche Stadt war die Fokussierung der mittelalterlichen Blütezeit fatal.[32] Sofern die Stadt nach 1500 überhaupt Beachtung fand, bot sie ein düsteres Bild des Niedergangs – der Städtefreiheit, der städtischen Wirtschaft, des Bürgergeistes und selbst der städtischen Kultur. Als Verursacher identifizierten die bürgerlich-liberalen Historiker den frühmodernen Staat, der die städtische Autonomie und den bürgerlichen Handlungsspielraum beschnitten habe.[33]

Für die auf die Entstehung moderner Staatlichkeit konzentrierte Forschung vermittelten die Städte im Vergleich zu den Territorialstaaten einen stagnierenden Eindruck. Die Wirtschaft der Städte erschien unfähig, traditionelle, seit dem Mittelalter bestehende Bahnen zu verlassen. Die Bevölkerungszahlen nahmen häufig nur geringfügig zu. In den Territorialstädten äusserte sich der politische Verfall im Verlust der Selbständigkeit zugunsten der entstehenden staatlichen Bürokratien, in den Reichsstädten in den sich häufenden Klagen über Misswirtschaft und Nepotismus der Räte, die sich zur Obrigkeit entwickelt hatten.[34]

Das negative Bild der frühneuzeitlichen Stadt blieb nicht auf die Forschung des 19. Jahrhunderts beschränkt. Noch nach dem Zweiten Weltkrieg sprachen Autoren wie Carl Haase und Heinz Stoob, die in der Zahl der neugegründeten

---

25 Isenmann 1988, S. 26f.; Gerteis 1986, S. 6.
26 Stoob 1959. Vgl. auch Ennen 1987.
27 Gerteis 1986, S. 5ff.; Flachenecker/Kiessling (Hg.) 1999, Einführung, S. 6f.
28 Ammann 1928. Zur Bedeutung Hektor Ammanns, vgl. Kellenbenz 1965; Simon 1995.
29 Flachenecker/Kiessling (Hg.) 1999; Hoffmann 1997.
30 Historischer Städteatlas der Schweiz 1997. Die Initiative für einen Historischen Städteatlas ist von Prof. André Corboz am Lehrstuhl für Stadtbaugeschichte der ETH-Zürich ausgegangen, vgl. dazu ebd., Vorwort, S. 1.
31 Stercken 1991, 1994/95, 1995. Ein Indiz für das neu auflebende Interesse an der Stadtgeschichtsforschung in der Schweiz stellt die Gründung eines Arbeitskreises für Stadtgeschichte (ohne Epocheneinschränkung) im Jahr 1995 dar, vgl. «La Suisse comme ville», Itinera 22, 1999, S. 5.
32 Es kann deshalb nicht überraschen, dass die städtische Frühneuzeitforschung, obwohl sie seit den 1960er Jahren insbesondere für die grossen Reichsstädte Fortschritte gemacht hat, im Vergleich mit der mittelalterlichen Stadtgeschichtsforschung noch am Anfang steht. Gerteis' Aussage von 1986 (S. 12) halte ich auch heute noch für richtig.
33 Schilling 1993, S. 51f.
34 Gerteis 1986, S. 2.

Städte einen Massstab für die Bedeutung der Städte in einer Epoche sahen, für die Frühe Neuzeit von einem «Städtetal» (Stoob).[35] Vor allem die Entstehung des Territorialstaates, die Veränderungen des Kriegswesens durch die mauerbrechenden Schusswaffen und die Söldnerheere sowie die Verwüstungen des Dreissigjährigen Krieges seien – so Stoob – verantwortlich für den Rückgang der Bedeutung von Städten im gesamten gesellschaftlichen, politischen und wirtschaftlichen Leben. In der Frühen Neuzeit kamen zu den bestehenden Städten nur wenige neugegründete hinzu, diese allerdings zu ganz spezifischen, für die staatliche Entwicklung der beginnenden Neuzeit charakteristischen Zwecken: Bergstädte, Festungs- und Garnisonsstädte, Residenzen, Exulantenstädte.[36]

Edith Ennen kontrastiert die durch Stadtrecht und Autonomie geprägte mittelalterliche Stadtkultur mit der frühneuzeitlichen Entwicklung: «Der mit modernem Beamtentum und stehendem Heer ausgerüstete, absolute Souveränität und einheitlichen Delegationszusammenhang beanspruchende, zentralistisch organisierte Staat setzt sich in Politik und Wirtschaft immer ausschliesslicher durch; das beginnt im 15. Jahrhundert und kulminiert im 17. und 18. Jahrhundert. Der Staat drängt die Städte zurück, beschneidet in nivellierendem Eingreifen ihre Autonomie, ihre Gerichtsbarkeit, ihre politischen Rechte, ja ihre administrative Selbständigkeit. Er begreift sich nun auch als wirtschaftlicher Organismus, er treibt jetzt Wirtschaftspolitik und greift überlokal regulierend in die Wirtschaft ein. [...] aufs Ganze gesehen ist die Prädominanz unleugbar.»[37]

Während bei Ennen der Eindruck entsteht, die Städte hätten das Handeln des absolutistischen Staates einfach hingenommen, betont Press die Rolle des Bürgertums, aus dem seit dem 16. Jahrhundert die Bürokratien der Territorialstaaten in grösserem Umfang rekrutiert wurden, und weist auf die erhalten gebliebenen Freiräume hin. Press zufolge förderten gerade die Landstädte den territorialstaatlichen Verdichtungsprozess. Sie waren dabei «Helfer der fürstlichen Regierungen», leiteten aber damit ihre Unterwerfung ein.[38]

Hier ergeben sich Anknüpfungspunkte an die Absolutismus-Forschung, die zeigen konnte, dass der landesherrliche Herrschaftsanspruch auf regionaler und

---

35 Gerteis 1986, S. 5; vgl. auch Schilling 1993, S. 2 ff. Schilling (1993, S. 4 f.) plädiert dafür, das Bild des «Städtetals» zu modifizieren, weil es in Deutschland während der Frühen Neuzeit durchaus eine Phase der Urbanisierung gegeben habe, allerdings mit anderen Margen und Rhythmen als im übrigen Europa. Bedingt durch den Rückschlag während des Dreissigjährigen Krieges wuchsen die deutschen Städte parallel zur allgemeinen Bevölkerungsentwicklung im Wesentlichen erst im Verlauf des 18. Jahrhunderts und zwar in einem vergleichsweise bescheidenen Umfang.
36 Gerteis 1986, S. 7 f.; zu den frühneuzeitlichen Sondertypen, vgl. auch ebd., S. 18 ff. und Schilling 1993, S. 66 ff.
37 So in ihrer Saarbrücker Antrittsvorlesung von 1965, zit. bei Gerteis 1986, S. 9 f.
38 Gerteis 1986, S. 10.

lokaler Ebene nur eine eingeschränkte Wirkung entfalten konnte. Es mangelte der Herrschaft an Durchsetzungskraft, wenn sie nicht auf die Kooperation intermediärer Gewalten oder der Untertanen zählen konnte.[39] Stiess sie auf Widerstand, wurde der Absolutismus nur begrenzt Realität.[40]

In Klaus Gerteis' Überblicksdarstellung von 1986 zeigt sich eine Neuorientierung in der frühneuzeitlichen Stadtgeschichtsforschung. Für ihn befindet sich die Stadt in der Frühen Neuzeit in einer Übergangssituation: Eine Mehrzahl von Elementen der mittelalterlichen Stadt bleibt in den folgenden Jahrhunderten in vielen Bereichen bestehen. Der Aspekt der Autonomie tritt angesichts des aufkommenden Territorial- und Verwaltungsstaates in den Hintergrund, während ökonomische Faktoren bei der Charakterisierung der frühneuzeitlichen Stadt an Bedeutung gewinnen. Insbesondere durch die Aufnahme staatlicher Funktionen als Verwaltungssitz, Amtsstadt, als Sitz von Territorialgerichten und Residenzen sowie als Orte konzentrierter Bildung und Kultur wachsen den Städten neue Zentrumsfaktoren zu.[41] Indem Gerteis den Verlust an politischer Autonomie als auffallendste Veränderung der frühneuzeitlichen Städte – sieht man von den Reichsstädten ab – apostrophiert,[42] schwingt bei ihm die Vorstellung von Niedergang immer noch mit. Das ist jedoch nur eine Seite: Mit Blick auf die Entwicklungen des 19. Jahrhunderts bieten die Städte nämlich auch ein ganz anderes, dynamischeres Bild. Die Städte, ihr Kapital und ihre Innovationskraft waren Motoren der Industrialisierung. Das Spannungsverhältnis zwischen Erstarrung, Stagnation und Bewahren einerseits und Wandel andererseits auszuleuchten, bezeichnet Gerteis als seine Leitperspektive.[43] Mit Blick auf die Stadt als gesellschaftliches Gebilde entsteht durch dieses Nebeneinander ein uneinheitliches, ausserordentlich vielfältiges Bild der städtischen Gesellschaft in der Frühen Neuzeit.[44]

Heinz Schilling untersucht in seiner 1993 erschienenen Überblicksdarstellung zur frühneuzeitlichen Stadt schwerpunktmässig die Beziehung zwischen dieser und dem frühmodernen Staat, der bereits die traditionelle deutsche Stadtgeschichtsfor-

---

39 Dies zeigt Schlumbohm (1997) am Beispiel der Durchsetzung von Gesetzen, bei der die «Mitwirkung der Untertanen unentbehrlich» war (S. 662).
40 Den Zusammenhang zwischen Absolutismus und «frühmodernem Staat» thematisiert Blänkner 1992. Vgl. auch Bischoff 1996, S. 13; Hohkamp 1998, S. 13–17. Zur Nichtdurchsetzung von Gesetzen, vgl. Schlumbohm 1997. Die Kritik an Oestreichs Konzept der Sozialdisziplinierung verweist unter anderem darauf, dass der Disziplinierungsprozess absolutistischer Staaten aufgrund mangelnder Ressourcen wirkungslos blieb. Weiter fordern Kritiker, das Augenmerk nicht allein auf die staatliche Absicht, sondern besonders auf die Beteiligung beziehungsweise den Widerstand der zu Disziplinierenden zu richten, Hippel 1995, S. 110f.; vgl. auch Dinges 1991.
41 Gerteis 1986, S. 16. Ähnlich Schilling 1993, S. 29: Dem Verlust an Autonomie steht bei vielen Landstädten ein Gewinn an Funktionen, häufig auch an Wirtschaftskraft entgegen.
42 Gerteis 1986, S. 176.
43 Gerteis 1986, S. 3.
44 Gerteis 1986, S. 182.

schung besondere Aufmerksamkeit geschenkt hat. Durch die von Schilling verwendete Urbanisierungsperspektive, die in der angelsächsischen Forschung verbreitet ist, erhält die Beziehung Stadt-Staat jedoch eine gänzlich neue Bewertung.[45] Er stellt einen Paradigmawechsel in der Erforschung von Stadt und Bürgertum in der Frühen Neuzeit fest.[46] Dieser äussert sich darin, dass nicht mehr nach dem Verfall der frühneuzeitlichen Stadt und der Überwältigung des Bürgertums durch den frühmodernen Staat, sondern nach der Geschichte der spannungsreichen Beziehungen zwischen Stadt und Territorialstaat gefragt wird. Die Forschung interessiert sich nun für den historischen Ort, den Stadt und Bürgertum im frühneuzeitlichen Staats- und Gesellschaftsgefüge einnahmen. Von Interesse sind dabei auch die Ausprägung und die Rückwirkungen der staatlich-bürokratischen «Verdichtung» im Innern der Städte.[47] Der Staat wird dabei nicht mehr als voll entwickelter absolutistischer Fürsten- und Gewaltstaat angesehen, sondern der Fokus richtet sich auf das Werden des frühmodernen Staates, die Staatenbildung, den Prozess staatlicher Verdichtung.[48] Dabei kommen auch gegenläufige Tendenzen in den Blick – Gerhard Oestreich spricht vom «Nichtabsolutistischen im Absolutismus»[49] –, zu denen gerade auch die Städte mit ihrer bewährten oder neu gewonnenen partiellen und abgeleiteten Selbstverwaltung zählen.[50]

Die vorliegende Arbeit entstand bei der Forschungsstelle Baselbieter Geschichte,[51] einem regionalgeschichtlichen Projekt, das während 14 Jahren im Hinblick auf die Erarbeitung einer neuen Kantonsgeschichte Grundlagenforschung betrieb. Regionalgeschichte beschäftigte sich bisher weitgehend mit der Geschichte ländlicher Regionen. Da damals die meisten Menschen auf dem Land lebten, kann diese Tatsache für die frühneuzeitliche Epoche nicht verwundern. Daraus darf jedoch nicht der Eindruck entstehen, dass die Erforschung der Städte ausserhalb der Regionalgeschichte steht und allenfalls das Stadt-Umland-Verhältnis ein Teil der Regionalgeschichte sein kann. Moderne Stadtgeschichte unterscheidet sich in ihren Themen und Methoden nicht von der sozialgeschichtlich orientierten Regionalgeschichte. Beide gehen nicht von einem Raumbegriff aus, sondern untersuchen Gesellschaften – städtische und ländliche – beziehungsweise einzelne soziale Gruppen und Akteure in ihren sozialen Kontexten.[52] Meine Arbeit orientiert sich

---

45 Schilling 1993, S. 2, ausführlich S. 56ff.
46 Schilling 1993, S. 51ff.
47 Schilling 1993, S. 72.
48 Schilling 1993, S. 55.
49 Zit. bei Schilling 1993, S. 55.
50 Zu den Auswirkungen der neuen begrifflich-theoretischen Bestimmung von politischer Herrschaft und staatlicher Souveränität für die Städte, insbesondere ihre Selbstverwaltung, vgl. Schilling 1993, S. 43 f.
51 Zum Gesamtprojekt und zur Forschungsstelle, vgl. Rippmann / Schnyder 2000.
52 Flügel 2000, S. 280 f.

an diesem Verständnis von Stadtgeschichte, das den Ansätzen der französischen Annales-Schule[53] vieles zu verdanken hat.

Methodisch versuche ich einen multiperspektivischen Zugang, der von der mikrohistorischen Erkenntnisperspektive das Bemühen übernimmt, «das einzelne, in den Quellen aufzufindende gelebte Leben nicht im statistischen Durchschnitt untergehen zu lassen».[54] Die spezifische mikrohistorische Methode, die namentliche Verknüpfung von Daten und Quellen, kann ich jedoch – nicht einmal für die im Zentrum des Interesses stehenden kommunalen Amtsträger, geschweige denn für die städtische Bevölkerung – umfassend leisten.[55] Dem Alltag von Männern, Frauen und Kindern komme ich deshalb nur bedingt näher. Auf eine statistische Annäherung an die städtische Bevölkerung und die Haushalte möchte ich nicht verzichten, allerdings bemühe ich mich um ein kritisches Hinterfragen der sozialwissenschaftlichen Kategorien und der quantifizierenden Methode.

Eine vielversprechende Perspektive zur Untersuchung des Verhältnisses von Territorialstaat und frühneuzeitlicher Stadt[56] bildet die Erforschung der politischen Kultur.[57] Unter diesem Stichwort fasst Schilling einerseits die Forschung zu Kommune- und Bürgerbewegungen[58] beziehungsweise zu «Unruhen», andererseits jene Untersuchungen, die im Forschungsfeld «Stadt und frühmoderne Staatenbildung» mit zwei antagonistischen Ordnungskonzepten «Territorialismus» gegen «Stadtrepublikanismus» oder «Kommunalismus» (Blickle) operieren.[59]

Hier möchte ich meine Untersuchung zur Stadt Laufen ansiedeln. Das Modell des Kommunalismus erweist sich bei der Annäherung an die politischen Institutionen der Laufner Stadtgemeinde als sehr hilfreich.[60] Seinen Ursprung hat Blickles Begriff zwar nicht in den Städten, sondern in den «alteuropäischen Gemeindeeinungen auf dem Land, vornehmlich in Oberdeutschland und in der Schweiz».[61] Dass sich ein derartiges Konzept für die Erforschung einer Kleinstadt als nützlich

---

53 Zur Annales-Schule, vgl. Burke 1991. Zur ihrer Bedeutung in der europäischen Regionalgeschichte, vgl. Brakensiek/Flügel 2000, Vorwort, S. XI; Flügel 2000, S. 275. Zur Auseinandersetzung der Forschungsstelle Baselbieter Geschichte mit der Annales-Schule, vgl. Nah dran, weit weg. Geschichte des Kantons Basel-Landschaft, Vorwort der Forschungsstelle, Bd. 1, S. 17.
54 Medick 1994, S. 45.
55 Zu den Gründen, vgl. Kap. 5.
56 Vgl. Schilling 1993, S. 72–93.
57 Vgl. Schilling 1993, S. 87–93.
58 Auch für innerstädtische Auseinandersetzungen werden in der Forschung unterschiedliche, teilweise aus der marxistischen Historiografie stammende Begriffe wie Zunftrevolution, Bürgerkämpfe, Kommunebewegung verwendet (vgl. Blickle 1988, S. 52ff.), denen «die wünschenswerte analytische Durcharbeitung» (Blickle 1988, S. 41) bisher fehlt.
59 Schilling 1993, S. 87.
60 Vgl. Zweiter Teil, bes. Kap. 5.
61 Schilling 1993, S. 89.

erweist, hängt damit zusammen, dass Blickle eine Strukturgleichheit zwischen Land- und Stadtgemeinde postuliert.

Kritiker führen gegen Blickle ins Feld, er übersehe die fundamentale Scheidelinie zwischen Bürger und Bauer. Während der Bauer stärker herrschaftlich eingebunden sei, besitze der Bürger einen prinzipiellen Status als politisches Subjekt.[62] Diese Kontroverse entzündet sich an Bürgern grosser, autonomer Städten. Demgegenüber interessiert mich, welche Aussagen sich anhand von Blickles Modell über Kleinstädte und ihre Bürger machen lassen. Im Zentrum des Interesses steht eine Kleinstadt, die durch den sich verdichtenden Zentralstaat nur wenig Autonomie verlieren konnte, jedoch entschieden für deren Wahrung eintrat.

Für die vorliegende Arbeit heisst das konkret, am Beispiel einer Kleinstadt die komplex verschränkten, lokal (Stadt, Vorstadt Laufen), aber auch regional (Zwingen, Pruntrut) verorteten Herrschaftsverhältnisse in der Stadt (Meier, Rat, Bürgerschaft) und zwischen der Stadt und der Obrigkeit (Vogt, Bischof) nachzuzeichnen. Herrschaft sehe ich dabei im Sinne Lüdtkes als Beziehungsgeflecht: «*Herrschaft als soziale Praxis* – die Formulierung verweist auf ein ‹Kräftefeld›, in dem Akteure in Beziehung treten und stehen, in dem sie miteinander umgehen, auch wenn sie einander ausweichen oder sich zu ignorieren suchen. [...] Die Figur des ‹*Kräftefeldes*›, in dem Macht durchgesetzt, Herrschaft begründet oder bezweifelt wird, vermeidet eine einfache Zweipoligkeit. Den Herrschenden stehen zwar Beherrschte *gegenüber* – Herrschende konstituieren sich in der Definition und der Verfügung über Beherrschte. Dennoch mögen sich die Herrschenden ihrerseits in Abhängigkeiten finden. Und auch die Beherrschten sind mehr als passive Adressaten der Regungen der Herrschenden. Vor allem zeigen sich Ungleichheiten und Widersprüche auch *zwischen* Herrschenden, ebenso wie *zwischen* Beherrschten.» In der Beziehung zwischen Herrschenden und Beherrschten zeigt sich Kooperation und zugleich Differenz und Reibung, «Herrschaft mischt sich [...] weniger mit offenem Widerstehen als mit Hinnehmen, Ausweichen und Ausnutzen. Zwang schliesst Momente des Konsenses nicht aus – Stabilität enthält Ansätze von Umwälzungen (und umgekehrt). Erkennbar werden jene *Mehrdeutigkeiten*, die aus den *Aneignungen* der Betroffenen erwachsen.»[63]

Basis der Überlegungen zu den Herrschaftsverhältnissen ist die Beschreibung der kommunalen Institutionen in Laufen. Dabei geht es mir darum, den Amtsträgern und ihrer Amtsauffassung beziehungsweise deren Wandel nachzugehen. David Warren Sabean wirft Blickle vor, er konstatiere die Zwitterstellung der landschaftlichen Vertreter (Schultheissen, Ammänner, Gerichtspersonen) zwar, im Modell jedoch würde sie nicht weiter bedacht. Der soziale Kern der in Landschaf-

---

62 Schilling 1993, S. 91.
63 Lüdtke 1991, S. 12–14.

ten und Konflikten unvermeidlichen Repräsentationsverhältnisse bleibe die «black box». Sabean fordert demgegenüber gerade die detaillierte Erforschung solcher Amtsverhältnisse. «Das kann», folgt Trossbach in seiner Würdigung von Sabeans Einwänden gegen Blickle, «nur heissen, den Kern der Blickle'schen Landschaftskonzeption zu bewahren, und damit den Rückgriff einerseits auf die Gemeinde (freilich nicht die isolierte Monade, sondern die in den frühneuzeitlichen Staat einbezogene Kommune) und andererseits auf die Träger dieser ‹Demokratie›, die Hausväter und die ‹Häuser›, forschungsstrategisch zu wagen.»[64] Diese Überlegungen drängen sich meines Erachtens auch bei den kommunalen Amtsträgern auf.

Meine Untersuchung legt das Schwergewicht auf das 17. und 18. Jahrhundert, da Hans Berners Arbeit «Gemeinden und Obrigkeit im fürstbischöflichen Birseck. Herrschaftsverhältnisse zwischen Konflikt und Konsens» die Laufner Geschichte des 16. Jahrhundert, insbesondere was die zentralen Aspekte Reformation, Bauernaufstand von 1525 und Rekatholisierung und deren Auswirkungen im kommunalen Handeln anbetrifft, bereits umfassend beleuchtet hat.[65] Damit bewege ich mich in jener Zeit, in der die erstarkende Staatlichkeit den Kommunalismus gemäss Blickle bereits zurückzudrängen vermochte.[66] Mich interessieren die gegenläufigen Tendenzen und der Widerstand gegen die Vereinnahmung durch den frühmodernen Staat. Soll die Frage beantwortet werden, inwiefern Spielräume für kommunales Handeln überdauerten und welche Bedeutung Konflikte in diesem Zusammenhang zukamen, drängt sich die Beleuchtung dieses Zeitraums auf.

Bevor ich mich im zweiten Teil mit der kommunalen Organisation Laufens beschäftige, nähere ich mich im ersten Teil der Stadt als gesellschaftliches Gefüge. Dabei gehe ich der demografischen Entwicklung nach und versuche, die sozioökonomische Struktur zu erfassen. Die Annäherung an die sozioökonomischen Gegebenheiten scheint mir auch im Hinblick auf Blickles Kommunalismusmodell besonders wichtig zu sein. Die Hausväter, die als Haushaltsvorstände den Kommunalismus tragen,[67] lassen sich weder politisch noch gesellschaftlich mit der Stadt, der Stadtgemeinde, gleichsetzen. Um einer harmonisierenden Sicht des Kommunalismus vorzubeugen, scheint es mir zentral, die städtische Bevölkerung möglichst differenziert zu betrachten. Der Haushaltsvorstand ist nicht mit dem Haushalt identisch. Herauszuarbeiten sind soziale und bürgerrechtliche Unterschiede, die auch innerhalb des Haushaltes bestanden. Für den Aspekt «Arbeit» ist eine geschlechtergeschichtliche Perspektive unverzichtbar.

64 Trossbach 1993a, S. 87.
65 Berner 1994; zur Reformation in der Stadt Laufen, vgl. auch Berner 1995; ferner Berner 1989, S. 143 ff.
66 Blickle 1991, S. 26.
67 Blickle 2000, Bd. 1, S. 76; zum Folgenden: ebd., S. 76 ff.

Im wirtschaftlichen Bereich untersuche ich schwerpunktmässig die im 18. Jahrhundert neu entstandenen Landzünfte. Zentral ist dabei ihre Rolle im wirtschaftlichen Alltag und in Auseinandersetzungen um ökonomische Konkurrenz. In diesem Zusammenhang gehe ich einer ländlichen Randgruppe[68] nach, die in der Stadt agierte: den Landjuden. Mir geht es hier jedoch nicht um Marginalitätsforschung, sondern darum, die Lebensbedingungen in den Landjudengemeinden zu rekonstruieren und nach den Beziehungen der Landjuden zu ihrer nicht-jüdischen Umwelt zu fragen.

Im anschliessenden einführenden Kapitel Rahmenbedingungen des städtischen Lebens gehe ich der Stadtgründung und einzelnen Aspekten der mittelalterlichen Geschichte Laufens nach. Im Zusammenhang mit der Konstituierung der Vogtei Zwingen stellt sich die Frage nach ihren Auswirkungen auf Laufens Funktion als zentraler Ort. Anschliessend trage ich die Forschungsergebnisse zur fürstbischöflichen Herrschaft in der Frühen Neuzeit zusammen.

Da das Interesse der Forschung an kleinen Städten erst allmählich entsteht, ist es ausserordentlich schwierig, passende Vergleichsbeispiele zu finden.[69] Forschungsarbeiten beschäftigen sich meist mit Städten, die erheblich grösser sind als Laufen, und deren sozioökonomische wie politische Strukturen sich stark von jenen Laufens unterscheiden.[70] Dies zwang mich dazu, mich auf Literatur zu ländlichen Gemeinden, die durch Mikrostudien gut erforscht sind,[71] und zu grösseren

---

68 Zu diesem Begriff, vgl. Graus 1981. Zur Frage, ob sich Randgruppe als Begriff für frühneuzeitliche Landjudengemeinden eignet, vgl. Ullmann 1999.
69 Das weitgehende Fehlen orts- und regionalgeschichtlicher Gesamtdarstellungen zu schweizerischen Städten konstatierte bereits Baumann 1992.
    Möglicherweise ein gutes Vergleichsbeispiel wäre Neunkirch, dem der zweite Band des Historischen Städteatlas der Schweiz (1997, Bd. 2) gewidmet ist. Ein Atlas kann und will jedoch nur ganz bestimmte Aufgaben erfüllen und enthält deshalb keinen umfassenden historischen Abriss. Das schaffhausische Neunkirch stellt ein prägnantes Beispiel für die Entwicklung städtischer Kleinformen dar. Seine städtebaulichen Qualitäten stehen in einem widersprüchlichen Verhältnis zu seiner Ausstattung und Ausprägung als Stadt. Das zu den Gründungen der Konstanzer Bischöfe zählende Städtchen verfügte über die einzige tatsächlich geometrische Stadtanlage der Schweiz. Seine städtischen Freiheiten waren begrenzt: Während es zentralörtliche Funktionen als Verwaltungssitz besass, konnte es jedoch kaum solche als Marktort erwerben.
70 Zur Residenzstadt Durlach: Asche/Hochstrasser 1996; zur Residenzstadt Oettingen: Rajkay 1999; mit dem Fokus auf die oberbayrische Städtelandschaft: Hoffmann 1997; über die 1653 entrechtete Stadt Olten: Mugglin 1982. Zahlreicher sind ortsgeschichtliche, für ein breites Publikum geschriebene Arbeiten: Lamprecht/König 1992; Neuenschwander 1984; Siegrist 1955. Sie lassen sich jedoch für die vorliegende Arbeit nur sehr begrenzt nutzbar machen.
    Die klassische Stadtgeschichte erforscht neuerdings weniger Einzelstädte als Städtelandschaften, wobei Kleinstädte miteinbezogen werden, vgl. Flachenecker/Kiessling (Hg.) 1999. Da mein Interesse nicht verfassungs- und strukturgeschichtlich orientiert ist, boten sich auch hier kaum Anknüpfungspunkte.
71 Schnyder 1992. Für Fragen der ökonomischen Entwicklung äusserst anregend ist Hans Medicks Arbeit über den «Flecken» Laichingen, Medick 1996.

Städten[72] abzustützen. Verdeutlichen lassen sich die Schwierigkeiten an einem klassischen Bereich der Stadtgeschichtsforschung, den Zünften. Besonders gut erforscht sind die mittelalterlichen Zünfte in grossen Städten, in denen sie nicht nur ökonomische, soziale und kirchliche,[73] sondern auch politische Funktionen[74] wahrnahmen. Weil frühneuzeitliche Zünfte als erstarrt und dem Niedergang geweiht galten, interessierte sich die Forschung kaum für sie.[75] Besonders gilt dies für kleinstädtische Zünfte. Hilfreiche Anregungen finden sich in der Forschung zu Landzünften.[76]

Quellenlage: «Fliegende Blätter»

Akten zur Geschichte der Stadt Laufen in der Frühen Neuzeit finden sich vor allem im fürstbischöflichen Archiv in Pruntrut (Archives de l'ancien Evêché de Bâle, abgekürzt AAEB) sowie im Stadtburgerarchiv in Laufen. Im Staatsarchiv des Kantons Basel-Landschaft einsehbar sind seit Dezember 1999 die Laufner Kirchenbücher.[77]

In Pruntrut liegen zum einen die Akten der bischöflichen Zentralverwaltung,[78] zum andern befindet sich hier seit 1989 auch das Archiv der ehemaligen Vogtei Zwingen. Das Vogteiarchiv gelangte möglicherweise bereits in der Revolutionszeit, als das Schloss zu Nationalgut erklärt und verkauft wurde,[79] von Zwingen nach Laufen, spätestens jedoch in der ersten Hälfte des 19. Jahrhunderts. Anlässlich der Sanierung des Laufner Amtshauses 1989 übergab das Regierungsstatthalteramt dem Pruntruter Archiv rund acht Laufmeter Akten aus der Frühen Neuzeit sowie der französischen Zeit.[80] Damit gelangte erstmals ein grösseres Vogteiarchiv nach Pruntrut.[81] Der Bedeutung dieses Archivs war man sich in Laufen bereits im 19. Jahrhundert bewusst. 1843 untersuchte eine Kommission bestehend aus den «Herren

---

72 Dürr 1995; Mitterauer 1984.
73 Vgl. Johanek (Hg.) 1993.
74 Vgl. Schulz 1994.
75 Vgl. Reininghaus 1993 und 2000.
76 Vgl. Dubler 1982, 1991, 1992, 1993.
77 StABL, Kirchenbücher Laufen 1–3. Die Aufzeichnung der Taufen und Ehen setzt unmittelbar nach der Rekatholisierung 1588 ein, jene der Bestattungen 1601.
78 Zur Odyssee des bischöflichen Archivs seit der Flucht des Bischofs aus Pruntrut 1792 und den zahlreichen Archivteilungen, vgl. Jorio 1983. Einen Überblick über die Bestände des Archivs gibt der Rapport annuel de la Fondation des Archives de l'ancien Evêché de Bâle, 1994.
79 Merz 1923, S. 69f.
80 Zur Rettungsgrabung im Amtshaus, vgl. Gutscher 1994. Vorübergehend waren die Akten im Keller des Coop-Hochhauses an der Birs eingelagert, wo sie 1973 durch das Hochwasser in Mitleidenschaft gezogen wurden, durch Trocknung in der Ziegelei jedoch vor der Zerstörung bewahrt werden konnten.
81 Rapport annuel de la Fondation des Archives de l'ancien Evêché de Bâle, 1989, S. 3. Zur Inventarisation, vgl. auch die Jahresberichte von 1990 und 1991.

Gemeindeschreiber Bendit, Amtsnotar Schuler, Notare Imhof und Schaltenbrand Friedensrichter von Laufen und Schmidlin Friedensricher von Blauen und Bezirksschreiber Imhof» die «Schriften und Urkunden der ehemaligen Amtei Zwingen, welche sich bei H. Amtsnotar Schuler dahier, befinden», wie es im Einladungsschreiben des Statthalteramtes an die Kommissionsmitglieder heisst.[82] Die Unterlagen der Bezirksschreiberei, die die Kommissionsmitglieder über «[d]ie Obliegenheiten, die [s]ie während dieser Arbeit zu beobachten haben»[83] informierten, konnte ich weder in den Akten des Statthalteramtes (heute im Staatsarchiv Basel-Landschaft), noch im Archiv der heutigen Bezirksschreiberei im Laufner Amtshaus auffinden. Deshalb lässt sich über die Aufgaben der Kommission nichts Genaueres sagen. Aufgrund der heute sichtbaren Spuren in den Buchdeckeln einzelner Bände des ehemaligen Vogteiarchivs ist davon auszugehen, dass die Akten 1843 gebunden und foliert wurden.[84] Über damalige Ordnungs- und Verzeichnungsarbeiten sowie allfällige Kassationen ist bisher nichts bekannt. Heute ist das Archiv durch ein 1943/1966 in Laufen entstandenes Verzeichnis von Irène Hof erschlossen.[85]

Akten aus dem Vogteiarchiv, das bis ins 16. Jahrhundert zurückreicht, konnte ich nur punktuell sichten, weil es zu grob geordnet und verzeichnet ist, um mit vertretbarem Aufwand Anknüpfungspunkte zu finden. Wichtige Ergänzungen fanden sich hier zu den Laufner Zünften.[86] Spannend wäre sicher eine Auswertung der vögtlichen Gerichtsakten, was jedoch eine eigene Untersuchung erforderte.

Archives de l'ancien Evêché de Bâle (AAEB)

Die bis heute bestehende Ordnungsstruktur des fürstbischöflichen Archivs in Pruntrut geht auf eine Neuorganisation im 18. Jahrhundert zurück. Die Bischöfe schenkten dem Archiv als wichtiger Einrichtung der weltlichen und geistlichen Zentralverwaltung besondere Aufmerksamkeit. Der gute Zustand, in dem es sich vor dem Ausbruch der Französischen Revolution befand, war das Ergebnis einer sorgfältigen Archivpolitik. 1749 berief Bischof Joseph Wilhelm Rinck von Baldenstein[87] den vorderösterreichischen Registrator Leonhard Leopold Maldoner (1694–1765) als Archivar nach Pruntrut. Bis zu seinem Tod ordnete er das Archiv, das durch die Reformation, den Kanzleibrand von 1558 und den Dreissigjährigen Krieg schwer gelitten hatte. Er teilte die Akten in ein geistliches (A Spiritualia) und ein weltliches (B Temporalia) Archiv, gliederte sie alphabetisch in 293 geografische

---

82 StABL, Bestand 4202, Statthalteramt Laufen, 02.01.03, Nr. 380, 10.6.1843.
83 StABL, Bestand 4202, Statthalteramt Laufen, 02.01.03, Nr. 380, 10.6.1843.
84 Die Bände wurde jeweils auf der ersten und der letzten Seite von J. H. Schmidlin unterzeichnet und datiert, vgl. beispielsweise AAEB, VA Nr. 80 oder 103.
85 Das Verzeichnis führt die Bandnummer, den Bandtitel sowie eine Datierung auf.
86 AAEB, VA Nr. 125, Zunftordnung, vgl. Kap. 3.
87 Zum Wirken dieses Bischofs, vgl. Braun 1981.

und thematische Rubriken[88] und legte gründliche Repertorien an. Sein Nachfolger, Franz Anton Moser, setzte das Werk fort.[89] Die heute bestehende Zusammenstellung des Archivmaterials in grössere und kleiner Dossiers geht auf Maldoner zurück. In der Regel notierte er für jedes Dossier auf einem separaten Blatt die Signatur, fasste den Inhalt regestartig zusammen, datierte das Dossier und hielt auch das Datum der Registrierung fest. Meist sind die Dossiers paginiert. Maldoners Regesten fallen durch die erstaunliche Verbindung von Kürze und Präzision auf und erleichtern die Bearbeitung der Akten beträchtlich.

Zentraler Quellenkorpus zur Geschichte Laufens ist der Bestand B 234 «Laufen und Zwingen die Herrschaft».[90] Er umfasst Material zu sämtlichen Gemeinden der Vogtei Zwingen in unterschiedlicher Dichte und datiert aus dem Zeitraum 15. Jahrhundert bis zum Ende des Fürstbistums 1792, wobei quantitativ die Akten aus dem 18. Jahrhundert überwiegen. Der Bestand enthält – allerdings lückenhaft – die Korrespondenz zwischen der bischöflichen Regierung in Pruntrut und dem Vogt von Zwingen, Gerichtsakten, Verhörprotokolle, Supplikationen, Verträge, Steuerrödel, Inventare, Bereine, demografische Erhebungen und sonstiges vereinzeltes Material. Geordnet ist er in 17 Bänden, die teilweise thematisch,[91] teilweise chronologisch[92] aufgebaut sind. Die chronologische Zuordnung wird in den Einzeldossiers immer wieder durchbrochen, wenn Dossiers sachthematisch zusammengestellt wurden.[93] Nicht im Bestand B 234 finden sich alle Laufen betreffenden Akten, die nicht unter lokalen, sondern unter sachlichen Gesichtspunkten abgelegt wurden. Für diese Untersuchung von Bedeutung war insbesondere die Rubrik B 137 «Bestallungen», die Quellen zu den vom Bischof ernannten Amtsträgern, also auch zum Laufner Stadtmeier, enthält.

---

88 Eine Liste sämtlicher Rubriken ist im Rapport annuel de la Fondation des Archives de l'ancien Evêché de Bâle 1994 abgedruckt.
89 Jorio 1983; Rebetez 1997.
90 Mit dieser Bezeichnung stiftete Maldoner erhebliche Verwirrung, denn sie veranlasste Autoren dazu, das Oberamt als Vogtei Laufen-Zwingen bzw. Zwingen-Laufen zu benennen. Suter (1983, S.103) spricht von der Landvogtei Zwingen-Laufen, Berner (1994, S. 36) vom Amt Zwingen-Laufen. Dies ist irreführend. Das Amt (Laufen oder Zwingen) stellte lediglich einen Gerichtsbezirk dar, der der Vogtei untergeordnet war. Die Herrschaft beziehungsweise das Oberamt hiess immer Vogtei Zwingen. In Zwingen befand sich auch der Sitz des Vogtes. Laufen dagegen war zwar eine mit einem Stadtrecht privilegierte Gemeinde, jedoch dieser Herrschaft untergeordnet. Auf diesen Tatbestand weist das maschinenschriftliche Repertorium des AAEB aus dem 20. Jahrhundert hin. Zum Verhältnis von Laufen und Zwingen als Gegenpole, vgl. Kap. Rahmenbedingungen.
91 AAEB, B 234/1–7; beispielsweise: B 234/1: Salzverkauf, Frevel und Bussen, Feuersbrünste, Brandsteuern und Almosen.
92 AAEB, B 234/8–15: Verschiedenes 1296–1791.
93 Beispielsweise enthält der Band AAEB, B 234/9, der den Zeitraum 1605–1700 abdeckt, ein Dossier zur Bekleidung der Meier und anderer «hochfürstliche[r] Bediente[r]» mit fürstlichen Livreen, ein erstes Schreiben aus dem Jahr 1621, die weiteren stammen aus dem 18. Jahrhundert.

Gegenüber dem Provenienzsystem anderer frühneuzeitlicher Zentralarchive[94] birgt das Maldonersche Pertinenzsystem vor allem die Schwierigkeit, dass Akten oft mehreren Rubriken hätten zugeordnet werden können. Dieses Problem wurde bereits zu Maldoners Zeiten, sofern es als solches erkannt wurde, durch Aktenverweise gelöst. Meist erfordert es jedoch den Spürsinn der Forscherin zu erahnen, wo sich weiteres Material zum Thema befinden könnte. Ein Beispiel mag belegen, dass es trotz aller Phantasie oft etwas Glück braucht, in diesem Ordnungssystem auf Anknüpfungspunkte zu stossen: In der zweiten Hälfte des 18. Jahrhunderts beschwerten sich die zünftisch organisierten Laufner Weber über die Konkurrenz jüdischer Händler.[95] Während ich über die Laufner Weber und ihre Zunft einiges herausfinden konnte, wusste ich über die jüdischen Händler kaum etwas und versuchte, der jüdischen Geschichte im Fürstbistum nachzugehen.[96] Dass es im Bistum Landjuden[97] gab, war zum einen aus der Literatur[98] bekannt, zum andern führte Maldoner die Rubrik B 216 «Juden». Der Einstieg bereitete also keinerlei Schwierigkeiten. Im Verlauf der Arbeit stiess ich auf Hinweise, dass im letzten Viertel des 17. Jahrhunderts nicht nur – was bekannt war – in Allschwil, Oberwil und Schönenbuch, sondern auch in Arlesheim Juden lebten. Die Spur war dünn und riss ab, ohne dass klar wurde, aus welchem Grund die Juden Arlesheim verlassen hatten. Hier zeigen sich die Tücken des Maldonerschen Systems. Weder im Bestand B 216, noch in jenem zum Birseck, sondern an einem unerwarteten Punkt im geistlichen Archiv unter A 13 «Basileensis Ecclesia Cathedralis» fand sich eine Erklärung. Im Zug der Umzugsvorbereitungen des Domkapitels nach Arlesheim sah sich der Bischof genötigt, an den Birsecker Vogt den Befehl zu erlassen, sämtliche in Arlesheim ansässigen Juden wegzuweisen, da sich deren Aufenthalt am designierten Sitz des Domkapitels nicht gezieme.[99]

Stadtburgerarchiv Laufen

Das Stadtburgerarchiv enthält das bis in spätmittelalterliche Zeit zurückreichende Archiv der städtischen Verwaltung.[100] Die ältesten erhaltenen Dokumente

---

94 In Solothurn wurden die Schreiben der Landvögte mehr oder weniger chronologisch gebunden und stehen der Forschung heute noch als Gösgen-Schreiben (Schreiben des Landvogts in Gösgen), Dorneck-Schreiben (Schreiben des Landvogts auf Dorneck) etc. zur Verfügung.
95 Vgl. Kap. 3.
96 Vgl. Kap. 4.
97 Die Bezeichnung «Landjuden» ist ein wissenschaftlicher Begriff, der die Tatsache fasst, dass Juden in der Frühen Neuzeit mehrheitlich auf dem Land lebten. Zur späten Entdeckung der Landjuden in der Forschung und zum Forschungsstand, vgl. Richarz 1992 und 1997.
98 Nordmann 1907, 1910; ausserdem Weldler-Steinberg (1966), die auch den fürstbischöflichen Judenordnungen des 18. Jahrhunderts nachging.
99 AAEB, A 13/17, 22.11.1678, zit. nach Strub 1993, S. 58.
100 Zum Schriftwesen spätmittelalterlicher Städte, vgl. Isenmann 1988, S. 166 ff.

sind allerdings nicht kommunalen, sondern obrigkeitlichen Ursprungs, handelt es sich doch um Urkunden aus dem 14. Jahrhundert, die das Stadtrechtsprivileg von 1295 bestätigten[101] sowie der Stadt die Umgeldeinnahmen unter der Bedingung übertrug, dass sie 16 Pfund für den Unterhalt der Mauern, Türme und Schutzwehre einsetzten.[102] Erste gemeindliche Aufzeichnungen flossen ins so genannte Alte Stadtbuch ein, das bis in die 1470er Jahre zurückreicht und städtische Angelegenheiten, wie den Anteil des Meiers an Frevelbussen[103] oder die Zu- und Ableitung von Wasser für einen Brunnen in der Vorstadt,[104] aufzeichnete. Eine Fortsetzung fand es seit dem späten 16. Jahrhundert in «Neuw Stattbuch», das beispielsweise Bürgeraufnahmen,[105] die Verleihung der Laufner Mühle[106] und die Wahl der Hebamme durch Landvogt, Meier und Rat[107] festhielt. Beide Bücher waren lange in Gebrauch, und zwar nicht nur passiv, sondern indem sie im ersten Fall bis zum 18., im zweiten sogar bis ins 19. Jahrhundert nachgeführt wurden. Die Eintragungen wirken etwas disparat, besonders im Neuen Stadtbuch ist jedoch die Absicht der Schreibenden zu erkennen, denkwürdige Fakten wie Überschwemmungen[108] oder späten Schnee, der Getreide und Gras niederlegte,[109] sich wiederholende städtische Geschäfte, beispielsweise die Verleihung der städtischen Metzg oder die Vereidigung des Liesberger Meiers im Laufner Rathaus, und all jenes, was – wie die Bürgeraufnahmen – «für immer» erinnert sein musste, aufzuzeichnen. Das alte wie das neue Stadtbuch wurde gleichzeitig von mehreren, unterschiedlich geübten Händen geführt. Die Aufzeichnungen stammen demnach nicht allein vom Meier oder vom Bürgermeister.

Während aus dem 16. Jahrhundert nur weniges auf uns gekommen ist, wird die Überlieferung im 17. Jahrhundert dichter. Am umfangreichsten sind – typisch für die Zeit – die Schriftstücke aus dem 18. Jahrhundert.[110] Die Akten des Stadtburgerarchivs lassen die Ansätze einer schriftlichen Aufzeichnung städtischer Verwaltung erkennen. Sowohl die schriftliche Dokumentation als auch die Verwaltungstätigkeit selbst waren jedoch erst relativ rudimentär entwickelt. Insofern lässt sich das Archiv auch nicht mit grösseren städtischen Archiven vergleichen. Auffallend

---

101 StadtBALaufen, Urk. 1 (1307), 2 (1313), 3 (1325), 4 (1336), 7 (1329).
102 StadtBALaufen, Urk. 5 (1339).
103 StadtBALaufen, Nr. 3, S. 36–39 (o. D., 16. Jh.).
104 StadtBALaufen, Nr. 3, 1534, S. 46.
105 StadtBALaufen, Nr. 4, 1596–1600, S. 2, 1613–1656, S. 11ff.
106 StadtBALaufen, Nr. 4, um 1600, S. 2.
107 StadtBALaufen, Nr. 4, 8.12.1605, S. 6.
108 StadtBALaufen, Nr. 4, 30.6.1697, S. 30.
109 StadtBALaufen, Nr. 4, 4.5.1705, S. 31v.
110 79 Bände behandeln die Zeit vom Spätmittelalter bis 1790, knapp zwei Drittel davon stammen aus dem 18. Jahrhundert, vgl. «Inventarium über sämmtliche Schriften & Urkunden des Stadt-Archivs Laufen», 1858/59.

QUELLENLAGE: «FLIEGENDE BLÄTTER»

ist vor allem das fast vollständige Fehlen einer Überlieferung in eigener Sache: Erst seit der zweiten Hälfte des 18. Jahrhunderts wurde die Wahl der Ratsherren protokolliert.

Mitte des 19. Jahrhunderts wurden die städtischen Akten in zwei Anläufen neu geordnet, inventarisiert[111] und gebunden. In seinem dem Repertorium vorangestellten Bericht beschrieb Stadtschreiber Scherrer den völlig in Unordnung geratenen Zustand des Stadtarchivs: «So zu sagen fast kein Blatt [sei] beim andern» gelegen. Weiter beklagte er, dass im Laufe der Jahre vieles verloren gegangen sei, da «die meisten Bestandtheile des Archivs nur aus fliegenden Blättern bestanden». Er habe die Akten thematisch und chronologisch geordnet und bestehende Bände auseinandergenommen, wenn Inhalt und Datum es geboten. Weiter habe er die Blätter gezählt und binden lassen, weshalb er sich sicher sei, dass nun nichts mehr verloren gehen könne.[112]

Zusammenfassend: Ausgangspunkt meiner Arbeit ist der Bestand B 234 «Laufen und Zwingen die Herrschaft» im fürstbischöflichen Archiv in Pruntrut, der trotz der erwähnten Schwierigkeiten des Ordnungssystems einen Überblick über wichtige Aspekte der städtischen Geschichte ermöglicht. Für den ersten Teil, der sich nicht zuletzt mit den Landzünften beschäftigt, habe ich B 209/2 «Handwerksordnungen und Privilegien, Ämter Birseck, Laufen und Zwingen, Pfeffingen und Schliengen» herangezogen. Für den zweiten Teil zur kommunalen Organisation intensiv ausgewertet habe ich den Bestand B 137 «Bestallungen». Umfassend gesichtet habe ich im Weiteren die die Frühe Neuzeit betreffenden Bände des Stadtburgerarchivs. Punktuelle Ergänzungen fanden sich im Zwingener Vogteiarchiv.

---

111 Das Verzeichnis beschränkt sich auf die Aufführung des Bandtitels und eine Datierung. Regesten liegen für die 64 im Stadtburgerarchiv befindlichen Urkunden aus dem Zeitraum 1307–1789 vor. Sie wurden 1982 von Basler Studentinnen und Studenten unter Anleitung von Prof. Dr. Guy Marchal erarbeitet.
112 Bericht von Stadtschreiber Scherrer im «Inventarium über sämmtliche Schriften & Urkunden des Stadt-Archivs Laufen», 1858/59, S. 3–6. Scherrer verweist auf ein älteres, 1851 entstandenes Inventar, das zahlreiche unzureichende oder falsche Bandtitel enthalte. Eingeteilt habe er das Archiv in vier Abteilungen: A) Vermischte Schriften, B) Rechnungen, C) Rechnungsbeilagen und D) Druckschriften. Die Ordnung besteht bis heute. Über das Zustandekommen der einzelnen Bände macht Scherrer keine Angaben.

RAHMENBEDINGUNGEN DES STÄDTISCHEN LEBENS

Zur Entstehung der Stadt Laufen

Die Siedlung Laufen wird 1141 erstmals urkundlich erwähnt. In diesem Jahr trat das Kloster St. Blasien den Dinghof Laufen an den Bischof von Basel ab.[1] Die Spuren menschlicher Besiedlung sind jedoch viel älter. Zwei neolithische Dolmengräber belegen, dass die Gegend um Laufen bereits in der Jungsteinzeit besiedelt war. In die Spätbronzezeit verweisen Keramikfunde. 1917 wurde im Gebiet Müschhag ein römischer Gutshof entdeckt, der vom frühen 1. bis zur Mitte des 4. Jahrhunderts ununterbrochen besiedelt war. Die Siedlungskontinuität bis ins Frühmittelalter lässt sich jedoch nicht nachweisen.[2]

Der Dinghof befand sich gemäss dem aus dem 15. Jahrhundert stammenden Dinghofrecht «ze Laufen vor dem thor by der kilchen».[3] Die Kirche auf dem rechten

1 SUB 1, S. 43, Nr. 66 (Regest); Trouillat 1, S. 282–285.
2 Martin-Kilcher 1980; Fridrich, Art. Laufen, HLS.
3 Das Dinghofrecht ist eingebunden zwischen den Zwingener Vogteirechungen von 1459/60 und 1460/61 (AAEB, Rechnungen Zwingen), zit. bei Baumann 1946, S. 14.

Birsufer ist seit 1265 schriftlich belegt.[4] Das Martinspatrozinium sowie Funde in der Umgebung der Kirche weisen auf ihre Entstehung im 7./8. Jahrhundert hin.[5] Der Dinghof befand sich im 13. Jahrhundert im Besitz der Habsburger, gelangte jedoch wohl vor 1265 durch Tausch gegen einen Hof in Hirsingen im Elsass an den Bischof zurück.[6] 1195/96 wird das Dorf Laufen, das sich vermutlich in enger Anlehnung an Kirche und Dinghof entwickelt hatte, erstmals urkundlich erwähnt.[7]

Die Stadt Laufen, 1295 vom Bischof mit denselben Rechten wie die Stadt Basel bedacht, befindet sich auf der linken Birsseite. Seit dem 12./13. Jahrhundert muss sich der Siedlungsschwerpunkt von der rechten auf die linke Birsseite verlagert haben, wo eine von einem Graben und einem wilden Birsarm umgebene Wasserburg[8] – ein Holzbau aus dem 12./13. Jahrhundert – stand. Das Dorf Laufen verschwindet seit dem frühen 14. Jahrhundert aus den Quellen.[9]

Die Stadtrechtserteilung an Laufen aus dem Jahr 1295 stellte keinen Gründungsakt[10] durch den Bischof von Basel dar. Die Verleihung des Stadtrechtes stand vielmehr am Ende einer Entwicklung, in deren Verlauf die bereits bestehende Siedlung Laufen neu organisiert und strukturiert wurde. Dabei wurde die vorher in Dörfern und Höfen zerstreut lebende Bevölkerung auf einem engen, befestigten, mit Sonderrechten ausgestatteten Platz – der Stadt – konzentriert.[11] Die Privilegierung Laufens erklärt sich durch die fürstbischöflichen territorialpolitischen Interessen in dieser Gegend – dem Streben des Bischofs nach dem Aufbau einer geschlossenen Herrschaft im Jura.[12]

---

4   Trouillat 2, S. 154.
5   Marti 2000, S. 183.
6   Pfrommer 1999, S. 21.
7   Trouillat 1, S. 434f. Zur Geschichte Laufens im Mittelalter, Merz 1923, S. 2ff.
8   Das Amtshaus (es beherbergt heute die Bezirksschreiberei) entstand 1613 (StadtBALaufen, Nr. 37, 1758, S. 171ff.); archäologisch sind zwei Vorgängerbauten – ein Holzbau, der sich aufgrund von Kleinfunden und der Baustruktur ins 12./13. Jahrhundert datieren lässt sowie ein Steinbau, der nach Gutscher in der zweiten Hälfte des 15. Jahrhunderts erbaut wurde – nachgewiesen. Gutscher (1994, S. 223f.) vermutet dort den Dinghof. Bereits Walther Merz und Karl Gauss hatten gemäss Baumann (1975, S. 21) angenommen, dass sich das Dorf Laufen auf der linken Seite der Birs befand, wo sich später die Stadt entwickelte. Neuerdings wurde Gutschers These auch von Hellinger 1995 aufgenommen. Gegen die Lokalisierung des Dinghofes auf der rechten Birsseite spricht einerseits die schrifliche Überlieferung (vgl. das obige Zitat aus dem Dinghofrecht des 15. Jahrhunderts), anderseits die Tatsache, dass frühmittelalterliche Funde bisher nur in der Umgebung der Martinskirche auf dem rechten Birsufer gefunden worden sind, Marti 2000, S. 183. Pfrommer (1999, S. 126) lehnt Gutschers These aufgrund des archäologischen Befundes ab: Die Siedlung links der Birs lässt sich nicht vor die zweite Hälfte des 13. Jahrhunderts datieren. Die Kontroverse um die Lage des Dinghofs, der dörflichen Vorgängersiedlung und der Stadt kann damit als abgeschlossen gelten.
9   Trouillat 3, S. 23. In einer Urkunde vom 16.1.1302 sind Rechte im Dorf Laufen erwähnt.
10 Zur Problematik des Begriffs «Stadtgründung», vgl. Schwineköper 1980.
11 Meyer 1995, S. 19.
12 Vgl. dazu Meyer 1995, S. 20ff.

Durch die 1988/89 vom Archäologischen Dienst des Kantons Bern durchgeführte Grabung[13] auf dem Laufner Rathausplatz ist die bauliche Stadtentstehung gut dokumentiert: Die sechs ergrabenen Häuser entstanden im letzten Drittel des 13. Jahrhunderts auf bisher unbebautem Gebiet. An diesem Ort bestanden eindeutig keine dörflichen Vorgängerbauten. Erstmals in der Schweiz konnte eine Reihe zusammenhängender, vollständig aus Holz gefügter Hausbauten nachgewiesen werden. Die Grabung belegt, dass das Stadtgebiet zum Zeitpunkt der Stadtrechtserteilung bereits dicht besiedelt war. Da die am Rathausplatz archäologisch erfassten Strukturen Bezüge zu heute noch existierenden Baulinien erkennen lassen, liegt der Schluss nahe, dass die Anlage der Stadt planmässig erfolgt sein muss. Den Aufbau der Stadt hat man sich als bautechnisches Grossunternehmen vorzustellen.[14]

In Laufen entwickelte sich eine siedlungstopografische Dualität.[15] Bereits vor der Stadtgründung bestand auf dem rechten Birsufer der Dinghof mit dem Dorf und der Kirche St. Martin, die den Gemeinden Laufen, Dittingen, Röschenz, Wahlen und Zwingen als Pfarrkirche diente.[16] Die Siedlungsdualität schlug sich auch in zwei verschiedenen Rechtsbezirken nieder. 1295 wurde das Stadtgebiet zu einem eigenen Rechtsbereich erhoben, der aus dem Dinghofverband, zu dem auch Röschenz, Wahlen, Liesberg und Bärschwil gehörten,[17] herausgelöst und mit städtischen Sonderrechten ausgestattet wurde. Im 14. Jahrhundert verwandelte der Bischof den alten, zum Dinghof gehörenden Güterkomplex – inklusive der Stadt – in einen Amtsbezirk. Dadurch wurde die alte rechtliche Einheit wieder zusammengefügt, ohne allerdings die städtischen Privilegien aufzuheben. Die rechtliche Dualität geht dennoch nicht völlig verloren: Die Vogtei Zwingen, deren Konstituierung

---

13 Pfrommer 1995, S. 65; ausführlich Pfrommer 1999.
14 Pfrommer 1999, S. 125, vgl. auch S. 126f.
15 Pfrommer 1999, S. 125.
16 Daucourt 1899, Bd. 2, S. 206. St. Martin galt gemäss einem Schiedsspruch aus dem Jahr 1373 auch als Mutterkirche der Kirchen von Meltingen und Oberkirch, Trouillat 4, S. 345. Die innerhalb der Stadtmauern liegende Katharinenkapelle ist seit 1364 belegt. 1614 schenkte die Stadt dem Bischof die Kapelle samt dem Patronatsrecht, StadtBALaufen, Urk. 43. Die Kapelle wurde 1698/99 neu gebaut. Die in der Literatur wiederholt vertretene Auffassung, die Kapelle sei danach faktisch zur Pfarrkirche geworden, weil die Martinskirche durch Zerstörungen während des Dreissigjährigen Krieges unbrauchbar geworden sei, lässt sich nicht belegen. (Zuletzt: Pfrommer 1999, S. 125, Anm. 304.) Die Martinskirche war in der zweiten Hälfte des 18. Jahrhunderts, wie die Aufzeichnungen des Pfarrers Fridolin Rupp in den Kirchenbüchern verdeutlichen, nach wie vor in Gebrauch. (StABL, Kirchenbücher Laufen 2, S. 468ff. Rupp war von 1756 bis 1779 Laufner Pfarrer, StABL, Kirchenbücher Laufen 3, S. 1.) Auch auf den in den 1770er Jahren vom fürstbischöflichen Feldvermesser Heinrich Leonhard Brunner verfertigten Plänen von Laufen wird die Martinskirche als «Lauffener Pfarr-Kirchen» bezeichnet, StABE, AA IV Nr. 523 (Plan des ganzen Bannes), AA IV Atlanten Nr. 116, Plan F (verkleinerte Planausschnitte). Vgl. auch die Reproduktionen bei Schnyder 2001, Bd. 3, S. 38 und in Laufen 1975, S. 14. Zu den Brunner-Plänen vgl. Gallusser 1961, S. 120f.
17 Meyer 1995, S. 28. Vgl. Rechnungen Zwingen 1459/60–1460/61 (Dinghofrecht).

dem Bischof 1461 gelang,[18] bestand aus zwei Amtsbezirken. Neben dem Amt Laufen entstand im 15. Jahrhundert das Amt Zwingen, dem nicht nur die Vorstadt Laufen, sondern mit der Zeit auch Wahlen und ein Teil von Röschenz vollumfänglich einverleibt wurden. Versuche der Stadt, das Amt Zwingen in ihren Rechtsbezirk zu integrieren, schlugen mit der vertraglichen Beilegung des Bauernaufstandes im Jahr 1532 endgültig fehl.[19] Teile des ehemaligen Dinghofverbandes wurden also aus dem Laufner Amt herausgelöst und dem neu entstandenen Amt Zwingen zugeschlagen.

Mit dem Stadtrecht von 1295 erhielten die Laufner Bürger dieselben Rechte wie jene von Basel. Was das konkret bedeutete, lässt sich nicht eindeutig beantworten.[20] Die Handfeste für die Basler Bürger aus den 1260er Jahren sicherte der Stadt die Wahrung ihrer Rechte und Gewohnheiten, regelte die Wahl des Rates, befreite die Stadt von der Reichssteuer und bestätigte die Zünfte.[21]

Es ist fraglich, ob der Laufner Rat, der 1408[22] erstmals schriftlich erwähnt wird, tatsächlich seit dem späten 13. Jahrhundert bestand. Eine Zunft ist in Laufen erst zu Beginn des 17. Jahrhunderts belegt. Im Unterschied zu Basel gab es in Laufen keinen Schultheissen, sondern lediglich einen Meier, der in stärkerer Abhängigkeit vom Bischof stand. Das Schultheissenamt hatte – wie das Beispiel der Stadt Basel belegt – die Tendenz zur autonomen Machtentfaltung.[23] Die Stadt verfügte also lediglich über das Niedergericht, während das Hochgericht beim Bischof verblieb. Über das Recht, das zur Zeit der Stadtrechtserteilung bereits dicht besiedelte Gebiet[24] zu befestigen, macht die Urkunde keine Aussage. Die Stadtmauer muss damals schon bestanden haben oder in den Jahren unmittelbar danach errichtet worden sein, denn 1339, rund vierzig Jahre nach der rechtlichen Privilegierung, erteilte der Bischof den Bürgern von Laufen das Recht, das Umgeld zu beziehen, unter der Bedingung, dass sie 16 Pfund für den Unterhalt der Mauern, Türme und Schutzwehre verwenden mussten.[25]

---

18 Zur Entstehung der Vogtei Zwingen, vgl. unten.
19 Zum Vertrag von 1532, vgl. Kap. 6.
20 Vgl. dazu auch Hellinger 1995, S. 39 ff.
21 Die Handfeste von zirka 1260 ist nicht mehr erhalten. Es ist davon auszugehen, dass die Handfeste von 1337 jener aus dem 13. Jahrhundert inhaltlich entspricht, Teuteberg 1986, S. 107. Die Handfeste vom 21. Juni 1337 ist im Urkundenbuch der Stadt Basel, Bd. 5, S. 125 f. publiziert.
22 AAEB, B 239/1 Laufen-Zwingen: Urkunde vom 3.7.1408: Ritter Cuntzmann von Ramstein und sein Bruder erhalten den Weiher bei Laufen zur Nutzung, solange sie die Stadt in Händen haben. Trouillat (4, S. 826 f.) erwähnt in einem Regest bereits 1392 den Laufner Rat; als Beleg nennt er den «Catalogue Maldoner».
23 Meyer 1995, S. 25.
24 Meyer 1995, S. 29. Zum Befund archäologischer Grabungen in Laufen, vgl. auch Pfrommer 1995 und 1999.
25 StadtBALaufen, Urk. 5.

Vogtei Zwingen   Karte 1

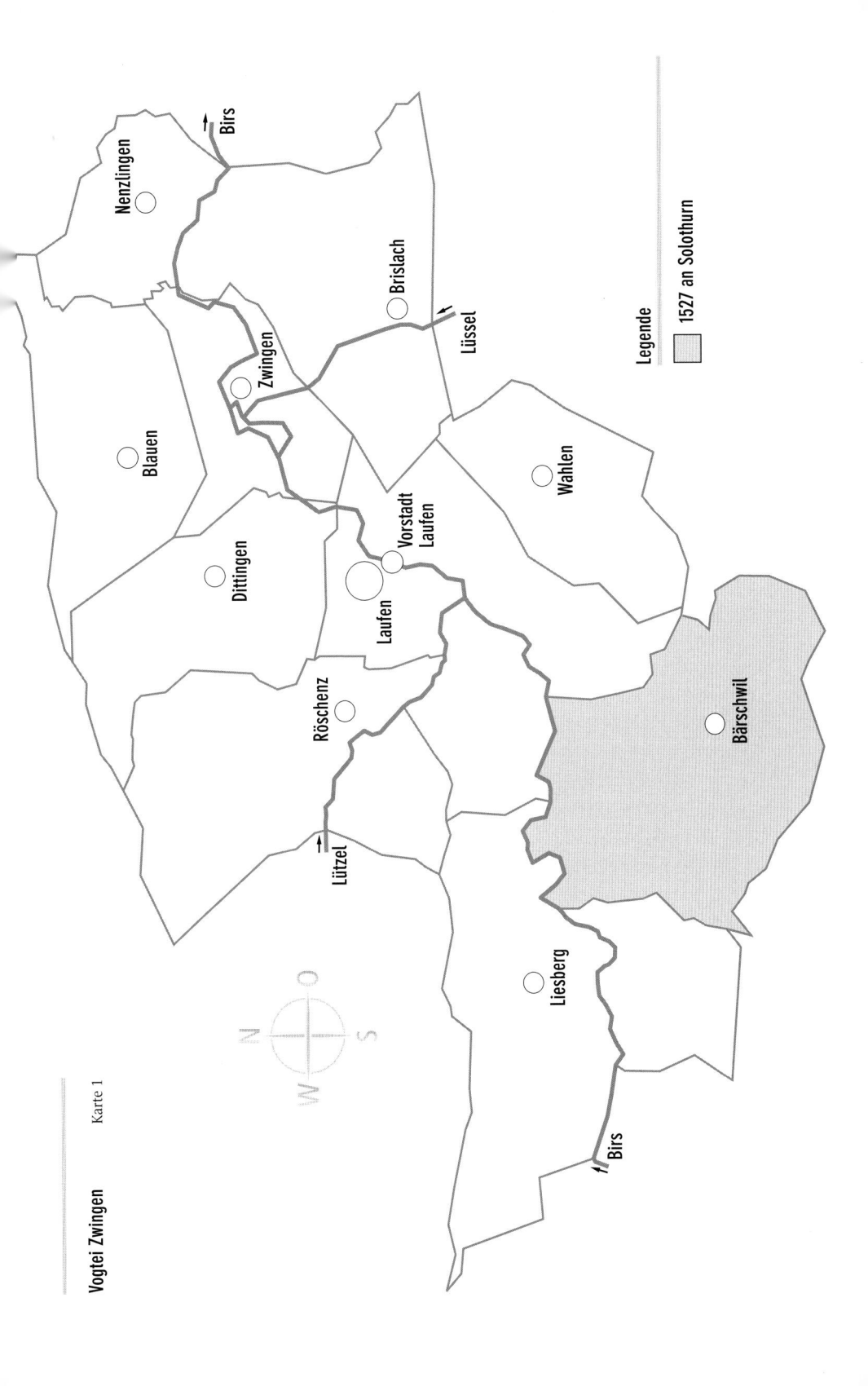

Die Geschichte Laufens im 14. und 15. Jahrhundert ist geprägt durch die Destabilisierung und Zersplitterung der fürstbischöflichen Territorialherrschaft, die für die Stadt vielfältige Verpfändungen mit sich brachte und zu vielschichtigen Rechts- und Besitzverhältnissen führte. Das gute Einvernehmen zwischen den Basler Bischöfen und dem Haus Habsburg, das sich nach 1275 unter Heinrich von Isny und Peter Reich von Reichenstein entwickelt hatte, fand um 1300 ein jähes Ende, als mit dem Luxemburger Peter von Aspelt ein erklärter Gegner König Albrechts zum Bischof gewählt wurde. Peters Nachfolger, Otto von Grandson, eröffnete jene Reihe von Basler Bischöfen aus dem burgundischen Raum, die erst 1417 mit dem Tod Humberts von Neuenburg zu Ende ging und eine Gewichtsverlagerung der bischöflichen Territorialpolitik an die Westecke des Fürstbistums zur Folge hatte. Für die Geschichte Laufens ist wesentlich, dass die konfliktgeladene Politik der Bischöfe im 14. Jahrhundert die ökonomischen und administrativen Kräfte des Bistums überstieg, was unvermeidlich die Zerrüttung der Finanzen und des von den Bischöfen des 13. Jahrhunderts weitsichtig geplanten Herrschaftsgefüges zur Folge hatte. Besonders in der zweiten Hälfte des 14. Jahrhunderts führte die katastrophale Politik Johanns von Vienne statt zu einer Straffung und Verdichtung der landesherrlichen Gewalt im Laufental zu einer aus Verkäufen, Verpfändungen und kriegerischen Verlusten resultierenden Schrumpfung der territorialen Gewalt, die sogar die Auflösung des Fürstbistums befürchten liess. Auch die Herrschaft über Laufen war dem Fürstbistum entfremdet. Anteile am Laufner Dinghof, zu denen auch Herrschaftsrechte in der Vorstadt Laufen gehörten, müssen um 1318/20 an das Haus Habsburg-Österreich gelangt sein, das sie zunächst an den Herrn von Eptingen, später an den Herrn von Ramstein zu Lehen gab.[26] Dem Bischof gelang es erst in der zweiten Hälfte des 15. Jahrhunderts, seine Rechte und Besitztümer wieder zu bündeln und zu erweitern. Die österreichischen Rechte am Dinghof fielen 1459 wieder an den Bischof zurück. Bereits 1424 war es ihm gelungen, die ramsteinische Pfandschaft über Laufen zurückzukaufen, wodurch sich die territorialherrlichen Rechte in der Stadt wieder in bischöflicher Hand befanden. 1459 starb Freiherr Rudolf III. von Ramstein ohne legitime Erben. Sein unehelicher Sohn Hans Bernhard erhielt die Herrschaft Gilgenberg, während der Bischof für die Herrschaft Zwingen, die als verschworenes Lehen galt, das Heimfallrecht beanspruchte und den Besitz an sich zog.[27] Einen herrschaftlichen Vertreter konnte der Bischof jedoch zunächst nicht nach Zwingen entsenden, weil Rudolfs Witwe, Ursula von Geroldseck, das Schloss mit allen Urkunden beschlagnahmen liess und dort Wohnsitz nahm. Erst seit 1461 residierte ein

---

26 Meyer 1995, S. 25f.
27 Meyer 1995, S. 28.

bischöflicher Vogt in Zwingen. Der Konflikt um das ramsteinische Erbe zog sich bis zum Tod Ursulas im Jahr 1474 hin.[28]

Wichtig für das bischöfliche Territorium war auch ein weiterer Gebietszuwachs. 1452 hatte Bernhard von Rotberg die Reichsdörfer Blauen, Dittingen, Nenzlingen und Brislach an Rudolf von Ramstein abgetreten. Nach dessen Tod fiel dieser Besitz erbweise an die Rotberger zurück. Mit Einwilligung von Kaiser Friedrich III. verkauften sie die vier Dörfer an den Bischof. Dem Bischof war es gelungen, im Laufental einen kompakten Herrschaftsbezirk – die Vogtei Zwingen – zu bilden. Diese Verwaltungseinheit[29] blieb im Wesentlichen bis zum Ende des Fürstbistums im Jahr 1792 bestehen.[30]

Laufen – Zentralität mit Einschränkungen

Herrschaftliches Zentrum der im 15. Jahrhundert entstandenen Vogtei Zwingen wurde also nicht die Stadt Laufen, sondern das Dorf Zwingen, wo der Vogt im Schloss, der Landschreiber (bis 1748 gleichzeitig Amtsschaffner) in einem Amtshaus in der Nähe des Schlosses residierten. Der Landvogt vertrat die Obrigkeit im Untertanengebiet. Die Verwaltung der Vogtei führte er gemeinsam mit dem Schaffner, der auch für den Schriftverkehr mit der Zentrale in Pruntrut verantwortlich war.[31] Die Stadt behielt als Sitz des Amtsgerichts Laufen beschränkte herrschaftliche Zen-

---

28 Ausführlich Christ 1998, S. 235–243; vgl. auch Merz 1923, S. 15–29. Gleichzeitig beanspruchte auch Thomas von Falkenstein namens seiner Tochter, der Schwiegertochter des verstorbenen Ramsteiners, Zwingen.
Niemand hatte damit gerechnet, dass Ursula von Geroldseck, die ihren Gatten 1439 verlassen hatte, nach dessen Tod zurückkehren und sein Testament anfechten würde. Die verschiedenen Prozesse in diesem Erbstreit, die teilweise vor weit entfernten Gerichten stattfanden, und die verworrene Rechtslage führten dazu, dass der Bischof seine Interessen an der Herrschaft Zwingen zunächst nicht durchsetzen konnte. 1460 begab sich Rudolfs Witwe ins Burgrecht der Stadt Luzern. Im Frühjahr 1461 übergab ein luzernischer Bote dem bischöflichen Vogt auf der Feste Zwingen einen Fehdebrief gegen den Bischof. Kriegerische Auseinandersetzungen wären dadurch möglich geworden. Im Frühherbst brachen die Feindseligkeiten offen aus. Der Vogt von Zwingen kündigte dem Bischof die bevorstehende Ankunft von Luzerner Truppen an und bat um Anweisungen. Der Bischof konnte auf die Ankündigung nicht mehr reagieren. Der Luzerner Schultheiss nahm Zwingen ein und liess die Untertanen der Witwe huldigen. In der Folge kam es zu verschiedenen Vermittlungsversuchen, in denen sich der Bischof konsequent auf den Heimfall des Mannlehens berief, den er mittels Schriften belegen konnte. Der Konflikt endete jedoch damit, dass der Bischof seine Rechte von Ursulas Rechtsvertreter zurückkaufen musste. Das Leibgedinge Ursulas fiel mit ihrem Tod 1474 dahin. Die Auseinandersetzung mit Thomas von Falkenstein verlief etwa gleichzeitig ohne schriftlich festgehaltenen Spruch im Sand.
29 Zur Entwicklung der bischöflichen Amtsverwaltung im Allgemeinen, vgl. Weissen 1994, S. 246.
30 Meyer 1995, S. 28f. Einzige territoriale Veränderung war die Veräusserung Bärschwils: Die Gemeinde, die zum Amt Laufen gehört hatte, gelangte im Austausch gegen Eigenleute an die Stadt Solothurn, Amiet 1928, S. 89–91 und 169–172 sowie Ulbrich 1979, S. 188f. Zur Funktion der Leibeigenschaft in der Territorialpolitik, vgl. Ulbrich 1979.
31 Zu den Aufgaben von Landvogt und Schaffner, vgl. Schnyder 2001, Bd. 3, S. 171ff.

trumsfunktion,[32] die in ihrem Kern auf den Dinghof zurückging. Laufen konnte die Stadtrechtserteilung also nicht zu einem wesentlichen Ausbau der herrschaftlichen Funktion nutzen.

Im geistlichen und wirtschaftlichen Bereich war die Stadt jedoch ein zentraler Ort.[33] Besonders langlebig war die kirchliche Zentralität Laufens: Die Ursprünge der Martinskirche reichen ins 7./8. Jahrhundert zurück. Sie war Pfarrkirche und Friedhof für die Gemeinden Laufen, Dittingen, Röschenz, Wahlen und Zwingen. Erst vergleichsweise spät – im 17. Jahrhundert – äusserten einzelne Gemeinden der Pfarrei Laufen den Wunsch, selbständige Kirchgemeinden zu werden. Die intensive Laienfrömmigkeit der vorreformatorischen Zeit führte beispielsweise in der Birsecker Gemeinde Reinach bereits 1504 zur Forderung, sich aus dem Pfeffinger Kirchgemeindeverband, dem auch Aesch, Duggingen, Grellingen und Nenzlingen angehörten, lösen und eine eigene Kirchgemeinde gründen zu dürfen. Nach siebenjähriger Auseinandersetzung erreichte die Gemeinde, dass die St. Niklaus-Kapelle zur Pfarrkirche von Reinach erhoben wurde.[34] Das Bewusstsein, die Eigenverantwortung auch im religiösen Bereich zu tragen, ging den Gemeinden des Laufentals keinesfalls ab, setzten sie doch 1525 die Reformation durch. Von den acht Gemeinden im bischöflichen Gebiet, aus denen Beschwerdebriefe aus dem Bauernaufstand von 1525 überliefert sind, begehrten nur drei, Arlesheim, Oberwil und Laufen, eine bessere kirchliche Versorgung. Im Einzelnen wurde die Verwendung des grossen Zehnten für den Unterhalt des Pfarrers, die Residenzpflicht für Geistliche, das häufigere Lesen der Messe sowie das Einsetzen des Pfarrers nach dem Gefallen der Gemeinde gefordert. Die Stadt Laufen, welche die umfangreichsten Beschwerden formulierte, wollte zudem das geistliche Gericht aufheben. Ausserdem verlangten die drei Gemeinden die Abschaffung gewisser kirchlicher Abgaben.[35] Im 16. Jahrhundert entsprach der Kirchgemeindeverband Laufen offenbar noch den Bedürfnissen der angeschlossenen Gemeinden. Vielleicht überstieg die Errichtung separater Kirchgemeinden auch die finanziellen Möglichkeiten der Gemeinden. Röschenz machte, nachdem erste Forderungen im 17. Jahrhun-

---

32 Zur Zentralität als Aspekt der Stadtgeschichtsforschung, vgl. Maschke/Sydow (Hg.) 1974; Meynen (Hg.) 1979; Mitterauer 1980; Schulze (Hg.) 1985. Der Begriff «zentraler Ort» ist in der Forschung begrifflich wie inhaltlich-sachlich nicht unumstritten, vgl. Maschke/Sydow 1974, Diskussion, S. 289 ff. Schulze [(Hg.) 1985, Einführung, S. VII] kritisiert, dass der Begriff Zentralität die Rolle der Stadt überbetone und favorisiert deshalb die Kategorie Umland, die der Verflechtung von Stadt und Land besser Rechnung trage.
33 Zu den unterschiedlichen Aspekten von Zentralität (politisch, gerichtlich, kirchlich und solche des Marktwesens) und zu den Möglichkeiten der Anwendung in der Geschichtswissenschaft, vgl. Meynen (Hg.) 1979, Einführung; Mitterauer 1980a, bes. S. 35–51. Zur kirchlichen Zentralität, vgl. Ennen 1979. Methodische Anregungen zur Erfassung von Zentralität bei Kiessling 1979, bes. S. 184.
34 Vgl. dazu Othenin-Girard 2001, Bd. 2, bes. S. 178–180.
35 Vgl. dazu Berner 1994, S. 79 ff.; Berner 1995.

LAUFEN – ZENTRALITÄT MIT EINSCHRÄNKUNGEN

dert unerfüllt geblieben waren,[36] 1778 einen erneuten Anlauf, sich von Laufen loszulösen.[37] In einer vertraglichen Abmachung erreichte Röschenz zwar eine bessere geistliche Versorgung, die Loslösung scheiterte jedoch, obwohl Landvogt und Schreiber das Begehren unterstützt hatten, wohl nicht zuletzt am Widerstand des Laufner Pfarrers. Die kirchliche Selbständigkeit erreichten die Gemeinden erst seit dem 19. Jahrhundert: Röschenz wurde 1802 eine eigene Pfarrei, Wahlen 1839, Zwingen erst 1907. Dittingen konnte seine kirchliche Selbständigkeit seit 1802 nur vorübergehend aufrechterhalten, 1874 wurde die Gemeinde der Pfarrei Blauen zugeschlagen.

Bereits im Mittelalter war Laufen ein wirtschaftliches Zentrum, die Stadt verfügte über eine Mühle, und die natürliche Staustufe der Birs wurde zweifelsohne als Landestelle für auf dem Wasser transportierte Güter genutzt. Seit dem späten 15. Jahrhundert musste in Laufen ein Zoll,[38] vor allem auf das geflösste Holz, entrichtet werden.[39] Die Einnahmen aus dem Zoll flossen vollumfänglich dem Bischof zu.[40] Der Zöllner war als obrigkeitlicher Beamter von den Fronen, die die Vorstadtbürger zu leisten hatten, befreit.[41]

Das Marktrecht stellt einen wichtigen Aspekt städtischer Zentralität dar. In Laufen ist es erst seit der zweiten Hälfte des 16. Jahrhunderts belegt.[42] Eine Zunft ist 1601 erstmals fassbar, verschwindet jedoch nach einmaliger Erwähnung sofort wieder aus den Quellen. Erst im 18. Jahrhundert entstehen die Zünfte neu. Ihr Einfluss erstreckte sich über die Stadtgrenzen hinaus. Die Zünfte nahmen nicht nur Handwerker aus Landgemeinden als Mitglieder auf, sondern bildeten auch Knaben aus den Dörfern der Umgebung aus.[43] Seit dem 16. Jahrhundert gelang es der Stadt zwar, ihre Wirtschaft zu differenzieren (durch das Marktrecht, die Ziegelei, die Papiermühle, später die Zunftgründungen), ein namhafter Ausbau der ökonomi-

---

36 Daucourt 1899, Bd. 6, S. 57ff.
37 AAEB, B 234/11, 11.9.–21.10.1787, S. 461–547.
38 AAEB, B 293/7, 11.7.1497, Regest: «Die Berner intercedieren für die Münstertaler, sie des Zolls zu Lauffen als eine Neuerung zu erlassen [...].»
39 Vgl. dazu AAEB, B 142/2.
40 AAEB, B 142/3, o. D. (spätes 16./frühes 17. Jahrhundert), S. 3–9. Zum Laufner Zoll, vgl. auch AAEB, B 293/7.
41 Vgl. dazu den Vertrag von 1532, Art. 2.
42 Laufen verfügte seit 1566 über zwei Jahrmärkte, die Mitte Mai und auf Bartholomei (24.8.) stattfanden, AAEB, B 234/8, 6.11.1566, S. 227–234; StadtBALaufen, Urk. 31. In der Mitte des 18. Jahrhunderts fand der Jahrmarkt viermal statt. Die weiteren Märkte wurden am 14. Februar und am Fest des Heiligen Lukas (18.10.) durchgeführt, AAEB, B 234/11, 23.1.1748, S. 271. Wann die beiden zusätzlichen Jahrmarkttermine eingeführt wurden, ist nicht ganz klar. Ein Schreiben von 1654 bestimmte, dass am jetzigen Jahrmarkt die beiden neuen ausgerufen werden sollten. Möglich ist, dass damit keine zusätzlichen, sondern die beiden nächsten Termine gemeint waren, StadtBALaufen, Nr. 12, 20.8.1654, S. 66. 1575 forderte die Stadt anlässlich einer Huldigung die Einrichtung eines Wochenmarktes, AAEB, B 234/8, 1575, S. 258–263. Durchgeführt wurde er seit 1620, AAEB, B 234/9, 22.12.1620, S. 60–64.
43 Vgl. ausführlich Kap. 3.

schen Zentrumsfunktion gelang jedoch nicht. Die wirtschaftliche Anziehungskraft der Stadt strahlte in die Nachbarschaft aus, die städtische Wirtschaft blieb jedoch überwiegend auf die Bedürfnisse einer ländlichen Umgebung ausgerichtet.

In der Vogtei Zwingen schuf der Bischof zwei herrschaftliche Zentren: Den hierarchisch übergeordneten Vogteisitz in Zwingen und die Stadt Laufen, in der ein Meier die bischöfliche Herrschaft vertrat. Was mag den Bischof veranlasst haben, nicht die Stadt Laufen, sondern das Dorf Zwingen zum Wohnort seines Vogtes und damit zum Mittelpunkt der neu konstituierten Vogtei Zwingen zu machen? Drei Überlegungen könnten dabei eine Rolle gespielt haben: 1. Burg versus Wasserschloss oder Burg versus Stadt. In Zwingen stand eine Burg von bedeutendem Ausmass zur Verfügung; das Laufner Wasserschloss, innerhalb der Mauern gelegen, war viel kleiner. 2. Ein städtisches Zentrum versus zwei Zentren: eine Burg und eine Stadt. In Herrschaften, die einen geringen Institutionalisierungsgrad aufweisen, äussert sich Herrschaft direkt und konkret, sie ist an Personen und Orte gebunden. Es kann also Sinn machen, mehrere Punkte «georteter Herrschaft»[44] zu konstituieren. 3. Laufen – eine «Minderstadt»?[45] In der Stadt Laufen hatte sich der Bischof mit der Stadtrechtserhebung am Ende des 13. Jahrhunderts einen ummauerten Fixpunkt in seinem noch kleinen, zerstückelten Territorium geschaffen. Mit der Abrundung der Herrschaft im Laufental sollte die Stadt ihre Stellung zwar wohl behalten, nicht aber ausbauen können. Der Bischof hielt die Rechte Laufens bewusst klein.

Zu 1.: In Zwingen stand eine 1312 erstmals erwähnte Burg, deren Entstehung sich dendrochronologisch in die Mitte des 13. Jahrhunderts datieren lässt.[46] Die Anlage erstreckt sich über drei flache Felsinseln inmitten der in mehrere Arme geteilten Birs. Sie umfasste Bering, Tortürme, die Kernburg, eine Kapelle, Gräben und Zugbrücke.[47] Auch innerhalb der Laufner Stadtmauern hätte ein Herrschaftskomplex, das nachmalige Amtshaus, zur Verfügung gestanden. Über sein Aussehen um 1460 ist nichts Gesichertes bekannt. Gutscher entwickelte die These, dass das im 12./13. Jahrhundert entstandene Holzgebäude wohl in der zweiten Hälfte des 14. Jahrhunderts durch einen Steinbau ersetzt worden sei und seit diesem Zeitpunkt dem bischöflichen Meier als Wohnsitz gedient habe.[48] Die Laufner Anlage war viel

---

44 Ulbrich 1997, S. 4.
45 Als «Minderstädte» bezeichnet Stoob (1959, S. 23) Siedlungen, die «in den Privilegien bewusst durch eine eigene Terminologie – Weichbild, Freiheit, Tal, Markt – von den Städten abgehoben [werden], obwohl sie nach dem Katalog ihrer Rechte den zeitgenössischen Kleinstädten völlig ebenbürtig sind».
46 Reicke 1994, S. 34; Reicke 1995, S. 104f.
47 Meyer 1981, S. 164–166. Meyer entwickelte die These, die Herren von Ramstein als mutmassliche Erbauer des Schlosses hätten mit der Anlage die Gründung einer Stadt beabsichtigt, seien jedoch vom Basler Bischof in ihrem Bestreben zurückgebunden worden, Meyer 1981, S. 165; vgl. auch Meyer 1995, S. 22.
48 Gutscher 1994a, S. 224. C. A. Müller hatte 1975 behauptet, dass das Gebäude vom städtischen Meier seit dem 16. Jahrhundert als Wohnsitz genutzt wurde, Müller 1975a, S. 208.

kleiner als das Zwingener Schloss und militärisch unbedeutend. Das städtische Gebäude kam an die symbolische Kraft einer Feste wie Zwingen, die exponiert an der Birs stand und diese sicherte, nicht heran, es verschwand hinter den Stadtmauern. Dem Laufner Hof ging die Präsenz ab – nicht aber der Stadt Laufen, was den Bischof zum zweiten Grund geführt haben könnte.

Zu 2.: Eine ummauerte Stadt, war sie noch so klein, hatte in der offenen Landschaft eine Ausstrahlung. Laufen war und blieb ein Stützpunkt der bischöflichen Territorialherrschaft. Mit dem Vogteisitz im Schloss Zwingen, ebenfalls an der Birs gelegen, schuf der Bischof einen zweiten herrschaftlichen Eckpunkt. Die Birs als wichtige Handelsstrasse und wirtschaftliche Ressource wurde zweifach bewacht, was wohl weniger im engen Sinn militärisch, als vielmehr symbolisch und auch ökonomisch (Landestelle, Zollstätte[49] und Brückenkopf in Laufen) von Bedeutung war.

Dass diese beiden Zentren hierarchisch strukturiert waren, war zwar durchaus von Bedeutung, weil sie die bischöfliche Absicht zeigte, das städtische Entwicklungspotential zu beschränken, sowie für die Entwicklung der Stadt Laufen, die ihre Rechte nicht mehren konnte und für die städtische Bevölkerung, die unter Umständen über die Ferne des Vogtes nicht unglücklich war. Doch diese Tatsache minderte die Wirkung als Träger georteter Herrschaft nicht.

Für diese Thesen konnte ich keinerlei Belege finden. So fehlen etwa in den seit 1503 erhaltenen Bestallungsurkunden Angaben über eine Belehnung des Meiers mit dem Hof. Der Hof «bey dem langen Thurm» befand sich vielmehr seit dem frühen 17. Jahrhundert im Besitz adliger Familien, zunächst der von Hertenstein, dann der von Staal. Das Gebäude wurde in der «Beschreibung aller, und jeder Hausstätten, und Untertanen in dem Hochfürstlichen Oberamt Zwingen, Stadt und Amt Laufen, samt ihren Wohnungen und Häusern, wie selbe mit Feur und Liecht gesessen, beschriben mit Anno 1753» (AAEB, B 228/51) als «Staalischer Hof» bezeichnet, in dem Herr Conrad Markus Anthonius von Staal (1682 als Sohn von Franz Athanasius von Staal und Maria Franziska von Hertenstein in Laufen getauft) wohnte. Franz Athanasius von Staal war zwischen 1686 und 1721 Meier von Laufen gewesen, vgl. Kap. 7. Das Haus hatte er von seinem Schwiegervater Johann Hartmann von Hertenstein, der ebenfalls Meier gewesen war, erworben, AAEB, B 237/238, Mappe 2. Das Gebäude war 1613 von Jakob von Hertenstein, Landvogt von Zwingen, erbaut worden. Als Adliger erhielten er, seine Frau und seine Erben in der Stadt besondere Privilegien, wie die Befreiung von obrigkeitlichen Lasten und einen Anteil am Bürgernutzen. 1758 bat die Stadt Laufen um die Befreiung von der Beholzung der Familie von Staal, StadtBALaufen, Nr. 37, 6.4.1758, S. 171ff.; 28.4.1759, S. 183f.; vgl. auch die beiliegenden Abschriften vom 14.11.1614, S. 176f.; 23.7.1614, S. 177ff.; 18.1.1614, S. 181ff. Das Bauholzgesuch wurde von Baron von Ligertz namens Henri von Staal eingereicht, StadtBALaufen, Nr. 37, 5.3.1759, S. 174f. Vermutlich lebte zu diesem Zeitpunkt kein Mitglied der Familie mehr in Laufen und das Haus war verkauft worden. Konrad Mark(us) Anton von Staal, Chorherr von Moutier-Grandval, war zum Zeitpunkt der obigen Beschreibung bereits tot, vgl. HBLS, Art. Staal, nennt 1751 als Todesjahr, Bosshart-Pfluger 1983, S. 293 1752.

49   Während der Laufner Zoll seit dem späten 15. Jahrhundert belegt ist, wurde in Zwingen zumindest auf dem Wasser wohl kein Zoll erhoben. Dagegen scheint im 17. Jahrhundert ein – vom Bischof allerdings abgelehntes – Projekt eines Brückenzolls bestanden zu haben, AAEB, B 293, 3.6.1668.

Zu 3.: Mit der Konstituierung von Zwingen als (hierarchisch) erstem Aussenposten[50] seiner Herrschaft, zementierte der Bischof die Beschränkung Laufens als Stadt mit begrenzten Rechten und Entwicklungschancen. Laufen war und blieb jedoch terminologisch eine Stadt. Sie lässt sich vergleichen mit anderen im 13. Jahrhundert gegründeten Kleinstädten, die sich in ein bereits bestehendes, dichtes Netz anderer Städte einordnen mussten und dadurch von vorne herein nur beschränkte Entfaltungsmöglichkeiten hatten.[51] Als Minderstadt oder städtische Kümmerform[52] kann Laufen jedoch nicht bezeichnet werden: Ihre städtischen Privilegien wurden regelmässig bestätigt.[53]

Die Stadtrechtserteilung diente dem Bischof als territorialpolitisches Mittel.[54] Mit der Verleihung des Stadtrechts war die Umwandlung der offenen Dorfsiedlungen in eine landesherrliche Stadt rechtlich vollzogen. Ihre weitere Entwicklung hing weniger von den «burgenses» und ihrem Rat ab, als vielmehr von den Entscheidungen des Bischofs, die dieser im Rahmen seiner territorialpolitischen Massnahmen für Laufen traf.[55] Den landesherrlichen Städten kam, wie Rudolf Endres für Franken festhält, im territorialen Verdichtungsprozess eine zentrale Rolle zu, von Anfang an waren sie jedoch in die territoriale Verfassung und Organisation eingebaut. Das städtische Gemeindeleben, die Verfassung, Verwaltung und das Gericht war eindeutig landesherrlich-herrschaftlich bestimmt und die Städte nahmen nur eine eingeschränkte «beauftragte Selbstverwaltung» wahr. In solchen Städten gab es zwar einen Rat als Vertretung der Bürgerschaft, den Vorsitz aber führte der herrschaftliche Vogt, der auch ein Nominationsrecht für den Rat besass. Auch das Stadtgericht tagte unter dem Vorsitz des Vogtes, wobei die Ratsherren als Schöffen (Gerichtsleute) fungierten. Das Stadtgericht war lediglich Niedergericht, das Hochgericht stand der Obrigkeit allein zu.[56]

50 Hohkamp 1998, S. 11. Hohkamp weist mit Recht darauf hin, dass Herrschaft nicht nur unter zentralistischen Vorannahmen untersucht werden kann und lenkt ihr Augenmerk auf die lokale «Herrschaft in der Herrschaft», auf jene ländlichen und städtischen Orte, an denen staatlich-obrigkeitliche Herrschaft zur Praxis wird.
51 Stoob 1959, S. 21f.
52 Zur Minderstadt, vgl. oben, Anm. 45. Unter städtischen Kümmerformen versteht Stoob städtische Siedlungen, deren Entwicklung nicht (vom Stadtherrn) gewollt, sondern unfreiwillig gehemmt blieb oder abgebrochen wurde. Sehr verschiedene Gründe konnten dazu führen, dass Stadtentstehungen unfertig blieben. Fehlgründungen, Katastrophen oder Strukturwandel konnten zum Verlust städtischer Qualität führen, die wirtschaftliche Lage konnte das Aufschliessen zu älteren Städten in der Umgebung nicht zulassen, Stadtherren konnten zu stark oder zu schwach sein, Nachbarstädte den lästigen Konkurrenten niederhalten, Stoob 1959, S. 22f.
53 StadtBALaufen, Urk. 1 (1307), 2 (1313), 3 (1325), 4 (1336), 7 (1329), 8 (1365), 10 (1400), 11 (1420), 12, (1437), 13 (1458), 20, (1479), 24 (1503), 25 (1532), 29 (1555), 42 (1608), 44 (1628), 49 (1663), 53 (1693), 55 (1705), 61 (1778).
54 Zu den Zusammenhängen, vgl. Meyer 1995.
55 Meyer 1995, S. 25.
56 Endres 1991, S. 102.

In der Mitte des 15. Jahrhunderts hätte es der Bischof in der Hand gehabt, Laufen zum ersten Zentrum der Vogtei Zwingen zu machen. Dies tat er nicht: Er verfolgte damit die Absicht, die Stadt Laufen herrschaftlich unterzuordnen und in ihrem Entwicklungspotential zurückzubinden. Alle drei Gründe könnten meines Erachtens aus der Sicht des Bischofs dafür gesprochen haben, Herrschaft nicht nur in Laufen zu verorten, sondern in Zwingen ein hierarchisch übergeordnetes Herrschaftszentrum zu schaffen.

Das Hochstift Basel, ein geistliches Fürstentum in der Frühen Neuzeit

Das Fürstbistum Basel, das weltliche Herrschaftsgebiet des Bischofs von Basel, war eines der merkwürdigsten Gebilde im Reich und in Europa. Es erstreckte sich vom Bielersee zur Burgundischen Pforte, von den Jurahöhen bis in die oberrheinische Tiefebene. Die Anfänge des fürstbischöflichen Territoriums reichen ins Jahr 999 zurück, als König Rudolf III. von Hochburgund dem Bischof die Abtei Moutier-Grandval schenkte.[57] Gewachsen ist das bischöfliche Territorium vor allem im 13. Jahrhundert. Es zerfiel im 14. Jahrhundert allerdings wieder. Erst im Laufe des 15. Jahrhunderts gelang es dem Bischof, seine Herrschaft zu stabilisieren und verpfändete Rechte zurückzulösen.

Kurz nach dem Jahr 1000 ging das Königreich Hochburgund und mit ihm auch Basel an das Deutsche Reich über. Der Basler Bischof war als Herrscher über ein geistliches Fürstentum bis 1803 Reichsfürst.[58] Nach dem Übergang des Elsass' an Frankreich im Jahr 1648 bildete das Fürstbistum eine Exklave, die vom Rest des Reichs getrennt war. Mit Frankreich erhielt das Fürstbistum einen übermächtigen Nachbarn und lief Gefahr, in Kriege hineingezogen zu werden. Das Reich konnte dem Bistum nur schwer Unterstützung leisten, Truppen beispielsweise liessen sich ohne Verletzung der eidgenössischen Neutralität nicht ins Fürstbistum entsenden. Die Bischöfe suchten nun noch entschiedener den eidgenössischen Schutz.[59] 1652 wurde das Fürstbistum für fünf Jahre in die Defensionale von Wil, ein gemeinsames eidgenössisches Verteidigungsbündnis, einbezo-

---

57 Berner 1999, S. 57. Zu den groben Zügen der Rechts- und Territorialentwicklung, vgl. Berner 1999, bes. S. 59–62.
58 Jorio 1981, S. 3: Ein grosser Teil des Fürstbistums ging nach der Flucht des Bischofs aus Pruntrut im April 1792 verloren. Nach 1792 übte der Bischof die weltliche Herrschaft weiter aus: bis Ende 1797 im helvetischen, neutralen Teil des Hochstifts, bis Ende 1802 in den rechtsrheinischen Besitzungen. Noch 1803 hatte er als vollberechtigter Reichsstand Sitz und Stimme im Reichstag.
59 Zum Bündnis des Fürstbistums mit den katholischen Orten, vgl. unten. Dieses seit 1579 bestehende Bündnis wurde 1715 letztmals für zwanzig Jahre verlängert. 1739 schloss der Bischof eine Allianz mit Frankreich. Sie steht in Zusammenhang mit den Landestroublen, die der Bischof ohne fremde Hilfe nicht zu beenden vermochte, Abplanalp 1971, S. 24. Zu den Landestroublen, vgl. Suter 1985.

gen.[60] Die Aufnahme des Fürstbistums in die Eidgenossenschaft stiess jedoch auf Ablehnung.[61]

Die Bevölkerung des Fürstbistums bildete sprachlich, konfessionell, wirtschaftlich[62] und staatsrechtlich keine Einheit. Die Mehrheit der Untertanen sprach französisch; deutsch sprechend waren nur die Ämter Zwingen, Pfeffingen, Birseck und Schliengen, die Stadt Biel und der bischöfliche Hof. Die Reformation, die die Fürstbischöfe aus ihrem Bischofssitz Basel nach Pruntrut vertrieben hatte, trennte das Hochstift in einen reformierten Süden und einen zahlenmässig stärkeren katholischen Norden.[63] Nach 1525 hatte auch eine Reihe von Gemeinden in den Vogteien Birseck und Zwingen den neuen Glauben angenommen. Während rund sechzig Jahren blieb dieser konfessionelle Gegensatz zwischen dem Fürsten und seinen Untertanen bestehen.[64]

Überaus kompliziert waren die staatsrechtlichen Verhältnisse. Einzelne Gegenden des Fürstbistums standen mit eidgenössischen Orten in Burgrechtsverträgen: so die Stadt Biel mit Bern, Freiburg und Solothurn, La Neuveville am Bielersee und die Propstei Moutier-Grandval mit Bern, die Abtei Bellelay und das Chorherrenstift Moutier mit Solothurn. Zwischen 1525 und 1585 bestand ein Burgrecht zwischen den Gemeinden Laufen, Bärschwil, Liesberg, Röschenz, Wahlen und der Stadt Basel, ein weiteres verband die Stadt mit Reinach, Oberwil, Therwil, Ettingen und Allschwil.[65] Die Stadt Biel war zugewandter Ort der Eidgenossen mit Sitz und Stimme in der Tagsatzung.

Seit 1579 bestand ein Bündnis zwischen dem Fürstbischof und den sieben katholischen Orten der Eidgenossenschaft, das ihm ausdrückliche Hilfe zum Schutz des katholischen Glaubens in seinem Territorium zusicherte.[66] Aber alle Versuche der Fürstbischöfe im 17. und 18. Jahrhundert, in den Bund der Eidgenossen aufgenommen zu werden, scheiterten am konfessionellen Gegensatz.[67] Wegen der engen Bindungen der südlichen Ämter an einige eidgenössische Orte galten sie als schweizerisch, während der Norden und die rechtsrheinische Herrschaft Schliengen

60 Zur Entstehung der Defensionale von Wil 1647, vgl. Körner 1986, S. 437; Peyer 1978, S. 93 ff.
61 Berner 1999, S. 68 f.; vgl. auch unten.
62 Einen Überblick über die Wirtschaft des Hochstifts im 18. Jahrhundert gibt Jorio 1981, S. 9–12; zur fürstbischöflichen Wirtschaftspolitik, vgl. Abplanalp 1971.
63 Jorio 1981, S. 5.
64 Zur Annahme der Reformation und zur Rekatholisierung, vgl. Berner 1994, S. 74 ff., 128 ff., Berner 1989, S. 143 ff.
65 Berner 1989, S. 17–20; zur Ausserkraftsetzung 1585, vgl. Berner 1989, S. 178 sowie unten.
66 Im Hof (1987, S. 9) führt das Fürstbistum als zugewandten Ort der Eidgenossenschaft auf.
67 Jorio 1981, S. 6. 1702 stellte Bischof Rinck von Baldenstein ein Gesuch um Aufnahme des Bistums in die Eidgenossenschaft, stiess jedoch auf Ablehnung, wobei, so Berner (1999, S. 69) «die Reserve mindestens so sehr bei den katholischen Innerschweizer Orten lag. Das Verhältnis zum Bistum war bei den Eidgenossen eben ein zwiespältiges».

weiterhin zum Reich gehörten. Wo die Reichsgrenze genau verlief, blieb bis zum Untergang des Fürstbistums unklar.

Nicht weniger kompliziert waren die kirchlichen Verhältnisse. Das Fürstbistum (das Hochstift) gehörte zu vier Diözesen: Besançon (Ajoie), Konstanz (Schliengen), Lausanne (die Ämter südlich des Pierre-Pertuis) und Basel. Erst 1779 kam die Ajoie mit der fürstlichen Residenzstadt Pruntrut im Tausch gegen Pfarreien im Elsass zur Diözese Basel. Das geistliche Herrschaftsgebiet des Basler Bischofs, die Diözese, erstreckte sich über das Oberelsass, den Grossteil des Hochstifts, das vorderösterreichische Fricktal, grosse Teile Solothurns (das Dekanat Buchsgau) und Basels. Hier übten die Bischöfe aber seit der Reformation keine Jurisdiktion mehr aus.[68]

Die Macht lag in den Händen des Fürstbischofs, des Domkapitels und der Landstände. Das Domkapitel war nicht nur die Wahlbehörde des Bischofs, sondern zugleich oberste Administrationsbehörde auch in weltlichen Belangen. Während einer Sedisvakanz hatte es die Souveränität inne. Wichtige politische Geschäfte musste der Bischof dem Domkapitel zur Bestätigung vorlegen. Der Einfluss des Domkapitels ging jedoch zunehmend zurück, bedingt wohl auch durch die räumliche Trennung von der bischöflichen Residenz.[69]

Die Landstände setzten sich aus Vertretern des Adels, des Klerus und des so genannten Dritten Standes – Abgeordnete der Städte und der Landvogteien – zusammen.[70] Tatsächlich rekrutierten sich die Ständevertreter vor allem aus dem Kreis der Adligen und der obrigkeitlichen Beamten. Die Landbevölkerung war nicht vertreten.[71] Die Tatsache, dass sich die Kompetenz der Landstände auf Steuerfragen

---

68 Jorio 1981, S. 5f., vgl. auch die Kartenbeilage zu HS I/1.
69 Das Domkapitel kehrte 1678 aus seinem Exil in Freiburg in Breisgau zurück und übersiedelte nach Arlesheim, vgl. Ackermann 1999, Bosshart-Pfluger 1983. Bei Bosshart-Pfluger wirkt das Domkapitel als Gremium, das durch enge verwandtschaftliche Beziehungen mit dem Fürsten verbunden, aus diesem Grund jedoch abhängig und auch wenig eigenständig war. Während der Troublen übernahm es die Vermittlung zwischen Untertanen und dem Bischof. Zum Domkapitel, vgl. auch Weissen 1994, S. 221f. Weissen beschreibt bereits das mittelalterliche Domkapitel als Behörde mit beschränkten Einflussmöglichkeiten, da der Bischof die Herrschaftspraxis fest in der Hand behielt. Das Domkapitel selbst habe sich als Kontrollinstanz des Bischofs verstanden.
70 Suter (1985, S. 42f.) spricht von 28 Vertretern: einem des Adels, acht des Klerus und 16 des Dritten Standes (sechs Vertreter der Städte Biel, Neuenstadt, Delsberg, Pruntrut, Laufen und St-Ursanne, zehn Vertreter der Landvogteien, also auch aus Zwingen, Pfeffingen und Birseck). Die Addition der Ständevertreter ergibt 25 und nicht 28. Ballmer (1962/63, S. 82f.) zählt die Ständevertreter (insgesamt 26) auf und verweist auf die Tatsache, dass einzelne Stände nur einmal oder nur sporadisch an der Ständeversammlung teilnahmen. Mandate konnten ausserdem zusammengelegt und delegiert werden: 1630 erhielt der Vogt von Birseck, Johann Jakob Rinck von Baldenstein, Vollmacht, im Namen Laufens sowie der Vogteien Birseck, Pfeffingen und Zwingen auf der Versammlung der Landstände, dem Landtag, zu sprechen, Berner 1994, S. 99.
71 Schnyder 2001, Bd. 3, S. 168.
    Vgl. die Kontroverse um Bedeutung und Einfluss der Bauern auf den Landtagen zwischen Blickle – er plädiert für eine Zunahme desselben im 18. Jahrhundert – und Press, der in den

beschränkte, verweist auf das anfänglich geringe politische Gewicht der Landstände. Trotz allem kam diesen ersten, unregelmässigen Versammlungen des späten 16. Jahrhunderts insofern grosse Bedeutung zu, als sie dem politischen Anspruch des Landes und der sie repräsentierenden Vertreter praktisch zum Durchbruch verhalfen, dass steuerliche Belastungen der Untertanen nur mit ihrer Zustimmung und Mitverantwortung durchzusetzen seien. Erst seit der Mitte des 17. Jahrhunderts erlangten die Stände wachsende politische Bedeutung.[72] Gegen Ende des 17. Jahrhunderts und vor allem aber im 18. Jahrhundert – Stichwort Verwaltungsreform von 1726 – wurde der frühere Dualismus Fürst-Stände zugunsten einer ausgeprägten Suprematie des Fürsten abgelöst.[73] Im Bistum fehlte eine Herrschaftselite als antagonistische Kraft, die den Herrschaftsanspruch des Bischofs hätte einschränken können. Die Landstände hatten zunächst noch eine gewisse Gegenkraft gebildet, dem Bischof gelang es jedoch, ihren Einfluss zu Beginn des 18. Jahrhunderts zurückzudrängen.[74]

Die Zentralverwaltung des Fürstbistums in Pruntrut,[75] die im 18. Jahrhundert bis zu 200, grösstenteils bürgerliche Beamte zählte,[76] bestand aus dem vier- bis fünfköpfigen Geheimen Rat (conseil intime), der eigentlichen Regierung, dem Hofrat (conseil aulique), der richterlichen Behörde (gleichzeitig Appellationsinstanz für Entscheide des Landvogts), dem erst seit 1726 bestehenden[77] Hofkammerrat (conseil des finances), der zuständig war für Finanz- und Wirtschaftsfragen, und der Offizialität, der geistlichen Behörde der Diözese. Daneben gab es für Spezialfragen eine Reihe von Kommissionen, nach der Verwaltungsreform von 1726 waren es 14 an der Zahl.[78]

Ständen ein «oligarchisches Gebilde, schlimmer ineinander verfilzt als manche vergleichbare Adelskorporation» sieht, zit. nach Trossbach 1993a, S. 83.
72 Suter 1985, S. 318f.
73 Suter 1985, S. 17.
74 Ausführlicher, vgl. unten.
75 1770 lebten 2408 Personen in der Stadt, 665 waren Angehörige der Residenz, Abplanalp 1971, S. 26. Im Vergleich mit anderen sehr viel grösseren Residenzstädten scheint mir das viel. In Kassel beispielsweise lebten in der zweiten Hälfte des 18. Jahrhunderts zwischen 275 und 480 Hofbedienstete in der Residenz, direkt oder indirekt waren 12.5 Prozent der Bevölkerung, rund 2500 Personen, vom Hof abhängig, Stieglitz 2000, S. 324f. Zur Residenzstadt Durlach, allerdings ohne Angaben zur Anzahl Angehöriger der Residenz, vgl. Asche/Hochstrasser 1996.
76 Zu den Anfängen der bischöflichen Zentralbehörden, vgl. Weissen 1994, S. 220ff. Zur Entwicklung der Zentralverwaltung seit dem Spätmittelalter am Beispiel des fürstbischöflichen Archivs, vgl. Rebetez 1996 und 1997. Die Anfänge der Zentralverwaltung scheinen bescheiden gewesen zu sein. In der Mitte des 16. Jahrhunderts kam der Bischof offenbar mit einem Sekretär aus, Abplanalp 1971, S. 14.
77 Abplanalp 1971, S. 14.
78 Jorio 1981, S. 7; Abplanalp 1971, S. 11ff.

Zum Verhältnis von Obrigkeit und Untertanen

Die komplizierten Herrschaftsverhältnisse blieben nicht ohne Auswirkungen auf die Herrschaftspraxis. Die Verfügungsgewalt des Bischofs über die hohe Gerichtsbarkeit und über die kaiserlichen Regalien boten zwar die Grundlage für die Entwicklung der Landeshoheit, die Machtstellung des Bischofs in seinen Territorien war jedoch sehr unterschiedlich ausgeprägt und vielfältig eingeschränkt. Das Domkapitel, das spätestens seit 1499 über verfassungsmässige Kompetenzen in Finanzfragen verfügte, sowie die 1566 erstmals einberufenen Landstände setzten der Herrschaftsausübung des Fürstbischofs finanzielle Schranken.[79] Begrenzt war der herrschaftliche Zugriff auch, weil einerseits geistliche Institutionen und Lehensleute über Grundbesitz und niedere Gerichtsrechte verfügten, andererseits weil sich Städte und Landgemeinden je eigene Freiheiten und Rechtsstellungen zu verschaffen wussten. Am stärksten hatte sich die Stadt Biel der Kontrolle des Bischofs entzogen. Auch im seit 1486 mit Bern verburgrechteten Münstertal gelang es dem Bischof kaum, tatsächliche Macht auszuüben und dadurch nicht nur die formelle, sondern die effektive Landeshoheit zu erlangen.[80] Im nördlichen Teil des Fürstbistums waren die Voraussetzungen für die Konsolidierung der bischöflichen Herrschaft besser. Die Städte Pruntrut, Delsberg, St-Ursanne und Laufen kamen in ihrer Bedeutung nicht an Biel heran und vermochten sich auch nicht im selben Mass vom Bischof zu emanzipieren, obwohl Laufen seit 1525 mit der Stadt Basel verburgrechtet war.[81] Dass es den Gemeinden auch im nördlichen Teil des Fürstbistums bis in die zweite Hälfte des 16. Jahrhunderts gelang, eine stärkere herrschaftliche Durchdringung abzuwehren und erhebliche Spielräume für eigenständiges Handeln zu wahren,[82] hängt nicht zuletzt damit zusammen, dass die bischöfliche Herrschaft schwach blieb, solange ihr eine sichere finanzielle Basis fehlte.[83]

79 Suter 1985, S. 42f. Das Ziel der ersten Zusammenrufung der Landstände bestand darin, die Untertanen auf dem Verhandlungsweg zur Mithilfe bei der Zahlung von Reichssteuern zu bewegen. Obwohl das Reichsrecht den Landesfürsten ausdrücklich die Möglichkeit zugestand, die Untertanen zum Zweck ausserordentlicher Reichssteuern zu belasten, waren frühere Versuche der Fürstbischöfe gescheitert, Reichssteuern auf der Grundlage autoritärer, einseitiger Verfügungen auf die Untertanen zu überwälzen, Suter 1985, S. 318.
80 Das Münstertal wurde anders als die Gemeinden des Birsecks und des Laufentals beispielsweise nicht rekatholisiert. Zum Scheitern der Rekatholisierungsbemühungen in den südlichen Teilen des Fürstbistums, vgl. Zünd 1999, S. 216–221. Zur Auseinandersetzung des Fürstbischofs mit Bern um das Münstertal im frühen 18. Jahrhundert, vgl. Stähli 1973.
81 Die beiden Burgrechtsverträge, die die Stadt Basel mit Laufen, Wahlen, Röschenz, Liesberg und Bärschwil sowie mit Reinach, Therwil, Ettingen und Allschwil am 9. September 1525 abschloss, sind in Zusammenhang mit den territorialpolitischen Rivalitäten zwischen Basel und Solothurn zu sehen, vgl. Berner 1989, S. 17ff., 28f. Zur solothurnischen Territorialpolitik, vgl. Amiet 1928/29. Zum Abtausch der Eigenleute zwischen dem Bischof, Basel und Solothurn, vgl. Ulbrich 1979, S. 188f.
82 Dies hat Hans Berner in seiner Untersuchung zum Birseck und Laufental von 1994 nachgewiesen.
83 Schnyder 2001, Bd. 3, S. 168.

Eine entscheidende Stärkung der bischöflichen Herrschaft gelang während der Regierung von Bischof Jakob Christoph Blarer von Wartensee,[84] «einem der fähigsten Bischöfe, die das Fürstbistum je besass».[85] Blarer war entschlossen, den Einfluss Basels im Fürstbistum zurückzudrängen und die reformierten Gebiete zu rekatholisieren. Angesichts der territorialpolitischen Konkurrenz zwischen Solothurn, Bern und Basel, die eine Expansion Basels im Birstal als unrealistisch erscheinen liess, bestand Basels Bistumspolitik darin, das Fürstbistum als Gebilde zu schützen, es aber möglichst eng an Basel zu binden und als Basler Protektorat zu erhalten. Für die Bischöfe gab es in der ersten Hälfte des 16. Jahrhunderts kaum eine Alternative zu dieser Art der Anlehnung an Basel. Mehrmals brauchten sie Geld; Basel gab Darlehen zu günstigen Konditionen und zeigte sich nachsichtig, wenn die Zinszahlungen nicht immer prompt eingingen. Im Verlauf des 16. Jahrhunderts veränderten sich die politischen Umstände; und Blarer wusste sie für sein Vorhaben nutzbar zu machen: Die wachsenden konfessionellen Spaltungen in der Eidgenossenschaft führten dazu, dass er die katholischen Orte 1579 für ein Bündnis gewinnen konnte – 25 Jahre zuvor hatten sie sich dafür nicht interessiert. Mit ihrer Hilfe setzte Blarer 1585 auf einem Schiedsgericht in Baden durch, dass die Stadt Basel sich aus dem Burgrecht mit den bischöflichen Untertanen zurückziehen musste. Vor allem aber wurde Basel gezwungen, dem Bischof als Abgeltung für die alten Herrschaftsrechte in Stadt und Landschaft Basel die gigantische Summe von 200 000 Gulden zu bezahlen. Der Bischof erhielt dadurch finanzielle Bewegungsfreiheit, wie sie vorher noch kein Bischof besass. Er konnte von aussen praktisch ungehindert das Birseck und das Laufental rekatholisieren und auch in anderen Bereichen die bischöfliche Position ausbauen. Unter Blarer wurde die bischöfliche Herrschaft entscheidend gestärkt, und das Fürstbistum konnte sich in den nördlichen Teilen zu einem selbständigen frühneuzeitlichen Territorialstaat entwickeln.[86]

Die Jahre des Dreissigjährigen Krieges führten zu einer Erschütterung der bischöflichen Herrschaft. Der Bischof konnte seinen Untertanen Schutz und Schirm nicht gewähren und vermochte damit einer fundamentalen Herrscherpflicht nicht nachzukommen. Er befand sich zeitweise ausser Landes, das insbesondere in den 1630er Jahren unter grossen Verwüstungen litt.[87] 1630 sah sich der Bischof – letztmals für hundert Jahre – mit bewaffnetem Widerstand der Laufentaler Gemeinden konfrontiert, der allerdings sehr schnell zusammenbrach. Die Dramatik des Wider-

---

84 Vgl. Rennefahrt 1960/61.
85 Berner 1999, S. 65.
86 Berner 1999, S. 64f., ausführlich zur Basler Bistumspolitik Berner 1989, zum Vertrag von Baden, ebd., S. 165ff., zur Rekatholisierung, vgl. Berner 1994, S. 128ff.
87 Die Geschichte des Dreissigjährigen Krieges in Birseck und Laufental ist noch weitgehend unerforscht, vgl. Fridrich 1998. Zum Dreissigjährigen Krieg in den angrenzenden Territorien Basel beziehungsweise Solothurn, vgl. Stritmatter 1977, Roth 1946.

standes gegen die Kriegskontributionen kontrastiert mit dem schnellen Zusammenbruch der Erhebung. Letztlich bleibt offen, weshalb sich die bischöfliche Regierung unter Einsatz vergleichsweise bescheidener Mittel gegen die anfängliche Entschlossenheit der Gemeinden durchsetzen konnte.[88]

Am Beispiel der Huldigung, die die Untertanen dem Bischof zu leisten hatten, weist Berner nach, dass sich vom 16. zum 17. Jahrhundert Veränderungen in den Beziehungen zwischen Herrschaft und Beherrschten ergaben. Im 16. Jahrhundert leisteten die Laufner die Huldigung erst, nachdem sie dem Bischof Forderungen vorgetragen hatten und damit verdeutlichten, dass sie das Herrschaftsverhältnis als ein auf Gegenseitigkeit beruhendes Austauschverhältnis ansahen. Im 17. Jahrhundert bot die Huldigung zwar immer noch Gelegenheit, Beschwerden vorzutragen; die Untertanen legten den Eid jedoch ab, ohne ihn von konkreten Zusagen der Obrigkeit abhängig zu machen. Im Verlauf des 17. Jahrhunderts verlor die Huldigung zunehmend den Charakter einer Vereinbarung, über die es zwischen Herrschaft und Untertanen zu einem eigentlichen Dialog kam.[89] Die Untertanen der Vogtei Zwingen wollten die Huldigung 1657 dazu nutzen, dem Bischof einen Katalog von sechs Beschwerden – sie betrafen vor allem Nutzungsrechte über dörfliche Ressourcen und die Belastung durch Dienste und Fronen – vorzutragen. Dieser forderte die Untertanen jedoch dazu auf, zuerst den Eid zu leisten und ihm ihre Klagen anschliessend schriftlich einzureichen.[90] Es dürfte kein Zufall sein, dass sich in den Quellen keine Antwort auf die Supplikation der Untertanen findet, bestätigt dies doch Berners Befund, dass die Obrigkeit den Gemeinden den Dialog über die Gegenseitigkeit des Herrschaftsverhältnisses verweigerte.

Der Wandel der Herrschaftsverhältnisse lässt sich sowohl am Verlauf von Huldigungen, wie auch im Inhalt von Huldigungseiden erkennen: «Musste noch im 16. Jahrhundert die Herrschaftsordnung immer wieder im Konsens zwischen Untertanen und Obrigkeit bestärkt werden, so gingen im 17. Jahrhundert den Gemeinden die Möglichkeiten weitgehend verloren, über den Akt der Huldigung das Verhältnis mit der Obrigkeit direkt mitzugestalten. Am Beispiel der Huldigung ist nachzuvollziehen, dass politische Handlungsspielräume, wie sie im 16. Jahrhundert von den Gemeinden noch genutzt werden, im 17. Jahrhundert verschwanden. Wie die Untersuchung von Huldigungseiden zeigt, verstärkten sich parallel dazu die obrigkeitlichen Bemühungen, die Untertanen auf vorgeschriebene Verhaltensweisen festzulegen.»[91] Schlagwortartig lässt sich diese Veränderung der Herrschaftsverhältnisse als eine von der «Herrschaft mit Bauern» zur «Herrschaft über Bauern»[92] charakterisieren.

88 Berner 1994, S. 98–116.
89 Berner 1994, S. 30–38.
90 AAEB, B 234/9, 1657, S. 188–190, vgl. auch B 185, Mappe 1.
91 Berner 1994, S. 30 ff., Zitat: S. 38. Zur Huldigung allgemein Holenstein 1990.
92 Die Begriffe stammen von Heide Wunder 1986, S. 33, 80; vgl. auch Trossbach 1993a, S. 25.

Widerstand gegen die erstarkende bischöfliche Herrschaft

Obwohl die bischöfliche Herrschaft im Dreissigjährigen Krieg versagte, indem sie eine zentrale Herrschaftspflicht – die Ausübung von Schutz und Schirm – nicht gewährleisten konnte, ging der Bischof, ähnlich wie andere Fürsten, gestärkt aus dem Krieg hervor. Wirtschaftspolitisch[93] förderte der Bischof die Erneuerung und Kommerzialisierung insbesondere der Vieh- und Milchwirtschaft und den Ausbau der Industrie. Unter Zuhilfenahme der ihm zustehenden Regalien trieb er besonders den Eisenerzabbau voran – dies nicht zuletzt auf Kosten der Menschen im Bistum, die im Bereich der Waldnutzung Einschränkungen hinnehmen mussten.[94] Die gewerbe- und handelspolitischen Massnahmen des Fürsten waren nicht durch ökonomische Überlegungen geleitet; interessiert war er primär an der Mehrung der Einnahmen seiner Kammer und damit seiner eigenen Macht.[95] In der zweiten Hälfte des 17. Jahrhunderts kam es unter verstärktem Einbezug der Landstände zum Ausbau des Bistums zum ständestaatlichen Fürstentum.[96] Die erstarkende Staatlichkeit äusserte sich in der Erhebung neuer Steuern[97] und im Aufbau eines stehenden Heeres; die Staatseinnahmen stiegen in der zweiten Hälfte des 17. Jahrhunderts gegenüber dem Zeitraum von 1580 bis 1650 um 627 Prozent. Im Gleichschritt und in Wechselwirkung mit der gewaltigen Zunahme der Staatssteuern konnten die Stände ihren politischen Einfluss merklich ausbauen.[98] Durch die Mitwirkung bei der Lösung von Steuer-, Militär- und politischen Problemen bauten die Stände nicht nur ihre Kompetenzen aus, sondern trugen damit wesentlich zur Stärkung des Bischofsstaates und zur staatlichen Weiterentwicklung bei.[99] Seit dem frühen 18. Jahrhundert änderte sich dieses von einem wechselseitigen Konsens geprägte Verhältnis zwischen Fürstbischöfen und Landständen grundlegend. Ausdruck dieser Entwicklung war vor allem der wachsende Widerstand, den die Stände den immer neuen staatlichen Steuerforderungen entgegensetzten.[100] Weil sich die

---

93 Zur Wirtschaftspolitik, vgl. Abplanalp 1971; Suter 1985, S. 238–314.
94 Für das Laufental erliess der Bischof 1601 eine Waldordnung, die die bäuerliche Nutzung reglementierte und einschränkte, ausführlich Fridrich 2001, Bd. 6, S. 199. Zum obrigkeitlichen Diskurs um die Verknappung der Ressource Holz, vgl. Radkau 1983 und 1986.
95 Medick (1996, S. 39) weist nach, dass die Rolle frühneuzeitlicher Fürstenstaaten für die Ausbildung von Exportgewerbe und Handel bisher überbewertet wurde.
96 Zur Rolle und Bedeutung der Landstände, vgl. Suter 1985, S. 320.
97 1659 wurde die Akzise, eine indirekte Steuer auf Wein und andere tägliche Verbrauchs- und Handelsgüter, erstmals bezogen. Die neue Steuer sollte zunächst nur dazu dienen, die im Dreissigjährigen Krieg stark angewachsene Verschuldung des Bischofs abzubauen. Tatsächlich blieb die Steuer jedoch bis zum Ende des Fürstbistums bestehen, Berner 1994, S. 205. Auch die ausserordentlichen Reichssteuern wurden so oft erhoben, dass sie den Charakter regelmässiger Abgaben erhielten. Vom Reich zur Kasse gebeten wurde das Fürstbistum in den Jahren 1650, 1663, 1685, 1690, 1712, 1721, 1733, 1757, 1758, 1760, Suter 1985, S. 283.
98 Suter 1985, S. 319f.
99 Suter 1985, S. 320.
100 Suter 1985, S. 320f.

Stände selbst durch eindringliche Aufforderung des Bischofs nicht umstimmen liessen, sondern an ihren ursprünglichen Beschlüssen festhielten, griff der Bischof zu autoritären Mitteln und weigerte sich kurzerhand, die Ständeversammlung einzuberufen. Mit dem Angriff auf das ständische Steuerbewilligungsrecht und der eigenmächtigen Entscheidung des Bischofs über die Weiterführung der Akzise und die Entnahme von Geldern aus der Staatskasse war endgültig jener Zustand erreicht, der als absolutistisches[101] Fürstentum charakterisiert werden kann. Der Fürstbischof regierte jetzt seinen Bischofsstaat in alleiniger Verantwortung. Die Mitwirkung der Stände in finanziellen und in politischen Fragen war ebenso abgeschafft wie das seit dem 16. Jahrhundert bestehende ständische Steuerbewilligungsrecht.[102]

Die vermehrte herrschaftliche Abschöpfung blieb jedoch in den Gemeinden nicht unwidersprochen. Die Untertanen der Herrschaft Zwingen und der Stadt Laufen wehrten sich am Ende des 17. Jahrhunderts zweimal in Supplikationen[103] an den Bischof gegen die obrigkeitliche Schmälerung ihrer Ressourcen sowie für den Schutz ihrer Rechte und Privilegien. Die Beschwerden von 1693, die die Gemeinden der Vogtei ohne die Stadt Laufen erhoben, richteten sich vor allem gegen Leistungen, die sie dem Landvogt von Zwingen zu erbringen hatten. Da Laufen von den Fronen für den Landvogt befreit war, sah die Stadt wohl keine Veranlassung, sich am Protest zu beteiligen. Der Konflikt dauerte rund zwei Monate: Im Oktober reichten die Untertanen die Supplikation an den Bischof ein. Anfang November lud die Obrigkeit beide Parteien, Vertreter der Gemeinden und Landvogt Johann Franz von Roggenbach, vor den Hofrat in Pruntrut. Nach Verhandlungen im November entschied der Bischof Mitte Dezember 1693 und wies die Beschwerden weitgehend ab. Die Ausschüsse der Gemeinden wurden ausserdem dazu verpflichtet, im Beisein von Stadtmeier, der Bürgermeister von Laufen, von Amtmeier und Zwingener

---

101 Suter (1985, S.17) verwendet den Begriff Absolutismus für die Zeit zwischen dem Ende des Dreissigjährigen Krieges (1648) und dem Ende des Siebenjährigen Krieges (1763). Als übergreifendes, einheitsstiftendes Merkmal dieses Zeitraumes und als Grund, ihn als eine eigenständige Epoche und Ära anzusprechen, nennt er die Tatsache, «dass der frühere Dualismus von ständischer und fürstlicher Macht jetzt durch eine mehr oder weniger ausgeprägte Supremacie des Fürsten abgelöst wurde, die im Rahmen des Kräfte- und Spannungsverhältnisses zwischen diesen früher gleichgewichtigen Gewalten die eindeutige Führungsposition erringen konnte.»
Als Epochenbezeichnung hat Absolutismus in den letzten Jahrzehnten an Bedeutung verloren, vgl. Hohkamp 1998, S. 13–17. Den Zusammenhang zwischen Absolutismus und «frühmodernem Staat» thematisierte Blänkner 1992.
102 Ausführlich Suter 1985, S. 321f.
Mit Hilfe eines kaiserlichen Schiedsspruches schränkte der Bischof die ständischen Kompetenzen, Steuern zu bewilligen, ein und reduzierte sie 1736 auf das Recht der Verteilung der in der Höhe vom Fürsten festgelegten ausserordentlichen Lasten, Abplanalp 1971, S. 19.
103 Zu Supplikationen als Mittel gemeindlicher Interessenvertretung und Konfliktaustragung, vgl. Berner 1994, S. 183 ff.

Schaffner vor dem Landvogt Abbitte zu leisten, weil sie sich in groben, ehrenrührigen und unverantwortlichen Worten des «zwangs und trangs» wider ihn aufgelehnt hatten. Der Bischof befreite die Untertanen einzig von den Fronen auf den Privatgütern des Landvogtes. Beschwert hatten sie sich über die Leistungen zum Unterhalt von Läuferboten und Schlosswächtern, die Frondienste auf den Schlossgütern sowie über Holznutzungsrechte, über deren Geltung und Umfang Unklarheiten bestanden.[104] Weiter hatten sie die Einsicht in die Bestallung des Landvogtes verlangt, damit sie wüssten, was sie ihm schuldig seien.[105] Die Gemeinde Liesberg hatte ausserdem gefordert, wie die Stadt von den Fronen für den Landvogt befreit zu werden, weil sie zum Amt Laufen gehörte. Die Beendigung des Konflikts erfolgte vermutlich deshalb relativ schnell, weil es dem Bischof gelang, den gemeinsamen Protest der Gemeinden zu durchbrechen. Im Laufe der Verhandlungen distanzierten sich einige Vertreter von einem Teil der Beschwerden. Der Meier von Liesberg hielt die Forderung der Gemeinde zwar aufrecht, sprach ihr jedoch insofern die Legitimation ab, als er eingestand, dass sie nie von einer Gemeindeversammlung diskutiert und formell beschlossen worden sei.[106] Der Konflikt wirft ein Schlaglicht auf die Privilegierung der Stadt Laufen, so klein sie auch war.

Drei Jahre später, im Herbst 1696, reichten Bürgermeister und Rat der Stadt Laufen sowie die Gemeinden des Amtes Zwingen erneut einen Forderungskatalog ein, den der Bischof durch eine Hofratskommission untersuchen liess. Die Beschwerdeschrift selbst fehlt, erhalten ist einzig die bischöfliche «Erclärung undt Verordtnung», mit der der Konflikt beigelegt wurde. Der Bischof sah die Gravamina als Resultat von Missverständnissen und Streitigkeiten zwischen der Stadt Laufen und den Gemeinden des Amtes Zwingen an. Da der Vergleich vor allem städtische Einnahmen – Salz und Umgeld, die der Bischof der Stadt zur Nutzung überlassen hatte –, Kontrollaufgaben des Rates sowie Nutzungsrechte des Landvogtes in der Stadt betrafen, ist anzunehmen, dass die Stadt Laufen die Hauptbeschwerdeführerin war. Ihre Klagen scheinen sich jedoch nicht – zumindest nicht ausschliesslich – gegen die anderen Gemeinden der Herrschaft Zwingen, sondern auch gegen die Obrigkeit gerichtet zu haben. Dass sich der Konflikt nicht auf die Untertanen beschränkte, sondern die Obrigkeit ebenfalls einbezog, belegt auch die Tatsache, dass ein separater Vergleich zwischen dem Landvogt von Zwingen und den Untertanen der Herrschaft Zwingen erhalten ist, der den Umfang von Abgaben und Frondiensten, die dem Vogt geleistet werden mussten, sowie die Verpflegung, die die Untertanen während der

---

104 Ähnliche Forderungen – dass ihnen der Anteil von einem Drittel auf verkauftem Holz zustehe und dass sie festgelegten Anspruch auf Entschädigungen für Fronwagen hätten – hatten die Untertanen anlässlich der Huldigung 1657 gestellt, AAEB, B 234/9, 1657, S. 187–190, vgl. oben.
105 Zur Forderung von Untertanen nach Akteneinsicht, vgl. Würgler 1995.
106 AAEB, B 234/9, 7.11.1693–15.12.1693, S. 301–333.

Frontage zugute hatten, genau festlegte.[107] Die Regelung deutet darauf hin, dass der Konflikt von 1693 damals nicht abschliessend hatte beigelegt werden können.

Da ein Beschwerdebrief nicht erhalten ist, lässt sich nur vermuten, ob und wie weitgehend der Bischof den Forderungen der Untertanen entgegenkam. Der bischöfliche Vergleich verbot den Untertanen, anderswo als im Laufner Salzkasten Salz zu beziehen. Vermutlich hatte sich die Stadt darüber beschwert, dass sie ihrer Einnahmen verlustig ging, weil die Untertanen im benachbarten Solothurn Salz billiger einkauften. Die Stadt besass seit 1461 das Salzverkaufsmonopol in der Herrschaft Zwingen.[108] Während der Bischof die Stadt hier in ihrem Privileg schützte, lehnte er die zweite Forderung der Stadt ab: Der Stadt stand das Umgeld in städtischen Wirtshäusern zu, ausserhalb der Stadt gehörte die Steuer dem Bischof. Sie hatte nun wohl gefordert, dass ihr das Umgeld von Wirten mit Laufner Bürgerrecht und von Angehörigen des Amtes Laufen zustehe, auch wenn sich das Wirtshaus ausserhalb der Stadtmauern befinde. Konkret ging es um ein Wirtshaus bei der Säge, das sich in der Nähe von Laufen befand sowie um das Liesberger Wirtshaus. Dies lehnte der Bischof ab. Drittens bestätigte der Bischof dem Landvogt von Zwingen die Schafweide, die ihm gemäss seiner Bestallung in Laufen und Röschenz zustand, forderte ihn jedoch zur schonungsvollen Nutzung auf. Weiter gehöre die Akzise von in der Stadt geschlachtetem und verkauftem Fleisch der Stadt. Dieser Punkt war vermutlich strittig, weil Johannes Fritschi, der das Metzgbankrecht inne hatte, nicht Stadtbürger war. Den Wirten der Stadt und der Herrschaft Zwingen sei es verboten, Fässer in den Keller zu legen, bevor sie die Weinschätzer über Preis und Menge informiert hätten. Zu diesem Zweck müssten sie die Kaufzettel aufbewahren. Das Weinanschneiden war in Laufen eine Aufgabe des Rates, es diente der Besteuerung des Ausschanks. Der Vergleich regelte die Bauholznutzung durch die Laufner Bürger, schränkte die Sondernutzungsrechte des Rates auf den Bedarf der Ratsherren und ihres Haushaltes ein und verbot ihnen, ihren verheirateten Kindern Holz zuzuhalten. Abschliessend verbot der Bischof sowohl den Wirten der Stadt als auch der Herrschaft, zu Unzeiten – nachts und während dem Gottesdienst – auszuschenken und ermahnte sie, auf gute Ordnung zu achten, das Spielen, Fluchen, Geschrei und Gezänk zu untersagen und Zuwiderhandlungen fleissig anzuzeigen.[109] Es gelingt mir nicht überall, Rückschlüsse über die Beschwerden oder Forderungen der Stadt zu ziehen. Die Stossrichtung scheint mir jedoch klar zutage zu treten: Es ging der Stadt um die Sicherung und nach Möglichkeit sogar Erhöhung ihrer Gefälle (Salz, Umgeld, Akzise) und um die Abwehr von Belastungen wie der vögtlichen Weidnutzung. Die Umgeldeinnahmen in den

---

107 AAEB, B 234/9, 1.10.1696, S. 354–358.
108 Vgl. AAEB, B 234/1, Mappe 1, 17.7.1461, S. 5.
109 AAEB, B 234/9, 25.9.–1.10.1696, S. 345–358, vgl. auch StadtBALaufen, Nr. 8, 1.10.1696, S. 92.

Laufner Wirtshäusern wurden in den im Zusammenhang mit den Troublen stehenden Beschwerden von Januar 1731 erneut zum Thema.[110]

Die Herrschaftskrise der Troublen und das Ende des Fürstbistums

Die absolutistische Entwicklung führte das Fürstbistum in eine Herrschaftskrise.[111] Da die Landbevölkerung nicht in den Landständen repräsentiert war, hatte sie nicht von der Ausweitung ihrer Kompetenzen im 17. Jahrhundert profitiert. Es wäre jedoch falsch, davon auszugehen, dass sie von der Einschränkung des landständischen Einflusses nicht betroffen gewesen wären. Die Bauern hatten grossen indirekten Nutzen aus der Entscheidung der Stände gezogen, die bischöflichen Steuerforderungen zu kürzen oder ganz zurückzuweisen. Mit der Eliminierung der Landstände verlor die Bevölkerung des Fürstbistums diesen indirekt wirkenden Schutz vor neuen Steuerforderungen. Zum anderen war die Landbevölkerung auch direkt betroffen, weil es parallel zur Entmachtung der Landstände auf der überlokalen Ebene zu einer komplementären Stärkung der bischöflichen Fürstengewalt auf der lokalen Ebene der Gemeinden kam. Sie bestand in einer Intensivierung der obrigkeitlichen Kontrolle, die die gemeindliche Autonomie stark einschränkte.[112] Zu diesem Zweck – zur Verstärkung der Kontroll- und Einflussmöglichkeiten auf das innergemeindliche Geschehen – schuf der Bischof in der Verwaltungsreform von 1726 das Amt des Fiskals.[113]

Die Verwaltungsreform von 1726 zielte darauf ab, die intermediären Ebenen wie die Landstände, städtische Gemeinwesen und die Dorfgemeinden stärker unterzuordnen. Ausserdem wollte der Bischof die Verwaltung ausbauen, nach Sachbereichen spezialisieren und weiter zentralisieren. Die dörflichen Gerichte wurden zu reinen Fertigungsgerichten, zu einer Art Notariat, zurückgestuft und ihrer zivilrechtlichen Befugnisse beraubt. Ebenso verschwand im 18. Jahrhundert das in Malefizsachen urteilende Landgericht, zu dem auch Gemeindeangehörige als Beisitzer zählten. Auf der Ebene der Vogteien wurden den bestehenden Institutionen ein neues Amt hinzugefügt. Der so genannte Fiskal sollte als verlängerter Arm der Zentrale kontrollierend

---

110 Vgl. unten.
111 In den südlichen Regionen des Bistums zeigte sich die Herrschaftskrise bereits um 1700. Dank der Unterstützung Berns gelang es dem südlichen Teil des Bistums, seine relative Unabhängigkeit zu wahren, Suter 1985, S. 15f. Zu den so genannten Troublen, vgl. unten.
112 Suter 1985, S. 323ff. Durch die Herrschaftsintensivierung sei, so Suter (1985, S. 324), die «wenigstens in Teilbereichen vorhandene dörfliche Autonomie fast bis zur Bedeutungslosigkeit eingeschränkt» worden. Berner (1994, S. 230) schätzt die Wirkung der obrigkeitlichen Massnahmen, insbesondere die Tätigkeit des Fiskals, auf der Ebene der Gemeinden weit weniger weitreichend ein: «Dafür, dass der Fiskal sich bei den Untertanen durch kontrollierende Eingriffe besonders verhasst gemacht hätte, konnten für das Birseck keine eindeutigen Belege gefunden werden. Die Kritik an diesem Amt scheint sich eher an den zusätzlichen Kosten entzündet zu haben, die der Fiskal verursachte, ohne dass er eigentliche neue Dienstleistungen erbrachte.»
113 Suter 1985, S. 325, vgl. auch Berner 1994, S. 219, 226ff.

auf Justiz und Finanzwesen einwirken. Dabei hatte er ein Auge nicht nur auf die Gemeinden, sondern auch auf den Landvogt zu werfen. Durch die unklare Kompetenzabgrenzung waren Kollisionen zwischen Fiskal und Landvogtei unausweichlich.[114] Der Ausbau des Herrschaftsapparates erforderte eine Erweiterung der finanziellen Ressourcen des Bischofs, der deshalb die ungeteilte Steuerhoheit anstrebte. Der Bischof hatte mehrfach versucht, ohne Zustimmung der Landstände auf die Akzise zurückzugreifen. Die Landstände beharrten jedoch auf ihrem Recht, Steuern zu bewilligen und bei der Verwaltung der Erträge mitzureden. Die Landstände hatten im Laufe des 17. Jahrhunderts an Gewicht gewonnen und dem Bischof ihre Zustimmung in Steuersachen mehr und mehr verweigert. Mit diesem Programm zur Staatserneuerung provozierte der Bischof eine Krise der politischen Partizipation: Er nahm zu viel und gab zu wenig. Bezeichnenderweise entzündete sich der Konflikt, die 1730 beginnenden und zehn Jahre dauernden Troublen,[115] an der Frage nach der politischen Stellung der Landstände.[116] Die vom Bischof betriebene Entmachtung führte dazu, dass einzelne Vertreter der Landstände eine Koalition mit den Untertanen eingingen, was dem offenen Widerstand gegen den Bischof zumindest am Anfang einen starken Schub versetzte. Im Laufental gab die Frage der Vertretung der Bauern an der Ständeversammlung den Ausschlag, sich Ende des Jahres 1730 dem Widerstand anzuschliessen.[117] Die Stadt Laufen beteiligte sich anfänglich am Widerstand, indem sie 1731 Forderungen formulierte, zog sich jedoch rasch zurück und sah von weiteren Aktionen ab. Da sich Suter in seiner Untersuchung von 1985 explizit auf den bäuerlichen Widerstand konzentriert, ist über die Gründe Laufens bisher nichts bekannt.[118]

In den Mitte Januar 1731 aufgesetzten Beschwerden stützten sich Bürgermeister, Rat und Bürgerschaft von Laufen auf ihr Stadtrecht, dessen Bestätigungen sowie auf weitere städtische Privilegien wie die Verleihung des Weinumgeldes 1482 zum Unterhalt der Stadtbefestigung. Sie richteten sich gegen die Schmälerung der städtischen Einnahmen,[119] gegen neue Abgaben wie die «Stocklösi», die früher nur die Bewohner des Amtes Zwingen hätten zahlen müssen[120] und die Besoldung des Forstknechtes, der ihrer Auffassung nach keinen Lohn erhalten müsste, da er vom

---

114 Berner 1994, S. 228 f.
115 Zu den Troublen, die die bischöfliche Herrschaft im 18. Jahrhundert – abgesehen vom Zusammenbruch 1792 – wie kein zweites Ereignis erschütterte, vgl. Suter 1985 und Suter 1990, Würgler 1995, S. 70–78; ausserdem mit regionalem Schwerpunkt auf die Vogteien Birseck, Pfeffingen und Zwingen, vgl. Berner 1994, S. 219 ff.; Schnyder 2001, Bd. 4, S. 32 ff.
116 Berner 1994, S. 226 ff.
117 Schnyder 2001, Bd. 4, S. 32 ff.
118 Suter 1985, S. 19.
119 «Wegen hinterbliebenem Umgelt» sei der Zustand der Stadt ziemlich schlecht, ähnlich verhalte es sich mit dem Salz, das sie um einen «leidentlichen Preyss» zu haben wünschten.
120 Die «Stocklösi» müssten sie von Holz abliefern, das auf eigenen Gütern wachse, welche ohnehin schon durch Zins, Zehnt und Monatsgelder belastet seien.

Frondienst befreit sei, gegen die Verteuerung des Holzes, das Handwerkern als Brenn- und Rohstoff diente, sowie von Ziegeln, ausserdem gegen die Belastung durch weite Fuhren, die sie für die Obrigkeit auszuführen hätten.[121] In seiner rund eine Woche später verfassten Stellungnahme behauptete der Landvogt von Zwingen, er wisse nichts von städtischen Freiheitsbriefen. Anlässlich seines Amtsantrittes habe er die Stadt gebeten, ihm ihre Urkunden zu zeigen. Diese habe ihm jedoch nichts als ein grosses Buch präsentieren können, in das Meier und Bürgermeister viele Sachen eingeschrieben hätten. Zweifelsohne seien keine Privilegien mehr vorhanden, weil Bischof Jakob Christoph sie ihnen entzogen habe. Der Landvogt bezieht sich hier wohl auf die faktische Ungültigerklärung des Laufner Burgrechtes mit der Stadt Basel im Vertrag von Baden 1585.[122] Er schlug dem Bischof vor, die Artikel näher zu untersuchen, sobald ihm die Stadt die Urkunden vorlegte, auf die sie ihre Forderungen stützte. Anschliessend wies der Landvogt die einzelnen Beschwerdepunkten als unbegründet zurück und machte deutlich, dass er zumindest über einzelne Punkte bereits früher mit der Stadt verhandelt habe, so beispielsweise über die Höhe des Salzpreises.[123] Seit dem Herbst 1731 distanzierten sich Meier, Bürgermeister, Rat und Gemeinde vom Aufstand. Ihrem Mitrat Niklaus German sprachen sie die Berechtigung ab, sie am Landtag in Pruntrut zu vertreten, weil sie ihn weder deputiert, noch mit einer Vollmacht ausgestattet hatten.[124]

Wirtschaftliche und soziale Zusammenhänge überlagerten die politischen Ursachen der Troublen: wachsende soziale Gegensätze in den Gemeinden, zunehmende ländliche Armut und Verschuldung, weitere Verknappung der bäuerlichen Erträge infolge Bevölkerungswachstums, die Einschränkung der kollektiven Nutzungsrechte in Wald und Allmend durch den Fürstbischof sowie anderer Grund- und Pachtherren und die erhöhte Abschöpfung der bäuerlichen Ressourcen in Form von Steuern und Fronen.[125] Auf diesem Hintergrund wurde die Anfang des 18. Jahrhunderts forcierte Intensivierung der fürstbischöflichen Herrschaft zum zündenden Funken; die Landleute begannen sich zu wehren. Dass daraus eine tendenziell systemsprengende Dynamik entstand, dürfte auch manche Landleute überrascht haben.[126] Der Versuch der Landleute, Widerstand gegen den absolutistischen Herrschaftsanspruch zu leisten und die Entwicklung zum spätabsolutistischen Fürstenstaat aufzuhalten, scheiterte. Der Bischof blieb mit Hilfe französischer Truppen siegreich, allerdings um den Preis weitreichender aussenpolitischer Abhängigkeit von Frankreich.

---

121 AAEB, B 234/7, 13.1.1731, 19–33, vgl. auch StadtBALaufen, Nr. 34, wo sich weitere Exemplare des Beschwerdeschreibens finden.
122 Vgl. Berner 1989; vgl. oben.
123 AAEB, B 234/7, 21.1.1731, S. 49–54.
124 AAEB, B 234/7, 17.–22.10.1731, S. 301.
125 Vgl. oben zu den Supplikationen von 1693 und 1696.
126 Schnyder 2001, Bd. 4, S. 34.

Nach den Erschütterungen der Troublen widmete sich der 1744 gewählte Bischof Joseph Wilhelm Rinck von Baldenstein ganz im Sinne der katholischen Reform der kirchlichen und weltlichen Neuordnung.[127] In verschiedenen Bereichen wurden ehrgeizige Unternehmungen durchgeführt: im Strassenbau,[128] im Ausbau der Eisenindustrie und in einer vergleichsweise modernen Forstgesetzgebung. Auch wenn die Umsetzung verschiedener Vorhaben nicht immer Schritt mit den Plänen hielt, lagen hier teilweise moderne Ansätze zugrunde.[129]

Da es dem Bischof jedoch nicht gelang, die gesellschaftlichen Systemprobleme zu lösen, die während der Landestroublen zum offenen Konflikt geführt hatten, sondern lediglich seine Möglichkeiten der zwanghaften Integration und Unterordnung der Bevölkerung erhöhte, sei der Untergang des Fürstbistums in der Französischen Revolution – so Suter – «folgerichtig» gewesen.[130] Die Unruhen um 1790 läuteten das Ende des Fürstbistums ein.[131] Die Landstände, die seit 1752 nicht mehr einberufen worden waren, richteten 1790 nach französischem Vorbild eine Klageschrift an den Fürstbischof. Dieser geriet zunehmend in Bedrängnis und versuchte durch Repression wieder Herr der Lage zu werden. Im Frühjahr 1791 liess er 500 österreichische Soldaten nach Pruntrut kommen und berief gleichzeitig eine Ständeversammlung ein. Trotz der Präsenz der kaiserlichen Bajonette änderte die Versammlung eigenständig den Abstimmungsmodus und opponierte gegen die fürstbischöflichen Vorstellungen im Finanzbereich, ohne jedoch Einigkeit zu erzielen. Dies ermutigte den Bischof, bei seiner bisherigen Politik zu bleiben.

Nach dem Tod Leopolds II. erklärte Frankreich Österreich am 20. April 1792 den Krieg und besetzte den reichsdeutschen Teil des Bistums mit 2000 Soldaten. Bisher hatte sich die seit 1740 als Schutzmacht des Fürstbistums fungierende Nachbarmacht jeder offenen Einmischung enthalten, obwohl der Bischof die Aufnahme französischer Emigranten zugelassen hatte. Die Österreicher zogen sich umgehend aus Pruntrut zurück, und der Fürstbischof floh Ende Mai 1792 nach Biel.[132] Seine weltliche Herrschaft wurde dadurch teilweise – unter anderem in den Vogteien Zwingen, Birseck und Pfeffingen – zerstört.[133]

---

127 Ausführlich Braun 1981, vgl. auch Fridrich 2001, Bd. 4, S. 187ff. Ob die Fürstbischöfe des 18. Jahrhunderts, «dem ärmlichen Land einen bescheidenen Wohlstand verschafften», wie Jorio (1981, S. 9) schreibt, bleibe dahingestellt. Vgl. die vom Bischof verhinderten Industrieprojekte, Kap. 2.
128 Vgl. dazu Berner 1994, S. 235 ff.
129 Berner 1999, S. 70. Zu den fürstbischöflichen Reformbemühungen der letzten Jahrzehnte des 18. Jahrhunderts, vgl. Jorio 1981, S. 20 ff.
130 Suter 1985, S. 399.
131 Zum Untergang des Fürstbistums, vgl. Jorio 1981, zu den Unruhen von 1790/91, ebd., S. 22 ff. Zum Konflikt zwischen Bürgerschaft und Rat 1791 in Laufen, vgl. Kap. 8.
132 Schnyder 2001, Bd. 4, S. 47.
133 Jorio 1981, S. 3.

ERSTER TEIL

DEMOGRAFISCHE UND SOZIOÖKONOMISCHE STRUKTUREN

1. ZUR BEVÖLKERUNGSENTWICKLUNG DER STADT LAUFEN

Laufen ist, wie der Untertitel schon sagt, eine Kleinstadt. Das folgende Kapitel geht der Frage nach, wie gross eine Kleinstadt in der Frühen Neuzeit war[1] und wie sich Laufen in dieses Bild einordnet. Hauptanliegen der Bevölkerungsgeschichte ist es, Veränderungen im Wachstum, in der Verteilung und in der Zusammensetzung herauszuarbeiten und sie in Verbindung zur Wirtschaftsentwicklung zu bringen. Deshalb steht das Kapitel zur Bevölkerungsentwicklung am Anfang des ersten Teils, der sich mit den sozioökonomischen Strukturen der Stadt Laufen beschäftigt. Die Bevölkerungsgeschichte deckt also – anders als die Historische Demografie, die ausgehend von Kirchenbucheintragungen Bevölkerungsprozesse im Mikrobereich rekonstruiert und interpretiert – demografische Makrostrukturen auf, liefert Aussagen über Grobtrends und zeigt die räumliche Dimension von Wanderungsbewegungen auf.[2]

1   Kleinstädte haben gemäss Schilling (1993, S. 8) 1000 bis 2000 Einwohner, kleinere Siedlungen bezeichnet er als Kleinst- oder Zwergstädte. Auch Isenmann (1988, S. 31) nennt Städte mit weniger als 2000 Einwohnern «Kleinstädte», differenziert diese Gruppe jedoch zusätzlich. In seinen auf das Spätmittelalter bezogenen Kategorien ist Laufen, das in der Frühen Neuzeit immer unter 1000 Einwohner hatte, eine «mittlere Kleinstadt».
2   Einen Überblick über Bevölkerungsgeschichte und historische Demografie liefert Pfister 1994, vgl. auch Pfister 1997.

Zur Schätzung der Bevölkerung kann eine Vielzahl von Quellentypen herangezogen werden, von denen jeder seine spezifischen Unschärfen aufweist.[3] Im günstigsten Fall liegt ein Verbund von mehreren, aufeinander abgestimmten oder sich zeitlich überlappenden Quellen vor, die zu hinreichend gesicherten Aussagen führen. In Laufen entspricht die Quellenlage nicht diesem Idealfall; gut abgestützte Schätzungen der Bevölkerungszahl lassen sich jedoch gewinnen. Auf methodische und quellenkritische Probleme komme ich bei der Diskussion der einzelnen Zählungen zurück.

Obwohl sich die historische Forschung im deutschen Sprachraum seit langem mit der Stadt befasst, liegt bisher keine umfassende Darstellung der städtischen Bevölkerungsweise vor.[4] In der Forschung werden zwei Merkmale als typisch für die städtische Bevölkerungsentwicklung genannt: Zum einen die Tatsache, dass die Nachfrage nach Arbeitskräften Zuwandernde[5] aus dem Umland anzog. Zum andern – diese These ist unterdessen allerdings umstritten[6] –, dass die Stadt aufgrund der hohen Sterblichkeit schnell ausgestorben wäre, wenn sie ihre Bevölkerungszahl nicht durch Zuwanderung halten oder vergrössern konnte.[7] Es wäre sicher lohnend, diese Thesen am Beispiel einer Kleinstadt zu überprüfen.[8] Darauf habe ich jedoch aus verschiedenen Gründen verzichtet. Mein Forschungsinteresse liegt nicht primär in der Bevölkerungsgeschichte, deshalb habe ich nicht mit dem aufwändigen Verfahren der Historischen Demografie gearbeitet, das insbesondere zur Erforschung der städtischen Sterblichkeit unabdingbar wäre.[9] Die vitalstatistischen Hinter-

3   Zu den Quellentypen und ihrer Problematik, vgl. Pfister 1994, S. 68 ff.
4   Pfister 1994, S. 116. Ein Überblick zur Demografie der frühneuzeitlichen Stadt findet sich bei Gerteis 1986, S. 52 ff.
5   Wunder (1992, S. 175 ff.) widerspricht der These des Frauenüberschusses in der Stadt durch die überwiegende Zuwanderung von Frauen. Städte zogen je nach Wirtschaftsstruktur Mägde und Knechte an. Zu Schwäbisch Hall, einer Reichsstadt, die mehrheitlich Arbeitsplätze für Mägde anbot, vgl. Dürr 1996. Zur Zuwanderung in die Städte, Pfister 1994, S. 107, 116 ff.
6   Pfister 1994, S. 117 ff.
7   Ennen 1981 vertritt diese Ansicht gestützt auf Imhofs Untersuchung über Giessen. Sie interpretiert das Wachstum einer Stadt durch Zuwanderung als Ausdruck ihrer Anziehungskraft und Attraktivität. Bardet 1983 kommt am Beispiel Rouen zum Ergebnis, dass die These zwar nicht von der Hand zu weisen sei, die Zuwanderung in die Städte jedoch nicht überschätzt werden dürfe. Vielmehr müsse man sich die Stadt als Durchgangsort vorstellen, denn Menschen wandern nicht nur zu, sondern auch (wieder) ab.
8   Dies umso mehr als Vergleiche zwischen Städten unterschiedlicher Grösse und der Landschaft ergeben haben, dass die Sterblichkeit in kleinen Städten grösser gewesen sei als auf dem Land, dass kleine Städte jedoch normalerweise, anders als grosse, kein Bevölkerungsdefizit erlitten, Clark (ed.) 1995, Introduction, p. 10.
9   Zur Methode, vgl. Pfister 1994, S. 66 f. Da die Laufner Kirchgemeinde mehrere Gemeinden umfasst, hätten die Laufen betreffenden Einträge zuerst separat ausgezogen werden müssen, was den Aufwand zusätzlich erhöht. Vgl. dazu Mattmüller (1987, S. 8), der für seine Untersuchung das Beispiel einer Kirchgemeinde wählt, die nur aus dem Dorf Lausen besteht.

gründe der Bevölkerungsentwicklung kann und will diese Arbeit also nicht aufzeigen.[10]

Im Folgenden geht es mir darum, die Bevölkerungsentwicklung Laufens anhand verschiedener Zählungen nachzuzeichnen und mit der städtischen Wirtschaftsstruktur in Beziehung zu setzen. Dabei werde ich auf die Frage der Wanderung zurückkommen.[11]

Quellen zur demografischen und sozialen Struktur Laufens

Aus dem Untersuchungszeitraum von 1500 bis zum Ende des Ancien Régimes liegen neun Erhebungen vor, aus denen sich Angaben zur Bevölkerungsentwicklung Laufens ermitteln lassen. Bei vieren handelt es sich um Volkszählungen, bei den fünf anderen um Teilzählungen,[12] die sich – obwohl nicht primär aus Interesse an der Bevölkerungsgrösse, sondern aus fiskalischen, versorgungstechnischen und anderen Gründen entstanden – in Hinblick auf die demografische Entwicklung auswerten lassen. Was in «vorstatistischer» Zeit grundsätzlich für alle Zahlen gültig ist, gilt für die Arbeit mit Teilzählungen umso mehr: Der Schluss von Teilgrössen auf die Gesamtbevölkerung ist mit erheblichen Unsicherheiten verbunden. Mit Hilfe der Quellenkritik[13] soll jedoch versucht werden, die Angaben in den Quellen soweit abzustützen, dass Schätzwerte ermittelt werden können, die Aussagen über die Tendenz der Bevölkerungsentwicklung in Laufen zulassen. Zahlenangaben machen Aussagen zwar verbindlicher, sie sind jedoch ebenso Ergebnisse historischer Rekonstruktion wie Interpretationen anderer schriftlicher Quellen. Die Angaben über die Grösse der Bevölkerung dürfen deshalb nicht als exakte Werte, sondern lediglich als Richtgrössen verstanden werden.

Bevölkerungsgeschichte beschreibt Entwicklungen von langer Dauer, hier für einen Zeitraum von zweihundert Jahren zwischen 1586 und 1786, und aus einer

10 Zur Bedeutung der Vitalstatistik für die Erklärung des Bevölkerungswachstums, vgl. Mattmüller 1987, S. 6 und passim. Zu Quellen und Methode, vgl. Fleury/Henry, ausserdem z. B. Schluchter 1990, S. 62 ff. Zur Entstehung und Geschichte der Historischen Demografie, vgl. Goubert 1973.
11 Zur Bevölkerungsgeschichte des Fürstbistums Basel, vgl. Schluchter 1987. Ihm war die offenbar nur in Laufen durchgeführte Zählung von 1698 nicht bekannt. Sie ermöglicht es, verfeinerte Aussagen über die demografische Entwicklung von Stadt und Vorstadt in der zweiten Hälfte des 17. und zu Beginn des 18. Jahrhunderts zu machen.
12 Zu den Typen von Teilzählungen, vgl. Mattmüller 1987, S. 80–94.
13 Vgl. dazu Mattmüller 1987, S. 78–108. Mireille Othenin-Girard (1994, S. 55–66) verzichtet in ihrer Arbeit über die Herrschaft Farnsburg aufgrund der methodischen Probleme auf eine Hochrechnung von Teilzählungen (Musterungen, Steuerquellen) und stellt die Bevölkerungsentwicklung im 15. Jahrhundert anhand der Zahlen selbst dar. Von Hochrechnungen möchte ich nicht Abstand nehmen, obwohl ich mir bewusst bin, dass die Resultate fast vollständig von der Höhe des Reduktionsfaktors abhängen. Othenin-Girards methodische Anregung soll insofern einfliessen, als ich versuchen werde, vor der Ansetzung eines Reduktionsfaktors anhand der Teilzahlen selbst, eine Tendenz der Bevölkerungsentwicklung abzuschätzen. (Hat die Anzahl Haushalte ab- oder zugenommen, welche Hinweise lassen sich aus dieser Entwicklung ablesen?)

Makroperspektive. Aus dieser grossen Distanz geht gerne vergessen, dass scheinbar kleine Schwankungen der Bevölkerung aus der Perspektive der betroffenen Menschen zu grossen Veränderungen führen konnten.[14] Die abstrakte Ebene der aggregierten Zahlen dient mir als Hintergrundfolie. In den folgenden Kapiteln werde ich versuchen, mich dem einzelnen historischen Subjekt aus kleinerer Entfernung und mit Blick für das Individuelle anzunähern, obwohl ich auch zur städtischen Wirtschaft und Gesellschaft quantitative Angaben liefern möchte.

1586

Die Ergebnisse der demografischen Erhebung von 1586 für das Oberamt Zwingen sind ohne Quellenangabe bei Quiquerez veröffentlicht.[15] Die Zählung weist die Anzahl Häuser (maisons) pro Gemeinde aus, nämlich 86 in der Stadt Laufen und 28 in der Vorstadt. Originalquellen dieser Erhebung scheinen nur noch aus der Vogtei Delsberg erhalten zu sein. Aufgrund ihres Titels[16] ist davon auszugehen, dass nicht die Häuser, sondern die Herdstätten gezählt worden sind.

Bevor aufgrund einer Teilzählung die Bevölkerung geschätzt werden kann, muss die Frage geklärt werden, was unter der Zähleinheit Herdstätte zu verstehen ist. Nach Mattmüller gibt es vier Möglichkeiten, diesen Begriff zu interpretieren: als Haus, als Familie, als Haushaltung oder wirklich als Feuerherd.[17] Vergleichszahlen, etwa Angaben über die Anzahl Häuser,[18] die bei der Interpretation helfen könnten, fehlen. Ich verstehe den Begriff wörtlich – als Feuerherd – und gehe davon aus, dass eine Herdstätte einem Haushalt[19] entspricht – auch wenn nicht ganz ausgeschlossen werden kann, dass mehrere Haushalte eine Feuerstelle benutzten.[20]

14 Diese Mikrodynamik der Bevölkerungsentwicklung konnte Schnyder (1992, S. 99–102) im Vergleich der Fruchtaufnahmen von 1698 und 1699 nachzeichnen. Vgl. auch Schlumbohm 1992.
15 Quiquerez 1876, S. 486. Er datiert die Zählung auf 1581–87. Über den Entstehungszusammenhang der Erhebung ist nichts Genaueres bekannt. Möglicherweise hatte sie konfessionelle Motive, «denn die einzelnen Meiertümer sind jeweils mit dem Vermerk ‹catolisch› oder ‹calvinistisch› versehen», Schluchter 1987, S. 644. Die Zählung fällt in die Zeit der Rekatholisierung durch Bischof Jakob Christoph Blarer von Wartensee; in Laufen war die Rückkehr zum alten Glauben 1586 noch nicht vollzogen, vgl. dazu Berner 1994, S. 128–156 sowie Berner 1995, S. 134f.
16 «Verzeichnuss der Meyerthumen Dorffschaften und Herdstatten der gantzen Vogtey Delsperg. 19. Septembris 1586», AAEB, B 173/3, Nr. 1, zitiert bei Schluchter 1987, S. 644.
17 Zu den Feuerstättenzählungen, vgl. Mattmüller 1987, S. 80–83.
18 Angaben über die Anzahl Häuser liegen erst aus dem 18. Jahrhundert vor. 1723 gab es 122 Häuser, in denen 173 Haushaltungen lebten. 1753 existierten in Laufen 98 Häuser und 128 Haushaltung, in der Vorstadt 22 Häuser und 32 Haushalte. Knapp zwanzig Jahre später hat die Unterteilung der Häuser noch weiter zugenommen: In Stadt und Vorstadt lebten 192 Haushalte in insgesamt 119 Häusern. AAEB, B 234/10 (1723); AAEB, B 228/51 (1753); AAEB, B 198/21 (1771); StadtBALaufen, Nr. 95, S. 3f. (1770).
19 Zu den Begriffen Familie und Verwandtschaft und der Problematik ihrer Verwendung für wissenschaftliche Zwecke sowie zur Verwendung des Begriffs Haushaltung in den Quellen, vgl. Schnyder 1992, S. 79–87.
20 Die Forschung hat für verschiedene Regionen belegen können, dass sich in einem Haus

Wie gross eine Haushaltung in der zweiten Hälfte des 16. Jahrhunderts war, wissen wir nicht. Angaben über die Haushaltsgrösse in Laufen liegen erst für das späte 17. und das 18. Jahrhundert vor. Im Jahr 1698, in dem erstmals Zahlen greifbar sind, lebten 4.7 Personen in einem Haushalt.[21] Die Zahl liegt damit unter dem für das 16. und 17. Jahrhundert allgemein verwendeten Faktor von 5.[22] Die Haushaltszählung fällt in ein Jahr mit klimatisch bedingten Missernten,[23] die wohl nicht ohne Einfluss auf die Bevölkerung geblieben sind. Dies rechtfertigt die Verwendung des niedrigeren Reduktionsfaktors von 4.7.

In der Stadt Laufen lebten schätzungsweise 404, in der Vorstadt 132 Personen, zusammen also 536 Personen.

1630

Um 1630 wurde in der Stadt und der Vorstadt Laufen eine Vorratszählung durchgeführt.[24] Die Versorgung mit Grundnahrungsmitteln wurde zu dieser Zeit durch verschiedene Faktoren negativ beeinflusst. Ungünstige klimatische Bedingungen prägten die Jahre um 1627.[25] Der Witterungsverlauf des Jahres 1627 entspricht einem Katastrophenjahr mit nassem Winter, kaltem schneereichen Frühjahr, nassem kaltem Sommer mit Überschwemmungen, nassem kaltem Herbst und einem verfrühten Wintereinbruch. Die Jahre 1627–1630 brachten eine der schwersten klimatischen Belastungsproben der letzten fünfhundert Jahre.[26] Auf dem Bas-

---

mehrere Haushaltungen befinden konnten. Eine befriedigende Trennung der Begriffe Feuerstätte und Haushaltung ist bisher jedoch nicht gelungen. Es kann deshalb nicht ganz ausgeschlossen werden, dass mehrere Haushaltungen eine Feuerstelle benutzen, Mattmüller 1987, S. 81f. Der Begriff «Feuerstätte» als Zähleinheit taucht in der Vorratszählung der Vogtei Pfeffingen vom 17.12.1629 auf, AAEB, B 277/3, S. 152. Dort fehlen Hinweise auf die Benutzung einer Feuerstelle durch mehrere Haushalte. In Zählungen, die Laufen betreffen, wurde der Begriff nur 1586 verwendet.

21 StadtBALaufen, Nr. 11, S. 90–95, zur Vorratszählung von 1698, vgl. auch unten. Schluchter (1987, S. 643) rechnete die Haushaltszahlen von 1586 und 1629/30 mit den Verhältniszahlen von 1723 hoch. Ich halte den Reduktionsfaktor von 5.4 für die Ortsanwesenden und 5.7 für die Einwohner (Ortsanwesende + temporär Abwesende) für zu hoch. Die Zahlen für 1723 erfassen die Laufner Bevölkerung auf einem Höchststand.

22 Mattmüller 1987, S. 86. Pfister (1994, S. 71) fordert eine räumliche, zeitliche und soziale Differenzierung des häufig verwendeten Faustwertes ein Haushalt gleich fünf Personen. Für die in der Regel unterdurchschnittlich grossen städtischen Haushalte scheine eine Personenziffer von vier angemessener zu sein. Hoffmann (1997, S. 152) hält den Faktor vier für oberbayrische Städte im 18. Jahrhundert für nicht realistisch und rechnet mit einem höheren Wert.

23 Pfister 1984, Bd. 2, S. 85.

24 AAEB, B 234/9, S. 133–137 (von späterer Hand wurde sie auf «circa 1630» datiert). Dorsalvermerk: «Vorrath In der Statt unnd Vorstatt Lauffen haben blößlich übers Jahr zue Essen, Seindt beede Burgerschafft, in der Statt: und Vorstatt Lauffen, wegen deß Vorschutz der früchten befragt, die in Vertraudten geantwortet, daß Sie blößlich, So Ackerbauw haben, mögen Ir Haushaltungen Ubers Jahr versehen».

25 Vgl. Pfister 1984, Bd. 2, S. 62f.

26 Pfister 1984, Bd. 2, S. 104.

ler Kornmarkt konnten sich die bischöflichen Untertanen nicht mehr versorgen, weil die Stadt sie aufgrund der im Laufental herrschenden Pest nicht zuliess.[27] Ausserdem rückten Schauplätze des Dreissigjährigen Krieges in die Nähe. Die Erhebung ist vor dem Hintergrund der Versorgungsengpässe während des Krieges zu sehen, möglicherweise steht sie in direktem Zusammenhang mit der Forderung, drei im Elsass liegende kaiserliche Kompanien einzuquartieren oder aber monatliche Kontributionen zu bezahlen.[28]

Die Erhebung besteht aus einer Namensliste. Gelegentlich werden zwei oder drei Namen unter einem Eintrag genannt; manchmal handelt es sich um Verwandte (Vater und Sohn/Söhne beziehungsweise Stiefsohn, Sohn und Mutter, zwei Brüder etc.), manchmal ist die Beziehung der Genannten nicht ersichtlich.[29] Zehn Haushaltsvorstände waren Frauen, neun von ihnen Witwen.[30]

Soll eine derartige Versorgungszählung als Grundlage für eine Schätzung der Bevölkerung dienen, muss geklärt werden, ob ein Eintrag als ein Haushalt[31] gezählt werden kann. Die Beantwortung dieser Frage ist nicht ganz einfach, weil das Verzeichnis einmal von «hushaltung», dann wieder von «behausung» oder «besitzung» spricht. Aufgelistet sind auch Personen mit «halben haushaltung[en]», «halben behausung[en]», «Drittentheyl ahn einer behaußung» sowie «ohne behausung». Ein Verzeichneter verfügte über zwei Behausungen. Gelegentlich werden die Behausungen als klein, schlecht oder versetzt beschrieben. Einmal beziehen sich zwei Eintragungen auf ein Haus.[32] Diese Stelle spricht dafür, dass ein Einzeleintrag als Haushaltung, der Begriff «behausung» oder «besitzung» als Liegenschaftsbesitz interpretiert werden kann.[33] Menschen, die über keine Behausung verfügten, wohnten

27 Berner 1994, S. 100.
28 Vgl. dazu Berner 1994, S. 98–100. Im Januar 1630 hätten erstmals Kontributionen geleistet werden müssen, der Vogt von Zwingen stiess in den Gemeinden des Laufental jedoch auf Widerstand, vgl. ebd., S. 100–116.
29 Zum Beispiel: «Item Peter Scherrer, und Hanß Imhoff, In einer Behausung [...]»; «Item Peter Hanß Götschi der Glaser und Jacob Küeblis seelig deß Treyers Wittib, In Einer behaußung, sindt mehr schulden vorhanden allß sie wittib vermag», AAEB, B 234/9, S. 133–137.
30 Die Witwen sind durchwegs unter dem Namen ihres verstorbenen Mannes, die ledige Frau unter dem Namen ihres Vaters aufgeführt.
31 Schluchter (1987, S. 643) rechnet die Bevölkerung, offenbar in Anlehnung an Gallusser (1961, S. 37), auf der Basis von 103 Haushaltungen hoch. Wird jeder Eintrag als eine Haushaltung gezählt, komme ich auf 109, davon 70 in der Stadt und 39 in der Vorstadt Laufen. Eine weitere in der Stadt verzeichnete Eintragung wurde gestrichen. (Tod oder Wegzug einer Witwe.) Die Haushaltsvorstände in der Vorstadt wurden unterschieden nach jenen, die in die Stadt (18) und jenen, die ins äussere Amt gehören (21). Gemeint ist damit die Zugehörigkeit zum Stadtgericht beziehungsweise zum Amt Zwingen, vgl. Kap. 6.
32 «Ully Schuemacher der Amman, sampt seiner besitzung 1 haupt viech.
Item Jacob Karrers selig wittib, auch in deß Ammanß oberer behausung wohnend, [...]», AAEB, B 234/9, S. 13–137.
33 Sechs Verzeichnete verfügen je über eine halbe Haushaltung beziehungsweise Behausung, zwei über je einen Drittel einer Behausung.

wohl als selbständige Haushalte zur Miete. In einigen Laufner Häusern lebte also mehr als eine Haushaltung.[34]

Ich zähle – unter der Annahme, dass ein Eintrag einem Haushalt entspricht – 109 Haushalte, in denen, wiederum aufgrund der Haushaltsgrösse von 4.7 geschätzt, 512 Personen lebten.

Die Vorratszählung trägt kein Datum; von späterer Hand wurde sie auf «circa 1630» datiert. In den Jahren 1628 bis 1637[35] wütete in Laufen während mehreren Jahren die Pest. Das Fehlen einer Datierung macht es schwierig, die geschätzte Grösse der Stadtbevölkerung mit den Bevölkerungsverlusten durch die Epidemie in Beziehung zu setzen. Die Zählung erfasst die Laufner Bevölkerung am Anfang der Krise. In den folgenden Jahren nahm sie durch die Pest und – wohl nur vorübergehend – durch Fluchtbewegungen[36] weiter ab.

1698

Im Zusammenhang mit den Missernten in den Jahren der «Kleinen Eiszeit»[37] wurde am 10. Dezember des Jahres 1698 in Laufen[38] eine weitere Vorratszählung vorgenommen. Ziel der Erhebung war es, den Getreidebedarf für die folgenden dreissig Wochen, also bis zur nächsten Ernte im Juli,[39] zu berechnen und mit den vorhandenen Vorräten in Beziehung zu setzen.

Verzeichnet wurde jeweils der Name des Haushaltsvorstandes, die Grösse der Haushaltung und, falls vorhanden, die Vorräte an Korn und Hafer. Gelegentlich wurde angegeben, welches Handwerk der Haushaltsvorstand ausübte. Die Liste beginnt mit der Haushaltung des Meiers Franz Athanasius von Staal, gefolgt von

---

34 Wie viele Häuser es in Laufen gab, lässt sich aufgrund der nicht eindeutigen Begrifflichkeit der Quelle nicht berechnen. Deshalb wissen wir auch nicht, in wie vielen mehr als eine Haushaltung lebte.
35 Gallusser 1961, S. 42; Berner 1994, S. 100.
36 Die Bevölkerung des Oberamts Zwingen versuchte wiederholt, sich auf solothurnischem Gebiet vor den verschiedenen durchziehenden Truppen in Sicherheit zu bringen, AAEB, B 277/9 (Februar 1636). Der Meier von Laufen befand sich im Januar 1638 schon längere Zeit in Büsserach, AAEB, B 277/11.
37 Zum Begriff der «Kleinen Eiszeit», vgl. Pfister 1984, Bd. 1, S. 149. Die «glaziale Höchststandphase der Gletscher» zwischen 1550 und 1860 wird als «Kleine Eiszeit» bezeichnet, Pfister spricht für die Jahre zwischen 1688 und 1701 vom «Höhepunkt der ‹Kleinen Eiszeit›», ebd., S. 127 f. Der Krisenzyklus von 1688–1694 ist auf die Häufung von kalten Frühjahrsperioden und nassen Sommern zurückzuführen, Pfister 1984, Bd. 2, S. 104, vgl. auch ebd., S. 62 f. und 102 f.
38 «Den 10. Christmonat Anno 1698 Ist die Früchten in der Statt Laufen auffgeschrieben worden wie hernachen folgt», StadtBALaufen, Nr. 11, S. 90–95. Ein Auftragsschreiben für die Zählung ist nicht erhalten. Ich gehe davon aus, dass sich das Verzeichnis auf Stadt und Vorstadt Laufen bezieht: Das Güterverzeichnis vom 17. Juli 1698 für die Vorstadt (StadtBALaufen, Nr. 20, S. 95 ff.) beginnt mit Jakob Müller, dem Vorstadtmeier. Müller sowie ein grosser Teil der anderen Vorstädter Güterbesitzer finden sich auch in der Vorratszählung.
39 Die Winterfrucht (Dinkel) wurde im Juli oder August geerntet, Pfister 1984, Bd. 2, S. 35 f.

jenen der zehn Ratsherren. 16 Haushaltsvorstände waren Frauen, deren sechs Witwen.[40] Der Anteil der weiblichen Haushaltsvorstände blieb im Vergleich mit 1630 in etwa konstant.[41] Die Erhebung verzeichnet 692 Personen in 148 Haushaltungen.[42]

Der grosse Vorteil von Versorgungszählungen liegt nach Mattmüller darin, dass alle Esserinnen und Esser, auch die Kleinkinder gezählt werden. Mattmüller verweist auf Peter Stöcklin, der für die Baselbieter Gemeinde Diegten nachweisen konnte, «dass die Differenz zwischen den zwei Novemberzählungen von 1698 und 1699 mit den inzwischen geborenen Kindern und den inzwischen erfolgten Todesfällen zu erklären ist.»[43] Unter der Annahme, dass die Säuglinge auch in Laufen registriert wurden, verfügen wir hier erstmals über Angaben zur Bevölkerungsgrösse von Stadt und Vorstadt.

Da die Bevölkerung in Zusammenhang mit einer Vorratszählung aufgenommen wurde, ist anzunehmen, dass es sich bei den 692 Personen um die Anwesenden, eventuell inklusive der kurzfristig Abwesenden handelt.

1709

Eine dritte Laufner Vorratszählung ist aus dem Jahr 1709 erhalten.[44] Sie erfolgte nach einem «sibirischen» Winter, der die Winterfrucht vielleicht völlig zerstört oder zumindest stark geschädigt hatte.[45]

Verzeichnet wurde wiederum der Name des Haushaltsvorstandes, die Grösse der Haushaltung und, falls vorhanden, die Vorräte an Korn und Hafer. Mit grosser Wahrscheinlichkeit bezieht sich die Erhebung nur auf die Stadt.[46] Die Liste ist flüchtig geschrieben, gelegentlich vergass der Schreiber die Grösse des Haushalts anzuge-

---

40 Die Witwen wurden unter dem Namen ihres verstorbenen Mannes verzeichnet, die anderen Frauen wohl unter ihrem eigenen beziehungsweise demjenigen ihres Vaters.
41 Die Zahlen lassen sich nur bedingt vergleichen, weil 1630 vier (wohl verwitwete) Mütter mit ihren Söhnen zusammen haushalteten. Ob sie oder ihr Sohn als Haushaltsvorstand galt, lässt sich nicht entscheiden – die Söhne wurden allerdings immer zuerst genannt. In einem Fall lebten Schwiegervater und -tochter zusammen. Diese Fälle habe ich bei den weiblichen Haushaltsvorständen nicht mitgezählt.
42 Unter der Annahme, dass auch in der Vorstadt die Honoratioren, im Besonderen der Vorstadtmeier, zuerst befragt wurden, befanden sich 107 Haushaltungen mit 515 Personen in der Stadt, 41 Haushaltungen mit 177 Personen in der Vorstadt.
43 Mattmüller 1987, S. 104.
44 «Auff heit d. 17t Juny 1709 Auß Befeldh Meines Gn. First undt H. habe man die Fruch[t] in der Statt und Vorstatt gemesen», StadtBALaufen, Nr. 21, S. 44–47. Das Auftragsschreiben für die Zählung war nicht auffindbar.
45 Pfister 1984, Bd. 1, S. 135. Der Rhein bei Basel fror im Winter 1708/9 teilweise zu.
46 Im Vergleich mit einer Mannschaftszählung von 1705 («Verzeichnus deren Burgeren in der Statt undt Vorstatt Laufen Anno Dni 1705», StadtBALaufen, Nr. 21, S. 31–35.) fällt auf, dass unter anderen die Familien Fritschi, Niera und Nora, die sowohl auf früheren als auch auf späteren Namenslisten in der Vorstadt fassbar sind, auf der Liste von 1709 fehlen.

ben. Deshalb ist davon auszugehen, dass es sich bei den gezählten 473 Personen in 115 Haushaltungen um einen Minimalwert handelt.[47]

Eine Eintragung fällt besonders auf: «H. Pfarrer ist selbsten 3 in d Haushaltung sambt den Betlern aber 200.» Um den Getreidebedarf realistisch schätzen zu können, rechnete der Zählende also auch Almosenempfängerinnen und -empfänger mit ein.[48] Die Stelle ist nicht ganz einfach zu interpretieren. Zunächst stellt sich die Frage, wer die Menschen waren, die vom Pfarrer versorgt wurden. Handelt es sich um vagierende Bettlerinnen und Bettler, die weiterzogen, nachdem sie etwas zu essen erhalten hatten? Oder bezieht sich die Zahl auf unterstützungsbedürftige Bürgerinnen und Bürger, vielleicht auch Angehörige der Laufner Kirchgemeinde? Dass der Pfarrer mit der gemeindlichen Armenfürsorge betraut war und insbesondere in Krisenzeiten zur Ansprechperson der Obrigkeit wurde, die sich um die Verteilung von Getreide zu kümmern hatte, ist beispielsweise für die Basler Landschaft belegt.[49] Da der Autor der Liste den Begriff «Bettler» und nicht «Arme» oder «Almosenempfänger» verwendete, gehe ich davon aus, dass herumziehende Bettler und nicht zur Stadtbevölkerung gehörende, aufgrund der Krise Unterstützungsbedürftige gemeint waren.[50] Wären Stadtbewohnerinnen und -bewohner in die Zahl eingeschlossen, hätte der Zählende die Stadtbevölkerung – zumindest partiell – doppelt registriert. Ob es sich dabei um einen Versuch handelte, die Not zu übertreiben,[51] lässt sich nicht entscheiden, da nicht bekannt ist, wer das Verzeichnis erstellt hat.

Zweitens ist zu klären, in welchem Zeitraum die Bettler gespiesen werden mussten. Vorratszählungen hatten das Ziel, die Ernährungsmöglichkeiten einer Bevölkerung abzuschätzen. Um den Nahrungsmittelbedarf berechnen zu können, mussten die Zählenden Vorstellungen über die täglich erforderliche Getreidemenge pro Person haben. Müssen wir daraus schliessen, dass täglich 200 Bettlerinnen und Bettler zu versorgen waren? Die Zahl erscheint ausserordentlich hoch, wenn man davon ausgeht, dass in Laufen rund 700 Personen lebten.[52] Möglich ist, dass sich in dieser Zahl die Erfahrung spiegelte, dass Zentren von der Not stärker betroffen

---

47 Wenn sich der Schreiber verschrieb und Zahlen so korrigierte, dass unklar bleibt, welche nun die richtige ist, habe ich jeweils die kleineren gezählt. In der Quelle selbst ist die Bevölkerungszahl nicht berechnet.
48 In der Summe von 473 Einwohnern sind die Bettler nicht inbegriffen.
49 Epple/Schnyder 1996, S. 110, 134.
50 Zur begrifflichen Unterscheidung von Armen und Bettlern, vgl. Hippel 1995, S. 3–7; zu den «Hausarmen» und ihrem Anteil an der städtischen Bevölkerung, vgl. ebd., S. 21.
51 Zum «gemeindlichen Krisenegoismus», vgl. Epple/Schnyder 1996, S. 134ff., zur Krisenwahrnehmung, vgl. ebd., S. 97f.
52 In der Vorratszählung, die 1692 in Solothurn stattfand, wurde geschätzt, dass täglich 250 Reisende zusätzlich zur Gesamtbevölkerung von knapp 32 000 Personen Bedarf an Getreide hatten. Fremde Bettlerinnen und Bettler waren in dieser Zahl explizit nicht miteingerechnet, da man sich ihrer durch Vertreibungen zu entledigen suchte, Schluchter 1990, S. 11f.

waren als abgelegene Orte.⁵³ Weit realistischer wirkt die Zahl, wenn wir doch davon ausgehen, dass in den 200 Bettlern auch durch die Krise in Not geratene Menschen in der Stadt eingeschlossen waren. Für die Krise von 1816/17 berechnet Schnyder, dass zehn bis dreissig Prozent der Haushalte im Baselbiet auf Unterstützung angewiesen waren.⁵⁴ Wie viele Laufnerinnen und Laufner so arm waren, dass sie auch in normalen Jahren der Beihilfe bedurften, ist nicht bekannt. Mugglin errechnete für die Stadt Olten im Jahr 1742 einen Anteil von sechs Prozent Hausarmen.⁵⁵

1722/23

1722/23 fand eine breit angelegte, für die Zeit recht detaillierte Zählung der Bevölkerung im Bistum statt.⁵⁶ Anlass dieses Unternehmens dürfte die geplante und 1726 durchgeführte Verwaltungsreform gewesen sein, welche die Landestroublen der 1730er Jahre zur Folge hatte.⁵⁷

Erhoben wurden die Bewohner nach Rechtsstatus (Bürger, Hintersassen, Einwohner, Fremde, Gefreite, unehelich Geborene), Zivilstand und Geschlecht. Aufgeführt wurden sodann die ausser Landes Geborenen sowie jene Personen, die sich ausser Landes aufhielten.⁵⁸ Für die männliche Bevölkerung liegen Angaben zur Altersstruktur vor. Ausserdem wurde die Anzahl Häuser und Haushaltungen angegeben. Erhoben wurden im Weiteren Daten zur Erwerbsstruktur der Bevölkerung. In der Zählung nicht ausgewiesen ist die Gesamtbevölkerung. Eine Spalte «summa» für

---

53 Zur Situation 1816/17 in den zentralen Orten Sissach und Gelterkinden, vgl. Epple/Schnyder 1996, S. 126, 143. Im Laufental war, darauf deutet ein Beleg aus dem 17. Jahrhundert hin, auch das Landvogteischloss in Zwingen eine Anlaufstelle für Almosenempfänger. 1632 ging Landvogt Jakob von Hertenstein den Ursachen für den grossen Ausstand nach, den er auf die Rechnung schuldig geblieben war. Zum einen verwies er darauf, dass er wegen der Fehljahre weniger Wein und Korn eingenommen habe, zum anderen seien jetzt viele arme Menschen auf Almosen angewiesen. Am Schlosstor habe er jährlich 40, 46, im letzten Jahr sicher 50 Pfund bares Geld abgegeben, AAEB, B 137/29, Mappe 5, S. 95–97.
54 Epple/Schnyder 1996, S. 147f.
55 Mugglin 1982, S. 105.
56 AAEB, B 234/10, «Summarische Verzeichnus Aller des hoch fürstlichen Baslischen Oberambts Zwingen Einwohnenden und deren Nahrungs Unterhalt, wie sich dises Jahr 1722 befunden bis Ao 1723». Die Angaben für Stadt und Vorstadt sind nicht einzeln ausgewiesen.
57 Schluchter 1987, S. 633.
58 Die Rubriken 8 (Wiedertäufer) und 9 (Juden) blieben im Laufental leer.
Die unterschiedlichen Formen von Berufs- und Heiratsmobilität führten dazu, dass in frühneuzeitlichen Städten und Dörfern neben den voll berechtigten Ortsbürgern einer Gemeinde auch Menschen mit eingeschränkten Aufenthalts- und Nutzungsrechten lebten. Den Hintersassen, Einwohner und Fremden war gemeinsam, dass sie, weil sie kein Orsbürgerrecht besassen, nur bis auf Widerruf in der Gemeinde geduldet wurden. Während Einwohner und Fremde meist nur mit sehr kurzfristiger Duldung rechnen konnten, erwarben Hintersassen beschränkte Allmendnutzungsrechte, die ihnen eine partielle Integration in die Gemeinde, insbesondere den landwirtschaftlichen Erwerb, ermöglichten. Die Gefreiten waren Adlige – beispielsweise bischöfliche Beamte – und Geistliche, Berner 1994, S. 257ff.; Schluchter 1987, S. 635.

jede Rubrik ist zwar vorhanden, wurde jedoch genauso wenig ausgefüllt wie die Rubrik «Summa aller Seelen».

Wie lässt sich die Gesamtbevölkerung berechnen? Der Aufbau der Tabelle legt nahe, dass sämtliche Spalten einer Rubrik[59] zur «summa» und diese Summen wiederum zur «Summa aller Seelen» zusammengezählt werden können. Schwierigkeiten bereitet jedoch die Spalte «Ausser Landes gebührtig», die bei den Bürgern, Hintersassen und Einwohnern erhoben wurde. Handelt es sich hier um Personen, die bereits in einer der vorherigen Spalten[60] inbegriffen sind oder muss die Spalte dazugezählt werden? Ein Vergleich mit den Zählungen in den Oberämtern Birseck[61] und Pfeffingen[62] hat ergeben, dass beide Varianten denkbar sind: In Birseck wurden sämtliche Spalten addiert, in Pfeffingen wurde explizit gesagt, dass die ausser Landes Geborenen, «in der Anzahl der Burgern schon begriffen» seien. Da für das Oberamt Zwingen kein derartiger Hinweis vorliegt, ist anzunehmen, dass sämtliche Spalten summiert werden können.

Zur Bevölkerung Laufens gehörten demnach 1053 Personen, zum Zeitpunkt der Zählung anwesend waren 964 Menschen.[63] Zahlenmässig nicht fassbar sind

---

59 Die Rubriken sind: Bürger, Hintersässen, Einwohner, Fremde, Gefreite, Halten sich ausser Landes auf, Unehelichgeborene, Wiedertäufer und Juden. Unter der «Summa der Seelen» sind die Bewohnerinnen und Bewohner zu verstehen; will man die Zahl der Anwesenden berechnen, ist die Rubrik «Halten sich ausser Landes auf» abzuziehen.
60 Die Spalten sind: Verheiratete, Verwitwete, Kinder, Waisen, Dienstboten, Ausser Landes gebürtig, jeweils nach Geschlecht differenziert.
61 StABL, AA, L. 114 A, Bd. 613, S. 98.
62 StABL, AA, L. 114 B, Bd. 648, S. 297.
63 Schluchter (1987, S. 622) berechnete niedrigere Zahlen: 986 Einwohner (Ortsanwesende + temporär Abwesende), 932 Anwesende (Ortsanwesende). In Schluchters Berechnung der Anwesenden sind die ausser Landes Geborenen nicht mitgezählt (964-32), weil er davon ausgeht, dass es sich um Kinder von Weggezogenen handelt, ebd., Anm. 6, S. 645. Einwohner = Anwesende (932) + temporär Abwesende aus der Rubrik «Halten sich ausser Landes auf» (54). Die temporär Abwesenden befanden sich auf Reisen, in Diensten, auf Berufswanderung, im Kriegsdienst oder an der Kost. Die definitiv Weggezogenen waren im Ausland verheiratet und niedergelassen.
Schluchters Überlegungen sind zwar nicht ganz von der Hand zu weisen, ich möchte mich ihnen jedoch nicht anschliessen. Da eine Rubrik für jene Personen, die sich ausser Landes aufhielten, vorgesehen war, ist nicht einzusehen, weshalb die ausser Landes Geborenen – wenn sie nicht im Bistum anwesend waren – nicht auch in dieser Rubrik erfasst wurden. Ich gehe davon aus, dass es sich bei den ausser Landes Geborenen um Personen handelt, die nach Laufen zurückgekehrt beziehungsweise zugezogen sind.
Seit Mitte des 18. Jahrhunderts führte die Rückkehr weggezogener Bürger oder ihrer Kinder immer wieder zu Konflikten. Die Stadt anerkannte nur diejenigen weiterhin als Laufner Bürger, die den Bürgerpfennig bezahlten und die Heirat mit einer Fremden vom Rat der Stadt bewilligen liessen, AAEB, B 234/3, 1745, S. 73–84; 1757, S. 152; 1763, S. 164–166. Vgl. auch unten.
Schluchter hat bei der Transkription zwei Zahlen irrtümlicherweise vertauscht, vgl. Tabelle, S. 640: Im Kriegsdienst befanden sich nicht 22, sondern 10 Männer, verheiratet und niedergelassen waren dafür 22, statt 10. Die Zahl der temporär Abwesenden beträgt also 42, nicht 54. Die Zahl der Einwohner muss dann 974 lauten.

Wanderungsbewegungen innerhalb des Bistums. Nicht ganz auszuschliessen ist also, dass sich einige Laufnerinnen und Laufner zum Zeitpunkt der Zählung nicht in der Stadt oder der Vorstadt aufhielten.

1745

Im Jahr 1745 wurde im Oberamt Zwingen eine Haushaltszählung durchgeführt, in der nach Bürger-, Witwen- und Hintersassenhaushaltungen unterschieden wurde.[64] Die Zählung basiert auf einer gemeindeweise erhobenen Liste der Haushaltsvorstände.[65] Die Namensliste von Laufen beginnt bei den Bürgermeistern und Räten, gefolgt von den Bürgern und Witwen. Hintersassen gab es weder in der Stadt noch in der Vorstadt.

Vergleicht man die Namensliste mit der Haushaltszählung, fallen Ungereimtheiten auf. In zwei Fällen hält die Namensliste fest, dass zwei einzeln aufgeführte Personen gemeinsam[66] beziehungsweise mit einer weiter oben in der Liste genannten Person[67] zusammen haushalteten. In der Tabelle wurden sie in beiden Fällen als separate Haushalte gezählt. In der Namensliste der Vorstadt Laufen erscheint nach den Witwenhaushalten «28. Hans Fluri ist weder Burger noch Hintersass». In der Tabelle fehlt diese Habitantenhaushaltung.[68] Ob Fluri allein lebte, einem Haushalt (möglicherweise einen Einpersonenhaushalt) vorstand oder als Knecht oder Geselle in einen Haushalt integriert war, lässt sich nicht entscheiden.

Folgt man der Tabelle «Summarium aller Haushaltungen» bestanden in der Stadt 111 Bürger- und zwanzig Witwenhaushaltungen, in der Vorstadt 19 Bürger- und acht Witwenhaushaltung, insgesamt also 158 Haushalte. Stützt man sich demgegenüber auf die Namensliste, gäbe es zwei Bürgerhaushaltungen weniger und eine Habitantenhaushaltung mehr, insgesamt also 159 Haushalte. Da die Abweichung minim ist, halte ich mich an die Zählung der Tabelle. Diese Stelle zeigt einmal mehr, auf welch dünnem Eis sich die Arbeit mit derartigen Erhebungen bewegt.

---

64 «Summarium aller Haushaltungen in dem Oberamt Zwingen auch Statt und Amt Laufen», AAEB, B 234/3, S. 71. Hans Berner (1994, S. 341) hat anhand dieser Zählung Angaben zur Berufsstruktur erarbeitet. Diesbezüglich ist die Erhebung für Laufen unergiebig: Handwerker sind nur in fünf Fällen ausgewiesen. Vgl. dazu Kap. 2. Zum Rechtsstatus von Hintersassen, vgl. Anm. 58.

65 «Specification Aller deren in dem Oberamt Zwingen sich dermahlen befindlichen Burgern, Wittfrauwen und Hindersässen», AAEB, B 234/3, 24.4.1745, S. 64–70.

66 «52. Claus Schmidlin 53. Anthoni Schmidlin gemeinsam.»

67 «82. Hans Adam Weeber hat gemeinsame Haushaltung mit H. Conrad Weeber.»

68 Habitanten waren niedergelassene Landesfremde, Schluchter 1987, S. 635; vgl. auch Anm. 58.
Im Schreiben, das die Übersendung der Erhebung an den Bischof begleitete, erwähnte Landschreiber Kern eine Habitantin, Anna Maria Bockhstall in Laufen, die sich durch Spinnen und Krankenpflege ernährte. Auch sie fehlt in der Namensliste, möglicherweise weil sie keine eigene Haushaltung führte, AAEB B 234/3, 11.6.1745, S. 63.

Die Erhebung über «die Anzahl der Unterthanen, Burgern, Habitanten, Hindersässen, Residenten und fremden Inwohnern» erfolgte im Auftrag des Bischofs, der gleichzeitig ein «impartiales Guthachten [einforderte], welche von Letzeren [den Residenten und Fremden, acf] beederley geschlechts dem publico zum last und Ohnnutzen, und zu erleichterung anderer getreuer Unterthanen außzuweisen wären».[69] Die bischöfliche Anfrage ist in Zusammenhang mit dem Widerstand der Gemeinden gegen den Zuzug von Ortsfremden und die Aufnahme neuer Bürger und den daraus resultierenden Konflikten mit der Obrigkeit zu sehen. Der Bischof nahm für sich in Anspruch, das Ortsbürgerrecht und die Erlaubnis zur Niederlassung aus alleiniger Machtvollkommenheit zu gewähren. Die Gemeinden weigerten sich jedoch immer wieder, solche Entscheidungen anzunehmen, wenn sie gegen ihren Willen erfolgten.[70]

Der Vergleich zwischen der Namensliste und der Tabelle hat – einmal mehr – gezeigt, dass Zahlen nicht als absolute Grössen zu nehmen sind. Bevor die Haushaltszählung als Grundlage für die Schätzung der Bevölkerung herangezogen werden kann, ist zu fragen, ob sie wirklich alle Haushalte erfasst hat, fällt doch auf, dass sich ihre Anzahl seit 1723 um 15 verkleinert hat. Beide Erhebungen unterscheiden die Haushalte nach ihrem Rechtsstatus. 1745 nicht mehr ausgewiesen sind drei Hintersassen- und eine Einwohnerhaushaltung. Da die Erhebung auf die Erfassung der Nicht-Ortsbürger ausgerichtet war, darf angenommen werden, dass die Hintersassen- und Einwohnerhaushalte seither weggezogen sind.[71] Die Volkszählung von 1723 führt ausserdem drei gefreite und zwei geistliche Haushaltungen auf. In diesen Fällen ist es nicht ganz einfach zu klären, ob sie 1745 nicht mehr existierten, bei den Bürger- und Witwenhaushaltungen aufgeführt oder tatsächlich nicht registriert worden sind. Bei einer der gefreiten Haushalte dürfte es sich um jene des Meiers handeln. 1723 war der Stadtbürger Niklaus Fenninger Meier; 1745 Nikolaus Kern – letzterer lebte zum grossen Missfallen der städtischen Behörden[72] in Zwingen, weil er gleichzeitig Landschreiber und zu diesem Zeitpunkt auch Schaffner war.[73] Eine zweite gefreite Familie waren die von Staal.[74] Bei der dritten gefreiten Haushaltung

---

69 StABL, AA, L. 114 B, Bd. 650, S. 350: Begleitschreiben des Landvogts von Pfeffingen an den Bischof, 23.4.1745. Das Auftragsschreiben des Bischofs vom 31.3.1745 ist nicht erhalten.
70 Vgl. dazu Berner 1994, S. 257ff. Zu derartigen Konflikten kam es auch in Laufen, vgl. AAEB, B 234/3; vgl. auch unten.
71 Wegen der oben erwähnten Unklarheit über die Situation von Hans Fluri lässt sich nicht ausschliessen, dass 1745 eine Haushaltung zu wenig gezählt wurde.
72 Vgl. dazu Kap. 9.
73 Kern war seit 1731 Landschreiber und Schaffner (AAEB, B 137/29, S.193), seit 1744 Stadtmeier (AAEB, B 137/30, 22.10.1744, S.133). Vom Schaffneramt wurde er 1748 entbunden, AAEB, B 137/29, 8.9.1748, S. 261–279.
74 Bis zu seinem Tod 1751 oder 1752 bewohnte Conrad Markus Anthoni von Staal, Chorherr von Moutier-Grandval, den «Staalischen Hof», die nachmalige Bezirksschreiberei. Die Privilegierung des Hauses, 1613 durch Jakob von Hertenstein erbaut, fiel mit dem Verkauf 1758 dahin, StadtBALaufen, Nr. 37, 1758, S.171ff.

bleibt die Lage unklar. Die Haushaltungen des Pfarrers und des Kaplans, die beiden geistlichen Haushaltungen, scheinen tatsächlich zu fehlen, sie sind zumindest nicht mit ihrer Funktionsbezeichnung in der Namensliste aufgeführt.[75] Hier handelt es sich um eine Unterregistrierung. Die Zahl der Bürger- und Witwenhaushalte, die 1723 zusammen erfasst wurden, hat bis 1745 leicht abgenommen. Für die vollständige Erfassung der bürgerlichen Haushaltungen spricht der Erhebungszweck: Im Zusammenhang mit Konflikten um die Aufnahme von Ortsfremden und neuen Bürgern führten die Gemeindebürger meist die bereits bestehende «Grösse der Bürgerschaft»[76] an. Es darf deshalb davon ausgegangen werden, dass sie ein Interesse daran hatten, die Zahl der städtischen Haushalte möglichst vollständig zu melden.

Zusammenfassend ist festzuhalten, dass die Zahl der Haushalte seit 1723 wohl zurückgegangen ist; es kann jedoch nicht ausgeschlossen werden, dass einige Haushalte nicht registriert worden sind.

An dieser Stelle stellt sich erneut die Frage nach der Höhe des Reduktionsfaktors. Für das 18. Jahrhundert liegen zwei Angaben zur Haushaltsgrösse in Laufen vor:[77] 1723 lebten 5.6 Personen in einem Haushalt, im Krisenjahr 1770 waren es 4.1 Personen. Die Haushaltsziffer ging im Laufe von knapp fünfzig Jahren also beträchtlich zurück. Auch die Anzahl Haushalte ist, wie bereits gesagt, zurückgegangen. Zieht man erzählende Quellen bei, erhält man jedoch den Eindruck, dass die Bevölkerung als wachsend,[78] oder vorsichtiger interpretiert, zumindest nicht als krisenhaft schrumpfend wahrgenommen wurde. Dies spricht gegen den niedrigeren Faktor von 4.1. Auch wenn es wahrscheinlich ist, dass sich nicht nur die Zahl der Haushaltungen, sondern auch die Haushaltsgrösse verkleinert hat,[79] jede Reduktion der Haushaltsziffer jedoch einer willkürlichen Festsetzung gleichkommen würde, schätze ich die Bevölkerung anhand der Ziffer von 5.6 auf 885 Personen, was sicher einen Maximalwert darstellt. Mit dem hohen Reduktionsfaktor wird auch der möglichen Unterregistrierung Rechnung getragen.

75 1745 war Johann Georg Brieffer Laufner Pfarrer; er fehlt in der Haushaltsliste.
76 Die Stadt Laufen führte dieses Argument beispielsweise 1749 im Konflikt um die Erneuerung der Aufenthaltsbewilligung des Hintersassen Peter Weber aus Röschenz an, der in Laufen mit einer Bürgerin verheiratet war, AAEB, B 234/3, S. 93–103.
77 Die Haushaltsziffer von 4.1 für 1709 wurde nicht berücksichtigt, weil sie einen Minimalwert von unsicherer Qualität darstellt.
78 Im Zusammenhang mit dem Konflikt um Peter Weber, hielt Landschreiber Kern fest, «Ich will zu lassen, dass die gemeind von einigen Jahren durch aufwachs jungnen leuthen sich vermehret habe, ...», AAEB, B 234/3, 16.1.1749, S. 95v. Im selben Zusammenhang führte die Gemeinde in einer Bittschrift an den Bischof heraus, die Bürgerschaft habe sich in den letzten dreissig Jahren um ein Drittel vergrössert, StadtBALaufen, Nr. 37, 1748, S. 139. Die Zahlen dienten der Rhetorik und können nur beschränkt für bare Münze genommen werden. Drei Jahre später verschärfte die Gemeinde ihre Aussage, indem sie behauptete, die Bürgerschaft sei innert 25 Jahren um einen Drittel gewachsen, StadtBALaufen, Nr. 37, 28.1.1751, S. 150.

1753

Die Haushaltszählung aus dem Jahr 1753[80] weist in der Stadt 98 Häuser mit 128 Haushalten und in der Vorstadt 22 Häuser mit 32 Haushalten aus. Die Zählung ist Teil einer Beschreibung «samtliche[r] haushaltungen, hauser und gebaw [...] auch Wirthshauser und mühlinen», die der Bischof am 27. September 1753 angefordert hatte, «umb so dan daraus eine gleichheit deren kleinen Monathsgeldern» herbeizuführen.[81] Das Verzeichnis wurde also angelegt, um Steuern auf die Besitzer städtischer Liegenschaften umzuverteilen. Verfertigt wurde es von Landschreiber und Stadtmeier Nikolaus Kern, der sich im bereits angeführten Schreiben vom 31. Oktober 1753 danach erkundigte, ob er auch eine Schätzung der Häuser beifügen solle. Kern scheint keine oder eine abschlägige Antwort erhalten zu haben, denn die Beschreibung enthält keine Angaben über den Wert der Gebäude.

Bei Steuererhebungen stellt sich die Frage, ob nicht einzelne Haushaltungen, etwa Adlige oder Besitzlose, von der Steuerpflicht befreit waren. In den die Erhebung begleitenden Briefen gibt es keine Hinweise auf Steuerbefreiungen. Für die Vollständigkeit der Haushaltszählung spricht auch die Tatsache, dass die Nachzählung der Besitzer steuerpflichtiger Liegenschaft niedriger ausfiel als die Anzahl der Haushalte.

Gegenüber 1745 wuchs die Anzahl Haushalte wieder leicht an, der Reduktionsfaktor von 5.6 ist wohl auch in diesem Fall eher zu hoch. Da es jedoch für Laufen selbst keine Möglichkeit gibt festzustellen, ob und wie stark sich die Haushaltsgrösse bereits verkleinert hat, verwende ich wiederum die Ziffer von 1723. Die Bevölkerung wuchs demnach um schätzungsweise elf Personen auf 896 Personen an. Auch in diesem Fall ist davon auszugehen, dass es sich um einen Maximalwert handelt.

1770/71

1770/71 fanden zwei Zählungen statt. Bei der einen, im Dezember 1770 vorgenommen, handelt es sich um eine Volkszählung,[82] bei der zweiten, im Februar 1771

---

79 Auch interregionale Vergleiche legen nahe, dass die Haushaltsgrösse im 18. Jahrhundert abnahm. Auf der Basler Landschaft betrug die Haushaltsziffer 1774 4.4, Mattmüller 1987, S. 82. Berner (1994, S. 338) weist für das Birseck Ziffern von 4.6 für 1722 und noch 4.2 für 1753 aus.

80 «Beschreibung Aller, und Jeder HausVätter, und Underthanen in dem Hochfürstlichen Oberamt Zwingen, auch stat und Amt Laufen, samt ihren Wohnungen, und Häusern, wie selbe mit feur und Liecht gesessen, beschrieben Anno 1753», AAEB, B 228/51.

81 Schreiben von Landvogt und -schreiber an den Bischof vom 31.10.1753, AAEB, B 228/51. Bei den Monatsgeldern handelt es sich um feste, den Gemeinden auferlegte Beträge, die auf der Einschätzung des Grundbesitzes beruhten, Berner 1994, S. 212.

82 StadtBALaufen, Nr. 95, S. 3f. «Amt Zwingen im Dezember 1770» (kein weiterer Titel, die Daten wurden gemeindeweise erhoben). Die Ergebnisse dieser Erhebung wurden in einer Tabelle für das ganze Fürstbistum zusammengefasst: «Tableau general du Denombrement

durchgeführten, um eine Erhebung von Vorräten und Einwohnern.[83] Die Erhebungen stehen zweifellos mit der Hungerkrise der Jahre 1770/71 in Zusammenhang.[84]

Die Volkszählung im Dezember 1770 erhob die Bevölkerung in zwei Klassen. Die erste umfasste «geistliche, Adeliche, Burger, Hindersäss, Söhne und Töchtern, Hausgesind männl. und Weiblichen Geschlechts», die zweite «Ausländische Töchter oder Beständer, Kostgänger, auch andere sich im Bistum haushäblich aufhaltende Landesfremde». Unterschieden wurde ausserdem nach Geschlecht und Alter («Weiber» beziehungsweise «Männer», «grosse Töchter» beziehungsweise «grosse Knab», «kleine Töchter» beziehungsweise «kleine Knab», wobei offen bleibt, ab welchem Alter Jugendliche zur Kategorie grosse Töchter beziehungsweise Knaben gezählt wurden). Ausgewiesen ist die Anzahl Häuser und Einzelhöfe, nicht aber jene der Haushaltungen. Laufen und die Vorstadt wurden separat verzeichnet. Ausserdem enthält die Erhebung, allerdings für das ganze Oberamt – also nicht nach Gemeinden differenziert – Angaben zur Berufsstruktur.

Von der im Februar 1771 durchgeführten Zählung ist einerseits eine «Summarische Tabell über die in denen Gemeinden des Oberamts Zwingen Vorhandene Persohnen und Früchten im Febr. 1771» überliefert, ausserdem sind die Listen mit den Erhebungen für die Einzelhaushalte erhalten. Aufgeführt ist der Name des Haushaltsvorstandes, die Grösse des Haushaltes sowie die Anzahl Kinder unter sieben Jahren.[85] Ausserdem wurden die Vorräte an Getreide (Dinkel, Kernen, Hafer, Baschi,[86] Gerste) und Leguminosen (Wicken, Erbsen, Linsen) detailliert aufgeführt.[87]

Die Bevölkerungszahlen der «Summarischen Tabelle» und der Listen stimmen nicht exakt überein: In der Tabelle sind zwei Personen mehr verzeichnet (786) als in

des Peuples de la Principauté de Bâle en consequence de l'ordonnance de Son Altesse du 12 August 1770 et des Rescriptes envoyés dans tous les Baillages du 2 Septembre de la même année». Die Daten sind dort lediglich vogteiweise aufgeführt. Das Original befindet sich in den Archives de l'Ecole cantonale de Porrentruy, Kopie im AAEB, Schluchter 1987, S. 645, Anm. 7.

83 AAEB, B 198/21.
84 Der Witterungsverlauf der Jahre 1769–1771 entspricht dem bereits mehrfach erwähnten Katastrophenjahr mit nass-kaltem Frühjahr und Sommer. Zum «klimatischen Muster der Subsistenzkrise», vgl. Pfister 1984, Bd. 2, S. 62f.
85 Der Anteil der Kinder unter sieben Jahren betrug 14.5 Prozent. Der Wert spricht dafür, dass die Säuglinge und Kinder nicht unterregistriert wurden, liegt er doch gut über den neun Prozent, die Mattmüller als Minimalzahl für die Kinder bis fünf Jahre angibt. Werden weniger als neun Prozent Säuglinge und Kleinkinder aufgeführt, bestehe der Verdacht auf Unterregistrierung dieser Altersgruppe, Mattmüller 1987, S. 96.
86 Unter Baschi oder Paschi ist eine Mischsaat aus Linsen, Gerste, Erbsen, Wicke und Hafer zu verstehen. Gemischte Saaten stellen eine Strategie gegen klimatisch bedingte Missernten dar, Pfister 1984, Bd. 2, S. 50.
87 Erhoben wurden nicht nur die vorhandenen Säcke Getreide («Haben würklich»), sondern auch allfällige Guthaben («Ihnen ist man noch schuldig») und Schulden («Haben annoch zu entrichten»). Die Verrechnung dieser Grössen ergab die vorhandenen Vorräte.

der Erhebung der Haushalte (784). Aufgezeichnet sind 192 Haushaltungen. Im Dezember 1770 hat die Bevölkerung in Stadt und Vorstadt noch 791 Personen betragen, 667 Personen lebten in der Stadt, 124 in der Vorstadt.

1786

Die Haushaltungszählung von 1786 steht in Zusammenhang mit der Umlegung von Kosten für den Neubau des Wasenmeisterhauses.[88] Sie weist 160 Haushaltungen in der Stadt und deren 23 in der Vorstadt Laufen aus. Da die Erhebung fiskalische Gründe hatte, ist wiederum zu fragen, ob es Haushalte gab, die von derartigen Lasten befreit waren und deshalb nicht erfasst wurden. Ganz auszuschliessen ist das nicht, obwohl in den Akten Hinweise auf die Befreiung fehlen.[89] Von der Bezahlung ganz ledig gesprochen zu werden, beantragte die Stadt Laufen, was allerdings abgelehnt wurde.[90]

Im Vergleich zu 1771 ist die Zahl der Haushalte wieder zurückgegangen. Allein in der Vorstadt verschwanden zwischen 1779 und 1786 vier Haushalte.[91] Ob mit diesem Rückgang auch eine Schrumpfung der Bevölkerung einherging, ist schwer zu sagen. Besser ins Bild passen würde eine leichte Zunahme der Stadtbevölkerung.[92] Es stellt sich erneut die Frage, welcher Reduktionsfaktor zur Schätzung der Bevölkerung verwendet werden soll. Den Faktor 4.1 aus der Krisenzeit von 1770/71 halte ich für zu tief, weil ich von einer leichten Erholung der Bevölkerung ausgehe. Der Faktor 5.6 ist eher zu hoch. Mit dem Faktor 4.7 erhält man eine geschätzte Bevölkerung von 860 Personen. Die Stadtbevölkerung hätte damit annähernd wieder den Bestand von Mitte des Jahrhunderts erreicht.[93]

Ergebnisse

Die Stadt Laufen war während des gesamten Untersuchungszeitraums die grösste Gemeinde in der Vogtei Zwingen. Im Vergleich mit anderen Kleinstädten der Region war Laufen mittelgross. Liestal (1585: zirka 900 Personen)[94] und Dels-

---

88 «Verzeichnus deren Haushaltungen in denen nachbeschriebenen Vier Ämteren [Laufen, Birseck, Pfeffingen, Zwingen]», StadtBALaufen, Nr. 66, 1786, S. 77.
89 StadtBALaufen, Nr. 66, S. 52–77.
90 StadtBALaufen, Nr. 66, 2.9.1785, S. 64.
91 AAEB, B 234/5, 25.10.1779, S. 1037–1045. Die Angaben über die Haushalte im Amt Zwingen (also ohne die Stadt Laufen und die Gemeinde Liesberg) dienten zur Verteilung des Gabenholzes.
92 1798 zählte die Stadt 924 Einwohner (nicht Anwesende), was einem leichten Wachstum seit 1770/71 entspricht, Schluchter 1987, S. 626.
93 Der Reduktionsfaktor von 4.7 lässt sich durch Zahlen aus dem Jahr 1797 recht gut stützen. Die Bevölkerungstabelle vom «8. ventos [sic] 5. Jahr» (26.2.1797) verzeichnete 869 anwesende Personen in 193 Haushalten, was durchschnittlich 4.5 Personen pro Haushalt entspricht, StadtBALaufen, Nr. 95, S. 5–27.
94 Gschwind 1977, S. 115f.

berg (1586: zirka 1155 Personen)[95] waren im späten 16. Jahrhundert grösser als Laufen, Waldenburg (1585: zirka 200 Personen)[96] war kleiner. Olten war mit rund 500 Einwohnerinnen und Einwohnern um 1600 – wenn man Laufen und die Vorstadt gemeinsam betrachtet – etwa gleich gross. Um 1700 hatte Olten mit etwa 850 Personen Laufen bereits überholt. Die Stadt an der Aare wuchs zwischen 1600 und 1800 zwar nicht immer gleich schnell, sie erlebte jedoch keine Bevölkerungsrückgänge.[97] Die Bevölkerung Delsbergs schrumpfte im 17. Jahrhundert, so dass Laufen 1723 fast gleich gross war. Am Ende des Jahrhunderts war Laufen dann aber wieder kleiner, weil die Stadt 1770/71 einen Einbruch erlebte, während Delsbergs Bevölkerung stabil blieb. In der Bevölkerungsentwicklung Liestals und Waldenburgs gab es ebenfalls Zeiten mit Bevölkerungsrückgang (Ende des 17. und im letzten Viertel des 18. Jahrhunderts); im dritten Viertel des 18. Jahrhunderts wuchsen beide Städte jedoch stark.[98] Liestal blieb immer grösser, Waldenburg kleiner als Laufen. Für Rheinfelden liegen aus dem späten 16. Jahrhundert keine Zahlen vor. Um die Jahrhundertmitte lebten schätzungsweise 1100 Personen in der Stadt. Ähnlich wie Laufen erfuhr die Stadt in der ersten Hälfte des 17. Jahrhunderts einen Bevölkerungsrückgang. 1650 – nach den Verheerungen des Dreissigjährigen Krieges – lebten noch 900 Menschen in der Stadt, bis 1792 wuchs die Bevölkerung auf 1400 Einwohnerinnen und Einwohner an.[99]

Die Aufzählung der Kleinstädte in der Nordwestschweiz erhebt weder den Anspruch auf Vollständigkeit noch auf Repräsentativität. Sie situiert Laufen aufgrund seiner Grösse in der regionalen Kleinstädte-Landschaft und verweist anhand knapper Linien zur Bevölkerungsentwicklung auf die Vielfalt kleinstädtischer Erscheinungen.[100] Im Vergleich mit sämtlichen Städten des Reichs machen Kleinstädte mit weniger als 1000 Einwohner den überwiegenden Teil aus: Um 1500 gab es rund 3500 im Rechtssinn städtische Siedlungen. Rund 85 Prozent derselben hatten bis zu 1000 Einwohner. Nur 26 – nicht einmal ein Prozent aller Städte im Reich – waren Grossstädte mit über 10 000 Einwohnern.[101]

---

95 Schluchter 1987, S. 622.
96 Gschwind 1977, S. 115 f.
97 Mugglin 1982, S. 332.
98 Gschwind 1977, S. 592 ff.
99 Schib 1961, S. 307 f.
100 Zur Bevölkerungsentwicklung schweizerischer Städte zwischen 1500–1700 (insbesondere von Gross- und Mittelstädten), vgl. Mattmüller 1987, S. 196–227. Einen Überblick über die Bevölkerungsentwicklung frühneuzeitlicher Städte in Europa (mit Schwerpunkt Mitteleuropa) gibt Schilling 1993, S. 2–17. Zur Grösse und demografischen Entwicklung hessischer Kleinstädte in der Frühen Neuzeit, vgl. Gräf 1995.
101 Schilling 1993, S. 8.

Die Bevölkerung von Stadt und Vorstadt Laufen, 1586–1786   Tabelle 1

Jahr der Erhebung	Anzahl Haushalte Stadt Laufen	Anzahl Haushalte Vorstadt Laufen	Anzahl Haushalte Stadt und Vorstadt Laufen	Anzahl Bewohner (Anwesende)	Durchschnittliche Bewohnerzahl pro Haushalt
1586	86	28	114	536*	
1630	70	39	109	512*	
1698	(107)	(41)	148	692	4.7
1709	115			[473]	[4.1]
1722/1723			173	964	5.6
1745	131	27	158	885*	
1753	128	32	160	896*	
1770				791	
1771			192	784	4.1
1786	160	23	183	860*	

* Schätzung anhand der Anzahl Haushalte
( ) Eigene Zählung (vgl. Anm. 38 und 42)
[ ] Die Werte betreffen nur die Stadt und sind von unsicherer Qualität.

Unter der Annahme, dass die Bevölkerungsentwicklung Laufens[102] im 16. Jahrhundert in etwa der schweizerischen[103] und jener des Reichs[104] gefolgt ist, wuchs die Bevölkerung bis kurz vor dem Zeitpunkt an, zu dem erstmals demografische Daten vorliegen. Christian Pfister hat nachgewiesen, dass sich das Klima in der zweiten Hälfte des 16. Jahrhunderts – mit entsprechenden Folgen für die Bevölkerungsentwicklung – verschlechterte: «Von 1569 an überlagerte sich der langfristigen

---

102 Ich interpretiere die Entwicklung von Stadt und Vorstadt als Einheit. Ökonomisch gehörten die beiden Gemeinden insofern zusammen, als sie einen gemeinsamen Bann im System der Dreizelgenwirtschaft bewirtschafteten. Die Trennung von Stadt und Vorstadt war rechtlicher Natur (Gerichtskreis, Geltung des Stadtrechtes), vgl. Kap. 6.
103 Vgl. Pfister 1984, Bd. 2, S. 104. Auch Regionalstudien belegen diese Entwicklung, vgl. z. B. Schluchter 1990, S. 24 ff.; Mattmüller 1987, S. 132 ff.
104 Dass die Bevölkerung im 16. Jahrhundert wuchs, ist auch für das Reich unbestritten. Ungeklärt ist, seit wann mit einem Wachstum gerechnet werden kann und wie stark dieses war, Pfister 1994, S. 74; vgl. auch Pfister 1997.

Ertragsbaisse ein erster Zyklus von Missernten. Im Bild des Klimaverlaufs tritt er durch nasse Sommer und kalte Frühlingsperioden in Erscheinung, also jene Witterungskonstellation, die agrargeschichtlich mit gleichzeitigen Produktionseinbrüchen bei Getreide, Molkeprodukten, Wein und Gemüse, bevölkerungsgeschichtlich mit Subsistenzkrisen einhergeht. [...] Im nassen Sommer von 1585 nahm ein zweiter, bis 1589 dauernder Zyklus von Missernten seinen Anfang, dem 1594–1597 ein dritter folgte. Beide sind wiederum unverkennbar an das klimatische Muster der Subsistenzkrise gebunden.»[105]

In Laufen wurde das Bevölkerungswachstum bereits 1552 durch die Pest unterbrochen.[106] Die Zählung von 1586 fällt in ein Jahr mit klimatisch bedingten Missernten, die wohl nicht ohne Folgen auf die Bevölkerung geblieben sind.[107]

Auch die folgende Zählung von 1630 erfasst die Bevölkerung in einer Krise, die sicher seit 1626[108] dauerte. Geprägt war die Zeit um 1630 durch die Pest, durch einen ungünstigen Witterungsverlauf mit nass-kaltem Frühling und Sommer sowie durch das Näherrücken des Dreissigjährigen Krieges.

Anders als in den meisten anderen Gemeinden der Vogtei Zwingen[109] schrumpfte die Bevölkerungszahl Laufens zwischen 1586 und 1630. Gallusser weist Zahlen über die Pesttoten in der Kirchgemeinde Laufen aus; die Stadt verzeichnete in absoluten Zahlen zwar die meisten Opfer, im Verhältnis zur Grösse Laufens scheint die Pest jedoch in der Stadt nicht stärker gewütet zu haben als in den anderen zur Kirchgemeinde gehörenden Orte.[110] Der Bevölkerungsrückgang muss also weitere Ursachen gehabt haben.

Die Entwicklung zwischen 1586 und 1630 war mit Sicherheit nicht durch einen gleichmässigen Rückgang geprägt. Einen Einbruch erlebte die Stadtbevölkerung bereits 1610 durch die Pest.[111] Klimatisch ungünstig war auch der Winter

---

105 Pfister 1984, Bd. 2, S. 84f. Subsistenzkrisen äussern sich demografisch im gleichzeitigen Absinken der Taufen/Geburten und im Hochschnellen der Sterbefälle. Zum klimatischen Muster der Subsistenzkrise, vgl. ebd., S. 60–64.
106 AAEB, B 234/8, 30.4.1552, S. 144f.
107 Pfister 1984, Bd. 2, S. 104.
108 In Liesberg und den Nachbardörfern wurde die Ernte zerstört. Die Gemeinde nannte in ihrer Supplikation an den Bischof keine Ursache für die Missernte, AAEB, B 142/2, 29.1.1627, S. 439. In Büren wurde die Ernte im selben Jahr durch Hagelschlag zerstört, Fridrich 1994, S. 69f.
109 Einzig Blauen verzeichnete zwischen 1586 und 1630 ebenfalls einen Bevölkerungsrückgang, vgl. Tabelle 2. In den Vogteien Birseck und Pfeffingen wuchs die Bevölkerung in diesem Zeitraum an, Berner 1994, S. 339f. Schluchter (1987, S. 622) hat für die Gemeinden der Vogtei Zwingen (ohne Laufen) zwischen 1586 und 1629/30 sogar eine recht starke Zunahme (jährliche Wachstumsrate von 8 Promille) berechnet.
110 Gallusser 1961, S. 42.
111 Gallusser 1961, S. 41. Mit 16 Toten lag die Zahl der Bestattungen 1610 über der Zahl der Vorjahre: 1602–1609 wurden jeweils zwischen sieben und 13 Tote bestattet. 1611 und 1612 stieg die Zahl der Bestattungen mit 29 beziehungsweise 26 sprunghaft an. In den folgenden Jahren ging die Zahl wieder zurück. Die Epidemie der Jahre nach 1610 raffte bedeu-

Überblick über die Bevölkerungsentwicklung der Vogtei Zwingen

Tabelle 2

	1586	1629/1630	1722/1723	1745	1753	1770	1779	1786
	Herd-stätten	Haus-halte	Bevöl-kerung	Haus-halte	Haus-halte	Bevöl-kerung	Haus-halte	Haus-halte
Laufen	86	109*	964*	131	128	667	x	160
Vorstadt	28			27	32	124	27	23
Zwingen	21	28	195	43	39	212	41	43
Röschenz	33	37	278	63	71	297	71	72
Wahlen	23	30	221	45	48	223	53	50
Blauen	26	23	256	40	41	201	42	45
Nenzlingen	13	17	195	29	31	134	30	28
Dittingen	10	23	155	36	37	151	39	44
Brislach	27	41	379	64	70	375	84	81
Liesberg	27	x	427	72	92	368	x	85

* = inkl. Vorstadt Laufen   x = Keine Zahlen vorhanden

1617/18, als die Birs von Grellingen fast bis nach Basel zufror.[112] In die Jahre des späten 16. und frühen 17. Jahrhunderts fallen zahlreiche Aufnahmen ins Burgrecht der Stadt.[113] Dies deutet darauf hin, dass die Stadt die Lücken in der Bevölkerung nicht aus eigener Kraft wieder schliessen konnte.

Nach der Krise der Jahre um 1630 wuchs die Bevölkerung bis zum Ende des 17. Jahrhunderts an, zunächst – bis in die Jahrhundertmitte[114] – wohl langsamer,

tend weniger Menschen dahin als die Pest nach 1629: Im Jahr 1629 starben in der Kirchgemeinde Laufen 143 Menschen, 1639 34, 1634 85, StABL, Kirchenbücher Laufen 1.
112 AAEB, B 142/3, 23.11.1618, S. 105.
113 Zwischen 1596 und 1633 nahm die Stadt 18 Personen ins Bürgrecht auf, 1600 ausserdem für zwei Jahre einen Hintersassen, StadtBALaufen, Nr. 4, S. 2–16. Zum Begriff Burgrecht, vgl. Anm. 125.
114 Die ausführlichen Regesten zum Bestand B 277 «Schwedischer Krieg» ermöglichen einen groben Überblick über die Ereignisse im Fürstbistum. Zu den Fluchtbewegungen aus Laufen, vgl. oben. Zu den Auswirkungen des Dreissigjährigen Krieges in Basel und Umgebung, vgl. Stritmatter 1977, bes. S. 16–60; aus der Sicht Solothurns, vgl. Roth 1946. Zu jüdischen Kriegsflüchtlingen in dieser Gegend, Hinweise bei Fridrich 1996, S. 12f.

später dann schneller. Um 1650 nahm die Stadt wiederum Bewohner neu ins Bürgerrecht auf.[115] Seit Mitte des 17. Jahrhunderts finden sich nur noch vereinzelte Angaben über Neuzuzüger.[116]

Die Zählung von 1698 erfasst die Bevölkerung während der krisenhaften Jahre der «Kleinen Eiszeit», in denen mehrere Missernten auftraten. Die Auswirkungen auf die Bevölkerungsentwicklung sind schwer abzuschätzen: Ich halte es für wahrscheinlich, dass die Bevölkerung nicht zurückging, sondern das Wachstum zu einer Stagnation abflachte.

Das Wachstum des 17. Jahrhunderts setzte sich bis 1723 verstärkt fort. Die jährliche Wachstumsrate zwischen 1630 und 1698 betrug, bedingt wohl vor allem durch die Auswirkungen des Dreissigjährigen Krieges, 4.6 Promille. Das entspricht einem mittleren Wachstum.[117] Zwischen 1698 und 1723 nahm die Bevölkerung mit 13.3 Promille sehr stark zu. Die Zählung von 1723 erfasste die Bevölkerung auf einem Höchststand.

Nach 1723 ging die Bevölkerung Laufens zurück, in der Mitte des Jahrhunderts scheint sie bei rund 880 Einwohnerinnen und Einwohnern zu stagnieren. Mit der Krise von 1770/71 erlebte sie einen erneuten Einbruch. Die Erholung setzte erst gegen Ende des Jahrhunderts wieder ein.[118]

Die Bevölkerungsentwicklung Laufens ist über die zwei von den Quellen abgedeckten Jahrhunderte also von recht starken Schwankungen geprägt. Mit Ausnahme des erwähnten Bevölkerungsrückgangs zwischen 1586 und 1630 entwickelte sich die Stadt ähnlich wie die anderen Gemeinden des Laufentals. Zu diesem Ergebnis ist bereits Schluchter[119] gelangt: «Der Verlauf [der Bevölkerungsentwicklung im 18. Jahrhundert] im Städtchen Laufen folgt demjenigen der Landschaft,

---

115 Zwischen 1646 und 1656 wurden elf Personen neu zu Laufner Bürgern, StadtBALaufen, Nr. 4, S. 17f. Die meisten Neuzuzüger im späten 16. und 17. Jahrhundert, deren Herkunft bekannt ist – meist fehlen Angaben – stammten aus der unmittelbaren Umgebung Laufens: aus anderen Gemeinden der Vogtei Zwingen (Liesberg, Röschenz und Wahlen), aus Birseck oder Pfeffingen (Arlesheim, Aesch), sowie aus nicht allzu entfernten solothurnischen Gemeinden (Bärschwil, Breitenbach, Mümliswil). Ein Neubürger stammte aus Altkirch, einer aus Savoyen und einer vom Zürichsee, StadtBALaufen, Nr. 4, S. 2–18, vgl. auch unten.
116 Hier könnte es sich um ein Überlieferungsproblem handeln. Die Akten über Hintersassen- und Bürgeraufnahmen (AAEB, B 234/3) betreffen hauptsächlich zweite Hälfte des 18. Jahrhunderts.
117 Bei einer jährlichen Wachstumsrate von unter drei Promille spricht man von einer langsamen, bei über sechs Promille von einer schnellen Zunahme, Mattmüller 1987, S. 4.
118 Auch andere Städte des Bistums (La Neuveville, Biel und Delsberg) erlebten zwischen 1723 und 1771 einen Bevölkerungsrückgang. Gemeinsam ist den vier Städten eine Zunahme im letzten Viertel des Jahrhunderts, Schluchter 1987, S. 631.
119 Meine Bevölkerungszahlen weichen im Detail aus den weiter oben ausgeführten Gründen von jenen Schluchters ab, in Bezug auf die Tendenzen der Bevölkerungsentwicklung kommt seine Untersuchung zu ähnlichen Ergebnissen. Da ich auf Zahlen für 1698 gestossen bin, lässt sich das starke Wachstum zwischen 1698 und 1723 sichtbar machen. Wann es genau einsetzte und welche Ursachen es hatte, bleibt noch zu klären.

nur mit der für die Städte des Bistums bereits erwähnten deutlicheren Akzentuierung.»[120] Sie entwickelten sich nämlich langsamer als die sie umgebende Landschaft.

Schluchter stellte in seiner Untersuchung über den heute eidgenössischen Teil des Fürstbistums Basel fest, dass die Bevölkerung in allen drei Regionen (Nordjura, Südjura und deutsche Ämter) zwischen 1586 und 1723 bedeutend stärker zunahm als zwischen 1723 und 1798. Die Entwicklung in den Städten Laufen und Delsberg verlief, wie bereits gesagt, langsamer als auf der Landschaft. Nur zwischen 1771 und 1798 wuchsen die Städte schneller als die Landschaft, obwohl sie während des ganzen Jahrhunderts eine leichte Abnahme der Bevölkerung erlebten. Die Bevölkerungsentwicklung im 18. Jahrhundert war in zwei von drei Regionen durch Stagnation geprägt, nur im Südjura beeinflusste die Wachstumsregion Erguel das Gesamtbild massgeblich. Die Stagnation betraf vor allem agrarisch strukturierte Gebiete, zu denen auch das Laufental gehörte. Regionen mit Heimarbeit (Erguel, Freiberge) verzeichneten eine andere Entwicklung.[121] Zusammenfassend stellt Schluchter fest: «Über das ganze Jahrhundert betrachtet, zeigt das Fürstbistum eher das Bild einer Stagnation als das einer Zunahme – ein Eindruck, der sich nicht recht mit den bisherigen Ergebnissen über die Schweizer Bevölkerungsentwicklung im 18. Jahrhundert in Einklang bringen lässt.»[122]

Der bürgerrechtliche Status der städtischen Bevölkerung als Hinweis auf Wanderungsbewegungen

In der Stadt lebten nicht nur vollberechtigte Ortsbürger, sondern auch Neuzugezogene, die als Hintersassen, Einwohner oder Fremde weder an der Gemeindeversammlung teilnehmen, noch vom Bürgernutzen, den Holz- und Allmendrechten, profitieren konnten.[123] Da Wanderungsbewegungen einen Einfluss auf die Bevölkerungsentwicklung haben, trage ich hier die Belege zusammen, die Hinweise auf Zu- oder Abwanderung enthalten. Es sind dies erstens Aufnahmen ins Bürgerrecht und Gesuche um Aufnahmen als Hintersassen. Die Belege geben die Migration mit Sicherheit nicht vollständig wieder.[124] Insbesondere die Häufung von Bürgerrechtsaufnahmen lässt sich jedoch mit der Bevölkerungsentwicklung in Beziehung setzen. Zweitens gehe ich anhand demografischer Quellen der bürgerrechtlichen Zusammensetzung der städtischen Bevölkerung nach. In Kombination mit Quellen, die Aussagen über die Zulassung oder Abweisung von Hintersassen und über die

---

120 Schluchter 1987, S. 631.
121 Schluchter 1987, S. 624, 631–633.
122 Schluchter 1987, S. 633.
123 Vgl. Berner 1994, S. 257ff. Zum Rechtsstatus der Nicht-Ortsbürger, vgl. Anm. 58.
124 Nicht alle Zugewanderten wurden Bürger, und manche von ihnen blieben als Gesellen, Knechte und Mägde oder andere Arbeitsmigranten nur kurz in der Stadt.

Aufnahme oder Ablehnung von Neubürgern machen, interpretiere ich die Zusammensetzung der städtischen Bevölkerung als Hinweis auf Migrationsbewegungen. Mit diesen beiden Annäherungsverfahren lässt sich Wanderung jedoch nicht quantitativ fassen.

Das Neue Stadtbuch diente den städtischen Behörden seit dem späten 16. Jahrhundert auch zur Niederschrift von Bürger- und Hintersassenaufnahmen.[125] 1596 wurde Jörg Waldmeister, der Tischmacher, mit seinen Söhnen, jedoch ohne den in der Herrschaft Thierstein gezeugten Sohn Ludwig, mit obrigkeitlicher Bewilligung in Laufen aufgenommen. 1599, bei der Aufnahme von Meister Hans Im Hoff, dem Glaser, und seinen Kindern, wurden zwei Söhne, Christen und Claus, die Leibeigene des Junkers von Durmenach waren, von der Bürgerrechtsaufnahme ausgenommen. Lediglich als Hintersass und auf Wohlverhalten erhielt Hans Jacob Hürt im Jahr 1600 für zwei Jahre eine Aufenthaltsbewilligung.[126] 1604 wurde der Weber Ruode Veterle mit seinen Kindern,[127] 1605 der Obervogt von Zwingen, Jacob Schenk von Castel ebenfalls mit seinen Kindern, als Laufner Bürger angenommen.[128]

In den folgenden acht Jahren wurden keine Neubürger mehr verzeichnet. Erst 1613 erfahren wir wieder von Burgrechtsaufnahmen. Die Zuzüger stammten einerseits aus den Nachbargemeinden der Vogtei Zwingen,[129] andererseits aus nahe gelegenen solothurnischen Ortschaften,[130] um die Mitte des 17. Jahrhunderts dann auch aus den Vogteien Birseck und Pfeffingen sowie aus dem Elsass.[131] Ein kleiner Teil der Neuzuzüger kam von weiter her: 1613 wurde der Zürcher Friedrich Heginer mit seiner «ehelichen Hausfrau», 1625 Gladi Sattler aus Savoyen aufgenommen. Das Zürcher Ehepaar kam möglicherweise nach Laufen, um zum Katholizismus zu konvertieren. Vereinzelt verzeichnet sind auch Laufner Bürger, die die Stadt verliessen. Im Februar 1614 erhielt Wolfgang Bantle von Meier und Rat die Erlaubnis, nach Büsserach zu ziehen, sein Bürgerrecht blieb ihm während eines Jahres erhal-

---

125 StadtBALaufen, Nr. 4. Die Eintragungen tragen jeweils den Titel «Hintersäss» oder «Burckrecht». Der Begriff Burgrecht steht synonym für Bürgerrecht: 1599 wurde unter der Überschrift «Burckrecht» die Aufnahme von Philipp Harckmeyer, dem Müller, der aus einer Gemeinde am Zürichsee stammte, mit seinen ehelichen Kindern als Bürger von Laufen protokolliert, StadtBALaufen, Nr. 4, S. 2. Zur synonymen Verwendung der Begriffe Burgrecht und Bürgerrecht in spätmittelalterlichen Quellen, vgl. Bender 1970, S. 13f.
126 StadtBALaufen, Nr. 4, S. 2.
127 StadtBALaufen, Nr. 4, S. 4.
128 StadtBALaufen, Nr. 4, S. 5. Zur Familie Schenk von Castel, vgl. Bosshart-Pfluger 1983, S. 299f.
129 1613: Claus Weber aus Wahlen mit Frau und Kindern, 1614: Andres Bürcklin, Schaffner von Zwingen sowie Jacob Mamie von Liesberg, 1620: Heini Cueni von Wahlen, 1646: ein Schneider namens Biri von Liesberg und Heini German von Dittingen, 1656 ein Röschenzer, StadtBALaufen, Nr. 4, S. 11–17v.
130 1613: Durs Bilgern von Breitenbach, 1653: ein Mümliswiler und ein Bärschwiler, StadtBALaufen, Nr. 4, S. 11–17v.
131 1656 ein Arlesheimer, ein Aescher und ein Altkircher, StadtBALaufen, Nr. 4, S. 17v.

ten.[132] Bartle Frey verliess Laufen in Richtung Oltingen im Elsass, wo er die Mühle bewirtschaftete.[133] Die Beibehaltung des Bürgerrechts wahrte die Integration in der Herkunftsgemeinde und ermöglichte eine spätere Rückkehr.

In den sechzig Jahren zwischen 1596 und 1656 sind 23 Bürgeraufnahmen verzeichnet. Ob das Verzeichnis vollständig ist, lässt sich nicht sagen. Mit Sicherheit erfasst es nur einen kleinen Ausschnitt aller Wanderungsbewegungen. In den Angaben finden sich beispielsweise keine Hinweise auf Handwerksgesellen, Mägde und Knechte oder auf die Fluchtbewegungen während des Dreissigjährigen Krieges. Für die Einordnung in die Bevölkerungsentwicklung Laufens bedeutsam ist die Tatsache, dass die Bürgeraufnahmen in eine Zeit fallen, in der die städtische Bevölkerung stagnierte oder gar schrumpfte. Erst um die Mitte des 17. Jahrhunderts lässt sich wieder ein Bevölkerungswachstum feststellen. Zur selben Zeit reisst die Überlieferung von Neuaufnahmen ab.

Quellen zu Hintersassen- und Bürgeraufnahmen im 18. Jahrhundert finden sich nicht im Stadtburgerarchiv, sondern im fürstbischöflichen Archiv.[134] Während sich die Vorstadtbürger besonders in der zweiten Hälfte des 18. Jahrhunderts mehrmals gegen den Zuzug von Hintersassen zur Wehr setzten,[135] gab es in der Stadt kaum vergleichbare Auseinandersetzungen.[136] Auch zu Konflikten um die Aufnahme ins Bürgerrecht scheint es nur vereinzelt gekommen zu sein.[137] Im

132 StadtBALaufen, Nr. 4, 16.2.1614, S. 12r.
133 StadtBALaufen, Nr. 4, 13.11.1631, S. 16.
134 AAEB, B 234/3.
135 Zwischen 1727 und 1731 wehrte sich die Vorstadt gegen die Aufnahme von Durs Hoff, dem Wasenmeister, AAEB, B 234/3, Mappe 2, S. 20–38. Gesuch des Johann Schmaltz, der die Witwe Anna Maria Hof heiraten wollte, um Aufnahme als Hintersasse, AAEB, B 123/3, Mappe 1, 14.11.1774, S. 34. Gesuch des Lorenz Haberkorn, AAEB, B 234/3, Mappe 1, o. D., S. 135. Gesuch des Joseph Halbeisen von Dittingen, in der Vorstadt als Hintersasse aufgenommen zu werden, AAEB, B 234/3, Mappe 1, 10.5.1782, S. 148–157. Gesuch des Mathias Gschwind, Kronenwirt in der Vorstadt, AAEB, B 234/3. 30.5.1787, S. 201.
136 Peter Weber aus Röschenz, verheiratet mit einer reichen Laufner Bürgerstochter, wurde 1747 für zwei Jahre als Hintersasse in der Stadt aufgenommen. Im Zusammenhang mit der Verlängerung kam es 1749 und 1751 zu Schriftwechseln zwischen Laufen und dem Bischof. Die Stadt verweigerte die Erneuerung seiner Bewilligung, weil sie bereits eine grosse Bürgerschaft habe, und Wald und Weide dadurch überlastet seien, AAEB, B 234/3, Mappe 2, 16.1.1749, S. 93–99; ebd., 6.7.1751, S. 100. Offenbar gelang es der Stadt, ihn wegzuweisen, denn 1760 ersuchte er von Röschenz aus erneut um Aufnahme als Hintersasse in Laufen. Der Bischof lehnte das Gesuch jedoch ein für alle Mal ab, AAEB, B 234/3, Mappe 2, 21.4.1760, S. 160. Gesuch des Benedikt Jäggi aus Kriegstetten, sich in Laufen als Arzt niederlassen zu dürfen, AAEB, B 234/3, Mappe 2, 3.10.–31.12.1770, S. 276–284. Zu Jäggi, vgl. auch Kap. 9.
137 Aufnahme des Sohns von Nikolaus Kern durch den Rat, wogegen die Bürgerschaft protestierte, da sie sich übergangen fühlte, StadtBALaufen, Nr. 21, 16.11.1771, S. 179. Bürgeraufnahmen scheinen im 18. Jahrhundert äusserst selten gewesen zu sein: In der Vorstadt wurde Urs Flury gegen eine Gebühr von 400 Pfund aufgenommen, AAEB, B 234/3, 27.3.1787, S. 309. Vermutlich handelt es sich hier um denselben «Durs Fluri der Creutzwirt», der «aus Mangel zum Meyer gemacht worden» war, AAEB, B 234/3, Mappe 2, 16.2.1775, S. 61.

Laufe des 18. Jahrhunderts lehnte die Stadt jedoch mehrmals Gesuche von Laufnern oder von Nachkommen Laufner Bürger ab, die in die Stadt zurückkehren wollten.[138] Joseph Meyer, Bürger von Laufen, verliess seine Vaterstadt in jungen Jahren aus Angst, weil er zu einer Kirchenstrafe verurteilt worden war. Während 17 Jahren habe er friedlich mit seiner Ehefrau in Masmünster zusammengelebt, jetzt wolle er nach Laufen zurückkehren.[139] Die Laufner wiesen sein Gesuch ab, weil Meyers Frau keine Laufnerin sei, wodurch er sein Bürgerrecht verwirkt habe. Die Stadt nahm hier Bezug auf die seit der ersten Hälfte des 18. Jahrhunderts gültige Bestimmung, dass Bräute aus der Schweiz oder dem Elsass ein Vermögen von 300 Pfund aufweisen mussten. Konnten sie den Vermögensnachweis nicht erbringen, verlor der Bräutigam sein Bürgerrecht. Da er kein Handwerk gelernt habe, könne er sich in Laufen nur vom Taglohn ernähren. Er solle besser in Masmünster bleiben, wo er ein Wirtshaus habe und seine Nahrung verdienen könne. Des Weiteren habe er in den Jahren seiner Abwesenheit keinen Bürgerrappen bezahlt und sich auch nicht an den Bürgerlasten beteiligt. Als die Stadt Meyer ihren Entscheid mitteilte, habe er wutentbrannt auf den Tisch geschlagen. Dies weise darauf hin, dass Meyer ein gefährlicher Mann sei, der immer gleich dreinschlage und dessen Leumund nicht unbescholten sei.[140]

Die Argumentation gegen die Rückkehr ehemaliger Laufner Bürger oder ihrer Söhne gleicht derjenigen, die Gemeinden gegen den Zuzug von neuen Bewohnern ins Feld führten: Die Gemeinde wolle keinen Präzedenzfall schaffen, weil die Stadt sonst bald mit «versessenen», rückkehrenden Bürgern angefüllt sein werde.[141] Die Stadt wandte sich insbesondere gegen die Rückkehr armer oder armutsgefährdeter Bürger, zu deren Unterstützung sie verpflichtet wäre.[142] Die Stadt sei ohnehin schon mit Bürgern überlastet. Wenn man derartigen Gesuchen nachgeben würde, werde es bald wie in einem Taubenschlag zu und her gehen, in dem man kommen und gehen könne, wie man wolle.[143] Ausserdem weigerte sich die Stadt, all jene als

---

138 Gesuch zweier Brüder, Mathias Imhof in Saugern und Franz Imhof in Delsberg, um Wiederaufnahme ins Bürgerrecht, AAEB, B 234/3, 15.11.1745, S. 73–84. Gesuch des Marx Füeg, dessen Vater Laufen armutshalber verlassen hatte, um im Elsass Arbeit zu suchen, AAEB, B 234/3, Mappe 2, 1.8.1757, S. 152. Gesuch von Joseph Germann, dessen Vater vor vierzig Jahren in den Sundgau gezogen war, AAEB, B 234/3, Mappe 2, 6.4.1763, S. 164–166. Gesuch des Jacob Imhof, Säger von Saugern, um Wiederaufnahme ins Bürgerrecht. Die Stadt lehnte unter anderem mit dem Argument ab, es gäbe seit Generationen niemanden mehr, der als sein Vorfahre in Laufen haushäblich niedergelassen war, AAEB, B 234/3, 27.1.1779, S. 292.
139 AAEB, B 234/3, 16.1.1784, S. 146–154.
140 AAEB, B 234/3, 5.6.1784, S. 150. Der Landvogt schloss sich der Empfehlung der Stadt an, dass Meyer in Masmünster bleiben solle, AAEB, B 234/3, 8.6.1784.
141 AAEB, B 234/3, Mappe 2, 31.3.1745, S. 81. Ähnlich: AAEB, B 234/3, 6.4.1763, Mappe 2, 6.4.1763, S. 164–166.
142 AAEB, B 234/3, Mappe 2, 6.4.1763, S. 164–166.
143 AAEB, B 234/3, Mappe 2, 27.1.1779, S. 292.

Bürger zu akzeptieren, die sich während ihrer Abwesenheit nicht durch die Bezahlung des Bürgerpfennigs um die Erhaltung ihres Bürgerrechts bemüht hatten.[144]

Es scheint, als habe die Zuwanderung nach Laufen nur eine unbedeutende Rolle gespielt. Lässt sich dieser Befund anhand von Angaben über den Anteil von Ortsfremden an der städtischen Bevölkerung bestätigen? Auskunft über den bürgerrechtlichen Status der Bewohnerinnen und Bewohner von Laufen geben – in unterschiedlichem Differenzierungsgrad – die drei demografischen Erhebungen von 1722/23, von 1745 und von 1770.

Detaillierte Angaben lassen sich aus der Zählung von 1722/23 entnehmen. Sie erfasste neben den Bürgern die Hintersassen, die Einwohner und die Fremden separat. Die Hintersassen stammten aus anderen Gemeinden des Fürstbistums, waren also bischöfliche Untertanen, die jedoch an ihrem Wohnort über kein Bürgerrecht verfügten. Bei den Einwohnern handelt es sich um niedergelassene Landesfremde; die Fremden besassen wohl nur eine vorübergehende, kurzfristige Aufenthaltsbewilligung und waren nur auf Zusehen hin geduldet.[145] Von den 964 in Laufen Anwesenden waren 915 Bürger (94.4 Prozent), 26 Hintersassen (2.7 Prozent), eine Einwohnerin (0.1 Prozent) sowie elf Fremde (1.1 Prozent).[146] Die überwiegende Mehrheit der Bevölkerung waren demzufolge Bürger von Laufen.[147] Aus den Angaben der Zählung lässt sich die Minderheit der Nicht-Ortsbürgerinnen und -bürger noch etwas genauer beschreiben: Von den 26 Hintersassen waren sechs verheiratet, drei Witwen und zwölf Kinder (je sechs Knaben und Mädchen), zwei waren Waisenmädchen. Die restlichen drei fallen in die Rubrik der ausser Landes Geborenen. Überraschend ist, dass Dienstbotinnen und Dienstboten ausschliesslich Fremde waren (fünf Knechte und vier Mägde). Ausserdem lebten ein fremdes Ehepaar und eine Witwe als Einwohner in Laufen.[148]

Die Zählung von 1745 erfasste die Bürger-, Witwen- und Hintersassenhaushaltungen.[149] Neben den 130 Bürger- und 28 Witwenhaushalten gab es keine Hintersassen. Als einziger Nicht-Bürger wurde «Hans Fluri ist weder Burger noch Hintersass» genannt, vermutlich handelt es sich bei ihm um einen Einwohner. Der Erhebungszweck – die Nicht-Ortsbürger quantitativ zu erfassen und ein Gutachten über sie zu erstellen – spricht für die Vollständigkeit der Angaben, auch wenn das Ergeb-

---

144 AAEB, B 234/3, 1.8.1757, S. 152; AAEB, B 234/3, 6.4.1763, S. 164–166.
145 Schluchter 1987, S. 635. Zur praktischen Bedeutung der unterschiedlichen rechtlichen Stellungen, vgl. Berner 1994, S. 258ff.
146 Im Weiteren erfasst wurden fünf unehelich Geborene sowie sechs Gefreite (Adlige, Pfarrer, höhere bischöfliche Beamte). Sie standen offenbar in der Rechsauffassung des Fürstbistums ausserhalb der anderen bürgerrechtlichen Kategorien.
147 In den Vogteien Birseck und Pfeffingen lag der Anteil der Ortsbürger ebenfalls sehr hoch, jedoch unter jenem der Stadt Laufen, vgl. Berner 1994, S. 268.
148 AAEB, B 234/10.
149 AAEB, B 234/3, S. 64–70.

nis überrascht. Allerdings besteht der Verdacht, dass der Anteil der nicht-bürgerlichen Bevölkerung in der Stadt unterschätzt wird, weil mancher Hintersasse oder Fremde keinen eigenen Haushalt führte, sondern zur Kost oder im Haushalt seines Meisters lebte. Ersteres vermute ich für die Habitantin Anna Maria Bockhstall, die im Haushaltsverzeichnis nicht aufgeführt ist. Sie ernährte sich vom Spinnen und von der Krankenpflege.[150] Da die Zählung Haushalte erfasst, bleiben auch jene Ehefrauen unerwähnt, die sich mit Laufner Bürgern verheiratet hatten und Bürgerinnen ihres Herkunftsortes blieben. Kein Ortsbürger zu sein hiess, nur mangelhaft in die städtische Gesellschaft integriert zu sein. Die geringe Zahl von Nicht-Ortsbürgern könnte daraus resultieren, dass sich diese teilweise sehr mobile Bevölkerungsgruppe schlecht registrieren lässt.

Die Erhebung vom Dezember 1770 erfasste die Bevölkerung in zwei Gruppen. Die erste Klasse, wie es in der Quelle heisst, umfasst «geistliche, Adeliche, Burger, Hindersäss, Söhne und Töchtern, Hausgesind männl. und Weiblichen Geschlechts», die zweite «ausländische Töchter oder Beständer, Kostgänger, auch andere sich im Bistum haushäblich aufhaltende Landesfremde».[151] In der Stadt Laufen gehörten 665 Personen zur ersten, zwei zur zweiten Klasse, in der Vorstadt 115 zur ersten, neun zur zweiten Klasse. Der Anteil der Fremden in beiden Gemeinden blieb mit 1.4 Prozent fast gleich wie 1722/23. Für die anderen rechtlichen Stellungen lassen sich keine Vergleiche anstellen.

Im 18. Jahrhundert war der Anteil von Ortsfremden an der städtischen Bevölkerung sehr gering. Dass die Gemeindebürger den Löwenanteil der Bevölkerung ausmachten, ist auch aus zahlreichen anderen Untersuchungen zur Gesellschaft der Frühen Neuzeit bekannt, dass er jedoch so hoch liegt, ist überraschend. Aussagen über die zahlenmässige Entwicklung der nicht-bürgerlichen Haushalte sind schwierig, da die Erhebungen sich nur bedingt vergleichen lassen. Insbesondere die Frage, ob es in der zweiten Hälfte des 18. Jahrhunderts keine Hintersassenhaushalte mehr in der Stadt gab, lässt sich nicht mit Sicherheit bejahen. Hans Berner kam für die Vogteien Birseck und Pfeffingen zum Ergebnis, dass der Anteil der Hintersassenhaushaltungen zwischen 1720 und 1745 sowohl absolut als auch anteilsmässig höher lag als zwischen 1745 und 1770, insbesondere nach 1760 nahm die Zahl der Hintersassenhaushalte ab.[152]

Edith Ennen sieht Zuwanderung als Hinweis für die Anziehungskraft einer Stadt an. Der geringe prozentuale Anteil an Nicht-Ortsbürgern in der Stadt und die wenigen Gesuche um Niederlassung in Laufen können mit aller Vorsicht als Hinweis für die mangelnde Attraktivität Laufens im 18. Jahrhundert gelesen werden. Es

---

150 AAEB, B 234/3, Mappe 2, 11.6.1745, S. 63.
151 StadtBALaufen, Nr. 95, S. 3f.
152 Berner 1994, S. 271.

kommt wohl nicht von ungefähr, dass einer der wenigen Hintersassen in Laufen eine reiche Laufner Bürgerin geheiratet hatte. Während er, der in seiner Heimatgemeinde nur über geringe Güter verfügte,[153] seine Position verbessern konnte, war es den Laufner Bürgern ein Dorn im Auge, dass ein Auswärtiger eine gute Partie machen konnte.

Laufen scheint nicht immer schon über eine geringe Anziehungskraft verfügt zu haben. In der ersten Hälfte des 17. Jahrhunderts wies die Stadt sogar ein gewisses Prestige auf, so dass es dem adligen Landvogt Jacob Schenk von Castel und seinen Kindern attraktiv erschien, sich ins Laufner Bürgerrecht aufnehmen zu lassen.

Ökonomischer Kontext

Aus den spärlichen Hinweisen zur städtischen Wirtschaft im frühen 17. Jahrhundert lässt sich kein sehr konturenreiches Bild zeichnen. Zu Beginn des 17. Jahrhunderts entstand erstmals wohl für nur sehr kurze Zeit eine Zunft. Die Holzflösserei in Richtung der Stadt Basel stellte am Ende des 16. und zu Beginn des 17. Jahrhunderts einen wichtigen Erwerbszweig dar. Mit der Ziegelei und der Papiermühle verfügte die Stadt über zwei weitere Gewerbe, die für einen überlokalen, vielleicht sogar regionalen Markt produzierten. Ohne das Gewicht dieser Betriebe überschätzen zu wollen, scheinen sie dennoch über ein gewisses Entwicklungspotential verfügt und damit zur Attraktivität Laufens beigetragen zu haben.

Auffallendes Merkmal der Laufner Bevölkerungsentwicklung ist, dass die Stadt im 18. Jahrhundert kein rasantes Wachstum erlebte. Schluchter interpretiert die Stagnation zwischen 1722 und 1771 mit einer wirtschaftlichen Lähmung und Abwanderung nach den Troubles.[154] Suter verweist auf die Wirkung der staatlichen Repression und die Abschöpfung von Ressourcen, die die ländliche Wirtschaft überforderte. Auf dem Land verschärften sich durch die Ressourcenprobleme die sozialen Gegensätze.[155] Die steuerliche Belastung traf auch die Stadtbevölkerung. Die Stadt hatte beispielsweise Schwierigkeiten, einen Metzger zu finden, weil sein Profit durch die Abgaben, die er an den Landvogt zu entrichten hatte, gleich wieder verloren ging.[156]

Die Entwicklung während des 18. Jahrhunderts verlief nicht gleichmässig; zwischen 1698 und 1723 wuchs die Bevölkerung stark an. Wie lässt sich dieses Wachstum erklären? Im Modell der Tragfähigkeit[157] sind Bevölkerungswachstum und verbesserte Versorgung mit Grundnahrungsmitteln, stark vereinfacht gesagt,

---

153 AAEB, B 234/3, Mappe 2, 21.4.1760, S.160.
154 Schluchter 1987, S.625.
155 Suter 1990, S.302. Zu den Troublen, vgl. Suter 1985 und Kap. Rahmenbedingungen.
156 AAEB, B 234/14, 20.3.1790, S.1009–1021.
157 Vgl. Pfister 1997, S.76ff.

eng miteinander verknüpft. Die Bevölkerung konnte nur bis zu einem Schwellenwert, der Tragfähigkeit des Raums, wachsen. Überstieg das Wachstum diesen Wert, wurde die Bevölkerung durch Epidemien oder soziale Katastrophen reduziert. Mögliche Faktoren, die die Tragfähigkeit verbessern konnten, waren beispielsweise neue Arbeitsmöglichkeiten etwa in der Heimindustrie, eine Vergrösserung der landwirtschaftlichen Nutzfläche, Produktivitätssteigerungen durch technologische Neuerungen und klimatische Gunstphasen, die erhöhte Erträge zur Folge hatten. Zwei Aspekte könnten in Laufen eine Rolle gespielt haben: Nach den Jahren der «Kleinen Eiszeit» verbesserten sich die klimatischen Bedingungen zu Beginn des 18. Jahrhunderts merklich.[158] Gleichzeitig nahm die Fläche der Äcker und Matten zwischen 1700 und 1744 um 55.1 Hektaren zu. Der Zuwachs entspricht rund einem Achtel.[159]

In die Wachstumsphase von 1698 bis 1723 fallen die meisten Zunftneugründungen in Laufen. Annemarie Dubler entwickelte, allerdings für die Gründungen des 16. Jahrhunderts, die These, sie seien als Krisensymptom zu deuten. Die Handwerker hätten sich durch den organisatorischen Zusammenschluss Schutz versprochen.[160] Im Wissen um die Laufner Bevölkerungsentwicklung im 18. Jahrhundert ist es sehr wohl möglich, dass sich die Wachstumsgrenze früh abzeichnete. Vor diesem Hintergrund spricht einiges für Dublers These. Die Laufentaler wünschten den zünftischen Schutz und hielten auch in den Jahren der Troublen, anders als die Handwerker anderer Gegenden des Fürstbistums, an ihren Organisationen fest.[161]

Um die Mitte des 18. Jahrhunderts häufen sich die Hinweise für einen ökonomischen Niedergang der Stadt: 1754 wurde die Papiermühle geschlossen und 1778 abgebrochen.[162] Die Errichtung einer Blechwarenfabrik zur Herstellung von Küchengeräten in den Gebäuden der ehemaligen Papiermühle scheiterte 1772/73 an der Finanzierung.[163] Einem Manufaktur-Projekt eines Ausländers, der 1762 in Laufen eine Indienne-Druckerei eröffnen wollte, verweigerte der Bischof die Bewilligung.[164] Heimindustrie hat es in der Stadt offenbar kaum gegeben: Posamenterei findet sich in den Quellen nur einmal, wobei unklar bleibt, ob sie handwerklich oder verlagsindustriell organisiert war.[165] Ein Einzelfall belegt, dass die Strumpfstrickerei («Lismen») nicht nur handwerklich, sondern auch im Verlagssystem betrie-

158 Pfister 1984, Bd. 1, S. 129f.
159 Im Jahr 1700 umfasste die Flur 276.1 ha Acker und 125.1 ha Matten, AAEB, B 229/5, 1744; vgl. auch Kap. 2.
160 Dubler 1992, S. 1047
161 Vgl. Kap. 3. Landhandwerker anderer Landesgegenden nutzten nach 1730 die Gelegenheit, der Zunft den Rücken zu kehren, Abplanalp 1971, S. 39, 54.
162 Abplanalp 1971, S. 79f.
163 Abplanalp 1971, S. 102.
164 Abplanalp 1971, S. 70.
165 AAEB, B 234/16, Kontributionsrodel von 1749.

ben wurde.[166] Neue Erwerbsmöglichkeiten, allerdings nur für eine beschränkte Zahl von Menschen, ergaben sich 1787 durch die Errichtung einer Glasmanufaktur in der Nähe von Laufen[167] oder in der Steinhauerei. Die Steingruben ausserhalb Laufens scheinen ergiebig gewesen zu sein. Die Steine kamen nicht nur in den deutschen Ämtern des Fürstbistums zur Verwendung, sondern sie waren ein Exportartikel, der nach Basel, Dornachbrugg und Mariastein geliefert wurde.[168] Die Landwirtschaft blieb in den traditionellen Bahnen verhaftet.[169] Vereinzelte Neuerungen wurden erst gegen Ende des 18. Jahrhunderts eingeführt.

---

166 Ein Hintersassenverzeichnis vom 24.3.1726 erwähnt eine Witwe namens Anna Maria Bürger, die sich «durch Stricken nach Basel» ernährt, AAEB, B 234/10, S. 229. Zur handwerklichen Strumpfstrickerei, vgl. Kap. 2 und 3.
167 Abplanalp 1971, S. 105.
168 AAEB, B 234/14, 1779–1790, S. 811–833.
169 Vgl. Kap. 2. Epple/Schnyder (1996, S. 38) kommen zum Ergebnis, dass das Laufental noch sehr lange an der überkommenen Nutzung im Rahmen der Dreizelgenwirtschaft festgehalten hat.

2. WIRTSCHAFT UND GESELLSCHAFT

Die stadtgeschichtliche Forschung interessiert sich seit dem späten 19. Jahrhundert für die Wirtschaft und Sozialstruktur der Stadt. Bahnbrechend waren die Arbeiten beispielsweise von Gustav Schönberg und Karl Bücher, die sich mit statistischen und nationalökonomischen Methoden anhand von Bürgerverzeichnissen und Steuerbüchern der Bevölkerungsstruktur mittelalterlicher Städte annäherten. In den 1960er Jahren wurden die sozialgeschichtlichen Fragestellungen der Jüngeren historischen Schule der Nationalökonomie wieder aufgegriffen. Zunächst beschäftigte sich die Forschung vor allem mit dem Patriziat und der durch die Zünfte repräsentierten Mittelschicht, während die Unterschicht nur auf geringes Interesse stiess.[1] Dies obwohl sie ein wesentliches Element der städtischen Gesellschaft ausmachte. Sie umfasste «eine grosse nichtzünftige Gruppe, welcher vor allem die beruflich Unselbständigen angehörten, die Handelsgehilfen, Handwerksgesellen und Dienstboten, aber auch Taglöhner, Frauen mit selbständiger Berufstätigkeit und viele andere, unter ihnen die Bettler und Armen».[2] Unterdessen hat Erich Maschkes

1 Maschke 1967.
2 Maschke 1967, S.1.

Plädoyer für die Erforschung der Unterschichten Früchte getragen.[3] Generell hat sich das Bild der sozialen Schichtung differenziert; während Maschke die zünftischen Handwerker der Mittelschicht zuordnete,[4] sind neuere Arbeiten vorsichtiger und warnen vor der Vorstellung, die Mehrzahl der Handwerker sei wohlhabend gewesen.[5] Obwohl Grossstädte seit mehr als hundert Jahren auf das Interesse der historischen Forschung stossen, ist über die sozioökonomischen Strukturen kleiner Städte noch wenig bekannt. Kleine Städte gelten aufgrund der grossen Anzahl in der Landwirtschaft und in verwandten Gewerben tätigen Bürgern als ländlich geprägt. Für das ländliche Umland waren Kleinstädte von zentraler Bedeutung und wirtschaftlich eng mit ihm verflochten. Die kleinstädtische Wirtschaft war ausserdem bestimmt durch eine breite Palette von Bedarfshandwerken.[6]

In Konkurrenz zu den sozialgeschichtlichen Arbeiten beschäftigte sich die stadtgeschichtliche Forschung zu Beginn des 20. Jahrhunderts mit dem Begriff der Stadtwirtschaft; Max Weber und Werner Sombart entwickelten Städtetypologien, die sich stark schematischer Vorstellungen von der Sozialstruktur der städtischen Bürgerschaft bedienten. Ihr Verdienst besteht darin, aufgezeigt zu haben, dass die städtische Wirtschaft und Gesellschaft keine einheitliche Struktur hatte, sondern dass die Unterschiede der städtischen Wirtschaft Einfluss auf die gesellschaftliche Entwicklung hatte.[7] Ihre idealtypischen Beschreibungen der städtischen Wirtschaft beeinflussten die Forschung langanhaltend. Das gilt nicht zuletzt für jene Mehrzahl von Städten, die «wirtschaftlich Dörfer» waren; Horst Jecht nennt sie Ackerbürgerstädte.[8]

Mir geht es im Folgenden darum, mich der städtischen Wirtschaft und Gesellschaft anhand von demografischen Quellen anzunähern. Dieses Verfahren erlaubt eine Charakterisierung der sozioökonomischen Strukturen und Aussagen zum Erwerb der städtischen Bevölkerung. Eine Steuerbuchanalyse[9] hätte sich aufgrund der Quellenlage nur punktuell realisieren lassen.[10] Auf eine mikrogeschichtliche, prosopografische Rekonstruktion, die differenzierte Aussagen zu Erwerb und sozia-

---

3   Vgl. z. B. Dürr 1995; Groebner 1993.
4   Maschke 1972.
5   Groebner 1993.
6   Clark 1995, bes. S. 11.
7   Vgl. Jecht 1926.
8   Jecht 1926, S. 57; 59 ff. Jecht interessierte sich für die Herleitung städtischer Sozial- aus der Wirtschaftsstruktur. Seine Untersuchung von Einkommens- und Vermögensgliederungen führte ihn zum Ergebnis, dass in mittelalterlichen Ackerbürgerstädten die Mittelschicht die Mehrheit der Bevölkerung ausmachte, während in wirtschaftlich differenzierten Grossstädten etwa die Hälfte der Bevölkerung arm war.
9   Zu den Möglichkeiten dieser Methode, vgl. die strukturgeschichtliche Arbeit zur oberbayrischen Städtelandschaft von Hoffmann 1997. Zur Problematik der Methode, vgl. den quellenkritischen Exkurs von Medick 1996, S. 597 ff.
10 Angaben über Vermögenssteuern lassen sich aus den Monatsgeldbüchlein (StadtBALaufen, Nr. 26, 1658–1699, Nr. 27, 1701–1740; Nr. 28, 1748–1780) und aus den Kontributionsrodeln (AAEB, B 234/16 und 17) gewinnen. Beim Monatsgeld handelt es sich um einen festen,

Der Haushalt als ökonomische Einheit

ler Stellung der Laufnerinnen und Laufner zulassen würde, habe ich aus den bereits erwähnten Gründen ebenfalls verzichtet.[11]

Der Haushalt als ökonomische Einheit

Die meisten im letzten Kapitel ausgewerteten demografischen Erhebungen erfassen als kleinste Einheit den Haushalt.[12] Dies kommt nicht von ungefähr, war doch in der Frühen Neuzeit das Haus oder der Haushalt – nicht die Familie im heutigen Sinn – die zentrale Lebens- und Wirtschaftsgemeinschaft.[13] Die Forschung beschrieb vorindustrielle Haushalts- und Familienformen noch bis vor kurzem mit dem Begriff des «ganzen Hauses».[14] Zwei Aspekte prägen dieses Konzept: einerseits die Annahme einer Einheit von Wohnen und Arbeiten, von Konsum und Produktion, andererseits Vorstellungen über die Zusammensetzung seiner Bewohnerinnen und Bewohner. Wilhelm Heinrich Riehl, auf den der Begriff des «ganzen Hauses» zurückgeht, nahm an, dass nicht nur Personen im Haus lebten, die, wie Knechte, Mägde, «Inwohner» und Ziehkinder mit dem «regierenden Paar» nicht verwandt waren, sondern auch, dass verschiedene Generationen unter einem Dach lebten.[15]

Die historische Familienforschung konnte nachweisen, dass Mehrgenerationenfamilien aufgrund der niedrigen Lebenserwartung selten waren. Die Grösse des Haushaltes war von der sozialen Schicht abhängig. Oberschichtshaushalte waren meist, weil sie Gesinde beschäftigten, grösser als Unterschichtshaushalte; in der Unterschicht dominierte die Kernfamilie (definiert als Elternpaar mit seinen leiblichen Kindern). Durchschnittlich waren die Haushalte zudem mit knapp über fünf Personen relativ klein.[16] Städtische Haushalte waren noch kleiner, durchschnittlich umfassten sie vier Personen.[17] Wegen der weiten Verbreitung von Gesinde in der

---

den Gemeinden auferlegten Betrag, der auf der Einschätzung des Grundbesitzes basierte, Berner 1994, S. 212. Die Monatsgeldbüchlein enthalten Listen der Steuerpflichtigen und ihren geschuldeten Steuerbetrag. Die Kontributionsrodel aus den Jahren 1749, 1752–1759 und 1762–1763 nennen den Namen des Steuerpflichtigen (weibliche Steuerpflichtige tauchen in der Liste nur vereinzelt auf), den Wert seiner Güter sowie den Steuerbetrag. Zu den methodischen Problemen, vgl. Anm. 77 und 79.

11 Vgl. Einleitung und Kap. 5.
12 Eine Ausnahme stellt die Zählung von 1723 (AAEB, B 234/10) dar; sie ist als Überblickstabelle überliefert, die Rekonstruktion der Haushalte ist nicht möglich.
13 Zum Begriff Familie und zur Entstehung der «modernen Familie» im 18. Jahrhundert, vgl. Schwab 1975. Zum Haus als Lebens- und Wirtschaftsgemeinschaft, vgl. van Dülmen 1990.
14 Zur Historiografiegeschichte des Konzepts vom «ganzen Haus», vgl. Trossbach 1993a, S. 88 ff. sowie Trossbach 1993b. Zur Kritik an Otto Brunner, der das Konzept des «ganzen Hauses» wiederaufnahm, vgl. Opitz 1994; zur Verwendung des Konzepts als «Passepartout» (S. 16), vgl. Ulbrich 1999, S. 14 ff.
15 Trossbach 1993a, S. 88. Zur Grösse und Zusammensetzung von Haushalten, vgl. Geschichte der Familie, Bd. 3, S. 37 ff.
16 Trossbach 1993a, S. 90 f., vgl. auch Trossbach 1993b, S. 279 ff.
17 Pfister 1994, S. 71. Zur Haushaltsgrösse in Laufen, vgl. unten.

Stadt geht Schilling davon aus, dass Kernfamilien in der Minderzahl gewesen seien.[18] Eine städtetypologische und schichtspezifische Differenzierung dieser Aussage wäre von Nöten.[19]

Neben Kernfamilien gab es in der Frühen Neuzeit – gemäss Ergebnissen aus österreichischen Landgebieten – eine bedeutende Anzahl von Haushalten, die durch Gesinde, «Inwohner» und/oder Ziehkinder erweitert waren. Die Funktion der Dienstbotinnen und Dienstboten im Haus bestand darin, die Arbeitskraft von Kindern eine Zeitlang zu ersetzen.[20] Da der Landbesitz eines Betriebes relativ konstant blieb, musste der bäuerliche Haushalt durch Attraktion und Kontraktion auf die verschiedenen Phasen des Familienzyklus reagieren. Die Zusammensetzung von Haushalten war also – nicht nur aus demografischen Gründen – kein statisches Gebilde.[21] Zu ähnlichen Ergebnissen kommt Jürgen Schlumbohm am Beispiel des Osnabrücker Landes. Gestützt auf seine Mikro-Analyse vertritt er die Auffassung, dass die Ergebnisse der familiensoziologischen Gründerväter Wilhelm Heinrich Riehl und Frédéric Le Play nicht pauschal über Bord geworfen werden müssten. Vielmehr gehe es darum, ihre Thesen differenziert zu überprüfen. Im Vergleich von Bauern- mit Heuerlingshaushalten[22] vom 17. bis zum 19. Jahrhundert stellte er fest, dass Bauernhaushalte etwa doppelt so gross waren wie Heuerlingshaushalte. Im Osnabrücker Land gab es demnach ein Nebeneinander verschiedener Haushaltsformen und keine Ablösung der vorindustriellen Grossfamilie durch eine moderne Kleinfamilie.[23] Er widerspricht damit Vorstellungen einer gradlinigen «Modernisierungsentwicklung» von grossen und komplexen Hausgemeinschaften zu kleinen Kernfamilienhaushalten.

Die Einheit von Wohnen und Arbeiten, als zweites zentrales Charakteristikum des «ganzen Hauses», war in landwirtschaftlichen und handwerklichen Betrieben

---

18 Schilling 1993, S.18f.; zu Haushalts- und Familienformen in Olten, vgl. Mugglin 1982, S.209ff.
19 In Olten zum Beispiel herrschten am Ende des Ancien Régimes komplex zusammengesetzte, «unvollständige Familien» besonders bei den Armen vor und die Anzahl alleinstehender Personen nahm zu, Mugglin 1982, S.210f. «Die klassische Produktions- und Lebensgemeinschaft des Ancien régimes, die Kern- oder die Stammfamilie, nahm im Armenmilieu Oltens zugunsten anderer Interaktionsmuster ab. Die konkreten Probleme der Arbeitsbeschaffung und des Wohnens führte in dieser Bevölkerungsschicht Menschen zusammen, die in früheren Zeiten eigene Haushalte gegründet oder sich fremden Familien als Dienste angeschlossen hätten», Mugglin 1982, S.212f. Mugglin macht keine quantitativen Angaben über Haushaltsgrössen und ihre Veränderung.
20 Schlumbohm 1992, S.145.
21 Trossbach 1993a, S.90f., vgl. auch Trossbach 1993b, S.281f.
22 Heuerlinge sind Landlose, die von Bauern ein Nebenwohngebäude und etwas Land gegen ein Heuergeld in bar pachteten. Ausserdem waren Mann und Frau in unbeschränktem Umfang und auf kurzfristigen Abruf zur Arbeit auf dem Hof des Besitzers verpflichtet, Schlumbohm 1992, S.140f.
23 Schlumbohm 1992, S.145f.

gegeben – nur bei jener Minderheit von Bauern allerdings, die nicht auf Nebenerwerb angewiesen war und bei Handwerkern mit familienwirtschaftlicher Arbeitsorganisation.[24] Dass das «ganze Haus» jedoch weitgehend autark und ohne nennenswerte Markteinbindung gewirtschaftet habe, wie Otto Brunner annahm, wird durch die neuere Forschung in Zweifel gezogen.[25] In Bezug auf die haus-, beziehungsweise familienwirtschaftliche Arbeitsorganisation war das «ganze Haus» lange nicht so weit verbreitet wie in der älteren Forschung angenommen.[26] Kein «ganzes Haus» bildeten etwa, wie bereits Brunner einschränkend feststellte, Bergarbeiterfamilien, aber auch Beamten- und Taglöhnerhaushalte, beispielsweise bei ärmeren bäuerlichen Familien, die auf Nebenerwerb, beispielsweise in der Lohnarbeit angewiesen waren.[27]

Für städtische Verhältnisse stellte Mitterauer generell die Frage nach der Relevanz des Konzeptes vom «ganzen Haus»: «Kann man im städtischen Handwerk oder bei Kaufleuten in gleicher Weise von familienbetrieblicher Struktur sprechen wie bei Bauern? Ist die Familie in der Stadt überhaupt die massgebliche Organisationsform der Arbeit?»[28] Er entwickelt ein äusserst differenziertes Bild städtischer Familienstrukturen und Arbeitsverhältnisse. Der Familienbetrieb sei keinesfalls die ausschliessliche und vielfach nicht einmal die dominante Form der Arbeitsorganisation. Keine Familienbetriebe bildeten die vielfach quantitativ unterschätzte Gruppe der Lohnarbeiter und die in ausserhäuslichen Gewerben Tätigen. Auch in Handwerken, in denen die Kooperation der erwachsenen Familienmitglieder gegeben war, arbeiteten nicht alle in gleicher Weise in der Produktion.[29] Die Bildung familienbetrieblicher Organisationsformen hing ausserdem vom sozialen Status ab. Zum Beispiel bei armen Handwerkern kam sie nicht zustande, weil ihre Ehefrauen durch ausserhäusliche Arbeiten, die mit der Handwerksarbeit in keinem Zusammenhang standen, zum gemeinsamen Einkommen beitrugen.[30] In der Stadt gab es zudem viele Mischerwerbsformen, bei denen inner- und ausserhäusliche Tätigkeiten

24 Vgl. unten.
25 Opitz 1994, S. 90f. Zur Frage der Markteinbindung, vgl. auch Trossbach 1993a, S. 94f.
26 Der bäuerliche Haushalt lag Riehls Konzept zugrunde. Brunner stützte sich auf die so genannte Hausväterliteratur; seine Argumente bezog er aus einem Werk, das, so Opitz (1994, S. 96), mehr oder weniger explizit auf adliges Wirtschaften und Haushalten rekurriert. Das Konzept wurde jedoch auch auf städtische Haushalte übertragen, vgl. dazu Mitterauer 1994, S. 2ff.
27 Opitz 1994, S. 90.
28 Mitterauer 1984, S. 1.
29 In Taglöhnerfamilien kann es die Mitarbeit der Kinder in familienbetrieblicher Weise nicht geben. Die Kinder hätten ausserdem keine Veranlassung gesehen, mit den Eltern zu arbeiten, weil es keine Produktionsmittel zu vererben gab. Im städtischen Handwerk seien eher Gesellen als die eigenen Kinder beschäftigt worden. Die Vererbung des Handwerksbetriebs vom Vater auf den Sohn, so Mitterauers Befund, sei eher die Ausnahme gewesen. Zur Mitarbeit der Kinder, vgl. Mitterauer 1984, S. 22 und 27.
30 Rippmann/Simon-Muscheid 1991, S. 64.

abwechseln konnten – sie waren nicht familienbetrieblich organisiert. Mitterauer folgert daraus, dass im Vergleich mit der bäuerlichen Hausgemeinschaft das Konzept des Familienbetriebs in städtischen Gesellschaften zu modifizieren sei.[31]

Nur eine Minderheit der Haushalte lässt sich mit dem Konzept des «ganzen Hauses» beschreiben. Einer Mehrheit der Ehepaare mit ihren Kindern fehlte die materielle Grundlage, Besitz und Vermögen; sie waren auf Lohnarbeit angewiesen.[32] Die Grundlage dieser Ehen war die Arbeitskraft des Paares – genauer: das gemeinsame Arbeitsergebnis von Mann und Frau; denn Arbeit war im Spätmittelalter und der Frühen Neuzeit – trotz der Dominanz von Lohnarbeit – noch nicht individualisiert, das heisst, sie reichte nicht für eine selbständige Einzelexistenz aus.[33] Die Arbeit von Frauen, ob im landwirtschaftlichen Familienbetrieb, in der handwerklichen Werkstatt oder als Lohnarbeiterinnen, stellte nicht blosse «Mitarbeit» dar, schwingt in diesem Begriff doch die Vorstellung vom männlichen Ernährer mit, der die «Versorgung» der Ehefrau hauptsächlich zu tragen hatte.[34]

Diese Tatsachen umschreibt Heide Wunders Konzept des Ehepaars als Arbeitspaar, das im Zentrum des Haushaltes stand und gemeinsam erwirtschaftete, was zum Leben notwendig war.[35] «Die heutige Vorstellung, dass die Ehefrau für den Ehemann und die Kinder arbeitet, rückt die Position der ‹Hausfrau› in der Frühen Neuzeit in ein falsches Licht, weil sie den Ehemann als Alleinverdiener und Ernährer voraussetzt. Das traf für Mittelalter und Frühe Neuzeit noch weniger zu als heute. Die meisten Frauen wurden durch die Eheschliessung nicht ‹versorgt›, vielmehr brachten Braut und Bräutigam gemeinsam das zusammen, was die Begründung einer selbständigen Existenz als Ehepaar ermöglichte. Diese musste – meist zeitlebens – durch die Arbeit der Eheleute gesichert werden; durch die Haushaltsführung im engeren Sinne, aber bei Gelegenheit und Bedarf durch alle erdenklichen Arbeiten.»[36]

Im Folgenden wird es darum gehen, den Laufner Haushalten in ihrer Grösse und, soweit es aufgrund der Quellenlage möglich ist, auch in ihrer Zusammenset-

---

31 Mitterauer 1984, S. 35 f.
32 Wunder 1991, S. 19, zu dieser «Ökonomie ohne Haus», vgl. Groebner 1993, bes. S. 19 f.
33 Wunder 1991, S. 20. Zur Bedeutung der Lohnarbeit im spätmittelalterlichen Nürnberg, vgl. Groebner 1993, S. 114 ff.
34 Zur Problematik des Begriffs «Mitarbeit», vgl. Groebner 1993, S. 116: «Im folgenden wird nur von den Arbeitseinkommen von Erwachsenen, zum grössten Teil von Männern, die Rede sein: Diese Männerlöhne sind freilich keine ‹Familienernährerlöhne›, aus denen man Einkommensbudgets erstellen kann. Wie die Löhne für weibliche Arbeiter beziehen sie sich auf die einzelne Person, die da ihren Lebensunterhalt verdient. Es erscheint deshalb sinnvoll, tatsächlich von ‹Arbeit› zu sprechen, wenn es um Frauen- und Kinderlöhne des späten Mittelalters geht, und nicht bloss von ‹Mitarbeit›, zumal uns genaue Quellen über familiäre Budgets und den Rahmen einer solchen Mitarbeit fehlen.»
35 Wunder 1991, S. 20.
36 Wunder 1992, S. 95 f.

zung auf die Spur zu kommen. Des Weiteren interessiert mich, wie diese Haushalte ihren Lebensunterhalt bestritten. Aufgrund der Ergebnisse des obigen Literaturüberblicks gehe ich davon aus, dass sich die Haushalte auch in Laufen ihre Existenz aus gemischtem Erwerb aufbauten – mit den erwähnten Implikationen für die häusliche Arbeitsorganisation.

Haushaltsgrösse in Laufen

Die Vorratszählungen von 1698[37] und 1771[38] gewähren Einblick in die Haushaltsgrösse,[39] nicht aber in die Haushaltsstruktur in Laufen. Beide Erhebungen führen den Namen des Haushaltsvorstand und die Anzahl im gleichen Haushalt lebenden Personen auf. Im Dunkeln bleibt, wer die anderen Mitglieder der einzelnen Haushalte waren. Fragen nach der Zusammensetzung der Haushalte (Wie viele Generationen lebten in einem Haushalt? Wie häufig waren Haushalte mit mehr als zwei Generationen? Wie gross war der Anteil der Haushalte, in denen eine Kernfamilie zusammenlebten? Gab es komplex zusammengesetzte Haushalte? Wie hoch war die Zahl der Dienstboten? etc.) lassen sich deshalb nicht systematisch beantworten.

Die Quellen ermöglichen Momentaufnahmen, die sich mit einander vergleichen lassen. Der Wandel auf der Ebene der Haushalte – etwa die Anpassung an den Familienzyklus – kann nicht sichtbar gemacht werden.[40] Festzuhalten gilt jedoch, dass dieser Aspekt des Wandels ausserordentlich bedeutungsvoll war: Albert Schnyder ist es im Vergleich der Fruchtaufnahmen von 1698 und 1699 gelungen, die Mikrodynamik der Bevölkerungsentwicklung nachvollziehbar zu machen. Die Bevölkerung Bretzwils nahm in diesem Zeitraum um 14 Personen ab. Was auf makrodemografischer Ebene nach relativer Stabilität aussieht, führte – auf der Mikroebene der Haushalte betrachtet – in über der Hälfte derselben zu Veränderungen in der Zusammensetzung. «Dabei handelt es sich in einem statistischen Sinn um geringfügige Veränderungen, die bewirken, dass ein Haushalt in eine andere Grössenklasse kommt: sei es, dass ein/e Dienstbote/In geht, dass ein weiteres Kind zur Welt kommt, dass ein Kind nach auswärts in Dienst geht, dass ein Elternteil stirbt usw. Diese ‹kleinen› Veränderungen konnten für die einzelne Haushalte von einschneidender Bedeutung sein.»[41]

---

37 «Den 10. Christmonat Anno 1698 Ist die Früchten in der Statt Laufen auffgeschrieben worden wie hernachen folgt», StadtBALaufen, Nr. 11, S. 90–95.
38 AAEB, B 198/21.
39 Wegen der vermuteten Unvollständigkeit der Angaben wird die Erhebung von 1709 (StadtBALaufen, Nr. 21, S. 44–47) nicht berücksichtigt.
40 Vgl. dazu oben sowie Othenin-Girard 1994, S. 87f.
41 Schnyder 1992, S. 99–102, Zitat S. 101.

Haushaltsgrössen in Laufen, 1698 und 1771

Tabelle 3

Anzahl Personen pro Haushalt	Anzahl Haushalte 1698	Anzahl Haushalte 1771	Anteil in % 1698	Anteil in % 1771	Anzahl Personen 1698	Anzahl Personen 1771	Anteil der Bevölkerung in % 1698	Anteil der Bevölkerung in % 1771
1	5	26	3.4	13.5	5	26	0.7	3.3
2	13	30 (1)	8.8	15.6	26	60	3.8	7.6
3	32	31 (7)	21.6	16.1	96	93	13.9	11.9
4	25	34 (13)	16.9	17.7	100	136	14.4	17.3
5	25	23 (10)	16.9	12.0	125	115	18.1	14.7
6	17	21 (12)	11.5	10.9	102	126	14.7	16.1
7	16	7 (3)	10.8	3.6	112	49	16.2	6.3
8	9	10 (6)	6.1	5.2	72	80	10.4	10.2
9	6	5 (2)	4.1	2.6	54	45	7.8	5.7
10		1 (1)		0.5		10		1.3
11		4 (3)		2.1		44		5.6
Total	148	192 (58)			692	784		

( ) = davon Haushalte mit Kindern unter sieben Jahren.

Durchschnittlich lebten 1698 4.7 Personen in einem Haushalt, 1771 waren es 4.1 Personen, wobei offen bleiben muss, inwiefern die niedrigere Zahl Folge krisenbedingter Wanderung oder Sterblichkeit war.

Fast die Hälfte (49.1 Prozent) aller Laufnerinnen und Laufner lebten 1698 in Haushalten von sechs und mehr Personen (340 Personen), 1771 waren es noch 45.2 Prozent (354 Personen). In kleinen Haushalten von einer bis zwei Personen wohnten 1698 4.5 Prozent der Bevölkerung, 1771 waren es fast elf Prozent.[42] Diese Zunahme ist auffallend. Bei der überwiegenden Mehrheit der Alleinlebenden han-

---

[42] Schnyder (1992, S. 98) kam für Bretzwil zum Ergebnis, dass die Kleinhaushalte mit ein oder zwei Personen, ausser bei alten Ehepaaren ohne Kinder, vorübergehender Natur waren. In Bezug auf Laufen lassen sich dazu keine Aussagen machen.

delt es sich um Frauen.⁴³ Kaum verändert hat sich der Anteil jener Menschen, die in Haushalten von drei bis fünf Personen zusammenlebten (1698: 46.4 Prozent, 1771: 43.9 Prozent).

1698 waren 16 von 148 Haushaltsvorständen Frauen, davon sieben Witwen.⁴⁴ 1771 waren 29 von 192 Haushaltsvorständen weiblich, 14 von ihnen waren Witwen. Der Anteil weiblicher Haushaltsvorstände nahm zwischen 1698 und 1771 prozentual leicht zu. 1630 waren neun Prozent der Haushaltsvorstände Frauen gewesen. Im 17. Jahrhundert blieb der Anteil weiblicher Haushaltsvorstände also praktisch konstant. Stärkere Veränderungen zeigen sich bei der Grösse der Haushalte, denen Frauen vorstanden: 1771 lebten zwanzig Frauen alleine, nur zwei Frauen standen Haushalten mit mehr als zwei Mitgliedern vor (eine mit drei, eine mit sechs Personen). 1698 hatten nur zwei Frauen alleine gehaushaltet, zwei Drittel der Haushalte mit weiblichem Vorstand bestanden aus zwei oder drei Personen. Zwei Haushalte setzten sich aus vier, einer aus fünf Personen zusammen. Vergleicht man die Situation von Witwen mit jener der anderen (vermutlich ledigen) Frauen, fällt auf, dass eher die ledigen Frauen alleine lebten. 1698 wohnten sämtliche Witwen mit anderen Personen zusammen, die beiden alleinlebenden Frauen waren ledig, 1771 waren acht Witwen und zwölf ledige Frauen allein.

In etwas weniger als einem Drittel der Haushalte (58) lebten im Jahr 1771 Kinder unter sieben Jahren. Die Anzahl jüngerer Kinder pro Haushalt schwankte zwischen einem und vier, die Grösse der Haushalte mit Kindern zwischen zwei (Witwe mit einem Kind) und elf Personen. Von den 58 Haushalten mit kleinen Kindern stellen 17 mit einiger Wahrscheinlichkeit Kernfamilien dar.⁴⁵ Bei dieser Grösse handelt es sich um eine Minimalzahl, da es zweifellos Familien mit Kindern sowohl unter als auch über sieben Jahren gab. Über die Haushalte ohne kleine Kinder lassen sich keine Aussagen machen, da keinerlei Angaben über die Zusammensetzung bekannt sind.

1698 finden sich in Einzelfällen Angaben über die Zusammensetzung von Haushalten: Adam Buecheli lebte mit seinen Stiefkindern zusammen in einem Haushalt von vier Personen, der Schreiner Michel Weber mit seiner Mutter in einem Haushalt von neun Personen. In der Vorstadt haushaltete der Stierenhirt Jacob Nora mit seinem Schwiegervater in einer Gemeinschaft von insgesamt sechs Personen.⁴⁶

---

43 Vgl. unten. Othenin-Girard (1994, S. 75 f.) kommt für die Vogtei Farnsburg im 15. Jahrhundert ebenfalls zum Ergebnis, dass sich unter den Alleinstehenden viele Frauen befanden.
44 Die Witwen wurden unter dem Namen ihres verstorbenen Mannes verzeichnet, die anderen Frauen wohl unter ihrem eigenen.
45 Als Kernfamilien angenommen habe ich all jene Haushalte, in denen die Anzahl Kinder plus zwei Erwachsene gleich der Haushaltsgrösse war.
46 Vgl. dazu Kap. 1; in der Vorratszählung von 1630 finden sich ebenfalls Hinweise auf die Zusammensetzung von Haushalten, systematisch fassbar sind die Haushaltsstrukturen jedoch nicht.

Die wenigen Angaben machen die Komplexität der Haushaltszusammensetzung deutlich. Die hohe Sterblichkeit und rasche Wiederverheiratung führte zur Bildung neuer «Familien»; im erwähnten Falle lebte der Stiefvater offenbar nach dem Tod seiner Frau mit seinen Stiefkindern zusammen. Verwitwete Elternteile kamen bei ihren Kindern und deren Familien unter.

Die Zusammensetzung von Haushalten war von sozialen und ökonomischen Faktoren, wie der Art der Produktion[47] und von den Anforderungen des Familienzyklus abhängig. Familien mit grösseren Kindern, die bereits arbeiten konnten, hatten andere Bedürfnisse in Hinblick auf weitere Hilfskräfte als Familien mit kleineren Kindern oder Ehepaare ohne Kinder, die vielleicht alt und gebrechlich waren. Dienstbotinnen und Dienstboten sind nur in Einzelfällen erwähnt: Der Knecht von Meier Franz Athanasius von Staal führte einen eigenen Haushalt mit drei Personen, der Säger Jacob Fenninger beschäftigte zwei «Mägdlein». Jacob Seckinger, der offenbar allein lebte, «dient, undt lehrt [lernt] Ein Handtwerckh». Interessant wäre zu wissen, welche Funktion die Mägde in einem Gewerbebetrieb wie der Sägerei hatten. Fenningers Haushalt bestand aus drei Personen, dazu kamen die beiden Mägde. Vielleicht war er verwitwet und hatte kleine Kindern, oder er war ledig und beschäftigte Lehrlinge oder Gesellen. In beiden Fällen hätten die Mägde die Funktion der Hausfrau übernommen.

Dass es in Laufen nur sehr wenige Dienstboten gab,[48] passt schlecht ins Bild, das sich die Forschung von anderen Städten gemacht hat. Dürr weist auch für kleinere, wirtschaftlich unbedeutende deutsche Städte im 17. und 18. Jahrhundert einen Dienstbotenanteil von zehn bis zwanzig Prozent aus.[49] Selbst Dörfer wie Bretzwil, die nur wenige Dienstboten beschäftigen, hatten prozentual einen höheren Dienstbotenanteil als Laufen.[50] Interessant und vielleicht ein Erklärungsansatz für das Laufner Ergebnis ist Maschkes allerdings auf mittelalterliche Städte bezogene Beobachtung, dass «der Anteil der in abhängiger Stellung dienenden Knechte und Mägde an der Gesamtbevölkerung von den kleineren zu den grösseren und von den mehr agrarischen zu den betont gewerblichen und kommerziellen Städten zunahm. Er lag in den grossen Städten nicht viel unter einem Fünftel der Bevölkerung».[51]

---

47 Zum unterschiedlichen Bedarf an Personal je nach Betriebstyp, vgl. Othenin-Girard 1994, S. 82 ff. sowie Schnyder 1992, S. 98. Zu den Dienstboten in der Stadt, vgl. Mitterauer 1984, S. 14 ff.
48 Angaben über die Anzahl männlicher und weiblicher Dienstboten finden sich in der Volkszählung von 1723 (AAEB, B 234/10): 16 Personen waren Mägde (acht) und Knechte (acht). Unklar ist, ob sie in Laufen beschäftigt waren oder ob sie auswärts dienten. Spätere Zählungen weisen ebenfalls eine geringe Zahl von Dienstboten aus, vgl. unten Zählung von 1797.
49 Dürr 1995, S. 19.
50 Schnyder 1992, S. 92.
51 Maschke 1967, S. 30.

Zusammenfassend ist nochmals auf die deutliche Zunahme der Kleinhaushalte zwischen 1698 und 1771 hinzuweisen. Aus der Grösse alleine lassen sich zwar keine zwingenden Aussagen über die Zusammensetzung der Haushalte ableiten, das Überwiegen kleiner Haushalte kann jedoch als Hinweis darauf gelten, dass sich auch in Laufen bestätigen lässt, was die Forschung für andere Orte ermittelt hat: das Vorherrschen der Kernfamilie.[52] Neben der starken Verbreitung kleiner Haushalte spricht auch die sehr geringe Zahl von Dienstbotinnen und Dienstboten dafür.

Handwerk und Landwirtschaft

Demografische Zählungen fokussieren auf den männlichen Haushaltsvorstand. Wenn ein «Beruf»[53] genannt wird, dann ist es seiner; bei Haushalten, denen Frauen vorstanden, fehlen Berufsbezeichnungen meist.[54] Die Frage, wie die Laufner Haushalte ihren Lebensunterhalt bestritten, lässt sich deshalb – im Wissen um das Ehepaar als Arbeitspaar – nicht umfassend beantworten. Einschränkend ist weiter zu sagen, dass demografische Quellen nicht alle Aspekte des städtischen Erwerbslebens erfassen: Während Handwerker in sämtlichen Erhebungen erwähnt werden, lässt sich die Bedeutung der Landwirtschaft nur indirekt, durch die Berücksichtigung von Untersuchungen zu Vieh-,[55] Acker- und Mattlandbesitz[56] erschliessen. Die Angaben der demografischen Quellen sind zudem weder systematisch noch vollständig, weshalb sie sich schlecht vergleichen lassen. Völlig unerwähnt bleiben die saisonalen Beschäftigungsmöglichkeiten in der Flösserei und Fischerei. Nur lückenhaft belegt sind ausserdem die niederen gemeindlichen Ämter wie Hirten oder Schärmäuser.[57]

Ich habe mich dazu entschlossen, nicht alle demografischen Erhebungen in Hinblick auf die Handwerksnennungen zu untersuchen, sondern eine Auswahl zu treffen. Ich konzentriere mich auf die Erhebung von 1630,[58] die die erste Vorratszählung ist, die Fragen nach dem «Beruf» zulässt, sowie auf die Zählung aus dem Jahr 1797,[59] die zwar strenggenommen ausserhalb des Untersuchungszeitraums liegt, jedoch erstmals systematisch die Berufe der männlichen Haushaltsvorstände erhebt.

---

52 Für unsere Region: Othenin-Girard 1994, S. 81; Schnyder 1992, S. 97.
53 Der Begriff «Beruf», unter dem heute die regelmässige Ausübung einer gleichartigen Tätigkeit verstanden wird, ist für den Untersuchungszeitraum – angesichts der weiten Verbreitung von Mischerwerbsformen – problematisch, vgl. Art. Beruf, GGr 1, S. 490 ff.
54 Zur Frauenerwerbsarbeit, vgl. unten.
55 Vgl. Tabelle 6 und 8.
56 Vgl. Tabelle 7.
57 Der Schärmäuser war für das Fangen von Mäusen und Maulwürfen zuständig, Id. 4, Sp. 481, vgl. auch Id. 8, Sp. 1115.
58 AAEB, B 234/9, S. 133–137.
59 StadtBALaufen, Nr. 95, S. 5–27. Zu Kontrollzwecken habe ich diese Zählung bereits im Kapitel zur Bevölkerungsentwicklung herangezogen.

Die Berufsbezeichnung «Bauer» taucht in den demografischen Quellen äusserst selten auf: In der Vorratszählung von 1698 ist einzig «Hans Schmidtli, der Baur» erwähnt, der vermutlich in der Vorstadt lebte.[60] Genannt werden Bauern ausserdem in der Administrativzählung von 1722/23 (allerdings nur jene, die über Zugvieh, Ochsen oder Pferde, verfügten) sowie in der Erhebung von 1797.[61] Angaben über den Viehbesitz aus den Jahren 1630 und 1753[62] sowie über den Acker- und Mattlandbesitz aus dem Jahr 1698 ermöglichen es, der Bedeutung der Landwirtschaft auf die Spur zu kommen.[63] Die Streuung der Quellen über den Untersuchungszeitraum erlaubt es, Entwicklungen aufzuzeigen und in Form einer Synthese Aussagen über die städtische Wirtschaftsstruktur und deren Veränderung zu machen.

Die Administrativzählung von 1723

Die Administrativzählung aus dem Jahr 1723 macht zwar differenzierte Angaben über die Erwerbsstruktur, die sich jedoch aufgrund ihrer Kategorien schlecht vergleichen lassen. Weiter wird die Vergleichbarkeit dadurch erschwert, dass mehr Erwerbstätige (180) als Haushalte (173) erfasst sind. Zählanweisungen sind nicht erhalten, weshalb sich nicht rekonstruieren lässt, wer der Kategorie «[lebt] aus eigenen Einkünften» und wer den Taglöhnern zugewiesen wurde. Auffallend ist, dass in der Zählung von 1723 kaum Handwerker der Baubranche oder aus dem Sektor Textil, Bekleidung, Schuhe fassbar sind. Bauhandwerker wurden möglicherweise als Taglöhner gezählt, da sie ja, etwa im Fall der Maurer, nicht in einer Werkstatt, sondern quasi auf der Stör – der Baustelle – arbeiteten. Die Schneider, Weber und Schuhmacher sowie weitere Handwerker des Bekleidungssektors fallen vielleicht in die Kategorie «[leben] aus eigenen Einkünften».[64] Ob und in welcher Anzahl sich Rentiers und Grundbesitzer hinter dieser Kategorie verbergen, lässt sich nicht mit Sicherheit sagen. Meines Wissens kann es sich jedoch höchstens um Einzelfälle handeln.

Bei allen Schwierigkeiten, die diese Zählung bereitet, sie zeigt auf, dass die Landwirtschaft, das Handwerk und der Taglohn im frühen 18. Jahrhundert die Haupterwerbsquellen der Laufner Bevölkerung waren. Auffallend ist, dass 42 Personen (23.3 Prozent der 180 genannten) vom Almosen lebten. Die Zahl deutet darauf hin, dass ein nicht zu unterschätzender Anteil der städtischen Bevölkerung nicht nur zur Unterschicht gehörte, sondern arm war.[65]

---

60 StadtBALaufen, Nr. 11, S. 90–95.
61 AAEB, B 234/10; «Bevölkerungsliste vom 8. ventos [sic] 5. Jahr» (26.2.1797), StadtBALaufen, Nr. 95, S. 5–27.
62 AAEB, B 234/9, 1630, S. 133–137; «Specifikation desjenigen c. v. Viehes, wie selbiges in anno 1753 vorhanden war», StadtBALaufen, Nr. 42, S. 56v–58v.
63 StadtBALaufen, Nr. 20, S. 78–88, 95–97.
64 AAEB, B 234/10, vgl. Tabelle 4. Zu den Handwerkern dieses Sektors, vgl. Kap. 3.
65 Zur Armut, vgl. Hippel 1995. Zur sozialen Schichtung, vgl. unten.

Erwerbsstruktur in Laufen, 1723[1] Tabelle 4

Ernährung/Gastgewerbe

Bäcker	2
Müller	2
Gastwirte	8

Bau/Ausrüstung/Haushalt

Schmied	3
Schlosser	3

Bekleidung/Textil/Schuhe

Färber	2
Gerber	1

Andere

Händler	1
Barbierer	2
Wundarzt	2

Leben «aus eigenen Einkünften»	15
Taglöhner	54
Almosenempfänger	42

Bauern (vom Feldbau lebend)

mit Ochsen allein	27
mit Pferden allein	7
mit Ochsen und Pferden	9
Total	43

1 AAEB, B 234/10. Die Zählung listet auf, wovon die Laufner «sich nehr[t]en». Die Berufsbezeichnungen (Bäcker, Müller etc.) stammen aus der Quelle, die Zuordnung zu Branchen (Ernährung/Gastgewerbe etc.) habe ich vorgenommen, um Vergleiche zu ermöglichen.

Das Spektrum des Laufner Handwerks

Die 1630 durchgeführte Vorratszählung besteht aus einer Namensliste der Haushaltsvorstände. Aufgeführt sind 109 Haushaltsvorstände, bei 47,[66] also bei weniger als

66 In mehreren Fällen übten zwei im selben Haushalt lebende Personen (meist Vater und Sohn oder zwei Brüder) dasselbe Handwerk aus: zum Beispiel «Item Jacob Küebli sampt seinem sohn Barthle Küebli, beed Zimmermänner». Gezählt wurden diese Haushalte nur einmal.

Handwerkerhaushalte[1] in Laufen, 1630, 1698, 1723, 1753,[2] 1771, 1797

Tabelle 5

Ernährung/Gastgewerbe

	1630	1698	1723	1753	1771	1797
Bäcker	2[3]		2	1		4
Metzger	1	2			1	
Müller	2		2	1	2	2
Wirt	2	2	8	1	1	4
Fischer						1

1 Zu den Handwerkerhaushalten wurden auch Gewerbetreibende wie Krämer, Fuhrleute etc. gezählt, nicht aber Beschäftige im öffentlichen Dienst oder Amtsinhaber wie Wächter, Zöllner, Schulmeister, Hirten, Schärmäuser etc. Zur Unterscheidung von Handwerk und Gewerbe, vgl. Dubler 1982, S. 390f.; Reininghaus 1990, S. 3. Zur Einteilung in Sektoren und Branchen, vgl. Meier 1986, S. 31ff. Meine Brancheneinteilungen weichen teilweise von Meier ab. Im Gegensatz zu ihm nehme ich zudem keine Unterscheidung nach Sektoren vor; die Berufe des Dienstleistungssektors (Wirt, Scherer, Fuhrmann etc.) wurden den Branchen nach funktionalen Gesichtspunkten zugeordnet oder unter «andere Berufe» subsumiert.
2 AAEB, B 228/51: Die Berufsbezeichnungen stammen aus der «Beschreibung Aller, und Jeder HausVätter, und Underthanen in dem Hochfürstlichen Oberamt Zwingen, auch stat und Amt Laufen, samt ihren Wohnungen, und Häusern, wie selbe mit feur und Liecht gesessen, beschrieben Anno 1753». Erfasst sind also nur Handwerker, die Häuser besassen. In der Stadt und der Vorstadt gab es 160 Haushalte; Häuser besassen 147, wobei einige Namen doppelt auftreten. Genannt werden ausserdem Besitzer, die nicht in Laufen wohnten («H. Hans Jacob Heussler des Raths in Basel»), weitere sind nicht explizit erwähnt.
3 Einer der beiden Bäcker, Erhardt Meyer, wird als «welsch beckh» bezeichnet. Ob es sich bei «welsch» um eine Herkunftsbezeichnung (französisch, aus der Fremde kommend) oder um einen Bäcker besonderer Brote oder Gebäcke handelt (Zuckerbäcker?), lässt sich nicht eruieren, da sich weder im Schweizerischen Idiotikon noch bei Grimm verwertbare Hinweise fanden.
4 In den Quellen durchwegs: «Treyer».
5 In der Quelle: «Hosenlismer».
6 In der Quelle: «Strumpfstricker».
7 In der Quelle: «Strumpfstricker».
8 Davon wird in der Quelle einer als «Tuchmacher» bezeichnet.
9 In der Quelle: «Leinenweber».
10 In der Quelle: «Leinenweber».

HANDWERK UND LANDWIRTSCHAFT

Bau/Ausrüstung/Haushalt

	1630	1698	1723	1753	1771	1797
Glaser	2	1	1			1
Maurer	2	4		1		4
Zimmermann	3	2		1		3
Ziegler	1				1	2
Hafner	1					1
Säger	3	2		1	1	1
Kübler/Küfer	2	3		1		2
Rechenmacher	1			1		1
Tischmacher	1					
Schreiner		1		2		5
Wagner	1					2
Drechsler[4]	3				1	1
Schlosser	3	2	3	3	1	5
Schmied	3	2	3	1		2
Seiler				1		3
Sattler	1					1

Bekleidung/Textil/Schuhe

	1630	1698	1723	1753	1771	1797
Lismer	1[5]			2[6]	1	6[7]
Schneider	2	1		1	4	6
Schuhmacher	2	1		2	2	18
Wollweber						11
Weber	5[8]			4[9]	1	10[10]
Hutmacher		1		1		1
Färber			2			1
Gerber			1			

Andere

	1630	1698	1723	1753	1771	1797
Papierer	1					
Scherer/Bader	2		4[11]			
Krämer			2	1		2
Fuhrmann						2

Total

	1630	1698	1723	1753	1771	1797
Total Haushalte	109					193
davon Handwerker	47			27		102

11 Zwei Barbiere, zwei Wundärzte.

der Hälfte, wird ein Handwerk genannt. Bei vier weiteren steht eine Amtsbezeichnung, nämlich Ammann, Rat, Nachtwächter, Zöllner. Insbesondere die Anzahl Amtsträger – nicht ausgewiesen sind der Meier und die anderen neun Ratsherren[67] – macht deutlich, dass weder die Amtstätigkeit, noch die in Laufen tätigen Handwerker systematisch erhoben worden sind. Trotz dieser Mängel ermöglicht das Verzeichnis Aussagen über das Spektrum der Handwerke, die in Laufen ausgeübt wurden.

Die Stadt verfügte über eine breite Palette von Bedarfsgewerben. Güter und Dienstleistungen des täglichen Bedarfs konnten bei Laufner Bäckern, Müllern, Schneidern, Webern und Schuhmachern erworben werden. Auch Bau- und Ausrüstungshandwerker, beispielsweise Zimmerleute, Maurer, Schreiner, Drechsler, Schlosser und Schmiede, arbeiteten in Laufen. In vielen Handwerken, insbesondere in

67 Die Erhebung der Haushalte halte ich für vollständig, was fehlt, sind systematische Angaben über Berufe und Ämter: Das Verzeichnis beginnt mit dem Haushalt von Liass Rym, vermutlich handelt es sich um den Meier Niklaus Rym. Von den Ratsherren, deren Namen ich anhand der Akten über den Widerstand gegen die Kontributionen im Jahr 1630 (AAEB, B 234/2) nur unvollständig zusammentragen konnte, wird im Verzeichnis einzig Daniel Götschi explizit als Rat bezeichnet. Mit ihm sass auch der Maurer Bartli Burger in diesem Gremium, AAEB, B 234/2, S. 24. Nicht ganz klar ist, ob es sich auch bei Hans Frey, Georg Schmidlin und Michael Meyer, die in einer Urkunde erwähnt werden, um Ratsherren handelt, AAEB, B 234/2, S. 32.

jenen mit grosser Nachfrage, existierten mehrere Betriebe.[68] Daneben gab es seit der zweiten Hälfte des 16. Jahrhunderts Betriebe wie die Ziegelei[69] und die Papiermühle,[70] die nicht nur für den lokalen Bedarf, sondern auch für einen grösseren Kreis von Abnehmern produzierten. Viele dieser Bedarfshandwerke gab es in der Stadt sicher bereits seit mittelalterlicher Zeit, wobei die Quellenlage erst für das 16. Jahrhundert Aussagen zulässt.[71] Über die Organisation der Handwerker vor 1600 ist nichts bekannt. 1601 organisierte sich die Meisterschaft der Maurer, Steinmetze, Zimmerleute und Weber der Vogteien Zwingen, Birseck und Pfeffingen in einer Zunft. Ob sie um 1630 noch bestand, ist zweifelhaft.[72]

Zur Bedeutung der Landwirtschaft

1630 besassen über die Hälfte der Haushalte – 56 von 109 – Rindvieh.[73] Auch unter den Handwerkern war die Viehhaltung verbreitet. Immerhin vierzig Prozent

Verteilung des Rindviehbesitzes auf die Haushalte, 1630   Tabelle 6

Stück Vieh	0	1	2	3	4	5	6	7	8	9	10	11	12	13	14–16	17	18	19–21	22
Anzahl Besitzer	53	15	5	7	5	0	2	7	1	1	5	1	2	1	0	1	2	0	1
davon: Handwerker	28	8	2	1	2	0	0	2	0	1	1	0	1	0	0	0	1	0	0

68 Vgl. Tabelle 5.
69 Zur Ziegelei, vgl. Gutscher 1994 sowie Descoeudres 1995. Die Entstehungszeit der Ziegelei lässt sich bisher nicht genau bestimmen, dendrochronologische Befunde deuten auf die zweite Hälfte des 16. Jahrhunderts, Descoeudres 1995, S. 105.
70 Zur Geschichte der Papiermühle, vgl. Müller 1975b, S. 264–268. Die Papiermühle entstand in der zweiten Hälfte des 16. Jahrhunderts.
71 Im Stadtburgerarchiv sind nur wenige Quellen aus mittelalterlicher Zeit vorhanden: Neben einigen Urkunden reicht das so genannte «Alte Stadtbuch» (StadtBALaufen, Nr. 3) zirka ins Jahr 1470 zurück, vgl. Einleitung (Quellenlage).
In den wenigen Belegen aus dem 16. und frühen 17. Jahrhundert sind vor allem an Gebäude gebundene Gewerbe (1570: Gerbhaus, Mühle; Urk. 37, 10.6.1592: Meier und Rat von Laufen nahmen einen Kredit zum Bau einer Mühle auf) und solche, die unter städtischer Kontrolle standen (1545 Metzger), fassbar. Belegt sind im Weiteren: 1596 Tischmacher, 1599 Glaser, 1604 Weber, 1605 Bader (dessen Frau war die städtische Hebamme), 1589–1592: Drechsler, Hafner, Krämer, Wirt, Maurer, Wannenmacher, Ziegler, Papierer, StadtBALaufen, Nr. 3, Nr. 4, Nr. 7.
72 Zu den Zünften, vgl. Kap. 3.
73 Meist ist in der Quelle nur von einem oder mehreren «haupt vieh» die Rede, gelegentlich werden sie explizit als Rinder bezeichnet. Es ist davon auszugehen, dass darunter auch Kühe, Kälber und Ochsen, eventuell auch Stiere verstanden werden können. Der Rindviehbesitz wurde systematisch erhoben; Haushalte ohne Vieh wurden als solche vermerkt. Es darf also von einem vollständigen Verzeichnis ausgegangen werden, auch wenn kleine Fehler nicht ganz auszuschliessen sind.

der als Handwerker bezeichneten Laufner und Vorstädter verfügten über ein am Rindviehbesitz erkennbares landwirtschaftliches Standbein. Die Grösse der Herden variierte beträchtlich, die grösste Herde bestand aus 22 Häuptern Vieh.[74] Die grösste eines Handwerkers war mit 17 Tieren jene des Metzgers Victor Müller, der möglicherweise auch Viehhandel betrieb. Viehhaltung war in der Dreizelgenwirtschaft nur beschränkt möglich, deshalb ist neben dem Anteil der Viehbesitzer besonders die Anzahl grosser Viehbestände bemerkenswert, nannten doch 15 Prozent der Besitzer (acht Haushalte) Herden von elf und mehr Rindern ihr Eigen; nur einer von ihnen lebte in der Vorstadt. In der Stadt muss es also Ställe von beachtlicher Grösse gegeben haben. Die Mehrzahl der viehbesitzenden Haushaltungen besass jedoch nur wenig Vieh: Über ein Viertel verfügten über ein Haupt, ein knappes weiteres Viertel über zwei bis drei Häupter.

In der ersten Hälfte des 17. Jahrhunderts betrieben über die Hälfte der Haushalte Landwirtschaft.[75] Sie verfügten über Vieh und wohl auch über Grund und Boden, um die Tiere zu ernähren. Es ist wahrscheinlich, dass weitere Haushaltungen über grössere oder kleinere Landparzellen verfügten, sich Grossvieh jedoch nicht leisten konnten. Über die Verteilung des Geflügel- und Kleinviehbesitzes, der möglicherweise stärker verbreitet war, wissen wir leider nichts.[76]

Im Juli 1698, ein halbes Jahr vor der bereits erwähnten Vorratszählung, die 148 Haushalte erfasste, wurde ein Verzeichnis über den Güterbesitz angelegt.[77] Es führte alle Besitzer, die Grösse ihres Acker- und Mattlandbesitzes in Jucharten und die Qualität (gut, mittel, gering) auf. Mit den Äckern und Matten wurde die zentrale Nutzungszone der Dreizelgenwirtschaft erfasst. Aufgeführt waren insgesamt 98 Be-

---

74 Vgl. Tabelle 6.
75 Zur Organisation der Landwirtschaft im System der Dreizelgenwirtschaft, vgl. unten.
76 Belegt ist die Haltung von Gänsen (StadtBALaufen, Nr. 42, 30.11.1744, S. 9v) und von Schweinen, ebd., 1747, S. 21v.
77 StadtBALaufen, Nr. 20, S. 78–88: «Verzeichnus undt angebung der stücken und güeteren der Stadt Laufen, so angeben und angefangen worden den 14 July 1698 auf dem Rathaus in beysein Meyer und rath wie hernach folgt; die guette, mittlere und geringeren jede besonder lautt oberkeitlichem beschluss» sowie ebd., S. 95–97: «Verzeichnus undt angebung der stücken und güeteren der Vorstadt Laufen, lauth obrigkeitlicher Beschluss, die guette, mittlere undt geringeren stuckher, jede besonder; so angeben und vorgenommen worden, In beysein H. Jacob Müller den Statthalter, undt übrige mitburgeren in der Vorstatt so Im ambt Zwingen zu gehörig den 17 July Anno 1698 wie hernach volgt».
Im AAEB befindet sich unter der Signatur B 229/5 ein mit wenigen Ausnahmen identisches Verzeichnis mit dem Datum 30.4.1699. Bei den Abweichungen handelt es sich zum einen um formale: Das Verzeichnis von 1699 (AAEB) besteht aus zwei Listen, eine über den Matten- und eine über den Ackerbesitz; bei jedem Besitzer werden Summen seines Matten- und Ackerlandbesitzes angegeben. Das Verzeichnis in Laufen von 1698 erfasst bei jedem Besitzer beide Kategorien von Besitz in einer Liste und macht keine Angaben über den Gesamtbesitz an Acker- bzw. Mattland.
Zum andern bestehen in zwei Fällen inhaltliche Abweichungen: In einem Fall (Franz Thieller, Vorstadt) ist die Summe seines Mattlandbesitzes (5 Jucharten) in beiden Verzeichnissen

sitzer, 85 in der Stadt, 13 in der Vorstadt. Nur zweimal traten Frauen als Besitzerinnen auf. Hinter den zahlreichen Gütern, die an Erben gefallen waren, dürften sich wohl verschiedene in der Hand von Witwen befunden haben. Einschränkend ist zu sagen, dass nur die Güter im Laufner Bann erfasst sind; einige Laufner Bürger besassen jedoch auch in Nachbargemeinden Güter, teilweise auch in angrenzenden solothurnischen Gemeinden.[78]

Obwohl das Vorgehen schon aufgrund des zeitlichen Abstandes nicht ganz unproblematisch ist, habe ich versucht, die Angaben aus den beiden Erhebungen zu verknüpfen. 78 Grundbesitzer finden sich als Haushaltsvorstände auch in der Liste der Vorratszählung von 1698. Die restlichen zwanzig lassen sich nicht oder nicht eindeutig einem Haushalt zuordnen. Die zweifelsfreie Identifikation war bei zehn Besitzern nicht möglich, weil es mehrere Haushaltsvorstände desselben Namens gab. Zehn Besitzer liessen sich mit keinem Eintrag in der Vorratszählung in Verbindung bringen; zum Teil, weil sich die Güter in der Hand von Erben befanden. Möglicherweise führten einige Besitzer keinen eigenen Haushalt oder es handelt sich um Personen, die in der Zwischenzeit weggezogen oder verstorben waren.

Geht man von der im Dezember 1698 fassbaren Zahl von 148 Haushalten aus, verfügten rund zwei Drittel der Haushalte in Laufen und der Vorstadt über Acker- und Mattland. Der Besitz an Grund und Boden war – wie nicht anders zu erwarten – sehr unterschiedlich verteilt.[79] Um Aussagen über die Verteilung machen zu kön-

identisch. Nach der Liste von 1698 hatte er 5 Jucharten gute Matte, nach jenem von 1699 2 Jucharten gute und 3 Jucharten mittlere Matten. Die einzige substantielle Abweichung besteht bei Hans Schmidlin aus der Vorstadt. Im Verzeichnis von 1698 besass er 5 Jucharten ½ Viertel guten Acker, in jenem von 1699 5 Jucharten 2 Viertel. Ich halte dies für einen Schreibfehler und nehme für die Angaben von 1698 aus dem Stadtburgerarchiv Laufen. Im Weiteren wurden in den beiden Versionen unterschiedliche Bodenpreise zur Bewertung des Besitzes eingesetzt: Das Exemplar vom 14. Juli 1698 setzte gute Matten zu 40 Pfund (lb.) pro Jucharte an, mittlere Matten zu 25 lb. und schlechte zu 5 lb., guten Acker zu 30 lb., mittleren zu 15 lb. und schlechten zu 2 lb. Das Exemplar vom 30. April 1699 korrigierte die ursprünglichen Angaben und setzte höhere Bodenpreise an, nämlich für gute Matten 50 lb., für mittlere 30 lb., für schlechte 10 lb., für guten Acker 30 lb. pro Jucharte, für mittleren 20 lb. sowie für schlechten Acker 5 lb.
Das Verzeichnis diente als Rechengrundlage für die Erhebung der Reichssteuer, vgl. dazu Suter 1985, S. 243 f.

78 Zu den Gütern auf solothurnischem Gebiet, vgl. das undatierte, wohl aus der ersten Hälfte des 18. Jahrhunderts stammende Verzeichnis, AAEB, B 229/5.
79 Auch Suter (1985, S. 243 ff.) hat diese Erhebung zur Untersuchung der Sozialstruktur verwendet. Er vergleicht die Angaben aus dem Jahr 1699 mit dem Steuermatrikel aus dem Jahr 1747. Für die Laufentaler Landgemeinden lagen Suter offenbar auch für das Jahr 1747 Angaben über den Grundbesitz vor. So konnte er Veränderungen in der dörflichen Sozialstruktur aufzeigen.
Suter geht von einer dreigliedrigen Schichtung mit Bauern (4 und mehr ha Land), einer Übergangsgruppe (von mehr als 2 bis 4 ha Land), zu der er auch Dorfhandwerker rechnete, sowie den Landarmen mit weniger als 2 ha aus. Die Landlosen werden quellenbedingt nicht erfasst. Seine Auswertung im Vergleich ergab eine prozentuale Abnahme der Bauern und der Übergangsgruppe sowie eine Zunahme der Landarmen, Suter 1985, S. 243–245.

Acker- und Mattlandbesitz in Laufen, 1698

Tabelle 7

	Fläche über 8 ha	Fläche zw. 4–8 ha	Fläche unter 4 ha	Total
Anzahl Besitzer	15	20	63	98
Anteil in %	15.3	20.4	64.3	100

Total Besitzer: 98 (Juli 1698)   Total Haushalte: 148 (Dezember 1698)

nen, habe ich die Angaben über Acker- und Mattland zu einem Gesamtgrundbesitz addiert und von Jucharten[80] in Hektaren umgerechnet. Damit wurde ein Teil der Differenziertheit der Quelle, die nach Qualität des Acker- und des Mattlandes unterscheidet, eingeebnet.

Werden die 148 Laufner Haushalte nur aufgrund des landwirtschaftlich genutzten Bodens in Schichten[81] eingeteilt, was selbstverständlich eine Verkürzung

> Für die Stadt fehlen die Angaben über den Grundbesitz für das Jahr 1747, die der Steuererhebung zugrunde gelegt wurden. (Sie sollten nach Suter unter B 229/5 klassiert sein.) Die Steuermatrikel für Laufen finden sich für die Jahre 1749, 1752–1759 und 1762–1763 unter der Signatur AAEB, B 234/16 und 17. Das erste Laufner Matrikel aus dem Jahr 1749 erfasst die Besitzer mit Gütern in Laufen (darunter diverse Institutionen wie die Gemeinde, das Meiertum, die Güter des Stadtammanns etc.), den Wert der Güter sowie den geschuldeten Steuerbetrag. Angaben über die Grösse der Güter fehlen. Für die Stadt lassen sich die beiden Erhebungen also nicht direkt vergleichen. Einen Vergleich anhand des Vermögenswerts habe ich verworfen, weil mir die Ansetzung der Bodenpreise als zu willkürlich erscheint, vgl. oben, Anm. 77. Die einzige mir möglich erscheinende Methode wäre die Analyse der Vermögensverteilung nur anhand der Steuermatrikel von 1749 ohne direkte Vergleichsmöglichkeiten. Ich verzichte auf die Auswertung, da mir die methodischen Probleme (Welche Vermögensklassen sind zu bilden, auch in Hinblick auf die Vergleichbarkeit mit anderen Städten? Wie wurde das Vermögen angesetzt, wiederum aufgrund des Grundbesitzes in der Flur oder inklusive Besitz an städtischen Liegenschaften wie Häusern und Gärten innerhalb der Stadtmauern? Wurden die Produktionsmittel von Handwerkern berücksichtigt? etc.) grösser scheinen als der Nutzen einer derartigen Auswertung.
>
> 80 1 Jucharte (franz. Journal) = 0,316 ha, Dubler 1975, S. 28. Vgl. auch Tables de Réduction des anciennes mesures en nouvelles et des nouvelles en anciennes, Calculées pour le Département du Haut-Rhin par François Français, Strasbourg, An X, p. 96.
> 81 Zur Problematik von Sozialstruktur und sozialer Schichtung, vgl. den Überblick (mit Bezug vor allem aufs Mittelalter) bei Othenin-Girard 1994, S. 379ff. (dort auch Hinweise auf die Forschung zur mittelalterlichen Stadt: Maschke/Sydow 1967 und Maschke/Sydow 1972 mit den programmatischen Arbeiten von Maschke).
> Die dreigegliederte Schichtung aufgrund des Landbesitzes stützt sich auf Schnyder 1992, S. 153f. (Meine Intervalle weichen leicht von denen Schnyders ab; aufgrund der Quellenlage konnte ich das ergänzende Kriterium Zugvieh nicht berücksichtigen.) Zur Schichtung in der ländlichen Gesellschaft, vgl. auch Schnyder 1992a.

auf nur einen schichtungsrelevanten Aspekt[82] darstellt, gehörten rund zehn Prozent zur Oberschicht, die über acht Hektar Land besass (15 Besitzer), etwas über 13 Prozent zur Mittelschicht mit vier bis acht Hektar Grundbesitz (20 Besitzer). Über 42 Prozent der Bevölkerung besassen unter vier Hektar Boden (63 Besitzer). Sie gehörten zusammen mit den 50 Haushalten, die kein Land in der Flur besassen (knapp 34 Prozent), zur Unterschicht.[83]

Hier ist zu fragen, ob es zulässig ist, ein Schichtungskriterium wie den Grundbesitz, der für ländliche Gesellschaften von Belang ist, auf eine Kleinstadt zu übertragen. Möglich wäre, dass vermögende Handwerker mit wertvollen Betrieben oder Händler keinen Grund und Boden besassen, weil sie es sich leisten konnten, nur auf ihr Gewerbe zu setzen. Dieser Einwand ist sicher nicht ganz von der Hand zu weisen. Immerhin betreiben rund die Hälfte der Haushaltsvorstände ein Handwerk. Da die Landwirtschaft jedoch für einen überwiegenden Teil der Bevölkerung einen Aspekt ihres Erwerbes darstellt, scheint mir diese Herangehensweise zulässig. Es handelt sich ohnehin primär um eine Annäherung an die soziale Schichtung, da nur ein schichtungsrelevantes Kriterium berücksichtigt und der Besitz des Haushaltsvorstandes, respektive dessen Status, mit jenem der ganzen Familie gleichgesetzt wird. Wie stark das Ergebnis durch die Nichtberücksichtigung der Handwerksbetriebe, die teilweise erhebliche Vermögenswerte darstellten, verzerrt ist, lässt sich nicht abschätzen.

Auf dem Land waren Inhaber der wertvollen Gewerbe oft auch Grossbauern mit bedeutendem Land- und Viehbesitz.[84] In Laufen hingegen lässt sich ein solcher Zusammenhang anhand der Erhebung von 1698 nicht feststellen. Der Wirt Franz Meyer gehörte aufgrund des Grundbesitzes zur Mittelschicht, die Säger Jacob Fenninger, Claus und Durs Im Hof sowie der Müller Martin Burger zur Unterschicht. Ein weiteres schichtungsrelevantes Kriterium war das Prestige, das sich etwa in der Zugehörigkeit zum städtischen Rat spiegelt.[85] Aufgrund ihres Besitzes gehörten

---

82 Schnyder (1992a, S. 160) stellt zurecht fest, dass das Kriterium Grundbesitz kein hinreichendes Schichtungskriterium ist. Soziale Schichtung ist mehrdimensional, sie hat politische, wirtschaftliche und soziale Dimensionen (vgl. Othenin-Girard 1994, S. 379), ausserdem ist sie dynamisch: Aspekte des Lebenszyklus sind zu berücksichtigen, vgl. Schnyder 1992, S. 161f. Zur Bedeutung des nicht-materiellen Kapitals für die soziale Stellung, vgl. Schnyder 1992, S. 157f. sowie Schnyder 1992a; Dinges 1989 zur Ehre als wesentlichem Kriterium der sozialen Stellung.
83 Vgl. Tabelle 7.
84 Vgl. z. B. die Bürner Müller- und Wirtedynastie Wyss, Fridrich 1994, S. 79ff.
85 1753 verfügten alle Ratsherren – sie sind durch die Anrede «H.» gekennzeichnet – über Rindvieh. Die Grösse ihrer Herden schwankt zwischen einem und elf Häuptern. Fünf Ratsherren besassen eine oder zwei Kühe. Die Besitzer grösserer Herden (sechs bis elf Häupter) verfügten über Stiere oder über Stiere und Kühe. Aufgrund des Viehbesitzes gehörte die Hälfte der Ratsherren der Oberschicht, die andere Hälfte der Mittelschicht an, Viehzählung von 1753, StadtBALaufen Nr. 42, S. 56v–58v. Zum Rat, vgl. Kap. 8.
     Die Angaben in der Vorratszählung von 1630 sind zu disparat, um Aussagen zu machen.

1698 vier Räte der Oberschicht, drei der Mittelschicht und zwei sowie der Meier der Unterschicht an. Der Meier Franz Athanasius von Staal ist zweifellos falsch eingestuft, weil er andernorts über weitere Güter verfügte.[86] Das Beispiel belegt einmal mehr, dass bei der Interpretation einzelner Zahlenwerte Vorsicht am Platz ist.

Während in Grossstädten die Unterschicht dominierte, arbeitete Horst Jecht heraus, dass in Ackerbürgerstädten noch im 16. Jahrhundert die Mittelschicht überwog.[87] Neuere Untersuchungen sowohl in Dörfern als auch in Kleinstädten kommen zum Ergebnis, dass insbesondere im 18. Jahrhundert die Mehrheit der Haushalte der Unterschicht zuzurechnen sind.[88] Dieser Befund bestätigt sich in Laufen. Auffallend ist, dass Laufen im Vergleich mit den Laufentaler Landgemeinden am Ende des 17. Jahrhunderts über einen weit grösseren Anteil an landwirtschaftlichen Kleinstbetrieben verfügte. Suter berechnete einen Anteil von 63 Prozent Haushalte mit über vier Hektaren Land.[89] In der Stadt besassen, wenn man nur die grundbesitzenden Haushalte erfasst, lediglich knapp 36 Prozent, wenn man sämtliche Haushalte zugrunde legt, 23 Prozent mehr als vier Hektar.

Geht man davon aus, dass für die Versorgung eines Haushaltes eine Betriebsgrösse von mindestens vier Hektaren nötig war,[90] verfügte nur ein Bruchteil der

Verteilung des Viehbesitzes auf die Haushalte, 1753 Tabelle 8

Stück Vieh	0	1	2	3	4	5	6	7	8	9	10	11	12
Anzahl Besitzer	81	20	20	6	4	6	9	3	2	4	3	1	1

Total Haushalte: 160   Total Besitzer: 79   Total Stück Vieh: 304

86 Zu den Gütern der Familie von Staal, vgl. AAEB, B 237/238 (von Staal); zu den Gütern in Laufen und der Vogtei Zwingen besonders Mappe 2. Zu ihren Gütern gehörte neben dem Haus in Laufen, das die von Hertenstein erbaut und an die von Staal verkauft hatten, die Mühle in Brislach, Güter in Brislach und Breitenbach sowie Jagdrechte in Laufen und Röschenz, letztere hatten ebenfalls den von Hertenstein gehört.
87 Jecht 1926, S. 61f.
88 Zu ländlichen Gesellschaften, vgl. den Überblick bei Mattmüller 1980, S. 52 und Mattmüller 1989, S. 82, zu Bretzwil, vgl. Schnyder 1992, S. 153. Für Olten kommt Mugglin (1982, S. 73) zum Ergebnis, dass grob gesprochen fünfzig Prozent der Oltner zur Unterschicht, je zwanzig Prozent zur oberen und unteren Mittelschicht und zehn Prozent zur Oberschicht gehörten und dass sich die Grössenverhältnisse im Laufe des Ancien Régime nicht wesentlich veränderten. Mugglins Angaben basieren auf einer Berechnung des Vermögens anhand der Inventare, die im Todesfall aufgenommen wurden, und der lebzeitlichen Teilungsbeschlüsse, zu Quellen und Methode, vgl. Mugglin 1982, S. 62ff.
89 Suter 1985, S. 245.
90 Zur Problematik der Kategorie Selbstversorgung, vgl. Schnyder 1992, S. 141. Den Überlegungen zum Selbstversorgungsgrad eines Landwirtschaftsbetriebes liegen Vorstellungen

städtischen Bevölkerung über Betriebe, die zur Selbstversorgung ausreichten. Macht man sich bewusst, dass mindestens ein Drittel der Bevölkerung über gar kein Acker- und Mattland verfügte, werden die Verhältnisse noch deutlicher sichtbar: Über drei Viertel der Bevölkerung Laufens waren ganz oder teilweise auf Verdienst ausserhalb der Landwirtschaft angewiesen.

Obwohl die Landwirtschaft für die meisten Haushalte nur ein Standbein ihres Mischerwerbs darstellte, kam ihr, wie die Viehzählung von 1753[91] belegt, im städtischen Erwerbsleben eine grosse Bedeutung zu. Die Zählung erfasste die Anzahl Stiere und Kühe sowie die Namen der Viehbesitzer. Sie zeigt, dass in der Mitte des 18. Jahrhunderts immer noch sehr viel Vieh gehalten wurde: 79 Besitzer (davon nur eine Frau, «Christen Frey sel. Wittib») verfügten über 304 Tiere, davon waren 179 Stiere, 125 Kühe. Die Zählung steht mit einer Viehseuche in Zusammenhang. Der Schreibende notierte deshalb am Ende des Verzeichnisses, dass von den 303 Tieren (er hatte sich um eine Einheit verzählt) 26 Stück «verdorben», der Seuche zum Opfer gefallen, und deshalb abzuziehen seien.[92]

Geht man davon aus, dass es sich bei den Viehbesitzern um Haushaltsvorstände[93] handelte, und setzt die Zahl mit den 160 Laufner Haushalten[94] in Beziehung, ergibt sich, dass noch etwas weniger als die Hälfte aller Haushalte – 79 von 160 – Grossvieh hielten. Gegenüber 1630 ist der Anteil der grossviehbesitzenden Haushalte also leicht zurückgegangen. Ausserdem fällt auf, dass sich die Grösse der Herden merklich reduziert hat. Die Grösse der Bestände schwankte zwischen einem Haupt und zwölf Häuptern Vieh. Ganz grosse Herden mit 17 und mehr Tieren, wie

---

eines Idealtypus von Agrargesellschaft zugrunde, Landolt 1996, S. 49 f.: «Wieviel Land nun ein durchschnittlicher Haushalt bewirtschaften musste, um allein von der Verwertung der landwirtschaftlichen Erzeugnisse leben zu können, hing von verschiedenen Faktoren ab: von der Familiengrösse und deren Zusammensetzungen (Generationen), von der Fruchtbarkeit des Bodens, von der Verteilung der Parzellen in den drei Zelgen, vom Verhältnis zwischen Acker- und Wiesland, das für die Haltung von Vieh und somit für eine optimale Bearbeitung und Düngung der Ackerflächen eine wesentliche Voraussetzung bildete, von der Marktintegration und schliesslich von der Belastung mit Abgaben und Schuldzinsen. Wenn die Selbstversorgungsgrenze eines Landwirtschaftsbetriebs im schweizerischen Kornland mit ca. 4 ha Acker- und Wiesland veranschlagt wird, so handelt es sich dabei um eine Durchschnittsgrösse, die entsprechend den lokalen naturräumlichen, wirtschaftlichen und kommerziellen Gegebenheiten zu modifizieren wäre.»
Mattmüller (1980, S. 51) legte seinen Überlegungen eine Limite von 3 ha zugrunde. Schnyder (1992, S. 153) berechnet für Bretzwil um 1700 eine Mindestgrösse von 4 ha. Zu den unterschiedlichen in der Literatur angegebenen Flächenangaben von selbstversorgenden Betrieben, vgl. auch Othenin-Girard 1994, S. 390 ff.

91 StadtBALaufen, Nr. 42, S. 56v–58v.
92 StadtBALaufen, Nr. 42, S. 58 v.
93 Es ist nicht ganz auszuschliessen, dass es Haushalte mit mehr als einem Viehbesitzer gab, etwa wenn Brüder gemeinsam wirtschafteten oder wenn Eltern(-teile) mit eigenem Besitz bei Kindern und ihren Familien lebten, die ebenfalls über Vieh verfügten. Deshalb handelt es sich beim Wert von knapp der Hälfte der Haushalte um eine Maximalzahl.
94 AAEB, B 228/51.

sie 1630 noch vereinzelt vertreten waren, gab es Mitte des 18. Jahrhunderts nicht mehr.

Von den 79 Besitzern verfügten 39 – fast die Hälfte – sowohl über Kühe als auch über Stiere. Sechs Personen besassen nur Stiere, 34 nur Kühe. Überraschend ist die Grösse einzelner Stierbestände: 29 Besitzer – über ein Drittel aller Viehbesitzer – besassen mindestens vier Stiere, sie können also als Vollbauern mit einem ganzen Zug Vieh bezeichnet werden; 19 von ihnen hatten zwischen fünf und neun Stiere.[95] Zugtiere wurden neben der Landwirtschaft auch im Transportgewerbe und vermutlich bei Waldarbeiten eingesetzt.[96]

Das Verzeichnis weist nur drei Besitzer als Handwerker aus: Der Hutmacher Johannes Meyer verfügte über eine Kuh und einen Zug von vier Stieren, der Schlosser Heinrich Meyer über eine Kuh, der Papierer Hans Jacob Burger über zwei Kühe. Unter Beizug einer Güterbeschreibung[97] aus demselben Jahr lassen sich weitere Handwerker eruieren: Der Seiler Johannes Schuhmacher besass zwei Stiere und drei Kühe, der Weber Hans Burger zwei Kühe, der Schmied Joseph Schmidlin vier Stiere und zwei Kühe, der Säger Franz Fritschi zwei Kühe. Einige Handwerker aus der Güterbeschreibung können nicht eindeutig zugeordnet werden, da es verschiedene Personen desselben Namens gab. Die Angaben über Handwerker mit Viehbesitz sind zu disparat, um Aussagen machen zu können. Es lässt sich also nicht mit Sicherheit sagen, ob im Vergleich mit 1630 wirklich nur noch sehr wenige Handwerker Vieh hielten oder ob das Ergebnis quellenbedingt ist.

Festzuhalten bleibt, dass fast die Hälfte der städtischen Haushalte Vieh besass. Rund ein Viertel der Besitzer verfügte über ein Haupt Vieh, ein weiteres knappes Drittel über zwei bis drei Häupter. Im Vergleich zu 1630 überwogen die Besitzer kleiner Herden deutlich.

Zur Berufsstruktur um 1800

Die Bevölkerungsliste von 1797 stellt eine unter vielen in der französischen Zeit dar.[98] Wie frühere Zählungen erfasst sie den Haushalt als kleinste Einheit. Im

---

95 Zugvieh als Schichtungskriterium in der ländlichen Gesellschaft, vgl. Mattmüller 1980, S. 51f.
96 Dass Zugvieh auch für den Transport von Gütern eingesetzt wurde, lässt sich durch eine Quelle aus der Mitte des 18. Jahrhunderts belegen. Da der Transport des Salzes aus dem Reinacher Magazin in die Stadt Laufen grosse Kosten verursachte, wurde gefordert, dass das Salz in Zukunft von einem Ratsherrn, der über einen eigenen Zug verfügte, transportiert werde. So könne der Fuhrlohn gespart werden, AAEB, B 234/1, 16.12.1746, S. 109. (Autor ist wohl ein bischöflicher Beamte, ausgefertigt ist die «Relation über das Saltzwesen zu Lauffen» in Pruntrut; das Dokument ist nicht unterzeichnet.)
97 AAEB, B 228/51.
98 StadtBALaufen, Nr. 95, S. 5–27: «Bevölkerungsliste vom 8 ventos 5. Jahr» (26.2.1797). Eine Zählung aus dem folgenden Jahr befindet sich im selben Band: «Bevölkerungsliste der Gemeinde Laufen vom 23. Nivose im 6. Jahr» (12.1.1798), ebd., S. 101ff. Weitere Bevölkerungszählungen aus dieser Zeit wertet Schluchter (1987) aus.

Gegensatz zu den Erhebungen des Ancien Régimes ist sie ausführlicher und systematischer. Sie listet alle Haushaltsmitglieder über zwölf Jahren mit Namen und Alter auf, ausserdem nennt sie den Beruf der erwachsenen Männer. Bei sechs männlichen Haushaltsvorständen fehlt eine Berufsbezeichnung. Teilweise handelt es sich vermutlich um alte oder gebrechliche Männer, die nicht mehr arbeiten konnten. Bei Frauen, auch wenn sie einem Haushalt vorstanden, wurde kein Beruf genannt, mit der Ausnahme, der Wirtin Maria Fenninger, die in einem Haushalt von zwei Personen lebte.

Ich nehme an, dass die Berufsbezeichnungen auf Selbstdeklaration beruhten und den Haupterwerb des Haushaltsvorstandes darstellten. Ob dieser Erwerb einkommensmässig den grössten Anteil einbrachte, ist schwer zu sagen. In Anlehnung an Natalie Zemon Davis' Konzept der «work identity» handelt es sich bei den Handwerkern wohl um den gelernten Beruf, mit dem sie sich besonders identifizierten.[99] Bei den Berufen der Söhne zeigt sich, dass sie nicht durchwegs das väterliche Handwerk lernten. Waren mehrere Söhne vorhanden, lernte ein Sohn dasselbe Handwerk wie der Vater, ein weiterer oft ein anderes: So etwa in der Familie des Schuhmachers Johannes Burger, in der ein Sohn Leinenweber gelernt hatte oder in jener des Küfers Joseph Weber, in der einer Schlosser wurde. In beiden Haushalten war einer der Söhne abwesend, vielleicht, weil sie sich auf Wanderschaft befanden. In dieser Zählung wurden erstmals seit 1723 auch Bauern und Tagelöhner aufgeführt; auffallend – und typisch für die Zeit – ist auch die grosse Zahl an Amtsinhabern und Militärpersonen.

Die Bevölkerungszählung nennt auch all jene Laufner, die zum Zeitpunkt der Zählung abwesend waren. Kinder unter zwölf Jahren wurden lediglich zahlenmässig erfasst. Die Niederschrift der Erhebung stammt hauptsächlich von Agent Franz Bohrer. Am Ende der Liste stehen, wohl von anderer Hand, flüchtige Nachträge. Es handelt sich um 13 Einzelpersonen, die meist erst kurze Zeit in Laufen anwesend waren. Da unklar bleibt, ob diese Menschen zum Zeitpunkt der Zählung bereits in Laufen lebten und vom Agenten bei der Niederschrift zunächst vergessen oder ob sie später zuzogen und aus administrativen oder anderen Gründen in die Liste eingetragen wurden, habe ich sie in der Auswertung nicht berücksichtigt. Um die Vergleichbarkeit mit früheren Erhebungen zu gewährleisten, habe ich nur die Berufe der Haushaltsvorstände ausgezählt.

Über die Hälfte (52.8 Prozent) der Haushaltsvorstände übten ein Handwerk aus, 14 Prozent waren Bauern, sechs Prozent verdienten ihren Unterhalt als Taglöhner. 16 Prozent der Haushaltsvorstände hatten ein Amt inne, waren Militärpersonen, oder es wurde kein Beruf genannt. Unter den gemeindlichen Bediensteten fal-

99 Davis 1990.

len die vier Hirten besonders auf. Sie weisen darauf hin, dass in Laufen immer noch sehr viel Vieh gehalten wurde. Allerdings deuten zwei Viehzählungen aus den Jahren 1793 und 1794 darauf hin, dass der Viehbestand (in absoluten Zahlen) gegenüber der Mitte des Jahrhunderts leicht zurückgegangen war.[100] Elf Prozent waren weibliche Haushaltsvorstände. Sieben Haushalte beschäftigten Dienstpersonal. Unter den Haushaltsvorständen mit Gesinde befanden sich drei Bauern, zwei Müller, ein Wirt und ein Friedensrichter. In Laufen gab es sechs Knechte und fünf Mägde, das heisst, einige Haushalte beschäftigten sowohl einen Knecht als auch eine Magd, nämlich der Wirt, einer der Müller, einer der Bauern und der Friedensrichter. Im Haushalt des alleinstehenden Bauern Johannes Fritschi lebte eine Magd.

Vergleiche zwischen dieser recht systematischen Zählung und den früheren weniger vollständigen Erhebungen lassen sich nur beschränkt anstellen. Zahlenwerte können wir nicht direkt vergleichen, Tendenzen lassen sich jedoch herausarbeiten. Bauern – ich gehe davon aus, dass darunter Landwirte mit selbstversorgenden Betrieben zu verstehen sind – gab es Ende des 18. Jahrhunderts eher weniger als am Ende des 17. Jahrhunderts.[101] Vergleicht man bei den Handwerkern die genannten Berufe,[102] fällt auf, dass sich das Spektrum der belegten Handwerke seit dem frühen 17. Jahrhundert nur unwesentlich verändert hat. Auch am Ende des 18. Jahrhunderts – wie schon zu Beginn des 17. Jahrhunderts – überwiegen in Laufen die Bedarfsgewerbe. Erst in dieser Zählung wird deutlich, wie stark die zünftisch organisierten Handwerke der Branche Bekleidung, Textil, Schuhe besetzt waren.[103] Betrachtet man die Liste der Handwerke etwas genauer, fällt auf, dass traditionsreiche Berufe wie der Papierer,[104] aber auch der Metzger[105] sowie Angehörige medizi-

---

100 14.9.1793: Pferde: 14, Ochsen: 131, Kühe: 114, Kälber 36, Total: 295. 15.7.1794: Pferde: 5, Fohlen: 3, Ochsen 117, Kühe: 103, Kälber: 14, Färsen: 11, AAEB, MT 354.
101 1698 besassen 23 Prozent der 148 Haushalte über 4 ha Land. 1723 waren knapp 24 Prozent der Erwerbstätigen Bauern mit Zugvieh. 1797 werden 13 Prozent der Haushaltsvorstände als Bauern bezeichnet. Der Rückgang der selbstversorgenden Betriebe setzte wohl um die Mitte des 18. Jahrhunderts ein. Zur Zählung von 1723, vgl. Tabelle 4.
102 Vgl. Tabelle 5.
103 Zu den Auswirkungen, vgl. Kap. 3.
104 Die Rohstoffbeschaffung wurde im 18. Jahrhundert immer mehr zum Problem, weshalb der Bischof die Papiermühle 1754 schloss. Die Stilllegung der Laufner Mühle begünstigte den Betrieb in Bassecourt, der ebenfalls dem Bischof gehörte, Müller 1975b, S. 264–268 sowie Abplanalp 1971, S. 77–82. Das Gebäude wurde 1778 abgerissen, zuvor waren zwei Projekte zur Umnutzung des Gebäudes gescheitert, Müller 1975b, S. 267f.
105 Die Einsetzung des Metzgers und die Kontrolle seiner Tätigkeit gehörten zu den Kompetenzen des städtischen Rates. Gegen Ende des 18. Jahrhunderts bereitete die Vergabe des Metzgbankrechts dem Rat erhebliche Schwierigkeiten, da sich nur noch vereinzelt Bewerber zur Verfügung stellten. 1779 wurde die Metzg an den Therwiler Mathis Gschwind verliehen, da sich kein Laufner zur Übernahme bereit erklärt hatte. Die geringe Attraktivität des Metzgbankrechts war durch seine Belastung mit Abgaben, insbesondere der Akzise sowie Zunge und Unschlitt für den Vogt von Zwingen, begründet, die es zu einem Verlustgeschäft machten. Der Rat setzte sich mehrmals für die Reduktion der Gebühren ein, stiess beim Bischof

nischer Berufe[106] verschwinden, aber keine neuen Berufe fassbar werden. In der zweiten Hälfte des 18. Jahrhunderts waren verschiedene Projekte zur Ansiedelung neuer Industrien, meist bereits in der Anfangsphase, gescheitert.[107]

Frauenerwerbsarbeit in der Stadt

Die Frage nach der Frauenerwerbsarbeit in den Städten beschäftigt die Forschung schon seit längerem.[108] Karl Bücher, der sich bereits Ende des 19. Jahrhunderts mit diesem Thema auseinandersetzte, beeinflusste nachhaltig und über längere Zeit den Blick auf die Arbeit von Frauen in der städtischen Wirtschaft.[109] Für ihn war die Feststellung einer bedeutenden Zahl alleinsteuernder Frauen im spätmittelalterlichen Frankfurt Ausgangspunkt seiner Überlegungen. Geprägt durch Vorstellungen seiner Zeit glaubte er im «statistischen Missverhältnis [...] zwischen der Zahl der heiratsfähigen Frauen und Männer», einem Frauenüberschuss also, die «Wurzel» der Frauenerwerbsarbeit zu erkennen.[110] Frauenerwerbsarbeit war für ihn lediglich eine Notlösung für die nicht durch die Ehe «versorgten» ledigen oder verwitweten Frauen. Die Kritik an Bücher setzt an zwei Punkten ein: Erstens wird seine These, es habe in städtischen Gesellschaften generell einen Frauenüberschuss gegeben, in Zweifel gezogen. Wesoly konnte nachweisen, dass es neben den Städten mit Frauenüberschuss[111] auch solche mit einer grösseren Zahl von Männern als von

jedoch auf taube Ohren. 1790 übernahm der Ratsherr Franz Fenninger interimistisch die Metzg und bat gleichzeitig um Klärung der Fragen nach den geschuldeten Abgaben. Bliebe die Akzise auf derselben Höhe, werde sich niemand für das Amt finden. Der Bischof folgte einem Vorschlag Fenningers und legte die Abgaben von der Metzg, befristet auf ein Jahr, auf neun grosse Taler fest, StadtBALaufen, Nr. 9, 1784–1787, S. 335–365; AAEB, B 234/14, 1781–1790, S. 967–1061.

106 1723 gab es noch zwei Barbiere und zwei Wundärzte. Im Herbst 1770 bewarb sich der Chirurg Benedikt Jäggi aus Kriegstetten um das Recht, sich in Laufen niederlassen zu dürfen. Landschreiber Kern unterstützte das Begehren, da es im Oberamt keinen «Chirurgus» mehr gäbe und die Untertanen in drei bis vier Stunden Entfernung Hilfe holen müssten. Die Stadt stellte sich gegen die Aufnahme Jäggis. Sie fühlten sich durch den Barbier von Röschenz, Hans Adam Cueni, und durch den wohl schon alten Chirurgen Franz Fenninger genügend versorgt. Bei Bedarf konnten sie sich auch nach Basel oder Rheinfelden wenden. Im Laufe des Schriftverkehrs stellte sich heraus, dass vor allem Landschreiber Kern wegen seiner eigenen Krankheiten zur Aufnahme Jäggis gedrängt hatte. Der Bischof entschied dann auch, dass es Kern unbenommen sei, sich den Arzt «zu halten», solange er das Landschreiberamt bekleide. Die Gemeinden Laufen und Zwingen seien zur Duldung Jäggis aufzufordern, AAEB, B 234/3, 1770, S. 276–284; vgl. Kap. 9. Ob Jäggi sich in einer der Gemeinden niederliess, lässt sich nicht eruieren. Zu den Medizinern auf dem Land, vgl. die Studie von Brändli 1990 über die Zürcher Landschaft.

107 Vgl. Kap. 1 sowie unten.
108 Vgl. dazu Rippmann / Simon-Muscheid 1991.
109 Vgl. dazu Rippmann / Simon-Muscheid 1991; Rippmann 1995; Wunder 1991, S. 16.
110 Bücher 1910, S. 2 f.
111 Wesoly (1980, S. 74) nennt neun Beispiele vor allem von grösseren Städten im 14. bis 17. Jahrhundert; der Anteil weiblicher Steuerzahler betrug zwischen zwölf und 25 Prozent.

Frauen gab; Büchers These sei also zu relativieren.[112] Bücher erklärte den Frauenüberschuss durch die erhöhte Sterblichkeit der Männer durch Fehden, Bürgerkämpfe, aber auch durch die Pest sowie durch «die Unmässigkeit der Männer in jeder Art von Genuss».[113] Neuere Forschungen widersprechen dieser These und weisen darauf hin, dass Frauen im gebärfähigen Alter durch Schwangerschaft und Kindbett einem besonderen Sterberisiko ausgesetzt waren.[114] Schlüssel zum Verständnis des Frauenüberschusses in den Städten ist die Migration, insbesondere die durch Arbeitsmöglichkeiten bedingte Zuwanderung von Frauen in die Städte. Der Frauenüberschuss ist somit nicht Ursache der Frauenerwerbsarbeit, sondern vielmehr Folge der in der Stadt vorhandenen Erwerbsmöglichkeiten für Frauen.[115]

Der zweite Kritikpunkt setzt bei der durch das Ideal der bürgerlichen Familie geprägten Vorstellung an, dass verheiratete Frauen durch die Arbeit des männlichen Ernährers «versorgt» gewesen seien. Wie bereits einleitend gesagt, geht diese Annahme an der Lebensrealität der meisten Menschen im Spätmittelalter und der Frühen Neuzeit vorbei; sie erwirtschafteten zeitlebens gemeinsam, was zum Leben notwendig war.[116]

Im 17. Jahrhundert gab es in Laufen einen in etwa konstanten Anteil von Haushalten, denen Frauen vorstanden. Bis ins 18. Jahrhundert nahm er leicht, auf 15 Prozent, zu. Im späten 18. Jahrhundert lebten über zwei Drittel dieser Frauen alleine.[117] Fragt man danach, ob Laufen zu den Städten mit Frauenüberschuss gehörte, gibt die Volkszählung aus dem Jahr 1723[118] Auskunft: Tatsächlich lebten auch in Laufen mehr Frauen als Männer (460 Männer, 504 Frauen, sex ratio: 100:110).[119] Auffallend ist insbesondere das Überwiegen der Frauen in der Kategorie der Verwitweten: Vierzig Witwen standen sieben Witwer gegenüber. In diesen Zahlen spiegelt sich vermutlich vor allem die Tatsache, dass sich Witwer leichter wieder verheiraten konnten als Witwen.[120]

Dieser Frauenüberschuss ist jedoch sicher nicht durch eine Zuwanderung in grösserem Ausmass zu erklären: Wiederum anhand der Volkszählung von 1723 lässt

---

112 Vgl. Wesoly sowie zusammenfassend Mitterauer 1984, S. 14 ff.: Neben den Städten, in denen durch Zuwanderung von Mägden ein Frauenüberschuss entstand, gab es auch Städte mit mehr männlichen Dienstboten.
113 Bücher 1910, S. 8.
114 Wunder 1991, S. 16; vgl. auch Wesoly 1980.
115 Mitterauer 1984, S. 18.
116 Vgl. oben; Wunder 1992, S. 95 f.; Rippmann / Simon-Muscheid 1991, S. 64.
117 Vgl. oben.
118 AAEB, B 234/10.
119 Einzig bei den Bürgerkindern überwogen die Knaben. Darin spiegelt sich möglicherweise der für die Neuzeit generell festgestellte Knabenüberschuss bei der Geburt und in den frühen Kinderjahren, Wunder 1992, S. 36 f.
120 Pfister 1994, S. 29. Zur ökonomischen Bedeutung der Witwenschaft, vgl. Othenin-Girard 1994, S. 72.

sich nämlich belegen, dass nur ein kleiner Teil der städtischen Bevölkerung Nicht-Bürger waren. Von den 964 in Laufen Anwesenden waren nur 38 (also vier Prozent) Hintersassen, Einwohner oder Fremde.[121] Der Frauenüberschuss entstand möglicherweise, weil zahlreiche Männer die Stadt verliessen. Es scheint mir wahrscheinlich zu sein, dass Frauen zunächst versuchten, in Laufen selbst Arbeit zu finden, während Männer eher auswanderten. Einzelbeispiele für fortziehende Männer finden sich in den Quellen.[122] Aufschlussreich erscheint mir die Argumentation von Handwerkern im Zusammenhang mit den zu Beginn des 18. Jahrhunderts neu entstandenen Zünften. Die Handwerker begründeten ihren Wunsch nach einer zünftischen Organisation mit dem Argument, dass sie nur so auch in Nachbarterritorien Arbeit finden könnten. Ohne Zweifel spricht daraus die Notwendigkeit, einem Erwerb ausserhalb Laufens und des Laufentals nachzugehen.[123]

Aus der Literatur ist bekannt, dass Frauen sehr flexible Arbeitskräfte waren, jedoch geografisch weniger mobil.[124] Natalie Zemon Davis konnte am Beispiel der Stadt Lyon im 16. Jahrhundert nachweisen, dass Frauen ihre Fähigkeiten und Arbeitskraft den Stadien des Lebenszyklus, ihrer körperlichen Verfassung und den familiären Bedürfnissen anpassten. Sie blieben sesshaft, improvisierten und nahmen alles, was sie an Arbeit finden konnten, um den Bedürfnissen ihrer Familien – und im Fall der alleinlebenden Frauen ihrer eigenen – zu entsprechen. Männer verliessen aufgrund ihrer stärkeren Identifikation mit der gelernten Arbeit eher die Stadt, als anstelle ihrer angestammten Tätigkeit eine andere Arbeit anzunehmen.[125]

In Laufen lässt sich eine breite Palette weiblicher Erwerbsarbeiten fassen. Einer der frühesten Belege betrifft die Hebamme, die vom Rat gewählt und besoldet wurde. Zu Beginn des 17. Jahrhunderts war die Frau des Baders Hans Jacob Bantlin die städtische Hebamme. Sie erhielt von Meier und Rat vier Pfund Wartgeld, ausserdem zu Fronfasten ein Pfund und einen Sester Salz. Wurde sie von einer Frau ausserhalb von Stadt und Vorstadt gerufen, bezahlte diese fünf Schilling, in der Stadt oder der Vorstadt hatte die Hebamme drei Schilling zugut.[126] Dieses Paar ist ein Beispiel für die familienwirtschaftliche Arbeitsorganisation im städtischen Dienstleistungssektor. Beide Partner waren im medizinischen Bereich tätig; es ist anzunehmen, dass sie in der Badstube mit ihm zusammenarbeitete. Er wird ihr bei der Geburt jedoch

---

121 AAEB, B 234/10. Knapp über die Hälfte der Nicht-Bürger (21) waren Frauen. 1745 sind keine nicht-bürgerlichen Haushalte mehr in Laufen zu fassen. Vermutlich zogen sie aus Laufen fort, denn es gibt keine Hinweise auf Einbürgerungen (insbesondere im Bestand B 234/3 Hintersassen- und Bürgeraufnahmen), vgl. Kap. 1.
122 Vgl. Kap. 1.
123 Vgl. dazu Kap. 3.
124 Zur Mobilität von Frauen aus der Unterschicht, vgl. Valentinitsch 1996.
125 Davis 1990, S. 71f.; vgl. auch Wiesner 1996.
126 StadtBALaufen, Nr. 4, 8.12.1605, S. 6. Zu Massen und Gewichten sowie zu den Münzen, vgl. Anhang.

wohl kaum geholfen haben, da Männer von Geburten ausgeschlossen waren.[127] Ebenfalls im medizinischen Bereich, allerdings wohl mit bedeutend weniger Prestige als die Hebamme, war die Habitantin Anna Maria Bockhstall tätig, die sich vom Spinnen und «Kranken warten» (pflegen) ernährte.[128]

Die Arbeit von Frauen im Handwerk wird meist erst im Konfliktfall sichtbar. Nur eine Quellenstelle belegt die eingeschränkte Duldung der Arbeit von Frauen im Handwerk durch die Zunft. In der Strumpfstrickerwerkstatt war das Spinnen sowie die Beschäftigung der eigenen Frau und Tochter erlaubt.[129] Die selbständige Tätigkeit von Frauen im zünftischen Handwerk stiess jedoch auf Widerstand, wie das Beispiel von Maria Ursula Scherrer zeigt, die das Leinenweberhandwerk wohl von ihrem Vater gelernt hatte und nach dessen Tod weiterarbeitete.[130] Auch nicht zünftisch organisierte Handwerker[131] wehrten sich gegen die Konkurrenz von Frauen. 1763 beklagten sich die Laufner Bäcker Johannes Weber, Franz Fritschi und Heinrich Wully beim Bischof über die Fremden, die in der Stadt Brot verkauften. Die Wirte würden das Brot für ihre Gäste meist bei ihnen beziehen. Deshalb fürchteten sie um ihr Auskommen, müssten sie doch den Backzins entrichten. Im Vorjahr hätten sie einen Brief erhalten, in dem festgehalten sei, dass Fremde nur an Jahr- und Wochenmärkten Brot verkaufen dürften. Gleichzeitig beschweren sie sich über die Witwe Elisabeth Weber, die ebenfalls Brot verkaufte. Sie müsse zwar den Backzins bezahlen, habe jedoch im Gegensatz zu ihnen keinen Rappen für ihre Ausbildung ausgegeben. Ausserdem sei sie nicht auf den Brotverkauf angewiesen, da sie anderweitig ihr Auskommen finde.[132] Was sie selbst zu dieser Behauptung sagte, ist nicht überliefert. In seinem Begleitschreiben zur Supplikation der Bäcker verwies Landschreiber Kern auf den Entscheid des Vorjahres, wonach Fremde an Jahr- und Wochenmärkten zugelassen seien. Auch Elisabeth Weber sei der Verkauf von Brot an Märkten gestattet, als Untertanin könne man sie ja nicht schlechter stellen als die Fremden.[133]

Im zünftigen Handwerk hatten Witwen von Handwerkern das Recht, das Handwerk ihres Mannes weiterzuführen, allerdings grundsätzlich nur als Statthalterinnen für ihre Söhne. Als Mitglied der Zunft konnten sie ihre Söhne als Gesellen beschäftigen. Diese Regelung führte jedoch zu Spannungen, wenn die Zunft den

---

127 van Dülmen 1990, S. 82.
128 AAEB, B 234/3, 11.6.1745, S. 63. Habitanten waren niedergelassene Landesfremde, Schluchter 1987, S. 635.
129 Art. 17 der Strumpfstricker- und Wollweberzunftordnung, vgl. Kap. 3.
130 AAEB, B 209/2, 17.6.1777, S. 333f., ausführlich vgl. Kap. 3.
131 Die Bäcker konstituierten sich erst 1791 zünftisch, vgl. Kap. 3.
132 AAEB, B 234/13, 2.11.1763, S. 277–279. Die Supplikation des Vorjahres: StadtBALaufen, Nr. 18, 8.5.1762, S. 51.
133 AAEB, B 234/13, 8.11.1763, S. 281–285. Der bischöfliche Entscheid ist nicht überliefert.

Eindruck gewann, die Söhne würden sich, wie im Fall von Joseph und Franz Burger, vor der Aufnahme in die Meisterschaft drücken. Der Zwingener Landvogt regelte den Konflikt durch einen Kompromiss, der den beiden Schuhmachern erlaubte, noch drei Jahre bei ihrer Mutter zu arbeiten, bevor sie sich in die Zunft einkaufen mussten.[134] Die Weiterführung eines Betriebs war für verwitwete Frauen nicht in jedem Fall möglich. Die Witwe des Schuhmachermeisters Joseph Müller konnte es sich nicht leisten, einen Gesellen oder Zunftmeister zu bezahlen, der den Lehrling ihres verstorbenen Mannes fertig ausbildete. Aus Mitleid mit der Witwe, wie es in der Quelle heisst, wurde der Knabe einem Nenzlinger Zunftmeister zur Ausbildung übergeben.[135]

Auch in Ehaften[136] konnten Frauen den Betrieb führen. 1657 wurde die Wirtin Catharina Gsellin, die Frau des verstorbenen Meiers Simon Übel, vor Gericht geladen, weil sie wider das Verbot, Spielleute im Wirtshaus aufspielen zu lassen, verstossen habe. Sie verteidigte sich erfolgreich gegen den Vorwurf. In ihrer Version klang der Vorfall wie ein abgekartetes Spiel: Sie habe keinerlei Chance gehabt, den Spielmann aus dem Haus zu weisen, denn schon sei ein städtischer Rat als Aufsichtsperson in der Wirtsstube gestanden.[137] In der Volkszählung von 1797 wurde nur bei einer Frau ein Beruf genannt, nämlich bei der Wirtin Maria Fenninger.[138]

Mädchen konnten, wie das Beispiel von Maria Ursula Scherrer zeigt, ein Handwerk lernen. Von der Zunft formal anerkannt wurde die Lehre allerdings nicht. Es ist anzunehmen, dass Töchter von ihren Vätern angelernt wurden. Über die ausserhäusliche Berufsausbildung von Mädchen in Laufen ist kaum etwas bekannt. Natalie Zemon Davis hat für Lyon im 16. Jahrhundert nachgewiesen, dass Mädchen, die eine förmliche Ausbildung erhielten, oft keine Mutter mehr hatten.[139] Auch für Laufen findet sich ein Einzelfall, der diesen Zusammenhang zumindest vermuten lässt, da über die Herkunft des Mädchens in der Quelle nichts gesagt wird. Im Auftrag des Bischofs klärte der Landvogt zwei Ausbildungsplätze für Anna Maria Hof ab. Als Lehrmeisterinnen erboten sich eine Frau aus Bassecourt, die Schwester der welschen Krämerin von Laufen, und Magdalena Halbeisen von Zwingen an. Die Wahl fiel auf die zweite Bewerberin, die das Mädchen nicht nur ein,

---

134 AAEB, B 209/2, 10.12.1764, S. 323–325, ausführlich vgl. Kap. 3.
135 StadtBALaufen, Nr. 6, o. D. (18. Jh.), S. 273.
136 Ehaften sind obrigkeitlich konzessionierte Betriebe wie Mühlen, Tavernen, Bäckereien, Metzgereien, Schmieden sowie Gewerbe, die die Wasserkraft nutzten. Sie genossen einen besonderen Konkurrenzschutz. Neue Ehaften wurden nur bewilligt, wenn niemand durch einen weiteren Betrieb Schaden erlitt. Zu Auseinandersetzungen um den Konkurrenzschutz, vgl. beispielsweise die jahrelangen Streitigkeiten zwischen dem Bürner und dem Orismüller, Fridrich 1994, S. 75 ff.
137 AAEB, B 234/1, 12.9.1657, S. 361.
138 StadtBALaufen, Nr. 95, 26.2.1797, S. 5–27.
139 Davis 1990, S. 47.

sondern zwei Jahre lang als Näherin auszubilden bereit war. Der Vogt war überzeugt, «dass dieses Kind in zwey Jahren sicher mehreres erlernen werde, als nur in einem», ausserdem sollte das Mädchen in der Nähe bleiben, weil Chirurgus Cueni die Heilung ihrer Wunden in Aussicht gestellt hatte.[140] Diese Quelle wirft auch ein interessantes Licht auf die Herstellung von Beziehungen und den Austausch von Informationen über recht weite Distanzen. Es darf angenommen werden, dass Händlerinnen eine wichtige Funktion beim Austausch von Neuigkeiten und bei der Herstellung von Kontakten zukam.

Frauen waren als Händlerinnen auf dem Markt tätig. Die Brotverkäuferin Elisabeth Weber wurde bereits erwähnt. Vermutlich verkauften Laufnerinnen auch Produkte aus der Landwirtschaft wie Gemüse, Eier und Butter.[141] 1791 wurde der Witwe Maria Imhof auf dem Markt ein Platz «unten am Rathaus auf d. blatz bis zum Löwen» zugewiesen.[142] Womit sie handelte, lässt sich der Liste nicht entnehmen. Weitere Händlerinnen stammten aus Basel und aus Pruntrut.

Belegt ist auch die Arbeit von Frauen in der Landwirtschaft. Sie betreuten nicht nur den Garten und das Kleinvieh, sondern hatten auch auf dem Feld zu tun. Im Zusammenhang mit einem Brand sagte Agnes Müllerin aus der Vorstadt aus, sie sei, nachdem sie Hemden gewaschen hatte, aufs Hinterfeld gefahren. Dort habe sie die «Stumflen Rueben»[143] mit Wasser bespritzt.[144]

Arbeitsmöglichkeiten für Mägde gab es in Laufen sowohl in gewerblichen (beim Wirt, beim Müller und beim Säger) und als auch in landwirtschaftlichen Haushalten,[145] allerdings nur in sehr beschränktem Ausmass.[146] Nicht belegt sind die Taglohnarbeit in der Landwirtschaft oder im häuslichen Bereich – etwa beim Wäschewaschen – und die Heimarbeit zum Beispiel in der Seidenbandweberei.

Laufen – eine Ackerbürgerstadt

Laufen gehört somit nicht nur als Kleinstadt, sondern auch aufgrund ihrer Wirtschaftsstruktur zu der verbreitetsten Form städtischen Lebens: Laufen war eine Ackerbürgerstadt.[147] Neben dem Handwerk, in dem Bedarfshandwerker dominier-

---

140 AAEB, B 234/1, 3.8.1787, S. 865 und ebd., 17.8.1787, S. 871.
141 Vgl. dazu Schnegg 1988, S. 25; Schnegg 1990, S. 624.
142 StadtBALaufen Nr. 18, 25.1.1791, S. 247f.
143 Wohl: Stuffelrüben = Halm-Rab: Stoppelrüben, weisse Rüben, die man auf den Getreideacker sät, nachdem die Stoppeln nur leicht mit der Haue oder Egge umgebrochen worden sind, Id. 6, Sp. 21.
144 AAEB, B 234/1, 11.9.1781, S. 745 und S. 747.
145 StadtBALaufen, Nr. 11, 1698, S. 90–95; StadtBALaufen, Nr. 95, 1797, S. 5–27.
146 Vgl. oben.
147 Zum Typus der Ackerbürgerstadt, vgl. Jecht 1926; Gerteis 1986, S. 29; zu seiner weiten Verbreitung in der Frühen Neuzeit, vgl. Gerteis 1986, S. 127ff.; zur Herkunft des Begriffs, vgl. Isenmann 1988, S. 268.

ten, kam der Landwirtschaft eine zentrale Bedeutung in der städtischen Wirtschaft zu. Im späten 17. Jahrhundert betrieben etwa zwei Drittel der städtischen Haushalte Ackerbau. Während zu Beginn des 17. Jahrhunderts noch über die Hälfte (51.4 Prozent) Grossvieh besass, war es in der Mitte des 18. Jahrhunderts noch knapp weniger als die Hälfte (49.4 Prozent). Gab es 1630 vereinzelt sehr grosse Herden von bis zu 22 Häuptern, umfasste 1753 die grösste Herde 12 Rinder. Bis zum Ende des 18. Jahrhunderts scheint der Viehbestand in absoluten Zahlen zurückgegangen zu sein. Nur eine Minderheit der Laufner konnte von der Landwirtschaft allein leben. 23 Prozent der städtischen Haushalte besassen am Ende des 17. Jahrhunderts über vier Hektaren Land, was im Durchschnitt zur Versorgung ausreichte. Bis zum Ende des 18. Jahrhunderts ging der Anteil der selbstversorgenden Betriebe vermutlich zurück, denn nur noch 14 Prozent der Haushaltsvorstände bezeichneten sich als Bauern. Rund drei Viertel der städtischen Haushalte war am Ende des 17. Jahrhunderts ganz oder teilweise auf Erwerb ausserhalb der Landwirtschaft angewiesen.

Rund die Hälfte der Laufner Haushaltsvorstände waren in der Frühen Neuzeit Handwerker. Ein Teil von ihnen betrieb als Nebenerwerb Landwirtschaft; 1630 besassen vierzig Prozent der Handwerker Vieh. Das Spektrum der belegten Handwerke veränderte sich in den knapp zweihundert Jahren nur unwesentlich; am Ende des 18. Jahrhunderts zeigt sich jedoch überaus deutlich, dass die zünftisch organisierten Handwerke der Branchen Bekleidung, Textil, Schuhe sehr stark besetzt waren. Zahlreich waren auch die Bedarfshandwerker der Bau- und Ausrüstungsbranche. Händler mit dem Vermögen von Kaufleuten gab es in Laufen meines Wissens nicht. Ein grosser, quantitativ jedoch nicht festzumachender Teil der städtischen Bevölkerung lebte von einem Mischerwerb.[148] In Laufen ist die Kombination von Handwerk und Landwirtschaft sowie die Ausübung von Ämtern zusätzlich zum Handwerk oder der Landwirtschaft nachweisbar. Die Fischerei und die Flösserei[149] boten saisonale Nebenerwerbsmöglichkeiten für Männer. Genaueres – etwa darüber, wie viele Menschen sich nebenbei als Flösser betätigten und wie viel sie bei dieser zuweilen gefährlichen Tätigkeit verdienen konnten – ist jedoch nicht be-

---

148 Zum Mischerwerb, vgl. Wunder 1992, S.107f., 111f.; zur Bedeutung der Nebenerwerbslandwirtschaft, vgl. Hoffmann 1997, S. 269–274; zum Mischerwerb bei Handwerkern, vgl. Reininghaus 2000, S.11f.
149 Die Bedeutung der Flösserei ging seit dem 17. Jahrhundert merklich zurück. Ein Scheiben an den Bischof hielt 1732 fest, dass die Holzflösserei nicht «mehr so im Schwang» sei, AAEB, B 293/7, 9.2.1732, Nr. 34. Wenige Jahre früher war sogar davon die Rede, dass seit mehr als hundert Jahren und seit die bischöflichen Eisenschmieden in Betrieb waren, kein Holz mehr nach Basel geflösst worden sei, AAEB, B 142/2, 23.12.1732, S. 1f. Der Bischof nahm durch die Produktion von Eisen, die grosse Mengen Holz verschlang, offenbar mehr ein, als durch den Zoll auf das geflösste Holz. Im 18. Jahrhundert gingen die Einnahmen aus dem Zoll zurück, weil weniger geflösst wurde, AAEB, B 293/7, 17.1.1764, 2. Konvolut, Nr. 43.

kannt.[150] Inwiefern sich das Ergebnis, dass knapp ein Viertel der Haushalte von der Landwirtschaft, etwa die Hälfte vom Handwerk,[151] teilweise in Verbindung mit einer Nebenerwerbslandwirtschaft, und ein weiteres Viertel von nicht im einzelnen fassbaren Kombinationen verschiedener Tätigkeiten, darunter teilweise vom Taglohn, oder vom Almosen[152] lebten, verallgemeinern lässt, müssen weitere Untersuchungen von Kleinstädten zeigen.

Wird die Laufner Bevölkerung aufgrund des Grundbesitzes in Schichten eingeteilt, gehörten am Ende des 17. Jahrhunderts rund zehn Prozent der Oberschicht, 13 Prozent der Mittelschicht und 77 Prozent der Unterschicht an. In der Mitte des 18. Jahrhunderts lassen sich 18 Prozent der Viehbesitzer mit einem ganzen Zug von mindestens vier Stieren der Oberschicht zuordnen. Ich halte es für wenig wahrscheinlich, dass die Zahl der Oberschichtshaushalte tatsächlich in diesem Ausmass zugenommen hat. Vielmehr belegt dieses Beispiel die Problematik des Vergleichs isolierter Zahlenwerte. Inwiefern das Ergebnis, dass der überwiegende Teil der Laufner Haushalte der Unterschicht zuzurechnen ist, durch den Umstand, dass Handwerksbetriebe, die teilweise erhebliche Vermögenswerte darstellten, quellenbedingt nicht berücksichtigt werden konnten, verzerrt ist, lässt sich nicht im Detail sagen. Ich halte es jedoch für wahrscheinlich, dass die Mittelschicht in Wirklichkeit grösser war. Am Resultat, dass wohl mehr als die Hälfte der Laufner Haushalte der Unterschicht angehörte, ändert dies allerdings nichts.[153]

Laufen präsentiert sich als eher armes Städtchen, dessen Wirtschaft in den traditionellen Bahnen verhaftet blieb. Nennenswerte Industriebetriebe entwickelten sich in der zweiten Hälfte des 18. Jahrhunderts nicht. 1762 verweigerte der Bischof einer Indienne-Druckerei die Erlaubnis.[154] 1772/73 scheiterte der Versuch eines aus-

150 Umfangreiche Akten über die Flösserei finden sich in den Beständen AAEB, B 142/1–3 «Birs, der Fluss» sowie B 293 «Zoll». Vgl. dort auch zu den Auseinandersetzungen um den Zustand der Flösserkanäle, über die Nutzung der Birs als Wasserkraftlieferantin, Wasserstrasse und Fischgrund zwischen dem Bistum und den Ständen Basel und Solothurn. Exemplarisch lässt sich die Wichtigkeit der Birs am Konflikt um die Dornachbrugger Mühle zeigen, die seit 1593 als Hindernis unter anderem für die Flösserei empfunden wurde. Deutlich wird in den Akten die grosse Bedeutung der fürstbischöflichen Wälder für die Holzversorgung der Stadt Basel, ausserdem, welche Rolle Holzverkäufe für das Münster-, Delsberger- und Laufental gespielt haben müssen, vgl. Fridrich 2001, Bd. 6, S. 199. Welche Rolle Laufen als Umschlagplatz und Zollstätte spielte, lässt sich nur schwer abschätzen.
151 Keller (2000, S. 66) kommt für Kursachsen zum Ergebnis, dass der Anteil der Handwerkerhaushalte in Kleinstädten je nach Städtetyp sehr unterschiedlich ausfällt. Während am Ende des 17. Jahrhunderts im Schnitt 52 Prozent der Haushaltsvorstände Handwerker waren, waren es in Bergstädten nur 30, in Ackerbürgerstädten 43.2 und in Exportgewerbestädten 73.7 Prozent.
152 Zur Armut, vgl. Hippel 1995. 1723 lebten fast ein Viertel der Laufner vom Almosen, vgl. oben.
153 Zu einem ähnlichen Ergebnis kommt Mugglin, 1982, S. 73; vgl. auch Mattmüller 1980, S. 52; Mattmüller 1989, S. 82; Schnyder 1992, S. 153.
154 Abplanalp 1971, S. 70.

ländischen Privatunternehmers, in den Gebäuden der ehemaligen Papiermühle eine Blechwarenfabrik zur Herstellung von Küchengeräten einzurichten, an der Finanzierung, worauf der Bischof die Bewilligung widerrief.[155] Die 1787 von den Solothurner Unternehmern Stephan Gressly und Xaver Keller gegründete Glasmanufaktur erlebte erst im frühen 19. Jahrhundert eine kurze Blüte. Gegen die Errichtung der Glashütte hatte die Stadt Widerstand geleistet. In Auseinandersetzungen, die sich zwischen 1785 und 1788 hinzogen, forderte die Gemeinde wegen des Holzbedarfs[156] Schadloshaltung. Im Frühjahr 1788 einigten sich die Laufner mit den beiden Fabrikanten, worauf der Betrieb für zwanzig Jahre bewilligt wurde.[157] Die Glashütte wurde um 1850 aufgegeben. Einzig die Steinhauerei in den Gruben ausserhalb Laufens scheint relativ ergiebig gewesen zu sein. Die Steine waren ein Exportartikel von regionaler Bedeutung.[158]

Dreizelgenwirtschaft

Das Laufner Stadtbild war (und ist) stark landwirtschaftlich geprägt. Innerhalb der Stadtmauern lagen neben den Wohnhäusern die Gärten und Ställe für das zahlreiche Vieh. Misthaufen[159] und «Baugruben» (Jauchegrube)[160] gab es nicht nur in der Vorstadt, sondern auch in der Stadt. Die Flur, die Städter und Vorstädter gemeinsam im System der Dreizelgenwirtschaft bebauten,[161] lag ausserhalb der Stadtmauern.[162] Die Stadt war in die ländliche Umgebung eingebettet. An die Stadtmauer schloss ein Teil der Matten fast unmittelbar an; weitere grössere Mattenparzellen lagen an der Birs. Vor der Stadt befanden sich die Reben. Die Ackerzelgen, Zelg auf Bromberg, Zelg auf Röschenzer Feld und Kundmatt, umgaben die Stadt wie ein äus-

---

155 Abplanalp 1971, S. 102.
156 Vgl. StadtBALaufen, Nr. 6, 1788, S. 357.
157 StadtBALaufen, Nr. 66, fol. 83–97. Das Holz für die Produktion stammte aus dem solothurnischen Guldental, wo die beiden Unternehmer bereits eine Glashütte betrieben. Eine weitere Produktionsstätte stand im Bogental, Abplanalp 1971, S. 105 sowie Müller 1975b, S. 268.
158 AAEB, B 234/14, 1779–1790, S. 811–833.
159 Der Schuhmacher Michael Gerster sagte im Zusammenhang mit einem Brand aus, dass er vor dem Haus Mist lud, AAEB, B 234/1, 9.11.1781, S. 745.
160 StadtBALaufen, Nr. 6, 2. Hälfte 18. Jahrhundert, S. 305: «Von wegen Streitsach in der hinteren Gassen wegen dem Platz dann s.v. Bauwgruben ist aus befehl» des Herrn Stadtmeiers die Baumeister auf den Platz geschickt worden, um eine Teilung vorzunehmen. Es wird erkannt, dass Franz Meyer seinen Bau bis auf weiteres neben der Baugrube des Spitals aufstellen könne.
161 Zum System der Dreizelgenwirtschaft, vgl. Schnyder 2001, Bd. 3, S. 9–32.
162 Im Jahr 1700 umfasste die Flur 276.1 ha Acker und 125.1 ha Matten. Bis 1744 nahm die Fläche – wohl auf Kosten des Waldes – um 55.1 ha Acker und Matten zu, AAEB, B 229/5, 1744. Gallusser (1961, S. 126) gelangt aufgrund planimetrischer Umrechnungen anhand des Brunner-Plans für das Jahr 1771 auf eine Ackerfläche von total 313 ha, verteilt auf die Kundmattzelg (92 ha), Zelg auf Saal (95 ha), Röschenzer Feld (126 ha). Das Ackerland wurde also nochmals ausgedehnt. Zur Entstehung der Brunner-Plänen, vgl. Gallusser 1961, S. 119 ff.

serer Kreis. Südlich der Stadt, bereits in einiger Entfernung, fand sich die Allmend mit den Wäldern.[163]

Die Laufner besassen bereits im 17. Jahrhundert einen Schlüssel zur ertragreichen Getreideproduktion. Sie hielten relativ viel Vieh, dessen Dünger auf der Flur ausgebracht werden konnte. Der Mangel an Dünger, bedingt durch ein Verhältnis von weniger als einer Einheit Matten auf drei Einheiten Acker,[164] verhinderte im System der Dreizelgenwirtschaft substantielle Ertragssteigerung. Aufgrund der grossen städtischen Herde erstaunt es nicht, dass Laufen einen hohen Grünlandanteil aufwies. Die Stadt verfügte 1698 über ein Verhältnis von knapp zwei Dritteln Acker zu einem Drittel Matten. Auf der Ebene der Einzelbetriebe hatten rund zwei Drittel der Besitzer einen Grünlandanteil von mindestens einem Viertel, recht oft wurde er deutlich überschritten.[165] Ob sich der hohe Viehbestand tatsächlich günstig auf die Produktivität des Getreidebaus auswirkte, ist nicht bekannt.

Das kollektive System der Dreizelgenwirtschaft, später der verbesserten Dreizelgenwirtschaft, herrschte im Laufental noch in der ersten Hälfte des 19. Jahrhunderts vor. Die Veränderungen in der Landwirtschaft gingen im Laufental deutlich langsamer vor sich als im benachbarten Baselbiet.[166] Nur wenige schriftliche Zeugnisse geben über den zaghaften Wandel im letzten Viertel des 18. Jahrhunderts Auskunft, lassen jedoch vermuten, dass agrarmodernisierende Reformansätze, der Anbau von Kartoffeln und Kleearten sowie die Sommerstallfütterung[167] in Laufen bekannt waren. 1778 beschloss die Gemeindeversammlung, die Matten während dreier Jahre probeweise nicht zu weiden.[168] Möglicherweise beabsichtigten die Laufner, das Gras zu schneiden und dem Vieh im Stall zu verfüttern, wie es die Agrarreformer vorschlugen. Dieses Vorgehen brachte im doppelten Sinn mehr Ertrag, weil die Tiere das Gras beim Weiden nicht niedertrampelten und weil der Dünger im Stall gesammelt und gezielt zur Ertragssteigerung auf den Äckern ausgebracht werden konnte. Im folgenden Jahr entschied sich die Gemeindeversammlung dafür, die Matten nur kurz, während der Aussaat auf dem Haupt(Winter-)feld, zu öffnen, damit die Herde die Matten nicht völlig abweidete. Sobald die Saat beendet sei, sollten die Matten wieder geschlossen werden, um sie vor der Ausmärgelung zu schützen.[169] 1790 äusserten einige Bürger den Wunsch, auf dem Röschenzer Feld Lewat (Raps) zu pflanzen, weil sie meinten, daraus einen grösseren Nutzen ziehen

---

163 Beschreibung anhand des Brunner-Planes von Laufen, StABE, AA IV Nr. 523.
164 Mattmüller 1980, S. 51; Landolt 1996, S. 51.
165 StadtBALaufen, Nr. 20, S. 78–88.
166 Epple/Schnyder 1996, S. 38.
167 Zur Agrarmodernisierung und ihren positiven Rückkoppelungs- und Wachstumseffekten, vgl. Pfister 1984, Bd. 2, S. 106–116.
168 StadtBALaufen, Nr. 42, 24.9.1778, S. 181.
169 StadtBALaufen, Nr. 42, 29.9.1779, S. 188v.

zu können. Die Pflanzung wäre auf Kosten der Viehweide auf der Brache gegangen. In der Abstimmung unterlagen die Neuerungswilligen knapp.[170] 1792 beschlossen die Laufner, beidseits von «Saal» Kartoffeln anzupflanzen.[171]

Die zentrale Rolle, die die Landwirtschaft in der städtischen Wirtschaft spielte, prägte auch die Mentalität der Stadtbürger. Als 1735 eine Viehseuche die ökonomische Existenzgrundlage schwerwiegend gefährdete – die verendeten Kühe und Stiere stellten nicht nur beträchtliche Vermögenswerte dar, sondern waren als Zugtiere auch wichtige Produktionsmittel – suchten die Städter zunächst die Hilfe eines Vieharztes.[172] Als seine Arznei die Seuche nicht zum Stillstand bringen konnte, wandten sie sich mit «gebett und andacht zu Gott» und wählten den Heiligen Fridolin, der als Heiliger für den Schutz des Viehs zuständig war, als Stadtpatron.[173] Die Segnung der Weiden überliessen sie nicht ihrem Pfarrer, sondern sie beriefen den Dekan und seine Helfer zu sich.[174] In den Massnahmen, die die Bürger zur Bekämpfung der Viehseuche ergriffen, lassen sich Verbindungen zwischen rational-wissenschaftlichen, kirchlich-religiösen und magischen[175] Praktiken erkennen. Wie wichtig ihnen der Schutz ihres Viehs war, zeigt sich darin, dass sie die Krise nicht durch kurzfristig wirkende Mittel, sondern durch eine ewige Verpflichtung, die Annahme eines «ländlichen» Heiligen als Stadtpatron, zu bewältigen suchten. Aus diesem Versprechen für die Zukunft spricht sicher auch die Erfahrung, dass Viehseuchen wiederkehrende Katastrophen waren.[176]

---

170 StadtBALaufen, Nr. 42, 5.9.1790, S. 263.
171 StadtBALaufen, Nr. 42, 30.1.1792, S. 265v. Möglicherweise wurden Kartoffeln bereits seit einiger Zeit angepflanzt, da 1773 vom Kartoffelzehnt die Rede ist, AAEB, B 234/14, 28.9.1773, S. 429.
172 StadtBALaufen, Nr. 37, 2.9.1735, S. 21.
173 StadtBALaufen, Nr. 4, 24.2.1736, S. 40f.
174 StadtBALaufen, Nr. 37, 1735, S. 26–29.
175 Vgl. besonders die Befragung der Bürger nach den von ihnen verwendeten Mitteln, StadtBALaufen, Nr. 42, 18.10.1735, S. 3–5v.
176 Ausführlich vgl. Fridrich 2001, Bd. 4, S. 197–200. Zu magisch-religiösen Strategien bei der Bekämpfung von Viehseuchen, vgl. Kurmann 1992; Sabean 1986, S. 203–229.

3. STÄDTISCHES HANDWERK – ZÜNFTE AUF DEM LAND

Die nachmittelalterlichen Zünfte waren lange Zeit kein Forschungsthema, wurden sie doch als erstarrte Gebilde apostrophiert, die sich im Niedergang befanden.[1] Erst die Sozial- und Wirtschaftsgeschichte seit etwa 1960 gab neue Impulse und führte zu einer veränderten Optik. Anstelle der Zunftgeschichte wurde eine Handwerksgeschichte angestrebt, die sich interdisziplinärer Ansätze bediente. Noch jünger als die frühneuzeitliche Handwerksgeschichte ist die Beschäftigung mit den Landhandwerkern im Allgemeinen und den Landzünften im Besonderen.[2] Als Landzünfte bezeichnet Dubler «behördlich anerkannte körperschaftliche Organisationen von Handwerkern in Dörfern und Marktflecken,

1 Reininghaus 1990, S. 49. Zu den Hintergründen dieser Wertung und zu deren Überwindung, vgl. ebd., S. 49 ff. Vgl. auch sein Plädoyer für die Erforschung der frühneuzeitlichen Zunft, ebd., S. 61 ff. Vgl. auch Einleitung.
2 Reininghaus 1990, S. 64. Zum handwerksgeschichtlichen Forschungsstand in der Deutschschweiz, vgl. Dubler 1993; Simon-Muscheid 1993. Noch wenig erforscht sind die solothurnischen Landzünfte. Die vor allem zunftgeschichtlich orientierte Arbeit von Appenzeller (1932) ist durch die Optik der Stadthandwerker geprägt. Aufgrund der geografischen Nachbarschaft, der nachweislichen Kontakte und der chronologischen Parallelität würden sich die Zünfte der Birsvogteien besonders gut als Vergleichsbeispiele mit Laufen eignen.

die sich an die beruflich-handwerkliche Tradition, an Normen von Standesehre und berufsständischer Ordnung und an den grenzüberschreitenden Kontakt mit ähnlichen Organisationen gemäss den Zielsetzungen der internationalen Zunftbewegung hielten, ohne aber irgendwelche politische Ambitionen».[3] Der Ausschluss von der politischen Macht ist nicht nur für die ländlichen, sondern auch für die erst in der Frühen Neuzeit gegründeten städtischen Zünfte typisch.[4] Ebenfalls erst am Anfang steht die Erforschung des kleinstädtischen Handwerks und seiner Zünfte.[5]

Der Vorstellung einer Erstarrung des Handwerks in überholten ökonomischen Strukturen und Denkmodellen widerspricht Hans Medick in seiner Habilitationsschrift. Er geht der Politik einer Landzunft nach, die allerdings, da sie nicht primär für den lokalen Bedarf produzierte, bereits stark protoindustriell geprägt war, und verfolgt dabei weniger die Organisationsgeschichte der Laichinger Leinenweber als ihr ökonomisches Handeln. Die Leinenweberei in Laichingen bezeichnet er als einen «normalen Ausnahmefall»: «Während es für das ländlich-hausindustrielle Gewerbe in Zentraleuropa weitgehend als ‹typisch› gilt, dass seine Expansion vor dem 19. Jahrhundert sich im wettbewerbsgünstigen zunftfreien Raum ausserhalb der Städte entfaltet, so entsprachen die Laichinger Verhältnisse nicht diesem ‹Normalfall›. Das Leinengewerbe des Laichinger Fleckens zog seine langfristigen Überlebenschancen vielmehr daraus, dass es als Zunfthandwerk betrieben wurde und seine Absatzvorteile auf überregionalen Märkten gerade seinem Festhalten an den Massstäben handwerklicher Qualitätsproduktion verdankte. ‹Freyer Handel für die Zunft›, das war die auf den ersten Blick paradoxe, aber in Württemberg der Frühen Neuzeit ökonomisch und politisch durchaus begründete Forderung, mit der die städtischen und, entschiedener noch, die ländlichen Weber ihre Interessen gegen das Handelskapital der Grosskaufleute und die mit ihnen verbündeten staatlichen Instanzen anmeldeten».[6]

Im deutschen Sprachraum gilt das Landhandwerk im Gebiet der Alten Eidgenossenschaft als am besten erforscht. Reininghaus führt die Arbeiten von Dubler über das Luzerner Landgebiet sowie von Meier über das Zürcher Unterland an, ausserdem die ortsgeschichtlichen Arbeiten von Dubler und Siegrist über den Aargau, die eine beachtliche Dichte von ländlichen Handwerken in der Frühen Neuzeit zu Tage gefördert haben.[7] Die Dissertation von Thomas Meier über das Zürcher

---

3 Dubler 1982, S. 184. Zu den verschiedenen Bezeichnungen für die Organisationen von Handwerkern, vgl. Dubler 1992, S. 1043. In Laufen ist von Anfang an von «Zunft» die Rede, AAEB, B 209/2, 8.5.1601, S. 5–7.
4 Reininghaus 1990, S. 62.
5 Keller 2000; vgl. auch Reininghaus 2000; Kaufhold 2000.
6 Medick 1996, S. 35, vgl. auch besonders Kap. 1.2.
7 Reininghaus 1990, S. 65.

Unterland beschäftigt sich nicht nur mit dem Handwerk im engeren Sinne, sondern versucht eine «möglichst vollständige Erfassung des nicht-agrarischen Elements». Er unterscheidet vier Gruppen von Professionisten: erstens die traditionellen ländlichen Spezialisten in Handwerk und Gewerbe beziehungsweise im öffentlich-dörflichen Dienst; zweitens Gewerbe unterschiedlich verdichteten Charakters mit überregionalem oder -lokalem Absatz; drittens die hausgewerbliche Betätigung der bäuerlichen Haushalte für den Eigenbedarf, ohne Tausch zum Gelderwerb; viertens die wandergewerbliche Tätigkeit von Fremden.[8] So gelingt es ihm, die grosse Vielfalt der Gewerbe auf dem Land zu belegen. Zünfte gab es auf der Zürcher Landschaft – mit Ausnahme der Stadt Winterthur – keine.[9] Dass Meier die «Waldgewerbe», jene Wandergewerbe ohne festen Standort, die, wie Köhler und Salpeterer, auf siedlungsferne Rohstoffe angewiesen waren, mitberücksichtigt hat, kann als besonderes Verdienst seiner Arbeit gelten.[10] Anne-Marie Dubler porträtiert in ihrer Studie über das Luzerner Landgebiet das ländliche Handwerk und vor allem deren Organisation, die Landzünfte. Dubler kommt das Verdienst zu, die verstreute ältere Forschung zu den Landzünften zusammengefasst und der Untersuchung des ländlichen Handwerks dadurch neue Impulse gegeben zu haben. Ihre damalige Zusammenfassung zur Verbreitung der Landzünfte[11] kann heute bereits ergänzt werden: Auch für die Basler Landschaft liegen nun Belege für die Organisation von Landhandwerker vor. Nach 1580 konstituierte sich das Baselbieter Landhandwerk zwar noch nicht als Zunft oder Bruderschaft, es war «die Meisterschaft» einer Landstadt oder eines Amtes, die gegen aussen auftrat. Bereits für die erste Hälfte des 17. Jahrhunderts liegen jedoch deutliche Hinweise vor, dass die Landhandwerker gut organisiert waren und dass wohl bereits vor dem 18. Jahrhundert zunftähnliche Strukturen bestanden. Ihnen fehlte allerdings die obrigkeitliche Anerkennung. Bisher war die Forschung davon ausgegangen, dass im Baselbiet erst seit dem 18. Jahrhundert Landzünfte bestanden.[12]

Im Folgenden zeige ich auf, dass auch das Fürstbistum Basel zu jenen Gebieten der heutigen Schweiz gehörte, in denen Landzünfte existierten. In unmittelbarer Nachbarschaft zur Alten Eidgenossenschaft und in Kontakt zur dortigen ländlichen

---

8   Meier 1986, S.12, Zitat: S.14.
9   Meier 1986, S.60.
10 Reininghaus 1990. S.67.
11 «Eigentliche Landzünfte scheint nur das deutschsprachige Gebiet hervorgebracht zu haben. Die confréries der Westschweiz stützten sich auf die allerdings überaus zahlreichen Städte und Zwergstädte. In der deutschsprachigen Schweiz waren die Landhandwerker in den Kantonen Bern, Luzern und Solothurn und im südlichen Aargau am dichtesten und besten organisiert. Dagegen gab es im Gebiet der Zunftstädte Zürich, Schaffhausen und Basel und auch im Zugerland von wenigen Ausnahmen abgesehen keine Landzünfte», Dubler 1982, S.185, ähnlich: Dubler 1992, S.1047 mit Karte zur regionalen Verbreitung von Zünften in Stadt und Land.
12 Landolt 1996, S.59–62, Simon-Muscheid 1993, S.100–102.

wie städtischen Zunftbewegung schlossen sich die Laufner Handwerker zu Zünften zusammen.[13]

Zur Entstehung der Laufner Zünfte

1601 setzte die Meisterschaft der Maurer, Steinmetze, Zimmerleute und Weber der drei Vogteien eine Zunftordnung auf. Als Grund für diesen Schritt nannten sie die Belastung durch den «uberlauf [mit] dergleichen fremden handtwerkgesindts».[14] Die Artikel des Zunftbriefes hatten zum Ziel, die Lehrlingsausbildung, die Beschäftigung von Gesellen, die Aufnahme in die Meisterschaft und die innerzünftische Organisationsstruktur und Gerichtsbarkeit, insbesondere aber die Stellung fremder Handwerker zu regeln.[15] Der Beleg von 1601 ist der erste und während langer Zeit der letzte, der über die Organisation von Handwerkern im Laufental Auskunft gibt. Im Laufe des 17. Jahrhunderts scheint die Zunft zerfallen zu sein.[16] Zu Beginn des 18. Jahrhunderts gründeten Laufner Handwerker vier neue Zünfte, kurz vor dem Ende des Ancien Régimes entstand als fünfte Zunft jene der Bäcker.[17] Während die Schuhmacher-,[18] die Schneider- und Weber-,[19] die Strumpfstricker- und

13 Zu den Zünften im Fürstbistum Basel, vgl. Abplanalp 1971, S. 29 ff.
  Die wichtigsten Quellen zur Geschichte der Laufner Zünfte finden sich im Bestand B 209/2 «Handwerksordnungen und Privilegien» im fürstbischöflichen Archiv in Pruntrut. Band 125 des ehemaligen Vogteiarchivs von Zwingen enthält Abschriften aller Laufner Zunftordnungen ausser jener der Bäcker. Im Stadtburgerarchiv Laufen befinden sich das «Zunftmanual» der Wollweber und Strumpfstricker, 1721–1789 (StadtBALaufen, Nr. 29), das «Zunftbuch über die Krämer und Lehrknaben» (wohl der Schneider- und Weberzunft), 1722–1790 (StadtBALaufen, Nr. 30), das Zunftbuch der Schlosser und Schreiner, 1746–1791 (StadtBALaufen, Nr. 31), sowie der «Zunftrodel der Schuster und Rotgerber», 1707–1792 (StadtBALaufen, Nr. 33). Mangels Arbeiten zu kleinstädtischen Zünften habe ich wichtige Anregungen aus Arbeiten über Landzünfte bezogen, vgl. insbesondere die Arbeiten von Anne-Marie Dubler 1982, 1991, 1992, 1993.
14 AAEB, B 209/2, 8.5.1601, S. 5–7.
15 Zum Inhalt des Zunftbriefes im Einzelnen, vgl. unten.
16 Krauer (1950, S. XIII und S. 1 ff.) behauptet, ohne allerdings Quellenbelege zu nennen, dass Laufen vor dem Dreissigjährigen Krieg ein blühendes Zunfthandwerk gehabt habe, die Zünfte seien in der Kriegszeit jedoch zerfallen. Abplanalp (1971, S. 29) kommt für das Fürstbistum, gestützt auf Forschungsergebnisse aus Deutschland, zu ähnlichen Ergebnissen. Für Laufen selbst bin ich auf keine Hinweise gestossen, die diese These näher belegen könnten, obwohl sie zweifellos plausibel ist.
17 In den Vogteien Birseck und Pfeffingen (ohne Beteiligung des Laufentals) gab es ausserdem eine Küferzunft, 1708–1737, eine Schneiderzunft, 1778, und nur in Pfeffingen eine Bäckerzunft, 1781, vgl. AAEB, B 209/2, S. 539–573 sowie S. 687–731.
18 Die «Zunftordnung des Schumacher-Handtwercks deren teutschen Ämbteren Laufen und Zwingen, Byrseck und Pfeffingen» datiert vom 22.3.1707, AAEB, B 209/2, S. 625–635. Die Ordnung erwähnt Schuhmacher und Gerber. Artikel 1 legte fest, dass Handwerker, die sowohl das Gerber- als auch das Schuhmacherhandwerk ausübten, sich entscheiden müssten, welches sie in Zukunft ausüben wollten. Ab sofort sei nur noch die Betätigung in einem Handwerk erlaubt. Auch aufgrund des Zunftrodels lässt sich schliessen, dass der Zunft – zumindest vorübergehend – Schuhmacher und Gerber angehört haben, StadtBALaufen, Nr. 33, «Zunftrodel der Schuster und Rotgerber», 1707–1792.
19 Der «Zunftbrieff der Schneideren und Leinwebern in der Stadt und Amt Lauffen auch Herr-

Wollweber-,[20] die Schreiner-, Glaser- und Schlosser-[21] sowie die Bäckerzunft[22] auf Initiative von Handwerkern aus Laufen entstanden, spielten bei der Gründung der Rotgerberzunft des Fürstbistums Basel[23] 1728 Laufner Berufsleute wohl, wenn überhaupt, nur unter anderen eine Rolle.[24] Im Gründungsjahr gehörte dieser Zunft Johannes Herzog aus Laufen an. Ob die Zunft ihre Interessen in Laufen vertreten konnte, lässt sich, da Quellen fehlen, nicht überprüfen.[25] Die Zunft zerfiel in den Jahren der Landestroublen, weil die Handwerker die Gelegenheit nutzten, der Organisation den Rücken zu kehren.[26]

Den Anfang der Zunftneugründungen in Laufen machten die Schuhmacher. 1706 wandten sich die Schuhmachermeister der beiden Ämter Laufen und Zwingen mit der Bitte an die Obrigkeit, wie die Handwerker der solothurnischen Nachbarschaft, eine Zunft errichten zu dürfen. Sie begründeten ihr Vorhaben damit, dass in der Ausbildung und Ausübung des Handwerks zahlreiche Missstände herrschten. Die Lehrzeiten seien mit höchstens zwei Jahren zu kurz, zumal die Gesellen danach ohne Absolvierung der Wanderschaft sofort als Meister aufgenommen würden. Die

schaft Zwingen» entstand am 17.4.1720, AAEB, B 209/2, S. 85–104. Ein Exemplar der Urkunde in Pergament mit Siegel befindet sich im StadtBALaufen, Urk. Nr. 56.
20 Die «Zunftordnung der Strumpfstrickern und Stuckmacher» datiert vom 9.11.1720, AAEB, VA Nr. 125, S. 17v–26v. Dieser Zunft wurden die Wollweber angegliedert, AAEB, VA Nr. 125, S. 27–29v, o.D. Im Zunftmanual ist nur von Wollwebern und Strumpfstrickern die Rede, StadtBALaufen, Nr. 29. Über diese Zunft ist am wenigsten bekannt. Zu den «Stuckmachern» vgl. unten.
21 Die Zunftordnung der Schreiner, Glaser und Schlosser der Stadt Laufen und des Amts Zwingens entstand am 23.2.1724, offenbar trat sie jedoch erst am 1.5.1726 in Kraft, AAEB, VA Nr. 125, o. S.
22 Das Gesuch, eine Zunft gründen zu dürfen, reichten Bäcker aus den Herrschaften Zwingen und Pfeffingen gemeinsam ein. Im Entwurf der Zunftordnung, der weitgehend bewilligt wurde, ist nur von Bäckern aus der Stadt Laufen und aus der Vogtei Pfeffingen die Rede, AAEB, B 209/2, 8.1.1791, S. 497–517 (Entwurf), ebd., 3.5.1791, S. 525–527 (Konzept des bischöflichen Schreibens). Eine bischöfliche Urkunde des Bäckerzunftordnung scheint nicht erhalten zu sein.
23 Der Rotgerberzunft des Fürstbistums Basel gehörten Handwerker aus Pruntrut, Delsberg, Montavon, St-Ursanne, Laufen, dem Erguel und der Probstei Moutier-Grandval an. Die «Zunftordnung der Rothgerber des Fürstbistums Basel» entstand am 22.6.1728, AAEB, B 209/2, o. S. Weitere vereinzelte Akten über die Rotgerberzunft befinden sich verstreut in der Mappe B 209/7. Ich habe darauf verzichtet, sie systematisch durchzuarbeiten, da ich mich auf die Untersuchung der Laufner Zünfte konzentrieren möchte.
24 Vgl. dazu Abplanalp 1971, S. 51–57.
25 Möglicherweise gehörten die Gerber weiterhin der 1707 gegründeten Schuhmacherzunft an. Der Laufner Johannes Herzog, 1728 Mitglied der Rotgerberzunft, war seit 1715 Mitglied der Schuhmacherzunft gewesen. 1724 forderte er die Gebühren zurück, die er anlässlich seiner Aufnahme in die Zunft bezahlt hatte, «Weilen, was ihne alss Gerber in der Zunft Ordnung betreffen thue, durch die Meister zu Basel und Sollothurn, nicht wolle für gütig gehalten werden», AAEB, B 209/2, ad 28.4.1724, S. 675. Herzog hatte einen Lehrling, Jacob Häffelin aus dem solothurnischen Mümliswil, ausgebildet, der auf seiner Wanderschaft, die ihn nach Basel führte, von den dortigen Gesellen nicht als zunftmässig ausgebildet anerkannt worden war, AAEB, B 209/2, April 1724, S. 665–682.
26 Abplanalp 1971, S. 54.

Errichtung einer Zunft sollte dazu führen, dass nur noch «rechte wohl-Ehrlerhnte und gewanderte Meister» in bischöflichen Landen das Handwerk ausüben könnten. Auf Jahrmärkten müssten sie den Qualitätsvergleich mit auswärtigen Schuhmachern dann nicht mehr scheuen. Auf den Märkten in der Nachbarschaft, etwa in der Herrschaft Pfirt, sei es üblich, dass die dortigen Meister die Ware besichtigten und «So etwas daran wider dero ordtnung gefunden würdt selbiger frembder Meister für Jedes nicht recht befundene paar sh. [salvo honore] schuh 10 ß oder mehr nach gestalt des befindens ersetzen mus». Die Laufner Schuhmacher beanspruchten das Gegenrecht und baten deshalb darum, auf den Jahrmärkten die Schau ausüben zu dürfen. Ihrem Schreiben legten sie eine Kopie der «Stattuten Einer Lobl. Zunft der Gerber und Schumacher, In Lobl. Stand Sollothurn» bei, die in den inneren und äusseren Vogteien gültig war, wohl aber nicht in der Hauptstadt, liessen es dem Bischof jedoch ausdrücklich frei, ob er diese oder eine andere Ordnung einführen wolle.[27]

Der Bischof war dem Vorhaben wohlgesonnen, er wollte jedoch vor der Errichtung einer Zunft klären, ob es nicht sinnvoll sei, auch das Oberamt Birseck[28] in die Organisation zu integrieren. Der Vogt von Zwingen wurde beauftragt, sich mit den Vögten in Birseck und Pfeffingen in Verbindung zu setzen und die Meinung der dortigen Meister zur solothurnischen Ordnung einzufordern.[29] Bei den Birsecker Schuhmachern stiess der Vorschlag auf wenig Gegenliebe; sie beschwerten sich insbesondere darüber, «dass die Zunft solte zu Lauffen aufgerichtet werden und sie altorten zu Erscheinen schuldig sein sollen. Sondern verlangen, dass weillen ihren genugsamb und biss gegen 20 meister seint, gndst. Concediert würde, Eine besondere in dieser Herrschaft, doch noch andern bischöflichen Herrschaft Eingerichte Zunftordnung aufzurichten».[30]

27 AAEB, B 209/2, o. D. (ante 24.11.1706), S. 579–598. Vgl. StadtBALaufen, Nr. 33, S. 183: Am 18.10.1706 wurde Meister Hans Jacob Cueni mit einer Supplikation nach Pruntrut geschickt. Bereits zuvor war Cueni gemeinsam mit Meister Heinrich Weber nach Dornachbrugg entsandt worden, um in Erfahrung zu bringen, «was diese Meyster der Schuhmacherzunft für articel haben undt haben etwelche losen abschreiben». Zu den Zünften im Kanton Solothurn, vgl. Appenzeller 1932, bes. S. 71–136, zu den Schuhmachern, S. 128 f.
28 Das obere Amt Birseck umfasste die Gemeinden Allschwil, Arlesheim, Ettingen, Oberwil, Reinach und Therwil sowie das mit der Gerichtsgemeinde Allschwil verbundene Schönenbuch. Zum unteren Amt Birseck gehörten die heute in Südbaden liegenden rechtsrheinischen Besitzungen Schliengen, Mauchen, Steinenstadt, Istein und Huttingen. Wenn im Folgenden von Birseck die Rede ist, sind jene Gemeinden gemeint, die 1815 an den Kanton Basel angeschlossen wurden. Der Vogtei Pfeffingen gehörte die Gemeinden Aesch, Duggingen, Grellingen und Pfeffingen an, vgl. Berner 1994, S. 11, Anm. 2.
29 AAEB, B 209/2, 24.11.1706, S. 599 f.
30 AAEB, B 209/2, 5.12.1706, S. 603–605. Ausserdem äusserten sich die Birsecker Schuhmacher zu einigen weiteren Punkten wie der Dauer der Wanderschaft, der Ausbildung von Meisterssöhnen, dem Ort der Zunftversammlung sowie den Gebühren. Die vier Pfeffinger Schuhmachermeister stimmten der Solothurner Ordnung zu.

Die Schuhmacher der Ämter Laufen und Zwingen hatten zunächst nur für sich selbst eine Zunft verlangt. Als sie davon hörten, dass die Meister aus dem Birseck eine eigene Zunft aufrichten wollten, gelangten sie an den Bischof und ersuchten ihn, die Birsecker und Pfeffinger aufzufordern, «dass sie sich Zu Unserer Vorhabenden Zunft bequemen und zu Laufen zu erscheinen schuldig seyn möchten.» In Solothurn sei es ja auch so, dass in den Vogteien Dorneck, Thierstein und Gilgenberg nur eine Zunft bestehe.[31] Sie wiederholten die Forderung, die offenbar ihrem zentralen Interesse entsprach, nämlich auf den Jahrmärkten jene Handwerker einer Qualitätskontrolle unterziehen zu dürfen, die dieses Recht bereits auf ihren Märkten gegenüber Laufner Schuhmachern ausübten.

Den Birsecker Handwerkern gelang es nicht, eine eigene Zunft aufzurichten. Die Zunftordnung, die der Bischof am 22. März 1707 erliess, bezog die drei Vogteien Birseck, Pfeffingen und Zwingen mit ein und konstituierte Laufen als Zentrum der Schuhmacherzunft, in dem sich die Zunftlade befand.[32] Laufner Handwerker spielten auch in den Zunftämtern eine wichtige Rolle, die Ordnung kam den Schuhmachern aus Birseck und Pfeffingen aber insofern entgegen, als sie einen eigenen Zunftmeister zu wählen hatten, an dessen Wohnort Lehrlinge «aufgedingt» (zu Beginn der Lehrzeit aufgenommen) werden konnten. Ausserdem wurde die jährliche Zunftversammlung am selben Tag, dem zweiten Montag im Mai, in Laufen und für Handwerker aus Birseck und Pfeffingen auf deren «angesetzter Zunft Stuben» durchgeführt.[33] Trotz des anfänglichen Widerstandes scheint die Ordnung gut funktioniert zu haben. Möglicherweise konnten sich die Handwerker aus Birseck und Pfeffingen sogar weitgehend verselbständigen. Als es 1784 zu Konflikten um die Besetzung der Zunftämter zwischen den Schuhmachern vom Land und jenen aus Laufen kam, waren Handwerker aus den Herrschaften Birseck und Pfeffingen nicht daran beteiligt.[34] Für eine weitgehende Selbständigkeit der Handwerker aus den Vogteien Birseck und Pfeffingen spricht auch die Tatsache, dass sie im Laufner Zunftrodel nicht erwähnt sind.[35]

Die Leinenweber der Herrschaft Zwingen begründeten ihren Wunsch nach der Errichtung einer Zunft 1711 damit, dass ihre Söhne in der Fremde überall «ausgetrieben» würden und nicht als Handwerker arbeiten könnten, «weilen selbige nicht aufgedingt, und solches aus Mangel einer Zunft, auch nicht beschehen kann. Des-

---

31 AAEB, B 209/2, o.D. (ad 9.1.1707), S.619f.
32 AAEB, B 209/2, 22.3.1707, S.625–635.
33 AAEB, B 209/2, 22.3.1707, S.625–635, Art. 2 (Aufdingen von Lehrlingen), Art. 7 (Zunftämter), Art. 20 (Zunftversammlung).
34 Vgl. dazu unten.
35 Vereinzelt belegt sind jedoch Lehrlinge aus den Vogteien Birseck und Pfeffingen (wie auch aus dem Kanton Solothurn), die bei Laufentaler Meistern ihre Lehre absolvierten, StadtBA-Laufen, Nr. 33, S.151 (Lehrling aus Ettingen), S.157 (aus Mümliswil), S.172 (aus Grellingen), S.181 (aus Gänsbrunnen), S.191 (aus Gänsbrunnen), S.192 (aus Oberdorf SO).

sentwegen wür uns dar, bey unserer Obrigkeit billichmässig angemeldet, und deroselben vorgetragen, wie nothwendig es wäre, Eine Zunft In hiesiger Herrschaft aufzurichten, welches von Ihnen nicht für unbillich aufgenommen worden, sondern annoch alle oberkeitliche Hilf, darzu versprochen. Als gelangt derowegen, Unser Unterthänigeste Supplicieren ahn Ewer hochfürstl. Gnaden, dieselben geruhn Gnädigst, uns, Eine Zunftgemäss den hierbey liegenden und von unseren Nachbahrn abgeschriebenen Articul brief, Im Zwingen und Laufen Ambt, aufzurichten, In Erlauben, damit wür unsere Söhn handwerkhsbrauch gemäss, auf- und abdingen mögen, und sie auf Ihrem Handwerkh ohngehindert wandern und arbeiten können.»[36] Die Abschrift des Zunftbriefs aus der Nachbarschaft ist nicht mehr erhalten, möglicherweise handelte es sich um eine Kopie der Handfeste der Leinenweber der Vogteien Dorneck, Thierstein und Gilgenberg aus dem Jahr 1706.[37] Bis zur Gründung der Zunft vergingen fast neun Jahre, in denen sich die Leinenweber, nun gemeinsam mit den Schneidern der Herrschaft Zwingen und der Stadt Laufen, noch zweimal in Supplikationen an den Bischof wenden mussten. Wie bereits in der ersten Bittschrift verwiesen sie darauf, dass sie, weil sie nicht zünftig seien, grossen Schaden erlitten, denn ausserhalb des Bistums könnten sie nirgendwo Arbeit finden. Im April 1720 bewilligte der Bischof das Begehren und forderte die Handwerker auf, ihre Zunftartikel zur Bewilligung einzureichen.[38]

Über die Gründung der Strumpfstricker- und Wollweberzunft im Herbst desselben Jahres ist kaum etwas zu erfahren. Erhalten ist eine undatierte, wohl um 1740 entstandene Abschrift der «Zunftordnung der Strumpfstrickern und Stuckmacher» vom 9. November 1720.[39] Bei der Abfassung von Zusatzbestimmungen für die Wollweber diente die Basler Wollweberordnung vom 10. Juli 1692 als Orientierung.[40] Die Laufner Wollweber wurden der Zunft offenbar etwas später angegliedert.[41] Die Wollweber und Strumpfstricker versammelten sich am 4. Oktober 1721 zur ersten Zunftversammlung, an der sie die Zunftämter bestellten.[42] Auch dieser

36 AAEB, B 209/2, 28.8.1711, S. 77ff.
37 Zur Gründung der Leinenweberzunft in den Birsvogteien, vgl. Fridrich 1994, S. 84f.
38 AAEB, B 209/2, 8.4.1720, S. 81. Der Zunftbrief, eine bischöfliche Urkunde, datiert vom 17.4.1720, ebd., S. 85–107.
39 AAEB, VA Nr. 125, S. 17v–26v. Unter dem Begriff «Stuckmacher» ist ein Stückweber und kein Stukkateur zu verstehen. Zum Begriff «Stuck» bzw. «Stück», vgl. Id. 10, Sp. 1786ff. sowie Grimm, Bd. 20, Sp. 197ff.
40 AAEB, B 209/2, S. 165–171. Abschrift vom 16.9.1720 durch den Zunftschreiber Hans Jacob Thurneisen von Basel. Das Exemplar wurde im Bistum – schliesst man aufgrund der geübten Schrift, wohl durch bischöfliche Beamten – bearbeitet. Einige Artikel der Basler Ordnung wurden gestrichen oder gekürzt. Die Basler Ordnung floss nicht in die Zunftordnung selbst, sondern in die Zusätze zur Wollweberordnung ein, vgl. AAEB, VA Nr. 125, S. 27–29v.
41 AAEB, VA Nr. 125, S. 27–29v, o. D. Zusätze zur Zunftordnung für die Wollweber, o. D.
42 StadtBALaufen, Nr. 29, Zunftmanual, 4.10.1721, S. 2: «Had Er [der Bischof, acf] Uns Wullweberen wie auch Strumpfstrickheren Unser Zunft auf gericht und bestätigd.» Gewählt wurden «dye Ehrsamem und bescheidene Meister Peter Fritsch als Zunft Meister,

Zunft gehörten sowohl Meister aus der Stadt Laufen als auch aus dem Dörfern der Vogtei Zwingen an.[43]

Die Gründung der Schreiner-, Schlosser- und Glaserzunft zog sich über mehrere Jahre hin. Ende des Jahres 1721 wurde ein erstes Begehren für die Zunftgründung mit einem Entwurf der Ordnung nach Pruntrut geschickt.[44] Dort blieb das Begehren liegen, weil «immer Zue häuffig andere nothwendige geschäffte vorgefallen» waren.[45] Die Handwerker konstituierten sich bereits zünftisch, bevor sie die Ordnung erhalten hatten. Zu Beginn des Jahres 1725 drängten sie in Zwingen auf die «extradierung Ihrer Zunftordnung», die sich in der Amtsschreiberei befinde, weil sie sonst ihre Gesellen nicht passieren lassen könnten. Der Zwingener Amtsschaffner wandte sich an den Bischof, «da nun weder der Herr Obervogt noch ich von Ewer gnaden bis dato hierüber eine resolution oder befehl erhalten, dass man Ihnen solche Zunftordnung herausgeben solle, Sye hingegen darauf immer zue insistieren, undt zue dem ende sibene bereyths würklich in Einen Zettel sich unterschriben, dass sye solche Zunfftordnung begehren und halten wollen, massen die andere handwerkher auch newerlich Ihre Zunfftordnungen erhalten, undt bey denselben überall passieren khönnen, so habe Mich bey Ewer gnaden hiemit nochmahlen ganz gehorsambl. anfragen wollen, ob dieselbe nicht gnädig erlauben möchten, das Ich Ihnen schlosseren undt schreineren ihre Zunfftordnung ebenfalls pro solutione übergeben khönne, die übrige werden sich danach wie sye sich bereyths verlauthen lassen haben sollen, auch schon dernach accomodieren, oder allenfahls oberkheitliche darzue angehalten werden khönnen, denen fürstl. mandatis zugehorsamben.»[46] Eine Antwort scheint Amtsschaffner Frey von Schönstein nicht erhalten zu haben. Die Zunftordnung der Schreiner, Glaser und Schlosser der Stadt Laufen und des Amts Zwingen war am 23. Februar 1724 entstanden, offiziell in Kraft trat sie erst am 1. Mai 1726.[47]

Als letzte Gründung schlossen sich 1791 die Bäckermeister zu einer Zunft zusammen. Auch sie begründeten ihr Begehren mit den in Zwingen und Pfef-

wie auch H. Niclaus Jerman Laten Meister, wie auch Meister Johannes Schuemacher Zunft Schreiber, wie auch Johannes Jerman Bodt Meister», ebd., S. 3.
43 StadtBALaufen, Nr. 29, S. 3 f.: Eine Liste der Meister Wollweber vom 5.10.1722 weist 17 Personen aus, neun Meister stammten nicht aus der Stadt.
44 AAEB, B 209/2, 23.12.1721, S. 205 f. Entwurf der Ordnung: S. 209–219. Erhalten sind zwei weitere Entwürfe: eine Ordnung für Schlosser (ebd., o. D., S. 177–187) sowie eine für Schreiner und Glaser (ebd., o. D., S. 191–203). Der Entwurf für alle drei Handwerke stellt einen Zusammenzug der beiden separaten Ordnungen dar.
45 AAEB, B 209/2, 22.9.1722, S. 227. Hofrat von Ramschwag an Mitrat, womit er wohl den Vogt von Zwingen meinte. Die Antwort des Vogtes auf die geforderte Stellungnahme scheint nicht mehr erhalten zu sein.
46 AAEB, B 209/2, 10.1.1725, S. 231.
47 AAEB, VA Nr. 125, o. S.

fingen vorherrschenden Missbräuchen,[48] die sie durch eine Zunftordnung zu beseitigten hofften. Ihrer Supplikation an den Bischof legten sie einen «ohnmassgeblichen» Entwurf über eine «zu errichtende Becken-Zunft-Ordnung in der Stadt Laufen»[49] bei, der wenig später ohne wesentliche Änderungen vom Bischof genehmigt wurde.[50] Der Zunftbrief galt für Laufen und für die Vogtei Pfeffingen.

Charakteristika der Laufner Zunftgründungen

Alle Zünfte, inklusive der 1601 entstandenen Zunft der Maurer, Steinmetze, Zimmerleute und Weber, wurden auf Antrag der Handwerker gegründet. Die Entstehung der Schlosser-, Glaser- und Schreinerzunft legt nahe, dass auch die Konstituierung der Zunft selbständig und ohne obrigkeitliche Bewilligung vollzogen wurde. Bereits die Abfassung einer Supplikation setzte ja eine gewisse Organisation voraus. Bei den Schlossern, Glasern und Schreinern scheint der Zusammenschluss jedoch weiter gegangen zu sein. 1725 wollten sie bereits Gesellen ledigsprechen,[51] was – wenn sie zünftische Normen einhalten wollten – nichts anderes heissen konnte, als dass diese drei Jahre zuvor als Lehrlinge aufgedingt worden waren und eine Lehre absolviert hatten.

Ihrem Begehren um die Bewilligung einer Zunft legten die Handwerker meist Entwürfe für eine Zunftordnung bei, die sie in Anlehnung an Zunftordnungen aus der ländlichen – die Schuhmacher und wohl auch die Leinenweber orientierten sich an Ordnungen für die solothurnischen Landgebiete – und städtischen – die Wollweber hatten mit der Basler Wollweberzunft Kontakt aufgenommen – Umgebung formuliert hatten. Dies belegt, dass sie über regionale, grenzüberschreitende Kontakte verfügten. Die Schwierigkeiten, die der Rotgerbergeselle Jacob Häffelin[52] mit seiner Anerkennung in Basel hatte, machen deutlich, wie wichtig die Kontakte zu anderen Zünften waren. Denn nur die gegenseitige Anerkennung gewährleistete die Durchsetzung zünftischer Zielsetzungen.

---

48 Die Bäcker machten keine konkreten Angaben über die Missbräuche. Knapp dreissig Jahre vor der Zunftgründung kam es in der Stadt Laufen während längerer Zeit zu Auseinandersetzungen um das Recht, Brot zu verkaufen. Bei den Bäckern umstritten war der Brotverkauf durch Fremde ausserhalb der Märkte, durch Wirte und Frauen, die keinen Backzins bezahlten (1762/3). Strittig waren im Weiteren die Qualität und der Preis des Brotes (1777). Die Zunftordnung nahm zwar nicht direkt Bezug auf diese Konflikte, insbesondere Artikel 3, der die Besichtigung der Brote regelte, sowie Artikel 4, der das Hausieren mit Brot verbot, deuten darauf hin, dass ein gewisser Zusammenhang bestand. Zu den Konflikten: AAEB, B 209/2, 1762/3, S. 289–303; B 234/13, 1763, S. 275–289; B 209/2, 1777, S. 327ff.
49 AAEB, B 209/2, 8.1.1791, S. 493f.; Entwurf: ebd., S. 497–517.
50 AAEB, B 209/2, 3.5.1791, S. 525–527.
51 AAEB, B 209/2, 10.1.1725, S. 231.
52 Vgl. oben, Anm. 25.

Rechtskraft konnten die Handwerker ihren Zunftbriefen und ihren Organisationen nicht selbst verleihen, diese erhielten sie durch den Bischof. Bei den Zunftbriefen des 18. Jahrhunderts handelt es sich durchwegs um bischöfliche Urkunden. Zu Beginn des 17. Jahrhunderts scheint die Autonomie der Handwerker bei der Aufrichtung ihrer Zunft noch etwas grösser gewesen zu sein. Die Artikel wurden «uff der Oberkeit verbesserung»[53] angenommen; die Meister hatten sie der Obrigkeit wohl zur Stellungnahme und Genehmigung vorgelegt. Auch eine gewisse Kontrollfunktion der Obrigkeit über die Zunft muss bestanden haben, waren sie doch je hälftig an den Gebühren beteiligt. Die Meister verfassten und unterzeichneten den Brief jedoch selbst.

Der Bischof verfuhr mit den von den Handwerkern eingereichten Entwürfen sehr unterschiedlich. Während er die Bäckerordnung ohne wesentliche Änderung bewilligte, liess er die vorgeschlagene Schuhmacher- und die Wollweberordnung bearbeiten und kürzen: Die solothurnischen Bestimmungen übernahm der Bischof nur teilweise. In Solothurn waren sechs Wanderjahre vorgeschrieben, im Bistum aber nur drei. Die Basler Wollweberordnung floss gekürzt in die Zusatzbestimmungen für die Laufner Wollweber ein. Besonders zahlreich waren die Änderungen beim Projekt der Schreiner, Glaser und Schlosser: Die Handwerker hatten vorgeschlagen, dass die Wanderschaft drei Jahre dauern sollte, Meistersöhne hätten jedoch statt der Wanderschaft drei Jahre bei ihrem Vater arbeiten können. Diese Privilegierung von Meistern, denen die Arbeitskraft ihrer Söhne erhalten bleiben sollte, wurde nicht bewilligt.[54] Weiter fehlen die Artikel über den Zeitpunkt der Bezahlung des Lehrgeldes – die Hälfte zu Beginn der Lehre, die andere Hälfte in der Mitte – und die Bestimmungen für den Fall, dass ein Lehrling vor Beendigung der Lehre stürbe. Der Vorschlag der Schreiner, Glaser und Schlosser enthielt ausserdem Bestimmungen über die Dauer des Arbeitstages und über die Preise. Wer sich im Taglohn verdingte, solle von 4 Uhr morgens bis 6 Uhr abends arbeiten und dafür neben dem Preis einen Taglohn von 6 ß 8 d. erhalten.[55] Zum Schutz vor Konkurrenz untereinander bestimmten sie, dass niemand um einen Spott arbeiten solle. Für ihre Arbeit durften sie einen «billigen», das heisst, einen gerechten Preis verlangen, der jedoch die vereinbarten Tarife nicht unterbieten solle. All diese Artikel wurden vom Bischof nicht bewilligt.[56] Der Vorschlag der Schneider und Leinenweber ist nicht mehr erhalten.

---

53 AAEB, B 209/2, 8.5.1601, S. 5–7.
54 Die Privilegierung von Meistersöhnen war weit verbreitet, vgl. Dubler 1982, S. 242.
55 Vgl. Anhang, Masse und Gewichte, Münzen.
56 AAEB, B 209/2, S. 209–219, S. 177–187 und S. 191–203.

3. STÄDTISCHES HANDWERK – ZÜNFTE AUF DEM LAND

Zeitpunkt der Zunftgründungen

Die Laufner Zunftgründungen erfolgten vergleichsweise spät, einzigartig waren sie jedoch weder im internationalen noch im regionalen Vergleich. Fallstudien belegen, dass Zünfte in vielen kleinen Städten erst nach 1500 entstanden; selbst nach dem Dreissigjährigen Krieg kam die Gründungswelle, insbesondere in kleineren Landstädten und Flecken nicht zum Erliegen.[57] In den solothurnischen Birsvogteien entwickelten sich seit den letzten Jahrzehnten des 17. Jahrhunderts verschiedene Landzünfte.[58] In den Luzerner Landgebieten nahm die Bewegung in den Landstädten ihren Anfang.[59] Die Gründungen setzten früh ein; in Kleinstädten wie Sursee im 15. Jahrhundert, in Dörfern im 16. Jahrhundert, mit der Schneiderbruderschaft von Hochdorf aus dem Jahr 1718 fand die Organisation des Landhandwerks im Ancien Régime ihren Abschluss.[60] Anne-Marie Dubler sieht in der Entstehung von Landzünften ein Krisenphänomen. Das Bevölkerungswachstum des 16. Jahrhunderts habe landwirtschaftliche Arbeitskräfte freigesetzt, die sich als Handwerker betätigten. «Mit der Wirtschaftsrezession der 1560/70er Jahre verlangten die Dorfhandwerker nach Hilfsmassnahmen ähnlich jenen der Stadtmeister: Ihre berufliche Organisation lag in der Luft. [...] Die Zunftgründungen auf dem Land bezweckten nichts anders als jene der Städte, den Handwerkern Halt in der Krise zu geben.»[61] Andere Erklärungsansätze zur Entstehung von Zünften hat die Forschung bisher nicht entwickelt.[62]

Die Laufner Zunftgründungen fallen in eine Zeit starken Bevölkerungswachstums,[63] das zu einer Verknappung von Ressourcen und Arbeitsmöglichkeiten führte. Besonders aufschlussreich ist die Argumentation der Schneider und Leinenweber. In ihrer Supplikation von April 1720 führten sie aus, dass sie grossen Schaden erlitten, weil sie keiner Zunft angehörten. Ausserhalb der Herrschaft könnten sie nirgends Arbeit finden, weil ihr Handwerk in der Schweiz und der übrigen Nachbarschaft zünftig sei.[64] Offensichtlich wurde es zunehmend schwierig, in der Stadt und ihrer Umgebung eine Beschäftigung zu finden. Die Suche nach einer neuen Existenzgrundlage in benachbarten Gebieten wurde wohl für viele zur Notwendig-

---

57 Reininghaus 1990, S. 15, 61f. Zur Entstehung kleinstädtischer Zünfte in Kursachsen seit dem 15. Jahrhundert, vgl. Keller 2000, S. 77ff.
58 Appenzeller 1932, bes. S. 71–136.
59 Dubler 1982, S. 186ff.
60 Dubler 1982, S. 184–205. Zu den Zunftentstehungstheorien in mittelalterlichen Städten, vgl. Isenmann 1988, S. 305ff. Die Entstehung von Zünften in den verschiedenen Regionen der Solothurner Landschaft wurde bisher nicht systematisch erforscht; Hinweise finden sich bei Appenzeller 1932, bes. S. 71–136.
61 Dubler 1992, S. 1046f.
62 Reininghaus 1990, S. 71f., vgl. auch S. 62 zu Dublers Ansatz der «Zunftkonjunkturen».
63 Vgl. Kap 1.
64 AAEB, B 209/2, 8.4.1720, S. 81.

keit; die Rückkehr in die Heimatgemeinde nach der Wanderschaft war nur noch für eine Minderheit möglich.

Andreas Suter hat in seiner Untersuchung über die Landestroublen nachgewiesen, dass sich die bäuerliche Wirtschaftslage seit der zweiten Hälfte des 17. Jahrhunderts merklich verschlechtert hatte.[65] Der Rückgang der landwirtschaftlichen Ertragslage betraf wohl auch jene städtischen Handwerker, die über ein landwirtschaftliches Standbein verfügten. Die Verarmung der bäuerlichen Bevölkerung wirkte sich auch auf die Absatzmöglichkeiten der Handwerker aus. Verfügten ihre potentiellen Kunden über weniger Einkommen, konnten sie selbst weniger Produkte und Dienstleistungen absetzen. Unter den Handwerkern führten die Absatzschwierigkeiten zweifelsohne zu einer verschärften Konkurrenz um die verbleibenden Aufträge. In dieser Situation konnte die zünftische Organisation, die ja auch das Verhältnis der Handwerker untereinander regelte, Entlastung verheissen. Dublers These ist also auch für die Zunftgründungen des frühen 18. Jahrhunderts nicht von der Hand zu weisen.[66]

Für Dublers These spricht ausserdem, dass sich nicht alle Handwerker, sondern besonders die gut oder gar übermässig besetzten Bedarfshandwerker zünftisch organisierten.[67] Im 18. Jahrhundert nicht mehr an einer Zunft beteiligt waren die Bauhandwerker, die mit den Maurern, Zimmerleuten und Steinmetzen 1601 noch prominent vertreten waren. Keiner Zunft gehörten in Laufen die weniger stark vertretenen Handwerker wie Küfer, Rechenmacher, Hutmacher oder Seiler an. Möglicherweise erübrigte sich für sie eine Zunftgründung durch die zahlenmässig schwache Vertretung. Ob letztere durch die geringe Attraktivität dieser Handwerke begründet ist, lässt sich nicht eruieren.[68]

Nicht zünftisch organisiert waren die Inhaber von Gewerbebetrieben wie der Ziegelei, der Papiermühle, der Sägerei, der Schmiede und der beiden Mühlen; sie genossen als obrigkeitlich konzessionierte Betriebe oder Ehehaften Konkurrenzschutz, der die zünftische Organisation überflüssig machte. Ähnlich verhielt es sich bei den Metzgern, die von der Stadt eingesetzt und beaufsichtigt wurden, sowie bei den Wirten.

---

65 Suter 1985, S. 243 ff., bes. S. 313 ff.; vgl. ausserdem Kap. Rahmenbedingungen. Zur Konjunkturentwicklung, vgl. ausserdem Abel [3]1978, S. 162 ff. Zu den Getreidepreisen in der Schweiz, vgl. Pfister 1988, bes. S. 38 ff.
66 Die Auswirkungen des Bevölkerungswachstums auf die Produktionsseite (vergrössertes Arbeitsangebot führt zu sinkenden Löhnen und damit zu niedrigeren Preisen, was – mikroökonomischen Modellvorstellungen zufolge – wiederum zu einer Steigerung des Absatzes führt) spielten wohl eher keine Rolle. Zum einen wurden nur wenige fremde Gesellen beschäftigt, die entlöhnt werden mussten. Meist arbeiteten Familienmitglieder in der Werkstatt (vgl. unten). Zum anderen waren die Preise in der Zunftwirtschaft – und dies teilweise über Jahrzehnte – festgesetzt, Dubler 1982, S. 270 ff.
67 Zur Vielfalt der in Laufen vertretenen Handwerke, vgl. Kap. 2.
68 Dubler (1991, S. 39) bezeichnet unter anderem den Seiler als kleines, armes Handwerk. Der Hutmacher war, zumindest in Laufen, kein armer Handwerker, vgl. Kap. 2.

Zunftordnungen: Ziele der zünftischen Politik

Die Ziele, welche die Laufner Handwerker mit der Zunftgründung anstrebten, deckten sich mit jenen der Zünfte an anderen Orten. In der Stadt wie auf dem Land fokussierte die zünftische Politik auf die Festlegung von Qualitätsnormen, die Kontrolle der Produktion und der auf dem Markt verkauften Handwerksprodukte, auf die Ausschaltung von Konkurrenz (unter anderem durch eingeschränkte Arbeits- und Absatzmöglichkeiten für Fremde). Das Schwergewicht lag jedoch auf der Ausbildung der Junghandwerker.[69] Sie sollte insbesondere durch die Absolvierung der Wanderschaft verbessert werden. Durch die Zunftgründung erhofften sich die Handwerker verbesserte Arbeitsmöglichkeiten auf der Wanderschaft. Zentrales Anliegen war die Existenzsicherung. Geregelt waren diese Bereiche in den Zunftbriefen.[70] Dass sich die Laufner Handwerker bei der Gründung ihrer Zünfte an den zünftischen Idealen orientierten, heisst, wie im Folgenden zu zeigen sein wird, nicht, dass sie ihnen in der Realität durchwegs nachlebten.

Handwerksausbildung

Die Ordnung von 1601, die im Vergleich zu den Zunftbriefen des 18. Jahrhunderts noch recht kurz war, setzte für Zimmerleute, Weber und Maurer eine Lehrzeit von zwei, für Steinmetze eine von drei Jahren fest. Bei der Aufdingung hatte der Lehrling der Zunft eine Gebühr von 12 ß 6 d. zu entrichten. Der Lehrvertrag wurde durch das Aufdingen vor der Zunft öffentlich und dadurch kontrollierbar. Nicht geregelt war die Höhe des Lehrgeldes für den Meister, der den Lehrling ja auch beherbergte und verköstigte.[71]

Im 18. Jahrhundert galt in allen Laufner Zünften eine Ausbildungszeit von drei Jahren.[72] Dem Lehrmeister stand es frei, einem Lehrling ein halbes Jahr der Lehrzeit zu schenken und ihn als Gesellen zu beschäftigen; diese Zeit wurde jedoch nicht als Wanderschaft angerechnet.[73] Bestimmungen über die Höhe des Lehrgeldes waren nur in der Zunftordnung der Schneider und Leinenweber festgeschrieben: Ein Schneidermeister durfte vom Lehrling 33 Pfund, ein Webermeister 30 Pfund verlangen.[74] Ausserdem sollte jeder der beim Aufdingen anwesenden

---

69 Dubler 1991, S. 38 f.; vgl. Dubler 1982, S. 239–270.
70 Erhalten sind sieben Zunftbriefe aus den Jahren 1601, 1707, 1720 (zwei), 1726, 1728 und 1791. Das von Abplanalp (1971, S. 33 f.) erwähnte «Formular aller künfftigen zunfftordnungen» von 1719 kam im Laufental nicht zur Anwendung.
71 AAEB, B 209/2, 8.5.1601, S. 5–7, Art. 1.
72 Art. 2 der Schuhmacherzunftordnung sowie der Bäckerzunftordnung. Art. 7 der Schneider- und Weberzunftordnung und der Schreiner-, Glaser- und Schlosserzunft.
73 Art. 8 der Schneider- und Weberzunftordnung, der Strumpfstricker- und Wollweberzunftordnung sowie der Schreiner-, Glaser- und Schlosserzunftordnung.
74 In der Strumpfstricker- und Wollweberordnung wurde die Höhe des Lehrlohnes nicht genannt. Im Zunftmanual finden sich jedoch Angaben darüber. Claus Cueny aus Wahlen, der

Meister nicht mehr als zehn Schilling «für Taglohn und Mühwaltung beziehen, sich aber im übrigen alles zehens [Zechens, acf] und zutrinkens gänzlich mässigen».[75] Das Aufdingen musste, wie bereits 1601, öffentlich auf der «gewohnlichen Zunftstuben vor der Laden, zu Laufen in Gegenwart des ZunfftMeisters undt Etwelcher Ehrlicher Meistern»[76] stattfinden. Ähnliches galt auch für das Ledigsprechen nach absolvierter Lehre. Die Öffentlichkeit des Aktes gewährleistete, dass alle die Ausbildung betreffenden Zunftvorschriften – die Dauer der Lehre, die Einhaltung der Karenzfrist und der Betriebsgrössenbeschränkung[77] durch den Meister – kontrolliert werden konnten. Beim Aufdingen überprüften die anwesenden Meister, ob sie den Lehrling zur Lehre «bequem und tüchtig» erachteten.[78] Sicher war auch eine gewisse Sympathie zwischen Meister und Lehrling wichtig, denn die Zunftordnung schrieb vor, dass «der Lehrknab in keines andern als des Meisters Mus undt broth stehen soll».[79]

Die Aufnahme neuer Meister sowie das Aufdingen und Ledigsprechen von Lehrlingen wurde im Zunftrodel verzeichnet. Die vier im Stadtburgerarchiv erhaltenen Manuale gewähren Einblick in die Umsetzung der Zunftordnungen. Die Rodel umfassen meist die Zeit seit der Zunftgründung bis zum Ende des Ancien Régimes; die systematische Auswertung wird jedoch durch die Tatsache erschwert, dass keines der Zunftbücher chronologisch geführt wurde. Die Zunftschreiber hatten wohl die Absicht, das Buch nach Rubriken – Mitgliederlisten, Zunftbott und Wahlen, Meisteraufnahmen, Aufdingen von Lehrlingen, Ledigsprechung, teilweise auch rudimentäre Rechnungen – zu unterteilen und dazwischen Seiten für die Fortfüh-

1774 bei Franz Conrat Burger eine dreijährige Lehre begann, bezahlte 50 Pfund Lehrgeld sowie für das Ledigsprechen 3 lb. 6 ß 8 d., StadtBALaufen, Nr. 29, S. 5v.
75 Art. 7 der Schneider- und Weberzunftordnung. Bei den anderen Zünften waren nur die Gebühren für das Aufdingen und Ledigsprechen der Lehrlinge schriftlich fixiert. Ein Schuhmacherlehrling musste bei beiden Gelegenheiten drei Pfund in die Büchse bezahlen. Erfolgte die Zahlung nicht innert Monatsfrist, hatte er eine Strafe von einem Pfund ebenfalls an die Zunft zu entrichten. Die Kosten, die beim Aufdingen und Ledigsprechen anfallen – gemeint ist damit wohl die Verpflegung und Entschädigung (in Form eines Taggeldes) der anwesenden Meister – sollen sich Lehrling und Lehrmeister hälftig teilen (Art. 2 Schuhmacherzunftordnung). Bei den Schreinern, Glasern und Schlossern hatte der Lehrling dem Schreiber und dem Zunftmeister für die Mühwaltung zehn Schilling zu entrichten, ausserdem ein halbes Pfund Wachs. Artikel 13 bei den Schneidern und Leinenwebern, bei den Schreinern, Glasern und Schlossern sowie bei den Strumpfstrickern und Wollwebern verbot die Belästigung von Meisterssöhnen, Gesellen und Lehrlingen durch unmässiges Zechen, Zehren und dergleichen. Artikel 2 der Bäckerzunftordnung bestimmte, dass ein Lehrling, dem die Ausbildung durch ein Almosen finanziert wurde, nicht mehr als 2 lb. 5 ß, alle anderen beim Aufdingen und Ledigsprechen 4 lb. 10 ß sowie ein Pfund Wachs für die Katharinenkirche bezahlen musste. Ausserdem erhielten der Zunftmeister und die anwesenden Meister eine Entschädigung.
76 Art. 2 der Schuhmacherzunftordnung.
77 Zur Beschränkung der Betriebsgrösse, vgl. unten.
78 Art. 7 der Schneider- und Weberzunftordnung.
79 Art. 2 der Schuhmacherzunftordnung sowie der Bäckerzunftordnung.

rung der Eintragungen leer zu lassen. Mit den Jahren verwischten die Nachtragungen jedoch die Rubriken, wie auch die Chronologie innerhalb der Rubriken gänzlich. Aus diesem Grund war es mir nicht möglich, die Eintragungen statistisch auszuwerten. Die folgenden Angaben über die Dauer der Lehre und den Zeitpunkt der Aufnahme in die Meisterschaft sind unvollständig, sie haben illustrativen Charakter.

Die in den Zunftbriefen vorgesehene Lehrzeit von drei Jahren wurde meist unterschritten; die Lehrmeister machten von ihrem Recht Gebrauch, dem Lehrling ein halbes Jahr der Lehrzeit zu schenken. Nur selten dauerte die Lehre drei Jahre oder länger.[80] Von den elf Wollweber- und Strumpfstrickerlehrlingen, deren Aufdingung und Ledigsprechung sich im Rodel eruieren liessen, absolvierten zwei Lehrlinge die vereinbarte dreijährige Lehrzeit vollständig,[81] einer wurde nach nur zwei Jahren lediggesprochen,[82] die anderen nach zwischen zwei Jahren und knapp vier Monaten und zwei Jahren und knapp elf Monaten.[83] Bei den anderen Zünften zeigte sich ein ähnliches Bild.[84]

Ausser bei den Schuhmachern, bei denen das Lehrgeld variierte, scheinen die Kosten für eine Lehre während des Ancien Régimes nominal weitgehend gleich geblieben zu sein. Bei den Wollwebern und Strumpfstrickern wurde für eine dreijährige Lehrzeit meist ein Lehrgeld von 50 Pfund vereinbart, hinzu kam noch das vom Lehrling zu entrichtende Trinkgeld. Einmal bezahlte ein Lehrling nur 40 Pfund, vielleicht weil er vor der Lehre bereits ein «halbes Vierteljahr», wie es in der Quelle heisst, beim Meister gedient hatte.[85] Interessant ist der Lehrvertrag, den Joseph Jermann mit Hans Georg Bobb aus der Schmelzi vereinbarte. Die Lehre sollte fünf Jahre dauern, in den letzten vier Jahren würde der Lehrling jährlich fünf Pfund Lohn erhalten. Lief Bobb vor Beendigung der Lehre davon, war er dem Meister den

---

80 In der zweiten Hälfte des 18. Jahrhunderts wurden mehrere Lehrknaben bei den Strumpfstrickern und Wollwebern für vier, einer sogar für fünf Lehrjahre aufgedingt, StadtBALaufen, Nr. 29, S. 21, 75, 89f., 93. Ob die Lehrzeit eingehalten wurde, lässt sich nicht überprüfen.
81 StadtBALaufen, Nr. 29, 1787–1791, S. 17, 1761–1764, S. 87v.
82 StadtBALaufen, Nr. 29, 1784–1786, S. 15.
83 StadtBALaufen, Nr. 29, S. 5v–7, 6–8, 10f., 11v–12, 15, 16v–18, 17, 77v, 80f., 91v–92, 95v–96.
84 Der Schneiderlehrling Joseph Schmidli aus Wahlen wurde nach zweieinhalb Jahren entlassen (StadtBALaufen, Nr. 30, 16.6.1743, S. 25, 27.12.1745, S. 31), der Leinenweberlehrling Hans Jacob Karrer aus Röschenz nach nicht einmal zwei Jahren (StadtBALaufen, Nr. 30, 15.2.1723, S. 112, 20.1.1725, S. 113). Der Schreinerlehrling Johannes Fritschi wurde nach zwei Jahren (StadtBALaufen, Nr. 31, 1.8.1773, S. 31, 15.8.1775, S. 32v), der Schreiner- und Glaserlehrling Antoni Schmidli wurde nach zweieinhalb Jahren (StadtBALaufen, Nr. 31, 12.9.1762, S. 22v, 9.3.1765, S. 25), Jacob Elsässer aus Istein, der ebenfalls Schreiner und Glaser werden wollte, nach zwei Jahren und neun Monaten lediggesprochen (StadtBALaufen, Nr. 31, 6.1.1783, S. 45, 10.10.1785, S. 47v). Auch bei den Schuhmachern wurde die Lehrzeit um ein halbes Jahr verkürzt, StadtBALaufen, Nr. 33, 22.4.1732–8.11.1733, S. 172; 1.5.1740, S. 191, 18.10.1742, S. 199, 4.2.1748–9.8.1750, S. 207f.
85 StadtBALaufen, Nr. 29, 15.3.1778, S. 10.

nicht näher bezeichneten Lehrlohn schuldig.[86] Bobb kam mit dieser Abmachung zwar günstig zu einer Ausbildung, die aufgrund ihrer langen Dauer vielleicht besonders gründlich war. Er verpflichtete sich jedoch gleichzeitig, lange und – im Vergleich zu einem Gesellen – wohl zu nicht besonders vorteilhaften Bedingungen bei seinem Lehrmeister zu bleiben. Bei den Schreinern und Glasern betrug das Lehrgeld 60 Pfund,[87] in einem Fall wurden 70 Pfund[88] vereinbart. Franz Conrad Fritschi nahm seinen Neffen als Lehrling auf. Vertraglich vereinbarte er, dass er ihm das Lehrgeld auf Wohlverhalten schenken wolle, seine Frau erhielt jedoch ein Trinkgeld von einem neuen Taler.[89] Bei den Schuhmachern schwankten die Abmachungen über die Höhe des Lehrgeldes beträchtlich: 1711 bezahlte ein Lehrling für drei Jahre 30 Pfund,[90] 1725 waren es bereits 43 Pfund,[91] 1731 dann 50 Pfund.[92] Bis zum Ende des Ancien Régimes mussten Lehrlinge mit Kosten von 40 bis 54 Pfund für eine Schuhmacherlehre rechnen.[93] Unklar bleibt, ob die Schwankungen Folge von Preisbewegungen – von Angebot und Nachfrage – waren, oder ob sie auf die Vertragsfreiheit zwischen Lehrmeister und dem Lehrling, beziehungsweise seinem Rechtsvertreter zurückzuführen sind, die individuelle vertragliche Abmachungen trafen. Möglicherweise spiegelte sich in der Erhöhung des Lehrgeldes die Absicht, die Zulassung zum Handwerk zu erschweren.

Die Ordnungen des 18. Jahrhunderts sahen zu Beginn der Lehrzeit eine 14-tägige Probezeit vor, in der das Lehrverhältnis wieder aufgelöst werden konnte, ohne dass der Lehrling dem Meister mehr als ein angemessenes Kostgeld bezahlen musste. Kam es nach der Probezeit zu Konflikten um das Aufdingen oder das Lehrgeld, hatten die Zunftvorgesetzten darüber zu entscheiden. Im Appellationsfall war der Zivilrichter dafür zuständig.[94] Offenbar kam es nicht selten vor, dass Lehrlinge ihrem Meister davonliefen. Geschah dies ohne Grund, so bestimmte die Ordnung von 1601, dass der Lehrling zu seinem Meister zurückkehren und der Zunft eine Strafe von einem Pfund bezahlen musste. War er nicht zu einer Rückkehr zu bewegen, weil er bei einem neuen Meister eintreten wollte, musste er neu aufgedingt werden und die bereits absolvierten Lehrjahre wurden ihm abgesprochen.[95] Die Zunft schützte primär das Interesse des Meisters, dem die Arbeitskraft des Lehr-

---

86 StadtBALaufen, Nr. 29, 17.2.1771, S. 93.
87 StadtBALaufen, Nr. 31, 1747, S. 4; 1762, S. 22v; 1783, S. 45.
88 StadtBALaufen, Nr. 31, 1757, S. 1v.
89 StadtBALaufen, Nr. 31, 1.8.1773, S. 31.
90 StadtBALaufen, Nr. 33, S. 146.
91 StadtBALaufen, Nr. 33, S. 162.
92 StadtBALaufen, Nr. 33, S. 172.
93 StadtBALaufen, Nr. 33, 1748: 54 Pfund, S. 107; 1756: 53 Pfund, S. 210; 1769: 50 Pfund, S. 259; 1777: 50 Pfund, S. 53; 1785: 40 Pfund, S. 53f.; 1792: 50 Pfund, S. 93.
94 Art. 11 der Schneider- und Weberzunftordnung, der Schreiner-, Glaser- und Schlosserzunftordnung sowie der Strumpfstricker- und Wollweberzunftordnung.
95 AAEB, B 209/2, 8.5.1601, S. 5–7.

lings nach Möglichkeiten wieder zugeführt werden sollte. Den Lehrling kam das Weglaufen teuer zu stehen, hatte er doch Strafe oder die Gebühr für das Aufdingen zu bezahlen; durch den Verlust der bereits absolvierten Lehrjahre musste er eine Verlängerung seiner Lehre gewärtigen. Im 18. Jahrhundert wurden die diesbezüglichen Bestimmungen insofern verschärft, als der Lehrmeister einen Teil oder den ganzen Lehrlohn erhielt; schliesslich hatte er dem Lehrling Wissen weitergegeben, für das er entschädigt werden wollte.[96]

Die Absolvierung einer Lehre war die Grundlage für die spätere Beschäftigung im Handwerk, war es den Meistern doch verboten, «Stimpler» – Handwerker, die keine zunftmässige Lehre absolviert hatten – als Gesellen zu beschäftigen.[97] Es bestand demnach Ausbildungszwang, der eng mit dem Zunftzwang verbunden war. «Der Lehrzwang diente ebenso der inneren Rechtfertigung des Zunftzwangs wie er umgekehrt nur mittels dieses Zunftzwangs durchzusetzen war.»[98]

Wanderschaft

Im 18. Jahrhundert folgte nach absolvierter Lehre eine Wanderzeit von ebenfalls drei Jahren.[99] Die Einhaltung der Wanderschaft wurde im Zunftrodel zwar nicht verzeichnet, dass einige Gesellen bereits kurze Zeit nach dem Ledigsprechen in die Meisterschaft aufgenommen wurden, zeigt jedoch, dass die dreijährige Weiterbildung in der Fremde nicht durchwegs absolviert wurde. Bei den Wollwebern und Stumpfstrickern wurde der Geselle Joseph Fritschi ein Jahr und drei Monate nach dem Ledigsprechen Meister; Joseph Schärrer sogar nach nur fünf Monaten.[100] Wo sie sich in der Zwischenzeit aufhielten, ist unbekannt.

An sich konnte eine Verkürzung der Wanderschaft nur aus «beweglichen Ursachen» bewilligt werden.[101] Dennoch waren die Gesuche um eine Dispensation von der Wanderschaft recht häufig. 1786 beschwerte sich die Wollweberzunft bei der Obrigkeit, die für die Bewilligung eines Dispenses zuständig war, dass so oft um die Befreiung von der Wanderschaft nachgesucht werde. Die Betreffenden blieben ohne

---

96 Lief ein Knabe ohne erkennbare Ursache aus der Lehre davon, verfiel dem Lehrmeister ein Teil des Lehrlohns, wenn er in der ersten Hälfte der Lehrzeit stand. Der Meister erhielt den ganzen Lohn, wenn der Lehrling schon mehr als die Hälfte der Lehre absolviert hatte, Art. 11 der Schneider- und Weberzunftordnung, der Schreiner-, Glaser- und Schlosserzunftordnung sowie der Strumpfstricker- und Wollweberzunftordnung. Vgl. ausserdem Dubler 1982, S. 244f.
97 «Es soll auch kein Meister keinen Stimpler, sonder allein soliche Knecht, so das handtwerck gelernt, anstellen bei Straf 2 lb. der oberkeit und der Zunft jedem das Halb», AAEB, B 209/2, 8.5.1601, S. 5–7.
98 Dubler 1982, S. 241.
99 Art. 2 der Schuhmacherzunftordnung sowie der Bäckerzunftordnung. Art. 9 der Schneider- und Weberzunftordnung sowie der Schreiner-, Glaser- und Schlosserzunftordnung.
100 StadtBALaufen, Nr. 29, 1778/9, S. 11v–12v, 1788, S. 16v–18.
101 Art. 2 der Schuhmacherzunftordnung.

die Ausbildung in der Fremde unerfahrene Handwerker.[102] In seinem Antwortschreiben forderte der Bischof alle Zünfte auf, ihren Ordnungen Nachachtung zu verschaffen.[103] In den Quellen fassbar sind verschiedene Ursachen für die Nichtabsolvierung der Wanderschaft. Der Wollweber Franz Borrer konnte wegen seines Zustandes – wie es im Zunftmanual ohne nähere Erläuterung heisst – nicht wandern. Er kaufte sich für zwölf Pfund von der Wanderschaft los und durfte während sechs Jahren keine Lehrlinge ausbilden.[104] Joseph Borrer, ebenfalls ein Wollweber, wurde ohne Wanderschaft Meister, damit er bei seiner alten Mutter bleiben und für sie arbeiten konnte.[105] Mit dem Dispens sollte wohl verhindert werden, dass Borrers Mutter der Armenfürsorge anheim fiel. Die Pflicht, alte Eltern zu unterstützen, verfing nicht immer: Als der Säger Franz Fritschi wegen seines hohen Alters, das es ihm verunmöglichte, die schwere Sägerarbeit allein zu leisten, darum bat, seinen Sohn, der das Schreinerhandwerk gelernt hatte, von der Wanderschaft zu dispensieren, riefen ihm der Landvogt und Landschreiber Kern in Erinnerung, dass Fritschi «für das wohl seines Sohns sorg tragen solte, und diesem seinen Sohn am besten gerathen wäre, wan der Sohn seine wander jahr bey guten meistern ausmachte». In der Sägerei solle er seinen älteren Sohn beschäftigen, der sich kürzlich verheiratet habe; dieser sei Säger und könne nur durch dieses Handwerk seinen Lebensunterhalt verdienen. In einem Schreiben an den Bischof äusserten sich Vogt und Schreiber grundsätzlich zum Zustand des Handwerks in der Vogtei: «so miessen wür gehorsambst anzeigen, dass hiesige hochfürstliche Underthane zwar vielfältig handwerckher erlehrnen, under 50 aber kaum Einer sich auf die Wanderschaft begebe, und sein handwerkh Meisterlich erlehrne, sondern vielmehr der mehriste theil nach vollbrachten lehrjahren sich verheurathe, und also sich zum meister einkaufe, so dass zwar darmit die gemeinden mit handwerksleuthen angefüllet werden; gleichwohlen aber wan mann gute und daurhafte arbeith haben will, so muss mann die arbeith frembden meistern verdingen, solcher gestalten erstickhen derbey halb erlernte Meister in ihren handwerkhern, und da sie dem handwerk ihr brodt gewinnen solten, so miessen sie taglöhnere abgeben, weilen selbe keine meister, sondern pfuscher mit welchen hiesige hochfürstliche Oberamt gänntzlich angefüllet seynd».[106] Den Bischof forderten sie auf, die Aufnahmen ungewanderter Handwerker in die Meisterschaft zu verbieten. Die Forderung nach der Durchsetzung der Wanderschaft zielte in eine ähnliche Richtung wie die Verlängerung der Lehrzeit.[107] Beides erschwerte die Ausbildung, um den Nachwuchs und damit die Konkurrenz in Grenzen zu halten.

102 AAEB, B 209/2, ante 6.10.1786, S. 467.
103 AAEB, B 209/2, 11.12.1786, S. 473.
104 StadtBALaufen, Nr. 29, 21.10.1773, S. 28.
105 StadtBALaufen, Nr. 29, 4.2.1787, S. 97v.
106 AAEB, B 209/2, 3.11.1750, S. 239.
107 Dubler 1982, S. 243 f.

Regulierung des Nachwuchses

Um die Zahl der Junghandwerker zu regulieren, fixierte die Zunft nicht nur die Anzahl Lehrlinge,[108] die ein Meister gleichzeitig ausbilden durfte, sondern sie bestimmte auch, dass ein neu aufgenommener Meister während zwei bis drei Jahren nach seiner Aufnahme noch keine Lehrlinge aufdingen durfte.[109] Die meisten Zünfte kannten nach dem Aufdingen eines Lehrlings eine Wartezeit von ebenfalls zwei bis drei Jahren, bevor ein Meister einen neuen aufnehmen konnte.[110] Dass junge Meister stillstehen mussten, sollte gewährleisten, dass sie zuerst selbst Erfahrungen sammelten, bevor sie Lehrlinge ausbildeten und wohl auch, dass sich die Zunft ein Bild über das Können der frisch aufgenommenen Berufsleute machen konnte. Die Karenzfrist nach der Ausbildung eines Lehrlings diente der Beschränkung des Nachwuchses in Handwerken, die wohl ohnehin über-, sicher aber nicht unterbesetzt waren.

Gegen Ende des 18. Jahrhunderts erschwerten verschiedene Zünfte die Ausbildung zusätzlich, indem sie die Erhöhung der Gebühren für das Aufdingen und Ledigsprechen von Lehrlingen verlangten. Während die Schreiner und Schlosser mit ihrer Argumentation, es sei ihnen nicht möglich, mit ihren Einnahmen die Kosten für Wachs und die Lesung von heiligen Messen zu bestreiten, ihr Ziel – die Anpassung ihrer Taxen an die in der Schuhmacherzunftordnung bereits seit 1707 gültigen höheren Gebühren – erreichten,[111] stiessen die Schneider und Leinenweber einige Jahre später auf grössere Schwierigkeiten. In ihrer Zunftordnung war keine Taxe für das Aufdingen und Ledigsprechen vorgesehen, weshalb es oft zu Streitigkeiten kam. 1780 gelangten sie mit der Bitte um deren Festsetzung an den Bischof, erhielten jedoch keine Antwort. In einer Stellungnahme zum Begehren sprachen sich der Vogt von Zwingen und sein Schreiber ablehnend gegen die von der Zunft in Eigenregie eingeführten Gebühren von drei Pfund Geld und Wachs aus. Bei den Lehrlingen handle es sich meist um Kinder armer Eltern, die das Lehrgeld vom Bischof oder dem Domkapitel erhielten.[112] Der Bischof forderte die

---

108 Die Schneider und Weber durften zwei Lehrlinge ausbilden, alle anderen grundsätzlich nur einen, vgl. dazu unten.
109 Art. 16 der Strumpfstricker- und Wollweberzunft: drei Jahre für einen neu aufgenommenen Meister, ausser der Lehrling ist ein Meistersohn. In der Schuhmacherzunft galt eine Karenzfrist von zwei Jahren für Fremde, die in die Meisterschaft aufgenommen wurden (Art. 6). Art. 2 Abs. 1 der Bäckerzunftordnung: zwei Jahre.
110 Art. 2 der Schuhmacherzunftordnung: zwei Jahre. Art. 7 der Rotgerberzunftordnung: drei Jahre. Art. 16 der Strumpfstricker- und Wollweberzunft: drei Jahre. Art. 2 Abs. 1 der Bäckerzunftordnung: zwei Jahre.
Auch die Karenzzeiten wurden nicht in jedem Fall eingehalten: Franz Conrad Burger nahm bereits nach einem Jahr und knapp zwei Monaten wieder einen Lehrling auf, StadtBALaufen, Nr. 29, 1771–1778, S. 7 und 10.
111 AAEB, B 209/2, 13.2.1778, S. 335–339; AAEB, VA Nr. 125, 3.3.1778, o. S.
112 In den Genuss von obrigkeitlichen Ausbildungsbeiträgen kamen nicht nur Söhne armer

Supplikanten dann auch auf, sich mit ihrer Ordnung von 1720 zufrieden zu geben.[113]

Aufnahme in die Meisterschaft

Kehrte der Geselle von der Wanderschaft zurück und wollte Meister werden, hatte er im 18. Jahrhundert als letzten Schritt seiner Ausbildung der Zunft ein Meisterstück vorzulegen.[114] Vor der Aufnahme in die Meisterschaft wurde das Werk durch die Zunft besichtigt. Ein Schreiner beispielsweise musste einen Kreuzstock mit vier Flügeln, «welche auseinander geschlagen, mit denen Neglen durch Einander gemischt [?] Undt alles ungezeichnet wiederumb zusammengefüegt werden muess, Ein Glasser soll ein new stück glassen, so dass es dass Wasser haltet, So darauff geschüttet wirdt undt solle von den beschauwmeisteren Ihme die gemachte bündt, als welche alle gleich sein sollen, abgemessen werden. Der Schlosser soll machen Ein Kastenschloss von fünf oder sechs Rieglen alles zusamm geschraubt mit einem gantzen schlüssel dazu darin drey sternen oder strahlen gearbeitet, alles sauber baliert undt die zierathen blauw geschmeltzt.»[115] Bei den Strumpfstrickern musste ein Brusttuch «mit einem doppleten Adler worinnen unser landsfürstl. Wappen eingestrickht, in guter sauberer, und undadelhaffter Form ausgefertiget» werden.[116]

Die Gebühren für die Aufnahme in die Zunft waren recht unterschiedlich. Der Sohn eines Schuhmachermeister gab neben einem Reichstaler ein Pfund Kerzenwachs, ein Fremder bezahlte 16 lb. 17 ß 6 d., ebenfalls ein Pfund Wachs sowie 1 lb. 5 ß «zu Vertrinckhen». Ein bischöflicher Untertan, der nicht aus dem Zunftbezirk stammte, musste immer noch 11 lb. 5 ß, ein Pfund Wachs und 15 Schilling Trinkgeld bezahlen. Ein Handwerker aus dem Zunftbezirk erlegte fünf Pfund, wiederum ein Pfund Wachs und 15 Schilling zum Vertrinken.[117] Schneider und Weber hatten

---

Eltern. Auch Mädchen wurde eine Ausbildung – allerdings nicht im zünftischen Rahmen – finanziert, vgl. dazu Kap. 2. Zur Frauenarbeit im Zunfthandwerk, vgl. unten.
113 AAEB, B 209/2, 1781, S. 349–357.
114 Art. 10 der Schneider- und Weberzunftordnung: Der Artikel macht keine genauen Angaben über das Meisterstück, es ist von dem «bey jedem Handwerk gebräuchliche[n] Meisterstuk» die Rede und davon, dass es «nicht allzu ungebraulich kostbar und unnutz ausgefertiget, auch das alle unnöthigen unkosten, zehrung und mahlzeiten, sowohl bey der ausfertigung als bey Vorzug und besichtigung sothanen Meisterstucken gänzlich und allerdings underlassen werden da sonsten zwuschen denen meistern und denjenigen knecht oder gesellen so das meisterstuk verfertiget streit und Irrung verfiele, ob solchen recht und gemacht sige oder nicht». Offenbar war gewohnheitsrechtlich geregelt, dass ein Schneider ein Messgewand zu verfertigen hatte, sich jedoch vom Meisterstück freikaufen konnte, AAEB, B 209/2, 19.9.1788, S. 475.
115 Art. 10 der Schreiner-, Glaser- und Schlosserzunftordnung.
116 Art. 10 der Strumpfstricker- und Wollweberordnung.
117 Art. 8 (Meistersöhne) und 9 (Fremde, Untertanen des Bistums sowie aus dem Zunftbezirk) der Schuhmacherzunftordnung. Bei den Bäckern galten dieselben Gebühren, Art. 2 Abs. 3.

jährlich 15 Schilling Basler Währung zu bezahlen.[118] Bei den Schreinern, Glasern und Schlossern waren bei der Immatrikulation für die Zunftkapelle St. Katharina 2 lb. 15 ß sowie für das ewige Licht ein Pfund Wachs zu entrichten. Meistersöhne profitierten von reduzierten Ansätzen. Sie bezahlten 15 Schilling und ein halbes Pfund Wachs.[119] Auch bei den Strumpfstrickern und Wollwebern kamen die Meistersöhne günstiger zur Mitgliedschaft. Sie gaben einen Taler, während alle anderen zwei Taler bezahlten.[120] Ein Rotgerber hatte drei Pfund in bar zu erlegen. Besondere Bestimmungen galten für Meister aus der Herrschaft Pruntrut.[121]

Die Ordnung von 1601 machte keine Vorschriften über eine Wanderschaft nach der Lehre. Die Aufnahme eines Einheimischen in die Meisterschaft erfolgte nach Abschluss der Lehre gegen eine Gebühr von 12 ß 6 d. Ein Meisterstück war also noch nicht vorgesehen. Die Aufnahme von Fremden in die Meisterschaft wurde erschwert, indem sie mit einer um ein Vielfaches höheren Gebühr – zu bezahlen waren zehn Pfund – belegt und an einen gleichzeitigen Antrag um Aufnahme ins Bürgerrecht geknüpft wurde.[122] Die Arbeitsmöglichkeiten fremder Handwerker wurden stark eingeschränkt. Während es unter einheimischen Meistern verboten war, sich gegenseitig Aufträge streitig zu machen[123] und Kunden abzuwerben,[124] durften sie den Fremden Verträge entziehen.[125] Wurde dem fremden Handwerker erlaubt, einen Auftrag auszuführen oder zu vollenden, hatte er eine Strafe von drei Pfund zur Hälfte an die Obrigkeit und die Zunft zu bezahlen. Wusste ein einheimischer Handwerker, dass ein Fremder einen Auftrag angenommen oder begonnen hatte, war er bei fünf Pfund Strafe zur Anzeige bei den Zunftmeistern verpflichtet.

Betriebsgrösse und Konkurrenzverbot

Während 1601 noch keinerlei Beschränkungen der Betriebsgrösse in der Zunftordnung festgeschrieben waren, machten alle Briefe des 18. Jahrhunderts genaue

---

118 Art. 2 der Schneider- und Leinenweberzunft.
119 Art. 2 der Schreiner-, Glaser- und Schlosserzunftordnung.
120 Art. 2 der Strumpfstricker- und Wollweberzunftordnung.
121 Art. 3 der Rotgerberzunftordnung.
122 «Ein frembder aber in solichem fall [wenn er das Handwerk ausgelernt hatte und begehrte, Meister zu werden] und da Er d. Oberkeit annemlich, auch begere Burger zu werden, der soll erlegen 10 lb. der oberkeit und der Zunft Jedem das Halb», AAEB, B 209/2, 8.5.1601, S. 5–7.
123 «Es soll auch ein Meister den anderen In sein Verding nit Instahn, es were dann Sach, das soliches mit seinem wissen und guetten willen beschieht, oder Er selbst freyen willens davon abstünde welicher dz eberfürer [?], soll der Zunft zur straf erlegen 1 lb.», AAEB, B 209/2, 8.5.1601, S. 5–7.
124 «Es soll auch ein Meister dem andern weder für sich selbst, noch durch sein gesindt, sonderlich aber under den Webern, kein kunden abziehen bei straf, was darauf gesezt wurdt», AAEB, B 209/2, 8.5.1601, S. 5–7.
125 «Item wan sich begebe, das ein frembder Meister einichen baw undterstüende, oder ver-

Angaben über die zulässige Anzahl Arbeitskräfte. Begründet wurde die Eingrenzung der Betriebsgrösse damit, dass ein «bemittelter Meister durch die Haltung vieler Gesellen nicht alle Arbeit auf sich allein ziehen»[126] solle. Die Rotgerber durften neben einem Lehrling noch zwei Gesellen halten.[127] Zusätzliche Arbeitskräfte konnten sie nur beschäftigen, wenn und solange sie Häute besassen, die sonst verderben würden.[128] Bei den Schuhmachern waren nicht mehr als zwei Gesellen oder ein Geselle und ein Lehrling erlaubt. Hatte ein Meister mehr als einen Sohn, der das Handwerk lernen wollte, musste die Zunft darüber entscheiden.[129] Ein Schneider oder Leinenweber durfte nicht mehr als zwei Lehrlinge beschäftigen, es sei denn, ein Lehrling hätte bereits mehr als die Hälfte der Lehrzeit absolviert. Über die zulässige Anzahl Gesellen, macht der Zunftbrief keine Angaben.[130] Die Strumpfstricker und Wollweber gingen in ihren Bestimmungen noch weiter: «Wann in dz künfftige ein Meister drey Knappen, oder aber zween und Einen Lehrjungen darneben, welcher allbereit zum weber tüchtig, haben wurde, dargegen aber ein anderer Meister an Knappen, oder Webern Mangel hätte, dass als dann der Jenige, so einen überflüssigen Knappen hat, dem anderen, so Mangel daran hätte; Einen auf begehren zuekommen lassen solle, bey Straf zwey pfundt gelts.»[131] Dubler kommt zum Ergebnis, dass die Betriebsgrösse von drei bis vier Beschäftigten auf dem Land meist unterschritten wurde. Der Einmann- beziehungsweise Einmeisterbetrieb war dennoch nicht die Regel, da Familienmitglieder mitarbeiteten. Letztere sind jedoch schlecht fassbar, da die Zunft hauptsächlich die Beschäftigung fremder Arbeitskräfte kontrollierte.[132] Ob es sich mit der Betriebsgrösse in Laufen während der Frühen Neuzeit ähnlich verhält, lässt sich nicht mit Sicherheit sagen, da demografische Quellen, die sämtliche Mitglieder eines Haushaltes namentlich und mit ihrem Beruf aufführen, fehlen. Die einzige derartige Zählung – sie entstand erst in der französischen Zeit – spricht jedoch dafür. «Knechte», also Gesellen, sind bei Handwerkern nur in zwei Fällen erwähnt: in den beiden Müllerhaushalten, in denen je ein Knecht diente. Sonst scheinen – schliesst man aufgrund der Familiennamen – ausschliesslich Verwandte (meist Eltern mit Kindern, gelegentlich mit weiteren Personen) zusammen gewohnt und gewirtschaftet zu haben.[133]

dingt, so sollen die Meister Im Landt Ime darvon zubieten, und solich verding Zuziehen macht haben, […]», AAEB, B 209/2, 8.5.1601, S. 5–7.
126 Art. 15 der Rotgerberzunftordnung.
127 Art. 15 der Rotgerberzunftordnung. Dieselbe Bestimmung galt auch bei den Schreinern, Glasern und Schlossern (Art. 6). Hatte der Lehrling mehr als die halbe Lehrzeit absolviert, durfte ein weiterer aufgenommen werden (Art. 16).
128 Art. 15 der Rotgerberzunftordnung.
129 Art. 3 der Schuhmacherzunftordnung.
130 Art. 16 der Schneider- und Weberzunftordnung.
131 Art. 12 der Zusätze zur Strumpfstricker- und Wollweberzunftordnung.
132 Dubler 1991, S. 40f.
133 StadtBALaufen, Nr. 95, S. 5–27, «Bevölkerungsliste vom 8. ventos 5. Jahr» (26.2.1797), vgl. Kap. 2.

Bestimmungen für das Verhalten zwischen den Meistern nahmen in den Zunftbriefen einen grossen Raum ein: Unter den Zunftmeistern galt ein strenges Konkurrenzverbot. Das Abwerben von Kunden war genauso verboten wie dasjenige von Arbeitskräften.[134] Bei den Wollwebern war überdies die Produktionsmenge beschränkt. «Solle fürohin Jährlich Ein Jeder Meister fünfzig Stuckh aller gattung Tuch und Rattinen, so der Schaw gemäss, wollen machen, aber mehr nicht, bey straf von Jedem Stuckh vier pfund gelts».[135]

Zunftzwang

Die Zunftordnungen des 18. Jahrhunderts unterschieden sich von jener aus dem Jahr 1601 vor allem durch die grössere Regelungsdichte. Die Briefe waren detaillierter und formulierten vieles explizit aus, was 1601 erst angedeutet war. Dies gilt nicht zuletzt für den Zunftzwang,[136] der im Verbot, Stümper zu beschäftigen, zwar bereits enthalten war, im 18. Jahrhundert jedoch genauer umschrieben wurde. Alle Zunftordnungen des frühen 18. Jahrhunderts erlaubten nur noch den Mitgliedern der Zunft die Arbeit im Handwerk.[137] Den Meistern war es verboten, Nichtzünftige zu beschäftigen.[138] Lehrlinge mussten vor der Zunft aufgedingt werden.[139] Auf Wanderschaft gehen konnten Gesellen erst, wenn sie von der Zunft lediggesprochen waren und als Leumundszeugnis einen Lehrbrief[140] erhielten. Fremde, die

---

134 Art. 12 (Arbeitskräfte) der Schuhmacherzunftordnung. Art. 6 (Kunden) und 17 (Arbeitskräfte) der Schneider- und Leinenweberzunft. Art. 16 (Arbeitskräfte) und 18 (Kunden) der Rotgerberzunftordnung. Art. 6 der Zusätze zur Strumpfstricker- und Wollweberordnung (Arbeitskräfte).
135 Art. 7 der Zusätze zur Strumpfstricker- und Wollweberordnung. Rati oder Ratine ist eine Art (schwarzes) Tuch aus Wolle, Id. 6, Sp. 1629.
136 Zu den verschiedenen Aspekten des Zunftzwangs, vgl. Isenmann 1988, S. 311.
137 Art. 1 bei den Schneidern und Leinenwebern, Strumpfstrickern und Wollwebern, Schreinern, Glasern und Schlossern, Rotgerbern sowie Art. 5 und 10 bei den Schuhmachern. Die Schuhmacherzunft forderte ausserdem, dass jemand, der seine Lehre ausserhalb des Zunftbezirks gemacht hatte, erst arbeiten dürfe, wenn er sich mit der Zunft «gebührend abgefunden» habe (Art. 11). Bei den Bäckern ist die Bestimmung nicht explizit formuliert.
138 Art. 10 der Schuhmacherzunftordnung. Art. 16 der Strumpfstricker- und Wollweberzunftordnung sowie Art. 11 der Zusätze zur Strumpfstricker- und Wollweberordnung.
Da es sich bei den meisten Betrieben um Familienbetriebe handelte, in denen Frau und Kinder – auch Töchter – des Haushaltsvorstandes mitarbeiteten, ist es fraglich, ob sich diese Bestimmung durchsetzen liess. Die Strumpfstricker- und Wollweberzunftordnung machte unter Artikel 17 deshalb eine Ausnahmebestimmung: «In gleichem ist Jedem Meister Verbotten keine Weibspersonen ausert der seinigen in der Werckstatt stricken zu lassen, das Spinnen aber bleibt wie bisher erlaubt.»
139 Art. 7 der Schneider- und Leinenweberzunftordnung und der Schreiner-, Glaser- und Schlosserzunftordnung sowie der Strumpfstricker- und Wollweberzunftordnung, Art. 2 der Schuhmacherzunftordnung und der Bäckerzunftordnung.
140 Art. 9 der Schneider- und Weberzunftordnung und der Schreiner-, Glaser- und Schlosserzunftordnung sowie der Strumpfstricker- und Wollweberzunftordnung, Art. 6 und 10 der Rotgerberordnung. Konzept des Lehrbriefs der Schneider und Leinenweber vom 17.4.1720, AAEB, VA Nr. 125, S. 39: Der Lehrbrief bescheinigt die Absolvierung der Lehre und die Ledig-

in Laufen arbeiten wollten, durften dies nur mit Bewilligung der Zunft. Im Schneider- und Leinenweberhandwerk, bei den Strumpfstrickern und Wollwebern sowie bei den Schlossern, Glasern und Schreinern war Fremden nur die Arbeit in abhängiger Stellung, als Gesellen, erlaubt.[141] Andere Zünfte, beispielsweise die Schuhmacher, liessen Fremde zur Meisterschaft zu, unterwarfen sie jedoch einer zweijährigen Karenzfrist, bis sie Lehrlinge ausbilden durften.[142] Der Zunftzwang führte auch dazu, dass die Tätigkeitsfelder von Handwerkern abgegrenzt und eingeschränkt wurden. Die Schuhmacherzunftordnung bestimmte, dass Handwerker, die bisher als Gerber und als Schuhmacher gearbeitet hatten, sich für das eine oder andere Handwerk entscheiden mussten, weil die Ausübung von zwei Handwerken in Zukunft verboten sei.[143] Die Rotgerber kannten ähnliche Bestimmungen. Sie versuchten ausserdem, den Rohstoffhandel zu monopolisieren, indem sie Metzgern, Weissgerbern und Sattlern den Kauf von Häuten und den Handel damit untersagten.[144] Den Schneidern und Leinenwebern war es verboten, Arbeiten auszuführen, die «kundbahrlich nicht zu [ihrem] Handwerk gehöret, oder von Einer anderen gattung ist, und zwar diss bei straf der confiscation sothaner verfertigten waaren».[145] 1601 fehlten Bestimmungen über die Berufstrennung noch völlig.

Die Berufstrennung hatte das Ziel, den Handwerkern in ihrem Bereich das Monopol zu sichern, teilweise – etwa bei den Gerbern – ging es auch darum, den Zugang zu den Rohstoffen zu garantieren.[146] Die Abgrenzung der Berufe wurde in der Realität wohl nicht so streng gehandhabt. Ein Beispiel dafür sind die Schreiner, die gleichzeitig als Glaser arbeiteten. Immer wieder lernten Lehrlinge sowohl das Schreiner- als auch das Glaserhandwerk.[147] Dadurch verbesserten sie zweifelsohne ihre Möglichkeiten, ihren Unterhalt zu bestreiten, weil sie unterschiedliche Aufträge annehmen konnten.

Der Zunftzwang wirkte sich ausserdem auf den Handel im Allgemeinen und auf den städtischen Markt[148] im Besonderen aus. Handel und Produktion waren in

---

sprechung durch die Zunft sowie die «Ehr- und redlich[e]» Aufführung des Lehrling. Der Lehrbrief diente auf der Wanderschaft als Empfehlungsschreiben: «[A]uch recommendiere ihne aller ohrten da Er sich anmelden möchte, dass man ihne wegen seines wohlverhaltens, und erlehrnten handwercks in consideration ziehen, und allen geneigten willen erweisen wolte».
141 Art. 3 der Schneider- und Leinenweberordnung und der Strumpfstricker und Wollweberzunftordnung, Art. 2 und 5 der Schreiner-, Glaser- und Schlosserzunftordnung.
142 Art. 6, 9 und 11 der Schuhmacherzunftordnung.
143 Art. 1 der Schuhmacherzunftordnung.
144 Art. 23 der Rotgerberzunftordnung. Ausnahmebestimmungen für den Handel galten nur für Lederarten, die im Inland nicht verarbeitet wurden, daran durften sich auch Fremde beteiligen, Art. 25 und 26.
145 Art. 6 der Schneider- und Weberzunftordnung.
146 Vgl. dazu Dubler 1982, S. 284 ff.
147 StadtBALaufen, Nr. 31, 1757, S. 18v; 1783, S. 45.
148 Zum Laufner Markt, vgl. unten.

der Zunftwirtschaft traditionell getrennte Bereiche.[149] Verboten war insbesondere der Zwischenhandel. Die Strumpfstricker- und Wollweberzunftordnung bestimmte deshalb, «dass kein Meister frembde waar zum wiederverkauf an sich erhandlen und gewerbschaft darmit treiben, sondern nichts als sein eigene zu Markt und Verkauf bringen soll».[150] Die Schuhmacherzunft untersagte ihren Mitgliedern (Gerber und Schuhmacher) sowohl das Hausieren[151] als auch den Erwerb von Leder, Schuhen und alten Schuhen zwecks Weiterverkauf.[152] Die Rotgerber des Bistums gingen in ihren Bestimmungen sogar so weit, dass ein Meister als verrufen galt, wenn er auf dem Markt neben einem Stümper Waren verkaufte.[153] Auch den Bäckern war das Hausieren verboten, denn Brot durfte nur am Markttag verkauft werden. Wurde jemand mehr als einmal beim unerlaubten Verkaufen erwischt, wurde das Brot konfisziert und am gewöhnlichen Betteltag in Laufen oder in der Herrschaft Pfeffingen an die Armen verteilt.[154]

Ihre Zunftordnung berechtigte die Schuhmacher zu Qualitätskontrollen auf den Laufner Jahrmärkten. Sie durften die Schuhe, die auswärtige Meister auf den Markt brachten, der Schau unterziehen und sie, wenn sie Mängel an der Ware feststellten, mit zehn Schilling oder mehr pro Paar büssen.[155] Dieses Recht bezog sich insbesondere auf Schuhmacher aus Orten, in denen diese die Schau über Laufner Handwerker ausübten. Die Forderung, an den Märkten die Schau durchführen zu dürfen, spielte für die Schuhmacher im Zusammenhang mit der Aufrichtung der Zunft eine so zentrale Rolle, dass sie sie zweimal vorbrachten.[156] Mit dieser Bestimmung lag es in ihrer Hand, andere Schuhmacher vom Markt auszuschliessen. Da sie jedoch mit Gegenmassnahmen rechnen mussten, hatten sie sicher ein Interesse daran, nur dann einzuschreiten, wenn die Ware wirklich schlecht war.

Die Rotgerber waren zusätzlich zur Qualitätskontrolle berechtigt, von auswärtigen Handwerkern bei deren erstem Besuch am Jahrmarkt ein Einstandsgeld von 2 lb. 5 ß zu verlangen. Nach der Besichtigung des Leders wurde es durch die Zunft

---

149 Vgl. dazu Dubler 1982, S. 348f. sowie S. 390ff.
150 Art. 22 der Strumpfstricker- und Wollweberzunftordnung. Vgl. auch Art. 9 und 10 der Zusätze zur Strumpfstricker- und Wollweberordnung. Verkauft werden durfte nur schauwürdiges Tuch.
151 Art. 18 der Schuhmacherzunftordnung.
152 Art. 4 der Schuhmacherzunftordnung. Ein Hausierverbot bestand auch in der Rotgerberzunft des Bistums, Art. 20.
153 Art. 21 der Rotgerberzunftordnung.
154 Art. 4 Abs. 2 der Bäckerzunftordnung.
155 Art. 20 der Schuhmacherzunftordnung.
156 AAEB, B 209/2, ante 24.11.1706, S. 579ff. (Supplikation an den Bischof für die Errichtung einer Zunft); ebd., ante 9.1.1707, S. 619f. (Stellungnahme zur ablehnenden Haltung der Birsecker Schuhmacher über die zu errichtende Zunft).

gestempelt. Der Stempel entsprach wohl einem Gütesiegel, auf das nur Handwerker Anspruch hatten, die den Gerbern aus dem Fürstbistum an ihren Jahrmärkten ebenfalls die Ware beschauten und auszeichneten. Auch die Höhe der Gebühren für den Stempel sollte sich nach dem Gegenrecht richten.[157]

In der Ordnung der Schneider und Leinenweber wurde ausdrücklich festgehalten, dass auf den Laufner Märkten das Marktrecht gegenüber dem Zunftrecht Höherrangigkeit beanspruchen konnte. Fremde, die nicht in der Zunft immatrikuliert waren, mussten «sich inskönftig alles heimlichen und offentlichen verkaufens ihrer arbeit und wahren in der Stadt gäntzlich enthalten, wie nicht weniger darinnen des arbeit anfremdens und verdingens auch selbsten Schaffens von nun an durchauss müssigen sollen, bey confiskation solcher hereingebrachten oder darinnen auf dise weiss verdingt und verfertigten waaren, so dem Fisco ganz zu dienen und heimfallen sollen. Alles jedoch der meynung und in diesem Verstand, dass hierinn die waaren und arbeit so in der stadt etwann nicht zu finden, keinesswegs gemeint, wie auch dass die ordentlichen Jahr- und wochen Märckt nach Marcktrecht ferneres gehalten und fremden so wohl als heimischen das Ihrige feyl zu bieten, und zu verkaufen ganz frey gelassen werden solle.»[158]

Innerzünftische Organisation

Die innerzünftische Organisation wurde 1601 erst rudimentär geregelt. Die Teilnahme an der Zunftversammlung, dem «Bott», war obligatorisch, bei Nichterscheinen musste der Zunft zehn Schilling Strafe bezahlt werden. Die Versammlungen scheinen nicht immer am selben Tag stattgefunden zu haben, sondern wurden nach «nottdurft» einberufen.[159] Neben den bereits erwähnten Aufgaben übte die Zunft bei Streitigkeiten zwischen Handwerkern gerichtliche Funktionen aus und wachte über die Handwerksehre: «Wan auch undter den Handwerksleuten einer den andern ein stimpler schelten, oder sonsten frävenlicher weiss, mit ehren zemelden, Lugen strafen würde, der soll der Zunft verbessern, alss oft solches beschieht fünf Schilling. Wan aber ander grobe und ehrnrüerige schelt- unnd schmachwort anbelangt, soll dasselbige der oberkeit und den Zunftmeistern, nach gestalt des verbrechens abzustrafen bevorstahn.»[160]

---

157 Art. 14 der Rotgerberzunftordnung.
158 Art. 5 der Schneider- und Weberzunftordnung. Dieselbe Bestimmung galt auch bei den Strumpfstrickern und Wollwebern, Art. 5.
159 «Wann auch ursach vorfunden, oder sonsten die nottdurft erfordert, das den Meistern gebotten wurde zusammen zu khomen, sollen Sie erst die bestimbte Zeit und Stund an orth und end inen [?] ernendt wirdet erscheinen bei straf 10 ß der Zunft in verbessern», AAEB, B 209/2, 8.5.1601, S. 5–7.
160 AAEB, B 209/2, 8.5.1601, S. 5–7.

Im 18. Jahrhundert trafen sich alle Mitglieder der Zunft einmal im Jahr zu einer Versammlung in Laufen.[161] Das Erscheinen war obligatorisch,[162] eine Absenz wurde nur «Leibs halben» (wegen Krankheit) straflos akzeptiert. Die Schneider und Weber kamen in der Kirche zusammen und verhörten danach den Zunftbrief, «damit sie den Inhalt in stähter gedächtnus behalten und sich befahls mit der unwissenheit nicht entschuldigen können».[163] Auch die Schlosser, Glaser und Schreiner sowie die Strumpfstricker und Wollweber versammelten sich vor dem Zunftbott in der Katharinenkirche, um eine Messe zu hören.[164] Die Schuhmacher besammelten sich «morgens bey guter Tag Zeit zu Laufen auf der gewohnlichen Zunftstuben».[165] Wo sich diese befand, ist nicht bekannt. Möglicherweise trafen sich die Zunftbrüder in einem Wirtshaus,[166] vielleicht auch im Haus des jeweiligen Zunftmeisters, denn die Zunftlade mit den Schriften und Wertsachen musste an einem sicheren Ort aufbewahrt werden. Die Mitglieder der Rotgerberzunft des Bistums kamen jährlich abwechslungsweise in Pruntrut und in Delsberg zusammen. Auch die Zunftlade wurde von einem Ort zum andern und wieder zurück transportiert. Den Schlüssel zur Lade und das Siegel verwahrte der Zunftmeister; einen zweiten Schlüssel, aber kein Siegel, besass der «vorjährige» Zunftmeister.[167] Der Zunft war es verboten, sich ohne obrigkeitliches Wissen zu versammeln.[168] Der Vogt von Zwingen musste rechtzeitig informiert werden, damit er bei Bedarf jemanden an die Versammlung abordnen konnte.

161 Art. 20 der Schuhmacherzunftordnung: Termin für die Zusammenkunft war der zweite Montag im Mai. Art. 21 der Schneider- und Weberzunftordnung: Die Versammlung fand am Montag nach Cantate statt. Art. 3 der Schreiner-, Glaser- und Schlosserzunftordnung: Das Zunftbott wurde am ersten Montag im September abgehalten. Die Strumpfstricker und Wollweber versammelten sich am ersten Montag im Oktober (Art. 4). Die Bäcker trafen sich am dritten Montag im Mai (Art. 4, Abs. 3).
Die Rotgerber des Bistums trafen sich auf Zinstag nach Pfingsten (Art. 27 und 29). Die Mitglieder der Schuhmacherzunft aus Birseck und Pfeffingen versammelten sich «auf ihrer angesetzte[n] Zunftstuben», wohl am Wohnort ihres Zunftmeisters, an dem auch die Aufdingung von Lehrlingen stattfand (Art. 20).
162 Art. 14 der Schneider- und Weberzunftordnung, der Strumpfstricker- und Wollweberzunftordnung sowie der Schreiner-, Glaser- und Schlosserzunftordnung. Art. 4 Abs. 3 der Bäckerzunftordnung.
163 Art. 21 der Schneider- und Weberzunftordnung.
164 Art. 21 der Schreiner-, Glaser- und Schlosserzunftordnung.
165 Art. 20 der Schuhmacherzunftordnung.
166 Das Zunftbott der Schuhmacher fand 1784 in einem Wirtshaus statt, AAEB, B 209/2, 29.5.1784, S. 413 ff. Die Luzerner Landzünfte trafen sich in Wirtshäuser, da sie keine Zunfthäuser besassen, Dubler 1982, S. 244 f.
167 Art. 28 der Rotgerberzunftordnung. Die Lade der Schreiner-, Glaser- und Schlosserzunft (Art. 4 der Zunftordnung) hatte zwei Schlösser, der eine Schlüssel befand sich beim Zunftmeister, der andere beim ältesten Meister in der Stadt.
168 Art. 14 der Schneider- und Weberzunftordnung. Art. 12 und 28 der Rotgerberzunftordnung.

Wichtigstes Traktandum aller Zunftversammlungen war die Verlesung des Zunftbriefs.[169] Nur so konnte in einer noch wenig alphabetisierten Gesellschaft gewährleistet werden, dass die Mitglieder über Rechte und Pflichten im Bilde waren.[170] Am Zunftbott wurden ausserdem die Ämter durch Wahl bestellt. Bei den Schuhmachern waren die Amtsträger – Zunftmeister, Statthalter und Beisitzer – verpflichtet, in der Stadt Laufen wohnhaft zu sein; die Amtszeit betrug zwei Jahre, danach mussten andere Nachfolger gewählt werden.[171] Die Schneider und Weber wie auch die Strumpfstricker und Wollweber bestellten ihre Zunftämter jährlich neu. Zur Wahl zugelassen waren nur «fromme ehrliche und tüchtige Meisster, die burger in der Stadt Laufen seyen». Die Wahl erfolgte durch «die mehrheit der stimmen». Aufgabe der Vorgesetzen war es, die Zunftlade mit den Briefschaften und dem Geld in Verwahrung zu nehmen, der ganzen Zunft jährlich Rechnung über Einnahmen und Ausgaben abzustatten und einen allfälligen Rezess möglichst bald zu bezahlen.[172] Als Besoldung erhielten der Zunftmeister der Schreiner, Glaser und Schlosser nicht mehr als drei Pfund.[173] Ausserdem waren die Zunftvorgesetzten verpflichtet, nicht nur in Handwerkssachen über die Mitglieder zu wachen, sondern auch deren Lebenswandel im Auge zu behalten.[174] In der Bäckerzunft wurden die Amtsträger selbst zu einem ehrbahren Lebenswandel verpflichtet, um den Mitgliedern zum Vorbild zu gereichen.[175] Die Zunftmitglieder waren gegenüber den Vorgesetzten zu Gehorsam verpflichtet. Fehlbare sollten zunächst ermahnt werden.

169 Art. 20 der Schuhmacherzunftordnung. Art. 21 der Schneider- und Weberzunftordnung, der Strumpfstricker- und Wollweberzunftordnung, der Schreiner-, Glaser- und Schlosserzunftordnung, Art. 27 der Rotgerberzunftordnung.
170 Bei den Schuhmachern war für Streitfälle die Verlesung des Zunftbriefes während des Jahres vorgesehen. Dafür musste ein Pfund Lohn für das Lesen sowie der Zunft 1 lb. 10 ß bezahlt werden, Art. 19 der Schuhmacherzunftordnung.
171 Art. 7 der Schuhmacherzunftordnung. Wer gewählt war, konnte das Amt nur aus «erheblichen» Gründen ablehnen.
172 Art. 4 der Schneider- und Weberzunftordnung sowie der Strumpfstricker- und Wollweberzunftordnung. Art. 3 der Schreiner-, Glaser- und Schlosserzunftordnung.
Die Einnahmen der Zunft bestanden in Aufnahmegebühren für Meister, Gesellen und Lehrlinge, in Bussen für Vergehen von Mitgliedern und zum Teil in Gebühren für die Schau und das Einstandsgeld am Markt. Zunftrechnungen sind nur in rudimentärer Form, als Teile der Rodel erhalten; aufgezeichnet wurden vor allem Einnahmen, seltener Ausgaben (für Verpflegung), StadtBALaufen, Nr. 30, 1790, S. 36ff.; vgl. auch StadtBALaufen, Nr. 29. Bei den Schreinern, Glasern und Schlossern wurde die Rechnung durch Zählen des in der Kasse vorhandenen Geldes abgelegt, StadtBALaufen, Nr. 31.
173 Art. 3 der Schreiner-, Glaser- und Schlosserzunftordnung.
174 Art. 19 der Schneider- und Weberzunftordnung, Art. 32 der Rotgerberzunftordnung. Wie die Zunftvorgesetzten über die Mitglieder zu wachen hatten, musste der Meister die Aufsicht über die Mitglieder seines Hauses ausüben. Die Zunftordnung verpflichtete ihn, ein Verbrechen seines Gesellen bei der Obrigkeit anzuzeigen. Er durfte ihn auch nicht einfach fortziehen lassen, sonst wurde der Meister für die Saumseligkeit und das «durch die Finger sehen» zur Rechenschaft gezogen, Art. 15 der Schneider- und Weberzunftordnung. Vgl. auch Art. 11 der Rotgerberzunftordnung.
175 Art. 1 der Bäckerzunftordnung.

Wenn das nichts nützte, wurden sie «vor die Lade» gerufen.[176] Ungehorsame Mitglieder der Schuhmacherzunft wurden nicht mehr als Zunftmitglieder anerkannt, was bedeutete, dass ihnen das Handwerk gelegt wurde.[177]

Das Zunftbott diente im Weiteren dazu, Streitigkeiten unter Handwerkern zu schlichten.[178] Den Zunftmitgliedern war es verboten, andere Mitglieder durch Gerüchte in Verruf zu bringen. Vielmehr sollten sie, wenn sie von etwas Unredlichem wüssten, bei der Zunft und danach bei der Obrigkeit Anzeige erstatten.[179]

Zweifellos hatte das Zunftbott auch gesellige Seiten. Man traf sich zum Gottesdienst und zu einem gemeinsamen Essen. Die Zunftmitglieder, die ja aus verschiedenen Gemeinden stammten, hatten während des Jahres sonst vielleicht noch auf dem Markt Gelegenheit, sich zu treffen und über ihre Belange zu sprechen. Nicht immer scheint die Versammlung friedlich über die Bühne gegangen zu sein, wie die Strafbestimmungen zu Streit und Schlägereien bei den Schuhmachern zeigen. Die Busse von einem Ohm Wein oder 4 lb. 10 ß wurde wohl sogleich vertrunken.[180]

Die Schuhmacherzunft der Ämter Laufen, Zwingen, Birseck und Pfeffingen sowie die Rotgerberzunft des Fürstbistums Basel verfügten wegen ihres grösseren Einzugsgebietes über besondere organisatorische Bestimmungen. Bei den Schuhmachern fand die Zunftversammlung, wie bereits gesagt, gleichzeitig an zwei Orten statt: in Laufen und, für die Handwerker aus den Ämtern Birseck und Pfeffingen, wohl am Wohnort des von ihnen gewählten Zunftmeisters.[181] Bei den Rotgerbern passte sich die Amtsstruktur der weiträumigen Zusammensetzung der Organisation an: Neben dem Ob- oder Zunftmeister gab es in jeder Herrschaft einen Viertelmeister, der am Zunftbott Bericht über zunftinterne Belange abstattete – insbesondere die Lehrlingsausbildung und die Aufnahme neuer Zunftmitglieder.[182] Das Viertelmeisteramt stellte für Meister, Lehrlinge und Gesellen aus entlegenen Regionen

---

176 Art. 1 der Bäckerzunftordnung.
177 Art. 17 der Schuhmacherzunftordnung.
178 Art. 18 der Schneider- und Weberzunftordnung, der Strumpfstricker- und Wollweberzunftordnung sowie der Schreiner-, Glaser- und Schlosserzunftordnung. Art. 13 der Rotgerberzunftordnung.
Art. 13 bis 17 sowie 19 der Schuhmacherzunftordnung legte die Bussen für verschiedene Vergehen von Zunftmitgliedern fest: Wiederaufnahme bereits beigelegter Streitigkeiten, Ehrverletzung, Unfrieden, Streit, Schlägereien und unziemliches Reden an der Zunftversammlung, Ungehorsam gegen die Zunft.
179 Art. 13 der Schneider- und Weberzunftordnung, der Strumpfstricker- und Wollweberzunftordnung sowie der Schreiner-, Glaser- und Schlosserzunftordnung.
180 Art. 15 und 16 der Schuhmacherzunftordnung. Ähnliche Bestimmungen gab es auch in der Bäckerzunftordnung (Art. 4 Abs. 4). Zur Kirche als Ort des Vergnügens, vgl. Ulbrich 1999, S. 167. Vgl. Anhang Masse und Gewichte, Münzen.
181 Art. 7 und 20 der Schuhmacherzunftordnung.
182 Art. 28 und 30 der Rotgerberzunftordnung: Ein Viertelmeister stammte aus Pruntrut, einer aus Delsberg, der dritte aus St-Ursanne, der vierte war für die deutschen Ämter zuständig.

insofern eine Erleichterung dar, als sie beim Aufdingen oder Ledigsprechen und bei der Aufnahme in die Zunft einen kürzeren Reiseweg zurückzulegen hatten; sonst hätten sie sich jedesmal nach Delsberg oder Pruntrut zum Zunftmeister begeben müssen.

Die Abhaltung des Zunftbotts und die Namen der in die Ämter Gewählten wurden im Zunftrodel protokolliert. Neben den in den Zunftbriefen vorgesehenen Ämtern – Zunftmeister, Statthalter und Beisitzer – wählten alle Zünfte als vierten Amtsträger den Bottmeister.[183] Die Schuhmacherzunft bestellte ausserdem zwei Schaumeister und zwei Kerzenträger.[184] Statt einem Statthalter setzten alle Zünfte einen Ladenmeister ein. In Abweichung zur Zunftordnung wählten die Schuhmacher ihre Amtsträger nicht alle zwei Jahre, sondern jährlich neu.[185] In der Zunftordnung der Strumpfstricker und Wollweber war die jährliche Neuwahl festgeschrieben; in Wirklichkeit betrug die Amtszeit zwei Jahre.[186] Die Schlosser, Glaser und Schreiner hielten jedes Jahr Neuwahlen ab.[187] Wie in der Zunftordnung vorgesehen, wurden jeweils neue Amtsträger gewählt; zu Wiederwahlen kam es selten.[188] Gelegentlich rotierten dieselben Personen von einem Amt zum nächsten, mindestens ein Mitglied wurde jedoch neu gewählt.[189] Erst gegen Ende des Jahrhunderts kam es gelegentlich zur Bestätigung im Amt.[190]

Wie viele Handwerker am jährlichen Bott teilnahmen, ist schwer zu sagen, da es auch keine Angaben über die Anzahl Mitglieder gibt. In den Zunftrodeln wurden die Mitglieder bei der Aufnahme in die Zunft zwar verzeichnet, eine Liste der Mitglieder führte aber nur die Schuhmacherzunft. Sie hilft jedoch nicht weiter, da die Neumitglieder fortlaufend und ohne Datierung eingetragen wurden.[191] Hinweise auf die Grösse der Zunft geben gelegentliche Angaben über die Anzahl der Meister. In den Ämtern Birseck und Pfeffingen arbeiteten 1706 gegen zwanzig Schuhmachermeister.[192] An der zweiten Jahresversammlung der Strumpfstricker-

---

183 StadtBALaufen, Nr. 29, S. 3; Nr. 30, S. 8; Nr. 31, S. 1v.
184 StadtBALaufen, Nr. 33, 1717, S. 19.
185 StadtBALaufen, Nr. 33, 1709 ff., S. 16 ff.
186 StadtBALaufen, Nr. 29, 1723, 1725, 1727, S. 4.
187 StadtBALaufen, Nr. 31, 1747, 1748, S. 6; 1749, S. 7.
188 StadtBALaufen, Nr. 31, 1747, 1748, S. 6; 1749, S. 7.
189 StadtBALaufen, Nr. 29, 1723, 1725, 1727, S. 4.
190 StadtBALaufen, Nr. 29, 1787–1789, S. 58.
191 StadtBALaufen, Nr. 33, S. 7–15: Die Liste wurde am 9.5.1707 begonnen und bis zu einem unbekannten Datum weitergeführt. Es wurden auch immer wieder Namen von der Liste gestrichen; Kreuze vor oder hinter einem Namen deuten auf das Ausscheiden des Mitglieds durch Tod hin. Die Liste umfasst, inklusive der später gestrichenen, um die hundert Namen aus Laufen und aus allen Laufentaler Gemeinden. Die ersten 15 Zeilen/Namen wurden numeriert, vielleicht handelt es sich bei ihnen um die ursprünglichen (Gründungs-) Mitglieder. S. 36 beginnt eine weitere Liste für das Jahr 1758 mit 25 Namen, die periodisch erneuert wurde, vgl. ebd., S. 36–40.
192 AAEB, B 209/2, 5.12.1706, S. 603.

und Wollweberzunft nahmen 17 Meister teil.[193] Der Schreiner-, Glaser- und Schlosserzunft gehörten 1725 – also noch vor der offiziellen Gründung – sieben Mitglieder an.[194] Die Rotgerberzunft des Bistums zählte im Gründungsjahr zwanzig Meister zu ihren Mitgliedern.[195] 1758 gab es 16 Schneidermeister, die der Zunft angehörten.[196] Gesellen und Lehrlinge mussten sich zwar bei der Zunft anmelden, zum Zunftbott zugelassen waren jedoch nur die Meister. Die Anzahl Meister entspricht, wenn nicht den Teilnehmenden, so doch den Teilnahmeberechtigten. Im Vergleich mit den Luzerner Landzünften, die je nach Handwerk und Einzugsgebiet, 50, 100 oder sogar 200 Mitglieder hatten,[197] scheinen die Laufner Zünfte eher klein gewesen zu sein. In Luzern bestand für die Familienmitglieder von Handwerkern und für andere Personen die Möglichkeit, der religiös-kultischen Gemeinschaft, der Bruderschaft, beizutreten. Ob man auch in Laufen auf diese Weise seelzünftig werden konnte, ist nicht bekannt.[198] Die Einbettung der Zünfte in religiöse Zusammenhänge steht jedoch ausser Zweifel. Bei den Schneidern und Leinenwebern, Strumpfstrickern und Wollwebern sowie bei den Schlossern, Glasern und Schreinern verpflichteten sich die Mitglieder, an der Beerdigung von Zunftgenossen teilzunehmen. Vor dem jährlichen Zunftbott hörten die Schlosser, Glaser und Schreiner und wohl auch die Schneider und Leinenweber, die sich vor der Versammlung in der Kirche zusammen fanden, einen Gottesdienst. In allen Zünften war das Stiften von Wachs beim Aufdingen und Ledigsprechen von Lehrlingen und/oder bei der Aufnahme von Meistern in die Zunft als Teil der Gebühren vorgeschrieben. Ein Teil der Landzünfte in Luzern und im Aargau – insbesondere in kleinen Städten und in Dörfern – scheint sich stärker auf religiöse als auf handwerklich-zünftische Inhalte konzentriert zu haben.[199] Im Laufental sind kirchlich-kultische Aspekte zwar fassbar, die Zunftordnungen verfolgten jedoch schwergewichtig handwerkliche Zielsetzungen.

Innerzünftische Konkurrenz zwischen städtischen und ländlichen Handwerkern

Bereits 1601 war die Zunft keine Organisation nur der städtischen Handwerker. Es entstand eine Verbindung von Handwerkern über Branchen- und über Vogteigrenzen hinweg. Die Urkunde wurde zwar in Laufen ausgefertigt und bei den an

---

193 StadtBALaufen, Nr. 29, 5.10.1722, S. 3f.
194 AAEB, B 209/2, 10.1.1725, S. 231.
195 Die «Zunftordnung der Rothgerber des Fürstbistums Basel» entstand am 22.6.1728, AAEB, B 209/2, o. S.
196 AAEB, B 209/2, 14.7.1758, S. 255.
197 Dubler 1982, S. 220–224.
198 Dubler 1982, S. 220, vgl. auch ebd., S. 232ff. Zur Seelzünftigkeit, vgl. Isenmann 1988, S. 308.
199 Dubler 1982, S. 190ff.

der Aufrichtung Beteiligten überwogen die Städter zahlenmässig,[200] es fehlen jedoch Hinweise darauf, dass die Initiative für die Zunftgründung von der Stadt ausgegangen wäre oder dass die Städter eine Vorrangstellung in der Zunft und ihren Ämtern beansprucht hätten. Auch 1707, bei der Gründung der Schuhmacherzunft, war die Aufnahme von Mitgliedern aus dem städtischen wie aus dem Dorfhandwerk vorgesehen. Die Gewichte begannen sich jedoch zu verschieben. Es kam nochmals zu einem Zusammenschluss über die Vogteigrenzen hinweg, obwohl die Birsecker Schuhmacher nicht ohne weiteres bereit waren, sich an einer Zunft zu beteiligen, die auf Initiative der Handwerker in den Ämtern Laufen und Zwingen entstanden war. Sie wollten eher eine eigene Zunft gründen und sahen sich auch zahlenmässig dazu in der Lage. Obwohl es den Birseckern und Pfeffingern nicht gelang, eine selbständige Organisation aufzubauen, scheinen die Bestimmungen der Zunftordnung ihren Interessen soweit entgegengekommen zu sein, dass es nicht zu aktenkundigen Konflikten mit den Laufner Zunftangehörigen kam.[201]

Anders entwickelte sich die Situation zwischen Stadt- und Landhandwerkern in der Frage der Ämterbesetzung. Die Statuten fast aller Zünfte legten den Grundstein für eine Vormachtstellung der Stadtlaufner Handwerker; die Zunftämter – Zunftmeister, Statthalter und Vorgesetzte – waren nämlich Handwerkern vorbehalten, die Bürger der Stadt waren.[202] Gegen Ende des Jahrhunderts führten diese Bestimmungen zu innerzünftischen Konflikten. 1781 beklagten sich die Dorfmeister der Schneider- und Weberzunft, dass die Meister aus der Stadt sie von der Rechnungsablage ausschlössen und die «Zunftgefälle» alleine besorgten; diese würden nach ihrer Willkür verfahren. Der Vogt von Zwingen forderte die Zunft auf, einen Beisitzer vom Land zu wählen. Die Stadtmeister weigerten sich jedoch, der Aufforderung Folge zu leisten, worauf sich der Landvogt mit der Bitte an den Bischof wandte, seine Entscheidung zu stützen.[203] Der Bischof forderte zunächst genauere Informationen darüber, ob die Ämter immer durch städtische Handwerker besetzt worden seien.[204] Der Vogt bestätigte ihm, dass «von Anfang der Zunft bis anhero niemahlen kein andere Zunftmeister nach beysitzere gewesen, als aus der Stadt Lau-

---

200 An der Aufrichtung der Artikel waren «die Erbaren und bescheidenen Meister Michel Burger Rathsverwandter zu Laufen, Peter Burger von Blauen, Heijde [?] Stocker von Esch, Hansen und Christen Nirra auch Bartle Burger und Lienhart Byss der Maurer alle vier von Laufen. So dann Meister Albrecht Ruedes, Hansen Rotra und Jacob Müller, alle drei von Laufen, auch Meister Sansen [?] Gschwindt von Therwil, Hansen Senn von Reinach und Wilhelm Vogel von Esch der Zimmerleuth» beteiligt, AAEB, B 209/2, 8.5.1601, S. 5–7.
201 Vgl. oben; es ist davon auszugehen, dass sich die Handwerker aus den Vogteien Birseck und Pfeffingen organisatorisch weitgehend selbständig gemacht haben.
202 Art. 7 der Schuhmacherzunftordnung, Art. 4 der Schneider- und Leinenweberordnung sowie der Strumpfstricker- und Wollweberzunftordnung.
203 AAEB, B 209/2, 4.5.1781, S. 349–352.
204 AAEB, B 209/2, 9.5.1781, S. 353.

fen». Er konnte ihm jedoch auch berichten, dass der Zunftmeister Franz Burger versprochen habe, dass «zukünftiger Jahre ein beysitzer von der landschaft nach dem Oberamtlichen befehl werde zugelassen, und erwählt werden».[205] Das Versprechen wurde in den folgenden Jahren eingelöst, jedoch nur zögerlich: 1790 wurde Johannes Halbeisen aus Dittingen zum Beisitzer gewählt.[206] Dass bereits knapp fünfzig Jahre früher, trotz der Regelung in der Zunftordnung, ein Ladenmeister vom Land, Hans Jacob Scherr aus Zwingen, bestellt worden war, scheint weder den Zunftmitgliedern noch dem Vogt in Erinnerung geblieben zu sein.[207]

In der Schuhmacherzunft brach drei Jahre später um dieselbe Frage ein weit heftiger ausgetragener Konflikt aus. Am Zunftbott im Mai 1784 wurde dem Brauch gemäss die Frage gestellt, ob jemand etwas vorzubringen habe. Worauf sich Joseph Cueni aus Brislach zu Wort meldete und folgende Klagen vorbrachte: «Erstens das die Ürten einmahlen vor der ganzen Zunft gemacht werde. Zweytens das man Zunftmeister mache nach wohlgefallen, und nicht nach der mehrheit der Stimmen und drittens dass ein beysitzer von denen Meistern ab dem Land solle zur laden genommen werden, damit man wisse wohin ein Sach komme.»[208] Cueni beschwerte sich also über die mangelnde Transparenz bei der Rechnungsablage, über Unregelmässigkeiten bei der Zunftmeisterwahl und die fehlende Vertretung der Landmeister in den Zunftgremien. Anschliessend legte er einen oberamtlichen Befehl vor, den die Amtsträger nicht verlesen wollten. Es kam zum Tumult, nachdem ein anderer Meister vom Land, Fridolin Feldshalb, ihnen zurief, «dass, wenn Sie den Zedul nicht lesen können, sie […] denselben buchstabieren» sollten. Die Inhaber der Zunftämter entgegneten, so die Aussage verschiedener Meister vom Lande, dass die gnädigen Herren ihnen nichts vorzuschreiben hätten; der Zunftbrief sei den Städtern übergeben worden und gehe die vom Land nichts an. Die Landmeister verliessen darauf den Saal und assen in einer Nebenstube des Wirtshauses gemeinsam zu Mittag.[209] Beim erwähnten oberamtlichen Befehl handelte es sich um eine Abschrift der landvögtlichen Aufforderung an die Schneider und Leinenweber, einen Landmeister als Beisitzer zu wählen.[210]

Nachdem zwei Verhandlungen vor dem Oberamt kein befriedigendes Ergebnis[211] gebracht hatten, wandten sich die städtischen Zunftangehörigen mit einer

---

205 AAEB, B 209/2, 2.6.1781, S. 355–357.
206 StadtBALaufen, Nr. 30, S. 36.
207 StadtBALaufen, Nr. 30, 1734, S. 8.
208 AAEB, B 209/2, 5.6.1784, S. 418 ff.
209 AAEB, B 209/2, 5.6.1784, S. 418 ff.
210 AAEB, B 209/2, 1.7.1784, S. 391–394.
211 Vgl. AAEB, VA Nr. 65, S. 411: Durs Burger und Franz Schaltenbrand reichten am 14.6.1784 namens der Schuhmacherzunft Appellation beim Hofrat ein. Vor Gericht behandelt worden war nicht die Frage um die Wahl von Landmeistern in die Zunftämter, sondern der Streit der Zunft mit einem Mitglied, Fridolin Feldshalb, der am Zunftbott – erfolglos – versucht hatte, sei-

schriftlichen Stellungnahme an den Bischof, in der sie die Argumentation der Landmeister als falsch bezeichneten. Die städtische Sicht der Dinge wirft ein interessantes Licht auf das Innenleben der Zunft. So gaben die Städter an, die Landmeister hätten zu Unrecht behauptet, dass die Zunftämter durch Wahl bestellt worden seien.[212] Im Zunftbrief sei «von Stimmen auf zu Nehmen» nicht die Rede. Vielmehr sei es von Alters her so gewesen, «dass alle 2 Jahr die Zunftmeistern abgeändert worden, die alten neuwe vorgeschlagen» hätten, die Bestellung der Ämter also durch Kooptation vorgenommen worden sei. Die Besetzung der Ämter durch Wahlen sei erst 1779 eingeführt worden. Ein Zunftmeister, Michael Gerster aus Laufen, der 1784 als Zeuge der Landmeister auftrat, hatte damals gemeint, das Amt stehe ihm aus Anciennitätsgründen zu, da jedoch sein Bruder [Schwager?] Fridolin Gwinner ebenfalls ein Amt innehatte, liess ihn die Zunft nicht zu.[213] Die städtischen Meister stellten sich auf den Standpunkt, die Forderung der Landmeister nach einer Vertretung in den Ämtern stelle ein Misstrauensvotum dar: Es «erscheine als wan die burger der Statt Laufen ungerecht oder verschwenderisch von den Zunftgelten verthan etc.», die Meister vom Land sollten dafür Beweise vorlegen. Vor jeder Wahl seien die Mitglieder verpflichtet, Verbrechen von Zunftbrüdern anzuzeigen, dazu sei es aber nie gekommen.[214] Die Parallelen zu ähnlichen Diskussionen innerhalb des Laufner Rates, der im selben Jahr beschloss, den Bürgermeister nicht nach dem Anciennitätsprinzip, sondern durch eine Wahl zu bestimmen, sind auffallend.[215]

Im Laufe der Auseinandersetzung brachten die Stadtmeister als weiteres Argument vor, die Schneider seien praktisch dazu gezwungen, Landmeister zu den Ämtern zuzulassen, da es nur drei städtische Schneidermeister gäbe. Bei ihnen stelle sich dieses Problem jedoch nicht. Allein in Laufen lebten 25 Schuhmachermeister, sodass ohne Schwierigkeiten alle zwei Jahre Vorgesetzte aus der Stadt gewählt werden könnten.[216]

Für den Landvogt standen zwei Möglichkeiten zur Beilegung des Konfliktes im Vordergrund: Die Gründung einer separaten Landzunft oder die Zulassung von

---

nen Bruder in die Zunft aufnehmen zu lassen. In diesem Zusammenhang steht ein Schelthandel, der zunächst zu einer Verurteilung nach Art. 14, 15 und 17 der Zunftordnung führte, gegen die sich Feldshalb erfolgreich beim Oberamt zur Wehr setzte. Im Rahmen der Verhandlung vor dem Zwingener Vogteigericht brachten Zeugen den obenbeschriebenen Tumult während des Zunftbotts vor, AAEB, VA Nr. 65, 29.5.1784, S. 394–396; 5.6.1784, S. 404ff.

212 Zum Inhalt des Zunftbriefs, vgl. oben. Art. 7 der Schuhmacherzunftordnung legte fest, dass Zunftmeister, Statthalter und Besitzer «Erwehlt» werden, macht aber keine genaueren Angaben zum Wahlprozedere.
213 Zu den ähnlich gelagerten Auseinandersetzungen im städtischen Rat und zur Wertung von Verwandtschaft unter Ratsherren, vgl. Kap. 8 und 9.
214 AAEB, B 209/2, 1.7.1784, S. 391–394, Beilage, S. 401f.: Abschrift aus dem Oberamtsprotokoll vom 15.5.1779.
215 Vgl. Kap. 8.
216 AAEB, B 209/2, 9.7.1784., S. 405–408.

Landmeistern zu den Beisitzerwahlen, die den Mitgliedern vom Land insbesondere Kontrollmöglichkeiten über die Verwendung des Zunftvermögens gewährte.[217] Der Bischof entschied sich für Letzteres und folgte damit auch dem Begehren der Landmeister. Er gab die Änderung von Artikel 7 des Zunftbriefs in Auftrag, der die Zulassung zu den Ämtern regelte.[218] 1787 wählte die Zunft Joseph Seckinger aus Röschenz zum Beisitzer und bestätigte ihn 1789 im Amt.[219]

Die Beilegung des Konflikts durch die Obrigkeit beschnitt den Einfluss der städtischen Handwerker, den sie zu Beginn des Jahrhunderts durch den Zunftbrief erhalten hatten. Exemplarisch zeigt sich hier die Haltung der Obrigkeit, die zwar ein Interesse an den Zünften und deren gewerblichen Kontrollfunktionen hatten. Gleichzeitig konnte und wollte die Obrigkeit den Zünften in der Gestaltung ihrer Innenbeziehungen nicht allzu viel Handlungsspielraum und Einfluss lassen.[220]

Die erst nach diesen beiden Konflikten entstandene Bäckerzunft bezog als einzige Zunft von Anfang an nicht nur Handwerker aus Stadt und Land in die Organisation, sondern auch in die Amtsverantwortung ein, indem sie bestimmte, dass der Zunftmeister und der Zunftschreiber aus der Stadt, der Beisitzer aus der Herrschaft Pfeffingen stammen sollte.[221]

Konflikte um Handel, Marktrecht und Zunftzwang

Laufen verfügte seit 1565 über zwei Jahrmärkte.[222] Bereits 1575 begehrten die Laufner auch einen Wochenmarkt, der jedoch erst 1620 bewilligt wurde.[223] Im 18. Jahrhundert wurde er samstags abgehalten.[224] Seit wann die im 18. Jahrhundert üblichen vier Jahrmärkte stattfanden, ist nicht ganz klar, möglicherweise seit 1654.[225] Zwischen Zunft und Markt, zwischen Produzenten, Händlern, Konsumenten und den städtischen Behörden bestanden indessen Interessenkonflikte. Das Marktrecht setzte das Monopol der lokalen Zünfte vorübergehend ausser Kraft, denn am Markt durften auch Auswärtige und nicht-zünftisch organisierte Gewerbetreibende auftreten. Die Laufner Zünfte stemmten sich dagegen, indem sie mit der Festlegung von Qualitätsnormen und deren Überprüfung ihren Einfluss auf den Markt geltend zu machen versuchten. Eine gute Qualität der angebotenen Waren lag zwar sowohl im Interesse der Kundinnen und Kunden als auch der Stadt, die an

---

217 AAEB, B 209/2, 27.8.1784, S. 435–441.
218 AAEB, B 209/2, 26.1.1785, S. 455–457.
219 StadtBALaufen, Nr. 33, S. 58.
220 Vgl. dazu Meier 1986, S. 83 ff.
221 Art. 1 der Bäckerzunftordnung.
222 StadtBALaufen, Urk. Nr. 31, 6.11.1565, vgl. auch AAEB, B 234/8, 1564–1566, S. 227–234.
223 AAEB, B 234/8, 1575, S. 258–263; AAEB, B 234/9, 22.12.1620, S. 60–64.
224 AAEB, B 234/11, 23.1.1748, S. 271.
225 StadtBALaufen, Nr. 12, 20.8.1654, S. 66.

den Einnahmen des Marktes beteiligt war.[226] Der Markt konnte jedoch nur funktionieren, wenn das Angebot reichhaltig genug war, um genügend Kundschaft anzulocken. Angesichts der zahlreichen Märkte und der noch zahlreicheren Hausierer war das Florieren des Marktes selbst in einem kleinen städtischen Zentrum wie Laufen keine Selbstverständlichkeit. Der Wochenmarkt war in der Mitte des 18. Jahrhunderts vom Untergang bedroht.[227] Kein Wunder engagierte sich die Stadt für die Förderung des Marktes und schritt gegen allzu einschränkende Massnahmen der Zünfte gegen Händler ein.[228] Dies war umso mehr notwendig, als die nächsten ländlichen Marktorte in Dornachbrugg und Breitenbach-Rohr nicht weit entfernt waren.

Konflikte mit fremden Krämern, die ausserhalb der Jahrmärkte mit Waren hausierten, gab es schon vor den Zunftgründungen. 1702 beklagten sich die Laufner Krämer über den grossen Schaden, den ihnen herumziehende Händler zufügten, die an Sonn- und Feiertagen ihre Ware in den Dörfern feilboten. Der Bischof untersagte darauf, ausserhalb der Jahrmärkte Güter zum Verkauf anzubieten.[229] Ob dieses Verbot Wirkung zeitigte, darf füglich bezweifelt werden, da die Sanktionsmöglichkeiten, insbesondere gegen auswärtige Händler, beschränkt waren. Ausserdem lag die Tätigkeit der Hausierer im Interesse der Kundschaft, der die Ware direkt nach Hause geliefert wurde. Weiter musste, anders als auf dem Markt üblich, oft nicht bar bezahlt werden, was der Landbevölkerung entgegenkam, da sie nur saisonal über Bargeld verfügte.

Mit der Gründung der Zünfte waren die auseinander strebenden Interessen noch schwerer unter einen Hut zu bringen. Die Zünfte wehrten sich nämlich nicht nur gegen Fremde; auch die Laufner Krämer selbst gerieten unter Druck. 1733 beklagte sich Claus Pirry aus Blauen namens der Weberzunft über Conrad Wetter von Laufen. Wetter beherrsche das Weberhandwerk nicht, begebe sich jedoch nach Basel, wo er für einige hundert Pfund im Jahr Stoff einkaufe, um ihn – zum grossen Schaden der Weberzunft – in Laufen zu verkaufen.[230] Pirry berief sich auf den neunten Artikel ihres Zunftbriefes,[231] der es einem Meister bei Strafe verbot, anderen als selbst verfertigten Stoff zu akzeptieren oder zu verkaufen. Die beiden Parteien waren offenbar bereits früher vom Vogt zu ihrem Streit verhört worden, ohne dass es

---

226 Von den Einkünften des Jahrmarktes standen der Stadt für die Erhaltung der öffentlichen Gebäude und für andere Notwendigkeiten ein Drittel zu, zwei Drittel erhielt der Bischof, StadtBALaufen, Urk. Nr. 31, 6.11.1565 (Regest).
227 AAEB, B 234/8, 23.1748, S. 231f.; B 234/11, 1748–1752, S. 269–297.
228 Zu den Konflikten zwischen der Weberzunft und den Krämern, vgl. unten. Stellungnahme Laufens und der Gemeinden der Vogtei Zwingen zugunsten der Händler, AAEB, B 209/2, Juni 1762, S. 127–137.
229 AAEB, B 234/10, 25.2.1702/6.3.1702, S. 23–29.
230 AAEB, B 209/2, 6.10.1733, S. 109.
231 Gemeint ist der neunte Artikel der Zusätze für die Wollweber, vgl. AAEB, VA Nr. 125, S. 29.

jedoch aus der Sicht der Weber zu einer befriedigenden Lösung gekommen war. Deshalb wandten sie sich mit der Forderung an den Bischof, Wetter möge der Handel mit Stoff verboten werden. Der bischöfliche Entscheid in dieser Sache ist nicht überliefert. Wie er auch ausgefallen sein mag, der Streit zog sich bis in die zweite Jahrhunderthälfte hin, denn die Laufner Weber hatten sich nicht nur mit der einheimischen Konkurrenz herumzuschlagen, sondern auch auswärtige Weber und Krämer sowie jüdische Händler machten ihnen, so ihre Perspektive, das Leben schwer.

Zu Beginn der 1760er Jahre beschwerten sich die Leinenweber beim Bischof, dass sie Schwierigkeiten hätten, sich mit ihrem Verdienst zu ernähren, «weilen nicht allein frembden, Crämeren und ausländischen Webern, sondern auch denen Juden mit allerhant leinen Tuech, Trikh, zwilch, Kölsch und barchet das gantze Jahr hindurch zu Verkauf zu tragen, und so vast täglich zu hausieren gestattet werde». Die auswärtigen Meister und besonders die Juden brächten schlechte Ware zum Verkauf. Dadurch würden die Untertanen «wo nicht c.v. [cum venia] betrogen wenigstens schlechtlichen versorgt». Gestützt auf Artikel 5 ihrer Ordnung baten sie den Bischof um ein Verbot des Hausierens und des Verkaufs ausserhalb der öffentlichen Jahr- und Wochenmärkte.[232] Nachdem die Weber monatelang keine Antwort aus Pruntrut erhalten hatten, wiederholten sie ihre Klage,[233] worauf der Bischof ihrer Bitte nachkam und das Hausieren und den Verkauf ausserhalb der Märkte verbot.[234] Die Leinenweber bekräftigten ihr Versprechen, das Publikum in Zukunft mit guter Ware zu versorgen. Um dieses Ziel zu erreichen, verabredeten die Meister eine engere Zusammenarbeit. Jene Weber, die in der Lage waren, mehr Garn zu kaufen, als sie selbst auf ihren Webstühlen verarbeiten konnten, sollten es anderen Webern zur Verarbeitung gegen Taglohn übergeben. Letztere waren verpflichtet,

---

232 AAEB, B 209/2, 16.1.1760, S 113. Vgl. auch Begleitschreiben von Landschreiber Kern, der das Begehren der Weber unterstützte, ebd., 20.1.1760, S. 123–126.
Klagen gegen die Konkurrenz durch die Juden führten nicht nur die Weber, sondern auch die Krämer. 1789 wandten sich neun städtische Krämer mit der Bitte an die Obrigkeit, den Juden das Verkaufen ihrer Waren ausserhalb der Jahrmärkte zu untersagen, dies umso mehr als «solche Leuth mit keinen Auflagen oder geringen Beschwerden b[e]laden seynd, sonder alljährlich dass erloste Geld aus dem Land nacher Haus tragen». In den eidgenössischen Orten Bern, Solothurn und Freiburg seien die Juden nur auf den Jahrmärkten zugelassen, das Hausieren sei ihnen verboten. Landvogt von Blarer, der das Schreiben nach Pruntrut weiterleitete, relativierte die Aussage der Laufner Krämer, in dem er den Bischof informierte, dass «bey gegenwärtiger Zeit der Jud Baruch in Laufen wie eingesessen sich aufhaltet und ohne Zweiffel auch seinen Handell den hier oben gemelten Krämer abtrag thuet allein hat derselbe für ein Jahr die Erlaubnis erhalten, andere Juden werden mit Handeln nicht geduldet», AAEB, B 216, 21.8.1789, S. 409f. Ein Bescheid des Bischofs ist nicht überliefert. Zu den Juden im Fürstbistum Basel, vgl. Kap. 4.
233 AAEB, B 234/12, 2.11.1760, S. 1119–1126; Bischöflicher Bescheid vom 20.2.1761, ebd., S. 1126.
234 AAEB, B 234/12, 7.3.1761, S. 1127–1129.

«umb billigen Lohn zu arbeiten, und die arbeit währschaft zu machen». Das Protokoll wurde von 19 Webern (vier stammten nicht aus der Stadt) unterzeichnet.[235] Bemerkenswert an dieser Vereinbarung ist, dass die Leinenweber damit particll das zünftische System, das auf selbständigen Kleinbetrieben beruhte, durchbrachen und eine Art Verlag organisierten.[236] Die Zunftwirtschaft zielte – zumindest in der Theorie – darauf ab, durch die Beschränkung der Betriebsgrösse und durch die Festsetzung von Preisen und Löhnen allen dieselben Produktionsbedingungen und dadurch auch dieselben Chancen auf dem Markt zu garantieren. Die Handwerksbetriebe durften sich nicht konkurrenzieren; eine weitergehende Kooperation war jedoch nicht vorgesehen.[237] Die Abmachung der Laufner Leinenweber zeigt jedoch auf, dass unter ihnen keine Gleichheit der Möglichkeiten bestand, gab es doch Weber, die über mehr Betriebskapital verfügten als andere. Sie konnten Garn auf Vorrat einkaufen und anderen Webern Arbeit in Auftrag geben.

Die Forderung der Laufner Krämer nach freiem Handel

Gegen das bischöfliche Verbot des Handels ausserhalb der Jahrmärkte erhoben die Laufner Krämer, die bisher mit dem Tuchhandel ihren Lebensunterhalt verdient hatten, Klage und forderten auch in Zukunft «freyen Handel». Landschreiber Kern, der in früheren Schreiben die Weber unterstützt hatte, versuchte in seinem Bericht an den Bischof, zwischen den gegensätzlichen Interessen zu vermitteln. Zunächst hob er die Bedeutung der Krämer für die Bevölkerung hervor, setzte dann jedoch auch zu kritischen Tönen an. Er müsse «denen underthänigsten Supplicanten [den Krämern, acf] beystimmen, dass dieselbe von langen Jahren mit leinentuch, Zwilch, Trilch, Halbleinen, barchet, und andern Krämer Waaren gehandlet, Und diese ihre waaren in ihren Häusern, ohne dessentwegen einen Krämer Laden aufzustellen, verkauft, auch zum theil ihre waaren in denen dörfern zum verkauf herum getragen, und dem publico darmit gedienet haben, dass selbige ihre waaren denen underthanen biss auf die Herbstzeit, alwo der Underthan mitelst früchten zu bezahlen mitel hat, zu zahlen angeborgt haben; die Supplicanten miessen aber auch darmit eingestehen 1. dass in solchen Jahren die meister der Weberzunft darwider sich nicht beschwäret haben, 2. dass die Supplicanten ihren waaren Verkauf mit kleinen geld, Und zwar Joseph Müller mit etwan 4 oder 5 lb. ander aber mit 8 bis 10 lb. angefangen, und 3. dass was sie angeborget haben, der Underthan mit einem aufschlag, und umb so thöurer bezahlen müesse. Mit allem denen aber ist denen Supplicanten ihr stück brodt und gewinn zu gönnen, Und wäre Unbillich dieselbe

---

235 AAEB, B 234/12, 7.3.1761, S. 1127–1129.
236 Der Begriff Verlag kommt von Verlegen, Auslegen, Vorschiessen von Kredit oder Kapital für Rohstoffe oder Halbfertigprodukte, die verarbeitet wurden, Braun 1984, S. 113.
237 Dubler 1982, S. 239, 274ff.; Dubler 1991, S. 38f.

daran zu hindern, Wan selbe denen Meistern der Weberzunft ihr stuck brodt gleichfahls gönnen, Und nicht versperren werden».[238] Die von den Krämern verkaufte Ware, die weder von besonders guter Qualität, noch von günstigem Preis sei, stamme hauptsächlich von Fremden. Den Webermeistern würde dadurch das, was ihnen durch den Schutz der Zunftordnung an Verdienst und Nahrung «mit einer Hand gnädigst verwilliget worden, durch den freyen handel der Supplicanten mit der andern Hand anwider hinweg genommen».[239] Die Konkurrenz einer kleinen Zahl von Krämern führte – so die Darstellung Kerns – dazu, dass eine Vielzahl von Webern mit ihren Familien Not litten. Die Position der Krämer im Wirtschaftsleben der Stadt war offenbar derart abgesichert, dass die Weber nicht mehr erwarteten, die Krämer durch ein Verbot vom Markt verdrängen zu können. Nun versuchten sie, die Krämer für ihre Interessen zu instrumentalisieren und unterbreiteten ihnen Vorschläge für eine Zusammenarbeit: «Erstlich offeriren dieselbe den Supplicanten, welche ohne deme derley waar kaufen müessen, ihre leinwand, Zwilch, trilch, halblein, Kölsch, und barchet Umb billichen Preis, so dass dieselbe daran eine ehrlichen profit haben mögen, zu verkaufen, oder wan denen Supplicanten dieser Vorschlag nicht gefallet, so wollen sie das garn von Ihnen annehmen, Und denenselben allerley dieser gattung Umb billich, und gewohnlichen lohn arbeithen, und Weben, Wan nur sie darbey arbeith, Und einen Verdienst haben können, Und nicht mit ihrem weib, und Kindern auss mangel der arbeith am Hunger Tuch nagen, und zu sehen müessen, dass die Supplicanten fremden meistern weit lieber, alss ihren mitburgern ein Verdienst und stück Brodt gönnen.»[240] Kern schloss sich dem Vorschlag der Weber an, der beiden Berufsgruppen ein Auskommen ermöglichte und fügte hinzu, dass der Handel mit Krämerwaren auf dem Markt dazu beitragen könne, den bedrohten samstäglichen Wochenmarkt wiederzubeleben.[241]

Der bischöfliche Entscheid schützte die Weber bei ihrer Zunftordnung und billigte deren Vorschlag, die Krämer mit Waren zum Verkauf zu beliefern.[242] Kaum hatten sich die gegnerischen Parteien geeinigt, traten der Rat von Laufen und die Meier sämtlicher Gemeinden der Herrschaft Zwingen auf den Plan. Im Juni des Jahres 1762 wandten sie sich ihrerseits mit einer Bittschrift an den Bischof, in der sie sich über die Auslegung der Zunftordnung durch die Weber beschwerten. Diese hatten versucht, dem Handel Beschränkungen aufzuerlegen und stützten sich dabei auf Artikel 5 ihrer Ordnung, der fremden Meistern die Arbeit und den Verkauf von Waren in der Herrschaft verbot. Der erwähnte Zunftartikel, so die Argumentation

---

238 AAEB, B 234/12, 23.6.1761, S. 1132f. Zu Landschreiber Kern, vgl. Kap. 9.
239 AAEB, B 234/12, 23.6.1761, S. 1131–1141.
240 AAEB, B 234/12, 23.6.1761, S. 1131–1141.
241 AAEB, B 234/12, 23.6.1761, S. 1131–1141.
242 AAEB, B 234/12, 7.7.1761, S. 1143.

von Rat und Meiern, beziehe sich nur auf fremde Webermeister; er verbiete es den Bürgern nicht, anderswo Garn und Stoff einzukaufen. Ihre Klage richte sich deshalb auch nicht gegen diesen Artikel. Nun sei es den Webern aber mit Unterstützung des Oberamtes gelungen, dessen Geltungsbereich «über alle schranken» auszudehnen. So verboten sie den Bürgern, die seit langem mit Leinwand und anderen Waren «zur bequemlichkeit dess publici» gehandelt hätten, ihr Gewerbe. Auf Rücksprache mit dem Oberamt habe Landschreiber Kern das Verbot des Kramhandels bestätigt. Auch auf den Jahr- und Wochenmärkten, zu denen fremde Krämer und Weber zugelassen seien, dürften sie nichts mehr verkaufen.

Mit diesen Beschränkungen des Handels sei aber noch nicht genug, die Weberzunft meine, berechtigt zu sein, an den Märkten ein Standgeld einzufordern: «Es thut sich nehmlich eine Deputatschaft der Weberen auf hiesigen jahrmarckten zeitlich einfinden, lasset sich die Stadtwacht mit gewehrter hand nachtretten, fordert von fremden weberen und krämern, wann es das erste mahl ist, den sogenannten Einstand; Nehmen bald diese bald jenem für eine und allemahl bald einen gulden bald aber 18 batzen oder ein mehreres ab, und damit hatt nun ein frembder weber oder fremder Krämer (um die inheimischen händler ist es nicht zu thun, weilen sie völlig ausgeschlossen) das recht hiesigen jahrmarckt zu besuchen auf eine ganz besondern Ort erhandelt und erkauft; die jenigen aber, die den einstand für ein und allemahl nicht erlegen und sich folglich mit der Weberzunft nicht abonnieren wollen, müssen ihro so oft sie den Jahrmarkt besuchen, solten sie auch nur 6 Ehlen haben, zwey biss drey schilling bezahlen.»[243] Wenn dann die bischöflichen Einzüger erschienen, meinten die Händler, sie hätten bereits bezahlt, und man fordere ihnen das Standgeld doppelt ab. Auf die Frage, mit welchem Recht die Weberzunft den Einstand verlange, hätten sie zur Antwort gegeben, dass man ihnen an anderen fremden Orten dasselbe abfordere, in ihren Zunftartikeln stehe allerdings nichts darüber. Der Bischof könne sich sicher «leicht vorstellen, was dieser beschwerlich und eigenmächtige impost bey frembden kaufleuthen und krämern vor einen unwillen und fluchen erweckt».[244] Weiter beschweren sich der Rat und die Meier über den Vorschlag der Weber, die einheimischen Krämer dürften zwar weiterhin Handel treiben, müssten jedoch alle Waren bei der Weberzunft beziehen, sowie über die mit den Webern verbundenen Schneider, die den Taglohn erhöht hatten. Der Vorschlag der Weber führe zu einer «formlichen Bannalitet», zu einem praktischen Abschluss des Marktes für nicht in der Herrschaft produzierte Waren. Abschliessend äusserten die Supplikanten grundsätzliche Einwände gegen das monopolistische System der Zünfte. Sie sähen zwar ein, dass «grosse und kostbare Fabricken und Manufacturen» für eine beschränkte Zeit mit einem «Privilegio

---

[243] AAEB, B 209/2, Juni 1762, S. 127–137.
[244] AAEB, B 209/2, Juni 1762, S. 127–137.

exclusivo» ausgestattet würden, damit sich das Unternehmen von den grossen Kosten erholen könne. Die Zünfte beanspruchten jedoch ein unbefristetes Monopol. «Euer hochfürstl. Gnaden haben selbsten sehr nützliche und namhafte fabricken, nehmlich die Eisen- und Stahlwercken der Papierfabrik nicht zu gedencken, und wären von Landsfürstl.er Hocheit wegen befugt alle fremde eisen- und Stahlwaaren in dero landen zu verbieten, doch auss Liebe zu dero Underthanen, und um das Commercium nicht zu geniren, haben Euer hochfürstl. Gnaden noch nichts der gleichen verhänget; zudeme so seind alle dero fabricierte waaren von so vortrefflicher eigenschaft und von so guter arbeit, dass man zu ihrem debit dergleichen Zwangmitteln nicht bedarf. Was sich nun bey so grossen fabricken begiebet, dass eräussert sich eben auch bey geringen zünften und handwerkern; Ist der Meister geschickt und die wahr oder arbeit gut, so brauchet es keine Banalitet, die kunden laufen guten meistern von selbsten nach, und nicht die meister den Kunden; Ist man aber gezwungen, so machen sich diese mausig, oder legen sich auf die faule seiten, ist ihnen zur arbeit niemahl gelegen, oder machen schlechte arbeit und verleiten das publicum zu Verdruss und unwillen, dahero kommet, dass zu aufnahm der handwerckern keine Zunftordnung so heylsam, so gut und weislich eingerichtet und vorgeschrieben ist, die nicht bey eigennützigen leuthen, als wie die dorf- und baurenmässigen Schneider und Weber seind, mit länge der Zeit in einem schädlichen missbrauch erwachsen und eine Widrige würkung erzielen kan.

In keinem Basel, in keinem Strassburg, ja in keinen Städten dess Bistums selbsten, wo doch weit ansehnlicher Zunften seind, als in dem schlechten Städtlein Laufen, wird man nicht finden, dass denen eingesessenen burgerlichen Commerzanten auch ausserhalb denen Jahr- und Wochenmärckten verbotten seye, leinwat und anderes Weberzeug in ihren läden feil zu bieten und zu verkaufen, oder dass ihnen auferlegt werden solte, ihr recht des kaufs und verkaufs, oder dess handels und wandels von einer Weberzunft zu erkaufen; und wie oben erzehlt, werden zu Laufen gar die fremde handelsleuth mit diesem tribut belästiget und gequälet. So gering als imposten von solcher art scheinen oder vorkommen mögen, so bringen sie doch in dem Commercio öfters eine alteration, wo nicht leztlichen eine gänzliche abweichung.»[245] Es liege ihnen fern, die Aufrichtung der Zünfte durch den Bischof zu kritisieren, sie meinten jedoch, dass die negativen Folgen für die Bevölkerung nicht vorauszusehen wären. Hier meldeten sich die Konsumenten zu Wort, die befürchteten, dass die immer engere Reglementierung des Marktes und des Handels die Vielfalt des Angebotes zu sehr beschränke. Die Qualität der angebotenen Ware lasse dadurch noch mehr zu wünschen übrig und das Quasimonopol treibe die Preise stark nach oben. Der Rat und die Meier sprachen mit ihrem Verweis auf

---

245 AAEB, B 209/2, Juni 1762, S. 127–137.

die mangelhafte Qualität der Waren und schlechte Bedienung der Kunden – die Meister legten sich «auf die faule Seite» – ein zentrales Charakteristikum des monopolistischen Zunftsystems an. Die Klage über die schlechte Qualität entwickelte sich jedoch auch zum Topos. Das Zunftsystem selbst verstand sich als gerecht, weil es gleiche Bedingungen für alle schuf; es führte jedoch wohl auch zur Mittelmässigkeit.[246]

Zu einem Entscheid über die Beschwerden scheint es nicht gekommen zu sein. Überliefert ist einzig ein undatiertes Schreiben in französischer Sprache, das sich kritisch über Landschreiber Kerns wirtschaftspolitische Haltung äusserte und die Forderung der Gemeinden nach einer Einschränkung der zünftischen Rechte unterstützte.[247] Letztlich waren die Positionen der Krämer, die möglichst ungehindert Handel treiben wollten, und der Zunft, die einen monopolistischen Schutz für ihre Produktion verlangte, unvereinbar. Die Kunden – vertreten durch die Gemeindevorgesetzten – sahen ihre Interessen nach günstigen, qualitativ hochstehenden Produkten offenbar eher durch die Krämer vertreten.

Im Frühjahr 1764 waren es die Krämer, die einen erneuten Vorstoss zur Beilegung des schwelenden Konflikts unternahmen. In seinem Schreiben an die Obrigkeit wies Schaffner Franz Joseph Cueni insbesondere darauf hin, dass der Markt grossen Schaden litt, weil fremde Händler durch das von der Weberzunft geforderte Standgeld vom Besuch Laufens abgeschreckt würden.[248] Mit dieser Argumentation sprach Cueni nicht nur die Interessen der Stadt, sondern auch das bischöfliche Eigeninteresse an, war er doch an den Einnahmen des Marktes beteiligt.

Der in der Zwischenzeit neu ins Amt eingesetzte Bischof[249] band die Zunft auf den Wortlaut ihrer Ordnung zurück; insbesondere Artikel 5 dürfe nicht auf die städtischen oder im Land lebenden Krämer angewandt werden, er gelte allein für fremde Weber. Es sei allen Bürgern in den Städten und Marktflecken des Bistums erlaubt, auch wenn es Weberzünfte gebe, «in ihren Läden und sonsten, sowohl innert als ausser den Wochen- und Jahrmärckten zum behuf der Landsleuthen und fremden, dergleichen Leinwat zu allen zeiten frey und offentlich zu verkaufen und Handel damit zu treiben, zu geschweigen dass sie wieder die natürliche Freyheit und wieder alle gute policey solten angewiesen und gezwungen werden mit keiner andern leinwat zu handeln, als nur mit deme so sie von der Weberzunft erkauft hätten.»[250] Ausserdem verbot er der Zunft, weiterhin ein

---

246 Dubler 1982, S. 417.
247 AAEB, B 209/2, o.D., S. 161–163. Das Schreiben trägt keine Unterschrift.
248 AAEB, B 209/2, 16.5.1764, S. 315–318.
249 Bischof Joseph Wilhelm Rinck von Baldenstein war am 13.9.1762 gestorben, Simon Niklaus von Froberg wurde durch päpstliche Bestätigung vom 21.3.1763 sein Nachfolger, HS I/1, S. 214f.
250 AAEB, B 209/2, 23.5.1764, S. 319–322.

Einstandsgeld zu fordern. In ihrer Zunftordnung sei davon nicht die Rede, folglich sei sie vom Bischof auch nicht dazu autorisiert worden. «Wozu noch kommt, dass die frembden und andere Leinwatthändler durch dergleichen pressuren abgeschreckt und vertrieben, mithin das Commercium geschwächet und darbey das uns zu kommen sollende Standgeld nothwendiglich geschmähleret werden muss.» Die Erhöhung des Schneidertaglohns bezeichnete er als «unfug», weil sie zur Bedrückung der Untertanen führte. Ihnen sollte es in Zukunft erlaubt sein, sich fremder Schneider zu bedienen, die sich mit dem alten Lohn zufrieden gäben.[251] Die Zunftwirtschaft blieb zwar bestehen, die Stellung der Schneider- und Weberzunft wurde durch diese Entscheidung jedoch stark eingeschränkt. Zu weiteren aktenkundigen Konflikten zwischen Webern und Krämern kam es bis zum Ende des Ancien Régimes nicht mehr. Die bischöfliche Entscheidung war ein Signal für alle Zünfte: Obwohl ihr Wirtschaftssystem gewahrt blieb, zeigte sich immer deutlicher, dass der zunehmende ökonomische Druck auf die Zünfte nicht einfach durch eine stärkere Reglementierung von Produktion und Vertrieb aufgefangen werden konnte. Erste deutliche Risse im Zunftsystem zeichneten sich ab. Auf dem Gesamtmarkt machten Konsumentinnen und Konsumenten genauso wie Händler und Hausierer mit der Forderung nach freiem Handel ihren Einfluss geltend.

Gegen fremde Produzenten

Der Kampf der Zünfte gegen fremde Konkurrenz richtete sich nicht nur gegen Händler, sondern auch gegen ausländische Produzenten. Bereits 1601 bei der ersten Zunftgründung war die Reglementierung der Arbeit von auswärtigen Handwerkern eines der zentralen Ziele.[252] Die Zunftordnungen dachten den Fremden praktisch nur in abhängiger Stellung, nämlich als Gesellen, Arbeitsmöglichkeiten zu. Recht zahlreich waren indes Lehrlinge aus den angrenzenden, aber nicht zum Zunftbezirk gehörenden Gebieten.[253] Umgekehrt absolvierten Lehrlinge aus dem Laufental anderswo ihre Lehre.[254] Die geografische Lage des Laufentals zwischen dem Elsass und dem Stand Solothurn begünstigte den Austausch von Arbeitskräften und Produkten – Laufentaler Handwerker besuchten beispielsweise die Märkte in Pfirt, in

---

251 AAEB, B 209/2, 23.5.1764, S. 319–322.
252 AAEB, B 209/2, 8.5.1601, S. 5–7, vgl. oben.
253 StadtBALaufen, Nr. 29, S. 77v (Lehrling aus Büsserach), ebd., S. 91 (aus Schönenbuch), ebd., S. 93 (ab der Schmelzi/Bärschwil), StadtBALaufen, Nr. 31, S. 45 (aus Istein), StadtBALaufen, Nr. 33, S. 151 (aus Ettingen), ebd., S. 157 (aus Mümliswil), ebd., S. 172 (aus Grellingen), ebd., S. 181 (aus Gänsbrunnen), ebd., S. 191 (aus Gänsbrunnen), ebd., S. 192 (aus Oberdorf SO).
254 Im Zunftbuch der Schlosser, Glaser und Schreiner ist ein Lehrling aus Röschenz verzeichnet, der in Kleinlützel eine Lehre machte und vor der Laufner Zunft lediggesprochen wurde, StadtBALaufen, Nr. 31, 31.3.1766, S. 26.

Dornachbrugg und Breitenbach-Rohr.[255] Die Grenzlage brachte aber auch vermehrte Konkurrenz.

Das Zunftsystem basierte auf dem Ausschluss der Nichtzünftigen – von Fremden, so genannten Stümpern und von Handwerkerinnen. Die Ausgeschlossenen wurden dann zur Gefahr, wenn sie durch niedrigere Preise oder bessere Qualität den Zünftigen Kundinnen und Kunden abwarben. 1758 beschwerten sich die Schneidermeister Joseph Uninger und Johannes Meyer im Namen der Zunft über Durs Hammel aus Metzerlen, der, obwohl die Zunftordnung die Arbeit von Fremden verbot, in der Stadt Laufen und den Dörfern der Herrschaft Zwingen Kunden bediente. Landschreiber Kerns Stellungnahme zuhanden des Bischofs stellte den Schneidern ein miserables Zeugnis aus. Von den 16 in der Herrschaft lebenden Schneidern sei nicht einer in der Lage, ein Bauern-, geschweige denn ein ehrbares bürgerliches Kleid zu nähen. Den Grund für die schlechte Qualität sah Kern in der ungenügenden Ausbildung: «Die Ursach solcher Ungeschicklichkeit ist Kundbar, nämblichen weilen die Lehrjungen von solchen ohnerfahrenen Meistern wenig erlernen, dieselbe bishero die Wanderjahre oder gar nicht gemacht haben, oder wan selbe gewandert, solche ihre Meister in der Nachpahrschaft von Einem Bezirck 6 biss 10 stunden, Und diese merhisten theils auf denen Dörfern, alwo Ihnen nichts als grobe bauren Kleider in Hände gekommen, gesucht und gefunden haben».[256] Des Weiteren fehle den meisten das Meisterstück. Kern warf Joseph Uninger neben mangelhafter Qualität seiner Arbeit auch schlechte Betreuung von Kunden und überrissene Preise vor. In Laufen gäbe es Bürger, die Tuch im Wert von 40 bis 50 Pfund trügen, eine Summe, «welche sich nicht auf dem Weeg finden lasset»; dieses wollten sie keinem schlechten Schneider als «Lehrblätz» überlassen. Die fremde Konkurrenz wäre – so Kerns Argumentation – für die einheimischen Schneider keine Bedrohung, wenn sie ihr Handwerk besser erlernen und meisterhafte Arbeit abliefern würden. «In solang aber selbe derley Unerfahrne Meister Verbleiben, so leidet die Justiz nicht dem Durs Hammel von Metzerlen, oder andern auswärtigen erfahrnen meistern zu nachtheil der Ehrlichen und besser Cultivierten Underthanen das Verbott zu thuen, dass selbige solcherley Underthanen, welche burgerliche Kleider, wie selbe in stätten gebräuchlich seynd, tragen, nicht arbeithen sollten».[257] Der Konflikt liess sich offenbar nicht beilegen, denn zwei Jahre später gelangte Uninger nochmals an die Obrigkeit, worauf auch Landschreiber Kern seine Argumentation wiederholte.[258] Eine Entscheidung ist auch in diesem Fall nicht überliefert.

255 AAEB, B 234/11, 26.9.1750, S. 809–817.
256 AAEB, B 209/2, 7.7.1758, S. 255–261.
257 AAEB, B 209/2, 7.7.1758, S. 255–261.
258 AAEB, B 209/2, 26.3.1760, S. 263–266.

Frauenarbeit im Handwerk

Zu den von den Zünften bekämpften Konkurrenten gehörten, obwohl in den Zunftordnungen nur einmal[259] explizit erwähnt, auch die Frauen. Im Handwerksbetrieb spielte die Arbeit von Frauen eine wichtige Rolle. Innerhalb dieses familienwirtschaftlichen Rahmens – das zeigt auch die Bestimmung der Wollweber- und Strumpfstrickerzunftordnung – wurde die Beschäftigung von Ehefrauen und Töchtern von der Zunft geduldet. Ohne die Arbeit der weiblichen Familienmitglieder wäre das Funktionieren einer Werkstätte kaum denkbar gewesen.[260]

Zu Konflikten mit der Zunft kam es, wenn Frauen selbständig wirtschafteten. Maria Ursula Scherrer aus Laufen hatte wohl von ihrem Vater das Leinenweberhandwerk gelernt und arbeitete auch nach dessen Tod weiter. So konnte sie sich selbst und ihre alte Mutter, die «ohne diese beyhilf das brod zu betteln» gezwungen wäre, unterhalten. Als die Zunft versuchte, ihr das Handwerk zu legen, wandte sie sich an die Obrigkeit. Da in den Zunftartikeln der Leinenweber nichts enthalten sei, was «der Supplicantin in betreibung ihrer Profession hinderlich seyn möchte, hingegen ein beyspiel vorhanden, dass auch eine tochter mit der nemlichen arbeit ihre armen Eltern ernähre», erhielt sie die Erlaubnis, die Profession bis zum Tod ihrer Mutter weiterzuführen.[261] Exemplarisch zeigt sich hier, dass es auch in der Stadt Laufen in zünftisch geschützten Handwerken Männer und Frauen gab, die ausserhalb der Zunft tätig waren – Maria Ursula Scherrer dürfte kein Einzelfall gewesen sein.

Auch die Witwen von Handwerkern hatten das Recht, das Handwerk ihres Mannes weiterzuführen, allerdings grundsätzlich nur als Statthalterinnen für ihre Söhne. Die Zünfte waren jedoch nicht ohne weiteres bereit, diesen Zustand über längere Zeit zu dulden. Die Meister der Schuhmacherzunft etwa beschwerten sich bei der Obrigkeit über Joseph und Franz Burger, die Söhne des verstorbenen Johann Burger, weil diese das Handwerk betrieben, ohne Mitglieder der Zunft zu sein. Die Zunftartikel liessen es zwar zu, dass mehrere Söhne das Handwerk lernten, sie müssten sich jedoch als Meister aufnehmen lassen oder das Handwerk aufgeben. Die Beschuldigten verteidigten sich damit, dass «ihre Mutter eines Zunftbrudern wittib seye, welcher nach allgemeinen brauch das handwerckh von ihrem Mann sel. fort zu führen erlaubt seye, wie nun diese mit der mutter gemeinsame haushaltung haben und das brod Essen, mithin die mutter selbsten zu erhalten verhelfen, so vermeinen sie, dass sie bey lebzeithen der Mutter in die Zunft sich einzulassen nicht

---

259 Art. 17 der Strumpfstricker- und Wollweberzunftordnung bestimmte, dass es einem Meister verboten sei, «Weibspersohnen ausert der seinigen in der Werckstatt stricken zu lassen», das Spinnen sei jedoch weiterhin erlaubt.
260 Zur Stellung der Frau im Handwerk, vgl. Dubler 1982, S. 378–389. Zur städtischen Frauenerwerbsarbeit, vgl. Kap. 2.
261 AAEB, B 209/2, 17.6.1777, S. 333f.

schuldig seyen, in besonders weilen deren selben Jedem zehen Pfundt meistergeld abgefordert werde, Implorieren also die wittib, und Söhne, damit ihro gleich andern meisters Wittwen das Handwerck zu treiben verstattet, beklagen Söhnen aber so lang die Mutter lebet mit der Einkauf in die Zunft verschondt werden».[262] Der Vogt folgte im Prinzip der Argumentation der Brüder Burger, kam der Zunft jedoch insofern entgegen, als er bestimmte, dass sie nur noch drei Jahre für ihre Mutter arbeiten durften und sich danach in die Meisterschaft einkaufen mussten.[263]

Rückblick: Landzünfte im 18. Jahrhundert

Dass sich die Forschung bisher kaum für die kleinstädtischen Handwerker und ihre Zünfte interessierte, kann nicht nur an der Quellenlage liegen. In Laufen ist sie zwar sicher nicht so «komfortabel»[264] wie in einer Grossstadt, aber dennoch dicht genug, um nicht nur den zünftischen Idealen, sondern auch der gelebten Wirklichkeit nachzuspüren. Die geringe Beachtung könnte vielmehr damit zusammenhängen, dass sich diese Organisationen der traditionell getrennten Betrachtung städtischer und ländlicher Gesellschaften in der Geschichtswissenschaft entziehen. Die Laufner Zünfte lassen sich im Sinne Dublers als Landzünfte definieren.[265] Die Zünfte konstituierten und versammelten sich zwar in der Stadt, ihnen gehörten aber schon immer auch Meister vom Land an. Obwohl als gemeinsame Organisation gegründet, sahen die Zunftordnungen eine städtische Vormachtstellung vor. Gegen Ende des 18. Jahrhunderts führte dies zu Spannungen zwischen städtischen und ländlichen Handwerkern. Sie fanden durch die Integration ländlicher Meister in die Amtsverantwortung ihre Lösung. Im Laufental bewährte sich die Organisation der Handwerker über Vogteigrenzen hinweg, anders als in den benachbarten solothurnischen Birsvogteien, nur vorübergehend. Die Zunftgründung des Jahres 1601, die Handwerker aus den Vogteien Zwingen, Birseck und Pfeffingen umfasste, war nur kurzlebig. Auch die 1728 gegründete Rotgerberzunft des Fürstbistums Basel überdauerte keine zwei Jahrzehnte. Die Schuhmacher des Oberamtes Birseck, die zunächst der 1707 gegründeten Laufner Schuhmacherzunft angehört hatten, scheinen sich mit der Zeit organisatorisch selbständig gemacht zu haben.

Die Gründung der Laufner Zünfte erfolgte – von der vermutlich nur kurzlebigen Zunft der Maurer, Steinmetze, Zimmerleute und Weber von 1601 abgesehen – im 18. Jahrhundert und damit relativ spät. Einzigartig oder ungewöhnlich war der Zeitpunkt jedoch weder im regionalen, noch im internationalen Vergleich. Viel-

---

262 AAEB, B 209/2, 10.12.1764, S. 323–325.
263 AAEB, B 209/2, 10.12.1764, S. 323–325.
264 Reininghaus 2000, S. 5. In der geringfügigen oder fehlenden Überlieferung vermutet Keller (2000, S. 62) den Grund für das geringe Interesse am kleinstädtischen Handwerk.
265 Vgl. oben.

mehr spiegelten sich im Gründungszeitpunkt die regionalen Kontakte. Die Laufner Leinenweberzunft orientierte sich am nur wenige Jahre zuvor entstandenen Pendent der benachbarten Vogteien Dorneck, Thierstein und Gilgenberg. Grenzüberschreitende Beziehungen lassen sich auch bei der Gründung der Schuhmacher- und der Strumpfstricker- und Wollweberzunft nachweisen. Ihren Wunsch nach einer Zunft begründeten die Handwerker mit dem Bedürfnis nach ihrer Anerkennung durch andere Zünfte, sei es auf der Wanderschaft oder auf den Märkten, auf denen sie nicht nur der Schau unterworfen sein, sondern in Laufen selbst Qualitätskontrollen durchführen wollten. In ihrer Argumentation wird deutlich, dass sie zunehmende Schwierigkeiten hatten, in der Stadt und ihrer Umgebung Arbeit zu finden. Das Bevölkerungswachstum des frühen 18. Jahrhunderts machte den Markt immer enger, die Konkurrenz um die Beschäftigungsmöglichkeiten immer grösser. Die Suche nach einer neuen Existenzgrundlage in benachbarten Gebieten war für viele eine Notwendigkeit; die Rückkehr in die Heimatgemeinde nach der Wanderschaft nur noch für eine Minderheit möglich. Die Entstehung der handwerklichen Organisationen lässt sich in Anlehnung an Anne-Marie Dubler auch in Laufen als Krisenphänomen deuten. Die Handwerker versuchten ihren Anteil am Markt zu halten, indem sie neue Anwärter mit strengen Zulassungsbedingungen abschreckten und die Mauern für Auswärtige und nicht Ausgebildete noch höher zogen. Durch selbst auferlegte Beschränkungen – die Verlängerung der Ausbildung, die Erhöhung des Lehrgeldes und die Durchsetzung der Wanderschaft – versuchten sie, das Angebot zu regulieren und die Konkurrenz zu beschränken. Die zünftischen Ideale, die in ihre Zunftordnungen einflossen, liessen sich jedoch oft nicht durchsetzen. Junghandwerker beendeten ihre Ausbildungen vorzeitig, gingen nicht auf Wanderschaft und verfertigten kein Meisterstück. Auch den Laufner Zünften gelang es nicht, allen Handwerkern dieselbe «Nahrung» zu sichern. Auch hier gab es, wie das Beispiel der Leinenweber zeigt, Meister, die über mehr Ressourcen verfügten als andere.

Die Interessen von zünftischen Produzenten, städtischen und wandernden Händlern, Kundschaft und Behörden strebten auseinander. Während die Zunfthandwerker ihr Monopol zu wahren versuchten, verkauften Händler auch ausserhalb der Vogtei produzierte Waren. Dabei traten sie nicht nur auf dem Markt auf; sie belieferten ihre Kunden auch zu Hause und konnten manches Produkt in besserer Qualität oder zu einem günstigeren Preis anbieten. Die Absicht der Zünfte, den Handel zu beschränken und am Markt Qualitätskontrollen durchzuführen, widersprach den Interessen der Kundschaft und der städtischen Behörden, die vom Florieren des Marktes gleichermassen profitierten; erstere aufgrund des reichhaltigen Angebotes, letztere weil sie an den Einnahmen beteiligt waren. Das Funktionieren des Marktes war angesichts von zahlreichen weiteren Märkten in der Nachbarschaft keine Selbstverständlichkeit. Der Laufner Wochenmarkt war im 18. Jahrhundert akut bedroht, weshalb sich die Stadt für dessen Förderung und gegen allzu einschränkende Massnahmen der Zünfte engagierte.

Die städtischen Händler und die Hausierer aus der Umgebung waren aus dem Wirtschaftsleben der Vogtei nicht wegzudenken.[266] Deshalb zeitigte das Verbot des Hausierhandels, das der Bischof mehrmals auf Antrag unterschiedlicher Interessengruppen erliess, kaum Wirkung. In der zweiten Hälfte des 18. Jahrhunderts versuchten die Handwerker, der zunehmenden Konkurrenz durch neue Formen der Zusammenarbeit beizukommen. 1761 schlugen die Weber den Krämern eine engere Kooperation vor, die allerdings den monopolistischen Interessen der Zunft entgegenkam. Sie offerierten den Krämern, verschiedene Stoffe zu einem billigen Preis zu verkaufen, damit diese sie mit ehrlichem Gewinn weiterverkaufen konnten. Sollte den Krämern dieser Vorschlag nicht zusagen, wollten die Weber ihnen das Garn abkaufen und zu Stoff weiterverarbeiten.[267] Im selben Jahr vereinbarten die Leinenweber überdies eine intensivere Zusammenarbeit. Jene Weber, die imstande waren, mehr Garn zu kaufen, als sie selbst verarbeiten konnten, sollten es anderen Webern gegen Taglohn zur Verarbeitung übergeben. Diese Abmachung ist bemerkenswert, weil sie das zünftische System, das auf selbständigen Kleinbetrieben beruhte, partiell durchbrach und eine Art Verlag organisierte. Die Zunftverfassung war demnach nicht völlig immobil, sondern durchaus zu Neuerungen fähig.[268]

Dennoch zeigten sich in der zweiten Hälfte des 18. Jahrhunderts allmählich Risse im zünftischen System. Im Konflikt zwischen Webern und Krämern liess der Bischof 1764 die Zunftverfassung zwar bestehen. Er band die Zunft jedoch zurück, in dem er den Bürgern erlaubte, sowohl an Jahr- und Wochenmärkten als auch ausserhalb derselben Waren zu verkaufen. Den Stoff dürften sie beziehen, wo es ihnen gut und günstig erscheine. Das Signal an die Zünfte war deutlich. Die auf Produktionsbeschränkungen beruhenden Organisationen mussten den zunehmenden Einfluss anderer Interessengruppen am Markt gewärtigen: der Händler, die freien Handel forderten und der Konsumenten, die an guten Produkten zu günstigen Preisen interessiert waren. Ein wachstumsorientiertes Wirtschaftssystem brach sich langsam Bahn.

---

266 Bereits für das Mittelalter ist nachgewiesen, dass es in ländlichen Gesellschaften neben den institutionalisierten Märkten andere Formen und Plattformen von Austausch gab, vgl. Sondergger/Zangger 1998.
267 Einen anderen Weg bestritten die Laichinger Leinenweber. Sie verkauften nicht an Händler, sondern betrieben als Zunft selbst freien Handel und beteiligten sich an überregionalen Märkten, vgl. Medick 1996, Kap. 1.2.
268 Der angeblichen Innovationsfeindlichkeit widerspricht Reith 2000; vgl. auch Reininghaus 1990, S. 55 und 61; zu den Zünften im 18. Jahrhundert, vgl. Stürmer 1986.

4. LANDJUDEN IN DEN VOGTEIEN ZWINGEN, BIRSECK UND PFEFFINGEN

Im Jahr 1760, als die Laufner Weber Klage gegen die jüdischen Händler führten,[1] lebten seit über sechzig Jahren keine Jüdinnen und Juden mehr im Fürstbistum.[2] Im 16. und 17. Jahrhundert war das noch anders gewesen: In verschiedenen Gemeinden der drei deutschen Vogteien hielten sich Juden für kürzere oder längere Zeit auf. Im Laufental gab es jüdische Wohnorte in Zwingen, wo sich seit zirka 1573 der einzige jüdische Friedhof[3] der Gegend befand, in Röschenz und in Blauen.[4] Im Oberamt Birseck lebte die jüdische Bevölkerung zunächst vor allem in Allschwil und Arlesheim, später dann auch in Oberwil und Schönenbuch.[5] Am wenigsten bekannt ist über die Vogtei Pfeffingen, für die lediglich Einzelbelege aus Pfeffingen,[6]

1 AAEB, B 209/2, 16.1.1760, S. 113 ff., vgl. Kap. 3.
2 1694 hatte der Bischof ihre Vertreibung angeordnet, vgl. unten.
3 Zur Gründung und Geschichte des Friedhofs, vgl. Nordmann 1906.
4 AAEB, Rechnungen Zwingen 1575–1581.
5 AAEB, Rechnungen Birseck, 1569–1612; AAEB, B 216, 1694, fol. 146–148.
6 AAEB, B 216, o. D. [1576], fol. 145.
7 AAEB, B 216, 8.12.1602, fol. 126.
8 StASO, Dorneck Schreiben 13, 7.4.1646, S. 20 f.

Aesch[7] und Duggingen[8] vorliegen.[9] In Laufen waren Juden während der Frühen Neuzeit zwar im Wirtschaftsleben präsent, sie lebten in dieser Zeit jedoch nie in der Stadt.[10] Den Begriff «jüdischer Wohnort» verwende ich, um «Gemeinde» oder «Niederlassung» zu vermeiden. «Gemeinde» setzt nämlich, insbesondere im religiösen Bereich, eine gewisse Grösse, die Anwesenheit von zehn erwachsenen Männern, voraus. Obwohl Landjudengemeinden sozusagen per definitionem klein waren, möchte ich die Bezeichnung «Gemeinde» für Siedlungen mit einer, wenn auch beschränkten, kontinuierlichen Existenz reservieren. Der Begriff «Niederlassung» wäre missverständlich, da die Juden lediglich befristet geduldet wurden. Niederlassung suggeriert aufgrund der heutigen Verwendung in der Schweiz einen unbefristeten Aufenthalt.

Die Geschichte der Landjuden in den deutschen Ämtern des Fürstbistums seit dem 16. Jahrhundert zu rekonstruieren, ist Ziel des folgenden Kapitels.[11] Es stellt den Versuch dar, mich an eine ländliche Bevölkerungsgruppe anzunähern, die in der Stadt agierte. Bedingt durch die Quellenlage lässt sich wenig über die Präsenz und das Handeln der fürstbischöflichen Juden in der Stadt aussagen. Jene Juden hingegen, die als Akteure in der Stadt auftraten, lebten nicht im Fürstbistum, weshalb sich ihr Alltagsleben nicht anhand fürstbischöflicher Akten rekonstruieren lässt. Trotz dieses Widerspruchs möchte ich nicht darauf verzichten, den Birsecker und Laufentaler Landjuden im 16. und 17. Jahrhundert nachzugehen.

Zur Entdeckung der Landjuden durch die Forschung

Im Mittelalter waren die Juden eine städtische Bevölkerungsgruppe. Die Verfolgungen in der Mitte des 14. Jahrhunderts leiteten das Ende des urbanen Judentums ein. Zwar kam es in vielen Städten bereits in der zweiten Hälfte des 14. Jahrhunderts zur Wiederansiedlung von Juden, die alte Blüte konnte jedoch nie mehr erreicht werden.[12] Durch die Vertreibungen am Ende des 15. und zu Beginn des 16. Jahrhunderts wurden die jüdischen Gemeinden in den Städten des Reichs und der Schweiz meistenorts endgültig zerstört. Es waren vornehmlich ökonomische Gründe, die die Städte zur Vertreibung der Juden veranlasst hatten. Mit zunehmender Prosperität war das Gefühl aufgekommen, dass man die Juden als Kapitalgeber

9 Vgl. auch Weldler-Steinberg 1966, S. 65–70.
10 Mit Ausnahme des Juden Baruch, der 1789 für ein Jahr die Erlaubnis erhielten, in Laufen zu wohnen und Handel zu treiben, AAEB, B 216, 21.8.1789, fol. 409f.
11 Auch im unteren Amt Birseck (Schliengen) lebten bereits im 15. Jahrhundert Juden. Ich habe die Belege, die sich auf Schliengen beziehen, nicht in die Betrachtungen einbezogen. Mit der Geschichte der Juden in den deutschen Ämtern des Fürstbistums hat sich der Arzt Achilles Nordmann in verschiedenen Arbeiten, besonders in jener über die Entstehung des jüdischen Friedhofs von Zwingen (1906), beschäftigt. Vgl. ausserdem Weldler-Steinberg 1966, S. 65–70.
12 Battenberg 1990, Bd. 1, S. 120ff.; vgl. auch Deutsch-jüdische Geschichte, Bd. 1, S. 57f.

im Grunde entbehren konnte. Auch als die wirtschaftliche Situation der Städte gegen Mitte des 15. Jahrhunderts wieder umzuschlagen drohte, blieb die Überzeugung bestehen, der Probleme allein Herr werden zu können.[13] Anders als in England, Frankreich, Spanien und Portugal führten die Vertreibungsaktionen im Heiligen Römischen Reich nicht dazu, dass die Juden das Reichsgebiet ganz verliessen. Sie siedelten sich in der Peripherie der Städte wieder an, um nach Möglichkeit einen gewissen Zugang zum städtischen Markt zu behalten. Oder sie fanden in den Territorien kleinerer Herrscher, etwa von Reichsrittern, und im Einflussbereich aufstrebender Kleinstädte, die die Chance erkannten, an der Kapitalkraft der Juden zu partizipieren, Aufnahme. Die Vertreibung aus den Städten hatte zwar keine Vernichtung des Judentums zur Folge, sie führte jedoch zu einer Atomisierung jüdischen Lebens. Oft lebte nur eine kleine Zahl von jüdischen Familien an einem Ort, so dass zur Bildung einer Synagogengemeinde grössere Einzugsgebiete gebildet werden mussten.[14]

Das Landjudentum war in der Frühen Neuzeit die vorherrschende Lebensform.[15] Wie die Entstehung des Landjudentums vor sich ging, ist noch weitgehend unerforscht. Die Forschung geht heute davon aus, dass sich kein kausaler Zusammenhang zwischen der Vertreibung aus den mittelalterlichen Städten und den jüdischen Niederlassungen auf dem Land herstellen lässt, denn viele Juden fanden in anderen Städten oder im unmittelbaren Umkreis ihres früheren Wohnortes Zuflucht.[16] Battenberg sieht die Verländlichung der Juden als lang andauernden historischen Prozess. Die Vertreibungen hatten Migrations- und Re-Migrationsbewegungen zwischen den Städten zur Folge, die Ansiedlung der Juden auf dem Land deutet er als Ergebnisse territorialherrlicher Ansiedlungspolitik.[17]

Die Entdeckung der Landjuden durch die Forschung geschah äusserst spät und langsam.[18] Ihre Gründe hat die zögernde Wahrnehmung der Juden auf dem Land

---

13 Battenberg 1990, Bd. 1, S. 162 ff. Zu den Ursachen der Vertreibungen und zur Tatsache, dass die Städte seit der zweiten Hälfte des 14. Jahrhunderts zur treibenden Kraft antijüdischer Massnahmen wurden, vgl. Graus 1987, bes. S. 341 ff.
14 Battenberg 1990, Bd. 1, S. 165 und S. 236. Die Auswirkungen der Vereinzelung für das innerjüdische Leben besonders im religiösen Bereich (Minjan, Mikwe, Schächtvorschriften, Bildung) beschreibt Rohrbacher 1997 eindrücklich. Ullmann (1999, S. 39) plädiert für eine differenzierte Sicht der Atomisierung, da es auch Siedlungskonzentrationen in so genannten Judendörfern gab.
15 Zu den Lebensbedingungen, vgl. Deutsch-jüdische Geschichte, Bd. 1, S. 183 ff.
16 Richarz 1997, S. 5 f.; Battenberg 1997; Deutsch-jüdische Geschichte, Bd. 1, S. 85 f. Zu den Augsburger «Vorstadtjuden», die in Pfersee lebten, vgl. Ullmann 1999.
17 Battenberg 1997, S. 14.; vgl. auch Kiessling (Hg.) 1995, Vorwort, S. 14 f., der von einem fliessenden Übergang zwischen der Siedlungs- und Lebensweise vom Spätmittelalter zum Landjudentum der Frühen Neuzeit spricht, da bereits im Spätmittelalter viele Juden in ländlichen und kleinstädtischen Gemeinden lebten. Rohrbacher 1996, S. 138 ff.
18 Zum Forschungsstand: Richarz 1991, vgl. auch Richarz/Rürup (Hg.) 1997, Vorwort und Richarz 1997; neuerdings Battenberg 2001.

in der deutsch-jüdischen Geschichte seit der Mitte des 19. Jahrhunderts. Noch zu Beginn des 19. Jahrhunderts lebten achtzig Prozent der deutschen Juden auf dem Land. Seit der Mitte des 19. Jahrhunderts setzte mit der Gewährung der Freizügigkeit eine starke Urbanisierung – besser gesagt Re-urbanisierung – der jüdischen Bevölkerung ein. Als Resultat der Landflucht lebten 1925 nur noch 15 Prozent der deutschen Juden auf dem Land. Die rasche Auflösung vieler Landjudengemeinden durch die Abwanderung in die Städte wirkte sich auch auf die Erforschung des Landjudentums aus. Vor 1933 überwiegend von jüdischen Forschern getragen, konzentrierte sich die Geschichtsschreibung über die Juden weitgehend auf das städtische Judentum und speziell auf dessen Eliten im Kultur- und Wirtschaftsleben. Im Vergleich mit der Gesamtbevölkerung waren die deutschen Juden in der Weimarer Republik so urbanisiert, dass das Landjudentum als überholte Lebensform, sozusagen als historischer Verlierer, marginalisiert, wenn nicht gar vergessen und verachtet wurde. Die jüdische Landbevölkerung bildete gleichsam nur noch ein Relikt, sozusagen das Hinterland oder Reservoir des städtischen Judentums und schien ohne historische Bedeutung, gemessen an den kulturellen Leistungen des deutschjüdischen Bürgertums. Erst in den letzten rund drei Jahrzehnten entdeckte die Forschung die Landjuden.[19] Besonders seit den 1980er Jahren hat das wissenschaftliche Interesse deutlich zugenommen.

Auch in der Schweiz waren es zu Beginn des 20. Jahrhunderts vor allem jüdische Forscherinnen und Forscher, die sich mit der Geschichte der Juden insbesondere in den städtischen Siedlungen des Mittelalters, aber auch mit dem Landjudentum in der Eidgenossenschaft beschäftigten. Diese Forschungsarbeiten wurden trotz ihrer hohen Qualität und ihrer teilweise modernen Fragestellungen nur wenig rezipiert.[20]

Die Geschichte von Landjuden zu erforschen gleicht der sprichwörtlichen Suche nach der Nadel im Heuhaufen. Vergleichsweise einfach gelingt der Einstieg in die Quellen, da der fürstbischöfliche Archivar Leonhard Leopold Maldoner die Rubrik B 216 «Juden» einführte.[21] Sie umfasst eine einzige rund zehn Zentimeter breite Schachtel, die Quellen für die Zeit vom späten 15. bis zum Ende des 18. Jahrhunderts enthält. Die Quellenlage für die Geschichte der Zwingener und Birsecker Juden ist

---

19 Richarz 1991, S. 11f.; Richarz 1997, S. 1f. Vgl. dazu auch Kiessling (Hg.) 1995, Vorwort, S. 12f.

20 Nordmann hielt bereits 1917 fest: «Der Satz, dass Endingen und Lengnau im 17. und 18. Jahrhundert die einzigen Orte der Schweiz waren, wo eine sesshafte jüdische Bevölkerung geduldet wurde, ist überhaupt nicht uneingeschränkt richtig», Nordmann 1917, S. 6. Dessen ungeachtet wird der Satz in der schweizerischen Historiografie weiter vertreten, vgl. Körner 1986, S. 409; Capitani 1986, S. 467f.; Weingarten 1998, S. 7, 20f.
Neuere Arbeiten zur Geschichte der Juden im Fürstbistum erwähnen Nordmann zwar, gehen in der Darstellung jedoch kaum über ihn hinaus, vgl. den Aufsatz von Boll 1996.

21 Zu Maldoner und zu seinem Ordnungssystem, vgl. Einleitung.

relativ dünn, interessanterweise fand ich hier jedoch zahlreiche Anknüpfungspunkte für die vergleichsweise dicht überlieferte Geschichte der Dornacher Landjudengemeinde.[22] Anhand der Birsecker, Pfeffinger und Zwingener Vogteirechnungen lassen sich Wohnorte und die ungefähre Dauer der jüdischen Siedlungen rekonstruieren.[23] Während über ihre ökonomische Rolle einiges zu eruieren ist, bleibt das religiöse Leben und die innerjüdische Organisation praktisch völlig im Dunkeln. Auch die Politik der Fürstbischöfe im Umgang mit der jüdischen Bevölkerung ist schwieriger zu fassen als die manch anderer Territorialherren,[24] da sie weder Judenordnungen noch andere programmatische Schriften hinterlassen haben. Selbst die Vertreibung zeigt widersprüchliche Interessen, und es bleibt unklar, ob der Bischof der alleinige Urheber war oder ob der Anstoss dazu aus der Vogtei oder von den Gemeinden kam.[25]

Beginn und Dauer jüdischen Lebens in Birseck, Pfeffingen und Zwingen

In der Vogtei Zwingen lebten 1573 erstmals nachweislich Juden. Leuw, der zuvor während zwanzig Jahren in Liebenswiller in der Herrschaft Pfirt gewohnt hatte, bat darum, sich in der Vogtei Birseck, Pfeffingen oder Zwingen aufhalten zu dürfen. Er versprach, keinen Wucher zu treiben, sondern sich mit dem «freyen Khauffen und Verkhauffen» von «Ross, Kuech, leder, Hering und dergleichen» zu ernähren.[26] In Schutz und Schirm aufgenommen wurde er zusammen mit seiner Frau, seinen Kindern und Dienstboten im Dorf Zwingen.[27] Seine bisherige Wohngemeinde hatte er aufgrund der von Erzherzog Ferdinand II. auf den 1. September 1573 ausgesprochenen Vertreibung sämtlicher Juden aus Vorderösterreich verlassen müssen.[28] Zur Entstehung des Landjudentums[29] lassen sich am Beispiel des Fürstbistums keine Angaben machen, denn der erste in Zwingen aufgenommene Jude lebte bereit früher auf dem Land.

Im folgenden Jahr erhielten in Zwingen Isaac und in Röschenz «Michel, Judt, sampt sein sun Mathis und Schwager Salomon» eine Aufenthaltsbewilligung.[30] Bei Isaac handelte es sich um einen Schwiegersohn von Leuw.[31] Alle Aufnahmen

---

22 Vgl. Fridrich 1996.
23 AAEB, Rechnungen Pfeffingen, 1570–1671; Rechnungen Zwingen, 1569–1694; StABL, Amtsschaffneirechnungen Birseck, 1569–1694.
24 Vgl. Bumiller 1988, 1988/89, 1992; Kiessling 1995; Purim 1991.
25 Vgl. unten.
26 AAEB, B 216, 23.8.1573, fol. 66.
27 AAEB, B 216, 14.10.1573, fol. 72.
28 Ingold 1997, S. 284; vgl. Boll 1996.
29 Vgl. dazu Battenberg 1997.
30 AAEB, B 216, o.D. [1576], fol. 50f. Schutzbrief für Michel und seinen Sohn Mathis, ebd., 27.4.1574, fol. 77.
31 «Item von beiden Isaacn, obgemelts Löwen Tochtermännern», AAEB, Rechnungen Zwingen, 1575, zitiert bei Nordmann 1906, S. 7.

erfolgten für fünf Jahre. Leuws Aufenthaltsbewilligung scheint verlängert worden zu sein, denn er bezahlte bis 1580 in Zwingen Schirmgeld,[32] danach siedelte er nach Arlesheim über,[33] wo er zwischen Herbst 1584 und Frühjahr 1586 starb.[34] Anhand der Amtsschaffneirechnungen[35] lässt sich der Aufenthalt der Juden in den Jahren nach ihrer Aufnahme weiterverfolgen. Leuws Schwiegersöhne, beide hiessen Issac, lebten bis 1580 in Zwingen. Mathis zog 1577, also noch vor Ablauf seiner Aufenthaltsbewilligung, von Röschenz nach Metzerlen.[36] Sein Schwager – in den Rechnungen heisst er «Schlam» – siedelte 1578 nach Blauen über, wo er bis 1581 blieb.[37] Michel, Mathis' Vater, folgte ihm 1579 nach Metzerlen.[38]

Leuw hatte sich bereits 1577, also im Jahr vor dem Ablauf seiner Aufenthaltsbewilligung, beim Bischof erkundigt, ob er mit einer weiteren Duldung rechnen könne, oder ob er sein Haus in Zwingen verkaufen und anderswo Schutz und Schirm suchen müsse. Damals habe er den Bescheid erhalten, dass er samt seinem «völkhlin» wie bisher hier bleiben könne. 1579 – ein Teil der jüdischen Schutzuntergebenen war in den Vorjahren weggezogen – fragte Leuw, ob auch seine nach jüdischem Brauch bei ihm lebenden Schwiegersöhne hier bleiben dürften. Die Nachfrage macht deutlich, dass er seine Situation als prekär einschätzte. Leuw bat darum, zusammen mit seinen Schwiegersöhnen bis zu seinem Tod geduldet zu werden.[39] Ein Bescheid ist nicht erhalten; sie scheinen noch kurze Zeit in Zwingen geblieben zu sein und siedelten dann nach Arlesheim über.

Nach 1581 finden sich weder in den Rechnungen noch in sonstigen Akten Belege für den Aufenthalt von Juden in der Vogtei Zwingen. Die Umstände der Auflassung der Wohnorte in der Vogtei Zwingen lassen sich nicht genauer rekonstruieren. Unklar bleibt auch, was die Juden zur Wanderung zwischen den einzelnen Gemeinden der Vogtei bewogen hatte. Hinweise darauf, ob es sich um eine Reaktion auf eine verschlechterte Situation in den (Herkunfts-) Gemeinden handelte,

32 AAEB, Rechnungen Zwingen 1579/80; vgl. Nordmann 1906, S. 7.
33 AAEB, B 216, 3.1.1581, fol. 116.
34 StABL, AA, L. 114 A, Bd. 641: Leuw trat am 16.4.1584 als Kläger in einem Prozess auf. Weitere Verhandlungen, an denen Leuw anwesend war, fanden am 24.9.1584 und am 15.10.1584 statt. Am 20.3.1586 wurde die Witwe des Juden Leuw in Arlesheim, verbeistandet mit ihrem Sohn Schmol, als Antworterin vor Gericht geladen.
35 AAEB, Rechnungen Zwingen, 1569–1611: systematisch durchgesehen, 1611–1694: Stichproben.
36 AAEB, Rechnungen Zwingen, 1577/8, fol. 32. Mathis hinterliess in Solothurner Akten bis 1580 Spuren. Im Februar 1580 bat er zusammen mit Fridlin, einem anderen Juden, darum, dass sie noch solange geduldet würden, bis sie ihre Schulden eingetrieben hätten. Sie waren aufgefordert worden, das solothurnische Territorium bis Ostern zu verlassen, Fridrich 1996, S. 12, Anm. 14 (leider ist mir ein Lesefehler unterlaufen: beim dort erwähnten «Ahathis» handelt es sich um Mathis).
37 AAEB, Rechnungen Zwingen 1578/9–1580/1, vgl. auch Nordmann 1906, S. 7.
38 AAEB, Rechnungen Zwingen, 1578/9, fol. 35.
39 AAEB, B 234/8, 29.6.1579, fol. 286f.

fehlen genauso wie solche auf eine mögliche Werbung der neuen Wohngemeinden. Wohl waren die Juden in ihrer ohnehin prekären Situation auf der ständigen Suche nach möglichst günstigen Bedingungen für ihre Existenzsicherung.[40]

Der jüdische Friedhof in Zwingen existierte weiter. 1581 erhielt Leuw in Arlesheim die Bewilligung, wie von alters her in Zwingen einen Juden zu bestatten.[41] 1668 erteilte der Bischof auf Gesuch der Juden in «unser Teutschen Herrschaft auch anderer umliegender Orthen» die Bewilligung, den Friedhof, den sie seit «ohnerdenklichen Jahren» hatten, und der nun bereits mit Gräbern belegt war, zu vergrössern.[42] Der Zwingener Friedhof wurde nicht nur von den Juden im Fürstbistum, sondern auch aus umliegenden Orten[43] benutzt, war er doch vor der Gründung des Hegenheimer Friedhofs 1673 der einzige jüdische Friedhof der Gegend.[44]

Um 1668 hielten sich also in den deutschen Herrschaften des Bistums wieder Juden auf. Wie noch zu zeigen sein wird, befanden sich zu diesem Zeitpunkt in einigen Gemeinden des Oberamts Birseck jüdische Siedlungen. Achilles Nordmann ist im Staatsarchiv Basel auf einen Beleg gestossen, aus dem hervorgeht, dass etwa zur selben Zeit auch in Zwingen wieder Juden lebten.[45] Abraham Kuen, ein Jude aus Hambach, wurde auf dem Rückweg vom Laufner Markt von Hans Jacob Karrer aus Zwingen tätlich angegriffen. Der Verletzte wurde von zwei ebenfalls aus Hambach stammenden Begleitern «naher Zwingen in eines Juden Haus getragen», wo er starb. Der Bericht, der das Verbrechen aus jüdischer Sicht beschrieb, wurde von «Salomon, Lehmann und Jäcklin die Juden für sich und die sämtliche Judenschaft» unterzeichnet.[46] Aus einem Brief von Landhofmeister, Kanzler und bischöflichen Räten an Bürgermeister und Rat der Stadt Basel geht hervor, dass die klagenden Juden im Bistum wohnten.[47]

Im Oberamt Birseck wurden 1567 erstmals Juden in Schutz und Schirm genommen: Mosse und Joseph erhielten in Allschwil für fünf Jahre eine Aufent-

40 Vgl. dazu Deutsch-jüdische Geschichte, Bd. 1, S. 86: Seit dem Ende des 16. Jahrhunderts setzte eine neue Phase jüdischer Wanderungen in Deutschland ein, jedoch diesmal in erster Linie nicht infolge von Verfolgungen, sondern motiviert durch die Suche nach besseren Lebensbedingungen.
41 AAEB, B 216, 3.1.1581, fol. 116, vgl. dazu auch Nordmann 1906, S. 12.
42 AAEB, B 216, 9.3.1668, fol. 141, vgl. dazu auch Nordmann 1906, S. 3f.
43 Vgl. Nordmann 1906, S. 4.
44 Zur Entstehung und Geschichte des Hegenheimer Friedhofs, vgl. Nordmann 1910.
45 Nordmann 1913, S. 44: «Ein Jacob Karrer, der bei Laufen einen Juden, Abraham Kuhn, tödlich verletzt hatte, wird von den bischöflichen Hofräten ausgeliefert (30.5.1677). [Anm.] Aus den betreffenden Akten ergibt sich, worüber Aufzeichnungen in dem fürstbischöflichen Archiv fehlen, dass damals in Zwingen neuerdings Juden gewohnt haben.» Beleg: StABS, Criminalia 21 K 10.
46 StABS, Criminalia 21 K 10: «Bericht wie es mit Abraham Kuen dem ... ermordeten Juden von Hambach ergangen», 13.7.1677.
47 StABS, Criminalia 21 K 10, 4.8.1677.

haltsbewilligung.[48] In einem um 1576 entstandenen Verzeichnis der Juden im Bistum wird in Allschwil nur noch Joseph erwähnt, der am 10. September 1574 für fünf Jahre aufgenommen worden war.[49] Mosse war offenbar in der Zwischenzeit weggezogen oder verstorben.[50]

In den Amtsschaffneirechnungen von Birseck[51] sind unter der Rubrik «Juden Satzgeld» zwischen 1569 und 1612 praktisch kontinuierlich Schirmgeldzahlende verzeichnet. Danach wurde die Rubrik zwar weiter aufgeführt, Satzgeldzahlende wurden jedoch keine mehr genannt. Der bereits erwähnte Joseph in Allschwil bezahlte bis 1589 Schirmgeld. In anderen Akten ist er auch später noch fassbar: 1590 wurde er aus besonderer Gnade von der Bezahlung des Satzgeldes befreit. 1596 bat er wegen seines hohen Alters darum, seiner Frau und seinen Kindern auch nach seinem Tod den Aufenthalt in Allschwil zu garantieren, was ihnen mit einer bischöflichen Urkunde zugestanden wurde.[52] Joseph blieb bis spätestens 1610 in Allschwil, wo er in hohem Alter starb.[53]

Anhand der Satzgelder lässt sich belegen, dass auch in Arlesheim während längerer Zeit kontinuierlich Juden lebten, was bisher nicht bekannt war. Wie bereits erwähnt, zog Leuw von Zwingen herkommend 1581 in Arlesheim zu. Hier wohnte, ebenfalls seit 1581, Leuws Tochtermann Hirtz. Im folgenden Jahr wird der Schwiegersohn in den Akten Isaac genannt; er bezahlte bis 1584 am selben Ort Satzgeld. Auch Isaac hatte zuvor in Zwingen gelebt. Ebenfalls seit 1582 hielt sich Schalem in Arlesheim auf, wo er – schliesst man aufgrund der Satzgelder – bis 1608 blieb.[54] 1597 zog Moses nach Arlesheim und blieb bis 1604. Zwischen 1608 und 1612 hatte Isaac in Arlesheim Aufenthaltsrecht.

48 AAEB, B 216, 4.10.1567, fol. 43. Die Aufnahme der beiden Juden in der stadtnahen Gemeinde Allschwil stiess in Basel auf Protest, vgl. dazu Berner 1989, S. 139f. Josephs Satzbrief wurde am 10.9.1574 um fünf Jahre verlängert, AAEB, B 216, fol. 78.
49 AAEB, B 216, o. D. [1576], fol. 50f.
50 Nordmann (1906, S. 22) erwähnt für das Jahr 1569/70 in Allschwil einen Schirmgeldzahlenden Juden namens Felix. Der Beleg ist in den Rechnungen von Birseck nicht auffindbar.
51 Die Amtsschaffneirechnungen von Birseck, 1429–1790, befinden sich im AAEB; im StABL sind sie als Mikrofilme einsehbar.
52 AAEB, B 216, 10.5.1590, fol. 121: Befreiung vom Satzgeld. Ebd., 28.8.1596, fol. 123; ebd., 8.8.1596, fol. 124f.: Schutzbriefe für Joseph sowie für Frau und Kinder.
53 AAEB, B 216, 22.10.1610, fol. 131.
54 Bei Schalem handelte es sich möglicherweise um Leuws Sohn, der in den oben erwähnten Gerichtsakten «Schmol» genannt wird. 1604 wandte sich Salomon, Jude in Arlesheim, mit der Bitte an den Bischof, sein Schwiegersohn Frey, der wegen seines hohen Alters statt eines Dieners bei ihm, Salomon, lebe, möge in Schutz und Schirm aufgenommen werden. Der Bischof entsprach dem Gesuch, AAEB, B 216, 9.6.1604, fol. 128. Ich gehe davon aus, dass Salomon und Schalem identisch sind.
Frey wurde, wohl weil er in abhängiger Stellung, quasi als Gesinde, im Hause seines Schwiegervaters lebte, nicht als Schirmgeldzahlender aufgeführt. Dass junge Paare während einiger Zeit bei den Eltern der Braut lebten, war auch bei den Landjuden Usus, Deutsch-jüdische Geschichte, Bd. 1, S. 176. Bei den Eltern zu wohnen, hatte für die Söhne fiskalische Vorteile; sie mussten kein Schutzgeld bezahlen, Ulbrich 1999, S. 195f.

Ob nach 1612 keine Juden mehr in Allschwil und Arlesheim lebten, lässt sich nicht mit Sicherheit sagen. Belegt ist für dieses Jahr der Wegzug des Juden Gumprecht und seiner Frau aus Allschwil ohne Bezahlung des Abzugsgeldes. Es fehlt jedoch ein Hinweis darauf, dass nun keine Juden mehr hier wohnten. Die Abschlussfrage des Vogts von Birseck in seinem Bericht zuhanden des Landhofmeisters,[55] ob er die Juden über den Verbleib von 40 Dukaten Strafe befragen solle, spricht eher dafür, dass noch Juden anwesend waren oder dass zumindest noch Kontakte zu ihnen bestanden.[56]

Nordmann geht davon aus, dass im Birseck um 1660 wieder Juden zugezogen sein müssen. In der bischöflichen Urkunde von 1668, die die Vergrösserung des Zwingener Judenfriedhofs bewilligte, ist von Juden die Rede, die sich in «unser Teutschen Herrschaft» aufhielten.[57] Stützen lässt sich seine These auch durch Belege aus Dornecker Akten. 1664 und 1665 trat Lazarus, Jude aus Arlesheim, als Viehhändler in Erscheinung.[58] 1678 verkaufte David Levi, Jude in Arlesheim, Conrad Erzer von Dornachbrugg ein Pferd und vereinbarte zur Bezahlung einen Ratenkredit.[59] Die in Arlesheim ansässigen Juden wurden im Rahmen der Umzugsvorbereitungen des Domkapitels nach Arlesheim 1678 weggewiesen, weil der Bischof ihren Aufenthalt am designierten Sitz des Domkapitels für unziemlich erachtete.[60] Gegen Ende des Jahrhunderts lebten Juden nur noch in Allschwil, Oberwil und Schönenbuch. Die Birsecker Juden waren am Hegenheimer Friedhof beteiligt.[61] In den Akten des Friedhofs, die bis ins Jahr 1692 zurückreichen, sind 24 Familienoberhäupter aus Allschwil, zwei aus Schönenbuch und sechs aus Oberwil erwähnt, die in Hegenheim das Bestattungsrecht erworben hatten.[62] Infolge der Vertreibung wurden die drei Landjudengemeinden 1694 zerstört.[63]

Unter welchen Umständen es um 1660 zur Neuentstehung der jüdischen Wohnorte im Birseck kam, ist nicht bekannt. Ihr Wiederaufleben fällt in dieselbe Zeit wie die Entstehung der Landjudengemeinde von Dornach, die seit 1657 während rund achtzig Jahren kontinuierlich existierte.[64]

Am wenigsten ist über jüdische Wohnorte in der Vogtei Pfeffingen bekannt. In den Pfeffinger Rechnungen sind keine Judensatzgelder verzeichnet.[65] In anderen

---

55 Beim Landhofmeister handelt es sich um den Präsidenten des bischöflichen Geheimen Rates, Abplanalp 1971, S. 13.
56 StABL, AA, L. 114 A, Bd. 611 C, Nr. 67, 4.9.1612.
57 AAEB, B 216, 9.3.1668, fol. 141, zit. bei Nordmann 1906, S. 3.
58 StASO, Aktenprotokolle Dorneck, Bd. 24, 1664–1670, S. 27, 93.
59 StASO, Aktenprotokolle Dorneck, Bd. 27, 1677–1701, 30.8.1678, S. 189.
60 AAEB, A 13/17, 22.11.1678, zit. nach Strub 1993, S. 58.
61 Vgl. Nordmann 1910.
62 Nordmann 1906, S. 28.
63 Vgl. unten.
64 Vgl. Fridrich 1996.
65 AAEB, Rechnungen Pfeffingen, 1570–1614: systematisch durchgesehen, 1620–1671: Stichproben.

Quellen finden sich jedoch vereinzelte Hinweise, dass dennoch vorübergehend Juden hier gelebt haben. 1576 in einem «verzeichnus, wass man Inen den Juden schuldig» wird «Leuw, Jud zu Pfeiffingen» erwähnt.[66] 1602 wurde Salomon mit seiner Frau, seinen Kindern und Dienstboten in Aesch aufgenommen. Der Schutzbrief erwähnt explizit, dass die Aufnahme auch für seine Kinder gelte.[67] Wie lange Salomon in der Vogtei blieb, lässt sich nicht eruieren.

Während des Dreissigjährigen Krieges versuchten jüdische Flüchtlinge in Aesch und Duggingen Aufnahme zu finden, wurden jedoch abgewiesen.[68] Gleichzeitig beherbergte Junker Zipper von Angenstein im Schloss einen Juden namens Hirtz, der später nach Dornach zog.[69] Offenbar waren die Aufenthaltsmöglichkeiten für Juden in der Vogtei Pfeiffingen noch gefährdeter als in den anderen beiden Vogteien – weswegen, lässt sich nicht sagen.

Zusammenfassend ist festzuhalten, dass die jüdischen Wohnorte in den deutschen Ämtern des Fürstbistums im 16. und 17. Jahrhundert nicht kontinuierlich existierten. Am beständigsten waren sie in Allschwil (1567 bis 1612 sowie in der zweiten Hälfte des 17. Jahrhunderts) und in Arlesheim (1581 bis 1612 sowie um 1665 und 1678). Allschwil war der einzige Ort, in dem sicher – zumindest gegen Ende des 17. Jahrhunderts – eine eigentliche jüdische Gemeinde mit mindestens zehn über dreizehnjährigen Männern bestanden hat.[70] An den anderen Orten lebten nur während kurzer Zeit Juden. Zwischen 1573 und 1580 in Zwingen, zwischen 1574 und 1577 in Röschenz und zwischen 1578 und 1581 in Blauen, in Schönenbuch und Oberwil in der zweiten Hälfte des 17. Jahrhunderts, in Aesch seit 1602. Während dem Dreissigjährigen Krieg hielten sich jüdische Flüchtlinge vorübergehend im Fürstbistum auf und gelangten von dort in die solothurnische Vogtei Dorneck.[71]

---

66 AAEB, B 216, o. D. [1576], fol. 145.
67 AAEB, B 216, 8.12.1602, fol. 126.
68 AAEB, B 216, 29.10.1636, fol. 134 f.; ebd., 15.6.1637, fol. 136. Vgl. dazu Fridrich 1996, S. 12 f. Etwa zur selben Zeit wurden auch in Basel und in den Dörfern der Landschaft vereinzelt Juden kurzfristig geduldet, Nordmann 1913, S. 38 f.
69 StASO, Dorneck Schreiben 13, 7.4.1646, S. 20 f.
70 Die jüdische Gemeinde in Allschwil war wohl auch die einzige, die – zumindest zeitweise – über einen Rabbiner verfügte. In den Akten des Hegenheimer Friedhofs ist der «sehr ehrenwerte Herr Rabbi Jehoschuah Seligmann, Sohn des Rabbi Abraham aus Allschwyler» im Mai 1692 als Delegierter seiner Gemeinde in der Friedhofsverwaltung tätig, zit. bei Nordmann 1906, S. 28.
71 Im Jahr 1639 sandte der Solothurner Rat eine Kommission in die Vogtei Dorneck, die sich mit den dort anwesenden Juden beschäftigen sollte. Der Bericht von Altrat Bauherr Moritz Wagner hielt fest, dass die Juden aus der Nachbarschaft – also aus dem Fürstbistum – stammten und sich ohne obrigkeitliche Bewilligung auf Solothurner Gebiet aufhielten, StASO, Ratsmanual 1639, S. 667 f. und S. 682 sowie Dorneck Schreiben 13, 7.4.1646, S. 20 f.

Anders als in verschiedenen, meist kleinen Herrschaften im Deutschen Reich[72] lassen sich die Schwankungen in der jüdischen Besiedlung nicht mit einer schriftlich fixierten bischöflichen Ansiedlungspolitik erklären. Die Bischöfe hielten ihre Politik nicht in so genannten Judenordnungen fest.[73] Ob man ihre Einstellung gegenüber den Juden als positiv oder zumindest nicht ablehnend, vielleicht auch nur als gleichgültig charakterisieren möchte, sei dahingestellt. Die Haltung der Bischöfe zeigt sich einzig in der Tatsache, dass Juden an verschiedenen, von Pruntrut aus gesehen peripheren Orten in den deutschen Ämtern[74] geduldet wurden. Die bischöfliche Politik war widersprüchlich und einseitig an ökonomischen Interessen orientiert. Dies zeigt sich an der Tatsache, dass die jüdischen Siedlungen 1694 zwar zerstört wurden, für wirtschaftliche Kontakte jedoch explizit Türen offengelassen wurden.

Zur Lage und Grösse der jüdischen Wohnorte

Während die meisten jüdischen Wohnorte aus etwa fünf bis zwölf Personen bestanden, lebten in Allschwil im späten 17. Jahrhundert ungefähr 120 Personen.[75] Allschwil zählte damals wohl um die 500 Einwohnerinnen und Einwohner,[76] was einen jüdischen Bevölkerungsanteil von immerhin fast einem Viertel ergibt. Zum Zeitpunkt der Vertreibung 1694 bestanden in Allschwil 23, in Oberwil drei oder vier und in Schönenbuch zwei jüdische Haushaltungen, was einer Zahl von 170 oder mehr Personen entsprach.[77] Allschwil muss damals eine der grössten jüdischen Landgemeinden der Gegend gewesen sein, wenn nicht überhaupt die grösste.[78]

---

72 Vgl. zum Beispiel Bumiller (1988/89 und 1992) zur zollerischen Residenzstadt Hechingen; Purim (1991) zur vorarlbergischen Gemeinde Sulz, die zum Territorium des Grafen von Hohenems gehörte. Vgl. auch Kiessling 1995.
73 Zum Fehlen der Judenordnungen, vgl. unten.
74 In den Herrschaften Delsberg und Ajoie scheinen im 16. Jahrhundert vorübergehend einzelne Juden gelebt zu haben, mehr als isolierte Belege liegen jedoch nicht vor, Hotz 1972, S. 44 ff.
75 Angaben über die Grösse von jüdischen Haushaltungen fehlen. In Steinbiedersdorf, einer Gemeinde in Deutsch-Lothringen, lebten zu Beginn des 18. Jahrhunderts neun bis zehn, später eher vier bis fünf Personen in einem jüdischen Haushalt, Ulbrich 1999, S. 118. Battenberg (1990, Bd. 1, S. 235) geht davon aus, dass sie um 1600 mindestens fünf Personen umfasst haben. Stützen lässt sich der Reduktionsfaktor zur Hochrechnung von Haushaltszahlen auf die Bevölkerung auch durch Angaben aus dem Jahr 1694. Damals hätten 28 oder 29 jüdische Familien mit 170 Personen in Birseck gelebt. Anhand dieser Zahlen lässt sich ein Reduktionsfaktor von 5.8 bis 6 eruieren.
76 Zahlen für das späte 17. Jahrhundert liegen nicht vor, 1722/23 lebten 575 Personen in der Gemeinde Allschwil, Berner 1994, S. 339.
77 AAEB, B 216, o. D. (von späterer Hand auf 1694 datiert), fol. 146–148. Die Angabe über die Anzahl Personen stellt keine Hochrechnung dar, sondern stammt aus der Quelle. Zur Vertreibung, vgl. unten.
78 Hegenheim, die grösste elsässische Gemeinde, zählte 1689 14 Familien, 1716 deren 29. Ausser in Blotzheim mit 21 Haushaltungen wohnten auch noch zu Beginn des 18. Jahrhunderts in allen Gemeinden weniger als zwanzig jüdische Familien, Fridrich 1996, S. 17.

Betrachtet man die Orte mit jüdischer Bevölkerung, fällt auf, dass sämtliche Gemeinden, mit Ausnahme von Zwingen und Pfeffingen, an der Landesgrenze lagen. Einige Gemeinden, Allschwil und Arlesheim, stiessen an zwei verschiedene ausländische Territorien. Dass sich Menschen, die wie die Juden in einer rechtlich prekären Situation lebten, in Grenzgemeinden niederliessen, ist sicher kein Zufall. Die Grenzlage bot die Möglichkeit zu fliehen oder Zuflucht zu suchen, ohne die Kontakte zum Herkunftsgebiet völlig abbrechen zu müssen. Ausserdem bot sich die Möglichkeit, wirtschaftliche Kontakte ins Nachbarterritorium zu knüpfen.[79]

Die Ansiedlung von Juden in Zwingen steht möglicherweise in Zusammenhang mit der Existenz des zum obrigkeitlichen Bereich gehörenden Schlosses. Utz Jeggle hat in seiner Dissertation für Württemberg nachgewiesen, dass Juden oft isoliert auf Einzelhöfen ausserhalb des Dorfes oder im Schlossbezirk lebten. Die Separierung der Juden von der Dorfbevölkerung diente der Obrigkeit als Strategie zur Minderung von Konfliktmöglichkeiten.[80] Ob die Zwingener Juden tatsächlich im oder beim Schloss lebten, lässt sich allerdings nicht mit Sicherheit sagen.[81] In unmittelbarer Nähe zum Schloss lag jedoch der jüdische Friedhof.[82]

Sämtliche Gemeinden mit jüdischer Bevölkerung lagen ausserdem verkehrsgünstig und/oder waren auf Orte mit Zentrumscharakter ausgerichtet. Röschenz und Blauen lagen an der Strasse zum regionalen städtischen Zentrum Laufen. Besonders aber gilt dieses Merkmal für Allschwil, das an der Peripherie der Grossstadt[83] Basel lag. Teilweise verfügten die Gemeinden selbst über zentralörtliche Bedeutung, so die Vogteisitze Zwingen und Arlesheim.

Mit Ausnahme von Allschwil in der zweiten Hälfte des 17. Jahrhunderts waren die jüdischen Wohnorte in den Vogteien Birseck, Pfeffingen und Zwingen sehr klein. An den meisten Orten lebten nur eine oder zwei, teilweise aus mehreren Generationen bestehende Familien. Die Kleinheit der jüdischen Siedlungen, die Vereinzelung und Zerstreuung jüdischen Lebens – Daniel J. Cohen prägte dafür den Begriff der «Atomisierung»[84] – ist charakteristisch für das Land-

---

79 Zur Bedeutung von Grenzen, vgl. Ulbrich 1999.
80 Jeggle 1969, S. 13f.
81 Für die Vogtei Pfeffingen liegt ein dahin gehender Beleg vor: Während des Dreissigjährigen Krieges beherbergte der Adlige Zipper von Angenstein während etlichen Jahren einen Juden im Schloss, StASO, Dorneck Schreiben 13, 7.4.1646, S. 20f.
82 Der Friedhof lag auf den zum Schloss gehörenden Gütern und wurde den Juden leihweise übergeben, Nordmann 1906, S. 14, 17.
83 Basel war mit rund 10 000 Einwohnern im 17. Jahrhundert die grösste Stadt in der damaligen Eidgenossenschaft, Geschwind 1977, S. 140, 179; Körner 1986, S. 360.
84 Laut Kiessling (1995, S. 157, Anm. 15) verwendete Cohen den Begriff erstmals im Artikel: Daniel J. Cohen, Die Landjudenschaften in Hessen-Darmstadt bis zur Emanzipation als Organe jüdischer Selbstverwaltung, in: 900 Jahre Geschichte der Juden in Hessen. Beiträge zum politischen, wirtschaftlichen und kulturellen Leben, Wiesbaden 1983, S. 151–214, hier S. 151f.

judentum. Diese Siedlungsform wirkte sich in vielfältiger Weise auf das Alltagsleben der Landjuden aus.[85] Am spürbarsten waren die Auswirkungen der Vereinzelung auf die Abhaltung des Gottesdienstes. Lebten nur eine oder zwei Familie an einem Ort, musste zur Errichtung einer Synagogengemeinde ein grösseres Einzugsgebiet gebildet werden. Im 16. Jahrhundert dürfte es in den Vogteien Birseck und Zwingen ausserordentlich schwirig gewesen sein, die notwendige Anzahl Männer an einem Ort zu vereinigen. Im späten 17. Jahrhundert hatte sich die Besiedlung verdichtet, so dass die Abhaltung eines Gottesdienstes einfacher möglich wurde. Vielleicht stellte Allschwil das religiöse Zentrum der Juden im Birseck dar.

Im Reich verfügten die Juden über ein gewisses Mass an Autonomie der Verwaltung und Gerichtsbarkeit. Getragen wurden diese Aufgaben von den so genannten Landjudenschaften, die sich in den meisten Territorien des Reichs im späten 16. und 17. Jahrhundert gebildet hatten. Die Landjudenschaften stellten als überlokale Zusammenschlüsse auch eine Möglichkeit dar, die Vereinzelung der Menschen in den jüdischen Landsiedlungen zu überwinden.[86] Ob die Juden im Bistum über eine derartige Organisation verfügten oder an eine Landjudenschaft im Elsass oder im süddeutschen Raum angeschlossen waren, ist nicht bekannt.

Alltag und Erwerbsmöglichkeiten

Abgesehen von den wenigen erhaltenen Schutzbriefen, die uns Einblick in die rechtliche Stellung der Juden im Bistum gewähren, ist die Quellenlage in Bezug auf ihre Lage in sozialer und ökonomischer Hinsicht ausserordentlich dürftig.[87] Die

---

Im selben Jahr (1983) publizierte Cohen einen weiteren Artikel mit einem wortidentischen Abschnitt zur Atomisierung: Die Landjudenschaften der brandenburgisch-preussischen Staaten im 17. und 18. Jahrhundert – Ihre Beziehungen untereinander aufgrund neuerschlossener jüdischer Quellen; in: Peter Baumgart (Hg.), Ständetum und Staatsbildung in Brandenburg-Preussen. Ergebnisse einer internationalen Fachtagung, Berlin 1983, S. 208–229, hier S. 211. Dieser Text stellt die Übersetzung und Erweiterung eines hebräischen Vortrages, gehalten auf dem sechsten Weltkongress für Judaistische Studien, Jerusalem 1973 dar. Es ist also gut möglich, dass Cohen den Begriff «Atomisierung» bereits früher verwendet hat, ohne dass er allerdings in der nicht-hebräischen Forschung rezipiert worden ist.

85 Vgl. dazu Rohrbacher 1997, S. 38 ff.
86 Zu den Landjudenschaften, vgl. Battenberg, 1990, Bd. 1, S. 242–245 sowie die dort zitierten Arbeiten von Daniel J. Cohen, neuerdings die Überblicksdarstellung in: Deutsch-jüdische Geschichte, Bd. 1, S. 187–195.
87 Weitere Quellen zur Geschichte der Juden in den deutschen Ämtern könnte die systematische Durchsicht von Gerichtsakten ergeben, die meines Wissens von der Forschung noch kaum benutzt worden sind. Für die Vogtei Zwingen sind Verhörprotokolle allerdings erst ab 1605 (mit Lücken) erhalten, AAEB, VA Nr. 3–13. Aufgrund der nur beschränkt zur Verfügung stehenden Projektzeit musste ich auf die Durchsicht dieser Quellen verzichten. Gerichtsakten aus den Vogteien Birseck und Pfeffingen befinden sich im StABL, AA, L. 114 A, Bde. 628–642 und L. 114 B, Bde. 659–660.

Schutzbriefe[88] garantierten den Landjuden den «haushäblichen» Aufenthalt sowie den freien Kauf und Verkauf auf Märkten und auf dem Land, also den Hausierhandel.[89] Einschränkungen bestanden im Geldgeschäft. Verboten war die Leihe «uff Jüdischen Wucher»[90] sowie die Leihe auf jede Art von liegenden Gütern,[91] was sicher darauf abzielte, den Juden die Möglichkeit zu nehmen, in den Besitz von Liegenschaften zu gelangen. Ausnahmen von diesem Verbot galten nur, wenn sich der Untertan in «ehehafften nöten» befand oder mit «uns oder [unsern] Amptleuthen vorwüssen».[92] Die Juden erhielten durch den Schutzbrief den Status von Hintersassen, die den anderen Gemeindebürgern punkto Steuern, Fronen und anderen Dienstbarkeiten gleichgestellt waren.[93] Die Schutzbriefe von 1596 und 1602 verbot es den Juden, bischöfliche Untertanen vor rottweilische (das kaiserliche Hofgericht) oder andere fremde Gerichte zu ziehen. Die Beschränkung auf das lokale Gericht diente zur Durchsetzung des Territorialitätsprinzips und der Konsolidierung der bischöflichen Landesherrschaft. Seit 1596 nahm der Bischof in den Schutzbriefen Bezug auf die im Reich geltenden Bestimmungen der Frankfurter Reichspolizeiordnung von 1577,[94] an die sich die Juden im Bistum zu halten hatten.[95] Der Schutzbrief für Salomon in Aesch aus dem Jahr 1602 wiederholte im Wesentlichen die bereits bekannten Bestimmungen. Der Passus über das Verbot der Leihe auf liegende Güter wurde durch die sehr allgemeine Aufforderung ersetzt, er habe sich an die Mandate zu halten und dürfe die Untertanen nicht durch Wucher beschweren.[96] Die Schutzbriefe setzten ausserdem die Höhe des Schirmgeldes fest.[97]

---

88 Für die Vogteien Birseck, Pfeffingen und Zwingen sind sechs Schutzbriefe erhalten: Schutzbrief für Mosse und Joseph in Allschwil, AAEB, B 216, 4.10.1567, fol. 43; Schutzbrief für Leuw in Zwingen, ebd., 14.10.1573, fol. 72; Schutzbrief für Michel in Röschenz, ebd., 27.4.1574, fol. 77; Verlängerung des Schutzbriefs für Joseph in Allschwil, ebd., 10.9.1574, fol. 78; Schutzbrief für Joseph und seine Familie in Allschwil, ebd., 28.8.1596, fol. 124f.; Schutzbrief für Salomon in Aesch, ebd., 8.12.1602, fol. 126.
89 Schutzbrief für Mosse und Joseph in Allschwil, AAEB, B 216, 4.10.1567, fol. 43.
90 Schutzbrief für Leuw in Zwingen, AAEB, B 216, 14.10.1573, fol. 72. Im Schutzbrief für Joseph und seine Familie von 1596 wird auf das Wucherverbot im Heiligen Römischen Reich Bezug genommen, ebd., fol. 124f. Zum Begriff «Wucher», vgl. Schmidt 1990.
91 Schutzbrief für Joseph und seine Familie in Allschwil, AAEB, B 216, 28.8.1596, fol. 124f.
92 AAEB, B 216, 28.8.1596, fol. 124f.
93 Schutzbrief für Leuw in Zwingen, AAEB, B 216, 14.10.1573, fol. 72.
94 «Der Römischen Kaiserl. Majestät reformirte und gebesserte Polizeiordnung, zu Beförderung gemeines guten bürgerlichen Wesen und Nutzen auf Anno MDLXXVII zu Frankfurt gehaltenem Reichsdeputationstag verfasst und aufgerichtet.», gedruckt bei Schmelzeisen 1968, bes. Art. XX. «Von Jüden und ihrem Wucher», S. 68ff. Zur Bedeutung von Judenordnungen, vgl. Battenberg 1983 und 1990a.
95 Die Reichspolizeiordnung von 1577 hob das Zinsverbot stillschweigend auf und legte den Zinssatz auf fünf Prozent fest (§ 6), Battenberg 1983, S. 88.
96 Schutzbrief für Salomon in Aesch, AAEB, B 216, 8.12.1602, fol. 126. Der Schutzbrief stellt die Bearbeitung und Kürzung eines weit umfangreicheren Briefes dar.
97 Moses und Joseph bezahlten 1567 20 Gulden, AAEB, B 216, 4.10.1567, fol. 43. Leuw bezahlte zwölf Gulden, AAEB, B 216, 14.10.1573, fol. 72. In den drei anderen Schutzbriefen sind keine

Zusammenfassend lässt sich festhalten, dass die Schutzbriefe bis zum Ende des 16. Jahrhunderts immer ausführlicher wurden. Sie garantierten den im Bistum lebenden Juden einen befristeten Rechtsschutz (Wohnrecht, Rechts-/Prozessfähigkeit, Hintersassenstatus) sowie Erwerbsmöglichkeiten im Handel. Die Geldleihe war zunächst eingeschränkt, ein Verbot liess sich jedoch nicht durchsetzen. Für die Zeit des späten 17. Jahrhunderts, als sich im Birseck erneut Juden ansiedelten, sind keine Schutzbriefe erhalten. Ob die Juden tatsächlich keine mehr erhielten oder ob keine überliefert sind, ist nicht zu klären.

Die Frankfurter Reichspolizeiordnung von 1577, auf die der Bischof in den Schutzbriefen von 1596 und 1602 rekurrierte, regelte die Rahmenbedingungen für den Judenschutz im Reich und hielt den kaiserlichen Ursprung aller Rechte an den so genannten «Schutzjuden»[98] fest. Seit der Mitte des 14. Jahrhunderts verlor der kaiserliche Judenschutz zunehmend an Bedeutung; das Schutzrecht wurde zu einem landesherrlichen Regal, das nicht mehr personal strukturiert war, sondern ein finanziell nutzbares Recht darstellte, vergleichbar mit dem Zoll- oder Bergwerksregal. «War noch die kaiserliche Kammerknechtschaft als umfassendes Schutzverhältnis aufzufassen, das die personale und finanzielle Seite miteinbezog, so lag beim Judenregal das Gewicht auf der finanziellen Seite, insofern, als das auch hier vorhandene Schutzverhältnis von vornherein nur als nutzbares Recht aufgefasst wurde. [...] Das Bestreben der sich konsolidierenden Landesherrschaft, alle bestehenden Einnahmequellen zu rationalisieren und damit auch die Nutzungen des Judenregals zu sichern, wurde zu einem wesentlichen Motiv für die Ausarbeitung von Judenordnungen, die mit kaiserlichen Privilegien und Ordnungen in Konkurrenz traten.»[99] Die im 16. Jahrhundert einsetzenden Bemühungen um den Erlass von Judenordnungen waren etwas grundsätzlich Neues. Diese Ordnungen führten zu einem Bedeutungsverlust der individuellen Schutzbriefe, die seit dem Spätmittelalter die persönliche Existenz der Juden garantiert hatten. Die Schutzbriefe der Frühen Neuzeit legten nur noch das Wohnrecht und die Steuerpflicht fest. Die anderen Bereiche (Bestimmungen zur Handels- und Gewerbetätigkeit, zum Gerichtsstand sowie zum allgemeinen Rechtsstatus) wurden in den Judenordnungen festgelegt.[100] Die Judenordungen führten zu einer Rechtsvereinheitlichung, was die Rechtssicherheit für die Juden erhöhte.[101] Im Fürstbistum Basel gab es keine Judenordnung, die

---

Schirmgeldbeträge angegeben, AAEB, B 216, 27.4.1574, fol. 77; AAEB, B 216, 10.9.1574, fol. 78; AAEB, B 216, 28.8.1596, fol. 124f.; AAEB, B 216, 8.12.1602, fol. 126. Zu den effektiv bezahlten Schirmgeldern, vgl. die Birsecker und Zwingener Amtsschaffneirechnungen.
98 Vgl. dazu Battenberg 1990a.
99 Battenberg 1983, S. 83f.; vgl. auch Battenberg 1990, Bd. 1, S. 140. Zu den Auswirkungen dieses Wandels, vgl. Ullmann 1999.
100 Battenberg 1983, S. 83–85, vgl. auch ders. 1990a.
101 Battenberg 1990, Bd. 1, S. 206.

Schutzbriefe behielten ihre Bedeutung zur Regelung des rechtlichen und ökonomischen Bereichs. Keinerlei Bestimmungen sind für das religiöse Leben, also auch die Frage des Schächtens und des Verkaufs der ungeniessbaren hinteren Viertel überliefert.[102]

Die Schutzbriefe ermöglichten den Juden die Tätigkeit im Handel auf Märkten und das Hausieren. Der Geldverleih wurde zwar eingeschränkt, verbieten liess er sich jedoch nicht. Diese beiden Bereiche, das Kreditwesen[103] und der Handel mit Vieh und weiteren Waren,[104] sind denn auch in anderen Schriftstücken seit dem 16. Jahrhundert als Erwerbsquellen belegt. Auch in der zweiten Hälfte des 17. Jahrhunderts sind beide Erwerbszweige weiterhin fassbar.[105] Der im Zusammenhang mit der Vertreibung von 1694 belegte Handel mit Pferden war sehr risikoreich, da die Landbevölkerung nur wenige Pferde hielt. Er erforderte zudem viel Kapital und ein sehr weiträumiges Handelsnetz.[106] Handel und Kreditvergabe waren eng miteinander verbunden, etwa wenn, wie im oben erwähnten Fall von David Levi, die Bezahlung in zwei Raten vereinbart wurde. In den Dornecker Akten ist ausserdem die Viehleihe belegt.[107] Joseph in Allschwil war Arzt und auch seine Familie lebte vom Handel mit Arzneimitteln.[108] Zumindest am Ende seines Lebens scheint Joseph verarmt zu sein, denn er liess bei seinem Tod Schulden zurück.[109] Über den sozialen Status der anderen Familien wissen wir nichts.

Über eine Reihe von wichtigen Aspekten des Alltagslebens erfahren wir erst im Zusammenhang mit der Vertreibung. Obwohl Liegenschaftsbesitz unzulässig war, scheinen Juden in Allschwil Häuser gekauft zu haben.[110] Dass es sich hier nicht um eine falsche Behauptung handelt, zeigt die Tatsache, dass das Haus des Allschwiler

102 Für deutsche Landjudengemeinden ist belegt, dass sie keine Gemeinschaften von Gleichen waren: Eine kleine reiche Oberschicht stand einer Mehrheit von ärmeren Familien gegenüber, vgl. Ulbrich 1999, S. 184 ff., 201; Ullmann 1999, S. 366 ff.
103 AAEB, B 216, 1576, fol. 50 f. und 145: «Verzeichnus der Juden in meins gn. Herren Herrschafft Darbey ein Summarisches Verzeichnus, wass man Inen den Juden Schuldig». (Das Verzeichnis nennt die jüdischen Gläubiger sowie die Geldsumme, die sie zugute haben, nicht aber die Namen der Schuldner.) Vgl. auch AAEB, B 234/8, S. 283–287.
Auch im Zusammenhang mit der Vertreibung der Juden wurde 1694 eine Umfrage über die bestehenden Schulden vorgenommen, AAEB, B 216, 12.5.1694, fol. 149. «Specification derjenigen Underthanen in amt Pffeffingen welche der Judenschaft annoch schuldig seint», AAEB, B 216, 12.5.1699, fol. 151.
104 Vgl. oben: Versprechen von Leuw in seinem Begehren um Aufnahme im Bistum. An Waren sind vor allem landwirtschaftliche Produkte (Wein, Korn, Hafer) fassbar. Diese Güter gelangten teilweise als Naturalzahlungen in die Hand von Juden, AAEB, B 216, 12.5.1699, fol. 151. Der Handel mit Tuch ist erst im 18. Jahrhundert, also nach der Vertreibung, belegt.
105 StASO, Aktenprotokolle Dorneck, Bd. 24, 1664–1670, S. 27, 93; StASO, Aktenprotokolle Dorneck, Bd. 27, 1677–1701, 30.8.1678, S. 189.
106 Zum Handel mit militärischen Reitpferden, vgl. Fridrich 1996, S. 20 ff.
107 Vgl. dazu Fridrich 1996, S. 22 f.
108 AAEB, B 216, 28.8.1596, fol. 124 f.
109 AAEB, B 216, 22.10.1610, fol. 131.
110 AAEB, B 216, 1694, fol. 146–148.

Juden Jandel Dreyfuss nach der Vertreibung weiterverkauft wurde.[111] Bereits im späten 16. Jahrhundert besass Leuw in Zwingen ein Haus, in dem auch seine Schwiegersöhne mit ihren Familien lebten.[112] Die meisten jüdischen Familien werden wohl eher zur Miete gewohnt haben. In Allschwil scheinen Juden in Häusern von Christen untergekommen zu sein.[113] Als Viehhändler waren die Juden auch auf Ställe zur Unterbringung des Viehs angewiesen. Ob es ihnen, wie in den Klagen von 1694 behauptet, tatsächlich gelungen war, sich einem Verbot zu widersetzen und in Allschwil Ställe zu bauen, bleibe dahingestellt.[114]

In den Klagen, die zur Vertreibung aus dem Birseck führten, wurden auch Aussagen über das religiöse Leben der Juden gemacht. Bei der Interpretation ist spezielle Vorsicht geboten, weil dieser Bereich besonders konfliktträchtig war. Die Juden hielten, so die Klagenden, «Eine aigene Synagog» und führten Hochzeiten und andere Zeremonien öffentlich durch. Unter der «Synagog» ist die Abhaltung eines Gottesdienstes zu verstehen, der wohl in einem als Betstube eingerichteten Raum in einem von Juden bewohnten Haus stattfand. Zumindest Allschwil verfügte über eine genügende Anzahl Männer, um eine Synagogengemeinde bilden zu können. Ob aus der Bemerkung über die Feier von Zeremonien und Hochzeiten auf ein reges religiöses Leben geschlossen werden kann oder nur auf die Wahrnehmbarkeit desselben für die christliche Bevölkerung, lässt sich nicht beantworten.

Zur Infrastruktur einer jüdischen Gemeinde gehörte neben der Synagoge die Schule, das Ritualbad und der Friedhof. Unterrichtet wurde in Allschwil vielleicht am selben Ort, wo der Gottesdienst stattfand. Wo sich die Mikwe befand, wissen wir nicht. Ihre Toten bestatteten die Juden im Fürstbistum zunächst auf dem Zwingener Friedhof, nach 1673 auf jenem von Hegenheim. Hinweise darauf, ob die Juden im Bistum über das Schächtrecht verfügten, fehlen völlig. Da sich Juden nur dort niederlassen konnten, wo ihnen das Recht zu schlachten und die hinteren Viertel zu verkaufen, zugestanden wurde, muss davon ausgegangen werden, dass das Schächten geduldet wurde. Interessant ist, dass keine Konflikte mit christlichen Metzgern, die sich konkurrenziert fühlten, überliefert sind.[115]

Die Vertreibung von 1694

1694 wurden die drei jüdischen Wohnorte im Birseck zerstört. Gegen Ende des Jahres 1693 scheinen der Obrigkeit von in den Quellen nicht genau bezeichneter

111 StABL, L. 114 C, Bd. 671 D, Nr. 248. 21.11.1694.
112 AAEB, B 234/8, 29.6.1579, fol. 286f.
113 AAEB, B 216, 1694, fol. 146–148. Auch aus Dornach ist bekannt, dass jüdische und christliche Familien unter einem Dach lebten, Fridrich 1996, S. 28.
114 AAEB, B 216, 1694, fol. 146–148.
115 Zur Bedeutung dieses Rechtes und zum Zusammenhang mit dem Viehhandel, vgl. Richarz 1990; zu Konflikten mit Metzgern, vgl. Fridrich 1996, S. 24f.

Seite Klagen über die im Birseck lebenden Juden zu Ohren gekommen zu sein. Der Bischof ordnete darauf die beiden Hofräte Johann Ignaz Seigne und Christoff Knollenberg als Untersuchungskommission ins Birseck ab.[116] Im Frühjahr wurden die Juden vor Hofgericht geladen.[117] Nach Beendigung des Prozesses befahl der Bischof[118] die Vertreibung.

Der Vorfall, der zum Auslöser der Vertreibung wurde, hatte offenbar in Oberwil stattgefunden und war, wie sich vor Hofgericht zeigte, nicht etwa den Birsecker Juden, sondern einem Durchreisenden namens Abraham Cain oder Caan aus Ichenhausen anzulasten.[119] Zentraler Vorwurf gegen die Juden waren blasphemische Äusserungen über die katholische Religion, Jesus und die Jungfrau Maria.

Die Reise der hofrätlichen Kommission ins Birseck, die laut der Instruktionen «den bösen Handel undt beschwernussen der Judenschaft», die «wucherliche[n] Handlungen» sowie die «reden, welche [...] ein gewisser Judt in des Sigristen Haus zu Oberwiler vor disem soll ausngeben haben» näher beleuchten sollte,[120] führte zu einem Bericht, im dem eine Reihe von Klagen gegen die Juden aufgeführt sind. Die Rede ist, neben dem bereits bekannten Oberwiler Vorkommnis, von der täglich wachsenden Zahl «diser gefährlichen und gefluechten Mentschen», die «die beste[n] häuser Einnehmen» und ausser dem Schirmgeld keine Steuern bezahlten. In Allschwil lebten Juden und Christen beisammen, was dazu führe, dass die Kinder gemeinsam aufwuchsen – das dürfe nicht sein. Weiter sei es ein grosses Ärgernis, dass die Juden «Ein aigene Synagog halten, Ihre Hochzeithen celebrieren undt andere ceremonias offentlich üben». Christen würden besonders an Samstagen bei den Juden «dienen undt aufwarten», was nach den «alten Statutis synodalis» des Bistums ausdrücklich verboten sei. In Allschwil hätten die Juden Häuser gekauft und für ihren Pferdehandel Ställe gebaut, was für die Christen verboten sei. Dies führe dazu, dass «die Christen baldt weder Häuser auch Bestallungen [...] mehr haben khönnen.» An Sonn- und Feiertagen, auch während des Gottesdienstes «Springen Sie mit Ihren Rossen gantz trutzig Im dorf hin undt her, khaufen undt verkaufen auch wass sie wollen». Ausserdem würden sie verbotenerweise «wucher wider die christen» treiben. Die abschliessenden Punkte betrafen die angebliche Furcht der Juden vor dem Christentum beziehungsweise dessen Verachtung:

---

116 AAEB, B 216, 4.1.1694, fol. 153f.: Instruktionen für die Hofräte.
117 AAEB, B 216, 7.5.1694, fol. 154f.: Vorladung der Juden vor das Hofgericht nach Pruntrut, vgl. AAEB, Cod. 258, 7.5.1694.
118 Johann Conrad von Roggenbach starb am 13.7.1693, sein Nachfolger wurde im September 1693 Wilhelm Jacob Rinck von Baldenstein. HS I/1, S. 209f. Rinck von Baldenstein befand sich also erst kurze Zeit im Amt, als er die Vertreibung der Juden anordnete.
119 AAEB, Cod. 258, 26.5.1694: Die Juden wurden aufgefordert, den Täter innert sechs Wochen dem Gericht zuzuführen. Dies sollte ihnen nicht gelingen, vgl. Anm. 122. Zur jüdischen Gemeinde von Ichenhausen, vgl. Armbruster 1994.
120 AAEB, B 216, 4.1.1694, fol. 153f.

«Wann dass hochheyligste Sacrament des Altars über denen gassen zu den Krancken getragen wirdt, so Erschröckhen Sie, laufen darvon wie die Hundt, verbergen Sich, undt verfluechen Erschreckhlicher weis die allerheyligste hostiam. [...] In gleichen verfluechen Sie alle tag Christum den Herrn Unseren Heylandt undt die gantze christenheit [...]. In summa Ihr gantze Vocation undt Profession Ist die Christen uf allerley weiss zu betriegen, In der Noth zu überlisten undt nach undt nach arm zu machen, undt neben disem allem Ist noch die höchste gefahr dass nit etliche Christen In sonderheit Junge Leuth von disen verfluchten Judten auch in glaubens sachen heimblich verführet werdten.»[121]

Vor dem Hofgericht in Pruntrut brachte der Generalprokurator die Gotteslästerung in Oberwil, die Beschäftigung von Christen durch Juden am Sabbat, die Verletzung der Sonntagsheiligung, den Wucher sowie angebliche Obstdiebstähle durch jüdische Kinder vor und forderte die Verbrennung oder Hängung des Gotteslästerers in effigie durch den Scharfrichter, die Vertreibung der Juden aus dem Bistum und die Konfiskation ihrer Güter zu Handen des Fiskus.[122] Die Juden verteidigten sich, indem sie forderten, dass diejenigen bestraft werden sollten, die ein Vergehen begangen hätten – sie wiesen – ohne viel Worte – die Kollektivhaftung der jüdischen Gemeinschaft für die effektiven oder nur unterstellten Taten eines Einzelnen zurück. Sie baten darum, dass man sie weiter im Bistum wohnen lasse.

Es bleibt unklar, wer die Klagen vorgebracht hatte. Zeugen aus den Gemeinden mit jüdischer Bevölkerung wurden keine einvernommen. Auf Seite der Kläger traten hohe bischöfliche Beamte in Erscheinung, zunächst die beiden hofrätlichen Kommissionsmitglieder, die die Untersuchung vor Ort im Birseck führten, und vor Gericht der Generalprokurator. Die lokale Vertretung der Herrschaft, der Vogt von Birseck, scheint nicht von sich aus aktiv geworden zu sein. Auffallend ist, dass das Vergehen eines Durchreisenden als Anlass für eine Untersuchung gegen die ansässigen Juden genutzt wurde. Wem kam dieses Ereignis gerade recht? Hätte der Bischof die Juden vertreiben wollen, hätte er dies ohne Vorwand tun können. Oder brauchte er einen Vorfall, um der Bevölkerung plausibel machen zu können, dass man die Juden jetzt vertreiben werde, dass sie jedoch als Händler weiterhin willkommen seien?[123]

Am 3. Juli 1694 sprach der Bischof die Vertreibung innert drei Monaten aus. In seinem Beschluss wiederholte er die Klagen gegen die Juden, gleichzeitig gestattete er ihnen jedoch, weiterhin «erliche und zulässige handlung mit unseren undertha-

---

121 AAEB, B 216, o. D. (1694), fol. 146–148.
122 AAEB, Cod. 258, 26.5.1694. Am 30.6.1694 wurde Cain nach der Kaiserlichen Pein- und Halsgerichtsordnung in effigie zum Tod durch Verbrennen in Oberwil und durch Erhängen in Arlesheim verurteilt, Cod. 258, 30.6.1694.
123 Zur Frage, wer die Beschwerden führte, vgl. auch unten (inhaltliche Analyse der Beschwerden).

nen zu treiben und die gewohnliche Jahrmarkt zu besuchen, mit diser weitern erclärung, dass Ihnen die wohlverdiente wehrf[..]ion[124] Ihrer fahrnus undt schulden aus sonderbahrer gn. [Gnade] und consideration nachgelassen wirdt, jedoch sollen sie von ihnen jetzigen und künftigen schuldgen anbringen über dz Capital mer nit als den gewohnlichen Zins fünf per cento einzufordern befugt sein». Die Juden wurden zur Bezahlung der Inquisitions- und Gerichtskosten verurteilt, ausserdem fielen die in Allschwil gekauften Häuser und Ställe dem Fiskus zu.[125]

Die Beschwerden, die die ins Birseck entsandte Kommission aufnahm, lassen sich zwei Bereichen zuordnen: dem religiösen und dem im weitesten Sinne ökonomischen. Die Juden stellten auch in der ländlichen Gesellschaft eine Randgruppe dar. Nach František Graus sind unter Randständigen «Personen oder Gruppen [zu verstehen], die Normen der Gesellschaft, in der sie leben, nicht anerkennen bzw. nicht einhalten oder nicht einhalten können und aufgrund dieser Ablehnung [...] von der Majorität nicht als gleichwertig akzeptiert werden. [...] Marginalität ist immer das Ergebnis eines Andersseins *und* der Reaktion der Majorität (Stigmatisierung). Randständigkeit kann nur sozial im Bezug zum konkreten sozialen Bezugssystem, insbesondere im Hinblick auf die Normen einer historisch gegebenen Gesellschaft bestimmt werden.»[126] Das Anderssein der Juden geht primär von ihrer Herkunft aus, sie wollten aber auch in den verschiedensten Bereichen bewusst anders sein als die Gesellschaft, in der sie lebten. Die «Initiative» zum Anderssein geht bei den Juden im Unterschied zu anderen Randgruppen wie den Aussätzigen, Ehrlosen oder «entdeckten» Ketzern von dieser Gemeinschaft selbst aus; die Juden schufen eine eigene Kultur – Graus spricht von einer echten «Gegenkultur» zu der sie umgebenden Gesellschaft – und reagierten damit auch anders als andere Randgruppen auf die Marginalisierung.[127] Dass ich die Juden, im Unterschied zu Sabine Ullmann,[128] als Randgruppe in der ländlichen Gesellschaft der Frühen Neuzeit sehe, hängt damit zusammen, dass sich eine Kooperation zwischen Juden und Christen im ökonomischen Bereich zwar nachweisen lässt, nachbarschaftliche oder gar solidarische Verhältnisse wie sie Claudia Ulbrich für Steinbiedersdorf rekonstruieren konnte,[129] lassen sich quellenbedingt jedoch weder belegen noch verneinen.

Die Separierung der jüdischen von der christlichen Bevölkerung, die bereits im Zusammenhang mit der Lage jüdischer Siedlungen erwähnt wurde, stellte eine

124 Zwei unleserliche Buchstaben.
125 AAEB, B 216, 3.7.1694, fol. 156.
126 Graus 1981, S. 396.
127 Graus 1981, S. 397f. Aus einer jüdischen Binnenperspektive betrachtet, handelte es sich zweifellos nicht um eine «Gegenkultur», die sich im widerständigen Sinn gegen eine andere Kultur richtete, sondern um eine eigenständige Kultur, um ein eigenes Wertsystem, vgl. dazu Battenberg 1990, Bd. 1, S. 3f.
128 Ullmann 1999, S. 453ff., 481.
129 Ulbrich 1999, bes. Kap. 7.

Möglichkeit dar, das Konfliktpotential zu minimieren. Verringerte sich die Trennung, oder allgemeiner ausgedrückt, änderte sich an der Situation der Juden etwas, konnte es zum Aufbrechen von Konflikten kommen. Derartige Veränderungen an der Lage der Juden wertete die christliche Mehrheit als Grenzüberschreitungen, die sanktioniert werden mussten.[130] Ein Teil der Vorwürfe von 1694 lässt sich vor diesem Hintergrund interpretieren – allerdings ist die Beteiligung der Gemeinde[131] an der Klageerhebung nicht nachweisbar.

Als bedrohliche Entwicklung wurde das Wachstum der jüdischen Bevölkerung wahrgenommen, das natürlich auch Implikationen für den Wohnraumbedarf hatte. Durch das Wohnen von Juden und Christen unter einem Dach wurde der Trennungsgrad zwischen den beiden Gemeinschaften verringert oder gar aufgehoben, kam es dadurch doch zu Kontakten zwischen den Kindern, die gemeinsam aufwuchsen. Waren die Juden als Mieter auf das Wohlwollen ihrer Vermieter angewiesen, schufen sie sich mit dem Hauskauf und dem Bau von Ställen ein Mehr an Sicherheit. Obwohl sich dadurch an ihrer Rechtsstellung nichts änderte, drückten sie durch den Hauskauf aus, dass sie ihrem Status mehr Dauerhaftigkeit verleihen, dass sie sich in der Gemeinde «niederlassen» wollten. Dieser Wunsch musste einer Gemeinschaft, die dem Zuzug von Fremden ohnehin ablehnend gegenüberstand,[132] als Grenzverletzung vorkommen. Der Abstand zwischen den nur geduldeten Juden und den Gemeindebürgern verringerte sich. Kontakte, die den Klagenden unerwünscht waren, entstanden durch die Beschäftigung von Christen in jüdischen Haushalten. Als Grenzüberschreitung wahrgenommen wurde auch die öffentliche Abhaltung des Gottesdienstes, die «aigene Synagoge», die Feier von Hochzeiten und Festtagen. Die sichtbarere Religionsausübung, die Bildung einer Synagogengemeinde, war vermutlich erst wenige Jahre alt; zuvor war die jüdische Gemeinschaft dafür zu klein gewesen.

Der religiöse Bereich war besonders gefährdet, da hier zwei unvereinbare Wertsysteme aufeinander prallten. Konflikträchtig war der unterschiedliche Wochenkalender. Die Christen beschwerten sich über die angebliche Missachtung der Sonntagsheiligung und die Beschäftigung von Christen durch Juden am Sabbat. Am Sabbat – so mögen die Beschwerdeführer befürchtet haben – kamen die Christen nicht nur mit der besonderen Gestaltung der Freizeit der jüdischen Gemeinschaft in Kontakt – der Sabbat war nach den Strapazen der Woche geprägt durch das Tragen besserer Kleidung, durch gutes Essen und das Lesen als religiöser Auseinandersetzung[133] –, sondern auch mit Glaubensinhalten.

---

130 Jeggle 1969, S. 80.
131 Zur Gemeinde als handelnder Verband, vgl. Berner, S. 20 ff.
132 Vgl. dazu Berner 1994, S. 257 ff.
133 Jeggle 1969, S. 46, vgl. dazu auch Richarz 1990a, S. 184 ff.

Die Christen klagten nicht über die jüdische Religion an sich, sondern über ihre Präsenz in der Öffentlichkeit. Sie behaupteten in Notwehr zu handeln – gegen eine vermeintliche Furcht oder Verachtung der Juden gegen das Christentum sowie die Verfluchung des Christentums.[134] Ihre Furcht äussere sich darin, dass sich die Juden vor der Hostie versteckten. Hier wird – ähnlich wie bei der Ritualmordbeschuldigung[135] – offensichtlich etwas verdreht, hatte die Hostie für die Juden doch keinerlei Bedeutung. Um sich vor der Hostie fürchten zu können oder zu müssen, müssten die Juden derselben eine ebenso grosse Bedeutung zumessen, wie sie für die Christen hatte, die ja nicht nur an die Transsubstantiation,[136] sondern auch an ihre Wundertätigkeit glaubten.[137]

Die Vorwürfe im religiösen Bereich, in denen der Einfluss der jüdischen Lehre auf die Christen, insbesondere junge Leute, supponiert wurde,[138] stützt die Vermutung, dass die Beschwerdeführer nicht aus den Gemeinden stammten, sondern dass es sich um obrigkeitliche Beamte oder auch den Pfarrer handeln könnte, denn sie äussersten ihre Furcht, die Kontrolle über die Untertanen und ihr Denken zu verlieren.

---

134 Jeggle 1969, S. 20.
135 «Diese Mystik des Blutes hat mit dem Judentum und seinem Bluttabu nichts zu tun. Bemerkt man die grosse Bedeutung, die nach christlichem Verständnis dem Blut Jesu für die Erlösung der Menschheit zukommt, wovon die Ikonographie des Gekreuzigten ebenso Zeugnis ablegt wie die zahlreichen, mit der Transsubstantiationslehre in Bezug stehenden Blutwunder, nicht zuletzt die vielfach äussernde Blutmystik verschiedener Epochen, der intensive Blutkult im Barock und frühen Pietismus, dann wird verständlich, wie sehr die Vertrautheit der christlichen Bevölkerung mit Blutmagie und Blutmysterien die Phantasie anregen konnten, ohne auf Religion und Ritus des Judentums zurückgreifen zu müssen.» Erb 1995, S. 75. Zur Bedeutung des Blutes in der antisemitischen Denkwelt, vgl. Braun 1995.
136 Christina von Braun sieht in der Ambivalenz der Blut-Symbolik des Christentums einen wichtigen Faktor für die Entstehung und Herausbildung dieser antisemitischen Vorstellungen: «Im Gegensatz zum Juden, dem das Trinken von Blut streng verboten ist, stellt für den Christen das Messopfer, d.h. die Einnahme des in Blut verwandelten Weines, das höchste Sakrament dar. Die Bedeutung des Messopfers hat im Christentum eine lange und zwiespältige Geschichte. [...] Im 13. Jahrhundert [...] setzt sich in der christlichen Lehre die Vorstellung von der ‹Transsubstantiation› durch: die Lehre, dass Hostie und Wein, die der Gläubige bei der Eucharistiefeier zu sich nimmt, nicht ein *Symbol* für den Leib des Herrn darstellen, sondern dessen *realen* Leib. Die Konsekration – der Moment der Verwandlung von Wein und Brot in Blut und Fleisch – bildet von nun ab den Höhepunkt der Messe. [...] Die Transsubstantiationslehre stärkte einerseits die Macht des Klerus. Aber zugleich beängstigte sie auch viele Christen. [...] Als Hostie dringt der Herr in den Leib des Gläubigen ein. Nach der Transsubstantiationslehre wird dieses heilige Mahl aber nicht als Brot (oder als Symbol für Gottes transzendente Gegenwart) wahrgenommen, sondern als das Fleisch eines Mensch gewordenen Gottes. [...]» Dieser Akt habe viele Christen mit Grauen erfüllt. «Eben dieses Grauen sollte sich aber wiederum in Bildern von Juden niederschlagen: Dem Juden wurden jene frevelhaften Taten unterstellt, die der Christ als eigene Tat nur schwer ertragen konnte. Auf diesem (abgespaltenen) Grauen beruhten auch die Ritualmordlegenden. [...] In dem Vorwurf, dass Juden ‹unschuldiges Christenblut› trinken, offenbart sich eigentlich das christliche Ritual des Messopfers. Aber es taucht in verkehrter Form auf: als Verbrechen der Juden», Braun 1995, S. 81–86.
137 Graus 1986, S. 36f.
138 AAEB, B 216, 1694, fol. 146–148.

Den Juden wurde nicht nur auf religiösem Gebiet ein grosser Einfluss unterstellt. Ihr Ziel sei es, die Christen zu betrügen, in der Not zu überlisten und nach und nach arm zu machen. Bezug genommen wird hier auf die Tätigkeit der Juden im Handel und Geldverleih. Dass Kreditnahme und Armut der Kunden jüdischer Händler in einem Zusammenhang stehen können, ist nicht von der Hand zu weisen. Ein judenfeindliches Stereotyp stellt jedoch die Behauptung dar, die Juden seien für die Verarmung verantwortlich und hätten ihre Kunden überlistet und betrogen. Den christlichen Käufern und Kreditnehmern wurde dadurch jede Eigenverantwortung für ihr Handeln abgesprochen. Dieses Bild der Untertanen als naive, schutzbedürftige Landeskinder liegt auch den Mandaten zugrunde, die den «Judenhandel» regelten.[139] Direkter Bezug auf die Wirtschaftstätigkeit der Juden wurde in der Anschuldigung genommen, sie würden verbotenerweise Wucher betreiben. Der Vorwurf, dass sich die Juden mit Wucher und Betrug bereichert hätten, ist wohl eines der verbreitetsten und langlebigsten judenfeindlichen Stereotype. Auch in diesem Fall bleibt unklar, was unter «Wucher» zu verstehen ist.[140] Wurde ihnen die Geldleihe ganz allgemein oder die Annahme von Zinsen, die angeblich höher als die obrigkeitlich zulässigen fünf Prozent lagen, zum Vorwurf gemacht?

Die Vertreibung fällt in die Zeit des «Höhepunkts der ‹Kleinen Eiszeit›»,[141] also in eine ökonomisch ausserordentlich schwierige Zeit. Explizit wird auf die «Not der Zeit» zwar nicht verwiesen, die Klage über das Wachstum der jüdischen Bevölkerung, über den Mangel an Wohnraum und die steuerliche Belastung, der die Juden angeblich nicht ausgesetzt waren, könnte als Hinweis verstanden werden, dass die Vertreibung als Ventil gesehen wurde.

Die Vertriebenen, etwa 170 Menschen, versuchten wohl, im Elsass und in Süddeutschland einen neuen Schutzherrn zu finden. Hinweise, dass sie sich ins solothurnische Dornach gewendet haben könnten, fehlen. Die Dornacher Landjudengemeinde bestand damals seit gut dreissig Jahren und umfasste 1694 etwa drei Familien.

Nach der Vertreibung

Mit der Vertreibung wurden die Wohnmöglichkeiten im Fürstbistum für die Juden zwar zerstört, im Wirtschaftsleben blieben sie jedoch präsent. Dass sie von einiger Wichtigkeit für das Funktionieren des Handels waren, zeigt bereits die

---

139 Vgl. dazu unten.
140 Michael Schmidt (1990, S. 238) hat nachgewiesen, dass «Wucher» kein definierter Begriff, sondern eine gegen Juden gerichtete Metapher war, die ganz unterschiedliche Geschäfte (spekulative Tausch-, Geld- und Warengeschäfte, jede Art von Kreditgeschäften, überteuerte Preise genauso wie Schleuderpreise) bezeichnet.
141 Pfister 1984, Bd. 1, S. 149; vgl. Kap. 1.

bischöfliche Urkunde, in der die Vertreibung ausgesprochen wurde. Der Bischof verweigerte ihnen das Wohnrecht, gestattete ihnen jedoch gleichzeitig, weiterhin die Jahrmärkte zu besuchen. Für Kredite wurde der Zins auf den üblichen Satz von fünf Prozent festgesetzt.

Die Präsenz der Juden im Wirtschaftsleben des Bistums wird denn auch in anderen Quellen sichtbar; vermutlich erfuhr sie durch die Vertreibung aus dem Fürstbistum keinen Unterbruch. Nur wenige Jahre nach der Vertreibung verkaufte Jacob Nebel aus Aesch dem Juden Stopel aus Buschwiler am Laufner Jahrmarkt eine Kuh.[142] Im 18. Jahrhundert ist vor allem im Zusammenhang mit Konflikten um fremde Konkurrenz von jüdischen Händlern die Rede. Bereits erwähnt wurden die Klagen der zünftischen Leinenweber gegen jüdische Händler.[143] Auch die Laufner Krämer fühlten sich durch jüdische Händler konkurrenziert, die ausserhalb der Jahrmärkte verkauften.[144] Weniger oder nicht umstritten war die Präsenz jüdischer Händler auf den Jahrmärkten. Eine Standliste aus dem Jahr 1791 wies zwei nicht namentlich genannten Juden, deren Herkunft ebenfalls unbekannt ist, ihre Marktstände zu, der eine befand sich in einer Scheune.[145]

Wie in verschiedenen eidgenössischen Orten wurde die Handelstätigkeit von Juden in der zweiten Hälfte des 18. Jahrhunderts auch im Fürstbistum in einem Mandat reglementiert.[146] Die fürstbischöfliche Ordnung entstand, nachdem Basel sein Mandat[147] an den Birsecker Landvogt von Andlau in Arlesheim geschickt hatte und dieser sich für ähnliche Massnahmen aussprach.[148] Begründet wurde die Notwendigkeit solcher Bestimmungen mit stereotypen Klagen über die Gefährlichkeit und Betrügerei der Juden in Handel und Kreditwesen.[149] Im Birseck würden die Juden aus dem Sundgau «täglich herumstreifen, und darauf lauren wie sie die bauern erwischen mögen». Es gäbe die «leydige Erfahrung, dass ihrer [der Bauern, acf] viele durch den borghandel mit denen Juden sich in äusserste Armuth gestürtzet haben». Landvogt von Andlau sprach sich insbesondere für ein Verbot des Hausierens und für die Verschriftlichung von Verträgen zwischen Untertanen und jüdischen Händlern aus.[150]

142 AAEB, B 216, 27.11.1699, fol. 158.
143 Vgl. Kap. 3.
144 AAEB, B 216, 21.8.1789, fol. 409f.; vgl. auch Kap. 3.
145 StadtBALaufen, Nr. 18, 25.1.1791, S. 247f.
146 Vgl. Radeff/Kaufmann 1994. Basel war nach Freiburg (1763) der zweite Stand, der ein Mandat, den Handel von Juden betreffend, erliess (1768). Bern folgte 1773, Solothurn 1779, ebd., S. 4. Zur Reglementierung des Judenhandels in den eidgenössischen Orten, vgl. Weldler-Steinberg 1966, S. 47–79.
147 Gedrucktes Mandat vom 31.12.1768, RQ II, S. 422–425.
148 AAEB, B 216, 31.1.1769, fol. 292.
149 AAEB, B 216, 31.1.1769, fol. 292f.; vgl. dazu auch die Einleitung zum Basler Mandat vom 31.12.1768, RQ II, S. 422–425.
150 AAEB, B 216, 31.1.1769, fol. 292f.

Der Bischof nahm den Vorschlag auf und forderte die Vögte von Schliengen und Zwingen zur Stellungnahme bezüglich der Basler Ordnung auf. Auch Vogt und Landschreiber von Zwingen begrüssten eine Ordnung zum Schutz der «einfältigen» Untertanen. Die Betrügereien der Juden kämen nicht nur im Kredithandel vor, sondern auch im Viehhandel. Die Juden würden kranke Tiere verkaufen; die Krankheiten wüssten sie mit ihren Mitteln zu verbergen. 1714 sei es deshalb im Oberamt Zwingen zur Ausbreitung einer Viehseuche gekommen. Sie betonten ihre eigenen Massnahmen zum Schutz der Untertanen und schlugen die Einführung von Gesundheitsscheinen für das Vieh vor.[151]

Hauptziel des Mandats vom 30. März 1769 war die Beschränkung des Handels von Juden auf die Jahr- und Wochenmärkte sowie die Reglementierung des Viehhandels.[152] Einleitend verwies auch der Bischof auf die vermeintlichen Betrügereien, durch die die Untertanen zu Schaden gekommen seien. Zur Prävention von Viehseuchen dürfe nur noch Vieh verkauft werden, das über Gesundheitsscheine verfüge, in denen festgehalten sei, dass das Tier zwei Monate an einem seuchenfreien Ort gestanden sei. Kauften Juden Vieh und nahmen es gleich mit, mussten sie den Verkäufer bar bezahlen. Liessen sie es eine Zeitlang zurück, hatten sie einen Drittel des Preises sofort zu bezahlen. Derartige Vereinbarungen sollten schriftlich festgehalten werden und zwar auf Deutsch, nicht auf Hebräisch. Bereits bestehende Verträge mussten innert drei Monaten bei der zuständigen obrigkeitlichen Kanzlei angezeigt werden. Der Handel auf Borg wurde den Untertanen untersagt. Wie bereits ausgeführt, durften die Juden nur noch auf Jahr- und Wochenmärkten Handel treiben. Das Hausieren war zwar nicht explizit verboten, aber die Juden wurden ermahnt, sich des «betrügerischen Handels» und des Hausierens zu enthalten. Das Mandat setzte Bussen für das Zuwiderhandeln gegen die Bestimmungen fest; für die Juden war das Bussgeld viermal höher als für die Untertanen.[153]

Die Bestimmungen dienten primär dem Schutz der Untertanen. Als Verkäufer sollten sie vor verspäteter oder unterschlagener Bezahlung bewahrt werden. Als Kunden durften sie nicht borgen; dies schützte sie zwar vor Belastungen, nahm ihnen in manchen Fällen jedoch wohl auch die Möglichkeit, überhaupt einen Kauf zu tätigen. Oft besass die Landbevölkerung nur beschränkt und saisonal schwan-

---

151 AAEB, B 216, 7.3.1769, fol. 340.
152 In der Zielsetzung entspricht das bischöfliche Mandat jenem von Basel. Beim Basler Mandat fällt auf, dass es sich besonders dem Schutz der Landbevölkerung verschrieb. In der Stadt Basel durften die Juden weiterhin «freien Handel» treiben (Art. 7 des Mandats vom 31.12.1768). Auch wenn der Schutz der ländlichen Untertanen als Argument vorgeschoben wird, zeigt sich in dieser Bestimmung ein handfestes städtisches Eigeninteresse.
153 Art. 6 und 7 des Mandats vom 30.3.1769, AAEB, B 216, fol. 359: Die Strafe für Juden betrug zwölf Pfund beim ersten Verstoss, 24 Pfund beim zweiten, Konfiskation der Ware und weitere Strafe beim dritten Mal. Für Untertanen betrug die Sätze drei beziehungsweise sechs Pfund und beim dritten Mal eine schärfere Strafe.

kend Bargeld. Den Juden wurde durch das schriftliche Festhalten von Verträgen und deren obrigkeitlicher Kontrolle zwar auch ein gewisser Schutz zuteil, die rigiden Zahlungsbestimmungen verhinderten jedoch manch einen Handel. Kam es dennoch zur Kreditvergabe, wurden beide Partner in die Illegalität gedrängt, mit den entsprechend teureren Folgen für die Juden. Die Juden hatten als Landesfremde ohnehin grössere Schwierigkeiten, ihre Rechte durchzusetzen als die Untertanen.

Radeff und Kaufmann interpretieren die Mandate der eidgenössischen Obrigkeiten als Verhärtung der Haltung gegenüber der Handelstätigkeit von Juden. Die Behörden hätten die Auffassung vertreten, im Wirtschaftsleben auf die Juden verzichten zu können.[154] Für das Bistum scheint mir diese These zu pauschal zu sein. Versucht man Aussagen über die Geltung und Wirkung des Mandates zu machen, zeigt sich, dass es recht bald in Vergessenheit geraten sein muss. 1789 – zwanzig Jahre nach dem Erlass der Ordnung – wandten sich neun städtische Krämer mit der Bitte an die Obrigkeit, den Juden das Verkaufen ihrer Waren ausserhalb der Jahrmärkte zu untersagen, dies umso mehr als «solche Leuth mit keinen Auflagen oder geringen Beschwerden b[e]laden seyend, sonder alljährlich dass erloste Geld aus dem Land nacher Haus tragen». In den eidgenössischen Orten Bern, Solothurn und Freiburg seien die Juden nur auf den Jahrmärkten zugelassen, das Hausieren sei ihnen verboten. Landvogt von Blarer, der das Schreiben nach Pruntrut weiterleitete, relativierte die Aussage der Laufner Krämer, in dem er den Bischof informierte, dass «bey gegenwärthiger Zeit der Jud Baruch in Laufen wie eingesessen sich aufhaltet und ohne Zweiffel auch seinen Handell den hier oben gemelten Krämer abtrag thuet allein hat derselbe für ein Jahr die Erlaubnis erhalten, andere Juden werden mit Handelen nicht geduldet».[155] Dass sich die Untertanen in ihrer Eingabe auf die Ordnungen eidgenössischer Stände beriefen, belegt, dass keine Erinnerung mehr an das im Land selbst gültig gewesene Mandat vorhanden war. In der Zwischenzeit war das Fürstbistum zugunsten der Patentierung von der Reglementierung abgerückt, die – hätte man die Einschränkungen durchsetzen wollen – unlösbare Überwachungsaufgaben nach sich gezogen hätten. Die Vergabe von Handelspatenten hatte den Vorteil, dass nicht nur die Kontrolle gewährleistet werden konnte, sondern dass auch eine neue Einnahmequelle für den Bischof geäufnet wurde.[156]

Das Ziel des Mandates, die Juden nur noch auf den Märkten zuzulassen, war nicht durchsetzbar. Das Hausieren befriedigte aus verschiedenen Gründen die Inter-

---

154 Radeff/Kaufmann 1994, S. 2.
155 AAEB, B 216, 21.8.1789, Nr. 409f. Ein Bescheid des Bischofs ist nicht überliefert.
156 1788 erhielten Jacob und Salomon Levi aus Niederhagental gegen eine Gebühr von vier Louis d'Or die Bewilligung, in Zwingen und Pfeffingen Handel zu treiben, AAEB, B 216, 26.6.1788, fol. 404f. 1789 erteilte der Bischof Baruch und Moses Leopold Kann, Vater und Sohn aus Oberhagental, die Handelserlaubnis in der Vogtei Zwingen. Zugunsten des Delsberger Waisenhauses hatten sie zwei Louis d'Or zu bezahlen, ebd., S. 406f.

essen der ländlichen Kundschaft. Einerseits lieferten die Händler die Waren zum Haus der Kundinnen und Kunden,[157] die sich dadurch den zeitraubenden und kostspieligen Weg in die Stadt und zum Markt ersparten, andererseits musste – anders als auf dem Markt üblich – oft nicht bar bezahlt werden, was der Landbevölkerung entgegenkam. Die Hausierer warteten nicht wie die Handwerker und Krämer in ihren Läden, bis die Kunden kamen oder liessen sie sogar vor geschlossener Türe warten, sondern sie suchten die Kundschaft auf und bemühten sich vielleicht auch, neue Bedürfnisse zu wecken.[158]

---

[157] Jeggle 1969, S. 80: Judenfeindlich verdreht, wurde den Juden unterstellt, dass sie ihren Kunden die Waren aufdrängen würden.
[158] Vgl. Jeggle 1969, S. 88. Der Vogt von Birseck machte die Juden 1769 für die Hoffart der Frauen und Töchter verantwortlich, AAEB, B 216, 31.1.1769, fol. 292f. Vermutlich brachten Juden Bänder, Spitzen oder Ähnliches in die Dörfer.

ZWEITER TEIL

DIE STADT ALS KOMMUNALES GEBILDE

5. KOMMUNALE ORGANISATION EINER KLEINSTADT

Städte lassen sich unter unterschiedlichen Gesichtspunkten untersuchen und beschreiben: als kommunale Gebilde, als gesellschaftliche Gefüge oder unter räumlichen Aspekten, in ihrer Funktion im Umland oder für das Umland. Im Kapitel Rahmenbedingungen stelle ich die Frage nach Laufens Zentralität insbesondere im herrschaftlichen Bereich, im ersten Teil steht die Stadt als gesellschaftliches Gefüge im Vordergrund, und im folgenden zweiten Teil beleuchte ich die Stadt als kommunales Gebilde. Dabei versuche ich, Peter Blickles Kommunalismuskonzept nutzbar zu machen.

Unter dem Begriff «Kommunalismus» versteht Blickle die Tatsache, dass es in Dörfern und Tälern, Städten und Märkten gemeinsame institutionelle, gesellschaftliche und normative Ausprägungen gegeben habe. Zu den Institutionen gehören die Gemeindeversammlung, eine kollegial organisierte Verwaltungsbehörde (ein Rat beziehungsweise Ratsgremium) und das Gericht. «Zu den wichtigsten definitorischen Merkmalen des Kommunalismus gehört [...], dass die in den Gemeinden und namens der Gemeinde ausgeübten politischen Rechte nicht allein als herrschaftlich delegierte Rechte erfasst werden können. Kommunale Satzungs-, Gerichts- und Strafgewalt nehmen in diesem Sinn ihren Ausgang von der veränderten Arbeitsauffassung und den neuen Formen des gesellschaftlichen Zusammenlebens, die sich mit dem Entstehen von Dorf und Stadt herausbilden. Neu entstandener Regelungsbedarf, den es zuvor in dieser Form nicht gegeben hatte, hilft mit, die gemeindliche Autonomie zu entwickeln und zu befördern.»[1]

Kommunalismus leitet sich her aus communis, communitas, deutsch gemein, Gemeinde und bezieht sich auf Gemeinschaften in Orten verdichteter Siedlung mit eigenen Formen der Verfassung.[2] «Kommunalismus soll zunächst einen besonderen Aggregatszustand von gefestigten Formen alltäglichen menschlichen Zusammenlebens bezeichnen. Gefestigt sind Formen, wenn sie dem raschen Wandel, etwa der Abfolge der Generationen, entzogen sind und ihre Stabilität vom personalen Wandel nicht berührt wird. Wo das der Fall ist, kann der Alltag als verfasst gelten. Üblicherweise wird die Verfasstheit durch Institutionen gewährleistet, so dass man auch von einer Verfassung des Alltags sprechen könnte. Kommunal verfasst ist der Alltag, wenn sich die Verfassungseinrichtungen aus der Gemeinde heraus entfalten und entwickeln.»[3]

Vier Institutionen konstituieren die kommunale Organisation: Basis ist die Gemeindeversammlung, die nicht nur sämtliche wichtigen Entscheidungen trifft, sondern auch das Wahlrecht ausübt. In der Stadt wurde das Wahlrecht der Gemeindeversammlung gelegentlich an die Zünfte delegiert. Zweitens gab es eine kollegial organisierte Verwaltungsbehörde; auf dem Land hiess sie nach ihrer Grösse zum Beispiel Vierer oder Zwölfer, in der Stadt Rat. An der Spitze der Gemeinde stand auf dem Land der Ammann, gelegentlich Schultheiss oder Vogt geheissen, in der Stadt der Bürgermeister, der seine Autorität aus der Präsidialfunktion im Rat gewann.[4] Viertens verfügten Dörfer und Städte über ein Gericht.[5]

Diese kommunalen Organisationsstrukturen bewegten sich innerhalb herrschaftlicher Zusammenhänge. So wirkte die Ortsherrschaft in unterschiedlichem, regional und zeitlich stark variierendem Mass am Wahlrecht mit. Zumindest auf dem Land überwog beim gemeindlichen Spitzenamt die herrschaftliche Einsetzung.[6] Des Weiteren belegen die Bezeichnungen Ammann, Schultheiss und Vogt alle den ursprünglich herrschaftlichen Charakter des Amtes: «Der Ammann ist der Amtmann des Herrn, der Vogt der advocatus, der in einem bestimmten Gebiet Schutz und Schirm gewährt und der Schultheiss der scultetus als Vorsteher eines

---

1 Blickle 1991, S. 11.
2 Blickle 2000, Bd. 1, S. VII.
3 Blickle 2000, Bd. 1, S. 15.
4 Blickle 2000, Bd. 1, S. 56, 58.
5 Ausführlich zu den kommunalen Institutionen: Blickle 2000, Bd. 1, S. 40ff.
6 Blickle 2000, Bd. 1, S. 57.

herrschaftlichen Gerichts».[7] Besonders stark herrschaftlich geprägt war das Gericht. «Die Lokalisierung des Gerichts zwischen Gemeinde und Herrschaft gehört zu den schwierigsten Problemen der Rechtsgeschichte.»[8] Das hängt damit zusammen, dass überall dort, wo sich gesellschaftliche Beziehungen in einer gesteigerten Form verdichten, formalisieren und institutionalisieren, anerkannte Regelungen für die Beilegung von Konflikten geschaffen werden müssen. Dafür wurden Gerichte entwickelt. Das Gericht wurzelt im Bedürfnis nach Ordnung und Friede.[9] Trotz aller Einschränkungen des kommunalen Bereichs durch die Herrschaft betont Blickle zweierlei: «nämlich erstens die Tatsache, dass alle kommunalen Amtsträger aus der Gemeinde kommen, in keinem Fall also von aussen eingesetzte Beamten sind, und zweitens die Beobachtung, dass die Vierer und Räte in höherem Mass von der Gemeindeversammlung bestimmt sind als die Richter».[10] Bei der Wahl der Richter habe die Herrschaft stärkeren Einfluss genommen.

Zum Verhältnis von Kommunalismus und Herrschaft in Blickles Modell lässt sich zusammenfassend festhalten: Sie stehen in keinem hierarchischen Verhältnis zueinander, in dem die Herrschaft oben, der Kommunalismus unten situiert ist.[11] Die Beziehung zwischen Kommunalismus und Herrschaft ist vielmehr geprägt durch latente Spannungen.[12] Kommunalismus entstand als Schöpfung des Gemeinen Mannes,[13] der arbeitenden Menschen, deren besondere Organisationsbedürfnisse er erfüllt.[14] Kommunalismus erträgt Herrschaft, leitet sich jedoch nicht von Herrschaft ab.[15]

Es gibt Mischzonen gemeindlicher und herrschaftlicher Zuständigkeiten, die sich vornehmlich in den Kompetenzen der Richter (Gericht) und dem lokalen politischen Spitzenamt (Ammann) ausdrücken. Das Janusgesicht[16] dieser Ämter ging dort zugunsten der Gemeinde verloren, wo deren Autonomie sich den Verhältnissen in den Reichsstädten angenähert hat.[17] Als Institutionen sind Gerichte und Ammänner älter als Kommunen, es sind Organe zur Gewährleistung herrschaft-

---

7   Blickle 2000, Bd. 1, S. 56; dasselbe gilt für die Stadt, vgl. ebd., S. 58.
8   Blickle 2000, Bd. 1, S. 58f.
9   Blickle 2000, Bd. 1, S. 58f.
10 Blickle 2000, Bd. 1, S. 50.
11 Blickle 2000, Bd. 2, S. 102.
12 Blickle 2000, Bd. 1, S. 158f.
13 Vgl. Blickle 2000, Bd. 1, S. 70ff.
14 Blickle 2000, Bd. 1, S. 176.
15 Blickle 2000, Bd. 1, S. 69.
16 Kaschuba (1991, S. 66) spricht treffend vom doppelten Charakter des Kommunalismus beziehungsweise seiner juristischen Konstitution: «Einerseits als lokale Organisationsform von Wirtschafts- und Rechtsbeziehungen in Dorf- und Stadtgemeinden, andererseits als lokales Instrument feudaler bzw. absolutistischer Herrschaftssicherung.» Beides sei konstitutiv für die Rechtsform wie für die soziale Bewegungsform des Kommunalismus.
17 Blickle 2000, Bd. 1, S. 56.

licher Interessen. Deswegen ist die Beteiligung der Herrschaft bei ihrer Bestellung in der Regel unstrittig. Mit der Kommunalisierung indessen integrieren sie in ihr Amt zusätzliche Aufgaben – die Richter die Urteile über die strittige Verletzung kommunaler Normen, die Ammänner die organisatorische Führung der Gemeindeversammlung und solche von Räten/Vierern.[18]

Herrschaft, so scheint mir, bedeutet bei Blickle vor allem «Obrigkeit».[19] Als Gegenüber entspricht der Obrigkeit die Untertänigkeit. Mit «Herrschaft und Obrigkeit» betitelt er auch ein Kapitel von «Kommunalismus. Skizzen einer gesellschaftlichen Ordnungsform»[20] und definiert: «Obrigkeit umschreibt eher abstrakt ein Ensemble von Funktionen, das man in der Moderne mit Staat wiedergeben würde, Herrschaft dagegen ist, jedenfalls von der Herkunft her, eher ein ständischer Begriff, der die Funktionen, die auch er analog zur Obrigkeit abbildet, einem Herrn zuordnet.»[21]

In diesem Bedeutungsfeld lässt sich der Begriff Herrschaft in doppeltem Sinn verstehen. Er bezeichnet, der klassischen Definition von Max Weber folgend, die «Chance, für einen Befehl bestimmten Inhalts [...] Gehorsam zu finden».[22] Gleichzeitig wird Herrschaft auch personifiziert und meint all diejenigen Personen oder Institutionen, die aufgrund von ererbten oder übertragenen Rechtsansprüchen gegenüber anderen Personen oder Gruppen Leistungen oder Gehorsam verlangen konnten. Im Fürstbistum Basel bedeutet dies konkret, dass eine geistliche und adlige Oberschicht – an ihrer Spitze der Bischof – als Herrschaftsträger von Gemeinden und einzelnen Dorfbewohnern Abgaben, Dienste und Gehorsam fordern konnte.[23]

Diese Definition von Herrschaft hat auch Implikationen für die Untersuchung von Konflikten. Ich verwende hier bewusst einen offenen, breiten Begriff,[24] weil ich

---

18 Blickle 2000, Bd. 1, S. 69.
19 Im Gegensatz zum Begriff Herrschaft gibt es für Obrigkeit bisher keine Begriffsgeschichte. In der Frühen Neuzeit werden Herrschaft und Obrigkeit als Bezeichnung für konkrete Rechtsverhältnisse oft gemeinsam benutzt. Herrschaft ist ein umfassender und facettenreicher Begriff. Obrigkeit kommt im 15. Jahrhundert als Bezeichnung für Gewalthaber aller Art auf und charakterisiert das gewandelte Herrschaftsverhältnis der frühen Neuzeit. Bis ins frühe 17. Jahrhundert wurde der Begriff inflationär verwendet, Art. Herrschaft, GGr 3, S. 14ff., vgl. HRG 3, Sp. 1171–1174.
20 Blickle 2000, Bd. 1, S. 131ff. Blickle spart zwar nicht gänzlich aus, dass Herrschaft auch in den Gemeinden von Bedeutung ist. Er schränkt dies jedoch auf den Ausnahmefall ein: Unter besonders günstigen Konstellationen könne sich die Gemeinde als Obrigkeit konstituieren, Blickle 2000, Bd. 1, S. 134.
21 Blickle 2000, Bd. 1, S. 134.
22 Max Weber: Grundriss der Sozioökonomik, III. Abteilung: Wirtschaft und Gesellschaft, Tübingen 1922, S. 28, zit. bei Suter 1990, S. 281.
23 Vgl. Berner 1994, S. 26–29.
24 Unter Konflikten sollen im Wortsinn Zusammenstösse – allerdings ausschliesslich gewaltlose, nicht ereignishafte – verstanden werden. Konflikte stehen für Gegensätzlichkeiten, Spannungen, Gegnerschaft, Auseinandersetzung und Streitigkeiten unterschiedlicher Intensität, Hillmann 1994, Art. Konflikt, S. 432.

ihn nicht auf jene Aspekte einschränken möchte, die Blickle als Unruhen bezeichnet. Unruhen definiert Blickle im Sinne eines Arbeitsbegriffs als «Protesthandlungen von (mehrheitlich allen) Untertanen einer Obrigkeit zur Behauptung und/oder Durchsetzung ihrer Interessen und Wertvorstellungen. Sie sind mehrheitlich politischer Natur insofern, als sie die Legitimität von obrigkeitlichen Massnahmen (und damit die Obrigkeit an sich) in Frage stellen (was darin zum Ausdruck kommt, dass sie mit einem Eid – dem Huldigungseid auf dem Land, dem Bürgereid in der Stadt – beendet werden). Sie sind der ständischen Gesellschaft wesenhaft, weil sie vor der Ausbildung der Stände noch nicht und nach Auflösung der Stände nicht mehr stattfinden».[25] Diese Definition ist auf Konflikte zwischen Obrigkeit und Untertanen beschränkt: «Unruhen werden nicht zwischen Gemeinden und Obrigkeit ausgetragen – dies allenfalls in einer nur abgeleiteten Form –, sondern zwischen der Obrigkeit und ihren Untertanen.»[26]

David Warren Sabean kritisiert dichotome Modelle von staatlicher Herrschaft als unzulänglich[27] und plädiert dafür, die Herrschaftspraxis zu untersuchen.[28] In der dichotomen Sicht stehen «die da oben» der übrigen Bevölkerung gegenüber. «Neuere Arbeiten zum Widerstand in der Gesellschaft der frühen Neuzeit haben sich auf die Dorfgemeinde als eine solidarische Organisation konzentriert, die sich von aussen kommenden Forderungen in Form von neuen und exzessiven Steuern oder Angriffen auf dörfliche Privilegien entgegenstellte.» Diesen Untersuchungen entgehe, «in welcher Weise Menschen verschiedener Gesellschaftsebenen in den

---

Ereignishafte Auseinandersetzungen (Bauernaufstand 1525, Kontributionsverweigerung 1630, Troublen 1730–1740) passen in Laufen beziehungsweise in der Vogtei Zwingen in die Blickle'sche Unruhe-Kategorie. Allerdings waren nicht alle Unruhen ereignishaft, vgl. die Supplikationen von 1693 und 1696, Kap. Rahmenbedingungen.

In der Forschung kommt eine ganze Reihe von Begriffen zur Anwendung, wenn von städtischem und ländlichem Widerstand in der Frühen Neuzeit die Rede ist. Zu einem Konsens ist es nicht gekommen, weil alle Begriffe Vor- und Nachteile haben. Einmal spiegeln sie die obrigkeitliche Optik (Aufruhr, Aufstand, Revolte, Rebellion), dann sind sie relativ breit (Widerstand) und werden unterschiedlich verwendet oder sie sind durch die Forschung bereits anderweitig besetzt (Protest/Sozialprotest), vgl. dazu Würgler 1995, S. 23–29; Blickle et al. 1980, S. IX. Blickles Definition von Unruhen (vgl. unten) ist zugute zu halten, dass sie klar und eindeutig ist in Bezug auf die Beteiligten beziehungsweise die Konfliktkonstellation. Andere Aspekte (Ereignishaftigkeit von Unruhen, die Mittel der Aufständischen und die Frage, ob diese legal oder illegal sind etc.) werden in der Definition nicht abgedeckt.

25 Blickle 1988, S. 5. Vgl. auch Blickle 2000, Bd. 1, S. 142–151 und Bd. 2, S. 244–254.
26 Blickle 2000, Bd. 2, S. 255. Noch 1991 schrieb er: «Aus der Konfliktforschung der letzten 10 bis 15 Jahre war zu lernen, dass städtische und ländliche Unruhen einen gemeinsamen Nenner haben: sie sind Auseinandersetzungen zwischen Gemeinden und Obrigkeit.» Blickle 1991, S. 21.
27 Sabean 1986, S. 38. Sabeans Kritik richtet sich gegen Untersuchungen von Blickle und Schulze, (Sabean 1986, S. 251, Anm. 68), insbesondere auch gegen ihre Vorstellung, Verhandlungen würden über «Repräsentanten» geführt, Sabean 1986, S. 39. Eine Würdigung von Sabeans Einwände bei Trossbach 1993, S. 87.
28 Vgl. dazu auch Lüdtkes (1991, bes. S. 9–14) Überlegungen zu Herrschaft als sozialer Praxis.

Herrschaftsapparat eingebunden sind. Keine der Stellungen in der Hierarchie der Machtausübung ist einfach; auf allen Ebenen finden sich Befriedigungen und Beeinträchtigungen. [...] [M]it der alltäglichen Ausübung von Macht [gingen] erhebliche Vorteile einher. Es reicht jedoch nicht aus, nur den persönlichen Vorteil ins Auge zu fassen, da die Ausübung des Amts Befriedigungen in Form von Pflicht, Ehre und Aufopferung oder der Unterstützung von Werten erbringen konnte. Auf der anderen Seite konnte die Ausübung von Macht auch ihren Preis haben – Isolation, Gefahren, Ängste, Entehrung, Schimpf und Spott.»[29] Nikolaus Kern, Laufner Meier zwischen 1744 und 1777, dem eines der folgenden Kapitel gewidmet ist, ist ein gutes Beispiel dafür: Meier und Rat standen in einem konfliktgeladenen Verhältnis zueinander, weil es ihnen nicht gelang, gemeinsame Vorstellungen über Amtspflichten und innerkommunale Beziehungen zu entwickeln.[30]

Die hauptsächliche Aufgabe besteht gemäss Sabean darin, «nach dem Nutzen zu fragen, den diejenigen haben, die Teil des Machtapparats sind. Betrachtet man Herrschaft nicht als eine Praxis, sondern institutionell, abstrakt, als eine Art Entität, so führt das leicht von den zentralen Elementen ihrer Realität ab. Als Praxis erscheint sie täglich in Gestalt von Nötigung und Zwang; gleichzeitig unterliegt sie ihren eigenen Zwängen, da das Hervorbringen von Gehorsam immer zu ihrer Zielsetzung gehört. Sobald man sich der systematischen Praxis der Alltagszwänge zuwendet, wird deutlich, auf wie vielen Ebenen Widerstand möglich ist.»[31] Sabean kritisiert die inadäquate Erörterung von Herrschaft nach dem dichotomen Modell in neueren Arbeiten zu Rebellion und Widerstand, denen Opposition gegen Steuern als Widerstand gilt, nicht aber Zorn über eine korrupte Dorfobrigkeit. «Doch ebenso wie man der Ausübung von Herrschaft auf verschiedenen Ebenen nachgehen muss, muss man den Widerstand auf verschiedenen Ebenen suchen.»[32]

Sabeans Überlegungen sind anregend, weil sich in Laufen im 18. Jahrhundert Konflikte zugetragen haben, die sich nicht als Unruhen im Sinne Blickles beschreiben lassen. Es handelt sich um Herrschaftskonflikte, die sich innerhalb der Gemeinde (zwischen Bürgerschaft und Rat)[33] oder innerhalb der kommunalen

---

29 Sabean 1986, S. 38.
30 Vgl. Kap. 9. Die Ratsherren beriefen sich auf alte Ordnungen und behaupteten, Neuerungen führten zur Respektlosigkeit der Bevölkerung gegen sie. Kern apostrophierte die alte Ordnung als missbräuchlich (AAEB, B 234/12, ca. 1758–1760) und versuchte, einem neuen Amtsverständnis zum Durchbruch zu verhelfen. Scheiterten seine Pläne, wandte er sich an die Obrigkeit und griff dadurch in den kommunalen Bereich ein. Auch im 18. Jahrhundert beruhte der Informationsstand der Obrigkeit über das Geschehen in den Gemeinden auf willfährigen Zuträgern.
31 Sabean 1986, S. 38f.
32 Sabean 1986, S. 39.
33 Vgl. Kap. 8; zu den Konflikten von 1768 um die Holznutzung sowie von 1791 um die städtischen Nutzungsrechte und Einnahmen.

Institutionen (zwischen Meier und Rat) abspielten. Blickle fragt, soweit ich sehe, nicht nach Konflikten im Kommunalen.[34] Um Verallgemeinerungen vorzubeugen, scheint es mir wesentlich, Konflikte innerhalb dieses Bereichs zu berücksichtigen. Dabei versuche ich, die Amtsträger und die Amtsverhältnisse genauer unter die Lupe zu nehmen.

Die Verwaltungsgeschichte untersucht Ämter, ihre Inhaber und deren Pflichten – anders als das Kommunalismuskonzept nicht von unten – sondern von oben, aus der Optik des Zentralstaats und mit Fokus auf die Zentralverwaltung und das territoriale Ämterwesen.[35] Letztes entspricht im Fürstbistum der Vogtei. Obwohl ich eine städtische Gemeinde untersuche, scheint es mir sinnvoll, verwaltungsgeschichtliche Überlegungen zur Entstehung und Entwicklung von Beamten und Amtspflichten beziehungsweise Amtsaufgaben nutzbar zu machen.[36] Dies umso mehr, als sich insbesondere in Bezug auf den Meier die Frage stellt, ob es sich um einen herrschaftlichen «Beamten» oder einen kommunalen Amtsträger handelte.[37] Der Meier war landesherrlicher Vertreter im Amtsgericht und insofern dessen Diener, er repräsentierte jedoch auch seine Gemeinde. Wird der Meier durch die Einschränkungen seiner gerichtlichen Kompetenzen zum bloss ausführenden herrschaftlichen Beamten? Um die Ausleuchtung dieses Spannungsfeldes geht es mir im Folgenden.

Das Wort «Beamter» entsteht im 16. Jahrhundert. In den Laufen betreffenden Quellen bin ich im frühen 18. Jahrhundert erstmals auf den Begriff gestossen.[38] Zunächst wurde er für die Beamten der Zentral- und der Vogteiverwaltung verwendet. In der Mitte des 18. Jahrhunderts scheint sich die Begriffsverwendung erweitert zu haben. Der Bischof setzte sich in einem Schreiben an den Landvogt mit den Salzgratifikationen an seine «Beamteten» auseinander. Explizit sprach er vom Zwinge-

---

34 Zum Verhältnis von innergemeindlichen Konflikten und Herrschaftskonflikten, vgl. Häberlein (Hg.) 1999, Einleitung, S. 19ff. Häberlein betont, dass die Gemeinde sozial und als Interessenverband nicht als monolithischer Block angesehen werden könne.
35 Zum Begriff Verwaltung, vgl. Art. Verwaltung, Amt, Beamter, GGr 7. Ausserdem Willoweit 1983a; Art. Amt, HRG, Bd. 1, Sp. 150–154; Art. Beamte, HRG, Bd. 1, Sp. 339–343.
36 Vgl. dazu Willoweit 1983a und 1983b.
37 Malte Bischoff (1996, S. 285–289) fragt sich in einem Exkurs seiner Arbeit über die Amtmänner im Herzogtum Schleswig-Holstein-Gottorf in der ersten Hälfte des 17. Jahrhunderts (sie sind etwa vergleichbar mit den Landvögten im Fürstbistum Basel), ob sie sich als Beamte verstanden hätten und von der Forschung so bezeichnet werden können. Er kommt zum Ergebnis, dass sich die herzöglichen Amtmänner selbst als an Instruktion und Befehl gebundene landesherrliche Diener verstanden hätten, jedoch nicht als Beamte. Beamte seien die Ausführenden der Lokalverwaltung gewesen. (Eine ähnliche Auffassung vertritt: GGr 7, S. 60.) In der ständischen Gesellschaft zeichnen sich Amtsträger dadurch aus, dass sie ein gesellschaftliches Interesse an ihrem Amt haben, weil es ihr Prestige und / oder Einkommen steigerte, während die funktionalen Aspekte, ihre «Aufgabe» also, zweitrangig war. Vgl. auch Willoweit 1983a, S. 91.
38 AAEB, B 137/30, 3.12.1721, S. 75.

ner Landvogt sowie vom Stadtmeier.[39] Gemeint waren vermutlich auch die Laufner Ratsherren, denn diese hatten sich über die rückläufigen Salzeinnahmen in der Stadt beschwert.[40]

Blickle plädiert dafür, Stadt und Land nicht länger als getrennte Welten zu betrachten, weil sie über gemeinsame Organisationsformen des ländlichen und städtischen Lebens, die Gemeinde, verfügten.[41] Sein Plädoyer führt dazu, dass er das Verbindende hervorstreicht,[42] Unterschiede zwischen Stadt und Land jedoch weniger stark herausarbeitet.[43] Eine weitere Differenzierung ist für die Untersuchung Laufens von grosser Bedeutung: Nämlich die Tatsache, dass es eine breite Palette städtischer Erscheinungsformen gab. Augenfällige Unterschiede zeigen sich in Bezug auf die Bevölkerungsgrösse und auf die rechtliche Stellung. Die Spannbreite reicht von grossen, freien oder Reichsstädten, über kleinere landesherrliche

---

39 AAEB, B 234/11, 22.12.1746, S. 196. (Identisch: AAEB, B 234/1, 22.12.1746, S. 196.)
40 AAEB, B 234/1, 23.7.1746, S. 35, vgl. auch AAEB, B 234/11, o. D., S. 171–175.
41 Diese Trennung habe ihre Berechtigung, wenn man die Formen des Wirtschaftens und die davon abgeleiteten Formen in den Vordergrund rückt. Sie verliert freilich viel an ihrer Plausibilität, wenn man die Organisationsformen des ländlichen und städtischen Lebens näher betrachtet. Im Weiteren führt Blickle an, dass Bauern und Bürger gemeinsame gesellschaftliche Grundlagen darin besitzen, dass sie arbeiteten und ein dieser Gesellschaft und ihren Institutionen kongeniales Wertsystem hervorbrachten, Blickle 1991, S. 1; Blickle 2000, Bd. 1, S. VII.
42 «Wie gross auch immer die Unterschiede zwischen Stadt und Dorf gewesen sein mochten, als politische Körper gemeinsam hatten sie die Gemeinde.» Blickle 2000, Bd. 1, S. 41.
43 Kritik an dieser Sicht zum Beispiel bei Press (1991, S. 425 ff.), der die Bedeutung des Territorialstaates herausstreicht. Die Parallelisierung von Dorf- und Stadtgemeinden, so bestechend sie sein möge, habe ihre klaren Grenzen. Die Privilegierung der Städte dürfe nicht unterschätzt werden, selbst wenn diese relativ klein sei, Press 1991, S. 451. Zur Kontroverse zwischen Blickle und Press, vgl. Trossbach 1993, S. 78–81: Während Blickle ein «Konfliktmodell» vertrete, entwickle Press ein Konsens-Modell.
In seinem Forschungsaufriss zur Stadtgeschichte in der Frühen Neuzeit würdigt Schilling (1993, S. 89) Blickle im Vergleich mit eigenen Untersuchungen: «Zur politischen Kultur in den frühneuzeitlichen Städten haben Peter Blickle und Heinz Schilling [...] zwei in Ausgangspunkt und konkretem historischen Bezugsrahmen unterschiedliche, in der interpretativen Stossrichtung aber durchaus vergleichbare Versuche vorgelegt. Blickles vieldiskutierte Kommunalismusthese hat ihren Ursprung ausserhalb der Stadtgeschichte, nämlich bei den alteuropäischen Gemeindeeinungen auf dem Land [...].» Kommunalismus decke jedoch auch «die gemeindlich-genossenschaftliche Politikkultur in den Städten ab» und habe «die Qualität eines Gegenmodells zu jener politischen Kultur angenommen, die sich im Zuge der fürstobrigkeitlichen territorialen Staatsbildung im Reich durchsetzte». Im Gegensatz zu Blickle vermeidet Schilling aus prinzipiellen Erwägungen die strukturelle Gleichsetzung und entwicklungsgeschichtliche Verknüpfung von Stadt und Land. Schilling (ich stütze mich auf Schilling 1993, S. 89 f.) geht es um die spezifischen politischen Ordnungsvorstellungen des alteuropäischen Stadtbürgertums, die sich im Mittelalter herausbildeten und die im Reich während der Frühen Neuzeit in einem letztlich erfolglosen Existenzkampf mit der obrigkeitlichen Politikkultur des frühmodernen Fürstenstaates geriet, während sie anderwärts in Europa (vor allem in England und Holland, auch in der Schweiz) eingingen in den breiten Strom der bürgerlichen liberalen und republikanischen Politiktheorie. Schillings Überlegungen zum «frühen deutschen Stadtrepublikanismus» gelten nach 1650 nur noch in Reichsstädten. Zum Stadtrepublikanismus, vgl. Maissen 2001.

Städte bis hin zu den Minderstädten.[44] Ist von Städten die Rede, werden oft vor allem Beispiele aus den grossen Reichsstädten angeführt, obwohl die landesherrlichen Städte quantitativ die Mehrheit ausmachen. 90 bis 95 Prozent der Städte im frühneuzeitlichen Reich hatten nicht einmal 500 Einwohner, was dann und wann zwar nicht an der Reichsstadtwerdung hinderte. Von den 4000 Städten waren nur etwa 80, also zwei Prozent, Reichsstädte, die anderen blieben Landstädte.[45] Blickles Einschätzung dieses Phänomens ist uneindeutig. Einerseits verweist er in einer Fussnote darauf, dass «der Unterschied zwischen Reichsstadt und Landstadt in Oberdeutschland [...] in der Forschung als eher gering eingeschätzt» werde.[46] Andererseits zeigt er in seiner Untersuchung städtischer Unruhen auf, dass zwischen Reichsstädten und landesherrlichen Städten entscheidende Unterschiede bestehen.[47] Zu Unruhen sei es hauptsächlich in solchen Städten gekommen, die entweder eine sehr weitreichende Autonomie ausbilden konnten, wo sich der Rat quasi Souveränitätsrechte vindizierte, ohne gegenüber «oben» auf Widerspruch zu stossen, oder die durch ihre hohe Spezialisierung auf Handel und Handwerk vom Wechsel der Krisen und Konjunkturen in besonderem Mass betroffen waren.[48] Oder anders: Der Vergleich zwischen Reichs- und Landstädten zeige grundsätzliche Unterschiede. «Dort nämlich, wo Städte stärker der territorialen Herrschaft unterworfen wurden – und das waren viele Landstädte im 17. und 18. Jahrhundert, – mussten die alten Ratsverfassungen der Städte in den fürstlichen Territorien mit der Zeit verschwinden, und so fanden in den von den Dynasten beherrschten Ländern während des 17. und 18. Jahrhunderts auch keine örtlichen Bürgerunruhen in den städtischen Gemeinwesen statt».[49]

Aus beiden Punkten spricht, dass die Forschung die Existenz kleiner landesherrlicher Städte zwar zur Kenntnis nimmt, dass es ihr jedoch schwerfällt, diese einzuordnen. Sind landesherrliche Kleinstädte städtische Erscheinungsformen, deren kommunale Organisation und deren Widerstandshandlungen in Referenz auf andere Städte untersucht und beschrieben werden müssen oder sind sie ländlichen Gemeinden so ähnlich, dass man sie dort subsumieren kann? Letzteres suggeriert der – allerdings, so weit ich sehe, nicht von Blickle – immer noch gelegentlich verwendete Begriff «Ackerbürgerstadt». Die Bezeichnung «Ackerbürgerstadt», beklagt Johanek in seinem Artikel «Landesherrliche Städte – kleine Städte», habe «die allgemeine Vorstellung nachhaltig geprägt, in den kleinen Städten des Mittelalters und

---

44 Zur Minderstadt, vgl. Stoob 1959 sowie Kap. Rahmenbedingungen.
45 Press 1991, S. 430. Zur Bevölkerungszahl frühneuzeitlicher Städte, vgl. Schilling 1993, S. 2 ff. Zur Stadt in der Frühen Neuzeit, vgl. ausserdem Gerteis 1986.
46 Blickle 2000, Bd. 1, S. 41.
47 Blickle 1988.
48 Blickle 1988, S. 41.
49 Blickle 1988, S. 45, der zweite Teil des Zitats: Mauersberg 1960, S. 121.

der Neuzeit seien die Unterschiede zur dörflichen Lebensweise weitgehend eingeebnet gewesen. Träfe dies zu, so wäre gerade jener Tatbestand aufgehoben, den eine der kürzesten und zugleich prägnantesten Definitionen der Stadt als ihr wesentlichstes Merkmal bezeichnet: die Stadt stellt sich dar als die Konzentration von Unterschieden.»[50] Auch in einer kleinen Stadt, beantwortet Johanek die wichtigste Frage zu seinem Thema, finde derjenige, der lange durch die Wildnis geritten war und sich nach einer Stadt sehnte, «die Konzentration der Unterschiede, die die Essenz» der Stadt ausmache.[51]

Der Begriff Ackerbürgerstadt wurde 1926 als Bezeichnung eines wirtschaftlichsozialen Städtetypus von Horst Jecht, anknüpfend an Weber und Sombart, entwickelt.[52] Wird der Begriff verwendet, dient er der Beschreibung fliessender Übergänge im Erscheinungsbild von Dörfern und Städten.[53] Im Weiteren bezeichnet er einen weit verbreiteten Städtetypus, dessen Wirtschaft und Erscheinungsbild von der Landwirtschaft geprägt war.[54] In diesem eingeschränkten Sinn verwende ich den Begriff im ersten Teil. Ausserdem zeichnen sich Ackerbürgerstädte durch eine geringe Einwohnerzahl und «keine oder nur untergeordnete Verwaltungsfunktionen» aus.[55] Hier liegt meines Erachtens die Problematik der Begriffsverwendung: Der Rückschluss von einem sozioökonomischen Städtetypus auf die kommunalen Strukturen verunmöglicht ein differenzierteres Verständnis landesherrlicher Kleinstädte.

Laufen ist zwar eine derartige Landstadt; dass im 17. und 18. Jahrhundert keine Unruhen[56] stattfanden, kann jedoch nicht behauptet werden. Erinnert sei an den bewaffneten, ereignishaften Widerstand des Bauernaufstandes von 1525 und der Kontributionverweigerung von 1630 sowie an Supplikationen als Mittel der Konfliktaustragung oder der gemeindlichen Interessenvertretung.[57] Beschwerden

50 Johanek 1994, S. 14.
51 Johanek 1994, S. 15. Johanek nimmt hier Bezug auf den Satz «Einen Menschen, der lange durch waldige Wildnis reitet, erfasst die Sehnsucht nach einer Stadt», mit dem einer der einleitenden Abschnitte in Italo Calvinos Werk «Die unsichtbaren Städte» beginnt.
52 Isenmann 1988, S. 268: Jechts (1926) Interesse lag in der Herleitung der städtischen Sozialaus der Wirtschaftsstruktur.
53 van Dülmen 1992, S. 62.
54 van Dülmen 1992, S. 73; Gerteis 1986, S. 29. Auch Heide Wunder (1999, S. 56) verwendet den Begriff, wenn sie beschreibt, dass in Städten, in denen agrarische Produktion im eigentlichen Sinn und Weiterverarbeitung wie Bierbrauen und Milchveredelung eine Rolle spielten, «Neid und Hass» als soziales Regulativ ähnlich wirkte wie auf dem Land, nämlich beispielsweise als Begründung in Hexen- und Zaubereianklagen.
55 Gerteis 1986, S. 29.
56 Zur Definition von Unruhen, vgl. oben. Die Definition städtischer Unruhen lässt sich allerdings in Laufen nicht verwenden. Städtische Unruhen im Mittelalter wie in der Frühen Neuzeit werden in Blickles (1988, S. 101) Verständnis immer zwischen Rat (als Obrigkeit) und Gemeinde ausgetragen. Hier ist zu fragen, worum es sich handelt, wenn nicht diese Konfliktparteien involviert waren. In Laufen war ja nicht der Rat die Obrigkeit, sondern der Bischof.
57 Zum Bauernaufstand von 1525, vgl. Berner 1994, S. 74ff., zur Kontributionsverweigerung 1630, vgl. Berner 1994, S. 98ff. Eine eingehende Untersuchung der Troublen unter Berück-

richteten die Untertanen 1693, 1696 und 1731 an die Obrigkeit, ihre Interessen vertraten sie im Forderungskatalog anlässlich der Huldigung von 1657.[58]

Für Blickle ist Kommunalismus ein Epochenbegriff, der sich etwa auf die Zeit zwischen 1300 und 1700 bezieht. Kommunalismus entstand im Spätmittelalter, erreichte in der Reformationszeit einen Höhepunkt und erlebte im späten 17. und 18. Jahrhundert eine Herabminderung.[59] Die Auflösung des Kommunalismus sieht Blickle in der zunehmenden Verstaatlichung und Individualisierung begründet: «Sucht man generalisierbare Daten, lässt sich um 1700 eine starke Durchmischung von staatlichen und kommunalen Aufgaben beobachten. Man wird darüber diskutieren müssen, ob der gemeinte Prozess als Expropriierung der Gemeinden durch den Staat interpretiert werden muss oder ob er als wechselseitiger Transfer von Aufgaben beschrieben werden kann. Der Übergang von Aufgaben auf die Zentralmacht lässt sich auch als Indienstnahme derselben durch die Gemeinden interpretieren.»[60] Zeitlicher Schwerpunkt meiner Untersuchung ist das 17. und 18. Jahrhundert. Er liegt also in jenen Jahrhunderten, in denen Blickle einen Rückgang des Kommunalismus ausmacht. Bezogen auf Blickles Periodisierung, lässt sich fragen, wie sich die kommunalen Strukturen verändern und ob, beziehungsweise woran sich der Niedergang festmachen lässt.

Quellen zur kommunalen Organisation Laufens

Die Stadt Laufen verfügte zwar über ein rudimentär ausgebautes gemeindliches Archiv, die schriftliche Dokumentation der städtischen Verwaltung reicht jedoch nicht aus, um der Geschichte der kommunalen Organisation Laufens auf die

sichtigung städtischer und ländlicher Gemeinden könnte Blickles These vielleicht stützen, denn in dieser Auseinandersetzung verhielt sich die Stadt anders als die ländlichen Gemeinden. Es war mir aus arbeitsökonomischen Gründen nicht möglich, die Troublen im Rahmen dieser Untersuchung zu berücksichtigen, dies umso mehr als der Bestand B 234/7 zu den Landestroublen in der Vogtei Zwingen, der einen Überblick erlaubt hätte, in völlige Unordnung geraten ist. Die Paginierung wurde zerstört, eine Orientierung anhand von Maldoners Regest ist nicht mehr möglich. Ein neues Ordnungskriterium ist nicht ersichtlich, eine grobe chronologische Ordnung wurde versucht, jedoch nicht zu Ende geführt.

58 Vgl. Kap. Rahmenbedingungen.
59 Blickle 1991, S. 26. Als Grund für die Herabminderung wird hier der Absolutismus genannt.
60 Blickle 2000, Bd. 2, S. 360. Vgl. Berner 1994, S. 54 ff.: Berner fragt, inwiefern sich anhand der Bussenerhebungen Aussagen über die Intensität der herrschaftlichen Präsenz im dörflichen Alltag des fürstbischöflichen Amtes Birseck machen lassen. Er zeigt auf, dass die Obrigkeit ohne Mitwirkung der Gemeinden nur eine geringe Kenntnis von busswürdigen Taten erhalten hätte, dass die Anzeige von Täterinnen und Tätern auch für die Gemeinde, den innerdörflichen Frieden, von Nutzen gewesen sein muss. Die Verhängung von Bussen ist also nicht ausschliesslich als Auswirkung herrschaftlichen Drucks zu verstehen, sondern ein beträchtlicher Teil der Bussen stand in Zusammenhang mit dorfinternen Auseinandersetzungen und Konfliktsituationen, die mit Hilfe des obrigkeitlichen Gerichts geregelt wurden. Hier ist also nicht vom Übergang von Kompetenzen an die Zentralmacht, sondern an die intermediäre Herrschaft, den Landvogt als Vertreter der Zentralmacht, die Rede.

Spur zu kommen.[61] Dies gilt besonders für den städtischen Rat, dessen Besetzung sich erst im 18. Jahrhundert etwas dichter fassen lässt. Seine Tätigkeit ist bruchstückhaft dokumentiert. Zentrale Quelle für den folgenden Teil meiner Arbeit stellt die Rubrik B 137 «Bestallungen» im fürstbischöflichen Archiv dar, in der sich nicht nur Akten zu den Amtsträgern der Vogteiverwaltung, sondern auch über den Stadtmeier finden. Ausserdem habe ich versucht, die Laufner Kirchenbücher für die Geschichte der politischen Institutionen[62] nutzbar zu machen. In der Kirchgemeinde Laufen setzte die Aufzeichnung der Taufen und Ehen 1588 – unmittelbar nach der Rekatholisierung[63] der Gemeinde – ein, jene der Bestattungen 1601.[64] Während die Taufen ohne Unterbrechung überliefert sind, klaffen im Ehe- und Bestattungsregister in der zweiten Hälfte des 17. Jahrhunderts mehrere Lücken.[65]

Von der Sichtung der Kirchenbücher versprach ich mir zweierlei: Zum einen versuchte ich prosopografische Daten über die mir aus anderen Quellen namentlich bekannten Stadtmeier von Laufen zu eruieren, zum anderen hoffte ich, den Laufner Ratsherren auf die Spur zu kommen. Ersteres gelang für einen Teil der Meier, nämlich die drei Fremden Johann Hartmann von Hertenstein, Franz Athanasius von Staal und Nikolaus Kern, stiess aber bei den Meiern aus der Laufner Bürgerschaft auf die bekannten Schwierigkeiten, die sich bei der Arbeit mit Kirchenbüchern stellen. Das dichte Auftreten derselben Vor- und Familiennamen erlaubt die eindeutige Identifikation einer Person oft nicht.[66] Ausserdem kann nicht davon ausgegangen werden, dass die Pfarrer Amtsbezeichnungen vollständig aufzeichneten. Die Geburt eines späteren Amtsinhabers liess sich nur selten finden, weshalb auch über die Eltern und Geschwister der Meier kaum je etwas bekannt ist. Wurde ein Meier Vater, erfahren wir den Namen seiner Ehefrau und erhalten dadurch die Chance, bereits früher geborene Kinder zu finden. Allenfalls eröffnet sich die Möglichkeit, durch die Heirat entstandene Allianzen – beispielsweise zwischen Familien von Amtsträgern – zu rekonstruieren. Letzteres, die Suche nach Ratsherren, brachte immerhin eine lange Liste von namentlich genannten «Senatores» und «Consules», die andere Quellen nicht preisgeben. Wenig überraschend sind die auf Lebenszeit gewählten Ratsherren zahlreich und mit dem Ehrentitel gekennzeichnet in den Totenbüchern zu finden.[67] Belegt sind für das 17. und 18. Jahrhundert 26 Familiennamen. Die Mehrzahl der Familien (15) stellte nur einmal einen Ratsherren, andere tauchten

---

61 Zur Archivsituation und Quellenlage, vgl. Einleitung.
62 Zur Kategorie Institution und ihrer geschichtswissenschaftlichen Neubewertung, vgl. Blänkner/Jussen 1998, S. 9–13.
63 Vgl. dazu Berner 1994, S. 128–156.
64 StABL, Kirchenbücher Laufen 1–3.
65 StABL, Kirchenbücher Laufen 1: Lücken im Eheregister von 1650–1653, 1656–1658, 1659–1675, im Bestattungsregister von 1650–1653 und 1654–1671.
66 Vgl. dazu zum Beispiel Groebner 1993, S. 24f.
67 StABL, Kirchenbücher Laufen 1–2, Bestattungen.

mehr oder weniger dicht über den ganzen Untersuchungszeitraum auf.[68] Gelegentlich erschienen Ratsherren als Väter von Täuflingen oder standen Kindern Pate. Seit der zweiten Hälfte des 17. Jahrhunderts wählten Ratsherren für ihre Kinder immer wieder Ratsherren als Paten und zwar für Söhne und für Töchter. Punktuell zeigen sich hier die durch Patenschaften entstehenden Verwandtschaftsnetze und Allianzen zwischen Ratsherren. Eine systematische Untersuchung zur Bedeutung von Verwandtschaft[69] hätte jedoch ein völlig anderes Vorgehen, eine umfassende Auswertung der Kirchenbücher mit Methoden der Mikrogeschichte beziehungsweise der Network analysis, erfordert.[70]

Im Folgenden geht es mir darum, die Laufner Institutionen – Meieramt, Rat, Gemeindeversammlung und Geschworenengremium – unter die Lupe zu nehmen. Inwiefern deckt sich der empirische Befund mit Blickles modellhafter Beschreibung kommunaler Institutionen? Im Zentrum des Interesses steht der Stadtmeier. Was kann über die Amtsinhaber in Erfahrung gebracht werden? Wie verändert sich das Amt, das die Schnittstelle zwischen Gemeinde und Obrigkeit bildete, im Laufe von dreihundert Jahren? Gibt es Hinweise für die Stimmigkeit von Blickles Periodisierung des Kommunalismus?

Während sich das Meieramt dicht und facettenreich rekonstruieren lässt, ist die Situation für den städtischen Rat weniger vorteilhaft. Erst aus dem 18. Jahrhundert liegen Wahlprotokolle vor, die einen Einblick in die Ratsbesetzung und die Wahl des Bürgermeisters erlauben. Mir geht es also weniger um die Gemeinde als Handlungsträgerin. Mich interessieren die Personen,[71] die einerseits die Ansprüche der Gemeinde vertraten, andererseits herrschaftliche Interessen und Aufträge in der Gemeinde wahrnahmen. Bevor ich den kommunalen Institution nachgehe, widme ich mich dem Vertrag von 1532. Ihm kommt bis ins 18. Jahrhundert eine zentrale Bedeutung bei der Abgrenzung städtischer Rechte und bei der Legitimation von Forderungen zu.

---

68 Die 52 erhobenen Ratsherren entsprechen nicht der Gesamtzahl, da einerseits nicht alle Pfarrherren die Verstorbenen mit ihrem Ehrentitel verzeichneten und andererseits das Sterbebuch Lücken aufweist. Aus dem Zahlenvergleich lässt sich jedoch eine Tendenz ablesen.
69 Vgl. dazu Sabean 1998, zur Verwandtschaft durch Patenschaften auch Jussen 1991, ausserdem Kap. 9.
70 Zur Methode, vgl. Schnyder 1992, S. 26 ff.
71 Zu den Amtsträgern, vgl. Blickle 2000, Bd. 1, S. 34 ff. basierend auf einer Arbeit über Ottobeuren.

6. STÄDTISCHE RECHTE – STÄDTISCHE HERRSCHAFT: DER VERTRAG VON 1532

Konkreter als das Stadtrecht von 1295 (und seine zahlreichen Bestätigungen)[1] gibt der Vertrag von 1532, mit dem der Bauernaufstand von 1525 beendigt wurde, über die Rechte der Stadt Laufen und über den Geltungsbereich städtischer Privilegien Auskunft. Dieser Vertrag war von grosser Bedeutung für die Laufner Bürgerschaft, was sich an der Tatsache zeigt, dass dessen Inhalt nicht in Vergessenheit geriet – obwohl er, anders als das Laufner Stadtrecht, nicht regelmässig erneuert wurde. Noch im späten 18. Jahrhundert wurde er zur argumentativen Abstützung von Forderungen herangezogen.[2]

Hier geht es nicht darum, den Aufstand von 1525 im Einzelnen nochmals aufzurollen, dies hat Hans Berner 1994 für das Birseck und das Laufental bereits getan.[3] An dieser Stelle interessieren jene Forderungen, die ein Licht auf die städtischen

---

1 StadtBALaufen, Urk. Nr. 1 (1307), 2 (1313), 3 (1325), 4 (1336), 7 (1329), 8 (1365), 10 (1400), 11 (1420), 12 (1437), 13 (1458), 20 (1479), 24 (1503), 25 (1532), 29 (1555), 42 (1608), 44 (1628), 49 (1663), 53 (1693), 55 (1705), 61 (1778).
2 Vgl. dazu unten.
3 Vgl. Berner 1994, S. 74–98.

Vorstellung über ihren Anteil an Herrschaft und Verwaltung[4] sowie auf den Geltungsbereich städtischer Rechte werfen.[5] Die zentrale Forderung in diesem Bereich war jene nach der Zusammenlegung des Zwingener und des Laufner Gerichtes in der Stadt Laufen: «Zum letsteren, so wellend sy das beide empter Zwingen unnd Lauffen nit mehr dann ein gericht hab unnd daselbig im Stettlin Laufen gehaltenn werde, so doch beide empten iez meins g. herrn seind.»[6] Dieses Zitat stammt aus dem Forderungskatalog von «Lauffen, sampt den andren so mit Inen in der Empörung In das Delspergerthall [...] gezogen» waren. Der Text stellt eine Synthese der Forderungen aller Gemeinden dar. Er entstand während den von Bern, Freiburg und Solothurn geführten Vermittlungsverhandlungen Anfang Mai 1525.[7]

Im Forderungskatalog der Stadt Laufen stand das Gericht[8] an erster Stelle. Die Laufner beschweren sich über den jährlichen Wechsel zwischen den Tagungsorten Laufen und Zwingen, der zu Arbeitsversäumnis und Kosten führe.[9] In der Vogtei Zwingen hatte es seit ihrer Gründung im Jahr 1461 zwei Gerichtsbezirke, das Amt Laufen und das Amt Zwingen, gegeben. Wäre es Laufen gelungen, die Zusammenlegung der beiden Gerichtsbezirke zu einem Gericht Laufen durchzusetzen, hätte die Stadt einen Zuwachs an Herrschaft und an Zentralität realisieren können. Dieses Unternehmen misslang, weil der Bischof auf die städtische Forderung nicht eintrat.[10]

4   Zum Begriff Herrschaft, vgl. Einleitung und Kap. 5 sowie Berner 1994, S. 26ff.; zum Begriff Verwaltung, vgl. Willoweit 1983a. Unter Verwaltung sollen, Max Weber folgend, die «Mittel und Wege der Herrschaftsverwirklichung» verstanden werden, Willoweit 1983a, S. 81.
5   Die undatierten Forderungen aus Gemeinden des Laufentals finden sich in AAEB, B 234/2 Nr. 2–8. Bei Franz (1968, S. 262–265) sind vier Beschwerden, jene aus Zwingen, aus Brislach, aus Blauen und Nenzlingen, die ein gemeinsames Schreiben verfassten, sowie aus der Stadt Laufen, publiziert.
6   AAEB, B 234/2, 2.5.1525, Nr. 2.
7   AAEB, B 234/2, Nr. 2: «Die Artikell durch die von Lauffen, sampt den anderen so mit Inen in der Empörung in das Delspergerthall Im andren tag des Meien Im 1525 Jar, gezogen, und durch die Gesandten meiner gnedigen herren von Bern Freibburg unnd Solothurn widere abgezogen sindt».
8   Zur Frage, von welchem Gericht hier die Rede ist, vgl. unten.
9   «Des gericht halb. Item die do zu dem gericht ze bruchen sint, die mussten zu eim jor zu Louffen ze gericht sitzen zu dem andern jor ze Zwingen, dodurch denn dieselben die stete ir werk und arbeit versumen. – Item ouch so mussen wir an den gerichten zu Zwingen und ze Louffen mit furbieten und bieten umb schuld und ander ding gehorsam sin und begegnet etlichem uf einen tag, also das er sich etlicher recht versumpt und dodurch ze kosten kumpt, wenn wir nit begeren wir, uns lossen ze bliben in dem rechten und ampt, do wir in und hinder sitzen», AAEB, B 234/2, Nr. 6, zit. bei Franz 1968, S. 265. Wodurch sich die Laufner Abhilfe versprachen, ist aus dem Zitat nicht klar zu eruieren. Vermutlich forderten sie ein eigenes städtisches Gericht: «uns lossen ze bliben in dem rechten und ampt, do wir in und hinder sitze». Der Forderungskatalog ist undatiert, er entstand jedoch mit Sicherheit 1525, vgl. Franz 1968, S. 262, Anm. 1. Zu den Beschwerdeschriften, vgl. auch Berner 1994, S. 76ff.
10 Zu den Verhandlungen zwischen dem Bischof und seinen Untertanen unter Basler Vermittlung seit 1528 und zur vertraglichen Beilegung des Konflikts, vgl. Berner 1994, S. 91ff., zu den Bestimmungen in den Bereichen Gericht und Recht, vgl. Berner 1994, S. 95.

Im Vertrag von 1532 nimmt die Abgrenzung der beiden Ämter grossen Raum ein. Er konkretisierte, wer zu welchem Gerichtsbezirk gehörte, oder anders ausgedrückt: wie weit der (gerichtlich begründete) städtische Herrschafts- und Einflussbereich reichte. Der Stadt wurde dabei eine stärkere Scheidung von der Zwingener Gerichts- und Amtszugehörigkeit zugestanden. Die detaillierte Regelung von Herkunft und Zugehörigkeit wirft unter anderem ein Schlaglicht auf die Mobilität der ländlichen Bevölkerung innerhalb der Vogtei Zwingen und auf die Zuwanderung von Menschen aus der Umgebung (Thiersteiner, Solothurner und Neuensteiner).

In der Frühen Neuzeit bestanden auf der Ebene der Vogtei und der Gemeinden unterschiedliche gerichtliche Institutionen. Sie zu fassen und genau abzugrenzen ist schwierig, weil verschiedene Begriffe für ein und dieselbe Institution existieren. Im Vertrag von 1532 geht es um das Amtsgericht, das aufgrund seiner Tagungsfrequenz auch als Wochengericht bezeichnet wurde.[11] Es tagte im Amt Laufen unter dem Vorsitz des Stadtmeiers, im Amt Zwingen unter jenem des Amtmeiers und behandelte geringe Verbrechen, Frevel und Schuldsachen. Es umfasste den Vorsitzenden und 16 Gerichtsleute.[12] Appellationsinstanz war im 16. Jahrhundert das Hofgericht in Basel,[13] später der Hofrat in Pruntrut. Im Laufe der Zeit verlor das Amtsgericht und mit ihm der Meier seine Kompetenzen – sie gingen an den Landvogt von Zwingen über.[14]

Die zweite im Vertrag von 1532 erwähnte Institution ist das Gescheid, das in den Quellen auch als Feldgericht bezeichnet wird.[15] Das Gescheid war nicht mit dem Stadt- und Frevelgericht[16] (in den Dörfern heisst das Frevelgericht auch Dorfrecht)[17] identisch. Das Dorfgericht führte einmal jährlich Freveltage durch.[18] Wäh-

11 Vgl. AAEB, B 234/8, spätes 15. Jahrhundert, S. 21–24: Wöchentliches Erscheinen vor dem Gericht zu Laufen, zu dem auch die von Bärschwil und Liesberg gehören.
  Zwei Bände Gerichtsprotokolle des Amtes Laufen liegen im StadtBALaufen, Nr. 14, 1636–1653 und Nr. 17, 1657–1690. Diese schwer lesbaren Wochengerichtsprotokolle konnte ich im Rahmen dieses Projektes nur einmal grob sichten.
12 AAEB, B 234/13, 3.5.1791, S. 605–611.
13 AAEB, B 234/8, 1550/51, S. 128–140.
14 AAEB, B 137/30, 21.11.1777, S. 185, vgl. auch Kap. 7.
15 StadtBALaufen, Nr. 18, 17.5.1780, S. 115–119. In den 1780er Jahre baten die Untertanen der Ämter Laufen und Zwingen um die Wiederaufrichtung des in Vergessenheit geratenen Feldgerichts oder Gescheids, weil «das Feldwesen von Tag zu Tag in grössere Verwirrung» gerate, AAEB, B 234/14, 26.4.1782, S. 1089, vgl. auch ebd., 1782–1784, S. 1087–1099.
16 1758–1760 forderte der Laufner Rat von der Abhaltung des Frevelgerichts befreit zu werden, AAEB, B 234/12, 1758–1760, S. 669–849. Der Rat behauptete, das Frevelgericht sei in der Stadt nie gebräuchlich gewesen (AAEB, B 234/12, 1.3.1759, S. 701–703) und führte es seit 1749 mehrmals einfach nicht durch, AAEB, B 234/12, 10.7.1758, S. 693. Weiter beklagte er sich darüber, dass der Fiskal, der nicht Laufner Bürger sei, daran teilnehme, AAEB, B 234/12, 30.1.1759, S. 695–697. Der Bischof ermahnte die Stadt, nachdem er von Stadtmeier Kern davon erfahren hatte, dass das Frevelgericht nicht stattgefunden habe, (AAEB, B 234/12, 20.6.1758, S. 671) zu dessen Durchführung. Auch in der Stadt sei es von Nöten, die Mandate, Gebote und Verbote regelmässig zu verlesen, AAEB, B 234/12, 10.7.1758, S. 693. 1760 bewilligte der Bischof der Stadt die Abschaffung des Frevelgerichtes, wenn sie Gesetzesübertretungen am jährlich stattfindenden Schwörtag «ohne Nachse-

rend dieses Frevelgericht im 18. Jahrhundert gemeindeweise stattfand, umfasste das Gescheid gemäss dem Vertrag von 1532 mehrere Gemeinden.

Die Konstituierung der Vogtei Zwingen unter bischöflicher Herrschaft war in den Jahren vor dem Bauernaufstand von 1525 insofern nicht abgeschlossen, als das Gebiet von der Auseinandersetzung zwischen dem Bischof und der Stadt Solothurn um den Tausch von Eigenleuten tangiert wurde. Solothurn besass im Hochstift Basel mehr Eigenleute als der Bischof im Herrschaftsgebiet der Aarestadt. Nach Wunsch des Bischofs hätte Solothurn für seinen Überschuss von fast 200 Eigenleuten Geld, Zinsen und Zehnten erhalten sollen. Die Stadt Solothurn forderte jedoch Grundbesitz und Herrschaftsrechte. Solothurns Versuch, in den Besitz von Rechten in Ettingen, Arlesheim, Angenstein, Oberäsch und Duggingen zu gelangen, traf nicht nur auf den entschiedenen Widerspruch des Bischofs. Auch die Stadt Basel, die ihre eigenen territorialen Interessen gefährdet sah, und die zur Vermittlung angerufenen Eidgenossen protestierten. Die Stadt Basel mischte sich ein und verknüpfte in der Folgezeit die Verhandlungen Solothurns mit dem Bistum mit ihren eigenen Tauschgeschäften mit der Aarestadt. Auch mit der Stadt Basel wollte Solothurn nur Leute gegen Land, nicht aber gegen Geld tauschen. Da Basel nicht einmal auf seine Hoheitsrechte in einem einzigen Dorf verzichten wollte, blieben alle Verhandlungen zunächst ergebnislos. Erst 1527 kam es zu einer Einigung. Nach anfänglichem Zögern stimmte die Stadt Basel den Landabtretungen des Hochstifts an Solothurn zu. Als Gegenleistung durfte sie ihren Überschuss an solothurnischen Eigenleuten mit Geld begleichen.[19] Der Bischof trat die zum Gericht Laufen gehörende Gemeinde Bärschwil sowie Kleinlützel,[20] das erst 1522 im Zuge der thiersteinischen Erbteilung an den Bischof gefallen war, an die Stadt Solothurn ab.[21]

hen» abstraften und ihm Mitteilung über die Einhaltung der Mandate gemacht werde, AAEB, B 234/12, 23.1.1760, S. 799–801. Der Konflikt, der sich zwischen 1758 und 1760 zwischen dem Rat und Stadtmeier Kern um diese Frage ergab, stand stark im Zeichen ihrer bereits länger währenden Auseinandersetzung um gegenseitige Achtung: Während die Ratsherren sich über neue Bräuche beschwerten und behaupteten, dem Magistrat sei alle Macht genommen worden, wodurch die Bürgerschaft die Liebe und Ehrfurcht verloren habe (AAEB, B 234/12, 2.3.1759, S. 765–771), klagte Kern über den mangelnden Respekt der Ratsherren gegenüber ihren Vorgesetzten und behauptete, die Bürgerschaft werde dem Rat mit Liebe begegnen, wenn er ihr bei der Einhaltung der Gebote und Verbote mit gutem Beispiel vorangehe, AAEB, B 234/12, 17.8.1759, S. 787–789; vgl. Kap. 9.

17 Vgl. die Ordnung von 1753, AAEB, B 234/12, S. 261–271.
18 Zur Gerichtsbarkeit, vgl. Berner 1994, S. 49.
19 Ulbrich 1979, S. 188 f.
20 Kleinlützel war nach 1522 wohl nicht Teil der Vogtei Zwingen, sondern vermutlich eine eigene Herrschaft. Zu Kleinlützel, vgl. Eggenschwiler 1916, S. 205 ff. (auch dort keine Angaben zur Verwaltungszugehörigkeit zu bischöflicher Zeit) und HLS, Art. Kleinlützel.
21 Gleichzeitig fielen bischöfliche Quarten und Zehnten in Dorneck und Breisach an Solothurn, Ulbrich 1979, S. 188 f.; vgl. auch Amiet 1928, S. 89–91 und S. 169–172. Zur Funktion der Leibeigenschaft in der Territorialpolitik, vgl. Ulbrich 1979. Zum thiersteinischen Erbe, vgl. Christ 1998.

Mit dem Vertrag vom 12. Juni 1532 legten der Bischof von Basel und seine «Löb. Unterthonen», Meier, Rat, Geschworene und Gemeinde der Stadt Laufen sowie die Gemeinden Wahlen, Röschenz und Liesberg ihren Konflikt unter Vermittlung des Basler Bürgermeisters Adelberg Meyer und des Alt-Bürgermeisters Jakob Meyer bei. Die als Vertragspartnerinnen genannten Gemeinden gehörten spätestens seit dem 15. Jahrhundert zum Amt Laufen.[22] Die Gemeinden des Amts Laufen waren es auch, die im September 1525 ein Burgrecht mit der Stadt Basel abgeschlossen hatten.[23] Hier zeigt sich die Bedeutung des Amtes als gemeinsames, übergemeindliches Handlungsfeld. Die Urkunde trägt die Siegel von Bischof Philipp und der Stadt Laufen.

Die von den Basler Vermittlern aufgesetzte Vertragsurkunde ist in verschiedenen Exemplaren erhalten. Im fürstbischöflichen Archiv befindet sich ein Exemplar, das den Dorsalvermerk «Der Stadt Laufen Freyheitsbrief» trägt.[24] Im Staatsarchiv Basel erhalten ist ein Dossier mit zwei vollständigen Exemplaren sowie einer unvollständigen Abschrift. Bei einem Exemplar handelt es sich um einen Vidimus.[25] Alle vier Texte sind ungesiegelt und auf Papier ausgefertigt, das heisst, es handelt sich um Abschriften unterschiedlicher rechtlicher Qualität. Im Vertrag angekündigt ist die Aufrichtung zweier gleichlautender, gesiegelter Exemplare des Vertrags, damit jede Vertragspartei ein Exemplar bei sich aufbewahren könne. Im fürstbischöflichen Archiv in Pruntrut fehlt die Originalurkunde; möglicherweise sind beide Exemplare verloren gegangen.

Der Vertrag umfasst 18 Punkte. Wie die Beschwerden des Bauernaufstandes[26] lassen sich diese den Bereichen Leibeigenschaft und Bürgerrecht, Gerichtsbarkeit, Ressourcen, Abgaben und Dienste, kirchliche Verhältnisse sowie Beziehung zwischen Obrigkeit und Untertanen zuordnen. Hier gehe ich wiederum im Wesentlichen auf jene Vertragspunkte ein, die die Zugehörigkeit zur städtischen Bürgerschaft, die Ausdehnung des städtischen Rechtskreises beziehungsweise die Geltung städtischer Herrschaftsrechte, den Radius der (beschränkten) städtischen Herrschaftsrechte, betreffen. Träger und Ausübender dieser städtischen Herrschaftsrechte war der Stadtmeier. Anders ausgedrückt: Im Zentrum steht – und stand für die Vertragspartner – die Frage, wer ins Amt Laufen und wer ins Amt Zwingen

---

22 Meyer 1995, S. 28.
23 Berner 1989, S. 18–20. Dem Burgrecht hatte auch Bärschwil angehört. In der Zwischenzeit war die Gemeinde jedoch an Solothurn gekommen, vgl. oben.
24 AAEB, B 234/2, 12.6.1532, Nr. 22, dieses Exemplar trägt den Vermerk, dass der Vertrag 1710 kassiert wurde.
25 StABS, Bischöfliche Handlungen D 12, 12.6.1532, S. 1–10 (vollständiges Exemplar), S. 11–13 (unvollständiges Exemplar), S. 15–24 (Vidimus). Ein Vidimus ist eine beglaubigte, im Interesse des Empfängers verfertigte Abschrift einer Urkunde.
26 Vgl. Berner 1994, S. 77ff.

gehörte. Die Zugehörigkeit zur Laufner Bürgerschaft hatte nicht nur die Unterstellung unter das Laufner Gericht zur Folge, sondern auch das Aufgebot zur Leistung der Fronen in der Stadt. Nicht dem Landvogt, sondern der eigenen Stadt Frondienste zu leisten, war Ausdruck städtischer Privilegien. Sie hoben die Stadtbürger von den anderen Untertanen der Vogtei Zwingen heraus.

Antworten auf die eingangs gestellten Fragen finden sich in den ersten vier Vertragspunkten. Der Vertragstext ist ausserordentlich komplex, weil er Regelungen einerseits für Personenverbände (Bürger einer Gemeinde, Leute, die aus der Herrschaft Neuenstein, Thierstein, Solothurn stammten), andererseits nach Territorialitätsprinzip (Menschen, die zu einem bestimmten Zeitpunkt in Laufen, in der Vorstadt etc. wohnten) trifft. Die Personalität des Rechts oder das Personalitätsprinzip war der im Mittelalter übliche Grundsatz, wonach eine Person nach dem Recht ihres Standes, Berufs, Stammes (lex originis) oder auch Geburtsortes lebte und gerichtet wurde. In neuerer Zeit setzte sich die Territorialität des Rechtes oder das Territorial(itäts)prinzip durch. Es beruht auf der Gebietshoheit des Staates. Nach diesem Prinzip wird eine Person nach dem Recht des Aufenthalts- oder des Tatorts gerichtet.[27] Um die erwähnte Komplexität des Vertrags transparenter zu machen, stelle ich die zentralen Vertragspunkte tabellarisch dar.

Der Vertrag von 1532 verhilft weder dem Territorialitätsprinzip, noch dem Personenverbandsprinzip zum Durchbruch. Einzig in der Stadt wurde das Territorialitätsprinzip verwirklicht. Wer hier lebte, gehörte nach Laufen, egal wo er herkam.[28] Der Herkunft, als Kriterium des Personenverbandes, kam in der Stadt keine Bedeutung mehr zu. Während die Bewohner des Stadtgebietes alle einem Amt zugehörten, unterteilte sich die Bewohnerschaft von Wahlen, Röschenz und der Laufner Vorstadt in Amtsangehörige von Laufen und solche von Zwingen. In Liesberg gab es diese Unterteilung zwar auch; sie spielte jedoch praktisch keine Rolle, da alle Bewohner unter der Gewalt des Laufner Meiers standen.

---

27 Haberkern/Wallach 1977, Bd. 2, S. 477, 614.
28 Artikel 1 des Vertrags von 1532 besagt, dass alle, die an diesem Tag im Städtchen Laufen, wie es «die Zarg mit dem Grendel» [Der «Grendel» ist laut dem Schweizerischen Idiotikon das äussere Gatter an den Stadttoren, Id. 2, Sp. 757. Zarg habe ich im Idiotikon nicht gefunden, gemäss Hellinger (1995, S. 42) handelt es sich um den Graben.] umschliesst, leben oder die sich von jetzt an bis in alle Ewigkeit in der Stadt niederlassen, unabhängig davon, ob sie vorher Zwingener waren oder anderswoher stammten, in Zukunft zur Stadt Laufen gehören. Die Zuziehenden sind aus der Leibeigenschaft entlassen («... von dem Amt Zwingen, noch anderswoher, kein nachjagd mehr haben»). Zwingener Amtsangehörige, die in Laufen leben und «hiermit dem Städtlein übergeben sind», müssen ihre versessenen (fällige, aber noch nicht bezahlte) Steuern und Achten (Bussen?) bezahlen. Der Zuzug in die Stadt war jedoch nicht einfach frei, sondern unterstand der Aufsicht von Bürgermeister und Rat. Die Aufnahme ins Laufner Bürgerrecht liegt, wie seit alters her, in der Hand von Meier und Rat von Laufen. Wer Laufner Bürger werden möchte, muss zuerst sein Mannrecht bringen, das heisst, sich von fremder Leibeigenschaft freikaufen.

Zusammenfassung der Artikel 1–4 des Vertrags von 1532

Tabelle 9

Zugehörigkeit zum Amt Laufen	• Wer innerhalb der Stadttore lebt oder sich hier niederlässt, unabhängig von seiner Herkunft • Wer als Laufner Bürger geboren wurde und wer dem Amtmann von Laufen zuständig ist, egal wo er wohnt
Zugehörigkeit zum Amt Zwingen	• Wer in der Vorstadt, in Wahlen, Röschenz oder Liesberg lebt bzw. zuzieht und Zwingener Amtsangehöriger, Solothurnern, Thiersteiner oder Neuensteiner ist
Kompetenzbereich des Meiers von Laufen	• Gebietet und verbietet in Laufen und Liesberg • Behandelt Frevel in Laufen und Liesberg, egal wer sie begangen hat • In der Vorstadt, in Wahlen und Röschenz gebietet er über jene, die zum Amt Laufen gehören
Kompetenzbereich des Amtmanns von Zwingen	• In der Vorstadt, in Wahlen und Röschenz gebietet er über Frevel wie «Zuocken», Schlagen und dergleichen Unzuchten, egal wer sie begangen hat
Vorstadt Laufen	• Wer hier lebt – mit Ausnahme des Zöllners –, leistet in der Stadt Fronen. Das Aufgebot an Zwingener Amtsangehörige erteilt der Amtmann von Zwingen • Es gebietet und verbietet der Amtmann von Zwingen, stellvertretend der Zöllner, und bei Abwesenheit beider der Meier von Laufen
Fertigungen	• Liegen die Güter in Zwingen, Laufen, Wahlen, Röschenz oder Liesberg vor jenem Gericht, dem der Verkäufer untersteht • Ist der Verkäufer Laufner, findet sie in Laufen statt • Liegen die Güter in der Vorstadt und ist der Verkäufer nach Zwingen zuständig, findet sie in Zwingen statt
Gescheid-Gericht	• Laufen, Zwingen und Wahlen führen es gemeinsam durch • Für Liesberg und Röschenz je ein eigenes Gescheid

Während der Bischof nach aussen – in Abgrenzung gegen fremde Obrigkeiten[29] – einen einheitlichen Untertanenverband schaffen wollte (Fremde, die Laufner Bürger werden wollten, mussten ihr Mannrecht bringen),[30] entstanden im Inneren zwei Personenverbände (jene, die nach Laufen und jene, die nach Zwingen gehörten), die territorial nicht klar zugeordnet werden konnten. Konfliktträchtig war diese Regelung, weil sich die Kompetenz des Stadtmeiers auf einen Personen-

---

29 Vgl. oben zum erst kürzlich abgeschlossenen Abtausch der Leibeigenen.
30 Vgl. Artikel 1 des Vertrags von 1532.

verband bezog, der teilweise in dem Territorium lebte, in dem der Zwingener Amtmann[31] das Sagen hatte. Seine Ursachen hatte dieser Umstand vermutlich in der Tatsache, dass das Amt Laufen auf den Dinghofverband zurückging. Diese komplexe Regelung spiegelt das Bemühen, die daraus resultierenden Gerichtsrechte des Stadtmeiers zu wahren. Sie setzte voraus, dass die Menschen sich daran erinnerten, dass sie, obwohl sie beispielsweise in Röschenz wohnten, nicht einfach Röschenzer waren, sondern auch Angehörige des Amtes Laufen. Derartiges Wissen bleibt nur lebendig, wenn entweder die Amtsangehörigen oder der Meier ein Interesse an der Regelung hatten. In Wahlen war weder das eine noch das andere der Fall. Dass in Wahlen Laufner Amtsangehörige gelebt hatten, fiel mit der Zeit ebenso völlig der Vergessenheit anheim, wie die Kompetenzen des Stadtmeiers in dieser Gemeinde. Auch die Laufner Vorstadt wurde allmählich als ganz zum Amt Zwingen gehörende Gemeinde angesehen. Einzig der Anspruch der Stadt auf Frondienstleistungen von Vorstädtern blieb bestehen. Die Erinnerung an diesen Vertragspunkt hielten die Laufner aus Eigeninteresse lebendig.[32] Dass sich aus dieser Bestimmung Konflikte ergaben, lässt sich unschwer vorstellen. Mit der Zeit entstanden zwei territorial weitgehend geschlossene Gerichtskreise. Einzig die Stadtlaufner Bürger verfügten, auch wenn sie nicht in der Stadt lebten, über gewisse Privilegien.[33] Nicht ganz eindeutig war die Situation in Röschenz, denn die Erinnerung an die Amtszugehörigkeit schien im 18. Jahrhundert noch vorhanden gewesen zu sein. Welche praktische Relevanz die Tatsache noch hatte, ist ohne Analyse der Gerichtsprotokolle schwer zu sagen.[34]

Die Liesberger hatten ein besonderes Interesse an der Laufner Amtszugehörigkeit. Damit legitimierte die Gemeinde am Ende des 17. Jahrhunderts ihre Forderung, von den dem Landvogt von Zwingen zu leistenden Fronen befreit zu wer-

31 Hier ist nicht der Landvogt von Zwingen gemeint, sondern der Vorsitzende des Amtsgerichts Zwingen, der später als Amtmeier bezeichnet wurde.
32 Vgl. Artikel 2 des Vertrags von 1532: All jene, die in der Vorstadt leben, ausser dem Zöllner (als obrigkeitlichem Beamten), egal, ob sie ins Amt Zwingen oder Laufen gehören, beteiligen sich an den Gemeinen Werken in der Stadt, die im Unterhalt von Stegen, Wegen und Brücken bestehen. Das Aufgebot zu diesen Gemeinen Werken erteilt der Zwingener Amtmann an die Zwingener Amtsangehörigen, die in der Vorstadt leben.
33 Artikel 2 des Vertrags von 1532 bestimmt: Wer dem Amtmann von Laufen zugehörig ist oder wer ein alter Laufner (Bürger) ist oder als solcher geboren wird, jedoch nicht in der Stadt lebt, gehört wie bisher in die Stadt und soll auch dort dienen (also Fronen leisten).
34 Selten kam es im 18. Jahrhundert zu Auseinandersetzungen um die Zuständigkeit der beiden Gerichte bei der Fertigung von Güterverkäufen. 1765 beschwerte sich das Gericht Zwingen über einen Eingriff des Laufner Gerichts, das einen Güterverkauf durch einen Basler an einen Laufner in Brislach gefertigt hatte. Dabei hielt der Amtmeier fest, zum Gericht Laufen gehöre die Stadt, die Gemeinde Liesberg sowie ungefähr ein Drittel der Gemeinde Röschenz, AAEB, B 234/13, 14.2.1765, S. 543. Vereinzelt gibt es auch später noch Hinweise, dass die Tatsache nicht völlig vergessen ging. Beispielsweise wurde 1787 ein «Verzeichnis deren jenigen bürgeren zu Röschenz, welche in das Amt Laufen gehören, aufgenommen», StadtBALaufen, Nr. 18, 9.12.1787, S. 151.

Ämter Laufen und Zwingen, 1532   Karte 2

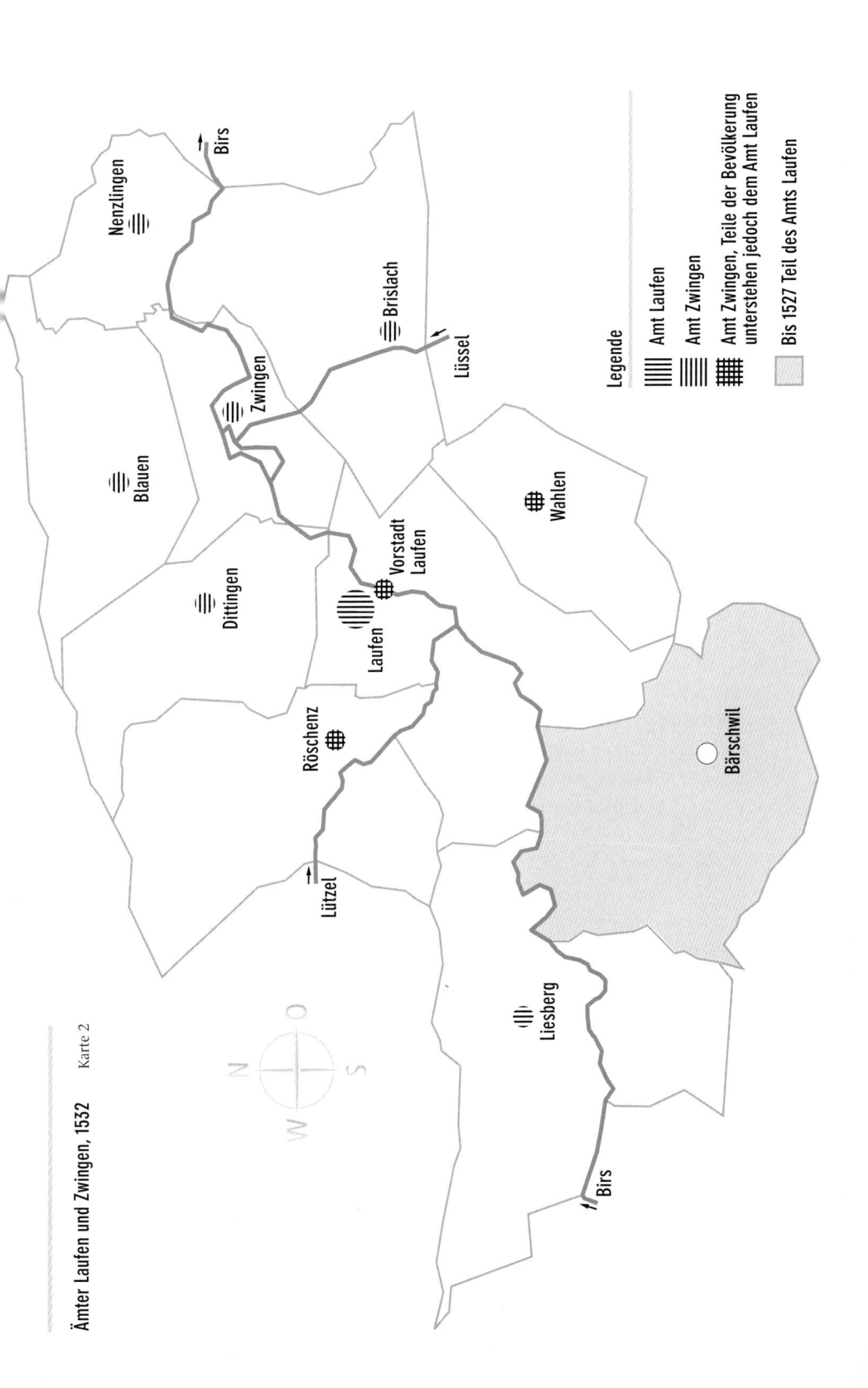

Legende

|||| Amt Laufen
|||| Amt Zwingen
Amt Zwingen, Teile der Bevölkerung unterstehen jedoch dem Amt Laufen

▨ Bis 1527 Teil des Amts Laufen

den.³⁵ Auch Meier und Rat der Stadt Laufen achteten darauf, dass der Radius der gerichtlich begründeten städtischen Herrschaft nicht eingeschränkt wurde. Als Liesberg im 17. Jahrhundert dem Amtsgericht Zwingen zugeschlagen werden sollte, legte die Stadt Protest ein.³⁶

Die Punkte 5 und folgende des Vertrags beziehen sich enger auf die Beilegung des Bauernaufstandes. Sie regeln die Bezahlung ausstehender Zinsen und Steuern, die Leistung von Fronen, von Diensten bei der Jagd, die Leistungen der Huber des Hofs Röschenz, die Abgaben auf öde Hofstätten in Laufen, die Ernennung des Laufner Meiers durch den Bischof, die Höhe der Stocklosung auf geflösstem Holz, Jagd- und Fischereirechte, die Nutzung der Wälder Buchberg und Obermatt, die Höhe des Rüttizinses für neu aufgebrochenes Land sowie die Höhe von Bussen für Unzuchten und Frevel. Der Vertrag bestimmte, dass über die geistliche Gerichtsbarkeit erst später beschlossen werde. Er regelte die Bezahlung des grossen und des kleinen Zehnten, er bewilligte die Predigt des Evangeliums, verbot jedoch jede Polemik («Es sollen aber die Praedicanten auf denen Cantzlen alle neidische schmach und scheltwort, dadurch jemand verleumdet oder verargwohnet werden möchte, underlassen [...].»). Des Weiteren regelte er die Nutzung der Kirchen und der Kirchenzierden und den Aufschub für die Bezahlung alter Frevel. Der Vertrag schloss mit der obrigkeitlichen Verzeihung für die «bäurische Aufruhr» und den Zug nach Zwingen und beschloss die Abschaffung der in der «bäurischen Empörung» entstandenen bewaffneten Gruppen oder «Fähnlein»,³⁷ liess das Burgrecht mit Basel bestehen, obwohl es die bischöflichen Rechte beschnitt und forderte die Untertanen auf, ihre Pflicht zu tun und der Obrigkeit zu huldigen.³⁸

Die Umsetzung des Vertrags von 1532 scheint reibungslos vor sich gegangen zu sein. Einzig die Vertragsbestimmungen, die die Zugehörigkeit von Neuzuziehenden zu den beiden Ämtern regelten, führten im 16. Jahrhundert zu Reibereien. Der fürstliche Schaffner von Zwingen beschwerte sich 1554 beim Bischof über Eingriffe des Stadtmeiers in der zum Amt Zwingen gehörenden Vorstadt. Der Meier habe etliche Bürger, die nach Zwingen gehörten, seiner Herrschaft unterstellt.³⁹ Umgekehrt wandten sich Meier und Rat der Stadt 1574 an den Bischof und beklagten sich über ähnliche Verstösse des Landvogts von Zwingen. Dieser habe Frauen aus der Land-

---

35 Die Forderung wurde mit der Begründung abgelehnt, dass sich die Privilegien auf das ummauerte Stadtgebiet beschränkten, AAEB, B 234/9, 17.10.1693–15.12.1693, S. 315–326.
36 StadtBALaufen, Nr. 12, 1684, S. 36. In welchem Zusammenhang die geplante Neuordnung stand, ist der Quelle nicht zu entnehmen. Sie wurde nicht durchgeführt, im 18. Jahrhundert gehörte Liesberg nach wie vor zum Amt Laufen, AAEB, B 234/11, 13.3.1744, S. 39–49.
37 Vgl. Id. 1, Sp. 828f., Pt. 2: ein Auszug mit Fähnlein ist – im Unterschied zum Auszug mit Banner – ein kleines Kontingent oder eine Freischar.
38 AAEB, B 234/2, 12.6.1532, Nr. 8; StABS, Bischöfliche Handlungen, D 3, 12. Juni 1532.
39 AAEB, B 234/8, 7.6.1554, S. 190–194.

schaft und dem Gericht Delsberg, die nach altem Brauch zur Stadt gehörten, ans Schloss Zwingen gezogen.[40]

Im 18. Jahrhundert nahmen die Beteiligten in Konflikten zwischen der Stadt und der Vorstadt erneut auf den Vertrag Bezug. Dass der Vertrag von 1532 bis ins späte 18. Jahrhundert in Laufen zur Abstützung von Forderungen herangezogen wurde, ist umso erstaunlicher, als Bischof Johann-Conrad von Reinach-Hirzbach das Dokument Anfang des 18. Jahrhunderts durch den Landvogt von Zwingen einziehen liess.[41] Im Gegensatz zur langlebigen Erinnerung an den Vertrag von 1532 hinterliess die Ungültigkeitserklärung erstaunlich wenige Spuren in den Quellen – so wenige, dass der Vertrag im Laufe des 18. Jahrhunderts immer wieder «hervorgezaubert» werden konnte. In Laufen existierte auch nach 1710 ein Exemplar oder eine Abschrift des Vertrags, zumindest legen das die nicht unterzeichneten «Anmerckungen» zur Bestallung des Meiers vom 8. April 1778 nahe.[42]

Der einzige Hinweis auf den Einzug städtischer Rechtstitel stammt aus den Jahren der Troublen, als Landvogt von Roggenbach in seiner Stellungnahme zu den Laufner Beschwerden von 1731 behauptete, die Laufner besässen keine Privilegien mehr. Er erklärte deren Fehlen damit, dass sie den Laufnern wegen des städtischen Ungehorsams durch Bischof Jakob Christoph entzogen – «zernichtet» – worden seien. Anlässlich seines Amtsantritts – Franz Joseph Konrad von Roggenbach befand sich bereits seit 1722 im Amt – habe er die Laufner Ratsherren gebeten, ihm ihre städtischen Freiheitsbriefe vorzulegen. Diese hätten ihm keine Originaldokumente präsentiert, sondern lediglich ein Buch, in das verschiedene Meier und Bürgermeister «sehr vill Sachen» eingeschrieben hätten.[43] Die Präsentation der Abschriften sei sicher geschehen, weil keine Originale vorhanden seien. Mit den durch Bischof Jakob Christoph «zernichtet[en] Privilegia» nahm der Landvogt vermutlich Bezug auf das im Vertrag von Baden stillschweigend fallengelassene Burgrecht Laufens mit der Stadt Basel.[44]

Die Erinnerung an den Vertrag von 1532 war besonders in zwei Bereichen lebendig: zum einen, wenn es um Rechte und Privilegien der Stadt und des Stadtmeiers ging, zum anderen, wenn das Verhältnis zwischen Stadt und Vorstadt zur Debatte stand. Konkret war die Leistung und Aufteilung von Abgaben und Diensten zwischen den beiden Gemeinden strittig.

40 AAEB, B 234/8, 6.3.1574, S. 249–252.
41 AAEB, B 234/2, Nr. 8, 12.6.1532 «Vertrag zwischen Bischof Philipp und den Untertanen im nämlichen Amt pto. aller bishero gehabten Streitigkeiten, auf dem Rubro aber ist Johann Conrad Bischof zu Basel nachstehende formalia angemerkt: Es seye dieser freyheits-brief ungültig erkannt worden, weilen solches zur Zeit des Abfalls geschehen, und die Religion prostituiert ware. Solche Copey hat Obervogt zu Zwingen anno 1710 uns übergeben», zitiert nach dem Regest von Maldoner; heute trägt das Dokument die Nr. 22.
42 AAEB, B 137/30, 8.4.1778, S. 211–223, vgl. Kap. 7.
43 AAEB, B 234/7, 23.1.1731, S. 49–54.
44 Zum Burgrecht und zum Vertrag von Baden, vgl. Berner 1989.

Gestützt auf Artikel 3 und 4 des Vertrags von 1532 beschwerten sich Bürgerschaft und Stadtrat 1746 über die Einmischung des Amt- und des Vorstadtmeiers in Geschäfte des Stadtrates und über die Aneignung von Fertigungen, für die eigentlich die Stadt zuständig wäre.[45] 1778 zog der anonyme Autor der «Anmerckungen über den Bestallungsbrief der Stadt Meyerey zu Laufen» den Vertrag von 1532 heran, um zu belegen, dass der Meier vertraglich festgelegte, umfassende Gerichtsrechte besass, die, wenn man die Bestimmungen der Meierbestallung ernst nähme, wieder aufzurichten seien.[46] Dieses Schriftstück belegt wie kein zweites die Bedeutung des Vertrags für die städtischen Rechte. 1790 bezog sich der Rat auf den Vertrag, als er auf die Problematik der Wahl Landvogts von Blarer zum Laufner Stadtmeier hinwies. Schwierigkeiten wähnte die Stadt besonders in Bezug auf die Wahrung ihrer vertraglich festgeschriebenen Gerichtsrechte.[47]

Die Bedeutung des Vertrags von 1532 für die Stadt zeigt sich quasi spiegelverkehrt in den Versuchen der Vorstadt, sich den Vertragsbestimmungen zu entziehen. Die Vorstadt behauptete, dass das Aufgebot an in der Stadt lebende Vorstadtbürger zur Stadtfron eine Neuerung sei, und leistete ihm nicht Folge. Als der Stadtmeier der Vorstellung widersprach, Vorstadtbürger dürften sich ohne weiteres in der Stadt niederlassen und hier Häuser kaufen, beantworteten die Vorstadtbürger die Einwände des Meiers mit Beschimpfungen. Der Hofrat überprüfte den Vertrag von 1532 und gab der Stadt vollumfänglich Recht.[48] Weiter verweigerten die Vorstadtbürger mit der Begründung, sie besässen Fronfreiheit, die Leistung von Fronen an der Brücke in der Vorstadt. Vermutlich drückten sie damit die Auffassung aus, dass der Unterhalt der Brücke ein Teil der Stadtfronen sei, den die Vorstädter nicht zu leisten hätten. Die Stadt akzeptierte die Argumentation der Vorstädter nicht und belegte, dass die Brücke seinerzeit von Städtern und Vorstädtern gemeinsam gebaut und finanziert worden sei, weshalb sie sich auch die Reparatur zu teilen hätten. Gestützt auf den Vertrag von 1532 führte Landschreiber und Stadtmeier Kern ausserdem aus, dass alle in der Stadt Lebenden, also auch die Vorstadtbürger zur Leistung von Fronen verpflichtet seien. Relevant sei nicht die Herkunft, sondern der Wohnort.[49] In den 1780er Jahren kam es um die Verteilung der Monatsgelder[50] zu einem Konflikt zwischen Stadt und Vorstadt, weil die Vorstädter der Meinung waren, sie seien zu stark belastet.[51] Strittig war

---

45 Vertragsgemäss wurden Fertigung vor jenem Gericht gemacht, in das der Verkäufer zuständig sei, AAEB, B 234/11, o. D., ad 22.12.1746, S. 171–175.
46 AAEB, B 137/30, 8.4.1778, S. 211–223.
47 StadtBALaufen, Nr. 18, 18.2.1790, S. 211–213. Vgl. dazu auch Kap. 7.
48 AAEB, B 234/12, 22.3.1755, S. 744.
49 AAEB, B 234/13, 28.10.1765–28.11.1766, S. 695–817; StadtBALaufen, Nr. 21, 1761–1766, S. 141–161.
50 Zum Monatsgeld, vgl. Kap. 2, Anm. 10.
51 AAEB, B 234/13, 9.1.1780–8.7.1788, S. 803–815; StadtBALaufen, Nr. 18, 1780–1788, S. 121–124, S. 161–171.

unter anderem, ob das Monatsgeld des Ochsenwirts Hans Adam Cueni der von der Stadt oder der von der Vorstadt abzuliefernden Summe zugerechnet werden konnte. Die Vorstadt stellte sich auf den Standpunkt, Cueni sei Hintersass in der Vorstadt, weshalb er hier zu bezahlen habe. Die Stadt dagegen forderte das Monatsgeld aus zwei Gründen für sich: Zum einen, weil Cueni gemäss Vertrag von 1532 als Bürger von Röschenz in die Stadt zuständig sei, zum andern, weil er durch seine Heirat mit einer Städterin in den Besitz der fraglichen Güter gelangt sei. Entscheidend sei, dass die Güter städtischer Besitz gewesen seien.[52]

Streitigkeiten um Eingriffe in Gerichtsrechte beziehungsweise um die Gerichtszugehörigkeit drehten sich im 18. Jahrhundert um die Frage, ob für Vorstadtbürger die Herkunft oder der Wohnort ausschlaggebend sei. Landschreiber und Stadtmeier Kern beantwortete 1765 die Klage des Zwingener Gerichts über Eingriffe durch das Stadtgericht dahingehend, dass ein in der Stadt lebender Vorstadtbürger ans Stadtgericht gehöre, denn der Wohnort sei entscheidend.[53] Die konsequentere Anwendung des Territorialitätsprinzips brachte für Stadtbürger, die ausserhalb der Stadt lebten, einen Verlust an stadtbürgerlichen Privilegen. 1791 hatten in der Vorstadt lebende Stadtbürger behauptet, von der jährlichen Steuer und den Fasnachtshühnern befreit zu sein. Die Hofkammer ging der Frage im Beisein des Landvogts von Zwingen und des Generalprokurators Scheppelin nach und hielt fest, die Steuer sei keine Personen-, sondern eine Lokalsteuer. Zog ein Städter in die Vorstadt, habe er nach Territorialität zu bezahlen.[54] Der Vertrag von 1532 lieferte demnach auch dann Argumentationshilfe, wenn Fragen zur Debatte standen, die im Vertragstext nicht behandelt waren. So beschäftigte er sich weder mit Monatsgeldern, noch mit Steuern und Fasnachtshühnern. Die Argumentation von Bischof und Hofkammer im Jahr 1791 belegen, wie sich die Rezeption und Interpretation des Vertrags veränderte. 1532 besassen Stadtbürger unabhängig von ihrem Wohnort gewisse Privilegien, beispielsweise leisteten sie dem Landvogt keinen Frondienst. Unterdessen hatte sich das Territorialitätsprinzip Bahn gebrochen, weshalb Städter, die nicht in der Stadt lebten, die selben Pflichten zu erfüllen hatten wie die anderen Untertanen.

---

52 StadtBALaufen, Nr. 18, o. D. 1788, S. 167–170.
53 AAEB, B 234/13, 3.5. 1765, S. 555–561. Vgl. auch AAEB, B 234/13, 1761–1765, S. 531–623.
54 AAEB, B 234/14, 13.–17.12.1791, S. 931–939.

7. DIE MEIER VON LAUFEN

1551 ernannte der Bischof Hans Küng zum Meier von Laufen. Küng stand als Schaffner von Zwingen bereits in bischöflichen Diensten. Der Schaffner war bis in die erste Hälfte des 18. Jahrhunderts[1] gleichzeitig Zwingener Landschreiber und damit neben dem Landvogt wichtigster Beamter[2] in der Vogtei. Er war unter anderem zuständig für den Einzug der obrigkeitlichen Gefälle und die Rechnungsführung.

Rat und Gemeinde der Stadt Laufen reichten gegen seine Wahl Beschwerde ein. Nicht die Person von Hans Küng stiess in der Stadt auf Ablehnung,[3] sondern die Tatsache, dass ein Angehöriger des Amtsgerichtes Zwingen, «welcher doch Inn Louffen gricht und ampt, weder gehorsamen noch pflichtig» sei, zu ihrem vorgesetzten und verordneten Meier ernannt worden sei. «Es ist auch kömlich, wan allen

[1] 1748 wurde neben dem Landschreiber erstmals ein Schaffner eingesetzt, vgl. Kap. 9. Dessen Bestallung: AAEB, B 137/29, Mappe 4, S. 261–309.
[2] Zur Problematik des Begriffs und zu dessen Verwendung in der vorliegenden Arbeit, vgl. Kap. 5.
[3] «Hans Küngen, den wir Ehren oder Fromkeit halb, In keinen weg schelten», AAEB, B 234/8, 4.11.1551, S. 142–143.

ziten, bis anher, wie by uns gehört nach geprucht, das Ein fürsten hender Im Zwingen Ampt, über Louffen Meigerthum, gewelte und Regiert habe.» Seit alter Zeit sei es so gewesen, dass die Gemeinde, wenn ein Meier starb, eine Anzahl ehrsamer und frommer Männer vorschlage, aus denen der Bischof den gefälligsten zum Meier erwähle. Der Rat und die ganze Gemeinde baten darum, bei ihren alten Bräuchen und Gerechtigkeiten geschützt zu werden.[4]

Im April des folgenden Jahres unterbreitete die Gemeinde dem Bischof einen Dreiervorschlag bestehend aus Lamprechten Schuwmacher, Hannsen Herzogen und Maurizen Meigern. Alle drei stammten aus der Gemeinde und Bürgerschaft von Laufen und seien «nit nach gunst, sunder E. f. g. [Euern fürstlichen Gnaden] und uns allen zu trost und nuz» ausgewählt worden. Die Pest sei nun vorbei, und der Bischof habe ihnen für diese Zeit auf ihr vor «vergangener weil» eingereichtes Begehren in Aussicht gestellt, einen Meier nach altem Brauch zu wählen.[5]

Im Herbst des Jahres 1555 berücksichtigte der Bischof wiederum keinen der Vorgeschlagenen, sondern er ernannte Hans Frey zum Meier und bischöflichen Amtmann im Städtchen Laufen.[6] Ob Frey Küngs Nachfolger war oder ob zwischen 1552 und 1555 ein namentlich nicht bekannter Meier in Laufen amtete, geben die Quellen nicht preis.

Was lässt sich anhand dieser Passage über das Laufner Meieramt festhalten? Der Meier wurde vom Bischof berufen[7] und war insofern auch ein bischöflicher Amtsträger, «Amptman in unserm Stetlin Lauffen»,[8] wie es im Revers der Bestallungsurkunde[9] von Hans Frey heisst. An der Berechtigung des Bischofs, den Meier zu wählen, rüttelten auch die Laufner nicht. Was sie einforderten, war zweierlei: Zum einen pochten sie auf ihr Vorschlagsrecht, zum anderen forderten sie, dass nur ein Laufner Bürger, nicht aber ein Angehöriger des Amtes Zwingen und ein fürstlicher Beamter im Schloss Zwingen Meier von Laufen sein könne. Dass die Laufner die Unterscheidung zwischen dem Laufner und dem Zwingener Amt vehement hervorstrichen, ein Angehöriger des Amtes Zwingen sei «Inn Louffen gricht und ampt, weder gehorsamen noch pflichtig», hängt damit zusammen, dass sie im Bauernaufstand von 1525[10] die Zusammenlegung der beiden Gerichte in der Stadt gefordert,

---

4   AAEB, B 234/8, 4.11.1551, S. 142–143.
5   AAEB, B 234/8, 30.4.1552, S. 144–145.
6   AAEB, B 137/30, Mappe 9, 25.10.1555, S. 7–13.
7   Die Berechtigung des Bischofs, den Meier zu wählen, war im Vertrag von 1532 festgeschrieben: «Zu dem Siebenden die Besatzung des Meiers zu Laufen betreffend, soll hinfüro, wie von altem her, unserm Gdgen Herrn von Basel zustehen, und die untertanen daselbst an der und anderen dergleichen Gerechtigkeiten seiner fürstl. Gnaden kein Eingriff thun.» AAEB, B 234/2, 12.6.1532, Nr. 22.
8   AAEB, B 137/30, Mappe 9, 25.10.1555, S. 7–13.
9   Bestallung bedeutet Anstellung eines Dieners und Beamten, Art. Bestallung, Grimm, Bd. 1, Sp. 1650f.
10 Zu den Laufner Bauernaufstandsforderungen, vgl. Berner 1994, S. 76ff.

jedoch nicht erreicht hatten. Im Vertrag von 1532 wurden Geltungsbereich und Zuständigkeit der beiden getrennten Gerichte genau festgelegt.[11] Diesen festgeschriebenen Rechtsbereich versuchten sie zu bewahren und vor Eingriffen durch einen in ein anderes Amt Gehörenden, der zudem dem Landvogt von Zwingen als Schaffner unterstand, zu sichern. Sie engagierten sich für die Entflechtung der Rechtsbereiche, für die Wahrung ihrer Autonomie und für eine klare Behördenstruktur: hier das Amt Laufen mit dem Stadtmeier an der Spitze, dort das Amt Zwingen mit seinen Amtsangehörigen und auf einer weiteren, hierarchisch höher stehenden Ebene die Vogtei Zwingen mit den dem Landvogt unterstellten Bediensteten. Möglicherweise hatte der Bischof erstmals versucht, die Trennung der Ämter Laufen und Zwingen wieder aufzuheben, dabei jedoch die Gegenwehr der Stadt zu spüren bekommen. Der Gegensatz zwischen Gemeinde und Landesherrn fand eine einvernehmliche Lösung, indem beide Parteien in einen Dialog traten. Der Bischof hörte die Gemeinde an. Die Laufner anerkannten das bischöfliche Wahlrecht, bestanden jedoch auf ihrem Mitbestimmungsrecht in Form des Vorschlagsrechts, das sicherstellen sollte, dass nur ein der Gemeinde Genehmer Meier werden konnte.[12]

Die Inhaber des Stadtmeieramtes

Von 1500 bis zum Untergang des Fürstbistum bekleideten 14 Männer das Meieramt. Während über die ersten Amtsinhaber kaum mehr als der Name bekannt ist, fliessen die Informationen vor allem seit dem 17. Jahrhundert dichter. Zur Entlastung des Textes finden sich die biografischen Angaben zu den Meiern im Anhang. Im Folgenden geht es darum, genaueres über die Person der Meier herauszufinden. Wie wurden sie ausgewählt, wie alt waren sie bei ihrer Wahl und was lässt sich über ihre Herkunft sagen? Inwiefern veränderte sich während des 300-jährigen Untersuchungszeitraums das Profil der Amtsinhaber? Die Bestallungen – die älteste stammt aus dem Jahr 1503 – sind unvollständig überliefert. Sie bilden die Basis für die Analyse der sich wandelnden Anforderungen an den Meier im zweiten Teil des Kapitels.

Die Wahl der Meier

Dass die Wahl des Stadtmeiers dem Fürstbischof vorbehalten war, war in Laufen unbestritten. Im 16. Jahrhundert reklamierte der Laufner Rat jedoch ein seit alter Zeit bestehendes Vorschlagsrecht und schränkte den Kreis möglicher Meier auf die städtische Bürgerschaft ein. Mit grosser Wahrscheinlichkeit konnten die Laufner

11 Vgl. Kap. 6.
12 Zu diesem auf Gegenseitigkeit beruhenden Herrschaftsverhältnis, vgl. Berner 1994 sowie Kap. Rahmenbedingungen.

Die Inhaber des Laufner Stadtmeieramtes, zirka 1500–1792   Tabelle 10

Name	Amtszeit	Bestallung vorhanden?
Cunrad von Stalden	letztes Viertel des 15. Jahrhunderts[1]	nein
Ulin Weber	1503[2]	ja (Revers)
Jacob Imhof	mindestens seit 1543 bis vor 1551[3]	nein
Hans Küng	1551[4]	nein
Hans Frey	1555[5]	ja (Revers)
Bartle Frey	1584[6]–1627[7]	ja (Bestallung, Revers)[8]
Niklaus Rym	1627[9]–1636[10]	ja (Revers)
Simon Übel	1636[11]–1656[12]	ja (Revers)
Johann Hartmann von Hertenstein	1656[13]–1685[14]	nein
Franz Athanasius von Staal	1686–1721[15]	nein
Niklaus Fenninger	1721–1743[16]	ja (Revers)
Nikolaus Kern	1744[17]–1777	nein
Franz Joseph Cueni	1778[18]– ca. 1790[19]	ja (Bestallung)
Franz Joseph Wilhelm von Blarer	ca. 1790–1792	nein

1   StadtBALaufen, Nr. 3, S. 1f.
2   Bestallungsurkunde vom 10.8.1503, AAEB, B 137/30, S. 3.
3   AAEB, B 234/8, S. 141–147. Imhof war 1543 bereits Meier; am 10.4.1543 erhält Batt Imhof, Meiers Sohn, in Laufen ein bischöfliches Gut zu Lehen, AAEB, B 239/1 Laufen-Zwingen, S. 89.
4   AAEB, B 234/8, S. 141–147.
5   Bestallung vom 25.10.1555 (Revers), AAEB, B 137/30, S. 7–13.
6   Bestallung vom 31.8.1584, AAEB, B 137/30, S. 15–19 und ebd., S. 21 (Revers).
7   AAEB, B 137/30, 2.11.1627, S. 23.
8   Ausserdem Urkundenentwurf, bearbeitet für Niklaus Rym.
9   Gestorben am 24.11.1627, AAEB, B 137/30, S. 27–29, ebd., S. 31–37 (Revers).
10 Gestorben am 14.1.1636, StABL, Kirchenbücher Laufen 1.
11 AAEB, B 137/30, ca. 1636, S. 41, Revers der Bestallung.
12 StadtBALaufen, Urk. Nr. 47, 17.11.1656.
13 StadtBALaufen, Nr. 4, S. 17v. Vgl. auch StadtBALaufen, Urk. Nr. 47, 17.11.1656; Urk. Nr. 48, 18.6.1657: Verleihung der Mühle nach dem Tod des Simon Übel.
14 AAEB, B 137/30, 21.1.1686, S. 49. Hertenstein starb am 26.12.1685, StadtBALaufen, Nr. 4, S. 17v; StABL, Kirchenbücher Laufen 1.

15 AAEB, B 137/30, 9.9.1721, S. 69.
16 AAEB, B 137/30, S. 113.
17 AAEB, B 137/30, 30.7.1744, S. 131: Übertragung des Meieramts durch den Bischof an Kern in einem formlosen Schreiben, keine Bestallung.
18 Bestallung vom 4.4.1778, AAEB, B 137/30, S. 193.
19 Vgl. StadtBALaufen, Nr. 18, 18.2.1790, S. 211–213: Wegen der Neubesetzung des Meieramtes: Es wird nicht klar, ob Cueni zurückgetreten oder verstorben ist. Ein Todesdatum um 1790 ist im Kirchenbuch Laufen 2 nicht verzeichnet.

das 1551 reklamierte Mitwirkungsrecht seit dem 16. Jahrhundert nicht mehr ausüben. Im oben dargestellten Beispiel von 1551 ging der Bischof nicht auf die Wahlvorschläge der Gemeinde ein, wohl schon deshalb nicht, weil er Hans Küng nicht ohne triftigen Grund aus seinem Amt entlassen konnte.[13] Ob die Meier, die das Amt bis zum Untergang des Bistums bekleideten, aus einem Dreiervorschlag gewählt wurden, lässt sich nicht mit Sicherheit nachweisen, darf jedoch bezweifelt werden. In den wenigen Fällen, in denen etwas über das Zustandekommen der Wahl bekannt ist, erfolgte sie nach anderen Prinzipien: Beim Tod Bartle Freys 1627 schlug der Landvogt dessen Stellvertreter Niklaus Rym als Nachfolger vor.[14] Stadtmeier Johann Hartmann von Hertenstein liess sich zu Lebzeiten versprechen, dass sein Schwiegersohn Franz Athanasius von Staal, der bereits seit sechs Jahren als Statthalter gewirkt hatte, sein Nachfolger wurde.[15] Nikolaus Kern schlug sich 1743 selbst als Stadtmeier vor.[16] Die Initiative, Franz Joseph Wilhelm von Blarer, den Landvogt von Zwingen und Pfeffingen,[17] zum Meier zu wählen, ging vom Bischof aus.

Von seinem Vorschlagsrecht scheint der Laufner Rat mit der Zeit Abschied genommen zu haben. Dennoch lösten Meierwahlen im 18. Jahrhundert zweimal Proteste aus: vier Jahre nach seiner Amtseinsetzung gegen den in Zwingen wohnenden Nikolaus Kern und unmittelbar nach der Wahl gegen Franz Joseph Wilhelm von Blarer.

Im Frühjahr 1748 kursierte unter den Laufner Ratsherren das Gerücht, dass Nikolaus Kern als Amtsschreiber nach Arlesheim berufen worden sei und dass dadurch wahrscheinlich das Meieramt in der Stadt Laufen vakant werde. Der Rat reagierte auf das Gerücht, indem er sich beim Bischof darüber beschwerte, dass es

13 Zur Absetzung von Meiern kam es, wenn diese sich dem Bischof gegenüber nicht loyal verhielten. Beispiele nennt Berner (1994, S. 109) in Zusammenhang mit der Kontributionsverweigerung von 1630.
14 AAEB, B 137/30, Mappe 9, 2.11.1627, S. 23.
15 AAEB, B 137/30, Mappe 9, 23.1.1686, S. 53.
16 AAEB, B 137/30, Mappe 9, 7.5.1743, S. 113.
17 Von Blarer war seit 1775 Landvogt von Zwingen, gemäss Baumann und Jorio seit 1769, nach Merz seit 1777 gleichzeitig Vogt von Pfeffingen, er blieb bis 1792 im Amt, Merz 1923, S. 103. Nach dem Untergang des Fürstbistums fand er zunächst in Basel, später in Inzlingen Zuflucht; Baumann 1959, S. 78; Jorio 1982, S. 128.

der Gemeinde sehr schade, wenn ein Fremder, der nicht in der Stadt wohne, das Meieramt bekleide. Erstens wisse er zu wenig über die Bedürfnisse der Stadt und ausserdem müssten sie sich immer zu seinem Wohnort nach Zwingen begeben. Für Stadt und Gemeinde sei es eine Erfordernis, dass der Meier vor Ort lebe, damit er Tag und Nacht für das gemeine Beste besorgt sein könne. Bürgermeister und Rat von Laufen baten deshalb, das Meieramt den beiden Bürgermeistern zu übertragen, weil diese die Bedürfnisse der Stadt am besten kennen würden. Damit das Amt «trew und wohl vertretten» werde, könne der nicht-regierende Bürgermeister das Meieramt bekleiden.[18] Inwiefern das Gerücht die Wunschvorstellungen der Ratsherren widerspiegelte, denen Kerns Wohnort ein Dorn im Auge war, muss zunächst dahingestellt bleiben. Während Kerns über dreissigjährigen Amtszeit wiederholten sie diesen Punkt jedoch mehrmals und forderten 1773 Kerns Absetzung.[19] Während sich der Rat 1551 daran störte, dass ein Angehöriger des Amtes Zwingen, der im bischöflichen Dienst stand, das Stadtmeieramt bekleidete, betonten sie nun aus inhaltlichen und praktisch-organisatorischen Gründen den Wohnort und die Verwurzelung des Meiers in der Stadt. Dass Nicht-Bürger das Amt bekleideten, akzeptierten Rat und Gemeinde seit dem frühen 17. Jahrhundert.[20] Inakzeptabel war jedoch ein Meier, der ausserhalb der Stadt wohnte. Wie sich die Gemeinde zur Tatsache stellte, dass das Meieramt mit Ämtern der Vogteiverwaltung kumuliert wurde, lässt sich nicht sagen. Im Konflikt mit Nikolaus Kern war sie von untergeordneter Bedeutung. Bei Franz Joseph Wilhelm von Blarer überwogen praktische Überlegungen. Als Landvogt von Blarer vom Bischof für das Meieramt vorgeschlagen wurde, verwies der Magistrat auf die Problematik seiner Wahl für die städtischen Gerichtsrechte und erinnerte an die der Stadt im Vertrag von 1532[21] garantierten Rechte, insbesondere die städtischen Gerichtsrechte.[22] Die Bedenken des Rates gegen die Wahl von Blarers brachte «Stadtsyndicus» Scheppelin beim Bischof vor. Scheppelin war Hofadvokat in Pruntrut und stand seit 1787 als Syndikus im Dienst der Stadt.[23]

18 AAEB, B 137/30, 1.3.1748, S. 163 f.
19 Zum Konflikt mit Nikolaus Kern, vgl. Kap. 9.
20 Zur Herkunft der Meier, vgl. unten.
21 Zum Vertrag von 1532, vgl. Kap. 6.
22 StadtBALaufen, Nr. 18, 18.2.1790, S. 211–213. StadtBALaufen, Nr. 18, 21.3.1790, S. 215bis–221: Neuerlicher Einspruch der Stadt gegen die Wahl des Landvogts von Zwingen zum Stadtmeier von Laufen.
23 StadtBALaufen, Nr. 6, 11.11.1787, S. 347 f.: Scheppelin wurde von Bürgermeister und Rat der Stadt ins Syndikatenamt gewählt. Für sein Amt erhielt er sieben französische Neutaler und wurde zu unparteiischer Amtsausübung verpflichtet. Advokat Scheppelins Aufgabe bestand darin, die Interessen der Stadt Laufen zu vertreten, was ihn unter Umständen in einen Loyalitätskonflikt mit dem Bischof brachte. Scheppelin versuchte sich durch eine Versicherungsschrift abzusichern; sie war gesiegelt von Scheppelin dem Jüngeren, Hofadvokat, ebd., 15.12.1788, S. 373. Bei Scheppelin dem Jüngeren handelt es sich wohl um François Xavier Scheppelin, Dr. jur., seit 1784 Hofadvokat, später Statthalter von St-Ursanne, Jorio 1982, S. 158. Die Tätigkeit Scheppelins für den Laufner Rat ist vor allem in den Jahren 1790

Die städtischen Einwände richteten sich weder gegen die Person von Blarers, noch gegen das fürstbischöfliche Wahlrecht. Die Ratsmitglieder befürchteten vielmehr, dass die von Stadtmeier und Rat ausgeübte «untergerichtsbarkeit» über kleine Frevel wie «obsraub, weidverbott und dergleichen Händel und Zwistigkeit», die bereits seit einiger Zeit geschwächt sei, weil sich die Bürger an den Landvogt wandten, ganz auf das Oberamt übergehen könnte. Der Rat wolle von Blarers Wahl zum Stadtmeier gerne annehmen, bat den Bischof jedoch darum, die Stadtgerichtsbarkeit dort zu schützen, wo sie «dem gerichtszwang des oberamts entgegenläuft» und dafür zu sorgen, dass von Blarer «allein und ohne theillnahme der anderen Oberbeamteten zu walten» habe, damit die Stadtgerichtsbarkeit nicht mit der Gerichtsbarkeit des Oberamtes vermischt und vom Zerfall bedroht werde.[24]

Rund drei Wochen später traf sich der Landvogt im Laufner Rathaus mit den Räten, um mit ihnen die der Stadt vertragsgemäss zukommenden Gerichtsbarkeitsrechte zu klären. Der Rat unterschrieb anschliessend das oberamtliche Protokoll der Besprechung, erbat sich jedoch Bedenkzeit, um sich genauer mit dem Vertrag von 1532 auseinanderzusetzen. Die von Stadtsyndikus Scheppelin an den Bischof gerichtete Stellungnahme umfasste vier Punkte, in denen sich der Rat weniger mit dem Vertrag von 1532[25] als mit der Organisation des Meieramts in Zukunft und mit ungeklärten Fragen auseinandersetzte, die sich in den letzten Jahrzehnten aus der Zusammenarbeit mit dem Meier für die Stadt ergeben hatten.[26]

Im Zentrum der städtischen Überlegungen stand das Stadtarchiv. Der Rat forderte erstens die Verringerung unnötiger Abschriften der Stadtrechnung, um Kosten

---

und 1791 in den Quellen fassbar, vgl. AAEB, B 234/15, S. 109 ff. Über den Anlass, der zur Berufung Scheppelins geführt hat und über das Syndikatenamt liess sich nichts Weiteres eruieren. Dass Gemeinden Juristen mit der Vertretung ihrer Interessen beauftragten, ist aus der Widerstandsforschung gut belegt, Blickle 1988, S. 38.

24 StadtBALaufen, Nr. 18, 18.2.1790, S. 211–213.
25 Der erste Punkt, auf den der Rat in der von Scheppelin vorgetragenen Supplikation hinwies, betraf die Aufnahme ins Bürgerrecht und Unterschiede zwischen dem Bürgerrecht der Städter und der Vorstädter in Bezug auf die Nutzung der städtischen Allmenden (Wälder). Der Vertrag von 1532 legte in Punkt 1 fest, dass Meier und Rat wie von alters her berechtigt seien, in der Stadt Laufen Bürger aufzunehmen. Der Rat wünschte sich jedoch, dass auch «der bisherige Gebrauch und Observanz» berücksichtigt würden. In diesem Punkt nahm der Rat Bezug auf die Bürgeraufnahme von Nikolaus Kerns Sohn Thadäus, die der Rat akzeptiert, die Bürgerschaft jedoch abgelehnt hatte. Was sie damit genau sagen wollten, ist mir nicht klar. Geht es um Vorstadtbürger, die städtischen Bürgernutzen für sich beanspruchen? – Wenn Stadt und Vorstadt dieselben Allmenden nutzen, ist ein neuer Vorstadtbürger eine Belastung für die Stadt, auf die die Stadt jedoch keinen Einfluss nehmen kann, da sie zur Aufnahme von Vorstadtbürgern nichts zu sagen hat. Deshalb fordert der Rat, wenn ich recht verstehe, weiterhin selbst Stadtbürger aufnehmen zu können und eine Entschädigung für neue Vorstadtbürger.
26 Der Rat scheint auch die Gelegenheit wahrzunehmen, alte Rechte und Gewohnheiten in Erinnerung zu rufen. So hielt er fest, der Meier solle wie bisher die Zehnttrager vereidigen. Die Nutzung des Salzes stehe der Stadt seit 1588 zu, weshalb auch die Salzfrevel der Stadtgerechtigkeit zukommen, StadtBALaufen, Nr. 18, 21.3.1790, S. 215bis–221.

zu sparen. Als verzichtbar angesehen wurde offenbar eine dritte Abschrift. Hier nahm der Rat implizit auf Auseinandersetzungen mit Stadtmeier Kern Bezug, dem vorgeworfen wurde, er habe überflüssige Kopien anfertigen lassen und Aktenstücke, die ins städtische Archiv gehörten, nach Zwingen mitgenommen. Der Rat war sich der Bedeutung seines Archives für die Wahrung der Rechte absolut bewusst und wollte deshalb die Ablieferung der Gerichtsprotokolle ins städtische Archiv nach Möglichkeit sichern. Die Stadt habe ein eigenes Archiv und eine eigene Kasse, deshalb sei es ohne Zweifel sinnvoll, die Protokolle dort zu verwahren. Der Rat hatte seine Erfahrungen mit der Archivführung mit früheren Meiern gemacht und fürchtete, wohl zu Recht, dass die Akten des neuen Meiers nur schwer von jenen des Landvogtes zu trennen seien und deshalb im Archiv des Schlosses Zwingen verschwinden könnten. Ausserdem solle die Stadtgerichtsordnung vertragsgemäss wieder aufgerichtet werden. Die Stadt bot an, einen Aktuar zu stellen, der sich um die Protokollierung der Gerichtssitzungen kümmerte, damit der Landschreiber «nichts zu verwalten habe».

Zweitens begehrte der Rat, dass der Bürgermeister sein Statthalter sein solle, wenn der Stadtmeier in Zukunft in Zwingen wohne.[27] Der Vorschlag, das Bürgermeister- mit dem Meieramt zu verbinden, war nicht neu. In Folge der Auseinandersetzung mit Nikolaus Kern hatte der Rat vorgeschlagen, die beiden Bürgermeister zum Meier zu ernennen.[28] Möglicherweise sah der Rat im Bürgermeister auch einen Garanten dafür, dass die Akten des Meiers ihren Weg wirklich ins Stadtarchiv fanden.

Die Stadt erklärte sich bereit, Landvogt von Blarer als Meier zu akzeptieren; allerdings wollte der Rat die städtischen Rechte unbedingt wahren. Deshalb war ihm das Archiv als «Gedächtnis» dieser Rechte ein Anliegen. Weiter hob er die ganz praktischen Probleme hervor, die sich aus der Personalunion Landvogt-Meier und dessen Wohnort in Zwingen stellten. Die fehlende Präsenz vor Ort gedachte der Rat mit der vorgeschlagenen Stellvertreterregelung zu lösen. Der Gefahr des Verschmelzens von Akten des Meiers mit solchen des Landvogtes versuchte der Rat durch die Schaffung einer Schreiberstelle entgegenzuwirken. Ob oder inwiefern der Rat mit seinen Vorschlägen Gehör fand, ist nicht überliefert.

Zur sozialen und geografischen Herkunft der Meier

Nur etwas mehr als die Hälfte der Stadtmeier waren Laufner Bürger. Fremde waren Hans Küng, Simon Übel, Johann Hartmann von Hertenstein, Franz Athanasius von Staal, Nikolaus Kern und der letzte Meier, Franz Joseph Wilhelm von Blarer.

---

27 StadtBALaufen, Nr. 18, 21.3.1790, S. 215bis–221.
28 Vgl. oben.

DIE INHABER DES STADTMEIERAMTES

Während der Laufner Rat Einspruch gegen die Wahl Küngs erhob, weil er Zwingener Amtsangehöriger und nicht Laufner Bürger war, ist für die Wahl Simon Übels, Johann Hartmann von Hertensteins und Franz Athanasius von Staals nichts Vergleichbares überliefert. Der Widerstand gegen Kern und von Blarer hatte nur am Rande mit ihrer Herkunft zu tun; die von der Gemeinde ins Feld geführten Beschwerden waren umfassender.

Simon Übel, der während den für das Laufental schlimmsten Jahren des Dreissigjährigen Krieges zum Meier gewählt wurde, stammte aus Pfaffstetten in Österreich.[29] Dass ein Mann, der wohl erst seit wenigen Jahren in Laufen lebte, zum Meier wurde, hängt zweifelsohne mit den Zeitumständen zusammen. Die Pest, die zwischen 1628 und 1637 mehrmals in Laufen wütete, eine klimatische Ungunstphase seit den 1620er Jahren und die durch das Heranrücken von Truppen beider Kriegsparteien ausgelöste Fluchtbewegungen dezimierten die Laufner Bevölkerung.[30] Besonders schlimm waren die Jahre von 1634 bis 1638, in denen die Pest mit der Anwesenheit fremder Truppen zusammenfiel. Nicht nur der Bischof brachte sich beim Vogt von Dorneck in Sicherheit, auch die Bevölkerung des Oberamtes Zwingen suchte Schutz auf solothurnischem Gebiet, wo sie monatelang ausharrte. Übels Amtsvorgänger Niklaus Rym war im Exil in Erschwil gestorben, wie während des Jahres 1636 viele andere Menschen aus dem Laufental auch.[31] Der neue Meier von Laufen, Simon Übel, befand sich im Januar 1638 schon längere Zeit in Büsserach.[32]

Johann Hartmann von Hertenstein war der Sohn des verstorbenen Landvogts von Zwingen.[33] Hertenstein stammte aus einer angesehenen Familie[34] und seine Herkunft verband ihn mit einer der nobelsten, einflussreichsten Familien des Bistums, den Rinck von Baldenstein.[35] Franz Athanasius von Staal, Schwiegersohn seines Vorgängers im Amt, war Solothurner Bürger. Nikolaus Kern stammte aus Horb, Grafschaft Hohenberg, in Oberösterreich. Während die beiden Adligen durch Blutsverwandtschaft oder Heiratsallianzen sowohl mit einflussreichen Familien des Fürstbistums als auch mit patrizischen Familien der katholischen eidgenössischen

---

29 StABL, Kirchenbücher Laufen 1, Ehen, 21.11.1633.
30 Vgl. Kap. 1.
31 Todesdatum 14.1.1636, StABL, Kirchenbücher Laufen 1.
32 AAEB, B 277/11. Die Geschichte des Dreissigjährigen Krieges im Fürstbistum ist weitgehend unerforscht, einige Daten nennt Fridrich 1998, Informationen zum Geschehen in der Region finden sich bei Roth 1946 und Stritmatter 1977.
33 Zur Familie von Hertenstein, vgl. die allerdings unzuverlässige Darstellung von Liebenau 1888 sowie Bosshart-Pfluger 1983, S. 216 ff. Vor seiner Wahl zum Stadtmeier hatte von Hertenstein die Mühle von Brislach als bischöfliches Lehen inne, AAEB, B 234/9, 22.5.1651, S. 175 f.
34 Einer seiner Brüder sass im Domkapitel. Sein jüngster Sohn sollte ebenfalls Domherr werden, Bosshart-Pfluger 1983, S. 216 ff.
35 Seine Mutter war Veronika Rinck von Baldenstein, die Schwester des Bischofs Wilhelm Rinck von Baldenstein.

Stände verbunden waren,[36] war Nikolaus Kern ein Fremder, der zwar auf Empfehlung des Landvogtes ins Landschreiberamt eintrat, der jedoch keinen vergleichbaren Hintergrund hatte.

Die Laufner Bürger, die ins Stadtmeieramt gewählt wurden, sassen zur Zeit ihrer Ernennung im Rat und blieben, soweit dies überprüfbar ist, während ihrer Amtszeit weiterhin Ratsherren.[37] Von den Laufner Bürgern im Stadtmeieramt lässt sich über Franz Joseph Cueni einiges sagen. Geboren wurde er als Sohn von Franz Joseph Cueni und Maria Ursula Nussbaumer.[38] Cueni war der erste Stadtmeier, von dem mit Sicherheit gesagt werden kann, dass er aus einer einflussreichen städtischen Familie stammte. Zudem war die Familie vermögend.[39] Sein Vater war Laufner Ratsherr, später Bürgermeister und stand seit 1748 als Schaffner von Zwingen und später als Hofkammerrat auch im Dienst des Bischofs.[40] 1783 wurde er zudem zum Statthalter der Herrschaften Birseck und Pfeffingen ernannt.[41] Seine Mutter, die ebenfalls aus Laufen stammte, war die Tochter des Amtmeiers, also des Vorsitzenden im Amtsgericht Zwingen.[42] 1769 trat Franz Joseph Cuenis Vater aus dem Rat zurück. 1788 bat er wegen seines hohen Alters um Entlassung aus dem Schaffneramt; sein Nachfolger wurde sein Schwiegersohn Johann Conrad Fenninger.[43] Seinem Sohn ermöglichte er die Ausbildung zum Juristen. Bereits mit zwanzig Jahren stand der Lizentiatus beider Rechte einem Laufner Kind Pate.[44] Cueni scheint

---

36 Die Familie von Hertenstein stammte ursprünglich aus Luzern und legte auch im Fürstbistum grossen Wert auf ihr städtisches Bürgerrecht, Bosshart-Pfluger 1983, S. 216.
37 Die Meier Cunrad von Stalden (spätes 15. Jahrhundert, StadtBALaufen, Nr. 3, S. 24), Niklaus Fenninger (AAEB, B 234/12, 17.8.1759, S. 787–789) und Franz Joseph Cueni (AAEB, B 137/30, 6.4.1778, S. 209) waren Mitglieder des Rates. Nikolaus Kern behauptete, sein Amtsvorgänger Fenninger habe im Gegensatz zu ihm selbst keine Probleme mit dem Respekt des Rates gehabt; als Ratsherr sei er von den andern Magistratsmitgliedern als «inter pares primus» akzeptiert worden, AAEB, B 234/12, 17.8.1759, S. 787–789. Zu den Schwierigkeiten Kerns mit den Stadträten, vgl. Kap. 9.
38 Die Ehe der Eltern wurde am 12.11.1736 geschlossen, StABL, Kirchenbücher Laufen 2.
39 Franz Joseph Cuenis Vater, der seine Güter gemeinsam mit seinem Sohn bewirtschaftete, besass 1781 nach eigenen Angaben auf jeder Zelg 20 Jucharten Acker und 30 Jucharten Mattland. Damit sei er einer der grössten Besitzer im Laufner Bann. Ausserdem habe er drei Pflüge, fünf Pferde, acht Stiere, zwei Kühe und viel anderes Kleinvieh, AAEB, B 234/13, 22.8.1781, S. 1459.
40 Getauft wurde er am 28.9.1713 auf den Namen Josephus. Seine Eltern waren der Ratsherr Johann Jacob Cueni und Anna Maria Knaussin. Josephus Cueni starb am 10.5.1789, StABL, Kirchenbücher Laufen 2.
41 AAEB, B 137/30, 10.3.1783, S. 229.
42 Maria Ursula Nussbaumer wurde am 3.1.1714 geboren, ihre Eltern waren Johann Georg Nussbaumer und Maria Ursula Müllerin. Stadtmeier Cuenis Vater und sein Schwiegervater Nussbaumer waren die «Gegenspieler» Kerns, vgl. Kap. 9.
43 Cueni traf mit Fenninger die Absprache, dass er zugunsten des Schwiegersohns vom Amt zurücktrete, dieser ihm jedoch, solange er lebe, die Besoldung abtrete, AAEB, B 137/29, 20.2.1788, S. 513. Eine Pension für in den Ruhestand getretene Beamte entwickelte sich im 18. Jahrhundert erst allmählich, vgl. Willoweit 1983b, S. 358ff.
44 StABL, Kirchenbücher Laufen 2, 19.12.1759, S. 215.

ledig geblieben zu sein, zumindest ist im Laufner Kirchenbuch weder eine Ehe, noch die Geburt von Kindern verzeichnet.[45]

Dass die Amtsträger immer aus der Gemeinde stammten, wie Blickle betont,[46] stimmt für Laufen demnach nur sehr beschränkt.[47] Als Argument für die Stimmigkeit des Kommunalismuskonzeptes lässt sich jedoch ins Feld führen, dass die Gemeinde diese Tatsache 1551 als illegitim ansah und Einspruch gegen einen Meier erhob, der nicht aus Laufen stammte. Im 17. Jahrhundert akzeptierte die Gemeinde drei fremde Meier widerspruchslos, im Fall von Simon Übel vermutlich, weil sich in der Krisenzeit des Dreissigjährigen Krieges nicht so einfach ein geeigneter Meier finden liess. In der zweiten Hälfte des 17. Jahrhunderts hatten zwei Adlige, Johann Hartmann von Hertenstein und Franz Athanasius von Staal, das Amt inne. Im 18. Jahrhundert entzündete sich der Konflikt um den fremden Meier nicht an dessen Herkunft, sondern an dessen Wohnort. Nikolaus Kern, der gleichzeitig das Landschreiberamt versah, blieb in Zwingen wohnen, was die Laufner immer wieder zu Protest veranlasste.[48] Beim Einspruch gegen die Wahl von Blarers zum Meier dominierten praktische und rechtliche Gründe.

Über den «Beruf» der Meier lässt sich nur in Einzelfällen Genaueres sagen. Bartle Frey betätigte sich neben dem Meieramt als Flösser. 1593 gab er zu Protokoll, bereits seit über dreissig Jahren, also lange bevor er Stadtmeier wurde, Holz auf der Birs zu transportieren.[49] Es ist anzunehmen, dass er ähnlich wie der grösste Teil der Stadtbevölkerung einem Mischerwerb nachging.[50] Simon Übel war möglicherweise Wirt.[51]

---

45 Sieben Jahre vor seiner Wahl zum Stadtmeier, im Februar 1771, wurde in der Stadt eine Vorratszählung durchgeführt. In der Liste der Haushaltsvorstände ist Franz Joseph Cueni nicht verzeichnet, er lebte wohl im sieben Personen umfassenden Haushalt seines Vaters, des Amtsschaffners Cueni. «Summarische Tabell über die in denen Gemeinden des Oberamts Zwingen Vorhandene Persohnen und Früchten im Febr. 1771», AAEB, B 198/21.
46 Blickle 2000, Bd. 1, S. 50.
47 Dieser Befund zeigt sich auch in anderen Gemeinden. In der Vorstadt wurde der Hintersasse und Kreuzwirt Durs Fluri «aus Mangel zum Meyer gemacht», nicht aber zum Bürger, AAEB, B 234/3, 16.2.1775, S. 61. Das Meieramt scheint nicht eben attraktiv zu sein, wenn ein Mangel an Interessenten vorliegt. Fluri bat 1786 wegen seines hohen Alters um Suspendierung vom Amt, AAEB, B 234/10, 28.2.1786, S. 835.
48 Vgl. Kap. 9.
49 AAEB, B 142/1, 19.6.1593, S. 151–155.
50 Zum Mischerwerb, vgl. Kap. 2. In der Forschung wird die Auffassung vertreten, Abkömmlichkeit sei eine, wenn nicht die zentrale Amtsvoraussetzung, Isenmann 1988, S. 246; Pfister 1992, S. 28; vgl. auch Blickle 1988, S. 56; Keller 1994, S. 184. Das Laufner Meieramt reichte nicht aus, um den Amtsinhaber und seine Familie zu ernähren. Die Adligen verfügten über weitere Einkünfte, Nikolaus Kern kumulierte verschiedene Ämter. Zu den dem Meier zustehenden Einkünften, vgl. StadtBALaufen, Nr. 3, 16. Jahrhundert, S. 36–39; StadtBALaufen, Nr. 15, Stadtmeierei-Einzugsrodel, 1637–ca. 1670; StadtBALaufen, Nr. 24, 1639–1714; AAEB, B 234/12, S. 437–523.
51 1657 wurde die Wirtin Catharina Gsellin, die Frau des verstorbenen Meiers Simon Übel, vor Gericht geladen, AAEB, B 234/1, 12.9.1657, S. 361. Es ist davon auszugehen, dass sie den Betrieb nach seinem Tod weiterführte.

Nikolaus Kern und Franz Joseph Cueni waren Juristen. Franz Joseph Wilhelm von Blarer war Landvogt und hatte zuvor am fürstbischöflichen Hof gedient.

Fasst man die Angaben zur Herkunft der Meier zusammen, lassen sich keine eindeutigen Entwicklungslinien ausmachen. Bis ins 17. Jahrhundert bekleideten Bürgerliche das Amt, die mehrheitlich aus der Laufner Bürgerschaft stammten. In der zweiten Hälfte des 17. Jahrhunderts übertrug der Bischof das Meieramt zweimal einem Adligen. Nachfolger der beiden Adligen wurde wieder ein Laufner Bürger, Niklaus Fenninger, dessen Eignung für das Amt vom Hofrat jedoch eher gering geschätzt wurde.[52] Als er 1721 Stadtmeier wurde, bekleidete erstmals seit über fünfzig Jahren wieder ein Stadtbürger das Meieramt. Über seinen beruflichen Hintergrund ist nichts bekannt, er scheint jedoch der letzte Meier zu sein, der über keine höhere Bildung verfügte. Die beiden folgenden Meier waren von Beruf Juristen, was auf eine Professionalisierung[53] des Meieramtes hindeutet. Als Landvogt war Franz Joseph Wilhelm von Blarer ein «Verwaltungsprofi»; er stand seit jungen Jahren am fürstbischöflichen Hof in Dienst, zunächst als Kammerjunker und Hofratsassessor. Wo er seine Schulbildung genoss, scheint nicht bekannt zu sein.[54] Zur Entstehung des Beamtentums lässt sich festhalten, dass von Blarers Werdegang eines Adligen im Dienst seines Fürsten noch eher typisch ist für das Ancien Régime, während die beiden Juristen bereits in eine neue Zeit weisen.

Anders als bei der Wahl des Amtmeiers, einem Amt, das zu Beginn des 18. Jahrhunderts mit einem Mann besetzt wurde, dessen Vater und Grossvater auch schon Amtmeier gewesen waren,[55] setzte sich die Quasi-Erblichkeit[56] beim Laufner Meieramt nicht durch. In wenigen Fällen war die Nachfolge vorgespurt. Zweimal wurde der Stellvertreter des Meiers später selbst ins Amt gewählt, nur einmal spielte zudem Verwandtschaft, genauer eine Nachfolgeregelung zwischen Schwiegervater

52 Vgl. unten.
53 Durch die Professionalisierung wird eine «Arbeit» zu einem Beruf. Zur Professionalisierung gehören der stufenweise Erwerb von Berufswissen und Berufsgeheimnissen sowie ein Prüfungssystem, das über die Zulassung zum Beruf entscheidet, Wunder 1992, S. 120.
54 Eine Kurzbiografie von Franz Joseph Wilhelm von Blarer findet sich bei Jorio 1982, S. 128, allerdings mit einer Ungereimtheit: Jorio datiert von Blarers Ernennung zum Laufner Stadtmeier auf den 4.4.1778. Dieses Datum trägt die Bestallung Franz Joseph Cuenis zum Stadtmeier. Zwei Erklärungen sind möglich: 1. Cueni wurde lediglich Meiertumsverwalter. Dies scheint mir angesichts der Formulierung der Bestallung wenig wahrscheinlich. 2. Ich gehe davon aus, dass es sich um einen Irrtum Jorios handelt. Die Einwände, die der Laufner Rat 1790 gegen die Wahl von Blarers formulierte, machen wenig Sinn, wenn dessen Ernennung bereits 1778 stattgefunden hätte. Vgl. dazu unten.
55 Beim neu gewählten Amtsinhaber handelt es sich um Urs Oser aus Brislach, AAEB, B 137/29, Mappe 1, 2.6.1713, S. 29.
56 De facto vererbte sich von der zweiten Hälfte des 17. Jahrhunderts bis Mitte des 18. Jahrhunderts die Landvogtei Zwingen immer wieder vom Vater auf den Sohn, in der zweiten Hälfte des 18. Jahrhunderts einmal vom Schwiegervater auf den Schwiegersohn. Zu den Zwinger Landvögten, vgl. Merz 1923, S. 103.

und Schwiegersohn, bei der Besetzung des Amtes ein Rolle. In den anderen Fällen kamen immer wieder neue Männer zum Zug.

Alter beim Antritt des Meieramtes, Amtsdauer

Zwar wissen wir nicht von allen Meiern, wann sie geboren wurden und können deshalb auch nicht eruieren, wie alt sie beim Amtsantritt waren. Der Befund, der sich anhand von sechs Meiern gewinnen lässt, ist jedoch eindeutig. Meier wurde man weder als ganz junger, noch als alter Mann, sondern in der Blüte der Jahre, in denen ein Mann durch Heirat als erwachsen galt, den Zenit seines Lebens mit einem vollen sozialen Status jedoch noch nicht erreicht hatte.[57] Bei Amtsantritt waren die Meier zwischen 36 und 47 Jahren alt.[58] Daran veränderte sich zwischen dem 16. und dem 18. Jahrhundert nichts. Mit einer Ausnahme waren sämtliche Meier, deren Familienverhältnisse sich rekonstruieren liessen, bei der Wahl bereits verheiratet und hatten Kinder.[59] Das heisst, sie waren Hausväter. Dieses «herrschaftssoziologische Kriterium», das «kollektive Regiment der Hausväter», verbindet, gemäss Blickle, städtische und ländliche Gemeinden.[60] Das Haus ist im Modell von Otto Brunner rechtliches Bezugszentrum der Herrschaft und strukturierendes Prinzip von Gesellschaft und Macht in Alteuropa. Die normative Kraft des Hauses gilt als so bedeutend, dass nicht Haushäbliche zur marginalen Gruppe in Stadt und Gemeinde werden.[61] «Das Haus als Friedens- und Rechtsbereich, als ökonomische Grundfigur fällt zeitlich zusammen mit der Existenz städtischer und

---

57   Auch die Wahrnehmung von Lebensalter und die Vorstellung, die sich Menschen vom Lebenslauf machen, haben eine Geschichte, vgl. dazu, allerdings mit Schwergewicht auf das Leben von Frauen, Wunder 1992, S. 34 ff. Das Erwachsenenalter wird mit der Heirat in Verbindung gebracht, durch die Männer und Frauen einen Statusgewinn erzielten. Während Frauen mit 50 als alt galten, erreichten Männer dann den Höhepunkt ihres sozialen Status', Wunder 1992, S. 45, 51; vgl. auch Imhof 1984, S. 146.
58   Bartle Frey war zirka 44 Jahre alt, Johann Hartmann von Hertenstein 39, Franz Athanasius von Staal zirka 36, Nikolaus Kern zirka 47 und Franz Joseph Cueni 39, Franz Joseph Wilhelm von Blarer 46 Jahre alt.
   Niklaus Rym war bei seinem Amtsantritt möglicherweise bereits etwas älter. Anlässlich seines Amtsantrittes bat er beim Landvogt um eine Dispensation von der Reise zur Huldigung nach Pruntrut. «[I]n Ansehung seines Alten und Corpulenth Leibs, der schier kein pferdt mehr überschreiten könne, [möchte er von] diser Reys bey so ellendem Wetter und weg» enthoben werden, AAEB, B 137/30, 2.11.1627, S. 23. Mit neun Jahren dauerte seine Amtszeit vergleichsweise kurz, wobei zu bedenken ist, dass sie in eine Krisenzeit mit wiederholten Pestzügen und der Bedrohung durch den Dreissigjährigen Krieg fiel. Möglicherweise war Rym die Reise genau aus diesen Gründen und wegen des schlechten Wetters einfach zu riskant.
59   Sicher verheiratet waren Bartle Frey, Johann Hartmann von Hertenstein, Franz Athanasius von Staal, Niklaus Fenninger und Nikolaus Kern. Ebenfalls verheiratet war Simon Übel; er hatte mit Catharina Gsell, die bereits einmal verheiratet gewesen war, vermutlich jedoch keine Kinder. Einzig Franz Joseph Cueni scheint ledig gewesen zu sein.
60   Blickle 2000, Bd. 1, S. 76; zum Folgenden: ebd., S. 76 ff.
61   Zur Historiografiegeschichte des Konzepts «Ganzes Haus», vgl. Trossbach 1993a, S. 88 ff. sowie ders. 1993b; Ulbrich 1999, S. 13 ff. Zur Kritik an Otto Brunner, der das Konzept des «ganzen Hauses» wiederaufnahm, vgl. Opitz 1994.

ländlicher Gemeinde. Für das Kommunalismus-Modell sind das die wichtigen Feststellungen.»[62]

Das Meieramt wurde auf Lebenszeit vergeben. In besonderen Fällen konnte der Bischof einen Meier jedoch absetzen.[63] Aussagen über die Amtsdauer in Jahren lassen sich insbesondere für das 16. Jahrhundert nicht machen. Seit der Mitte des 17. Jahrhunderts sind lange Amtszeiten von zwanzig und mehr Jahren üblich. Die meisten Meier des 17. und 18. Jahrhunderts übten ihr Amt bis zu ihrem Tod aus. Ob Franz Joseph Cueni durch den Tod aus dem Amt schied, ist unklar. Ein Todesdatum um 1790 ist im Laufner Kirchenbuch nicht verzeichnet.[64] Der letzte Meier musste sein Amt durch das Ende des Fürstbistums vorzeitig aufgeben.

Auswertung der Bestallungen

Von sieben der 14 Stadtmeier, die das Amt zwischen 1500 und 1792 bekleideten, ist die Bestallung entweder als Originalurkunde oder als Revers[65] erhalten.[66] Die erste überlieferte Bestallung stammt aus dem Jahr 1503, die letzte von 1778. Im Laufe von fast dreihundert Jahren veränderten sich der Inhalt der Urkunden und damit die Aufgaben des Stadtmeiers beträchtlich. Die Analyse der Bestallungen sagt selbstverständlich nichts über die Praxis aus, wohl aber über die dem Amt zugrundeliegende bischöfliche Intention. Anhand der Bestallungen allein ist nicht zu erkennen, inwiefern die festgesetzten Normen befolgt und umgesetzt wurden oder ob sie lediglich Programm blieben. Dennoch scheint es mir sinnvoll, im Wissen um die Problematik des Vorgehens, den Versuch zu wagen, die veränderten Anforderungen an den Meier anhand seiner Bestallung zu erfassen und zu charakterisieren. Vertretbar ist dieses Vorgehen insbesondere deshalb, weil die Bestallungen nicht isoliert untersucht, sondern in ihren Kontext eingeordnet werden.[67]

Anfänglich waren die Pflichten des Meiers nur sehr allgemein umschrieben. Ulin Weber verpflichtete sich 1503, für Bischof und Stift den Nutzen zu fördern und

---

62 Blickle 2000, Bd. 1, S. 83. Im Original stehen die beiden zitierten Sätze in umgekehrter Reihenfolge.
63 Aufgrund ihrer Haltung während der Kontributionsverweigerung von 1630 setzte der Bischof den Amtmeier von Zwingen sowie die Meier von Röschenz, Blauen, Brislach und Nenzlingen ab und erliess Gefängnis- und Geldstrafen, Berner 1994, S. 109.
64 Cueni war seit 1781 zusätzlich zum Meieramt «Profectus» (soll wohl heissen: Praefectus, lat. Vogt) in Burg, Kirchenbücher Laufen 2, 24.12.1781, S. 324 (Cueni stand einer Tochter des Chirurgen Johann Adam Cueni Pate). Möglich ist, dass er Laufen um 1790 verliess, ohne dass ich dafür Spuren in den Quellen gefunden habe.
65 Vgl. Art. Reversalien, HRG 4, Sp. 956.
66 Zwei Bestallungen sind als Urkunden überliefert, sechs als Revers, wobei die Bestallung von Bartle Frey sowohl als Originalurkunde als auch als Revers erhalten ist.
67 Die Verwaltungsgeschichte stützt sich vor allem auf Amts- und Verwaltungsordnungen, also auf normative Quellen, ab. Auf die Problematik dieses Vorgehens hat jüngst Groebner (2000, S. 102) hingewiesen.

Schaden zu wehren, sein Amt treulich auszuführen, die Rechte zu wahren und Rechnung abzulegen. Geregelt wurde ausserdem sein Verhalten im Fall von Gefangenschaft oder Tod des Bischofs: Dann ist er dem Kapitel des hohen Stifts Basel Gehorsam schuldig bis zur Befreiung des Bischofs oder der Neuwahl eines Nachfolgers.[68]

Die dem Meier auferlegten Rechtspflichten sind, vergleicht man sie mit Bestimmungen aus anderen Territorien des Reichs, charakteristisch für die sich seit dem späten 15. Jahrhundert gehäuft entwickelnden Verwaltungsordnungen. Zum Kernbestand derartiger Regelungen gehören eine Reihe von Topoi und Pflichten allgemeiner Art, wie das Gebot der Unparteilichkeit, der Rechtshilfe für Arm und Reich, das Verbot, Geschenke anzunehmen, und die Betonung der dem Herrn geschuldeten Treue und Pflicht, Schaden von ihm abzuwenden.[69] «Unparteilichkeit und Unbestechlichkeit sind die am frühsten nachhaltig betonten allgemeinen Amtspflichten und Beamtentugenden, denen wir im späten Mittelalter begegnen. Ihnen zur Seite zu stellen sind die Pflichten, Schaden vom Landesherrn zu wenden und getreulich sein Bestes zu fördern. Solche Formulierungen sind zeitgenössischen Eidesformeln entnommen und finden sich auch in gleichzeitigen oder älteren Bestallungsurkunden.»[70] Diese das Amtsverhältnis regelnden Grundsätze wurden, wenn der Landesherr seine Amtsträger an eine Verwaltungsordnung band, durch Gesetze normiert, generalisiert und befohlen.[71]

Bereits 1555 wurden die Pflichten des Laufner Stadtmeiers bedeutend ausführlicher und konkreter geregelt. In den seit 1503 vergangenen fünfzig Jahren waren mit dem Bauernaufstand von 1525, der Verburgrechtung Laufens mit der Stadt Basel und mit der Annahme der Reformation auch in Laufen Veränderungen im Verhältnis zwischen Stadt und Obrigkeit vor sich gegangen,[72] die – obwohl kein offener Konflikt mehr bestand – immer noch nachwirkten. Die Bestallungsurkunde nahm explizit keinen Bezug auf den Konflikt. Das dem Meier auferlegte Verbot, sich in ein anderes Schirmverhältnis zu begeben und die Verhaltensanweisungen im Fall von «Irrung und spenn» machen deutlich, dass der Bischof mit der Möglichkeit eines Konfliktes rechnete[73] und ihn durch die Regelung des Verhaltens in geordnete

---

68 AAEB, B 137/30, 10.8.1503, S. 3.
69 Willoweit 1983a, S. 133.
70 Willoweit 1983a, S. 134.
71 Im Fürstbistum erliess der Bischof auch im Laufe der Frühen Neuzeit keine Verwaltungsordnungen für den Meier oder für andere Amtsträger; insbesondere für die Landvögte blieben die individuell-feudalen Verhältnisse bestehen.
72 Vgl. Berner 1989, 1994, 1995; vgl. auch Kap. Rahmenbedingungen.
73 Kaschuba (1991, S. 67) spricht von einem frühneuzeitlichen Dauerkonflikt zwischen Herrschaft und Untertanen, in dem zwei Rechtssysteme aufeinanderprallten, die schriftlich fixierten herrschaftlichen Rechtsansprüche und die gewohnheitsrechtliche «empirische» bäuerliche Rechtsauffassung.

Bahnen lenken wollte. Bis zu einem gewissen Grad stellte er dadurch institutionalisierte Bewältigungs- und Lösungsstrategien zur Verfügung. Dass er es bei den Laufner Bürgern nicht mit Befehlsempfängern zu tun hatte, sondern mit Untertanen, die Herrschaft als Vertrag zwischen Herrschenden und Beherrschten verstanden, hatte der Bischof anlässlich seines Amtsantritts im Vorjahr erfahren. Die Laufner hatten die Huldigung zum Anlass genommen, die Bestätigung ihrer geschriebenen und ungeschriebenen Rechte und Freiheiten sowie die Garantierung der evangelischen Predigt zu verlangen.[74]

Die Urkunde für Hans Frey von 1555 beginnt wiederum mit der allgemeinen Formulierung, Schaden abzuwehren, Nutzen zu fördern und dem Bischof treu zu sein. Der Meier wurde darauf verpflichtet, Arme und Reiche gleich zu behandeln und ihnen zu ihrem Recht zu verhelfen, ausserdem den Gemeinden im Amt Laufen förderlich zu sein. Im Einzelnen war der Meier aufgerufen, Frevel,[75] Fried, Trostung,[76] Fischen, «Vogeln» und Beholzung zu verbieten, also die niedergerichtlichen Rechte[77] auszuüben und Frevel, Bussen[78] und Besserungen[79] zu rechtfertigen.[80] Hier stehen die drei Begriffe für die finanziellen Folgen von Gesetzesübertretungen, das heisst, dass der Meier die Geldstrafen einziehen sollte. Sobald er zwei Frevel oder mehr gerechtfertigt (behandelt und beurteilt) hatte, sollte er dem Hofmeister, einem hohen Beamten der Pruntruter Zentrale,[81] Meldung machen. Er war gehalten, die bischöflichen Regalien (Jagd, Fischerei, Einnahmen) zu wahren, sein Amt fleissig auszuüben und die aus seinem Amt entstehenden Einnahmen gewissenhaft einzuziehen. Kam es in Parteien- oder Gerichtshändeln zur Appellation, war der Meier verpflichtet, dem Schaffner zu Zwingen Meldung zu machen. Der Meier hatte dem Schaffner beim Einbringen der bischöflichen «Rent und Gült» Unterstützung zu leisten. Der Meier war gehalten, die zum Meiertum gehörenden Güter und Rechte zu wahren, damit nichts verloren gehe. Er durfte sich in keinen anderen Schirm

---

74 Berner 1994, S. 33f.
75 Vgl. Art. Frevel, HRG 1, S. 1273f.: Frevel bezeichnet seit dem Spätmittelalter mittelschwere Verbrechen (ablösliche Hochgerichtsfälle) bis kleinere Übertretungen. Frevel steht jedoch nicht nur für die Straftat, sondern auch für die Straffolge, also die Geldbusse.
76 Trostung bedeutet laut Id. 14, Sp. 1421–1428 Versprechen, Garantie, Bürgschaft, vgl. auch Trostungsbrecher, Id. 5, Sp. 339; Trostungsbruch, Id. 5, Sp. 377.
77 Zur Gerichtsbarkeit, vgl. Berner 1994, S. 42ff.
78 Vgl. Art. Busse, HRG 1, Sp. 575ff.: Abgeltung, Leistung einer Strafe.
79 Vgl. Art. Besserung, HRG 1, Sp. 394ff.: Wiedergutmachung, Strafe, Strafgeld.
80 «Rechtfertigen» bedeutet gemäss Grimm (Bd. 14, Sp. 411ff.) ein Rechtsverfahren bereit stellen, den Prozess machen, für Recht erklären, auch: frei sprechen, für richtig erklären, im Sinn von verteidigen.
81 Zum Hofmeister, vgl. Weissen 1994, S. 234ff. In der Bestallung von 1584, die 1627 für Niklaus Rym überarbeitet wurde, wurde der Hofmeister durch den Landvogt von Zwingen ersetzt. Der Meier war im 17. Jahrhundert also nicht mehr der Pruntruter Zentrale rechenschaftspflichtig, sondern der Zwingener Amtsverwaltung. Damit deutet sich eine verstärkte Kontrolle und Einschränkung des meierlichen Handlungsspielraumes an.

begeben. Starb der Bischof oder geriet er in Gefangenschaft, schuldete der Meier – wie bereits in der Bestallung von 1503 festgehalten – dem Domkapitel Gehorsam. Im Fall von Konflikten zwischen dem Bischof, seinen Beamten («unsren verwandten») und dem Meier sollte er sich vor den Bischof und die Räte oder, wenn der Konflikt sie betraf, vor das Kapitel begeben.[82] Abschliessend legte Hans Frey vor Gott und den Heiligen einen Eid ab, sein Amt getreulich auszuüben – dies obwohl Laufen damals reformiert war und der Meier kaum mit widerstandslosem Gehorsam seiner Mitbürger hätte rechnen können, wenn er katholisch gewesen wäre. Auch Bartle Frey schwor 1584 bei seiner Aufnahme ins Meieramt, zwei Jahre nachdem ein bischöflicher Rekatholisierungsversuch in der Stadt fehlgeschlagen war,[83] zu Gott und den Heiligen. Dieser Schwur ist ein Hinweis auf die Formelhaftigkeit der Bestallung. Der Bischof verzichtete nicht auf den Schwur. Die schwörenden Meier schien die Anrufung der Heiligen nicht einmal irritiert, geschweige denn zu Einspruch genötigt zu haben. Möglicherweise blieb die Heiligenverehrung nach der Reformation weit länger präsent als bisher angenommen.[84]

Die Bestallungen des 17. Jahrhunderts

Bei der Bestallung von Bartle Frey im Jahr 1584 wurde der Text von 1555 unverändert übernommen.[85] Nach dessen Tod im Jahr 1627 schlug Landvogt Jakob von Hertenstein einige Änderungen an der Bestallungsurkunde vor. Vier Jahre nach der Amtseinsetzung des letzten Meiers, im September 1588, hatte der Bischof in Laufen die Rekatholisierung durchgesetzt.[86] Dem Zwingener Landvogt schien es deshalb angebracht, in der Bestallung festzulegen, dass der Meier keiner anderen Religion anhängen dürfe als der Bischof.[87] Ohne Zweifel wirkte die erst wenige Monate zurückliegende Rekatholisierung Allschwils beim Vogt nach.[88] Einen Einfluss hatte wohl auch die Tatsache, dass Schauplätze des Dreissigjährigen Krieges als konfessionelle Auseinandersetzung in die Nähe gerückt waren.[89] Weiter schlug der

---

82 AAEB, B 137/30, 25.10.1555, S. 7–13.
83 Vgl. Berner 1995.
84 Zum Weiterleben der Heiligenverehrung nach der Reformation vgl. Fridrich 2001, Bd. 3, S. 145 ff. und Bd. 4, S. 165 f. Dass der reformatorische Bruch mit Traditionen geringer war als zunächst angenommen, belegen beispielsweise die Arbeiten von Robert W. Scribner, vgl. Rublack 1998. Zur Komplexität des Bildersturms als Begriff und Phänomen, vgl. Bildersturm 2000.
85 AAEB, B 137/30, 31.8.1584, S. 15–19.
86 Zur Rekatholisierung Laufens, vgl. Berner 1994, S. 146 f.
87 Diese Forderung war im Dienstrecht des deutschen Reichs allgemein üblich. Ausnahmen bestanden in protestantischen Territorien, in denen die lutherische Konfession geduldet wurde und umgekehrt, in geistlichen Territorien konnten auch Protestanten Beamte werden, Willoweit 1983, S. 350.
88 Zur Rekatholisierung Allschwils, vgl. Berner 1994, S. 148.
89 Fluchtwelle aus dem Markgräflerland nach Basel im Februar/März 1627, Stritmatter 1977, S. 25 (Zusammenhänge, siehe dort).

Vogt vor, die Kompetenzen des Meiers zu reduzieren. Die vorgeschlagenen Einschränkungen fanden beim Bischof offene Ohren und wurden in die Bestallung übernommen. Ohne Wissen des Vogts oder des Amtsschaffners durfte der Meier keinen Rat abhalten, ausser es betreffe das Salzwesen, also einen der Stadt zustehenden Bereich.[90] Dem Meier war es im Weiteren verboten, Umfragen zu machen (Abstimmungen durchzuführen), im Rat oder anlässlich einer Gemeindeversammlung Beschlüsse fassen zu lassen («etwas erkennen lassen») sowie Gericht zu halten, wenn nicht der Schaffner oder dessen Schreiber zugegen war.[91] Im Übrigen übernahm die Urkunde die Bestimmungen, die seit 1555 gültig waren. Der Text von 1627 liegt auch dem undatierten Revers der Bestallung von Simon Übel zugrunde.[92]

Mit diesen seit 1627 in der Bestallung festgeschriebenen Verringerung der meierlichen Kompetenzen verändert sich der Charakter des Amtes entscheidend. Während der Bischof im 16. Jahrhundert regelte, was der Meier zu tun hatte, legte er zu Beginn des 17. Jahrhunderts Wert darauf zu sagen, was sein Amtmann alles nicht durfte. Der Meier verlor an Selbständigkeit und wurde stärker in die oberamtliche Hierarchie eingebunden. Landvogt und Amtsschreiber beaufsichtigten und überwachten ihn.[93] Das obrigkeitliche Bestreben, die Herrschaft zu hierarchisieren

---

90 Seit 1461 verfügte die Stadt über die bischöfliche Bewilligung, Salz zu verkaufen. Das Verkaufsmonopol erstreckte sich über die ganze Vogtei Zwingen, AAEB, B 234/1, 17.7.1461, S. 5. 1588 wurde das Privileg bestätigt, StadtBALaufen, Urk. Nr. 35, 13.2.1588.
91 AAEB, B 137/30, 2.11.1627, S. 23. Die Vorschläge des Vogtes flossen in die Bestallung von Niklaus Rym ein, AAEB, B 137/30, 24.11.1627, S. 27–29 (Entwurf der Bestallung); ebd., S. 31–37 (Revers). Neben den substantiellen Veränderungen wurden auch kleinere Anpassungen vorgenommen; beispielsweise wurde die Meldepflicht an den Hofmeister auf den Landvogt übertragen.
92 AAEB, B 137/30, S. 41.
93 Zu vergleichbaren Ergebnissen kommt Berner (1994, S. 37f.) in seiner Untersuchung von Huldigungseiden. Der Pfeffinger Eid von 1527/37 beschränkt sich darauf, die Untertanen zum Gehorsam innerhalb der herkömmlichen Formen zu verpflichten. Eine genaue Beschreibung dessen, was damit gemeint war, erfolgt nicht. In konkreten Konfliktfällen waren demnach die Vorstellungen der Untertanen ebenso zu befragen wie diejenigen der Obrigkeit, denn für die Festlegung dessen, was Herkommen war, besass die Herrschaft keine Prärogative. Hier bedurfte es des Zusammenwirkens der beteiligten Parteien. Der Eid für die Vogtei Zwingen einschliesslich der Stadt Laufen von 1628 dagegen führt im Einzelnen auf, was Gehorsam bedeutet. Zudem enthält die Eidesformel von 1628 unverkennbare Ansätze zu stärkerer Reglementierung insbesondere im strafrechtlichen Bereich. «Das Aufstellen solcher Forderungen», stellt Berner zu Recht fest, «ist allerdings nicht schon als Beleg für erfolgreiche obrigkeitliche Kontrolle zu deuten. Der Versuch, die Untertanen eidlich auf ein bestimmtes Verhalten hin zu verpflichten, zeigt vielmehr gerade die Schwachstellen obrigkeitlicher Macht: ihr Unvermögen, ohne Mitwirkung der Untertanen innerhalb der Gemeinden tatsächlich polizeiliche und gerichtliche Massnahmen durchzusetzen, ihre Furcht vor eigenständigen Entscheidungen in den Gemeinden, ihre Angst vor Aufruhr. Immerhin ist – im Unterschied zu 1527/37 – die Herrschaft 1628 in der Lage, solche Forderungen, wie sie im Eid enthalten sind, überhaupt zu formulieren. Eine Verstärkung ihrer Position, eine bestimmtere Vertretung ihrer Politik ist erkennbar, auch wenn die faktische Durchsetzbarkeit des hier formulierten obrigkeitlichen Machtanspruchs keineswegs garantiert ist.» Vgl. auch die Einführung einer Dorf- und Gerichtsordnung für das Amt Birseck 1627, Berner 1994, S. 39–53.

und zu zentralisieren, setzt bereits in der ersten Hälfte des 17. Jahrhunderts ein. Obwohl die Unterordnung dieses zentralen Amtsträgers in der Gemeinde nicht ohne Einfluss auf den gemeindlichen Handlungsspielraum bleiben konnte, lehnte weder Niklaus Rym als Amtsinhaber, noch die Gemeinde die Neuerungen ab. Die Rückbindung des Meiers und seiner Kompetenzen wurde in der ersten Bestallung des 18. Jahrhunderts fortgeführt und verschärft. Da die Bestallungen von Johann Hartmann von Hertenstein und Franz Athanasius von Staal nicht erhalten sind, wissen wir nicht, ob sich bereits im Laufe des 17. Jahrhunderts Veränderungen abzeichneten.[94]

Die Bestallungen des 18. Jahrhunderts

Die erste Bestallung im 18. Jahrhundert, 1721 für Niklaus Fenninger ausgefertigt, beinhaltet einen neuen, stark erweiterten Text. Die detaillierte Umschreibung der meierlichen Aufgaben wurde vielfach aus früheren Bestallungen übernommen.[95] Wiederholt wurde die allgemeine Verpflichtung, Nutzen zu mehren und Schaden zu wenden, ergänzt durch die Aufforderung zur Diskretion und Verschwiegenheit, die zweifelsohne schon früher, ohne explizit genannt zu sein, erwartet wurde.[96] Die Bestallung enthält jedoch auch entscheidende Neuerungen. Erstmals setzte der Bischof den Meier ausdrücklich nur bis auf Widerruf ein und legte eine gegenseitige Kündigungsfrist von einem Vierteljahr fest.[97] Weiter trat an Stelle der allgemein formulierten Dienstpflicht die Gehorsamspflicht nicht nur gegenüber dem Bischof, sondern auch gegenüber dem Geheimen Rat und dem Landvogt. Der Meier wurde zu einem Befehlsempfänger im Dienst der Obrigkeit: «Erstlichen soll er [der Stadtmeier] sein Aufsehen auf Uns, undt von Unsertwegen, auf Unsere geheimbe Räht wie nicht weniger Unserem Obervogte zu Zwingen haben, sich auf Unseren und ihren Befelh in all Unseren Sachen undt Geschäften jeder Zeith gehorsamb und willig gebrauchen lassen.»[98] Während die Einbindung in die oberamtliche Hierarchie bereits seit hundert Jahren in Kraft war, unterstand der Meier nun auch der bischöflichen Zentralverwaltung, dem Geheimen Rat. Hier zeichnete sich bereits die obrigkeitliche Absicht ab, der Zentralverwaltung vermehrt Kontroll- und Einflussmöglichkeiten in den Vogteien und sogar in den Gemeinden einzuräumen. Dieselbe Stossrichtung verfolgte die Verwaltungsreform von 1726 mit der Schaffung

---

94 Es ist kaum ein Zufall, dass sich die Bestallungen der beiden Adligen nicht erhalten haben. Möglicherweise befinden sie sich in ihren Privatarchiven.
95 Art. 3–10. Ergänzt wurden die Aufgaben in Artikel 11 der Bestallung durch die Bestimmung, dass der Meier – zusätzlich zur Aufsicht über die bereits früher genannten bischöflichen Regalien – auch über die Grenzmarken zu wachen habe.
96 Art. 22 und 26, AAEB, B 137/30, 3.12.1721, S. 73–105.
97 Art. 25, AAEB, B 137/30, 3.12.1721, S. 73–105.
98 AAEB, B 137/30, 3.12.1721, S. 74.

des Fiskalamtes.[99] Die selbständigen, insbesondere richterlichen Befugnisse des Meiers wurden durch Kontroll- und Aufsichtsaufgaben ersetzt, verbunden mit einer Meldepflicht an Bischof und Landvogt.[100] Über Entscheidungsbefugnisse verfügten Bischof und Landvogt, nicht jedoch der Meier; er hatte Anweisungen abzuwarten. Bei Abwesenheit musste er sich beim Landvogt abmelden.[101]

Festgeschrieben wurde auch das Verhalten des Meiers gegenüber der Gemeinde, den bischöflichen Untertanen. Er solle «Unserer Leuth und Unterthanen bey Ihren Löbl. alten Herkommen, darunter wir aber die alt-Eingeschlichenen Missbräuch nicht verstanden haben wollen, bleiben lassen; undt solle Er Niclaus Fenninger Unsere Unterthanen niemahlen wider uns, unsere Nachkommen, und dass Hochstift directé non indirecté berathen undt verholfen seyn, weder heimlich noch offentlich, weder selbsten noch durch andere; im übrigen sich gegen unseren Unterthanen, wie es sich gebührt, beschaidentlich erzeigen, und mit denen gewohnlichen Nutzungen, Besoldungen, und Einziehen, so er etwann von Amtswegen für uns oder andere AmbtsExpeditionen von unseren Unterthanen fordern, undt empfangen mag und soll sich Vergnüegen lassen».[102] Der Gemeinde standen eigene Rechte – das alte Herkommen – zu, das negierte auch ein absolutistischer Herrscher nicht. Deren Umfang unterlag jedoch der Definitionsgewalt des Bischofs, indem er sich den Spielraum offen liess, diese Rechte zu «alt-Eingeschlichenen Missbräuch» zu erklären. Dem Meier, der, dessen war sich der Bischof wohl bewusst, nicht nur seinem Herrn, sondern auch seiner Stadt gegenüber loyal war, verbot er, seine Gemeinde gegen die Herrschaft zu beraten. Dafür schützte der Bischof die Bevölkerung vor allzu grosser finanzieller Belastung, denn der Meier sollte – bestimmte es Artikel 12 – mit seiner Besoldung zufrieden sein, die Untertanen nicht zusätzlich beschweren und keine «Verehrungen» annehmen oder annehmen lassen. Woher der finanzielle Druck auf die Bevölkerung in der Realität kam, bleibt hier verschwiegen.[103] Die Bestallung weist den Meier in seine Schranken – so weit, dass er die Stadtgemeinde im bischöflichen Auftrag beaufsichtigte – um nicht zu sagen: ausspionierte,[104] jedoch kaum noch richterliche Funktionen ausübte. Das alte Herkommen, das er zu schützen hätte, würde gerade auch seine eigenen richterlichen Aufgaben beinhalten.[105]

99 Vgl. Kap. Rahmenbedingungen sowie Suter 1985, S. 325; Berner 1994, S. 219, 226ff.
100 Vgl. Art. 14 (Verwaltung der Witwen- und Waisengüter), 15 (Aufsicht über Kirchen- und Spitalgüter), 16 (Gewerbeaufsicht), 18 (Protokollierung der Ratsverhandlungen sofern die Landesherrlichkeit betroffen ist, sorgfältige Archivführung), 21 (Aufsicht über den baulichen Zustand der Stadtkirche), AAEB, B 137/30, 3.12.1721, S. 73–105.
101 Art. 20, AAEB, B 137/30, 3.12.1721, S. 73–105.
102 Art. 13, AAEB, B 137/30, 3.12.1721, S. 73–105.
103 Zur Erhöhung des ökonomischen und fiskalischen Drucks, vgl. Kap. Rahmenbedingungen sowie Suter 1985, S. 243ff.
104 Vgl. unten, Art. 18 der Bestallung, AAEB, B 137/30, 3.12.1721, S. 73–105.
105 Vgl. unten, die Argumentation eines namentlich nicht genannten Schreibers in seiner Stellungnahme vom 8.4.1778 zur Bestallung des Stadtmeiers, AAEB, B 137/30, S. 211–223.

Während der Meier bereits im 16. Jahrhundert zur Rechnungsablage verpflichtet war, wurde ihm nun auch der sorgfältige Umgang mit Akten und deren Verwahrung ans Herz gelegt, des Weiteren war er aufgefordert, die Verhandlungen des städtischen Rates zu protokollieren, sofern sie «uns [...] oder unser Landesherrlichkeit betreffen möchte».[106] Hier zeigt sich einerseits die Absicht, die Verwaltung auf Gemeindeebene zu verschriftlichen und zu professionalisieren.[107] Unüberhörbar ist jedoch auch die Indienstnahme des Meiers als Kontrollorgan, der dem Bischof zu berichten hat, was im Stadtrat verhandelt wurde. Ob der Meier diesem Auftrag nachkam, ist damit natürlich nicht gesagt. Mit dem kommunalen Bereich ist es dennoch nicht mehr weit her, wenn der Bischof Ohren im Rat hat. Abschliessend zählte die Bestallung die zum Meiertum gehörenden Güter auf.

Zusammenfassend: Der stark erweiterte Text nennt zum einen die bereits seit dem 16. Jahrhundert geltenden allgemeinen Amtspflichten und ergänzt sie um die Verschwiegenheit und das Verbot, Geschenke anzunehmen.[108] Zum anderen wurden Aufgaben, aber auch Grenzen des Meieramtes detaillierter geregelt als je zuvor. Die in Laufen feststellbare Entwicklung ist insofern zeittypisch als es seit der Mitte des 17. Jahrhunderts im Dienstrecht Usus war, Beamten mit Instruktionen zu versehen. Die Bindung des Beamten an detaillierte Aufgabenzuweisungen ist eine Konsequenz des absolutistischen Herrschaftsverständnisses. Besonders betont wurde die Pflicht zu Gehorsam gegenüber dem Landesherrn und den Vorgesetzten und die Pflicht zur Verschwiegenheit.[109]

Der Meier unterstand nun nicht mehr nur dem Landvogt, sondern auch der fürstbischöflichen Zentralverwaltung, deren Einfluss in den Gemeinden der Bischof zu stärken versuchte. Die Amtsführung sollte durch Verschriftlichung und Archivierung professionalisiert werden, gleichzeitig verstärkt sich jedoch die Tendenz, die sich schon seit hundert Jahren abzeichnete: Der Meier wurde zu einer dem Land-

106 Art. 18, AAEB, B 137/30, 3.12.1721, S. 73–105.
107 Zur Aktenführung auf der Gemeindeebene vgl. Einleitung (Quellenlage). Städtische Rechnungen setzten im 18. Jahrhundert ein: Im StadtBALaufen sind Spitalrechnung (seit 1754), Rechnungen der «gemeinschaftlichen Fabricken der Kirche St. Martin und der Stadtkapelle St. Katharina» (seit 1787), der «gemeinschaftlichen Cassa der Stadt und Vorstadt Laufen» (seit 1751) sowie unter dem Oberbegriff «Vermischte Rechnungen» Salzrechnungen (seit 1703), «Ordinari Kontributionsrechnungen» (1731–1752) und Accis-Rechnungen (1741–1751) erhalten.
Die Bedeutung von schriftlicher Aktenführung und Archivierung leuchtete der Stadt ein. Sie führte beides als Argument ins Feld, vgl. die Auseinandersetzung mit Nikolaus Kern um Ort der und Kontrolle über die Archivierung städtischer Akten sowie die Argumentation gegen die Ernennung Landvogt von Blarers zum Stadtmeier, vgl. oben sowie Kap. 9.
108 Zur Bedeutung von Geschenken in der spätmittelalterlichen und frühneuzeitlichen Eidgenossenschaft, vgl. Groebner 2000. Dort auch zum Komplex Korruption, erlaubte versus verbotene Geschenke.
109 Willoweit 1983, S. 352f. Die Arkanpolitik stellte im späte 16., im ganzen 17. Jahrhundert und darüber hinaus ein zentrales Merkmal absolutistischer Herrschaft dar. Sie erklärte das «Arcanum», das «Geheimnis», zur Bedingung des Erfolges, Würgler 1995, S. 34, 117.

vogt unterstellten Aufsichtsperson, die kaum mehr eigene Entscheidungskompetenzen hatte. Insbesondere die niedergerichtlichen Rechte gingen zugunsten administrativer und bestenfalls privatrechtliche Funktionen verloren. Modern ausgedrückt: In einem Organigramm steht der Stadtmeier nun nicht mehr als eigenständiger, dem Bischof verpflichteter Amtsträger da, sondern der Landvogt und die Pruntruter Räte sind ihm übergeordnet und weisungsbefugt.

Die Bestallung von Niklaus Fenninger wurde von Hofrat Ramschwag mit einem schwer lesbaren, aber aussagekräftigen Dorsalvermerk versehen: «Obwohlen sonst ds Mayery Ambt zu Lauffen von altem hero von Einem Obervogt zu Zwingen quasi independent war, so habe dannoch weilen gegenwährtiger Mayerey Verwalter Ein gemeiner Bürger von alda, solchennach kein grösste geschicklichkeit hatt, zur grossen sicherheit des Dienstes S. hochfürstl. gn. auch dehero hohnstift, ihn an d. Obervogt zu Zwingen angewiesen: Wie [?] dann Es an dasiges Oberamt auch rescribirt und die bestallung ad exhadendur der MageryVerwalter dahin geschickt [?] mithin Communiziert worden. Hiehr also von darumb vermöcht, damit kann dise nun Eingerichte [?] bestallung in d. künftig für ein Mayer oder Subjectu [?] expediert werden, welches allein den Dienst verzusehen capable wäre, sodann mann dise subordina... ... an den ambt Zwingen auflassen ....»[110] Mag es hier so tönen, als hänge die Aufsicht des Landvogts über das Meiertum mit der angeblich geringen Geschicklichkeit Niklaus Fenningers als einem gemeinen Bürger zusammen, so zeigt die Bestallung von 1778, dass die 1721 getroffene Kompetenzenregelung nicht personenbedingt war. Sie entsprach dem Willen des Bischofs, intermediäre Ebenen zu schwächen und Herrschaft zu zentralisieren.

Fenningers Amtsnachfolger Nikolaus Kern hatte nie eine Bestallung als Meier, sondern lediglich eine als Landschreiber erhalten. Dies musste der Bischof nach Kerns Tod bei seiner Suche im Archiv feststellen.[111] Fünf Monate vor der Bestallung von Kerns Nachfolger Franz Joseph Cueni im April 1778 verfasste Landvogt von Blarer, vom Bischof dazu aufgefordert, ein umfassendes Gutachten, in dem er die Bestallungsurkunden des Landschreibers und des Meiers unter die Lupe nahm.[112] Hier interessieren von Blarers Bemerkungen zum Stadtmeieramt. Bevor er auf die Artikel im Einzelnen einging, schickte er voraus, dass das Wochengericht, das im Amt Laufen unter dem Vorsitz des Stadtmeiers, im Amt Zwingen unter jenem des Amtmeiers tagte und geringe Verbrechen, Frevel und Schuldsachen behandelte, nun abgeschafft und das Oberamt für diese Fälle zuständig sei. Deshalb entsprächen zahlreiche Arti-

---

110 AAEB, B 137/30, 3.12.1721, S. 106; Textende wegen Mausfrass nicht mehr lesbar.
111 AAEB, B 137/29, Mappe 4, 19.11.1777, S. 465. Vgl. auch Kap. 9. Auch die Bestallung als Landschreiber hatte er erst auf Antrag erhalten. Beides wirft ein wenig vorteilhaftes Licht auf das Funktionieren der bischöflichen Verwaltung. Die Ansprüche an die Verwaltungstätigkeit zogen offenbar mit deren Umsetzung nicht gleich.
112 AAEB, B 137/30, 21.11.1777, S. 181–189, der bischöfliche Befehl datiert vom 10.11.1777.

kel der Bestallung nicht mehr der gelebten Realität und müssten geändert werden. Im Folgenden ging von Blarer anhand der Bestallung von 1721 Punkt für Punkt durch und führte an, wo Korrekturen vorzunehmen seien. Wo der Meier bisher eigene Gerichtskompetenzen hatte, musste er nun das Oberamt über Frevel informieren. Die Einnahmen zog der Schaffner zuhanden der Landvogtei ein. Nachdem von Blarer die ersten sieben Punkte verhandelt hatte, stellte er noch einmal die Grundsatzfrage, ob dem Meier eine eigene Jurisdiktion zukomme: «ad 8vum. Da dieser Art. ein Jurisdiction zum Voraus setzet, auch diese vor uhralten Zeiten in denen eingangs ermeldeten Wochengerichteren existirt hat, nun aber gänzlichen obolirt [?], und alle streitsachen dem Oberamt vorgetragen und verhandlet werden, der Statt Meyer auch Vermög oberamtlicher tax=ordnung von ao 1763 Art. 1mo kein anderes Vorrecht hat, als dem Oberamt gleich einem Amt Meyer beyzusitzen.

So will es lediglich von höchst dero gnädigsten Willens Meinung abhangen, ob der Statt Meyer eine besondere Jurisdiction in dem Amt Laufen ohne Beyzug des Oberamtes zu exerciren haben solle oder nicht.

Meine ohnvorgreifliche Meinung gehet dahin, dass dem Statt Meyer keine besondere Jurisdiction beyzulegen wäre, sondern denselben in diesem Fall gleich einem Amt Meyer zu behandeln, und Ihne lediglich dahin anzuweisen, dass Er trachte eine gute Pollicey in der Statt Laufen einzuführen, und zu unterhalten, auf die Statt Einkünften, damit dieselbe wohl verwendet, und auf die Statt Waldungen achtung zu haben, nicht weniger damit die hochfürstl. Mandata und oberamtl. Befehl straks befolgt würden fleissig invigilieren sollte.»[113] Der Landvogt schlug also vor, den Stadtmeier zu einem «Pollicey»-Bediensteten[114] in der Stadt zu machen,

---

113 AAEB, B 137/30, 21.11.1777, S. 186f.
114 «In der politischen Sprache der frühen Neuzeit kommt dem Begriff ‹Polizey› unbestritten der Status eines Grundbegriffs zu. In der politischen Literatur und in den Gesetzen des 16. bis 18. Jahrhunderts bezeichnet der Ausdruck einmal den ‹Zustand guter Ordnung des Gemeinwesens›, dann aber auch die politischen Massnahmen der Obrigkeiten und Magistrate zur ‹Herstellung und (oder) Erhaltung› eben dieses Zustandes», Holenstein 1998, S. 253. «Polizei, die gute policey, wie die deutsche Sprache gerne sagt, war gleichermassen praktisches politisches Handeln des Staates in Form von Gesetzen und deren administrativer Durchsetzung und die theoretische Standortbestimmung dieses politischen Handelns», Blickle 2000, Bd. 2, S. 218. «Der Tätigkeitsbereich ‹guter Policey› weist [...] über einen moderneren, engeren Begriff des Politischen weit hinaus und umfasst etwa auch die sittlich-religiöse Lebensführung, die wirtschaftlichen Tätigkeiten, das soziale Verhalten von Gruppen und Individuen», Holenstein 1998, S. 254. Beiden Autoren scheinen mit dem Polizeibegriff auf die Obrigkeit, genauer den Zentralstaat, zu rekurrieren. Zum Meier in Beziehung gesetzt werden kann der Begriff, wenn «Polizey» wie bei Gerteis (1986, S. 95) als «Verwaltung im engeren Sinn» verstanden wird. Sie beinhaltet die Aufsicht der Stadtobrigkeit über die städtische Wirtschaft, das Bauwesen und die Kontrolle über Bereiche, die man heute als Privatsphäre bezeichnen würden. Der obrigkeitliche Einfluss ist jedoch auch hier gegeben, denn, wenn beispielsweise Polizeiordnungen oder Aufwandmandate erlassen wurden, stammten sie von der Obrigkeit oder, wenn eine Stadt sie selbst erliess, waren sie obrigkeitlich genehmigt, Gerteis 1986, S. 96.

einem Ausführungsbeamten und Informationszuträger für das Oberamt, dem in Form von Gerichtsrechten keine eigenen Herrschaftsrechte mehr zukommen und dessen selbständiger Zuständigkeitsbereich weitgehend beseitigt war. Der Übergang der meierlichen Gerichtskompetenzen an das Oberamt war in der Praxis bereits früher vollzogen worden, mit der Änderung der Bestallung verlor der Meier seine Rechte auch auf dem Papier. Dem Landvogt gelang es so, die Erweiterung seiner eigenen Macht schriftlich zu fixieren und zu zementieren. Die Unterordnung des Meiers unter den Landvogt beziehungsweise seine Eingliederung in die oberamtliche Hierarchie wird dadurch erneut gefestigt.[115]

Das vögtliche Gutachten schliesst mit einem interessanten Schlusssatz. Von Blarer merkt «unterthänigst» an, «dass so fern höchst dieselbe einem Stattmeyer eine ohneingeschrenckte Jurisdiction gestatten würden, der Jeweilige Landvogt für Statt und Amt Laufen überflüssig seyn dörfte».[116] Damit bringt er die Entwicklung des Stadtmeieramtes – zugespitzt – auf den Punkt. Bis ins frühe 17. Jahrhundert verfügte der Stadtmeier über einen eigenen Rechts- und Herrschaftsbereich, in dem er nur dem Bischof gehorsamspflichtig war. Der Meier war aufgerufen, mit dem Oberamt, insbesondere dem Schaffner, zu kooperieren. Dem Landvogt war er annähernd gleichgestellt, auch wenn Meier und Landvogt, was Macht und Einfluss betrifft, niemals auf derselben Stufe gestanden haben. Der Landvogt besass mehr Prestige, war mächtiger, einflussreicher und zudem ein Adliger, der ständisch über dem meist bürgerlichen Meier stand. Seit dem 17. Jahrhundert verlor der Meier seine Entscheidungskompetenzen und musste sich dem Landvogt unterordnen und ihm zudienen. In der Sprache behördlicher Hierarchien ausgedrückt, war der Meier nun sowohl dem Landvogt als auch den oberamtlichen Beamten, dem Landschreiber und dem Schaffner, unterstellt. Nun sollten auch die schriftlichen Spuren der einstigen stadtmeierlichen Rechte getilgt werden, was es dem Stadtmeier verunmöglichte (oder zumindest stark erschwerte), auf seine Gerichtsrechte zurückzukommen.

Die Vorschläge von Blarers fanden mehrheitlich den Weg in die Bestallung Franz Joseph Cuenis.[117] Der Text der Bestallung wurde nicht völlig erneuert, sondern rekurrierte wiederum in vielen Punkten auf Vorläufertexte. Insbesondere wurde Artikel 1 aus der Bestallung von 1721 übernommen, der den Meier zu Gehorsam gegenüber Bischof, Pruntruter Zentrale und Landvogt verpflichtete. Im Sinne von Blarers wurden die zudienende Rolle des Meiers für das Oberamt und insbesondere den Landvogt festgehalten. Die gerichtlichen Kompetenzen des Meiers beschränken sich auf die Abstrafung geringer Frevel, während er Verstösse in Sachen

---

115 AAEB, B 137/30, 21.11.1777, S. 181–188.
116 AAEB, B 137/30, 21.11.1777, S. 187f.
117 AAEB, B 137/30, 4.4.1778, S. 193–205.

Jagd, Fischerei, «Vogeln» und Beholzung dem Oberamt überlassen musste.[118] Seine Hauptaufgabe bestand in der Aufsicht zum Schutz der herrschaftlichen Regale. Die Bestallung endete mit einer Zusammenstellung der dem Meier zustehenden Gefälle. Sie bestanden aus einer Mischung von Geld und Naturalien sowie aus Nutzungsrechten liegender Güter. Der Geldanteil war mit 18 lb. 12 ß 6 d. sehr klein.[119]

Den Akten zur Bestallung von Franz Joseph Cueni liegen zwei Schriftstücke bei, die sich mit den Rechten des Meier beziehungsweise seinen Aufgaben in Bezug auf Bürgerschaft und Rat auseinandersetzen. Die beiden Texte, von unterschiedlichen Händen verfasst, tragen keine Unterschrift. Der eine Text, mit «Nota» überschrieben, ist undatiert und wirkt isoliert. Das neben dem Titel stehende Zeichen «#» deutet darauf hin, dass der Text eine Ergänzung oder einen Einschub zu einem weiteren, nicht beiliegenden Schriftstück bildet. Der Schreiber kam, nachdem er die Pflichten des Meiers, wie sie vor «100, 200 und mehreren Jahren observieret worden» seien, im Einzelnen aufgezählt und Rat und Bürgerschaft zur Kooperation mit dem Meier aufgefordert hatte, zum Schluss, dass «Welcherley Obliegenheiten Eines Statt Meyeren, gleich wie sie von keiner grossen beschwärnus seynd, also auch ein Extra Studium, und Wissenschaft nicht erfordern».[120] Hier scheint es sich um ein Gutachten zuhanden der Obrigkeit zu handeln, das die Aufgaben des Meiers besonders in der Wahrung der guten Ordnung und Moral in der Stadt sah[121] und Rat und Bürgerschaft zu Gehorsam gegenüber dem Meier, als Vertreter des Bischofs in Laufen, und zur Mitarbeit bei der «äufnung der gemeinen Wohlfahrd» verpflichtete. Dem Verfasser war es ein Anliegen zu zeigen, dass juristische Kenntnisse für das Meieramt nicht notwendig seien – seit mehr als zweihundert Jahren auch nie notwendig gewesen seien – denn richterliche Aufgaben werden in der Aufzählung der meierlichen Pflichten nicht genannt.

---

118 AAEB, B 137/30, 4.4.1778, S. 193–205, Art. 5.
119 AAEB, B 137/30, 4.4.1778, S. 193–205.
120 AAEB, B 137/30, o. D., S. 213–216.
121 Als Aufgaben des Meiers genannt wurden die zweijährliche Abhaltung der Schwörtage, anlässlich derer Rat und Bürgerschaft dem Bischof Treue und Gehorsam zu schwören hatten. Rat und Bürgerschaft hatten sich an die Gebote und Verbote des Bischofs, des Oberamtes und des Meiers zu halten. Der Rat musste die Aufträge des Meiers vollziehen und war aufgerufen, die Einnahmen und Gefälle sinnvoll zu verwenden. Der Meier ermahnte Rat und Bürgerschaft zu Gehorsam und sorgte für die Beobachtung guter Ordnung, die Äufnung der gemeinen Wohlfahrt, er schützte Rat und Bürgerschaft bei ihren alten Privilegien, schützte Witwen und Waisen, sorgte dafür, dass die Bevölkerung mit dem Feuer sorgfältig umging, beaufsichtigte die Stadtwachten und den Bannwart, kümmerte sich um Ordnung auf den Wegen, Feldern und Weiden, war zuständig für die städtischen Gebäude. Im Weiteren überwachte er die Moral der Bevölkerung, verhinderte das Fluchen und Schwören und wendete es mit bürgerlichen Strafen ab. Gehorchten die Untertanen dem Meier nicht, forderte er beim Oberamt Unterstützung an. Ausserdem hatte der Meier den oberamtlichen Audienzen beizuwohnen, wenn sie Laufner Bürger oder Amtsangehörige betrafen, also auch bei Ganten und Teilungen, AAEB, B 137/30, o. D., S. 213–216.

Ich gehe davon aus, dass sich die «Nota» auf das zweite der Bestallung beiliegende Schreiben – die «Anmerckungen über den Bestallungsbrief der Stadt Meyerey zu Laufen vom 8ten Aprilis 1778»[122] – beziehen, das im Gegensatz zu den «Nota» zu belegen versucht, dass das Stadtmeieramt mit weitreichenderen, insbesondere gerichtlichen Kompetenzen ausgestattet war. Das Schriftstück macht deutlich, dass die oben anhand der Bestallungen beschriebene Entwicklung des Meieramtes – ein Prozess, der über 150 Jahre in Anspruch nahm – zwar keine grossen Wellen warf, wohl aber auf Widerspruch stiess: Die «Anmerckungen» tragen, wie erwähnt, keine Unterschrift. Schrift, Aussehen des Schreibens (wichtige Passagen sind einzeln oder doppelt unterstrichen) und Argumentation weisen auf einen geübten, gebildeten Schreiber, der des Lateinischen mächtig war, vielleicht einen Juristen. Das Schreiben stammt aus dem Umkreis der städtischen Behörden, denn der Autor hatte Zugang zum Stadtarchiv. Die Anmerkungen richteten sich an den Bischof, formal war das Schreiben jedoch nicht als Brief abgefasst.[123] Bemerkenswert ist, dass sich der Verfasser auf den Vertrag von 1532 bezieht. Eine Version dieses Schriftstücks existiert mit den Dorsalvermerk «Der Stadt Laufen Freyheitsbrief»[124] – und in diesem Sinn nahm der Autor Bezug auf den Vertrag. Die Erinnerung an diesen Vertrag war in der zweiten Hälfte des 18. Jahrhunderts demnach immer noch lebendig.

Die «Anmerckungen» sind zweigeteilt, zunächst setzte sich der Verfasser mit einigen für seine Argumentation zentralen Punkte der Meierbestallung auseinander, anschliessend zählte er seine Einwände auf und verwies auf Widersprüche in der Bestallung. Der erste Artikel der Bestallung rufe den Meier dazu auf, all dem nachzuforschen, was dem Meiertum zuständig gewesen und in Vergessenheit geraten sei. Was er in Erfahrung bringe, solle er dem Landvogt und den Zentralbehörden mitteilen und «die seinem Amt zuständigen Prorogativa wiederum erneuern, und als dann ohne einigen Abgang aufrecht dabey halten». Weiter solle der Meier gemäss dem zweiten Artikel «das alte herkommen in seinem Amt nach allen seinen Kräften handhaben und behalten». Nach dem sechsten Artikel hat er für eine «gute Policey» in der Stadt zu sorgen. «Hingegen aber», fuhr der Autor fort, «Soll der Stadt Meyer, laut des 3.ten Articuls, ohne beyseyn des Herrn Obervogtes zu Zwingen oder des Landschreybers, mit seinem befehl keinen Rath halten, auch keine Umfrag thun […] noch etwas erkennen lassen, wie nicht minder kein Gericht halten». Der Meier müsse alle Frevel dem Landvogt anzeigen, Fried und Trostung dürfe er ohne weiteres selbst bestrafen. Der Meier sei ausserdem verpflichtet, alle sein Amt berührende

---

122 AAEB, B 137/30, 8.4.1778, S. 211–223.
123 Vielleicht schrieb der Verfasser im Auftrag des Meiers oder des Rates. Dagegen spricht, dass von einem Auftraggeber nicht die Rede ist. Die Hand des Schreibers erinnert an Franz Joseph Cuenis Vater.
124 AAEB, B 234/2, 12.6.1532, Nr. 22; dieses Exemplar trägt den Vermerk, dass der Vertrag 1710 kassiert wurde. Zum diesem Vertrag, vgl. Kap. 6.

Akten zu verwahren und ein Verzeichnis derselben zuhanden der Hofkanzlei zu erstellen. Dazu gebe es – so der Verfasser der «Anmerckungen» – Folgendes zu bemerken: Solle der erste Artikel der Bestallung, der die Aufforderung enthält, nach in Vergessenheit geratenen Zuständigkeiten des Amtes zu forschen, tatsächlich gelten, dann sei daran zu erinnern, dass der Stadtrat den Vertrag vom 12. Juni 1532 zwischen dem Bischof und den Untertanen der Stadt sowie den Gemeinden Wahlen, Röschenz und Liesberg zur Hand habe, der in Artikel 3 bestimme, dass «<u>ein Meyer zu Laufen in dem Städtlein und in dem Dorf Liesberg im Nahmen sr. hochfürstl. Gnaden alle Gebott und Verbott hoch und nieder thun</u>» könne. Wenn der Meier diese Aufgabe habe und ausserdem für die Fertigungen und die gute Polizei zuständig sei, das alte Herkommen also nach Kräften handhaben solle, «so muss der Stadt Meyer doch wohl spicem [?] Jurisdictionis haben». Im Folgenden verweist der Autor auf die durch die Zurückbindung der meierlichen Kompetenzen entstandenen Widersprüche. Das Verbot, ohne Beisein des Landvogts oder des Landschreibers Rat zu halten, stimme mit der Absicht des Fürsten zur «Aufrechterhaltung der dem Stadt Meyer Amt zuständigen Prorogativ» nicht überein und widerspreche den ersten beiden Artikeln der Bestallung. Der Meier werde dadurch «weit mehr als kein Dorf Meyer herunter gesetzt». Die vorigen Meier, namentlich genannt werden Fenninger und Kern, hätten ohne Begrüssung, geschweige denn Vorsitz des Landvogtes Rat gehalten, so oft es nötig gewesen sei. Hofrat Kern habe den Rat erst präsidiert, als er Stadtmeier geworden sei. Der Verfasser beruft sich nochmals auf den Vertrag von 1532, wenn er die Existenz zweier Ämter – Laufen und Zwingen – und deren klare Trennung in Erinnerung ruft. Wer im Städtlein Laufen, wie es durch Zarg und Grendel begrenzt werde, lebe, gehöre ins Amt Laufen. Alle, die nach Laufen gehören, fallen unter das Gebot und die Strafgewalt des Stadtmeiers. Der Autor forderte den Bischof anschliessend unmissverständlich auf, «diese Ohnabhängigkeit und Straf Erkennung dem Stadt Meyer Amt wiederum gnädigst beylegen, und samt übrigen dessen Vorrechten in den alten Stand setzen zu wollen». Abschliessend weist der Schreibende zwei in der Bestallung festgeschriebene Aufgaben zurück: Die Anzeige der Frevel beim Oberamt obliege dem Fiskal. Dieser Artikel sei vielleicht ganz einfach aus Bestallungen übernommen worden, die aus Zeiten stammten, in denen es noch keinen Fiskal gegeben habe. Ohne viele Worte spricht aus dieser Aussage der Wille, das Meieramt aus der zudienenden Rolle für den Landvogt zu lösen und wieder zu einem Amt im Dienst der Stadt und der städtischen Gerichtsbarkeit zu machen. Die Aufsicht solle der Fiskal ausüben, der der Zentrale untersteht.

Weiter bat der Autor um Erläuterung, was denn unter Fried und Trostung zu verstehen sei. Der Begriff wurde bereits im 16. Jahrhundert in Bestallungen verwendet und scheint im 18. Jahrhundert nicht mehr geläufig zu sein. Ein Inventar der Schriften könne er nicht anfertigen, fügte der Schreiber hinzu, weil sich bei der

Stadt ausser dem erwähnten Vertrag und den landesfürstlichen Bestätigungsbriefen bei jeder Huldigung – damit sind wohl die Stadtrechtsbestätigungen gemeint, die meist mit der Einsetzung eines neuen Bischofs zusammenfallen – keine weiteren Akten befanden. Diese seien alle unberechtigterweise in die Oberamtskanzlei nach Zwingen mitgenommen worden. Würden sie herausgegeben, könne er den obrigkeitlichen Befehl erfüllen.[125] Eine Reaktion auf die dezidierten Forderungen liegt den Akten nicht bei.

Entscheidend scheint mir zweierlei: Aus dem Schreiben sprechen der Wille und die Bereitschaft, das Meieramt wieder wie im 16. Jahrhundert als umfassenden, richterlichen Vorsitz der städtischen Behörden zu verstehen und auszuüben. Pointiert ausgedrückt: Die Entwicklung der letzten rund 150 Jahren sollte rückgängig gemacht und das Meieramt im vorabsolutistischen Sinne wieder hergestellt werden. Dafür den Vertrag von 1532 heranzuziehen, ist geschickt, denn er umschreibt den städtischen Rechtskreis beziehungsweise den Geltungsbereich der meierlichen Rechte umfassender als das Laufner Stadtrecht. Dass die Erinnerung an den Vertrag von 1532 in Laufen bis ins 18. Jahrhundert lebendig blieb, legt nahe, dass auch die damalige Beziehung zwischen Obrigkeit und Gemeinde – eine Beziehung, die Herrschaft als Vertrag ansah – nicht völlig in Vergessenheit geraten war. Darauf deutet das Verhalten des Schreibers hin, bei dem es sich mit einiger Wahrscheinlichkeit um den neubestallten Meier Franz Joseph Cueni handelt. Er nahm die Meierbestallung beim Wort und suchte, wie von ihm gefordert, nach Rechten, die in Vergessenheit geraten waren.[126]

Das Meieramt: herrschaftlich oder kommunal?

Blickle ordnet das lokale politische Spitzenamt einer Mischzone gemeindlicher und herrschaftlicher Zuständigkeit zu, betont dabei jedoch das Gewicht des Kommunalen. Trotz der herrschaftlichen Einsetzung, unbeschadet der in ihrem Amt enthaltenen herrschaftlichen Funktionen und des auf ihnen lastenden obrigkeitlichen Drucks, sei es den Inhabern des gemeindlichen Spitzenamtes in der Praxis häufig gelungen, die Interessen ihrer Gemeinden gegen die Herrschaft zu vertreten.[127] Was lässt sich für die Stadt Laufen über die Stellung des Meieramtes zwischen Gemeinde und Herrschaft sagen? Die Frage muss differenziert beantwortet werden. Das eingangs erwähnte Beispiel von 1551 zeigt, dass der Bischof den Meier wählte und bestallte. Der Laufner Rat zweifelte dieses herrschaftliche Recht nicht an, forderte jedoch ein seit alter Zeit bestehendes Vorschlagsrecht ein und erhob

---

125 AAEB, B 137/30, 8.4.1778, S. 211–223.
126 Zu Franz Joseph Cuenis dezidiertem Auftreten gegenüber Landvogt und -schreiber in der Herrschaftspraxis, vgl. unten.
127 Blickle 2000, Bd. 1, S. 57.

Einspruch gegen einen vom Bischof bestimmten, nicht aus der städtischen Bürgerschaft stammenden Amtsträger.

Die Tatsache, dass der Meier eine Bestallung erhielt, rückte ihn auf einer symbolischen Ebene in die Nähe anderer herrschaftlicher Amtsträger wie des Landvogts oder des Amtsschaffners. Die Bestallung band den Meier formal – durch den Vertrag – und inhaltlich – durch die Verpflichtung zu Gehorsam gegenüber dem Bischof beziehungsweise bei Sedisvakanz gegenüber dem Domkapitel – an die Obrigkeit. Die herrschaftlichen Aspekte lassen sich also keinesfalls leugnen. Diese Tatsache ist auch buchstäblich sichtbar. Der Stadtmeier trug (zumindest im 17. Jahrhundert) wie die anderen Meier[128] einen Amtsmantel, der mit dem bischöflichen Wappen versehen war.[129]

Dass der Bischof den Meier ernannte, gereichte den Gemeinden nicht von vornherein zum Nachteil. Bis ins 17. Jahrhundert bekleideten, soweit sich dies überprüfen lässt, Laufner Ratsherren das Meieramt. Trotz herrschaftlicher Aspekte stand das Meieramt auch für den Bischof nicht in einem unüberwindbaren Gegensatz zum Kommunalen. Für den Meier selbst dürften sich aus der gemeindlichen Herkunft, der Mitgliedschaft im Rat und der herrschaftlichen Bestallung komplexe Loyalitäten ergeben haben. Aus der Tatsache, dass der Meier seit der Mitte des 17. Jahrhunderts meist keiner der Ihren mehr war, ergab sich ebenfalls kein zwingender Gegensatz zur Gemeinde. Selbst ein Adliger wie Franz Athanasius von Staal trat für die Rechte der Stadt ein. Er bat in seinem und im Namen des Rates, der Fürst möge den Magistrat von Laufen bei seinen alten Rechten belassen, damit es nicht bei den Nachkommen heisse, «wir hätten die Rechte der Stadt Laufen verschlafen».[130]

Umgekehrt folgte der Meier, auch wenn er Stadtbürger war, nicht immer der Entscheidung der Gemeinde: Der Laufner Meier distanzierte sich beispielsweise 1528 vom Beschluss der Gemeindeversammlung und verweigerte die Mithilfe beim Bildersturm.[131] Ob seine Weigerung durch seine Loyalität gegenüber dem Bischof als geistlichem und weltlichem Herrn begründet war oder durch seine Glaubensüberzeugung, lässt sich nicht sagen. Entscheidend ist, dass seine Stellung als Meier ihn nicht eindeutig der Obrigkeit oder der Gemeinde zuordnete. 1630 plädierten Meier und Rat von Laufen gemeinsam für die Bezahlung der Kontributionen, um die Einquartierung kaiserlicher Truppen abzuwenden, stiessen jedoch bei einem

---

128 Blickle 2000, Bd. 1, S. 69. Auch in sämtlichen anderen Gemeinden der Vogtei Zwingen gab es einen Meier. Der Vorsitzende des Amtsgerichtes Zwingen, in dem Vertreter der Gemeinden Blauen, Brislach, Dittingen, Nenzlingen, Röschenz, Vorstadt Laufen, Wahlen und Zwingen sassen, hiess Amtmeier. Der Amtmeier erhielt wie der Stadtmeier ebenfalls eine Bestallung, vgl. AAEB, B 137/29, Mappe 1.
129 AAEB, B 234/9, ca. 1630, S. 70.
130 StadtBALaufen, Nr. 12, o. D., um 1695, S. 60.
131 Berner 1994, S. 90.

Grossteil der Gemeinde auf Ablehnung.[132] Hier verlief der Gegensatz zwischen der Gemeinde auf der einen und Meier und Rat auf der anderen Seite. Meier und Rat verhielten sich gemeinsam loyal zur bischöflichen Obrigkeit, während die Gemeinde in Opposition trat. Die Kontributionsverweigerung ist ein eindrückliches Beispiel dafür, dass der Meier auch mit Unterstützung der Herrschaft gegen den Widerstand der Gemeinde nicht ankam.[133]

Im städtischen Bewusstsein war der Meier von nicht zu unterschätzender kommunaler Bedeutung. Konkreter als im Stadtrecht und seinen zahlreichen Bestätigungen waren die städtischen Privilegien im Vertrag von 1532 formuliert. Der Vertrag schrieb die Ausdehnung der gerichtlich begründeten städtischen Herrschaftsrechte fest; Träger dieser Rechte war der Stadtmeier. Ging es darum, städtische Forderungen abzustützen, zogen die Laufner diesen Vertrag bis ins späte 18. Jahrhundert heran. 1778 und 1790 rekurrierte die Stadt auf die vertraglich festgelegten Rechte des Stadtmeiers und setzte sich für die Erhaltung der städtischen Gerichtsbarkeit ein.[134] Im Engagement für Gerichtsrechte, die der Meier zugunsten des Zwingener Landvogts schon lange eingebüsst hatte, und für die Erhaltung kleinster Privilegien zumindest auf dem Papier, spiegelt sich städtische Kultur.

In Laufen waren, in Abweichung von Blickles Ergebnissen, beinahe die Hälfte der Laufner Meier Fremde. Darin erkannten die Laufner keinen Nachteil für sich. Der Meier musste jedoch in der Stadt leben, ihre Bedürfnisse kennen und Tag und Nacht für das gemeine Beste besorgt sein können.[135] Geografische Nähe eines Amtsträgers ist ein zweischneidiges Schwert. Sie erlaubte ihm eine bessere Kontrolle, er wurde dadurch jedoch auch besser kontrollierbar. Das lebhafte städtische Interesse am Meieramt scheint mir ein Beleg dafür zu sein, dass die Gemeinde den Meier als kommunalen Amtsträger verstand oder zumindest in den herrschaftlichen Anteilen keinen Widerspruch zu ihren städtischen Rechten sah. Eine noch stärkere Integration des Meiers in die kommunale Organisation versuchte der Stadtrat mit seinem Vorschlag zu erreichen, das Meieramt dem nicht-regierenden Bürgermeister zu übertragen[136] oder den Bürgermeister wenigstens zum Statthalter des Meiers zu berufen.[137]

---

132 Berner 1994, S. 100. In Röschenz und Zwingen folgten die Meier stillschweigend der Mehrheit in ihren Gemeinden, in Liesberg und Wahlen äusserten sich die Meier im obrigkeitstreuen Sinn für die Zahlung der Kontributionen, wurden jedoch von ihren Gemeinden überstimmt, Berner 1994, S. 101.
133 Berner 1994, S. 103.
134 Vgl. oben, «Anmerckungen» zur Bestallung von 1778, Bedenken der Stadt anlässlich der Wahl von Landvogt von Blarer zum Meier, 1790.
135 AAEB, B 137/30, 1.3.1748, S. 163f.; vgl. AAEB, B 234/14, 1.8.1773, S. 401–407.
136 AAEB, B 137/30, 1.3.1748, S. 163f.
137 StadtBALaufen, Nr. 18, 21.3.1790, S. 215bis–221.

DAS MEIERAMT: HERRSCHAFTLICH ODER KOMMUNAL? 271

Die Frage, ob das Meieramt kommunal oder herrschaftlich geprägt ist, hängt nicht zuletzt von der Amtsauffassung des Amtsträgers ab. Die Bandbreite lässt sich im 18. Jahrhundert im Vergleich von Nikolaus Kern und Franz Joseph Cueni zeigen, dies unter der Annahme, dass letzterer der Autor der «Anmerckungen über den Bestallungsbrief der Stadt Meyerey zu Laufen vom 8ten Aprilis 1778»[138] war. Kern verstand sich selbst als fürstlicher Beamter. «[D]er Magistrat», stellte er in einem Schreiben fest, in dem er sich über den mangelnden Respekt der Ratsherren beklagte, müsse «den Unterschied entzwischen ihren Mitgliedern, und dem ihnen Vorgesetzten fürstlichen Beamteten wissen und beachten».[139] Die Konflikte zwischen Kern und dem Stadtrat lassen sich als Auseinandersetzungen um Funktion und Stellung des Meiers deuten. Während Kern die Vorgesetztenrolle und seine Kontrollaufgaben in den Vordergrund rückte, erwarteten die Ratsherren, dass der Meier ihre Tätigkeit nicht beaufsichtigte, sondern schützte. In der meierlichen Kontrolle sahen sie – durchaus zurecht[140] – ein Misstrauensvotum, das sie als ehrmindernd empfanden.[141]

Kern war vermutlich der erste Stadtmeier, der sich aktiv aus dem kommunalen Gefüge löste. Hierfür scheint mir sein Wohnenbleiben in Zwingen und seine

---

138 AAEB, B 137/30, 8.4.1778, S. 211–223.
139 AAEB, B 234/12, 17.8.1759, S. 787–789. Vgl. AAEB, B 234/11, 4.12.1748, S. 413: «Ich werde hingegen Undterthänigsten fleisses trachten, dass selbe [Verordnungen, acf] nach gnädigsten Landsfürstlichen Befehl und zum Nuzen der gemeinen Statt, Niemanden aber zum Nachtheil angeordnet werden.»
140 1746 äusserte Kern erstmals die Ansicht, die Ratsherren übten ihr Amt eher zu ihrem eigenen Nutzen (Salz zur Besoldung statt zum Unterhalt der Stadtmauern, Holzlieferungen an die Familie, Umgeldbezug und Freundschaft mit den Wirten) als zu jenem der Stadt aus und forderte für den Meier bessere Kontrollmöglichkeiten, AAEB, B 234/1, 23.11.1746, S. 41–50. Diesen Vorwurf wiederholte er 1748, AAEB, B 234/11, 3.10.1748, S. 365–391; vgl. auch, ebd., 4.12.1748, S. 409ff.; B 234/12, 27.8.1760, S. 836ff. (Vertuschung von Holzfreveln, Verpflegung des Rates durch die Wirte zulasten des Umgelds anlässlich des Weinstechens); AAEB, B 234/13, 4.11.1769, S. 373–387. Weiter prangerte Kern verschiedentlich das ungebührliche Verhalten von Ratsherren an, die sich betranken oder junge Burschen zum Spielen verführten, AAEB, B 234/11, 4.12.1748, S. 408.
141 Ratsherr Franz Schaltenbrand äusserte sich anlässlich einer Untersuchung zur Bürgermeisterwahl gegenüber Landvogt von Reichenstein dahingehend, dass die von Nikolaus Kern durchgeführten Befragungen ihrer Ehre nachteilig seien. Durch sein Nachfragen stünden sie da, als hätten sie das Stadtgut wie unehrliche Männer behandelt (Punkt 8). Was ihn an Hofrat Kern störe, sei, dass er, kaum hätten sie geglaubt, wieder in Ruhe leben zu können, alte Sachen hervorsuche, so dass neuer Aufruhr entstehe. Kern zeige seine Feindschaft, weil er sie mit seiner strengen Kontrolle in ihrer Ehre verletze. «Sie hätten vermeint, ihr Stadtmeyer solle sie ehender an ihrer Ehre beschüzten» (Punkt 13), AAEB, B 234/13, 19.12.1769, S. 400f.
Bereits 1748 hatten sich die Räte beklagt, Kern werde, wenn sie ihm nicht zustimmten, «zornwitig» und schmähe sie als grobe Bauern, AAEB, B 234/11, 1.10.1748, S. 351. Kern wolle alleine entscheiden, weil er sich als ein studierter Mann verstünde, und sie, die Ratsherren, behandle wie unwissende Bauern, AAEB, B 234/11, 3.10.1748, S. 361. Der Vorwurf, er beleidige die Ratsherren, fiel später erneut, vgl. AAEB, B 234/12, 2.3.1759, S. 761. Kern wies die Anschuldigung zurück, vgl. Kap. 9.

kritische Distanz zu den verwandtschaftlichen Verbindungen innerhalb des Laufner Rats zu sprechen.[142] Dass er das Meieramt im Dienste des Fürsten sah, widersprach Kerns Meinung nach jedoch nicht der Förderung des Gemeinen Nutzens,[143] der gemäss Blickle einen zentralen kommunalen Wert darstellte.[144] Seine Interpretation städtischer Interessen deckte sich allerdings nicht mit jener der Ratsherren. Während Kern den Ratsherren Eigennutz vorwarf,[145] behaupteten sie, er kenne, obwohl er ein vornehmer Rechtsgelehrter sei, das Gemeine Wesen nicht so gut wie ein ortsansässiger Bürger und könne sein Amt deshalb auch nicht so gut ausüben.[146]

Ganz anders sah der Autor der «Anmerckungen über den Bestallungsbrief der Stadt Meyerey zu Laufen vom 8ten Aprilis 1778»,[147] bei dem es sich wahrscheinlich um den neu gewählten Franz Joseph Cueni handelt, das Meieramt. Seine Einwände zielen darauf ab, den Stadtmeier aus der zudienenden Rolle für den Landvogt zu lösen und das Amt wieder in den Dienst der Stadt und der städtischen Gerichtsbarkeit zu stellen, wie sie im Vertrag von 1532 festgeschrieben war.[148] Die «Anmerckungen» belegen, dass der Wandel der meierlichen Kompetenzen nicht widerspruchslos hingenommen wurde und dass die Städter auch im späten 18. Jahrhundert über ein legitimierendes argumentatives Instrumentarium verfügten. Dass Franz Joseph Cueni in der Praxis dezidiert für die stadtmeierlichen Rechte eintrat, zeigt eine Auseinandersetzung wenige Monate nach seiner Wahl. Stadtmeier Cueni widersetzte sich dem Landschreiber, der den Vorsitz bei Vorhörtagen und in anderen öffentlichen Angelegenheiten für sich beanspruchte, und ver-

---

142 Kern sah in den verwandtschaftlichen Verbindungen eine Gefahr für das Gemeinwohl, AAEB, B 234/12, 23.1.1756, S. 525–545, vgl. auch AAEB, B 234/14, 28.9.1773, S. 415–432 und Kap. 9.
143 «Ich habe mir», führte Kern in einem Schreiben an den Bischof aus, «so bald von gnädigster Verleihung dieses dienstes [des Stadtmeieramtes, acf] angelegen seyn lassen, die Geschäft, und Nuzen der Statt Laufen mit allem eufer [...] zu beförderen, ich habe die Statt anligenheiten auf besseren fuss zu sezen, und die Missbrauch abzustellen, und allen geschäften aufzuhelfen getrachtet [...]», AAEB, B 234/234/11, 4.12.1748, S. 398f.; vgl. auch AAEB, B 234/12, 20.6.1758, S. 675f.
144 Blickle 2000, Bd. 2, 195ff.
145 AAEB, B 234/14, 28.9.1773, S. 416. Kern sah den Gemeinen Nutzen der Stadt im Einklang mit dem fürstlichen Willen, vgl. oben, Anm. 143.
146 AAEB, B 234/12, 2.3.1759, S. 765–771.
147 AAEB, B 137/30, 8.4.1778, S. 211–223.
148 Vgl. oben.
149 AAEB, B 234/14, 17.6.1778, S. 693–697. Auffallend ist, dass sich nicht der Stadtmeier mit der Bitte um Unterstützung an den Bischof wandte, sondern dass Landvogt von Blarer Verhaltensanweisungen verlangte. Für von Blarer war die Sache klar: Da jeder ehrbare Bürger der Stadt Laufen Stadtmeier werden könne, ohne über zusätzliche Qualifikationen oder über adlige Herkunft verfügen zu müssen, sei es absurd, dass ein solcher Bürger «qua Stadtmeyer einem hochfürstl. landschreibern, welcher doch jederzeit von der Gelehrten bank seyn müsse, vorgehen sollte, so fort Sitz und Stimme bey denen Verhörtägen haben, und die abzugebende oberamtliche Berichte der zweyten unterscheiben müsse», AAEB, B 234/14,

langte, dass ihm die oberamtlichen Berichte, die Laufen betreffen, zur Unterschrift vorgelegt werden.[149]

Für Blickle ist Kommunalismus ein Epochenbegriff, der sich etwa auf die Zeit zwischen 1300 und 1700 bezieht. Kommunalismus entstand im Spätmittelalter, erreichte in der Reformationszeit einen Höhepunkt und erlebte im späten 17. und 18. Jahrhundert eine Herabminderung.[150] Betrachtet man allein die Bestallungen, scheint sich dieses Bild zu bestätigen. Während der Bischof in den Bestallungen des 16. Jahrhunderts regelte, was der Meier zu tun hatte, legte er seit dem Beginn des 17. Jahrhunderts Wert darauf zu sagen, was sein Amtmann alles nicht durfte. Der Meier verlor an Selbständigkeit und wurde stärker in die Hierarchie der Vogtei eingebunden. Landvogt und Schaffner überwachten ihn. Im 18. Jahrhundert setzte sich diese Entwicklung akzentuiert fort. Der Meier wurde zu einem städtischen Kontroll- und Aufsichtsorgan im Dienste von Landvogt und Fürsten. Seine niedergerichtlichen Rechte gingen zugunsten administrativer und bestenfalls privatrechtlicher Funktionen verloren. Mit der Zurückdrängung der meierlichen Rechte gelang es dem Bischof, den Einfluss des Vogtes und der Zentralregierung in der Stadt auszubauen.

Kontrastiert man das Bild des meierlichen Kompetenzverlustes, das durch die Untersuchung der Bestallungen entstanden ist, mit der Praxis, überrascht die Tatsache, dass das Amt seit der Mitte des 17. Jahrhunderts zweimal von Adligen, im 18. Jahrhundert zweimal von Juristen, 1790 gar vom Landvogt in Personalunion ausgeübt wurde. Letzteres macht insofern (aus obrigkeitlicher Optik) Sinn, als das Amt damit faktisch aufgehoben und in die Landvogtei integriert wurde. Obwohl der Handlungsspielraum des Meiers abnahm, zielte die Einsetzung von «Verwaltungsprofis» auf die Professionalisierung der Amtsausübung ab. Dass die Adligen und die bürgerlichen Juristen das Amt anstrebten, deutet darauf hin, dass es attraktiv blieb, obwohl es weder einen grossen Handlungsspielraum noch ein grosses Einkommen versprach. Die Attraktivität könnte damit zusammenhängen, dass die meierliche Unabhängigkeit in der Praxis überdauerte – so lässt sich auch das Zitat von Hofrat Ramschwag deuten.[151] Zumindest war die Unterordnung des Meiers unter den Landvogt im Alltag lange nicht so eindeutig, wie dies die Bestallungen

---

17.6.1778, S. 693–697. Sein Ersuchen an den Bischof erklärt sich vermutlich dadurch, dass er sich allein gegen Cueni nicht hatte durchsetzen können. Der Bischof überprüfte die Bestimmungen der Stadtmeierbestallung und teilte dem Landvogt mit, der Meier habe seine Geschäfte mit Wissen und unter Anwesenheit des Vogts oder Schreibers zu führen. Zur Erhaltung der oberamtlichen Autorität gelte der Vorrang von Landvogt und -schreiber vor dem Stadtmeier, AAEB, B 234/14, 23.6.1778, S. 695f.
150 Blickle 1991, S. 26. Als Grund für die Herabminderung wird hier der Absolutismus genannt.
151 «Obwohlen sonst ds Mayery Ambt zu Lauffen von altem hero von Einem Obervogt zu Zwingen quasi independent war...», AAEB, B 137/30, 3.12.1721, S. 106.

vermuten lassen.[152] Sowohl Cuenis Amtsauffassung als auch Kerns Agieren[153] in der Stadt belegen, dass der selbständige Handlungsspielraum im 18. Jahrhundert zumindest immer noch verhandelbar war.[154] Ein eindeutiger Niedergang des Kommunalismus lässt sich demnach nicht feststellen, wenn auch die fürstliche Absicht zur Beschränkung desselben unverkennbar ist.

152 Sowohl im Amt Laufen als auch im Amt Zwingen fanden Verhörtage in der zweiten Hälfte des 18. Jahrhunderts immer noch unter dem Vorsitz des Stadtmeiers bzw. des Amtmeiers statt, AAEB, B 234/13, 16.11.1768, S. 1227–1229. Abgehalten wurden sie seit Beginn des 18. Jahrhunderts nur in Zwingen (AAEB, B 234/13, 1.12.1768, S. 1231–1234), was für die Stadt zweifellos einer symbolisch bedeutsamen Schmälerung ihrer Rechte gleichkam. Antworten auf die Frage, welche Kompetenzen die Amtsgerichte damals im Einzelnen noch hatten, kann nur eine umfassende Durchsicht des Vogteiarchivs liefern. Darauf musste ich aus den eingangs aufgeführten Gründen verzichte, vgl. Einleitung.
153 Vgl. Kap. 9.
154 Zum Konflikt zwischen Stadtmeier Cueni und Landvogt von Blarer, vgl. oben.

8. GEMEINDEVERSAMMLUNG, GESCHWORENE UND STÄDTISCHER RAT

Der Meier stand als bischöflich bestallter Amtsträger, der jedoch oft Gemeindebürger und Mitglied des Rates[1] war, an der Schnittstelle zwischen kommunaler und obrigkeitlicher Sphäre.[2] Die Gemeindeversammlung,[3] die Geschworenen und der Rat[4] stellten die im engeren Sinn kommunalen Institutionen dar. Bemerkenswert ist in Laufen die Tatsache, dass der Rat ganz städtisch war, die Gemeindeversammlung und das Geschworenengremium hingegen Stadt und Vorstadt umfassten. Die Vorstadt[5] war kein vor der Stadt liegender Teil der Stadt und keine Stadter-

1   Die Meier Cunrad von Stalden (spätes 15. Jahrhundert, StadtBALaufen, Nr. 3, S. 24), Niklaus Fenninger (AAEB, B 234/12, 17.8.1759, S. 787–789) und Franz Joseph Cueni (AAEB, B 137/30, 6.4.1778, S. 209) waren Mitglieder des Rates und blieben es, soweit dies zu überprüfen ist, während ihrer Amtszeit weiterhin.
2   Vgl. Kap. 7.
3   Vgl. Blickle 2000, Bd. 1, S. 41ff.
4   Vgl. Blickle 2000, Bd. 1, S. 51ff.
5   Die Vorstadt Laufen wurde im letzten Drittel des 15. Jahrhunderts erstmals urkundlich erwähnt. Laut HBLS fällt die Ersterwähnung ins Jahr 1482. Ich bin auf einen früheren Beleg gestossen: Im Bestallungsbrief von Heinrich Hüllin als Vogt von Zwingen im Jahr 1477 ist von den Zugehörenden «Zu der statt und vor der statt» die Rede, AAEB, B 137/29, Mappe 5, 8.4.1477, S. 3.

weiterung,[6] sondern eine eigenständige Gemeinde, die mit Sicherheit seit dem späten 17. Jahrhundert einen eigenen Meier, den Vorstadtmeier,[7] hatte, und die nicht zum Gerichtskreis der Stadt, dem Amt Laufen, sondern zum Amt Zwingen gehörte.[8] Dass Stadt und Vorstadt eine gemeinsame Gemeindeversammlung abhielten, hängt damit zusammen, dass Städter und Vorstädter ein und dieselbe Flur ausserhalb der Stadtmauern bewirtschafteten.[9]

Gemeindeversammlung und Geschworene

Die Gemeindeversammlung fand mindestens einmal im Jahr statt, um die Geschworenen zu wählen und die «Rechnung zu verhören».[10] Diese Wahlversammlung wurde meist um den 20. Januar abgehalten. Während des Jahres versammelten sich die Bürger bei Bedarf, um anstehende Probleme zu lösen.[11] Im 18. Jahrhundert fanden häufig etwa dreimal im Jahr zu unterschiedlichen Terminen Versammlungen statt.[12] Ort des Geschehens war das Laufner Rathaus.[13] Das Erscheinen der Bürger war obligatorisch; wer fehlte, musste eine Busse von drei Batzen gewärtigen.[14] Anlässlich der Gemeindeversammlung fand der Schwörtag unter Anwesenheit des Landvogtes von Zwingen in der Kirche statt.[15] Die Versammlung der Bürger wurde auch dazu genutzt, alle obrigkeitlichen Gebote und Verbote zu verlesen.[16]

---

6   Zur Entstehung und Bedeutung von Vorstädten, vgl. Maschke/Sydow (Hg.) 1969.
7   StadtBALaufen, Nr. 4, 7.7.1697, S. 31. 1698 hiess der Vorstadtmeier Jacob Müller, StadtBA-Laufen, Nr. 11, 10.12.1698, S. 90ff. Eine Quelle aus dem Jahr 1746 nennt als ersten Vorstadtmeier Adam Müller. Der jetzige Vorstadtmeier sei erst der fünfte Inhaber dieses Amtes, AAEB, B 234/11, 22.12.1746, S. 185. Der 1698 fassbare Vorstadtmeier hatte also mindestens einen Vorgänger.
    Die Aufgaben des Vorstadtmeiers bestanden darin, für die Vorstädter Gemeinde zu halten, die Befehle vorzulesen und zu «biethen, wie es vor Zeiten der Amman in Zwingen gethan hat, wie es der Vertrag lautet von anno 1532», AAEB, B 234/11, 22.12.1746, S. 185.
8   Vgl. dazu den Vertrag von 1532, Kap. 6.
9   Zur Dreizelgenwirtschaft, vgl. Kap. 2.
10 Wahl der Geschworenen: StadtBALaufen, Nr. 42, 31.1.1751, S. 41. Vgl. auch StadtBALaufen, Nr. 42, 20.1.1780, S. 189. Abhaltung von Schwörtag und Rechnungsabhörung am selben Tag: AAEB, B 234/12, 5.9.1759, S. 791.
11 Auf Begehren der Geschworenen wurde eine Gemeindeversammlung abgehalten, weil festgestellt worden sei, dass einige Bürger zur Steigerung ihres Nutzens auf dem Röschenzer Feld Lewat [Raps] anpflanzen wollten. In der Abstimmung verweigerte die Gemeinde die Zustimmung zur Bepflanzung des Feldes, StadtBALaufen, Nr. 42, 5.9.1790, S. 263.
12 StadtBALaufen, Nr. 41, 1727–1742, S. 1–63.
13 AAEB, B 234/12, 20.1.1750, S. 737; StadtBALaufen, Nr. 42, 24.2.1766, S. 128.
14 StadtBALaufen, Nr. 42, 5.9.1790, S. 263.
15 StadtBALaufen, Nr. 42, 29.9.1779, S. 188v.
16 Die Verlesung der Mandate, Gebote und Verbote fand anlässlich des Frevelgerichtes statt (AAEB, B 234/12, 20.6.1758, S. 669ff.), das in Laufen seit 1759 gleichzeitig mit dem Schwörtag durchgeführt wurde, AAEB, B 234/12, 17.8.1759, S. 787–789.

Der Eid, den die Untertanen der Obrigkeit am Schwörtag leisteten, bildet nur einen Aspekt dieses regelmässig stattfindenden Prozederes.[17] Am Schwörtag schwor der Meier der Bürgerschaft und dem Rat Förderung und Unterstützung.[18] Umgekehrt versprach auch die Bürgerschaft dem Meier und dem Rat Gehorsam. Das Eidversprechen richtete sich nicht nur an die Obrigkeit (Bischof und Domkapitel) oder die hierarchisch höherstehende Institution, sondern Meier, Räte und Bürgerschaft verpflichteten sich wechselseitig.[19] Ihren Eid legten ausserdem die Richter (auch als Zwölfer bezeichnet) ab sowie die Richter oder Urteilssprecher des Amtsgerichtes, der Portner, der die Stadttore von Laufen bewachte,[20] der Bannwart und die Geschworenen.[21]

An der Gemeindeversammlung nahmen sowohl die Bürger der Stadt als auch der Vorstadt teil. Gemeinsam wählten und vereidigten sie die vier Geschworenen sowie Bannwart und Schweinehirten.[22] Meist wurde das Geschworenengremium nach einem Jahr komplett erneuert, nur gelegentlich behielt jemand sein Amt während zweier Jahre.[23] Die Zusammensetzung der vier Geschworenen war festgelegt: ein Mitglied stammte aus dem Rat, einer war Vorstadtbürger, zwei Mitglieder stammten aus der Laufner Bürgerschaft.[24] In Konfliktsituationen galten die Geschworenen als Vertreter der Bürgerschaft, während sich der Rat als hierarchisch übergeordnetes Gremium ansah.[25]

---

17 Zum Ablauf des Schwörtags und zu den Eidformeln, vgl. StadtBALaufen, Nr. 24, ca. 1638, S. 24–35. Zur Bedeutung des Eids in der ständischen Gesellschaft, vgl. Holenstein 1993.
18 StadtBALaufen, Nr. 58, ca. 1768, S. 36.
19 Zur Bedeutung des Eids auf horizontaler Ebene in Zusammenhang mit Widerstand, vgl. Landolt 1996; Suter 1985. Blickle 2000, Bd. 1, S. 51 betont die Bedeutung der «coniuratio» für die Konstituierung der Stadtgemeinde. Anlässlich des jährlich stattfindenden Schwörtags verbanden sich die Bürger immer wieder neu mit dem vorrangigen Ziel der Friedenssicherung.
20 StadtBALaufen, Nr. 24, ca. 1638, S. 24–35.
21 StadtBALaufen, Nr. 18, ca. 1791, S. 303.
22 StadtBALaufen, Nr. 42, 22.1.1747, S. 21v.
23 Die Gewählten wurden während des 18. Jahrhunderts mit gelegentlichen Lücken verzeichnet, vgl. StadtBALaufen, Nr. 41, 1727–1742, S. 1–63; StadtBALaufen, Nr. 42, 1747–1752, S. 23–45; ebd., 1766–1778, S. 138v–178; ebd., 1781–1787, S. 190v–220; ebd., 1788–1792, S. 258–265v.
1758 schlug Stadtmeier Kern dem Bischof vor, den Geschworenen aus dem Rat für acht bis zehn Jahre zu bestellen. Er bezweckte damit eine Verbesserung der Amtsausübung, AAEB, B 234/12, 20.6.1758, S. 685–690. Kerns Vorschlag scheint versandet zu sein.
24 StadtBALaufen, Nr. 42, 29.1.1788, S. 258.
25 1791 entstand ein Konflikt zwischen Bürgerschaft und Rat. Der Rat stellte sich auf den Standpunkt, die Bürgerschaft sei bei der Verlesung der Rechnung ausreichend vertreten, wenn die beiden, aus der städtischen Bürgerschaft stammenden Geschworenen anwesend seien. In diesem Streit wurde auch die Wahl der Geschworenen zum Thema. Die Bürgerschaft war nicht damit einverstanden, dass der Rat die Geschworenen aus einem von der Bürgerschaft präsentierten Dreiervorschlag auswählte und wollte zum alten System zurückkehren, nach dem der Meier die Auswahl unter den vorgeschlagenen Kandidaten getroffen hatte (Punkt 15), AAEB, B 234/15, 1791, S. 71–105. Vgl. auch unten.

Der Gemeindeversammlung kamen Kontrollaufgaben zu: Sie rügte beispielsweise nachlässige Amtsausübung.[26] An der Verlesung der Stadtrechnung nahmen allerdings nur die Geschworenen teil.[27] Die zentrale Aufgabe der Gemeindeversammlung und der Geschworenen war die Regelung von Fragen, die mit der Landwirtschaft zusammenhingen.[28]

Eingangs habe ich die Gemeindeversammlung in Übereinstimmung mit Blickle dem kommunalen Bereich zugeordnet. Auffallend ist jedoch, dass die Obrigkeit – wohl vor allem an der Wahlversammlung – durch den Landvogt präsent war. Gemeindeversammlungen durften nur abgehalten werden, wenn der Meier oder der Landvogt informiert worden waren. Diese Bestimmung gewährleistete die obrigkeitliche Kontrolle, auch wenn sich der Meier nur mehr oder weniger stark als Aufsichtsorgan sah.

Bürgermeister und Rat

Der Laufner Rat ist mindestens seit 1408[29] fassbar, ein städtisches Rathaus seit dem späten 15. Jahrhundert.[30] Der Bürgermeister ist spätestens seit 1558 belegt.[31]

Am Ende des 15. Jahrhunderts umfasste der Rat zehn Personen, der Meier Cunrad von Stalden war einer von ihnen.[32] Zwei Belege aus dem späten 16. Jahrhundert führen nur neun Ratsherren auf. Nach wie vor war der Meier Teil des Rates.[33] Ich halte es nicht für wahrscheinlich, dass der Rat damals kleiner war. Möglich ist, dass

---

26 Der Bannwart Hans Georg Gerster wurde aufgefordert, sein Amt fleissiger zu versehen als bisher, StadtBALaufen, Nr. 42, 26.2.1787, S. 253.
27 StadtBALaufen, Nr. 11, 4.1.1618, S. 1v; StadtBALaufen, Nr. 42, 1781–1782, S. 197v.
28 Vgl. beispielsweise den Beschluss der Gemeinde mit 54 gegen 14 Stimmen ein Grundstück, das bisher als Gänseweide genutzt worden sei, zu verkaufen, um Prozesskosten zu bezahlen, StadtBALaufen, Nr. 42, 30.4.1750, S. 37. 1779 entschied die Versammlung, die Weiden erst zu öffnen, nachdem das Hauptfeld angesät war, StadtBALaufen, Nr. 42, 29.9.1779, S. 188v. Zu reden gab auch die Einführung landwirtschaftlicher Neuerungen. Während die Bepflanzung des Röschenzer Feldes mit Raps 1790 in der Abstimmung abgewiesen wurde (StadtBALaufen, 5.9.1790, S. 263), beschloss die Gemeinde zwei Jahre später, beidseits von «Saal» Kartoffeln zu setzen, StadtBALaufen, 30.1.1792, S. 265v. Die Geschworenen waren für die Besichtigung des Wucherstiers zuständig (AAEB, B 234/14, o. J., S. 835–857) und zogen die Bodenzinsen ein, AAEB, B 234/15, 29.11.1791, S. 387–417.
29 AAEB, B 239/1 Laufen-Zwingen: Urkunde vom 3.7.1408: Ritter Cuntzmann von Ramstein und sein Bruder erhielten den Weiher bei Laufen zur Nutzung, solange sie die Stadt in Händen hatten.
30 Pfrommer 1999, S. 25: Das Rathaus brannte 1484. Pfrommer stützt sich auf Müller 1975a, der keinen Beleg nennt.
31 AAEB, B 234/8, ca. 1558, S. 201–204.
32 «Cunrad von Stalden der Meiger, Ülin Weber, Kunrad Gisen, Heini Schmid, Hans Rost, Jost [?] Donat, Hans Reber, Reinhard Gisen, Heinrich Imhoff, Michel Nerverlin all rät zu Laufen», StadtBALaufen, Nr. 3, S. 24.
33 StadtBALaufen, Nr. 7, 1588, S. 13–16. Bei der Vereidigung des Meiers von Liesberg auf dem Laufner Rathaus durch den Landvogt von Zwingen waren neun Ratsherren, den Meier eingeschlossen, zugegen, StadtBALaufen, Nr. 4, 1598, S. 2.

eine Vakanz bestand oder dass der zehnte Ratsherr krankheitshalber abwesend war.[34] Auch am Ende des 17. Jahrhunderts sassen zehn Männer im Rat. Im Laufe des 17. Jahrhunderts veränderte sich jedoch die Zusammensetzung des Rates insofern, als der Stadtmeier nicht mehr Teil des Rats war. Die Vorratszählung von 1698 listet den Meier Franz Athanasius von Staal und zehn Ratsherren auf.[35] Mit grosser Wahrscheinlichkeit war bereits von Staals Vorgänger Johann Hartmann von Hertenstein kein Ratsherr gewesen. Bis zum Ende des 18. Jahrhunderts blieb die Grösse des Rates bei zehn Männern.[36] Die Wahl in den Rat erfolgte normalerweise auf Lebenszeit. Ausnahmen sind selten: Niklaus Rim wurde 1658 wegen nicht näher bezeichneten aufrührerischen Worten durch die Obrigkeit von seiner Ratsstelle suspendiert.[37]

Der Rat ergänzte sich durch Kooptation selbst.[38] Genaueres darüber, wie dieses Verfahren vor sich ging, erfahren wir erst im 18. Jahrhundert. Starb ein Ratsherr, legten die verbliebenen Ratsherren dem Landvogt von Zwingen einen Dreiervorschlag vor, aus dem er den neuen Ratsherrn bestimmte.[39] Die Selbstergänzung des Rates unterstand also der obrigkeitlichen Kontrolle. Der Dreiervorschlag kam zustande, indem jeder Ratsherr drei Namen nannte. Die Reihenfolge der Namen gab keine Gewichtung wieder und spielte demnach keine Rolle. Die drei Vorgeschlagenen, die die meisten Stimmen auf sich vereinen konnten, wurden der Obrigkeit als Wahlvorschlag vorgelegt.[40] Nahm der Landvogt an der Ratsversammlung teil – was offenbar nicht unüblich war – fällte er vor Ort die Entscheidung, wer Ratsherr wurde.[41]

Die Obrigkeit hielt sich im Allgemeinen an die Wahlvorschläge. In Einzelfällen jedoch überging sie die offiziellen Kandidaten und ernannte einen anderen zum Rat. 1736 – das Fürstbistum befand sich mitten in den Troublen,[42] die Stadt Laufen hatte sich jedoch bereits vom aktiven Widerstand zurückgezogen[43] – bestimmte der

---

34 «Leibsnot» als Grund vor Gericht nicht zu erscheinen, Rippmann 2001, S. 218.
35 Vgl. dazu Kap. 2. Vgl. dort auch zur sozialen Herkunft der Ratsherren.
36 StadtBALaufen, Nr. 42, 30.1.1746, S. 13; AAEB, B 234/12, 23.1.1756, S. 525–545, hier ist explizit von zehn Ratsherren die Rede. AAEB, B 234/3, Mappe 2, 24.2.1745, S. 65: Die Liste nennt nur neun Ratsherren sowie einen «Stattammann». Letzterer scheint nicht Ratsherr zu sein, da ihm in der Liste das ehrenvolle «Herr» vor dem Namen nicht zugestanden wurde.
37 AAEB, B 234/1, Mappe 2, 22.2.1658, S. 367.
38 «Weillen nun aber ie weihlen gebräuchlich dz alte räte wider new angeben und erwehlen sollen, so thun und erkiesen wir an unser stell […]», StadtBALaufen, Nr. 24, um 1638, S. 24–35.
39 Zum Beispiel: StadtBALaufen, Nr. 44, 6.6.1757, S. 37.
40 Aus den Vorschlägen der Räte gingen hervor: Joseph Meyer mit acht Stimmen, Heinrich Meyer, Schlosser, mit fünf Stimmen, Heinrich Meyer, Glaser, vier Stimmen, StadtBALaufen, Nr. 42, 10.8.1751, S. 40.
41 StadtBALaufen, Nr. 44, 4.2.1771, S. 92.
42 Zu den Troublen vgl. Suter 1985. Im Laufental radikalisierte sich der Widerstand 1735, als auch hier zu gewaltsamen Aktionen geschritten wurde, vgl. Schnyder 2001, Bd. 4, S. 32ff.
43 Die Stadt Laufen hatte im Januar 1731 eine Reihe von Beschwerden formuliert, seit dem Herbst 1731 distanzierten sich Meier, Bürgermeister, Rat und Gemeinde jedoch vom Aufstand, vgl. dazu Kap. Rahmenbedingungen.

Bischof Joseph Meyer zum Rat. Als Landschreiber Kern die Miträte über die Wahl informierte, legten diese Einspruch ein. Meyer sei keiner der drei Vorgeschlagenen, die im ratsinternen Wahlprozedere die meisten Stimmen auf sich vereinen konnten. Ausserdem sei Meyers Lebenswandel tadelnswert: Vor einigen Tagen habe er in der Birs gebadet, so dass ihm Frauen und Mädchen hätten zusehen können. Der Rat verlangte eine Neuwahl.[44] Ob seine Forderung Erfolg hatte, ist nicht bekannt.

Welche Kriterien mussten erfüllt sein, um in den Kreis der potentiellen Ratsherren zu kommen? Da eine systematische prosopografische Erfassung der Ratsherren nicht möglich war,[45] müssen wir uns mit einigen knappen Hinweisen begnügen. Auffallend ist, dass die neun Ratsherren, die je drei Vorschläge machen konnten, gemeinsam oft nur sechs Namen vorschlugen.[46] Dies legt den Schluss nahe, dass die Gruppe der Wählbaren beschränkt war. 1769 gab ein Ratsherr anlässlich einer Befragung zu Protokoll, ein zukünftiger Ratsherr müsse Gerichtsmann gewesen sein,[47] was plausibel macht, weshalb die Zahl der Kandidaten nicht grösser war.[48] Obiges Beispiel macht deutlich, dass von einem Ratsherrn ein gewisses ehrenhaftes Verhalten verlangt wurde. Weiter sollten zwischen den Ratsherren

---

44 AAEB, B 234/10, 12.8.1736, S. 697–703.
45 Zu den Gründen, vgl. Kap. 5 (Quellen). Aufzeichnungen über Ratswahlen erstrecken sich über die Jahre von 1755–1771, also über einen Teil von Nikolaus Kerns Amtszeit als Stadtmeier, vgl. StadtBALaufen, Nr. 44, für die Jahre nach 1778, vgl. StadtBALaufen, Nr. 41, S. 65 ff.
46 StadtBALaufen, Nr. 44, 4.2.1771, S. 92; ebd., 2.7.1770, S. 97 ff.
47 Aussage von Heinrich Meyer, «etliche zwanzig Jahren» im Rat, AAEB, B 234/13, 19.12.1769, S. 371–425.
48 Von welchem Gericht hier die Rede ist, ist unklar. Die gerichtlichen Instanzen sind nicht ganz einfach zu fassen und zu unterscheiden, ebenso schwierig ist es auch, Aussagen über die Zusammensetzung der Gerichte zu machen. 1638 gab es einen Eid für die Richter oder Zwölfer sowie einen weiteren für die Richter oder Urteilssprecher im Amt Laufen und Zwingen, StadtBALaufen, Nr. 38, S. 24–35. Vgl. auch Kap. 6.
Vermutlich ist das Amtsgericht und weder das städtische Frevelgericht, noch das Gescheid gemeint. Das Amtsgericht scheint sowohl aus Abgeordneten aus dem Rat, als auch aus der städtischen Bürgerschaft zusammengesetzt zu sein. Der Rat entsandte vier Mitglieder ins Gericht. Vertreten war ausserdem der Meier von Liesberg sowie ein Vertreter aus Röschenz. Ob die sechs weiteren Mitglieder ausschliesslich aus der Laufner Bürgerschaft stammten, ist nicht bekannt. Den Vorsitz führte der Stadtmeier. Er scheint, zumindest im 18. Jahrhundert, das 13. Mitglied gewesen zu sein, StadtBALaufen, Nr. 6, 24.3.1744, S. 93; Vertreter aus Röschenz: StadtBALaufen, Nr. 44, 30.4.1763, S. 63. Ein Beleg aus dem späten 18. Jahrhundert umschreibt das Amtsgericht von Laufen als bestehend aus dem Stadtmeier und 16 Gerichtsleuten, jenes von Zwingen aus dem Amtmeier und derselben Anzahl Gerichtsleuten, AAEB, B 234/13, 3.5.1791, S. 605–611. Im 17. Jahrhundert bestand das Wochengericht aus 13 Personen: Dem Meier als Richter, zehn Urteilssprechern sowie zwei Fürsprechern, StadtBALaufen, Nr. 14, 1641, S. 93.
Das Gescheid bestand aus sieben Männern und dem Amtmeier, der den Stab führte, StadtBALaufen, Nr. 9, 29.2.1716, S. 39–62. Als die Stadt 1780 um die Wiederaufrichtung des Gescheids oder Feldgerichts bat, schlug sie vor, das Gescheid mit sieben Personen – dem Feldrichter, zwei Ratsherren, dem Vorstadtmeier sowie drei Bürgern aus der Gemeinde – zu bestellen, StadtBALaufen, Nr. 18, 17.5.1780, S. 115–119.

keine verwandtschaftlichen Beziehungen bestehen.[49] Zumindest war Stadtmeier Kern dieser Meinung: 1755 ermahnte er die Ratsherren anlässlich einer bevorstehenden Wahl, «die von gar naher Verwandtschaft», «abzustehen»,[50] sich also der Stimme zu enthalten, wenn ein Ratsherr mit einem Kandidaten verwandt war. Zwei Jahre später präzisierte er, die Ratsherren sollten «Schwager, Bruder und anverwandte, welche im ersten und zweyten Grad verwandt seyn, aus der Wahl [...] lassen».[51]

Kern sah die verwandtschaftlichen Verbindungen zwischen Mitgliedern des Laufner Rats als Missstand an, gegen den er sich während seiner Amtszeit mehrfach stemmte.[52] Die Ratsherren und die Laufner Bürgerschaft, die sich in der zweiten Hälfte des 18. Jahrhunderts zweimal mit umfassenden Beschwerdebriefen über die Amtsführung des Rates beschwerte,[53] scheinen anderer Meinung gewesen zu sein. Zumindest thematisierten sie die Verwandtschaftsbeziehungen zwischen Ratsherren und mögliche, daraus resultierende Interessenkollisionen nicht. Kerns Einsatz gegen die «Vettere im Rath» blieb erfolglos. Dies ist insofern nicht überraschend, als auch unter den Bischöfen und im Domkapitel einige wenige adelige Familien dominierten.[54] Angehörigen dieser Familien vertraute der Bischof seine Verwaltungsämter, beispielsweise die Vogteien, an.[55] Verwandtschaftsbeziehungen stellten im Fürstbistum ein wichtiges Konstruktionsprinzip der Herrschaftseliten dar.

Vorsitzender des Rates war der Meier.[56] In der Präsidialfunktion im Rat sieht Blickle die Autorität des Meiers als Gemeindespitze begründet.[57] Innerhalb des Rates bildete der Bürgermeister, der die Schlüssel zum Rathaus und zum Stadtarchiv verwahrte, eine zweite Spitze.[58] Das Bürgermeisteramt war jeweils doppelt besetzt.[59]

Die Doppelung der Gemeindespitze mit Meier und Bürgermeister ist nicht einzigartig. Die Forschung stiess auch in Südwestdeutschland, Franken und im länd-

49 Zur Vetternwirtschaft, vgl. Sabean 1998, S. 59 ff. sowie Sabean 1992.
50 StadtBALaufen, Nr. 42, 10.8.1755, S. 68v. Identisch: StadtBALaufen, Nr. 44, 10.8.1755, S. 35.
51 StadtBALaufen, Nr. 44, 6.6.1757, S. 37.
52 Vgl. Kap. 9.
53 Zu den Konflikten der Jahre 1768–1772 und 1791, vgl. unten.
54 Vgl. Bosshart-Pfluger 1983.
55 Die Familie von Blarer ist nur ein Beispiel für diese Politik. Mit der Wahl Jakob Christoph Blarers von Wartensee zum Bischof 1575 kam die ursprünglich aus der Stadt St. Gallen stammende Familie ins fürstbistumsbaslerische Gebiet. Sie stellte zahlreiche Landvögte und Räte und war auch im Domkapitel immer gut vertreten. Die Vogtei Pfeffingen blieb, nachdem Bischof Blarer seinem Bruder Wolf Dietrich verliehen hatte, bis zum Ende des Fürstbistums immer in der Hand dieser Familie, Bosshart-Pfluger 1983, S. 185 ff.
56 AAEB, B 137/30, 8.4.1778, S. 213–223.
57 Blickle 2000, Bd. 1, S. 58.
58 AAEB, B 234/14, 29.12.1778, S. 733–736; ebd., 22.1.1779, S. 753–763.
59 Einer war jeweils der regierende Bürgermeister, StadtBALaufen, Nr. 42, 28.6.1790, S. 261. Zur Doppelbesetzung, vgl. AAEB, B 234/14, 28.9.1773, S. 423. Wohl aufgrund einer Vakanz im Rat ist nur ein Bürgermeister erwähnt, StadtBALaufen, Nr. 42, 26.6.1752, S. 45v.

lichen Mitteldeutschland auf Gemeinden mit zwei Spitzen, einen herrschaftlichen Schultheissen und den gemeindlichen Bürgermeister, und fragt sich, ob darin ein Dualismus zu erblicken sei.[60] Trossbach wirft die Frage auf, ob es sich um eine gewachsene Funktionsteilung oder um eine Reaktion der Gemeinden auf die absolutistische Vereinnahmung des Schultheissenamtes handelt.[61] Während Trossbach die Möglichkeit erwägt, dass Meier und Bürgermeister in einem komplementären Verhältnis zueinander standen, sieht Blickle den Bürgermeister in einem Konkurrenzverhältnis zu stadtherrlichen Beamten.[62] Die Laufner Quellenbasis lässt keine Antworten auf die von Trossbach aufgeworfenen Fragen zu. Ein Konkurrenzverhältnis zwischen Meier und Bürgermeister lässt sich insofern erkennen, als der Rat den Bürgermeister als Meier eingesetzt sehen wollte.

Wahl des Bürgermeisters

Die Stelle des Bürgermeisters erlangte ein Ratsherr durch Anciennität. Starb der Bürgermeister, rückte der älteste Ratsherr in dieses Amt auf. Wem das Amt jeweils zustand, scheint klar und selbstverständlich gewesen zu sein, denn die Ratsherren nahmen eine nach «Dienstalter» abgestufte Sitzordnung ein.[63] Der neben dem Bürgermeister Sitzende wurde nach dessen Tod sein Nachfolger. Als Zeichen der Amtseinsetzung nahm er die Schlüssel zu den städtischen Schriften entgegen. Dies erfahren wir erst 1778, als dieser Regel nicht mehr nachgelebt wurde und es erstmals zu einem Konflikt um die Besetzung des Bürgermeisteramtes kam. In diesem Jahr beschwerte sich Ratsherr Joseph Götschi, dass er bei der Bürgermeisterwahl nicht berücksichtigt wurde.[64]

Im Frühjahr 1763 hatten die Ratsherren beschlossen, den Bürgermeister in Zukunft zu wählen.[65] Das Wahlverfahren sah vor, dass jeder Ratsherr einen Kandi-

---

60 Trossbach 1991, S. 271.
61 Trossbach 1991, S. 272. Für Hessen stiess er auf eine ins Spätmittelalter zurück reichende Veränderung des Gerichts, die auch die Kompetenzen des Schultheissen beschnitt. Das Gericht verlor die niedergerichtlichen Funktionen und entschied nur noch über Bagatellfälle mit niedrigen Bussen. Ausserdem wurden die Dorfgerichte zusammengelegt. Der Schultheiss war nicht mehr Vorsitzender des Dorfgerichts, bei dem der Geschädigte selbst seine Klage vorbrachte, sondern er sammelte die Klagen übers Jahr und brachte sie dem Landgericht vor, Trossbach 1991, S. 272f.
62 Blickle 2000, Bd. 1, S. 58.
63 Die Ratsherren sassen auf zwei Bänken, AAEB, B 234/14, S. 749. In der Kirche stand dem Bürgermeister ein besonderer Platz zu und er ging «im Bürgermeister Rang» zum Opfer, AAEB, B 234/14, 8.1.1779, S. 744. Zum Opfergang der Gläubigen, vgl. Lexikon für Kirche und Theologie, Bd. 7, Sp. 1071.
64 AAEB, B 234/14, 29.12.1778-17.6.1779, S. 731-775.
65 StadtBALaufen, Nr. 42 , 30.4.1763, S. 116v. Nach dem Tod von Peter Segginger wurde Johannes Weber zum Bürgermeister gewählt. Offenbar war etwas früher bereits Amtsschaffner Franz Joseph Cueni durch Wahl zum Bürgermeister bestimmt worden. (Vgl. die Auseinandersetzung um die Nicht-Wahl von Joseph Götschi. Dort wird Cueni als erster gewählter

daten für das Bürgermeisteramt nannte.[66] Die Ratsherren begründeten ihre Entscheidung, eine Wahl durchzuführen, damit, dass sie verhindern wollten, dass wieder kranke oder aus anderen Ursachen untaugliche Kandidaten das Amt einnähmen.[67] Wählbar waren zunächst nicht alle Ratsherren, sondern lediglich jene, die mit dem Bürgermeister auf der ersten Bank sassen.[68] Als der Bischof die Wahl vom 21. Dezember 1778 für ungültig erklärte, weil sie nicht nach einem obrigkeitlich bewilligten Prozedere vorgenommen worden war, legten die Ratsherren fest, dass in Zukunft sämtliche Ratsherren ins Bürgermeisteramt wählbar sein sollen. Die Wahl habe unter Vorsitz des Stadtmeiers stattzufinden.[69]

Zwei Dinge waren anders, als 1778 an Stelle von Joseph Götschi Sonnenwirt Joseph Fenninger zum Bürgermeister gewählt wurde. Erstens wurde erstmals ein Bürgermeister gewählt, dem das Amt auf Grund der Anciennität nicht ohnehin zugestanden wäre, und zweitens erfolgte die Wahl nicht offen und mündlich, sondern schriftlich.[70]

Ratsherr Joseph Götschi hatte als ältester Ratsherr nach dem Tod von Bürgermeister Joseph Frey die Schlüssel zum Stadtarchiv entgegen genommen. Diese wurden ihm jedoch von Meier Cueni wieder abgenommen. Götschi habe, so Cueni, die Schlüssel jenem zu übergeben, der die Mehrheit der Stimmen auf sich vereinige. Die Wahl fand am 21. Dezember statt und zwar nach einem neuen Modus. Die Stimmen seien auf Zetteln verschlossen bei Stadtmeier Cueni abgegeben worden. Cueni habe verlauten lassen, er werde Götschi seine Stimme nicht geben, deshalb sei Sonnenwirt Joseph Fenninger mit fünf Stimmen gewählt worden. Auf Götschi fielen

Bürgermeister bezeichnet, AAEB, B 234/14, 29.12.1778, S. 733–736. Seine Wahl hatte am 22.1.1763 stattgefunden, AAEB, B 234/14, 22.1.1779, S. 753–763.) Damals lag scheinbar keine Grundsatzentscheidung zu Grunde, sondern Cueni wollte das ihm aufgrund des Anciennitätsprinzips zustehende Amt nur annehmen, wenn die Ratsherren sich in einer Abstimmung für ihn aussprächen, AAEB, B 234/14, 8.1.1779, S. 739f. Was Cuenis Motive gewesen sein könnten, lässt sich nur vermuten. Die Wahl stellt ein Legitimationsverfahren dar. Möglicherweise bestand er auf dieser Absicherung, weil er als Amtsschaffner wie der damalige Stadtmeier Nikolaus Kern auch im Dienste des Bischofs stand. Kern und der Rat standen in einem konfliktreichen Verhältnis zueinander. Cueni hatte insbesondere in den späten 1740er Jahren Feindschaft vorgeworfen. Vgl. Kap. 9.
Die Entscheidung, eine Wahl durchzuführen, fällte der Rat ohne obrigkeitliche Bewilligung, AAEB, B 234/14, 8.1.1779, S. 740. Der Rat konnte sich also Selbstverwaltungsbereiche erhalten, aber nur solange es nicht zu Konflikten kam. Im Streitfall wurde die Obrigkeit als Schlichterin oder zur Unterstützung der unterlegenen Partei angerufen.

66 StadtBALaufen, Nr. 44, 30.4.1763, S. 63: Zwei Räte erhielten je drei Stimmen, gewählt wurde Johannes Weber, der sich der Stimme enthalten hatte. Offenbar konnte er so den Stichentscheid geben.
67 AAEB, B 234/14, 22.1.1779, S. 753–763.
68 AAEB, B 234/14, 21.12.1778, S. 760f. (Beilage Nr. 4).
69 AAEB, B 234/14, 4.5.1779, S. 765. Joseph Götschi gab seinen Widerstand auf, AAEB, B 234/14, 11.6.1779, S. 769–771. Der Bischof bestätigte auf Ersuchen des Rates die Wahl von Joseph Fenninger, AAEB, B 234/14, 17.6.1779, S. 773.
70 AAEB, B 234/14, 8.1.1779, S. 739–745.

zwei Stimmen. Götschi beklagte sich über das Wahlverfahren und forderte, «das althergebrachte Recht des Magistrats», das seit dem «Eilften Saecolo volglich schon gegen sechshundert Jahr lang» geübt worden sei, zu schützen.[71]

Die Beschwerde Götschis wirft ein Schlaglicht auf die ökonomische Bedeutung von Ämtern.[72] Die Besoldung der Räte setzte sich, wie im Mittelalter und in der Frühen Neuzeit üblich, aus unterschiedlichen, teilweise aus Geld, teilweise aus Naturalien bestehenden Teilen zusammen. Die beiden Bürgermeister erhielten je acht, die Ratsmitglieder je sechs Klafter Brennholz, während die städtischen Haushalte je nach Grösse nur zwischen zwei und vier Klafter erhielten.[73] Im Weiteren standen den Ratsherren zwei Sester Salz zu, die Baumeister erhielten zusätzlich einen Sester, auch der Landvogt und der Meier erhielten je drei Sester.[74] Hinzu kamen aus dem Stadtseckel zu Neujahr 1 lb. 5 ß, zu Ostern derselbe Betrag für Ostereier.[75]

Götschi beklagte die Missgunst, die zu seiner Nicht-Wahl geführt habe und die Nachteile, die daraus für ihn und die Seinen entstünden.[76] Sein Kontrahent, Stadtmeier Cueni,[77] warf Götschi Eigennutz, Einbildung und Hoffart vor und behauptete, Göschti habe gesagt: «Wann man ihme nur 2 Clafter Holtz mehr als einem anderen zukommen lasse, so könne BurgerMeister seyn wer wolle.»[78] Obwohl Gemeinnutz[79] und natürlich nicht Eigennutz als Tugend im Amt gilt, ist das, was Cueni Götschi vorwarf, nichts Aussergewöhnliches. Denn aus der Verwaltungsgeschichte ist bekannt, dass adlige wie bürgerliche Amtsträger vor allem finanziell und gesellschaftlich an ihrem Amt interessiert waren. Sie strebten durch ihr Amt eine höhere soziale Stellung in der ständischen Gesellschaft an, während funktionale Gesichtspunkte – also die «Aufgabe» – zweitrangig waren.[80]

71 AAEB, B 234/14, 29.12.1778, S. 733–736. Vgl. auch AAEB, B 234/14, 8.1.1779, S. 742.
72 Vgl. unten.
73 StadtBALaufen, Nr. 58, 4.1.1771, S. 98; AAEB, B 234/14, 4.1.1771, S. 103. Die den Ratsherren mögliche Holznutzung führte immer wieder zu Missbrauch, in dem auch deren Verwandte, namentlich Geschwister und erwachsene Kinder, mit ihren Haushalten versorgt wurden, AAEB, B 234/9, 1693, S. 321. Zur Besoldung, vgl. auch die detaillierte Auflistung der vielen kleinen Einnahmen, AAEB, B 234/15, 1791, S. 171ff.
74 StadtBALaufen, Nr. 35, 1702, S. 336. Auch die Salznutzung führte zu Konflikten zwischen Bürgermeister und Rat auf der einen, der Gemeinde auf der anderen Seite, AAEB, B 234/9, 1696, S. 345–353.
75 In der zweiten Hälfte des 18. Jahrhunderts beschwerten sich Gemeindebürger dagegen und behaupteten, die Ratsherren bedienten sich aus dem Stadtseckel, StadtBALaufen, Nr. 18, o. D., S. 209f.
76 AAEB, B 234/14, 29.12.1778, S. 733–736.
77 Stadtmeier Cueni war der Sohn des oben erwähnten Bürgermeisters, vgl. Kap. 7.
78 AAEB, B 234/14, 22.1.1779, S. 753–763.
79 Zur Bedeutung des Gemeinen Nutzen im Kommunalismus, vgl. Blickle 2000, Bd. 1, S. 87ff. und ebd., Bd. 2, S. 195ff.
80 Bischoff 1996, S. 288. Zur ökonomischen Bedeutung von Ämtern, vgl. Schnyder 2001, Bd. 3, S. 179–182.

Funktionen des Rates

Im 18. Jahrhundert fassbar sind neben dem Bürgermeister die Ämter des Baumeisters, des Weinanschneiders,[81] des Fleischschätzers und des Feuerbeschauers. Auch diese Posten waren in der Regel jeweils mit zwei Ratsherren besetzt.[82] Die Aufgaben, die sich hinter den Amtsbezeichnungen verbergen, sind jedoch viel älter und bestanden wohl, seitdem der Rat existierte. Dem Rat oblag die Aufsicht über Sicherheit und Gesundheit in der Stadt; er war gewissermassen Baupolizei und Steuerverwaltung. Als Aufgaben des Rates sind belegt die Aufsicht in der Stadt, konkreter die Einhaltung von Geboten und Verboten,[83] der Einzug der Monatsgelder,[84] die Vereidigung des Metzgers[85] und die Verleihung der Stadtmühle.[86] Der Rat erteilte Bewilligungen, ein Wirtshaus zu führen.[87] Gemeinsam mit dem Landvogt vereidigte er den Meier von Liesberg.[88] Ebenfalls zusammen mit dem Landvogt «nahm» der Rat die Hebamme «an», wie es im Neuen Stadtbuch heisst.[89] Der Rat scheint die Hebamme nicht nur vereidigt, sondern auch gewählt zu haben.[90] Die beiden aus den Reihen des Rates gewählten Fleischschätzer besichtigten das Fleisch, wachten also über die Qualität und sorgten dafür, dass die Gesundheit der Stadtbevölkerung nicht durch verdorbenes Fleisch bedroht wurde.[91] Der Rat war

---

81 Synonym war vom Umgelder oder Weinsiegler die Rede.
82 Manchmal übten auch zwei oder drei Ratsherren gemeinsam sämtliche Ämter aus, StadtBALaufen, Nr. 42, 25.6.1778, S. 181: Franz Burger und Johannes Fenninger waren Baumeister, Feuerbeschauer, Umgelder und Fleischschätzer. StadtBALaufen, Nr. 42, 20.6.1779: Bürgermeister Franz Schaltenbrand und Ratsherr Joseph Götschi waren gemeinsam Baumeister, Feuerbeschauer und Umgelder, die beiden Bürgermeister Franz Schaltenbrand und Joseph Fenninger waren gemeinsam Fleischschätzer. Vgl. auch StadtBALaufen, Nr. 42, 3.7.1785, S. 251v.
83 StadtBALaufen, Nr. 44, 24.2.1766, S. 74.
84 StadtBALaufen, Nr. 26, 1662, 35ff. Bei den 1659 eingeführten Monatsgeldern handelte es sich um einen festen, der Gemeinde auferlegten Betrag, der auf der Einschätzung des Grundbesitzes basierte. Die Einschätzung erfolgte nicht durch eine neutrale Stelle, sondern durch die Gemeinde selbst beziehungsweise durch speziell dafür bestimmte Personen aus der Gemeinde. Der vorhandene Besitz liess sich nicht beliebig untertreiben, bei der Einschätzung und Verteilung bestand für die Gemeinde jedoch ein gewisser Spielraum, Berner 1994, S. 212f. Vgl. auch Berner 1994a.
85 StadtBALaufen, Nr. 6, 1700–1721, S. 13, 15, 45, 59.
86 StadtBALaufen, Nr. 4, um 1600, S. 2ff. Die Erlaubnis zum Bau der neuen Mühle hatte der Bischof Meier und Rat der Stadt 1592 erteilt, StadtBALaufen, Urk. Nr. 39, 23.3.1592/22.11.1592; vgl. auch ebd., Urk. Nr. 41, 22.9.1608.
87 StadtBALaufen, Nr. 4, 1693, S. 20v.
88 StadtBALaufen, Nr. 4, S. 10.
89 StadtBALaufen, Nr. 4, 8.12.1605, S. 6; ebd., 21.4.1657, S. 5v.
90 «Als die Hebam Erwehlt wurde» erhält Ratsherr Franz Schaltenbrand für Wein 2 lb. 5 ß, StadtBALaufen, Nr. 42, 18.9.1762, S. 113v. Die Wahl der Hebamme durch den Rat deckt sich mit Heide Wunders (1992, S. 225) Befund, wonach nur die Bäuerinnen ihre Hebamme selbst wählten, während sie in der Stadt vom Rat bestellt und besoldet wurde.
91 StadtBALaufen, Nr. 9, S. 3: Abschrift (Hand: 18. Jahrhundert) eines Stadtprotokolls vom 5.6.1588 (Metzgerordnung).

zuständig für den Unterhalt der Stadtmauern.[92] Um dieser Aufgabe nachkommen zu können, verfügte der Rat seit dem Mittelalter über zwei bischöfliche Privilegien, das Monopol des Salzverkaufs[93] und das Recht, das Weinumgeld zu beziehen.[94] Weiter entsandte der Rat vier Personen aus seinen Reihen ins Gericht.[95] Ausserdem nahm der Rat Wahlen vor, aus seiner Mitte bestellte er den Stadtschaffner[96] sowie neben dem Bannwart einen (Ober-) Waldaufseher.[97] An der Rechnungsablage nahmen neben dem Landvogt, dem Meier und den Räten auch die Geschworenen teil.[98]

Wieweit die Kompetenz des Rates reichte, Entscheidungen eigenverantwortlich zu treffen, bleibt unklar. Die Erlaubnis zu wirten, die der Rat dem Metzger Batt Miller erteilt hatte, hob der Landvogt beispielsweise wieder auf.[99] Bei wichtigen Geschäften wohnte der Landvogt den Sitzungen des Rates bei, etwa als der Rat mit den Maurern Lienhard Gysi, Peter Burger und Jacob Reber über die Reparatur der Stadtmauer abrechnete.[100]

Die Zuteilung des Baumeister-, Weinanschneider-, Feuerbeschauer- und Fleischschätzeramtes erfolgte jeweils auf Johannis Baptistae, den 24. Juni.[101] Die Ämter unterlagen also einer jährlichen Rotation. Vermutlich übergab dann auch der regierende Bürgermeister sein Amt an den stillstehenden Bürgermeister. Die Rotation sollte es wohl allen Ratsherren ermöglichen, von den Einnahmen zu profitieren, die mit diesen Ämtern verbunden waren.

Stadtmeier Kern schlug seit Mitte des 18. Jahrhunderts verschiedentlich vor, einen permanenten Baumeister einzusetzen.[102] Kern begründete seinen Vorschlag

---

92 StadtBALaufen, Nr. 10, 29.8.1618, S. 22: Abrechnung wegen Besichtigung und Ausbesserung der Stadtmauern mit den beteiligten Handwerkern.
93 Über die Salzeinnahmen mussten zwei Ratsherren acht Tage vor oder nach Johannis Baptistae Rechnung ablegen, AAEB, B 234/1, Mappe 1, 17.7.1461, S. 5. Bestätigung des Salzverkaufsmonopol, StadtBALaufen, Urk. Nr. 35, 13.2.1588.
94 StadtBALaufen, Urk. Nr. 5, 14.7.1339; ebd., Urk. Nr. 19, 1473; ebd., Urk. Nr. 21, 1.7.1482.
95 StadtBALaufen, Nr. 44, 30.4.1763, S. 63. Gemeint war vermutlich das Amtsgericht, vgl. dazu die Überlegungen in Anm. 48.
96 StadtBALaufen, Nr. 42, 18.7.1747, S. 23; ebd., 22.1.1763, S. 116.
97 StadtBALaufen, Nr. 44, 4.2.1771, S. 92; AAEB, B 234/14, 28.2.1771, S. 113–121: Bei der Wahl wurde zunächst ein alter Ratsherr gewählt. Der Landvogt und Stadtmeier Kern wandten sich an den Bischof und schlugen einen jungen Mann vor. Sie suggerierten, der Rat habe absichtlich einen zum Amt Untauglichen gewählt, damit sie im Wald tun und lassen könnten, was sie wollten.
98 StadtBALaufen, Nr. 11, 4.1.1618, S. 1v.
99 StadtBALaufen, Nr. 4, 1693, S. 20v.
100 StadtBALaufen, Nr. 10, 29.8.1618, S. 22.
101 StadtBALaufen, Nr. 42, 5.1.1746, S. 13: Der Baumeister legte jährlich auf Johannis Baptistae den Eid ab.
102 Sämtliche Ratsherren votierten dagegen und sprachen sich für die Beibehaltung der alten Ordnung aus, stimmten jedoch einer Verhaltensordnung mit elf Punkten zu, die die Aufgaben des Baumeisters regelte, StadtBALaufen, Nr. 42, 30.1.1746, S. 11ff.; AAEB, B 234/12, 30.1.1746, S. 733ff.

damit, dass der jährliche Wechsel des Baumeisters zu einer Vernachlässigung der städtischen Gebäude und zur Übernutzung der Wälder führe, die längeren Amtszeiten dagegen dienten der «Erhaltung nützlicher Policey».[103] Bei den Ratsherren stiess er damit jedoch anfänglich mehrheitlich auf Skepsis. Ihre ablehnende Stellungnahme war einerseits dadurch begründet, dass Kerns Vorschlag sein Misstrauen gegen ihre Amtsführung ausdrückte, andererseits auch, dass die neue Regelung den anderen Ratsherren potentielle Einnahmen vorenthielt.[104]

Denselben Vorschlag, den er im Januar 1746 dem Laufner Rat vorgelegt hatte, nämlich die Wahl eines ständigen Baumeisters, formulierte Kern in einem gemeinsam mit dem Landvogt verfassten Schreiben an den Bischof, in dem er sich zu einer das Salzwesen betreffenden Bitte des Rats äusserte. Die Stellungnahme sparte nicht mit Kritik an der Amtsführung der Ratsherren und verlangte für den Stadtmeier verbesserte Kontrollmöglichkeiten: Er habe keinen Einblick in den Einzug und die Verwendung des Umgeldes. Die Ratsherren betrachteten das Umgeld als private Einnahme, weshalb Kern forderte, die Besoldung des Umgeldeinnehmers auf einen fixen Betrag festzusetzen. Des Weiteren warf er den Ratsherren allzu grosse freundschaftliche Verbundenheit mit den Wirten vor. Kern befürchtete wohl, dass den Wirten ein Nachlass auf dem Umgeld gewährt würde. Um den Wald besser vor der Übernutzung durch die Ratsherren zu schützen, die sich dort nicht nur für den Hausgebrauch, sondern auch für ihren Handwerksbedarf bedienten, sollte der Stadtmeier die Aufsicht wahrnehmen. So müssten Holzschläge durch ihn bewilligt werden. Statt zwei Baumeistern sollte nur noch einer das Amt während einer Periode von drei Jahren inne haben.[105]

1749 äusserten sich die Ratsherren erneut zur Frage der Ernennung eines ständigen Baumeisters. Nach wie vor stiess Kern mehrheitlich auf Ablehnung. Einzig ein Ratsherr sprach sich zustimmend aus, schlug jedoch gleichzeitig vor, jenem, an dem die Reihe wäre, seine Einnahmen zu belassen. Ein zweiter Ratsherr meinte, eine Besoldungserhöhung könnte die Amtsausübung verbessern.[106] 1754 beschlossen die Ratsherren dann, demjenigen, der als Baumeister an der Reihe wäre, eine Besoldung von Salz und 2 lb. 5 ß zuzusprechen; der ständige Baumeister solle jährlich

---

103 AAEB, B 234/12, 1758, S. 675 ff.
104 Während ein Teil der Einnahmen vermutlich beiden Amtsinhabern zustand, scheint ein Teil nur dem einen zugekommen zu sein. Das schliesse ich aus der Debatte um den ständigen Baumeister: Derjenige Baumeister, der an der Reihe wäre, solle mit einer Besoldung in Salz und 2 lb. 5 ß abgefunden werden, StadtBALaufen, Nr. 44, 25.1.1754, S. 3 ff.
Beim Weinanschneiden erhielt der Ratsherr ein Mass Wein und einen Schilling Brot, AAEB, B 234/1, 23.11.1746, S. 41–50; AAEB, B 234/14, 28.9.1773, S. 427. Die beiden Baumeister erhielten zusätzlich zu den zwei Sestern Salz, die allen Räten zustanden, je ein zusätzliches Sester, StadtBALaufen, Nr. 35, 1702, S. 336.
105 AAEB, B 234/1, 23.11.1746, S. 41–50. Hier formulierte Kern erstmals seine Kritik am Laufner Rat, vgl. dazu Kap. 9.

15 Pfund erhalten. Sodann wurde Franz Fenninger einstimmig für sechs Jahre zum Baumeister gewählt.[107]

Damit war das Thema insofern noch nicht erledigt, als Kern dem Bischof 1758 im Zusammenhang mit der Auseinandersetzung um die Abhaltung des Frevelgerichtes davon Mitteilung machte und um Ratifizierung des ständigen Baumeisteramtes bat. Durch die bischöfliche Genehmigung erhoffte er zu gewährleisten, dass Franz Fenninger sein Amt unangefochten ausüben könnte.[108] 1760 erteilte der Bischof einem ständigen Baumeisteramt seinen Segen.[109]

In der Beratung der bischöflichen Resolution im Rat wird eine gewisse Unzufriedenheit der Ratsherren darüber erkennbar, dass ihre Entscheidungen zur Disposition gestellt wurden: «Er seye ein Underthan und wolle ein Underthan bleiben», sagte Ratsherr Johannes Weber, «schwär aber falle ihme, das man dem Rath nicht lasse, wie zu vor, dan dardurch werden sie verachtet, Er seines Orths verlange, das es beym altem verbleiben solle». Sachlich strittig war offenbar die Amtsdauer des ständigen Baumeisters. Die Ratsherren sprachen sich mehrheitlich dafür aus, das Amt nicht mehr als für sechs Jahre zu besetzen, wie sie es schon 1754 festgelegt hatten.[110]

Interessant ist die mehr als zehnjährige Auseinandersetzung um das ständige Baumeisteramt insbesondere deshalb, weil sie deutlich macht, dass die Obrigkeit über Entscheidungen des Rates nur dann etwas erfährt, wenn ihr jemand, der wie der Stadtmeier Einblick hatte, Meldung machte. Zuweilen erhielt sie Informationen erst mit Jahren Verspätung. In der Zwischenzeit (bis sich dann der Bischof auch noch geäussert hatte) handeln die Ratsherren nach ihren Ermessen. Dies zeigt meines Erachtens, dass Handlungsspielräume für kommunales Handeln erhalten blieben. Sie bestanden, solange keine Konflikte entstanden, die die Beteiligten zur Einschaltung des Bischofs als Schlichter veranlassten.

Zur Beziehung zwischen Landvogt, Stadtmeier und Laufner Räten: Symbolische Hinweise

Eingangs positionierte ich den Meier als bischöflich bestallten Amtsträger an der Schnittstelle zwischen obrigkeitlicher und kommunaler Sphäre. Den Rat ordnete ich dem kommunalen Bereich zu, obwohl auch er obrigkeitliche Mitbestim-

---

106 StadtBALaufen, Nr. 44, 29.6.1749, S. 12.
107 StadtBALaufen, Nr. 44, 25.1.1754, S. 3ff.
108 AAEB, B 234/12, 20.6.1758, S. 675–689. Weder der Rat – so lässt sich die Untersuchung über Franz Fenninger interpretieren (vgl. AAEB, B 234/12, 11.2.1760, S. 821–830) – noch Stadtmeier Kern waren mit den Auswirkungen der Wahl des ständigen Baumeisters wirklich zufrieden.
109 AAEB, B 234/12, 23.1.1760, S. 799–801.
110 AAEB, B 234/12, 7.2.1760, S. 807–829.

mung zu gewärtigen hatte. Die Frage, ob der Meier unabhängig vom Zwingener Landvogt oder ihm untergeordnet war, blieb bis ins 18. Jahrhundert klärungsbedürftig. Erinnert sei an Hofrat Ramschwags Dorsalvermerk auf Fenningers Bestallung von 1721 und an das Gutachten von Blarers aus dem Jahr 1777 zur Landschreiber- und Meierbestallung.[111] Während Ramschwag den Meier zumindest bis zum gegenwärtigen Zeitpunkt als weitgehend ungebunden ansah, versuchte von Blarer sicherzustellen, dass das Meieramt so in die Hierarchie der Amtsverwaltung integriert werde, dass der Landvogt eindeutig an der Spitze der Vogtei stehe, gefolgt vom Landschreiber und vom Schaffner. Erst danach solle der Stadtmeier seinen Platz finden. Die Umsetzung dieser Vorschläge in der Bestallung von 1778 stellt den Höhepunkt eines Prozesses dar, der bereits im frühen 17. Jahrhundert begonnen hatte. Die Beziehung zwischen Meier und Räten war insofern eine hierarchische, als der Meier den Vorsitz im Rat führte. Daraus ergab sich jedoch – unabhängig von der Frage, ob der Meier Mitglied des Rates war oder nicht – kein zwangsläufiger Gegensatz zwischen Meier und Rat.

Die Frage, nach der Beziehung zwischen dem Landvogt von Zwingen, dem Stadtmeier und den Laufner Räten lassen sich nicht nur mit Blick auf Organigramme, sondern auch auf einer anderen Ebene ausloten, jener der sozialen Praxis. In einer Aufstellung über den Ertrag der Besoldung eines «Herrn Landtvogts zu Zwingen» aus dem Jahr 1758 steht zu lesen: «Vor alten Zeiten hat ein neu erwehlter Rahtsherr zu Laufen dem H. Landtvogt, auch Statt-Meyern, und denen 9 alten Räthen eine Mahlzeit gegeben. Dieselbe ist aber seith ohngefehr 35 Jahren abgestellt worden; hingegen aber gibt sothaner Neu erwehlter Rathsherr: Dem H. Landtvogt ein silberner Bächer so 12 lb. Werth ist, dem Statt-Meyer ein 3.Löhtig silberner Löfel, so 4 lb. 10 ß Werth seyn kann. Denen 9 Räthen auch jederem einen derley Löfel, thut für 9 Löfel, à 4 lb. 10 ß, 40 lb. 10 ß.»[112]

Bis zu Beginn der 1720er Jahre richtete ein neu gewählter Ratsherr für den Landvogt, den Stadtmeier sowie seine Miträte ein Essen aus. Was der Grund dafür war, nicht länger an dieser Praxis festzuhalten und sie durch Geschenke silberner Gegenstände zu ersetzen, erfahren wir nicht. Dafür erhalten wir Einblick in Praktiken, die im Rahmen der Beziehung zwischen dem Landvogt, dem Stadtmeier und den Räten geübt wurden: gemeinsame Mahlzeiten und Geschenke.[113]

Anlässlich von wichtigen Ereignissen oder von Vertragsabschlüssen Geschenke auszurichten, war im Spätmittelalter und in der Frühen Neuzeit nichts Ungewöhnli-

---

111 Vgl. Kap. 7.
112 AAEB, B 137/29, Mappe 4, nach 16.3.1758, S. 347f. Zum Vergleich: Für etwa 40 Pfund konnte sich ein Knabe in einer Laufner Zunft im frühen 18. Jahrhundert während dreier Jahre ausbilden lassen, vgl. Kap. 3. Die Geschenke kosteten den Ratsherrn eine stattliche Summe.
113 Zu Prämien bei Vertragsabschluss (Leitkauf) und zu Geschenken, vgl. Groebner 1993, S. 160 ff., zu Geschenken im politischen Kontext, vgl. Groebner 1999, 2000, 2000a.

ches, sondern im Gegenteil weit verbreitet. Oft bestanden sie in Essen, in Wein oder in Geld «zu vertrinken» – dessen Bestimmung also darin bestand, in Form von Wein getrunken zu werden. Diesen Geschenken haftete zunächst auch nichts Verwerfliches an.[114] Groebner interpretiert Geschenke als eine Form der (politischen) Kommunikation. Sie transportieren Bedeutung und Wertschätzung; eine Verkleinerung von Geschenken spiegelt eine veränderte Beziehung zum Beschenkten.[115]

Was lässt sich aus dem Geschenk der Laufner Ratsherren und aus der neuen Form ablesen? Anders als in den von Groebner untersuchten Beispielen richtete in Laufen nicht ein Höhergestellter eine Gabe an einen Niederrangigeren, sondern der Ratsherr beschenkte den Landvogt als Höhergestellten und die gleichgestellten Miträte. Das gemeinsame Mahl bei Amtsgeschäften war nicht auf besondere Gelegenheiten wie die Wahl eines neuen Rates beschränkt, denn als «rituelle[r] Bestätigung der Gemeinschaftlichkeit» kam ihm als symbolische Struktur im Kommunalismus entscheidende Bedeutung zu.[116] Es erfüllt eine einfache und grundlegende Funktion, das gemeinsame Mahl schuf Soziabilität. Wird diese Form verboten oder durch andere Formen ersetzt, steckt dahinter die Angst vor Koalitionen und Korruption.[117] Dass diese Befürchtung in Laufen eine Rolle gespielt hat, halte ich für wenig wahrscheinlich, war die obrigkeitliche Kontrolle doch durch den Landvogt gewährleistet. Dass in Laufen das Essen als eine Form des Geschenkes durch eine andere, einen silbernen Gegenstand, ersetzt wird, könnte in einer Knappheitsgesellschaft auf etwas ganz anderes hindeuten: Dass etwas Notwendiges durch etwas Nichtnotwendiges oder sogar durch ein Luxusgut ersetzt wird, könnte symbolisieren, dass sich Laufner Räte Repräsentation leisten konnten und wollten. Während das gemeinsame Mahl für Verbindung und Gemeinsamkeit, vielleicht sogar Gleichheit steht, zeugen die Geschenke von Unterschieden und Hierarchien: Der Landvogt erhielt ein Geschenk, das fast dreimal soviel kostete wie jenes für den Meier und die Ratsherren. Meier und Ratsherren dagegen wurden gleich beschenkt, was symbolisch auf ihre Gleichrangigkeit hindeutet.

Konflikte zwischen Rat und Bürgerschaft

In der zweiten Hälfte des 18. Jahrhunderts beschwerte sich die Bürgerschaft zweimal über die Amtsauffassung und Eigenmächtigkeit des Rates. Im ersten Fall von 1768 bis 1772 drehte sich der Konflikt um die Waldnutzung. Zwanzig Jahre

---

114 Zu verbotenen Geschenken: Groebner 2000, zum «Zwischenraum» bzw. zur Ambivalenz, vgl. auch Groebner 1999. Zur Bedeutung von Geschenken beim Auf- und Ausbau von Beziehungsnetzen, vgl. auch Burghartz 1993, bes. S. 117ff.
115 Groebner 2000a.
116 Kaschuba 1991, S. 87.
117 Groebner 1993, S. 175f.

später waren die Vorwürfe umfassender und machten deutlich, dass sich die Bürgerschaft durch den Rat nicht mehr vertreten fühlte.

Im Zentrum der ersten Auseinandersetzung stand die Frage, wem der Laufner Wald gehöre, dem Rat oder der Bürgerschaft. Der Rat stellte sich auf den Standpunkt, dass ihm Teile des städtischen Waldes zur alleinigen Nutzung überlassen seien, während die Bürger entgegneten, dadurch Holzmangel zu leiden.[118] Die Parteien konnten sich nicht einigen und führten in Pruntrut einen Prozess, der mit einer Ausscheidung der Laufner Wälder endete. Beiden Parteien wurden separate Bereiche zur Nutzung zugewiesen und die Kontrolle durch eine Waldordnung[119] und die Bestellung eines Aufsehers gewährleistet.[120] Wer hinter den Beschwerden der Bürgerschaft stand, bleibt im Dunkeln – was als durchaus typisch zu bezeichnen ist.[121] Auffallend ist allerdings die prominente Unterstützung der Bürgerschaft durch Stadtmeier Nikolaus Kern, der schon seit Jahren behauptete, die Räte nutzten den Wald nach Gutdünken und versorgten nicht nur sich selbst, sondern auch ihre Verwandten mit Holz.[122]

Der Konflikt, den die Bürgerschaft Anfang Januar 1791 durch ihre Beschwerden gegen den Rat in Gang setzte, knüpfte teilweise an die Auseinandersetzung von 1768 bis 1772 an, eine Reihe von Konfliktpunkten waren jedoch neu.[123] Nach Verhandlungen im Januar 1791[124] scheiterte ein Vergleichsversuch[125] und weitere Erklärungen beider Parteien gingen hin und her.[126] Der bischöfliche Spruch von

---

118 Der Rat nahm bezug auf den Konflikt von 1696. Damals kam es zu einem «Missverständnus, und Streitigkeiten» zwischen Bürgermeister und Rat und der Gemeinde hauptsächlich um die Salznutzung, AAEB, B 234/9, 1.10.1696, S. 346–349; vgl. Kap. Rahmenbedingungen.
119 StadtBALaufen, Nr. 58: 4.1.1771, S. 98–103: Fürstbischöfliche Waldordnung für Bürgerschaft und Rat von Laufen. Zur Forstordnung, vgl. auch AAEB, B 234/14, 4.1.1771, S. 99 ff.
120 StadtBALaufen, Nr. 58.
121 Berner 1994, S. 185.
122 Vgl. Kap. 9.
123 AAEB, B 234/15, 2.1.1791, S. 9–21.
124 AAEB, B 234/1, 12.1.1791, S. 45–59: Stadtmeier von Blarer befragte die Ratsherren und nahm ihre Stellungnahme zu den Beschwerden der Bürgerschaft entgegen. Die Räte beriefen sich zwar grundsätzlich auf die ihnen zustehenden Rechte, signalisierten gegenüber der Bürgerschaft jedoch die Bereitschaft zu Diskussion und Entgegenkommen. Am 20.1.1791 wurde den Bürgern eine Reihe von Verordnungen verlesen, auf die die Räte in ihrer Stellungnahme bezug genommen hatten, AAEB, B 234/15, 20.1.1791, S. 61–64. Die Abgeordneten der Bürgerschaft äusserten sich am 26.1.1791 zur ratsherrlichen Antwort und unterbreiteten ihre Beschwerden dem Bischof. Trotz der ratsherrlichen Diskussionsbereitschaft war die Bürgerschaft mit den Antworten des Rates nicht einverstanden und befürchtete ein Weiterbestehen alter Missbräuche. Sie wiederholte ihre Beschwerden und forderte eine Verkleinerung des Rates auf sechs Personen, AAEB, B 234/15, 26./27.1.1791, S. 69–107.
125 AAEB, B 234/15, 10.2.1791, S. 127–141. Der Stadtmeier verschwieg, weshalb es nicht zu einer Einigung kam. In seiner eigenen Stellungnahme zu den Beschwerden der Bürgerschaft unterstütze er einmal die Sicht der Bürgerschaft, einmal jene des Rates, AAEB, B 234/15, 1.4.1791, S. 121–185.
126 AAEB, B 234/15, 21.2.1791, S. 109–122 (Stadtsyndicus Scheppelin äusserte sich zu den Forderungen der Bürgerschaft kritisch bis ablehnend); ebd. 21.3.1791, S. 113 (Erklärung der Bürgerschaft); ebd. 22.3.1791, S. 117–120 (Erklärung des Magistrats).

Ende Mai, der beiden Parteien punktuell entgegenkam, beruhigte die Situation nur vorübergehend.[127] Auch der Rat näherte sich der Bürgerschaft an, was jedoch nicht zu einer dauerhaften Entspannung führte. Im Herbst desselben Jahres brach der Konflikt wieder auf.[128] Im Dezember 1791 entschied der Bischof über die Konfliktpunkte[129] und bewog beide Parteien zur Annahme des Spruchs.[130]

Ein Hauptvorwurf der Bürgerschaft lautete, dass die Räte die beschwerlichen Fronen, bei denen es nur wenig zu verdienen gäbe, den Bürgern überliessen, während sie die einträglichen, die gut bezahlt würden und für die es Handwerksverträge (Verdinge) zu machen gäbe, für sich reservierten. Viele der anderen Beschwerden zielten in eine ähnliche Richtung. Auch die einträglichen Salzfuhren führe der Rat selbst durch. Das Salz, so die Argumentation der bürgerlichen Abgeordneten, sei der Stadt zur Nutzung überlassen worden. Und wer, fragten sie rhetorisch, mache die Stadt aus? «[N]icht wahr, die Burger. So ist es nach dem bilichen recht zu Schliessen, das einem das Guthe zu fliessen solle wie dass Bösse».[131] Die Bürgerschaft verlangte, die Ratsherren in der Holzversorgung nicht mehr zu privilegieren und ihnen Holz am selben Ort zuzuteilen wie der Bürgerschaft. Dem Rat warfen sie Übernutzung des Waldes vor. Die Bürgerschaft zeigte sich erstaunt darüber, dass die Ratsmitglieder sich gegenseitig zwecks Bemessung des Umgeldes den Wein abmassen, ohne dass sie dabei kontrolliert würden. Auch die Forderung, Einsicht in die Rechnungsführung der Räte nehmen zu dürfen, zielte auf eine bessere Kontrolle der ratsherrlichen Amtsführung ab. Im Weiteren fühlte sich die Bürgerschaft unzureichend vertreten und verlangte deshalb die Abordnung von Vertretern der Bürgerschaft in den Rat. Weiter forderte sie, wieder wie früher an der Wahl des Bannwartes beteiligt zu werden, den Waldinspektor, wie seit 1772 vorgeschrieben, gemeinsam mit dem Rat zu

---

127 AAEB, B 234/15, 29.5.1791, S. 227–235. Einzelne Punkte blieben strittig, so die Besoldung der Ratsherren, die Brennholznutzung und die Nutzung einer Wiese, AAEB, B 234/15, 12.8.1791, S. 241–253.
128 AAEB, B 234/15, 3.10.1791, S. 255–367. Schreiben von Rat und Stadtsyndicus Scheppelin an den Bischof. Die Verärgerung der Schreibenden über die Haltung der Bürgerschaft, die das Entgegenkommen des Rates nicht zu schätzen wüsste, war unüberhörbar.
129 AAEB, B 234/15, 14.12.1791, S. 461–473.
Der Bischof machte beiden Seiten Zugeständnisse. Den Bürgern beispielsweise gewährte er das Recht, zusätzlich zu den beiden Geschworenen, vier Abgeordnete in den Rat zu entsenden, allerdings nur in einer Reihe von explizit aufgeführten Geschäften, beispielsweise wenn Einnahmen und Ausgaben der Stadt verhandelt wurden. Den Räten liess er ihre Holznutzungsrechte, wie sie 1769 und 1771 schriftlich fixiert worden waren. Die Bürger erhielten das Recht, die Kandidaten für das Geschworenengremium dem Meier zur Auswahl zu unterbreiten. Die Einnahmen der Ratsherren legte der Bischof in der Höhe fest und bestimmte, dass sie sich nur unter Anwesenheit und Vorsitz des Meiers versammeln durften. Über eine Reihe von Beschwerdepunkten fällte er keine detaillierte Entscheidung.
130 Einhellige Annahme durch die Bürgerschaft. Der Rat bedingte sich zunächst eine Woche Bedenkzeit aus, nahm die bischöfliche Entscheidung dann am selben Nachmittag an, AAEB, B 234/15, 20.12.1791, S. 479–493.
131 AAEB, B 234/15, 2.1.1791, S. 10.

bestellen und die Geschworenen als ihre Repräsentanten wieder selbst nominieren und vom Meier – nicht vom Rat – wählen zu lassen. Im Rat wollten sie durch sechs für eine Amtszeit von zwei Jahren gewählte Vertreter der Bürgerschaft repräsentiert sein, wann immer Geschäfte behandelt würden, die das Gemeine Wesen beträfen. Abschliessend verlangte die Bürgerschaft vom Rat zu wissen, ob der Bischof «die Rendten und was sie benutzen, ob dass selbige der Statt Laufen für das Allgemeine Wohl Sein gegeben hat, Oder ob Ihro hochfürstl. Gnaden das selbige dem Ehrsamen Magistrath zu Einer Nutzniessung gegeben hat».[132] Zusammenfassend erläutert, forderten die Bürger also eine gerechtere Verteilung städtischer Lasten und Nutzen sowie eine ausreichende Repräsentation der Bürgerschaft und die Kontrolle des Rates, um das allgemeine Wohl zu gewährleisten.

Die Beschwerde der Bürgerschaft wurde von 29 namentlich genannten Männern unterzeichnet, die als Abgeordnete der Bürgerschaft auftraten.[133] Das Zustandekommen der Beschwerden lässt sich aus den Quellen nicht im Einzelnen rekonstruieren. Vermutlich fand eine Gemeindeversammlung statt, an der die Beschwerden formuliert und die Deputierten gewählt wurden.[134] Adressat des Briefes war der Stadtmeier.[135] Wen die Deputierten der Bürgerschaft vertraten, ist nicht leicht auszumachen. Offenbar hatte sich in Laufen eine Art Ratspatriziat gebildet, von dem sich die Bürgerschaft nicht mehr repräsentiert fühlte. Gegenüber der Bürgerschaft wirkte es undurchlässig. Interessant sind egalitäre Prinzipien in den bürgerlichen Forderungen; sie zeigen sich insbesondere bei der Holzzuteilung, die jedem Bürger im gleichen Umfang zustehen solle.[136]

Betrachtet man den Verlauf des sich über mehrere Monate hinziehenden Konfliktes, fällt auf, dass er sich zunächst formal in jenen Bahnen bewegt zu haben scheint, die in der Frühen Neuzeit für die friedliche Konfliktbewältigung üblich war. Die beiden Parteien führten unter Beizug und Vermittlung des Stadtmeiers, später des Bischofs, ein formalisiertes Gespräch. Im Oktober 1791 rückte der Rat von seiner entgegenkommenden Linie ab und warf der Bürgerschaft vor, sich ausserhalb der Legalität zu bewegen: Die Rede war von «Rottierung», von heimlichen, nächtlichen Zusammenkünften. Der Rat apostrophierte die Beschwerden der Bürgerschaft als Unruhe, als Auswuchs des unruhigen französischen Geistes und bezeichnete die Bürger als verblendet, als unersättlichen Pöbel, als pöbelhaft und vom Pöbelgeist beseelt.[137] Der bürgerliche Protest wurde dadurch nicht nur als illegal gebrandmarkt

---

132 AAEB, B 234/15, 2.1.1791, S. 9–21.
133 AAEB, B 234/15, 2.1.1791, S. 43.
134 Dies war das legitime Vorgehen, vgl. dazu Berner 1994, S. 90. Zur Bedeutung der kollektiven Entscheidfindung, vgl. Landolt 1996, S. 249 ff.
135 AAEB, B 234/15, 2.1.1791, S. 9–21.
136 AAEB, B 234/15, 10.2.1791, S. 136.
137 AAEB, B 234/15, 3.10.1791, S. 255–367.

– denn Zusammenkünfte ohne Wissen der Obrigkeit galten als Verschwörung – sondern als unehrenhaft und moralisch verwerflich. Die Begrifflichkeit legt nahe, dass der Rat der Bürgerschaft die Gesprächsbereitschaft aufkündigte: Der Pöbel konnte für den Rat kaum ein gleichberechtigter Verhandlungspartner sein. Aus diesen im Herbst geäusserten Bemerkungen spricht auch die Enttäuschung des Rates darüber, dass sein Entgegenkommen in verschiedenen Konfliktpunkten nicht zu einer Beruhigung der Lage geführt hatte.[138] Der Rat wehrte sich nun vehement gegen die Absicht der Bürgerschaft, die Räte durch Kontrolle zu bevormunden. Der Rat sei für die Verwaltung der städtischen Gefälle zuständig und es sei eine Erniedrigung, wenn er bei so einfachen Aufgaben die Aufsicht und Mitwirkung der Bürgerschaft gewärtigen müsse.[139] In der Stadt scheinen handgreifliche Auseinandersetzungen an Stelle des verbalen Schlagabtausches getreten zu sein.[140] Und es zeigten sich auch innerhalb der Bürgerschaft gewisse Friktionen. Eine Reihe von Bürgern distanzierten sich von den vier städtischen Abgeordneten, weil diese nicht den städtischen Frieden, sondern Streit und Zwietracht im Sinn hätten.[141]

Ob sich die vom Bischof vorgeschlagene Lösung bewährte, liess sich in den wenigen verbleibenden Monaten des Ancien Régimes nicht überprüfen. Was sich in der kurzen Zeit bis zum Untergang des Fürstbistums in Laufen zutrug, ist bisher nicht erforscht worden. Der Bischof floh im Mai 1792 vor den einmarschierenden französischen Truppen nach Biel.[142]

138 AAEB, B 234/15, 3.10.1791, S. 255–367.
139 AAEB, B 234/15, 3.10.1791, S. 255–367.
140 Zumindest berichteten einige Bürger in einem Schreiben an den Bischof, sie seien mit dem Tod bedroht worden. Im Wirtshaus zur Sonne teilten sich die Kontrahenten «Mauldaschen» aus, so dass einer der Beteiligten «dem Boden einen Kuss gegeben» habe. Auch im Wirtshaus zum Rössli sei es zu Handgreiflichkeiten gekommen, AAEB, B 234/15, 7.12.1791, S. 441–447.
141 AAEB, B 234/15, 7.12.1791, S. 441–447. Das Schreiben wurde von 31 Bürgern unterzeichnet.
142 Zum Ende des Fürstbistums, vgl. Jorio 1981, S. 22–31.

9. KONFLIKTE UM DIE AMTSAUFFASSUNG IM KOMMUNALEN BEREICH: ZUR BIOGRAFIE VON STADTMEIER NIKOLAUS KERN, 1744–1777

Keiner der gut ein Dutzend namentlich bekannten frühneuzeitlichen Stadtmeier ist in den Quellen so gut fassbar wie Nikolaus Kern. Das hängt einerseits mit seiner aussergewöhnlich langen Amtszeit von insgesamt weit über vierzig Jahren zusammen, andererseits aber auch mit der Tatsache, dass er gleichzeitig das Landschreiberamt in der Vogtei Zwingen bekleidete und dadurch von Amtes wegen Akten produzierte. Dabei nützte er die Gelegenheit, auch immer wieder in eigener Sache aktiv zu werden. Aufgrund der dichten Überlieferung lässt sich ein detailreiches Porträt eines Amtsträgers im 18. Jahrhundert und einer bemerkenswert eigenständigen Persönlichkeit zeichnen. Sie ermöglicht es, Herrschaftskonflikte aus einer mikrogeschichtlich-biografischen Perspektive zu beleuchten.[1]

Nikolaus Kern wurde um 1697 in der oberösterreichischen Stadt Horb geboren. Über seine Herkunft und Jugend ist nichts bekannt. Kern war Jurist und war bereits mit Anna Catharina Metzgerin verheiratet, als er 1731 als Amtsschaffner und Landschreiber nach Zwingen kam. Zwischen 1733 und 1737 hatte das Paar drei Kin-

---

1 Zur Bedeutung der Biografieforschung in der neueren Sozialgeschichte und Mikroforschung, vgl. Gestrich 1988; Hochstrasser 1993, S. 249–299.

der, zwei Töchter, die im Säuglingsalter starben, und einen Sohn. 1744 liess sich Kern zusätzlich zu seinem Amt in Zwingen zum Stadtmeier von Laufen berufen. Seit etwa 1768 war Nikolaus Kern Hofrat.[2] Er übte das Landschreiberamt bis zu seiner Absetzung aufgrund seines hohen Alters im April 1777 aus, das Stadtmeieramt vermutlich bis zu seinem Tod im Oktober 1777. Bestattet wurde Nikolaus Kern, der während seiner gesamten Amtszeit in der Landschreiberei Zwingen gewohnt hatte, wie seine Frau zwei Jahre zuvor, vor dem Fridolinsaltar der Laufner Katharinenkapelle.

Nikolaus Kerns Lebenslauf bleibt lückenhaft. Sein genaues Geburtsdatum lässt sich anhand fürstbischöflicher Quellen ebensowenig eruieren, wie die Namen seiner Eltern oder der Zeitpunkt seiner Hochzeit und die Herkunft seiner Frau Anna Catharina Metzgerin. Was die Biografie von Nikolaus Kern interessant macht, ist ohnehin nicht die lückenlose Überlieferung von Lebensdaten, sondern die Tatsache, dass seine Persönlichkeit in seinem eigenen Verwaltungsschriftgut und in Schreiben über ihn greifbar wird. Dem folgenden Versuch, die Biografie eines Meiers zu schreiben, liegen also weder autobiografische Texte,[3] noch Passagen aus Gerichtsakten[4] zu zugrunde. Auch wenn Nikolaus Kern in seinen Schreiben in eigener Sache Stellung nahm, kann man diese Äusserungen nicht als Selbstzeugnisse bezeichnen, da diese Quellengattung als «Produkt nichtadministrativer Schriftlichkeit»[5] definiert wird.

Kern rieb sich ständig an den politischen Verhältnissen in der Stadt. Ihre Ursache hatten diese Reibungen – so meine These – in der Tatsache, dass Kern nicht nur geografisch, sondern auch sozial ein Fremder war. Kern war vermutlich der erste Stadtmeier, der sich aus der kommunalen Struktur löste und dies durch seine Interventionen immer wieder offenlegte. Als erster Jurist im Meieramt verstand er sich als Beamter im Sinne eines Dieners seines Fürsten.[6] Obwohl Kerns Fremdsein für einen Meier nicht so aussergewöhnlich war,[7] wie ich anfänglich annahm, ist seine Biografie nicht «typisch» oder repräsentativ.[8] Hier interessiert das Individuelle nicht

---

2 Frühster Beleg: AAEB, B 234/12, 16.11.1768, S. 1225–1239.
3 Autobiografische Texte liegen Natalie Zemon Davis' Biografien von Glikl, Marie de l'Incarnation und Maria Sibylla Merian zu Grunde (Davis 1996), vgl. auch Davis 1998. Wunder (1992) nutzt unter anderem diese Quellengattung, um die Lebenschancen und Handlungsspielräume von Frauen in der Frühen Neuzeit auszuleuchten.
4 Zur Bedeutung dieser Quellengattung für die Annäherung an die Mentalität von Menschen aus der «breiten» Bevölkerung, vgl. Davis 1984, S. 17. Sie verweist auf die auf Gerichtsakten basierende Darstellung des Katharerdorfes Montaillou von Emmanuel Le Roy Ladurie (1980) und auf die Studie über den Müller Menocchio von Carlo Ginzburg (1979).
5 Leutert/Piller 1999, S. 204.
6 Vgl. Art. Verwaltung, Amt, Beamter, GGr 7, S. 62.
7 Zur sozialen Herkunft der Meier, vgl. Kap. 7.
8 Zur Problematik der Repräsentativität in der mikrohistorischen Forschung, vgl. Hochstrasser 1993, S. 275.

als Exempel oder Spiegelbild gesamtgesellschaftlicher Strukturen, sondern es geht darum, das Subjektive als konstitutiven Bestandteil historischer Wirklichkeit anzusehen.[9] Mikrohistorische «Case studies» wie Carlo Ginzburgs Geschichte des friaulischen Müllers Menocchio[10] stützen sich oft auf Kriminalakten und zeigen explizit nicht die Normen und kollektiven Muster, sondern die Abweichungen, den untypischen, nicht repräsentativen Einzelfall.[11] Auch bei Nikolaus Kern führten die Friktionen und Konflikte zu Spuren in den Quellen, die es erst ermöglichen, seine Biografie in ihren Bezügen zu seiner Umwelt zu analysieren.[12]

Im Folgenden geht es mir darum, genaueres darüber herauszufinden, wie Nikolaus Kern sein Amt definierte und sich selbst als Amtsträger sah. Als Meier war er durch seine Bestallung mit dem Bischof vertraglich verbunden, gleichzeitig nahm er in der Stadt Laufen wichtige Funktionen wahr und war auf die Bereitschaft von Rat und Gemeinde angewiesen, mit ihm zusammenzuarbeiten. Herrschaft, verstanden als vielfältiges Beziehungsgeflecht, konstituiert sich als ständiger Prozess von Kommunikation und Interaktion.[13] In den Konflikten zwischen Stadtmeier und Rat werden so «divergierende Formen von Macht»[14] sichtbar. Die Konflikte geben den Blick frei auf die Mehrdeutigkeit von Herrschaft, in der keine hierarchische Position einfach, sondern verbunden ist mit Befriedigungen und Beeinträchtigungen.[15]

Herkunft, Heirat, Kinder, Patenschaften

Nikolaus Kern wurde um 1697[16] in der «kays. O. Ö. Statt Horb der Grafschaft Hochenberg» geboren. Horb (heute Baden-Württemberg) war wie Laufen seit dem 13. Jahrhundert eine Stadt. Ausgebildet war Kern als Jurist.[17] 1731 wurde er auf Empfehlung des Zwingener Landvogts, Franz Joseph Konrad von Roggenbach,[18] als

---

9   Zur unterschiedlichen Einschätzung des Einzelnen in Historischer Sozialwissenschaft und Mikroforschung, vgl. Hochstrasser 1993, S. 249–299.
10 Ginzburg 1979.
11 Vgl. auch Sabean 1986; Davis 1984; Ladurie 1980.
12 Zur methodischen Neuorientierung der Biografik, vgl. Gestrich 1992.
13 Wunder 1999, S. 333.
14 Sabean 1986, S. 23.
15 Zur Mehrdeutigkeit von Herrschaft, vgl. Lüdtke 1991, S. 14; Sabean 1986, S. 38.
16 1764 bezeichnet Kern sich als 67-jährig. AAEB, B 234/13, S. 355.
17 AAEB, B 137/29, Mappe 4, 1731, S. 199. Dort wird Kern als «JUC, Notarius Casarum publicum practicus» bezeichnet. Die Auflösung dieser Abkürzung kann zweierlei bedeuten, entweder war er Kandidat beider Rechte (iuris urtiusque candidatus), hatte sein Studium also noch nicht abgeschlossen, oder er war Gelehrter beider Rechte (iuris urtiusque consultus) oder kurz Jurist. Vgl. Abkürzungen aus Personalschriften des 16.–18. Jahrhunderts, bearb. von Frank Ausbüttel, 2. völlig überarbeitete und stark erweiterte Auflage, bearb. von Rudolf Lenz, Sigmaringen 1993.
18 Die Familie von Roggenbach stammte ursprünglich aus dem Schwarzwald. Sie gehörte zu den Ministerialen der Herzöge von Zähringen. Als diese 1218 ausstarben, trat die Familie in den Dienst der Markgrafen von Hochberg. Bald verzweigte sich die Familie stark. Sie war im Breisgau, in Schopfheim, Breisach, Umkirch und Freiburg, im Elsass und nicht zuletzt im

Amtsschaffner und Landschreiber nach Zwingen berufen. Kern verfügte über «vortreffliche Studia», war in Prozesssachen erfahren und hatte dem Vogt in nicht näher spezifizierter Weise schon früher Dienste geleistet.[19] Einen Bestallungsbrief erhielt Kern erst auf seinen Antrag[20] hin drei Jahre später.[21]

Kern war bereits mit Anna Catharina Metzgerin verheiratet, als er nach Zwingen kam. Vermutlich hatte das Paar zu diesem Zeitpunkt keine Kinder.[22] Als erstes in Zwingen geborenes Kind wurde am 15. September 1733 die Tochter Maria Anna Catharina getauft.[23] Paten waren Ignatius Blarer von Wartensee[24] und Maria Anna von Roggenbach, geborene Blarer von Wartensee, die Ehefrau des Landvogtes von Zwingen. Das Mädchen, es starb nach wenigen Wochen,[25] trug die Namen seiner Patin und seiner Mutter. Mit der Namensgebung war die Vorstellung verbunden, dass die Kraft der Person, deren Namen das Kind trug, auf den Täufling überging.[26] Die Wahl der Paten brachte das Kind in Verbindung mit zwei der einflussreichsten Familien des Bistums.[27] Fast auf den Tag genau zwei Jahre nach dem Tod des ersten Kindes liess das Ehepaar Kern eine zweite Tochter, mit den gleichen Paten versehen, auf denselben Namen taufen.[28] Auch sie starb in den ersten Monaten.[29] Das einzige in Zwingen geborene Kind des Paares, das das Erwachsenenalter erreichte, war der Sohn Judas Thadäus Nikolaus Anton, getauft am 30. Dezember 1737. Paten standen

Fürstbistum Basel ansässig. Bis zum 19. Jahrhundert waren jedoch mit Ausnahme der Schopfheimer Linie alle ausgestorben. Als Johann Konrad von Roggenbach 1656 zum Bischof von Basel gewählt wurde, erwarb die Familie das adlige Landsassenrecht im Fürstbistum und bekleidete bald die ersten Landes- und Hofstellen. Dort bildeten sich auch die beiden Seitenlinien von Birseck und von Saignelégier, die aber kurz darauf wieder erloschen, Bosshart-Pfluger 1983, S. 283.

19 AAEB, B 137/29, Mappe 4, 7.6.1731, S. 189.
20 AAEB, B 137/29, Mappe 4, 27.1.1733, S. 195.
21 AAEB, B 137/29, Mappe 4, 4.8.1734, S. 199–230.
22 StABL, Kirchenbücher Laufen 2: Am 7.2.1779 wurde die Taufe von Franz Joseph Anton Kern eingetragen. Die Eltern dieses im Säuglingsalter verstorbenen Kindes waren Martin Kern und Maria Ursula Meyer. Die Taufe Martin Kerns liess sich nicht eruieren. Unter der Annahme, dass Nikolaus Kern und Anna Catharina Metzgerin seine Eltern waren, muss er bereits auf der Welt gewesen sein, als sie nach Laufen kamen. Über Martin Kern ist auch aus anderen Quellen nichts Weiteres zu erfahren. Ich gehe deshalb eher davon aus, dass es sich nicht um einen Sohn, sondern um einen anderen Verwandten, vielleicht einen Neffen, des Landschreibers handelte. Eine andere Familie Kern gab es meines Wissens in der Vogtei Zwingen nicht.
23 StABL, Kirchenbücher Laufen 2.
24 Möglicherweise handelt es sich um Domherr Franz Ignaz Blarer von Wartensee 1705–1754, Bosshart-Pfluger 1983, S. 188.
25 StABL, Kirchenbücher Laufen 2, 6.10.1733.
26 van Dülmen 1990, S. 86.
27 Zu den Familien von Roggenbach und Blarer von Wartensee vgl. Bosshart-Pfluger 1983, S. 283 ff. bzw. 185 ff. Zur Bedeutung von Patenschaften, vgl. unten sowie Jussen 1991, S. 12 ff.; Sabean 1986 und 1998.
28 StABL, Kirchenbücher Laufen 2, 13.10.1735. Zur mehrmaligen Verwendung desselben Vornamen, vgl. Imhof 1984, S. 147 ff.
29 StABL, Kirchenbücher Laufen 2, 24.2.1736.

Franz Anton Winter, vertreten durch Franz Martin Metzger (möglicherweise ein Onkel des Täuflings), sowie Maria Antonia Kern, wohl eine ledige Schwester («virgo») Nikolaus Kerns.

Angesichts der hohen Kindersterblichkeit ist der Tod zweier Kinder kein ungewöhnliches Schicksal.[30] Wie Nikolaus Kern und Anna Catharina Metzgerin den Tod ihrer beiden Töchter empfanden und verarbeiteten, können wir nicht wissen. Die Forschung nahm lange Zeit an, dass Eltern den Tod ihrer Säuglinge und Kinder mehr oder weniger hingenommen hätten. Unterdessen ist das Bild vielschichtiger,[31] verfügen wir doch auch über zahlreiche Belege, dass Mütter und Väter den Tod ihrer Kinder nicht erst im 18. oder 19., sondern schon im 16. und 17. Jahrhundert betrauerten,[32] mit Gott und ihrem Schicksal haderten[33] und sich durch die Vorstellung zu trösten versuchten, dass die Kinder nun in einer besseren Welt seien.[34]

Die Frage, was die Tatsache, dass nur eines ihrer Kinder überlebte,[35] für Kern und seine Frau bedeutete, wäre von besonderem Interesse, weil die Familiensituation seines späteren Kontrahenten ganz anders aussah: Franz Joseph Cueni und Maria Ursula Nussbaumer, die nach 1748 einen längeren Konflikt mit Kern austrugen, hatten zwischen 1737 und 1753 zehn Kinder. Zwei Söhne, die beide auf den Namen Franziskus Conradus getauft wurden, starben im Säuglingsalter.[36]

Kern und Cueni waren zwar in unterschiedlichen Bereichen Gegenspieler[37] – beispielsweise wollten beide das Fenninger-Haus in Laufen kaufen und boten substanzielle Beträge für das Haus[38] – doch es gibt keinerlei Hinweise darauf, dass Kern Cueni um dessen Kindersegen benied.[39]

30 Wunder 1992, S. 34 ff.
31 van Dülmen 1990, S. 79 ff.; Davis 1996, S. 252; vgl. auch Imhof 1981, S. 43 ff.
32 van Dülmen 1990, S. 89 f., 98 f. (Belege für die Trauer von Vätern).
33 Glikl bas Judah Leib beklagte den Tod ihrer dreijährigen Tochter Mate und war deswegen zornig auf Gott, Davis 1996, S. 46, 67.
34 Wunder 1992, S. 24 f.
35 Ähnliches erlebten Landvogt Franz Joseph von Roggenbach und seine Frau. In acht Ehejahren brachte Antonia von Andlau sieben Kinder zur Welt. Die vier Erstgeborenen, eine Tochter und drei Söhne, starben im Alter von einem bis sieben Monaten, StABL, Kirchenbücher Laufen 2, 1746–1754. Die Todesdaten sind im Taufregister mitverzeichnet.
36 Franziskus Conradus wurde am 3.3.1743 geboren, sein Todesdatum ist nicht verzeichnet. Am 26.6.1751 notierte der Pfarrer die Taufe eines zweiten Sohnes dieses Namens und brachte ein Kreuz dahinter an. Das Kind starb wohl kurz nach der Geburt, StABL, Kirchenbücher Laufen 2.
37 Vgl. dazu unten.
38 Cueni bot fast doppelt so viel wie Kern, den Zuschlag erhielt ein Dritter, der ein noch höheres Angebot machte, AAEB, B 234/13, 13.12.1776–4.7.1789, S. 427–485; vgl. auch AAEB, B 239/1. Beim Fenninger-Haus handelt es sich um die Gebäude 15 und 16 an der Hauptgasse, Hagmann 1995, S. 99.
39 Zu Neid und Hass, vgl. Wunder 1999, S. 56; zur Feindschaft, vgl. auch Sabean 1986, S. 44 f. Wunder (1999, S. 43) bezeichnet Neid und Hass als «soziales Regulativ», das in Hexerei- und Zaubereianklagen gegen erfolgreiche Nachbarn angeführt wurde.

Nikolaus Kerns Familie bestand 1737 aus drei Personen. Selbst wenn er mit seiner Frau und seinem Sohn allein in der Landschreiberei gewohnt hätte – was er mit ziemlicher Sicherheit nicht tat – war sein Haushalt, gemessen an der städtischen Bevölkerung, nicht aussergewöhnlich klein, sondern ziemlich genau durchschnittlich.[40] Kerns Haushalt umfasste jedoch nicht nur die Kernfamilie, sondern war vermutlich durch die von ihm beschäftigen Diener und Knechte erweitert.[41] Zumindest vorübergehend lebten auch Verwandte in seinem Haus.[42] Im Laufe seines Lebens veränderte sich die Grösse des Haushaltes. Sein Sohn verliess das Haus, um ein Studium aufzunehmen.[43] Kern führe, wie ein Gutachten irritiert anmerkt, obwohl nicht wohlhabend, eine grosse Haushaltung und beherberge immer wieder geistliche und weltliche Gäste.[44]

Zwischen 1738 und 1744, in seinen ersten Amtsjahren in Zwingen, baten Eltern aus Laufen, Zwingen und Wahlen sowohl Anna Catharina Metzgerin als Nikolaus Kern mehrmals, Paten ihrer Kinder zu werden.[45] Die Eltern verbanden mit der Wahl eines sozial höhergestellten Paten für ihr Kind die Hoffnung, es werde seine soziale Position verbessern können.[46] Paten übernahmen diese Aufgabe gerne, weil sie ihr soziales Prestige dokumentierte und stärkte.[47] Das Fehlen weiterer Patenschaften nach 1744 könnte damit zusammenhängen, dass Kern insbesondere in Laufen zunehmend umstritten und verschiedentlich in Konflikte verwickelt war.[48] Dass die Familie Kern nicht gänzlich abgelehnt oder geächtet wurde, belegt die Tatsache, dass Kerns Sohn Thadäus Nikolaus[49] 1748, als Elfjähriger, erst-

---

40 Am Ende des 17. Jahrhunderts bestanden prozentual am meisten Haushalte in der Stadt Laufen aus drei Personen, in der zweiten Hälfte des 18. Jahrhunderts aus vier Personen, vgl. Kap. 2.
41 AAEB, B 137/29, Mappe 4, S. 393–396. Neben dem Knecht, der bei der Bewirtschaftung der Güter half, beschäftigte Kern einen Schreiber, der möglicherweise bei ihm wohnte, AAEB, B 137/29, Mappe 4, ca. 1738, S. 259f.
42 Vgl. oben. Am 12.7.1783 starb 80-jährig Johanna Kern aus Laufen, vielleicht eine etwa sechs Jahre jüngere Schwester des Stadtmeiers, StABL, Kirchenbücher Laufen 2.
43 AAEB, B 234/12, nach 5.9.1758, S. 487.
44 AAEB, B 137/29, Mappe 4, 7.9.1758, S. 331.
45 StABL, Laufen Kirchenbücher 2. Zur Bedeutung und Funktion von Patenschaften, vgl. Sabean 1998, S. 23 ff. Patenschaften sind ein Instrument, jenseits des «normalen» Weges – Geburt oder Heirat – Formen von Verwandtschaft zu erzeugen. Patenschaften dienen zur Schaffung von Verbindungen und sind insofern ein Medium der Gruppenbildung, vgl. Jussen 1991, S. 12 ff. Zum Zusammenhang von Patenschaften und Klientelismus, vgl. Pfister 1992, S. 56 ff.
46 Zur Asymmetrie in Patenschaften, vgl. Sabean 1998, S. 24, 143. Zur Bedeutung von Patenschaften bei der Herausbildung neuer vertikaler Beziehungen, vgl. Sabean 1986, S. 23.
47 van Dülmen 1990, S. 86.
48 Vgl. unten.
49 Thadäus Nikolaus Kern heiratete 1772 Magdalena Ortstein aus Bellingen, mit der er zwischen 1783 und 1788 drei Kinder, zwei Töchter und einen Sohn, hatte. Das Paar scheint ein weiteres Kind, die Tochter Catharina, gehabt zu haben, deren Taufe ich jedoch nicht eruieren konnte; sie war Patin ihres illegitimen geborenen, am 7.2.1813 getauften Neffen Johan-

mals Pate stand und vor allem in den 1760er Jahren mehrmals zur Patenschaft gebeten wurde.[50]

Gesundheit und Krankheit

Als Landschreiber und Amtsschaffner lebte Kern mit seiner Familie in der Landschreiberei Zwingen.[51] Die Nutzung des Hauses mit Scheune, Kraut- und Baumgarten stellte Teil seiner Besoldung dar, den Unterhalt musste er selbst finanzieren.[52] Erst nach zahlreichen Amtsjahren, 1764, beklagte sich Kern über den Zustand des Hauses und verwies auf die Folgen für seine eigene Gesundheit und jene seiner Familienangehörigen. Es gäbe kaum 14 Tage, in denen nicht irgend jemand in seinem Haus krank sei. Das Haus, das er bewohne, sei ungesund, weil der Stall direkt ans Haus angebaut sei. Das Problem schien vor allem die Feuchtigkeit zu sein. Das Haus stand sehr nahe an der Birs.[53] Um den Gestank zu beseitigen, schlug Schaffner Cueni einen Umbau des Hauses vor, wobei Stall und Toilette («Secret») umplatziert werden mussten.[54] Schon einige Jahre zuvor, Kern war bereits über sechzig Jahre alt, begann er über seinen schlechten Gesundheitszustand – er sprach von Schmerzen in einem Arm[55] – zu klagen.[56]

nes, StABL, Kirchenbücher Laufen 3. Seine Mutter war die am 13.9.1785 geborene Anna Maria Kern. Thadäus Kern war seit 1771 Laufner Bürger. Der Rat von Laufen erklärte sich mit Kerns Aufnahme einverstanden, wenn er eine Gebühr von 24 Pfund bezahle, AAEB, B 234/3, 7.11.1771, S. 285. Nikolaus Kern meldete die Bezahlung der Summe und forderte, für seinen Sohn den Bürgerbrief zu erhalten, AAEB, B 234/3, 20.11.1771, S. 288. Mit der Aufnahme Thadäus Kerns nicht einverstanden war die städtische Bürgerschaft, die in dieser Frage vom Rat übergangen wurde. Der Landvogt erfuhr mit Missfallen von den Beschwerden der Bürger über den Rat und verwies sie ernstlich, das «murren und knurren» zu unterlassen und dem Magistrat den nötigen Respekt zukommen zu lassen. StadtBALaufen, Nr. 21, 16.11.1771, S. 179. Seit 1780 bekleidete er das Amt des fürstlichen Waldinspektors, AAEB, B 137/29, Mappe 2, 22.1.1780, S. 3–21. Seiner ältesten Tochter stand ein Laufner Ratsherr Pate. Thadäus Kern absolvierte ein Studium – wohl der Jurisprudenz – und arbeitete seit 1766 als Aktuar seines Vaters, AAEB, B 234/13, 3.7.1766, S. 895–897. Im selben Jahr war er auch als Strasseninspektor tätig, offenbar weder zur Zufriedenheit der Bevölkerung noch des Bischofs, der seine Absetzung wünschte, AAEB, B 234/13, 10.9.–15.12.1766, 927–957.

50 StABL, Kirchenbücher Laufen 2.
51 Ein Inventar des im Schloss vorhandenen Hausrates aus dem Jahr 1621 erwähnt ein Schaffnerhaus, Merz 1923, S. 48. In späteren Verzeichnissen und Plänen fehlen Angaben über eine Landschreiber- oder Schaffnerwohnung auf dem Areal des Schlosses. In der zweiten Hälfte des 18. Jahrhunderts, als Feldmesser Heinrich Leopold Brunner seine Pläne anfertigte, lebte der Landschreiber im Dorf Zwingen im «Amts- und Wohnhaus samt Scheuer, Schopf und Stallung», Merz 1923, S. 68, vgl. auch Tafel IV. Die Liegenschaft (Nr. 47 auf Brunners Plan von 1777/78) befand sich in unmittelbarer Nähe der Brücke, die über eine Birsinsel und die Schlossbrücke zum Sitz des Landvogtes führte. Die Behausung des Landschreibers wurde auch im Berein von 1757 erwähnt.
52 AAEB, B 137/29, Mappe 4, 4.8.1734, S. 226.
53 AAEB, B 234/13, 30.8.1764, S. 355.
54 AAEB, B 234/13, 6.11.1764, S. 359–361.
55 AAEB, B 137/29, Mappe 4, 5.9.1758, S. 327–330.
56 AAEB, B 137/29, Mappe 4, 23.2.1763, S. 401.

Im Zusammenhang mit einem Konflikt in Laufen erfahren wir, dass Kern 1748 krank war und nur eine Hand zur Verfügung hatte.[57] Während er hier seinen Gesundheitszustand als Entschuldigung für Verzögerungen seiner Amtsgeschäfte anführte, stritt er im Alter von über siebzig Jahren immer ab, dass sein Alter einen negativen Einfluss auf die Amtsführung habe.[58] Krankheiten schienen ihn in seinen späten Jahren wiederholt heimgesucht zu haben.[59] 1770 setzte er sich für die Aufnahme des Arztes Benedikt Jäggi aus Kriegstetten in der Stadt Laufen ein.[60] Der Laufner Rat war dazu nicht bereit, zum einen weil er keinen weiteren Haushalt in der Stadt dulden wollte, zum andern weil er mit seiner medizinischen Versorgung zufrieden war und über das Können Jäggis zu wenig wüsste.[61] Er kam dem Begehren nur insofern entgegen, als er sich bereit erklärte, Jäggi vorübergehend zu dulden, wenn er in einem Wirtshaus logierte.[62] Landvogt von Reichenstein führte zuhanden des Bischofs aus, dass Kern aufgrund seiner eigenen Krankheit die Aufnahme des Chirurgs wünsche,[63] worauf der Bischof Kern freistellte, einen Arzt zu halten. Die Gemeinden Laufen und Zwingen forderte er auf, Jäggi zu dulden.[64]

Einkommen

Wiederholt, praktisch während seiner gesamten Amtszeit beschwerte sich Kern über seine Einkommensverhältnisse. Bereits wenige Jahre nach seiner Amtseinsetzung, zirka 1738, legte er dem Bischof dar, dass er so wenig verdiene, dass er das Vermögen seiner Frau («Weibergut») stückweise verkaufen müsse, um seinen Unterhalt zu finanzieren. Weil er so viel Arbeit habe, müsse er einen Schreiber besolden.[65] Kern gelang es 1744 durch seine Berufung ins Stadtmeieramt zwar sicher, seine Einnahmen zu verbessern, seine Arbeitsbelastung nahm dadurch jedoch nicht ab, im Gegenteil. Um Kern zu entlasten, wurde 1748 in Zwingen ein separates Schaffneramt geschaffen, in das Franz Joseph Cueni, ein Laufner Ratsherr, berufen wurde.[66] Die Teilung von Landschreiber- und Amtsschaffneramt, die zweifellos auch der Effizienzsteigerung und Professionalisierung der Amtsausübung diente, blieb in Zwingen bis ans Ende des 18. Jahrhunderts bestehen.[67]

---

57 AAEB, B 234/11, 4.12.1748, S. 395–413. Zum Konflikt, vgl. unten.
58 Vgl. unten.
59 1766 klagte er über Husten, Katarrh und Schlaflosigkeit, AAEB, B 234/13, 21.1.1766, S. 779.
60 AAEB, B 234/3, 3.10.1770, S. 276 und ebd., 13.11.1770, S. 281.
61 AAEB, B 234/3, 13.11.1770, S. 279.
62 AAEB, B 234/3, 13.11.1770, S. 281.
63 AAEB, B 234/3, 1.12.1770, S. 283.
64 AAEB, B 234/3, 31.12.1770, S. 284. Zu Jäggi, vgl. auch Kap. 2.
65 AAEB, B 137/29, Mappe 4, ca. 1738, S. 259f.
66 AAEB, B 137/29, Mappe 4, 8.9.1748, S. 261–279.
67 Auch in der Vogtei Birseck lässt sich erst im 18. Jahrhundert neben dem Landschreiber ein Schaffner fassen, der gleichzeitig als Salzverwalter in Reinach fungierte. Mangels einer Ver-

Einige Jahre später forderte Kern, um besser und ohne Sorgen arbeiten zu können, einen fixen Geldbetrag als Besoldung sowie festgelegte Einnahmen an Wein und Getreide. Bisher sei es so gewesen, dass seine Einnahmen vom «Zufall», einer guten Ernte und dem Umfang seiner Amtshandlungen, abhingen.[68] Damit sprach er nicht nur sein Partikularinteresse, sondern ein Verwaltungsproblem jener Zeit an. gelöst wurde es, allerdings erst später, indem eine fixe Besoldung anstelle der aus unterschiedlichen Teilen zusammengesetzten Entschädigung (Nutzungsrechte, Natural- und Geldeinnahmen, Spontelen) zum Standard wurde.[69] Kern war mit seinen Klagen über die geringe Besoldung alles andere als alleine. Amtsinhaber waren auf Einkünfte aus Eigenwirtschaft oder Lohnarbeit angewiesen.[70] Nikolaus Kern mag sich als Fremder, der neben seinen Amtsgütern keine eigenen Güter besass, in einer besonderen Situation befunden haben.

Kern gelang es, vorübergehend neue Einnahmequellen für sich zu äufnen. Nach dem Tod des Landvogtes Franz Konrad von Roggenbach im Juni 1756 bat er darum, die Administration während eines Jahres – während des Gratialjahres der Witwe[71] – führen zu dürfen.[72] Der Bischof sagte ihm bei steigender Arbeitsbelastung auch eine höhere Besoldung zu;[73] die Einnahmen aus der Vogtei standen ja der Witwe zu. Gegen Ende des Gnadenjahres wandte sich Kern mit dem Vorschlag an den Bischof, ihm die Siegel- und Taxgeldeinnahmen, die seit dem Tod des Landvogtes eingenommen worden waren, als Gehaltsaufbesserung zukommen zu lassen.[74] Im April des Jahres 1758 war immer noch kein neuer Landvogt in Zwingen bestellt, was Kern zum Anlass nahm, sich um die Nutzung eines weiteren Postens der landvögtlichen Besoldung, den Unschlitt aus der Laufner Metzg, den der Vogt um zwei Schilling pro Pfund Gewicht für den Hausgebrauch beziehen durfte, zu bewerben.[75] Im April konnte sich Kern beim Bischof für zehn Säcke Dinkel und den Unschlitt bedanken.[76] In den folgenden Jahren wiederholte er die Hinweise auf seinen erbarmenswürdigen Zustand[77] und auf die Tatsache, dass sein Verdienst nicht

---

waltungsgeschichte lässt sich die Separierung der Ämter jedoch nicht exakt datieren, freundlicher Hinweis von Hans Berner.
68 AAEB, B 137/29, Mappe 4, 5.9.1758, S. 327–330.
69 Zur sehr unterschiedlichen Besoldung frühneuzeitlicher Beamte, vgl. Willoweit 1983b, S. 348, 353ff.
70 Vanja 1996, S. 87.
71 AAEB, B 137/29, Mappe 6, S. 181ff.: Bitte der verwitweten Landvögtin von Roggenbach um Bewilligung des Gratialjahres. Zur Gnadenzeit und zum wirtschaftlichen Hintergrund eines politischen Amts, vgl. Schnyder 2001, Bd. 3, S. 179f.
72 AAEB, B 137/29, Mappe 5, 6.6.1756, S. 173.
73 AAEB, B 137/29, Mappe 5, 7.6.1756, S. 175.
74 AAEB, B 234/12, 30. 9.1757, S. 645–659.
75 AAEB, B 137/29, Mappe 4, 13.4.1758, S. 317.
76 AAEB, B 137/29, Mappe 4, 15.4.1758, S. 319.
77 AAEB, B 137/29, Mappe 4, 23.2.1763, S. 401.

ausreiche, um seinen Unterhalt zu bestreiten. So müsse er beispielsweise zwei Pferde halten und einen Knecht beschäftigen, um seine Güter, die ihm Einnahmen bringen sollten, zu bewirtschaften.[78] 1763 gewährte der Bischof Kern eine Erhöhung seiner Besoldung.[79]

Der kurze Abschnitt lässt ein kontrastreiches, zuweilen widersprüchliches Bild von Nikolaus Kern entstehen. Einerseits beklagte er sich über die Arbeitsbelastung, andererseits bemühte er sich – vordergründig vor allem, um sein Einkommen zu verbessern – um das Meieramt und um die Administration der Landvogtei[80] – vielleicht auch in der Hoffnung, ein höheres Prestige zu erlangen. Das Amt des Landvogtes selbst konnte er nicht anstreben, da er nicht adlig war. Kern scheint eine umtriebige, eigenständige Persönlichkeit gewesen zu sein, die die Arbeit nicht scheute. Seine Eigenständigkeit zeigte sich etwa darin, dass er sich selbst als Meier vorschlug und ein Gutachten über die Vereinbarkeit von Landschreiber- und Meieramt verfasste, ohne dazu beauftragt worden zu sein.[81] Er mischte sich ein, versuchte, die Amtsausübung persönlich zu gestalten, indem er Missstände anprangerte und Abhilfe vorschlug. Es erstaunt nicht, dass er dabei auch bei seinem Vorgesetzten aneckte.

Landvogt Franz Konrad von Roggenbach, seit 1744 im Amt, beklagte sich 1747 beim Bischof, Landschreiber Kern habe in der ihm anvertrauten Landschreiberei seit einiger Zeit nicht näher bezeichnete Neuerungen eingeführt, die ihm, dem Landvogt, und anderen nachteilig seien. So beziehe Kern die Gantgelder, die anfallen, wenn ein Bürger oder Bewohner von Laufen in einem zur Vogtei gehörenden Dorf eine Erbschaft mache und ganten wolle, für sich alleine. Er ziehe Verfahren in die Länge und schliesse nicht nur den Landvogt, sondern auch die Meier aus. Vom Vogt lasse er sich nichts sagen: Kern trage «dabey kein bedenken […], sich offentlich verlauten zu lassen, dass Er in der Landvogtey ebensoviel als vor Meinem [des Landvogts, acf] Amtsantritt zu disponieren habe».[82]

In der Optik von Roggenbachs überschritt Kern die Grenze dessen, was an Eigenständigkeit zulässig war. Da er sich nichts sagen liess, masste er sich Eigenmächtigkeit an. Kern ordnete sich in die soziale Ordnung seiner Zeit zwar ein, indem er die «Form» – beispielsweise die Devotionsformeln gegenüber dem Bischof – wahrte, gleichzeitig löste er sich aus dieser Ordnung, indem er seine Meinung sehr dezidiert vertrat – auch dem Bischof gegenüber. Er blieb nicht einfach auf seinem Platz sitzen und wartete. Für das Stadtmeieramt schlug er sich genauso selbst

---

78 AAEB, B 137/29, Mappe 4, 2.9.1758, S. 393–396.
79 AAEB, B 137/29, Mappe 4, 23.2.1763, S. 397; Dankesschreiben Kerns, ebd., 10.3.1763, S. 405.
80 AAEB, B 137/29, Mappe 5, 6.6.1756, S. 173 und 7.6.1756, S. 175.
81 Vgl. unten.
82 AAEB, B 137/29, Mappe 5, 9.1.1747, S. 169–171.

vor wie für die Administration der Landvogtei. Seine Eigeninitiative scheint kein absoluter Regelverstoss gewesen zu sein, denn sonst wäre er kaum ins Amt eingesetzt worden.

Dass von Roggenbach sich am mangelnden Gehorsam Kerns störte, könnte damit zusammen hängen, dass er sich in der Rolle als neuer Landvogt angefochten fühlte. Kern war auf Empfehlung des Vaters und Amtsvorgängers von von Roggenbach Landschreiber in Zwingen geworden. Auffallend ist, dass Kern erst nach dessen Tod mit Konflikten seiner Amtsführung wegen konfrontiert wurde. Hängt das mit der zufällig im selben Jahr erfolgten Übernahme des Stadtmeieramtes zusammen oder hatte er einen Patron und Mentor verloren? Wie dem auch sei, die Zusammenarbeit mit Franz Konrad von Roggenbach war konfliktreicher als mit dessen Vorgänger.[83]

Wahl zum Meier

Am 7. Mai 1743 – Landschreiber Kern war zu diesem Zeitpunkt seit zwölf Jahren im Amt – unterrichtete er den Bischof vom Tod Niklaus Fenningers, der seit 1721 Laufner Stadtmeier gewesen war, und schlug sich selbst als dessen Nachfolger vor.[84] Die bischöfliche Entscheidung in dieser Sache liess über ein Jahr auf sich warten. Anfang des Jahres 1744 wandten sich Bürgermeister und Rat der Stadt Laufen mit der Bitte an den Bischof, das verwaiste Amt «mit Einem genedigst gefälligen Subjecto anwieder zu bestellen, welches Ewer hochfürstlich Gnaden Interesse vordersambst besorgen, uns bey unserem hergebrachten Privilegien, und gueten Ordnungen erhalten, und uns in unseren nothdürfften zu erhaltung unseres gemeinen weesens und mit Rath an Handen gehen könne».[85] Landschreiber Kern selbst stieg ins Archiv und setzte sich anhand der Akten von «mehr dann 200 Jahren» mit den Kompetenzen des Meiers auseinander. Aus seiner Voraussicht und Eigeninitiative heraus wartete Kern nicht auf den Einwand, die Ämterkumulation könnte unerwünscht sein, sondern erteilte sich selbst den Auftrag, die Vereinbarkeit zu belegen. Dem Bischof erläuterte er, dass aufgrund seiner Analyse und der Kenntnisse aus «Österreich Markgraf Baden Durlach und Württemberg» das Landschreiber- und das Meieramt nicht inkompatibel seien, weshalb er seine Bitte wiederhole, ihm das Amt zu übertragen, dies auch angesichts der Tatsache, dass «das gras einzuheimsen» sei und die Ernte bald bevorstehe.[86] Hier zeigt sich einerseits wiederum

---

83 Konflikt um die Taubenhaltung, AAEB, B 234/12, 1756, S. 547–577. Kern beschwerte sich darüber, dass von Roggenbach ihm in zwei aufeinander folgenden Frühjahren seine Tauben geschossen habe, AAEB, B 234/12, 20.5.1756, S. 549–556. Vgl. von Roggenbachs Reaktion auf das Schreiben des Bischofs, der Kern die Haltung eines Taubenschlags von zehn bis zwölf Tieren gestattete, AAEB, B 234/12, 25.6.1756, S. 559–561.
84 AAEB, B 137/30, 7.5.1743, S. 113.
85 AAEB, B 137/30, 29.1.1744, S. 117.
86 AAEB, B 137/30, 8.6.1744, S. 121f.

Kerns Bemühen, Einnahmequellen für sich zu äufnen, andererseits jedoch auch seine praktische Veranlagung, die auch eine Wiese, die es zu mähen galt, im Auge behielt. Im Sommer musste er nochmals nachhaken und erwähnte dabei nicht nur seine treuen Dienste, sondern erneut die bevorstehende Erntezeit, schliesslich habe der Meier von Laufen einige Jucharten einzubringen.[87] Ende Juli setzte der Bischof ihn als Meier ein.[88] Eine formelle Bestallung hat Kern vermutlich nie erhalten.[89]

Das Aufbrechen des Konflikts

Nikolaus Kern war nicht der erste Fremde, der das Laufner Stadtmeieramt bekleidete. Auch Hans Küng (Meier von 1551– ca. 1555), Simon Übel (1636–1656), Johann Hartmann von Hertenstein (1656–1686) und Franz Athanasius von Staal (1686–1721) waren nicht Laufner Bürger gewesen.[90] Im Gegensatz zu Nikolaus Kern hatten sie jedoch in Laufen gelebt, Kern blieb in der Landschreiberei Zwingen wohnen.

Diese Tatsache war den Laufnern ein Dorn im Auge und so mag das, was Bürgermeister und Rat der Stadt dem Bischof 1748 als Gerücht[91] hinterbrachten, ihre Wunschvorstellungen spiegeln.[92] Sie hätten vernommen, dass Nikolaus Kern als Amtsschreiber nach Arlesheim berufen worden sei und dass dadurch wahrscheinlich das Meieramt in der Stadt Laufen vakant werde. Es schade der Gemeinde sehr, wenn ein Fremder, der nicht in der Stadt wohne, das Meieramt bekleide. Erstens wisse er zu wenig über die Bedürfnisse der Stadt und ausserdem müssten sie sich immer zu seinem Wohnort begeben. Für Stadt und Gemeinde sei es eine Erfordernis, dass der Meier im Ort lebe, damit er Tag und Nacht für das gemeine Beste besorgt sein könne. Bürgermeister und Rat von Laufen baten deshalb, das Meieramt den beiden Bürgermeistern zu übertragen, weil diese die Bedürfnisse der Stadt am besten kennen würden. Damit das Amt «trew und wohl vertretten» werde, könne der nicht-regierende Bürgermeister das Meieramt bekleiden.[93] Wie bereits im oben

---

87 AAEB, B 137/30, 28.7.1744, S. 125 f.
88 AAEB, B 137/30, 30.7.1744, S. 131.
89 Dies zeigte sich als der Bischof nach Kerns Tod 1777 im Archiv nach einer Bestallung suchte und nur jene als Landschreiber fand, AAEB, B 137/29, Mappe 4, 19.11.1777, S. 465.
90 Vgl. Kap. 7 und Anhang.
91 Zur Funktion von Gerüchten, vgl. Walz 1996: Gerüchte dienen, so Walz, dazu, die Ehre eines Mitglieds auf dem «Achtungsmarkt» festzulegen, die moralische Ordnung zu etablieren, in der täglichen Praxis zu vollziehen und zu bestätigen, «wohl auch dazu, konkrete Interessen gegen jemanden hinter dessen Rücken durchzusetzen». Klatsch fördert die Gruppenintegration und ist ein Indiz für Konflikte, Walz 1996, S. 177.
92 Knapp zwei Jahre zuvor, im Sommer 1746, wird erstmals aktenkundig, dass sich Meier und Rat in einer Sachfrage uneinig waren. Die Entscheidung des Bischofs fiel im Sinne des Stadtmeiers aus. Zu einem Konflikt zwischen den beiden Parteien kam es in diesem Fall nicht, weil Vogt und Landschreiber den Bischof um Stillschweigen gebeten hatten, vgl. unten.
93 AAEB, B 137/30, 1.3.1748, S. 163 f.

angeführten Schreiben von 1744[94] äusserten die Räte damit klare Vorstellungen über das Stadtmeieramt. Eine Antwort des Bischofs ist nicht überliefert.

Nikolaus Kern war seit vier Jahren Stadtmeier, als der Laufner Rat dem Bischof obiges Gerücht hinterbrachte. Das Verhältnis zwischen Stadtmeier und Räten war gespannt, denn die beiden Seiten vertraten nicht dieselbe Auffassung über das Meieramt. Während die Stadt den Meier als Diener des städtischen Gemeinwohls sah, der Tag und Nacht für die Bürger da und mit ihren Interessen vertraut zu sein habe, verstand sich Kern als Diener seines Fürsten und betonte seine Vorgesetztenrolle. Nicht nur sein eigenes Amt definierte Kern ganz anders als die städtischen Ratsherren, sondern er hatte auch klare Vorstellungen über das Funktionieren städtischer Politik und versuchte, sie durchzusetzen.

Zwei Jahre zuvor, 1746, hatte er dem Bischof erstmals geschildert, welche Missstände er im Laufner Rat feststellen musste. Den Ratsherren hielt er vor, das Umgeld aus zu enger Freundschaft mit den Wirten nicht korrekt zu beziehen und als private Einnahme anzusehen. Des Weiteren warf er ihnen vor, den Ertrag der Salzrechnung nicht für den städtischen Unterhalt, sondern für ihre eigene Besoldung zu verwenden und den Wald zu übernutzen, indem sie nicht nur ihren häuslichen Bedarf deckten, was ihnen als Teil ihrer Besoldung zustand, sondern auch Holz für gewerbliche Zwecke zu schlagen. Für den Stadtmeier forderte er Einsicht in die Umgeldrechnung und die Kontrolle der Waldnutzung.[95]

Diese Stellungnahme verfasste Kern zusammen mit dem Landvogt und mit der Bitte um vorläufiges Stillschweigen auf Antrag des Bischofs, der verlangt hatte, sie mögen sich zu einer vier Monate zuvor eingereichten Supplikation von Bürgermeister und Rat äussern. In der Supplikation hatte sich die Stadt beklagt, dass sie seit 21 oder 22 Jahren beim Salzverkauf keinen Gewinn mehr erzielen könne, sondern vielmehr Verluste erlitt. Deshalb könnten die öffentlichen Gebäude und Anlagen nicht mehr in Stand gehalten werden. Die Stadt berief sich auf das Salzverkaufsmonopol, worüber sie seit 1461 unter der Bedingung verfügte, den Ertrag für den Unterhalt von Stadtgebäuden, Mauern und Pflaster einzusetzen. Die Verluste erklärten sich Bürgermeister und Rat durch folgende Tatsache: Bis vor zwanzig Jahren sei ihnen von jedem Zentner Salz ein Aufschlag von vier Pfund, das «Eingewicht», zugestanden. Ausserdem sei die Taxe um zehn bis zwanzig Pfund niedriger angesetzt worden, obwohl aufgrund des Gewichts der Salzfässer eigentlich eine höhere Abgabe geschuldet wäre. Dies bedeutet, dass die Stadt vor 21 oder 22 Jahren das Privileg verloren hatte, ein gewisses Quantum Salz kostenlos («Eingewicht») sowie steuerfrei zu beziehen. Diese entgangenen Verdienstmöglichkeiten bezeichneten Bürgermeister und Rat als Verluste in der städtischen Salzrechnung und forderten

---

94 AAEB, B 137/30, 29.1.1744, S. 117.
95 AAEB, B 234/1, Mappe 1, 23.11.1746, S. 41–50.

die Wiederherstellung beider Privilegien sowie «allenfalls» einen Nachlass auf den Rechnungsausstand.[96]

In ihrer Stellungnahme auf die Laufner Supplikation äusserten sich Landvogt und Landschreiber Kern dahingehend, dass sie die wahren Gründe der Bittschrift anderswo sahen als in den von der Stadt erlittenen Verluste beim Salzverkauf.[97] Ein unsigniertes, in seiner scharfen Argumentation auf Kern hindeutendes Schreiben forderte, da der Ertrag der Salzrechnung zurückgehe, dass er zuerst für den Unterhalt der städtischen Anlagen verwendet werden müsse, bevor sich die Ratsherren das Kompetenzsalz zuteilten. Auch andere städtische Einnahmen würden zweckentfremdet. Die Ratsherren seien unglaubwürdig, wenn sie sich über die Verluste der Salzrechnung beklagten, sich aber selbst weiterhin Salz zuteilten. Der Schreibende habe ihnen erklärt, dass die guten alten Zeiten vorbei seien, auch der Bischof müsse das Salz teuer einkaufen. Wichtig sei vor allem, den Schmuggel von Salz aus dem Solothurnischen zu verhindern. Der Schreiber gab sich überzeugt, dass die Salzrechnung mit einem Überschuss abschliessen könne. Jemand, der einen eigenen Zug besitze, solle sich um das Salzwesen kümmern, dafür könne er eine Besoldung erwarten.[98] Ob Kern der Autor des Schreibens war, lässt sich nicht mit Sicherheit sagen; die Auffassung, die Ratsherren liessen sich nicht durch das Wohl der Stadt, sondern durch ihre Partikularinteressen leiten, vertrat freilich auch er.

Der Bischof verbot darauf die Verteilung von Ehrensalz; einzig der Landvogt, der Schaffner und der Stadtmeier sollten ein fixes Quantum aus dem obrigkeitlichen Magazin in Reinach beziehen dürfen. Die Wälder sollten wieder aufgeforstet werden. Der Bischof ermahnte die Ratsherren, sich willig zu zeigen, da ihr Eid sie dazu verpflichte. Der Bevölkerung wurde in Erinnerung gerufen, dass es verboten sei, ausserhalb des Laufner Salzkastens Salz zu kaufen.[99] Landvogt und Landschreiber hatten sich mit ihrer Argumentation durchgesetzt.[100]

Das Gerücht von 1748

Wenige Monate nach dem ersten Gerücht kursierte in Laufen ein weiteres: Nikolaus Kern sei die horrende Summe von 30 000 Pfund schuldig. Seine Absetzung

---

96 AAEB, B 234/1, Mappe 1, 23.7.1746, S. 35 und ebd., o. D. (1746), S. 73. Vgl. verso: Der Bischof erkundigte sich über den Fuhrlohn, wenn die Fässer aus dem obrigkeitlichen Magazin geholt werden sowie nach der Anzahl Tage, an denen die Ratsherren mit dem Salz beschäftigt seien. Zur Laufner Supplikation, vgl. AAEB, B 234/11, 22.12.1746, S. 169–189.
97 AAEB, B 234/1, Mappe 1, 23.11.1746, S. 41–50.
98 AAEB, B. 234/1, Mappe 1, 16.12.1746, S. 51–56; von der Hand eines geübten Schreibers, jedoch nicht von Nikolaus Kern.
99 AAEB, B 234/1, Mappe 1, 22.12.1746, S. 68, 71; vgl. auch AAEB, B 234/11, 22.12.1746, S. 193–199.
100 Vgl. AAEB, B 234/1, 23.11.1746, S. 41–50.

als Schaffner sei erst der Anfang, noch vor Weihnachten werde er seiner sämtlichen Ämter enthoben und ausser Landes gejagt werden.[101] 1748 gab Kern das Schaffneramt tatsächlich ab, allerdings nicht, weil er abgesetzt wurde, sondern weil das Amt, das bisher Teil des Landschreiberamtes war, zur Entlastung Kerns zu einem eigenständigen Amt aufgewertet und mit Franz Joseph Cueni[102] besetzt wurde. Das ehrverletzende Gerücht wurde gemäss Kern von Maria Ursula Nussbaumer, der Frau des neuen Schaffners, in die Welt gesetzt, noch bevor Cueni definitiv bestallt war. Kern suchte um bischöflichen Schutz nach, weil die Behauptung bereits so weite Verbreitung gefunden habe, dass er die Sache nicht mehr nur «dem Unverstand eines bösen weibs» zuschreiben könne. Cueni hielt er als Schaffner für ein «taugliches Subject», schob ihm aber insofern auch Schuld an den Gerüchten zu, als er die Reden seiner Frau nicht unterbinde.[103] Der Bischof verbot darauf seinen Untertanen bei Strafe, die Gerüchte gegen Kern weiterhin zu verbreiten und forderte den Landvogt auf, eine Untersuchung einzuleiten.[104] Die Frau des Schaffners, vom Landvogt mit den Vorwürfen konfrontiert, stritt die Behauptung ab, sie habe das Gerücht verbreitet.[105] Dass eine Frau mit einer Auseinandersetzung auf der politisch-kommunalen Ebene in Verbindung gebracht wurde, ist auffällig. Frauen hatten in der Frühen Neuzeit in der Stadt, anders als auf dem Land, wo sie als Witwen oder in Vertretung ihrer Männer an der Gemeindeversammlung teilnehmen konnten, dort nichts zu sagen.[106] Auf dem Land wählten die Frauen ihre Hebamme,[107] in der Stadt setzte der Rat sie ein.[108] Dies war auch in Laufen so.[109] Nur weil ihnen die Partizipation rechtlich nicht zustand, war den Frauen der politische Bereich nicht einfach verschlossen. Frauen beteiligten sich an Widerstandsaktionen und wurden dabei nicht etwa nur als Ausführende instrumentalisiert, wie Suter annahm, sondern sie vertraten eigene Interessen.[110] Ausserdem zeigen neuere For-

---

101 AAEB, B 234/11, 8.7.1748, S. 319–325.
102 Zu Franz Joseph Cueni und Maria Ursula Nussbaumer, vgl. oben. Ihr ältester Sohn Franz Joseph Cueni erwarb ein Lizentiat der Rechte und wurde 1778 Stadtmeier in Laufen, vgl. Kap. 7 und Anhang.
103 AAEB, B 234/11, 8.7.1748, S. 319–325.
104 AAEB, B 234/11, 31.8.1748, S. 329–331.
105 AAEB, B 234/11, 30.9.1748, S. 345. Ihr Mann hatte am 8.9.1748 die Bestallung erhalten, AAEB, B 137/29, Mappe 4, S. 261–309.
106 Wunder 1992, S. 221, 225. Die Teilnahme von Witwen und das Vertretungsrecht ist in der Forschung umstritten: Gemäss Trossbach (1996, S. 156) nahmen Frauen auf dem Land nicht an der Gemeindeversammlung teil. Zum kollektiven Regiment der Hausväter, vgl. Blickle 2000, Bd. 1, S. 76 ff.; zur Pflicht der Frau, ihren Mann vor Gericht zu vertreten, ebd., S. 84.
107 Beleg für die Berechtigung der Frauen, die Hebamme zu wählen, Fridrich 1994, S. 111 f.
108 Wunder 1992, S. 225.
109 StadtBALaufen, Nr. 4, 8.12.1605, S. 6; ebd., 21.4.1657, S. 5v.
110 Wunder 1992, S. 232 f.; zur Beteiligung von Frauen am ländlichen Widerstand, vgl. ebd., S. 219 ff.; Suter 1983 und 1985, Trossbach 1996; Ulbrich 1999, S. 135 ff.

schungen, dass Frauen von Ämtern nicht grundsätzlich ausgeschlossen waren, sondern sowohl als Einzelpersonen als auch als Ehefrauen eines Amtsträgers Amtsfrauen sein konnten.[111]

Da sich Maria Ursula Nussbaumer nicht ausführlich äusserte, bleibt ihre Rolle im Konflikt zwischen Stadtmeier und Rat unklar. Sie stritt die Urheberschaft des Gerüchts zwar ab,[112] verteidigte sich jedoch nicht weiter gegen Kerns Beschuldigung, die auch ihre Ehre in Frage stellte.[113] Inwiefern die Tatsache, dass Kern gerade sie mit dem Gerücht in Verbindung brachte, darauf hindeutet, dass Frauen und Töchter von Amtsträgern einen vertieften Einblick in das politische Geschehen, vielleicht auch Einfluss hatten, muss dahin gestellt bleiben. Was mit Sicherheit gesagt werden kann, ist, dass die Zeitgenossen Frauen als politische Akteurinnen wahrnahmen.

Der Konflikt nimmt seinen Lauf

In der Folge brach der schwelende Konflikt zwischen den Räten und dem Stadtmeier auf. Der Rat beschwerte sich über Kerns Amtsführung und -auffassung. Zunächst behaupteten Bürgermeister Franz Bohrer und Amtmeier Hans Jerg Nussbaumer (Vater der Amtsschaffnerin Cueni) namens aller Gemeinden der Vogtei noch, nichts davon zu wissen, dass sie oder ihre Gemeinden etwas gegen den guten Leumund von Nikolaus Kern gesagt haben sollten und baten darum, zu erfahren, worauf sich Kern beziehe, damit sie die Verantwortlichen zur Rechenschaft ziehen könnten.[114] Zwei Tage später formulierte Bürgermeister Bohrer gemeinsam mit seinen Miträten einen Beschwerdebrief gegen den Stadtmeier. Neben einer Reihe von Konfliktpunkten, die sich auf konkrete Einzelfälle bezogen, wiederholten sie ihre Sicht des Meieramtes. Der Meier sei schuldig, in der Stadt zu wohnen, weil seine Anwesenheit bei Tag und bei Nacht nötig sei. Kern warfen sie vor, er nähme die Korrespondenz aus dem Rathaus nach Zwingen mit, ohne sie wieder zurückzugeben. Auch die Stadtrechnung hätten sie schon lange nicht mehr zu Gesicht bekommen. Die Zusammenarbeit mit Kern charakterisierten sie als schwierig, weil er «gleich zornwitig» werde und die Ratsherren als «grobe bauren» beschimpfe.[115] In einem zweiten, in Pruntrut aufgesetzten Schreiben legte Bürgermeister Claus Frey die Klagen nochmals detaillierter dar. Kern nähme Akten aus dem städtischen Archiv nach Zwingen mit und bringe sie nicht wieder zurück. Die Stadtrechnung, die alle zwei Jahre aufgesetzt werde, behalte er im Original bei sich und lasse ihnen ausschliess-

---

111 Vanja 1996, S. 76f.
112 AAEB, B 234/11, 30.9.1748, S. 345.
113 AAEB, B 234/11, 3.10.1748, S. 535.
114 AAEB, B 234/11, 29.9.1748, S. 341–343.
115 AAEB, B 234/11, 1.10.1748, S. 351.

lich eine Kopie. Dies sei für den Stadtrat von Nachteil, da, wenn die Alten verstorben seien, die jungen Nachrückenden von den Rechten und Einkünften der Stadt nichts mehr wüssten und auch nichts nachprüfen könnten. Am stärksten gegen die Absicht des Bischofs, der – so die Argumentation des Bürgermeisters – Räte in den Städten des Fürstbistums begrüsse, verstosse Kerns Verhalten im Rat. Er wolle den Ton angeben und Entscheidungen alleine treffen, weil er aufgrund seiner Bildung am besten wisse, worum es gehe und was das gemeine Beste sei. Ein Rat, der es wage, eine andere Meinung als Kern zu vertreten, werde als unwissender Bauer beschimpft. Den Bischof bat Frey um Beseitigung dieser Unregelmässigkeiten. Die Räte wollten nichts anderes, als die bischöflichen Befehle befolgen.[116]

Die Ratsherren, das scheint mir der zentrale Punkt ihres Protestes zu sein, widersetzten sich einer Entfremdung des Meieramtes und einer Definition desselben, die den städtischen Vorstellungen nicht entsprach. Es war ihnen ein Anliegen, ihre städtischen Privilegien, ihre Rechtstitel, die in den Akten des Stadtarchivs dokumentiert waren, zu schützen. Das Archiv stellte ein Herrschaftsinstrument dar, das Herrschaftswissen enthielt und deshalb eine wichtige Grundlage für die Wahrnehmung politischer Aufgaben bildete; dieses galt es zu schützen.

Aus Kerns Sicht waren die Gerüchte nicht zuletzt das Resultat einer Feindschaft zwischen ihm und zwei einflussreichen Familien, die schon länger andaure. Um die Amtsgeschäfte nicht zu belasten, habe er bisher darüber geschwiegen. Maria Ursula Cueni, geborene Nussbaumer, habe unter Anleitung ihres Vaters, des Amtmeiers, und ihres Gatten, des Schaffners, wider besseren Wissens geleugnet, die Urheberin des Gerüchts zu sein. Cueni und Nussbaumer hätten anlässlich der Verlesung des bischöflichen Schreibens, das die Verbreitung der ehrverletzenden Behauptungen untersagte, nicht nur versucht, den Laufner Rat, sondern auch die Meier der anderen Gemeinden für die Abfassung von Beschwerden gegen Kern zu gewinnen. Bei einem oder zwei Ratsherren und bei sämtlichen Meiern seien sie jedoch auf taube Ohren gestossen. Auch auf die Nachfrage, ob die Meier nicht durch die mehrmaligen Gänge nach Zwingen in ein und derselben Sache beschwert seien und ob sie nicht ebenfalls zur Unterschrift unter Abrechnungen gezwungen worden seien, verneinten sie und forderten den Amtmeier auf, seine Klagen in eigener Sache selbst und «ohne ihre Kosten» vorzubringen. Die Feindschaft erklärte sich Kern durch zwei Vorfälle, bei denen er zu verhindern versucht habe, dass Nussbaumer und Cueni sich unrechtmässig und auf seine Kosten bereicherten. Ausführlich legte Kern erneut dar, welche Missbräuche er den Laufner Räten vorwarf. Sie gingen mit den städtischen Ressourcen und Gefällen unsorgfältig und eigennützig um, als ob die Einnahmen «zur Consumption denen zehn rathsglieder lediglich überlas-

---

[116] AAEB, B 234/11, 3.10.1748, S. 357–362.

sen» worden seien. Den Waldungen trügen sie zu wenig Sorge, indem sie nicht nur für sich selbst, sondern auch für ihre Söhne, Töchter und Verwandten und für gewerbliche Zwecke Holz schlugen. Überdies seien die schönsten Bäume verkauft und der Erlös vertrunken worden. Die städtischen Einnahmen verwalteten sie schlecht, denn sie setzten sie nicht für ihren vorgesehenen Zweck ein, etwa den Unterhalt der Mauern und des Pflasters. Er habe nun die Zehrungen und ähnliche Praktiken unterbunden, das Salzwesen, das eine wichtige Einnahmequelle der Stadt darstellte, verbessert und erlaube den Holzschlag nur noch für den Hausgebrauch der Ratsherren.[117] Dass Kern das unsorgfältige und eigennützige Gebahren entdeckt und unterbunden habe, gefalle den Räten zweifellos nicht und führe dazu, dass sie sich einen Meier wünschten, der sich nach ihrem Wille richte. Den Bischof bat er darum, das «eigenmächtig und ohnziemende gehässige Verhalten» der Räte, des Amtmeiers und des Schaffners per Dekret abzustellen und ihn bei seinen Einnahmen zu schützen; ein Konflikt zwischen Cueni und ihm entstand, weil Cueni die Landschreiberei umging und die Schreibertaxen selbst bezog. Obwohl Kern aufzeigen konnte, dass sich die Unzufriedenheit mit seiner Amtsführung nur auf einen Teil der Laufner Räte, den Schaffner und den Amtmeier erstreckte und dass insbesondere die Meier der anderen Gemeinden nichts gegen ihn vorzubringen hatten, war sich Kern offenbar bewusst, dass ihm die Ratsherren nicht nur zu Unrecht Fehler vorwarfen, denn er bat den Bischof darum, die Untertanen zu ermahnen, Versehen in seiner Amtsführung sofort anzumahnen.[118]

Einige Wochen später forderte der Bischof Kern auf, zu den Beschwerden des Niklaus Frey namens des Laufner Rats gegen ihn Stellung zu beziehen.[119] Kern interpretierte die Klagen des Rates als Versuch, Amtsschaffner Cueni als Mitglied des Laufner Rats und dessen Schwiegervater zu entlasten und die Frau des Schaffners von ihren «Sünden» reinzuwaschen.[120] Obwohl Kern sich beim Bischof ausschliesslich über Maria Ursula Cueni beschwert habe, hätten deren Vater und Ehemann das bischöfliche Verbot, Gerüchte über den Stadtmeier zu verbreiten, anlässlich der Verlesung dahingehend ausgelegt, dass auch der Rat und die Gemeinden der Vogtei sich etwas hätten zu Schulden kommen lassen. Während sich die Meier der Gemeinden weigerten, einen Beschwerdebrief zu unterschreiben, sei es Cueni gelungen, die Ratsherren zur Formulierung von Klagen gegen Kern zu bewegen. Zu den konkreten Beschwerden äusserte sich Kern – wenig überraschend – ganz anders als die Beschwerdeführer. Kern wiederholte, dass er sich seit seinem Amtsantritt als

---

117 Vgl. Kerns Feststellungen aus dem Jahr 1746, die sich mit den hier gemachten weitgehend decken.
118 AAEB, B 234/11, 3.10.1748, S. 365–391.
119 AAEB, B 234/11, 19.11.1748, S. 393.
120 Kern spricht davon, dass «die Nussbaumerische Tochter gesündiget» habe. AAEB, B 234/11, 4.12.1748, S. 397.

Meier mit Eifer darum bemüht habe, die städtischen Angelegenheiten zu verbessern und die ratsherrlichen Missbräuche zu beseitigen.

Das Instrument, das er für dieses Ziel einsetzte, war seine Autorität, auf die er Wert legte, weil er ohne sie nichts ausrichten könne. Deshalb widersetzte sich Kern, wenn «der Magistrat den Stattmeyern als ein Persohn die ihnen gleich seye ansehen»[121] und betonte seine Vorgesetztenrolle. Der Diskussion und Kommunikation mit den Ratsherren schenkte er – was sie ihm ja auch vorwarfen[122] – nur geringe Beachtung. So teilte er den Ratsherren beispielsweise nicht mit, welche Überlegungen ihn dazu veranlasst hatten, die drei Schul- und Spitalstiftungen bisher nicht anzutasten. Kern erachtete es als sinnvoll, das Kapital zusammenzulegen und so eine grössere Summe für die Erfüllung der Stiftungszwecke, die Finanzierung von Schul- und Handwerksausbildungen sowie für die Hilfe für arme kranke Bürger zur Verfügung zu haben. Die Ratsherren hatten ihm vorgeworfen, er verwalte die Laufner Schulstiftung nicht im Sinne des Stifters, weil die Zinsen, die die Stiftung seit 1745 erbracht hatte, noch keinem Kind den kostenlosen Schulunterricht ermöglicht habe.

Kern widersprach dem Vorwurf, er habe Akten aus dem Rathaus entfernt oder je einem Ratsmitglied wegen eines Votums einen Verweis erteilt. Vielmehr sei Folgendes wahr: Es gebe Ratsherren, die sich «volltrinken» und nicht mehr wüssten, was sie tun und sich in ihrer Trunkenheit zum Gespött der Jugend machten. Ausserdem verführten Ratsherren junge Burschen zum Spielen, was Klagen von Seiten der Eltern hervorrufe. Deshalb habe er die Ratsherren zu einem anständigen Leben ermahnt und sie darauf hingewiesen, dass solches Verhalten an anderen Orten zur Folge habe, dass Ratsherren zur «Correction» in besondere Zimmer eingesperrt würden. Kern unterliess es auch in diesem Schreiben nicht, den Bischof auf die Eigennützigkeit und den Missbrauch der Ratsherren hinzuweisen und zu betonen, dass seine straffe Führung des Rates dem Wohl der Stadt diene, während das Wirtschaften der Räte die Stadt schädige. Er habe die Ratsherren daran erinnert, dass das Salzprivileg zum Nutzen der Stadt gereichen solle, deshalb dürften sie das Defizit nur aus den Stadtgütern bezahlen, wenn sie belegen könnten, wofür sie das Geld ausgegeben hätten. Anderenfalls sollten die Schulden durch jene bezahlt werden, die sie verursacht hätten.[123]

Kern verstand die Kontrolle der Ratsherren als zentralen Aspekt seiner Aufgabe als Meier und versuchte, bei den Ratsherren einem anderen, eher an der Aufgabe als an den persönlichen Vorteilen orientierten Amtsverständnis zum Durchbruch zu verhelfen. Kern vertrat damit gewissermassen frühmoderne Vorstellungen von

---

121 AAEB, B 234/11, 4.12.1748, S. 412.
122 Vgl. oben; Kern wolle den Ton angeben und Entscheidungen alleine treffen, AAEB, B 234/11, 3.10.1748, S. 357–362.
123 AAEB, B 234/11, 4.12.1748, S. 395–413.

Amtsträgern, die nicht mehr, wie in der ständischen Gesellschaft ein gesellschaftliches Interesse an ihrem Amt hatten, weil es ihr Prestige und/oder Einkommen steigerte, während die funktionalen Aspekte, ihre «Aufgabe» also, zweitrangig war. Seine Vorschläge zur Verwaltungsreform, zur effizienteren Amtsausübung, hatten nur bedingt Erfolg. Beispielsweise führten die Ratsherren zwar nach mehrjähriger Ablehnung einen ständigen Baumeister ein, die Auswirkungen dieser Veränderung befriedigten jedoch weder Kern noch die Ratsherren.[124]

Im Sommer des folgenden Jahres entsandte der Bischof eine Kommission bestehend aus den Hof- beziehungsweise Hofkammerräten Humbert und Rengger nach Laufen, um die Klagen und Gegenklagen von Stadtmeier, Stadtrat, sowie dem Amtmeier und dessen Tochter Maria Ursula Cueni zu untersuchen und dem Hofrat Grundlagen für eine Entscheidung in der Sache zu liefern.[125] Erst auf Anfrage[126] erhielt der Bischof im Frühjahr 1750 vom Landvogt Bericht über den Stand der Auseinandersetzung. Stadtmeier und Rat äusserten sich dahingehend, dass die Konfliktpunkte zwar nicht aus dem Weg geräumt seien, dass man sich jedoch besser verstehe und bemüht sei, sich das Zusammenleben nicht unnötig schwer zu machen.[127] Der Konflikt bot Gelegenheit, auch Themen anzusprechen, die mit dem Meieramt nicht in Zusammenhang standen. Im Streit zwischen Kern und Amtsschaffner Cueni rückte die Frage nach der Besoldung des Landschreibers bei der Niederschrift und Verlesung der Laufner Kirchenrechnung in den Vordergrund. Cueni, seit zwölf Jahren gleichzeitig Kirchmeier, stellte sich auf den Standpunkt, dass sein Vater die Kirchenrechnung zwar beim Landschreiber habe machen lassen, dass er jedoch – wie beispielsweise auch der Förster – frei darüber entscheiden könne, durch wen er die Rechnung niederlegen lassen wolle. Da er die Rechnung selbst aufgesetzt habe, meine er, dafür auch einen angemessenen Lohn fordern zu können. Landschreiber Kern beharrte jedoch darauf, dass er die Rechnung aufstellen und dafür einen Lohn erwarten dürfe.[128] Der Konflikt macht deutlich, dass die Kompetenzen zwischen den Ämtern nicht genau abgegrenzt waren. Spannungen entstanden nicht zuletzt, weil mit Aufgaben immer auch Einnahmen verbunden waren. Ein Entscheid in der Sache ist nicht überliefert.

---

124 Vgl. Kap. 8. Zu Kerns Vorschlag, eine fixe Besoldung einzuführen, vgl. oben.
125 AAEB, B 234/11, 11.8.1749, S. 423.
126 AAEB, B 234/11, 30.4.1750, S. 437.
127 AAEB, B 234/11, 16.5.1750, S. 439. Die Beruhigung hielt einige Jahre an. 1759 stellten die Räte fest, dass in ihrem Gemeinwesen alles in Ordnung gewesen sei, bis vor einigen Jahren «neue Bräuche» eingeführt worden seien, AAEB, B 234/12, 4.3.1759, S. 765–771. Die Räte Peter Segginger und Franz Joseph Cueni behaupteten, Kern bereichere sich unzulässig, indem er für das gleiche Geschäft als Landschreiber und als Stadtmeier Gebühren beziehe, AAEB, B 234/12, 5.3.1759, S. 913–921.
128 AAEB, B 234/11, 21.4.1749, S. 725 (Beschwerde Kerns), ebd., 5.5.1749, S. 733 (Verteidigung Cuenis).

Achtung und Hierarchie

Zu einem zentralen Punkt in der Auseinandersetzung zwischen Stadtmeier Kern und den Laufner Ratsherren wurde die Frage der Wertschätzung, des gegenseitigen Respekts und der Position innerhalb der Hierarchie. Der Rat beklagte sich 1759, als Nikolaus Kern die Laufner Gemeindeversammlung, die sonst immer am 20. Januar stattfand, auf den 1. März einberief, des Weiteren über neue Verordnungen, die zu Missständen in der Stadt geführt hätten. Dem Rat sei alle Macht genommen, wodurch in der Bürgerschaft alle Liebe und Ehrfurcht ihm gegenüber erloschen sei. Der Stadtmeier sei zwar ein «vornemer Rechtsgelehrter», kenne sich aber im «gemeine[n] Wesen der statt und gemeind Laufen nicht so guth [aus] als Ein im Orth Sesshafter Bürger und Baursmann». Seine vielen Geschäfte liessen nicht zu, dass er sich um alle Erfordernisse kümmere. Statt der Gemeindeversammlung hatte am 20. Januar das Frevelgericht stattgefunden, an dem die obrigkeitlichen Verordnungen verlesen wurden; dieses sei in Laufen nie üblich gewesen.[129]

Nikolaus Kern hingegen beschwerte sich beim Bischof über die mangelnde Achtung der Ratsherrn, die meinten, es genüge, vor ihm «den hut zu lüpfen». Sein Vorgänger Niklaus Fenninger sei bei seiner Wahl zum Stadtmeier Ratsherr und als «inter pares primus» hoch geachtet gewesen. Kern verstand sich selbst als fürstlicher Beamter und erwartete, dass ihn die Ratsherren als Vorgesetzten anerkannten: «Mir ist zwahr», betonte Kern, anspielend auf das ratsherrliche Ziehen der Hüte, «umb derley ausserliche weesen nicht zuthuen, iedannoch will der dienst Ewer hochfürstlichen Gnaden erfordern, dass der Magistrat den Unterschied entzwischen ihren Mitgliedern, und dem ihnen Vorgesetzten fürstlichen Beamteten wissen und beachten.»[130]

Während Kern seine Kontrollaufgaben in den Vordergrund rückte, erwarteten die Ratsherren, dass der Meier ihre Tätigkeit nicht beaufsichtige sondern schütze. In der meierlichen Kontrolle sahen sie ein Misstrauensvotum, was sie als ehrmindernd empfanden.[131] Dieses grundverschiedene Verständnis des Meieramtes führte nach Jahren der Entspannung immer wieder zum Aufbrechen des Konfliktes.

Als sich Nikolaus Kern gegen Ende des Jahres 1769 einmal mehr über die missbräuchliche Verwendung der Stadtgefälle, die exzessiven Zehrungen der Ratsherren und die zu hohen Baukonten, also Handwerksrechnungen, beschwerte,[132] wandten sich die Ratsherren an den Landvogt und klagten, dass Kern permanent seine Feind-

---

129 AAEB, B 234/12, 2.3.1759, S. 765–771. Zur Forderung des Rates nach der Abschaffung des Frevelgerichtes, vgl. Kap. 8.
130 AAEB, B 234/12, 17.8.1759, S. 787–789. Zur Bedeutung des Hutziehens als symbolische Geste der Unterwerfung, vgl. Ulbrich 1999, S. 127f.
131 Zum Vorwurf, Kern beleidige die Ratsherren, AAEB, B 234/12, 2.3.1759, S. 761.
132 AAEB, B 234/13, 26.9.1769, S. 377–383; vgl. auch ebd., 4.11.1769, S. 373–387.

schaft gegen den Rat zeige.[133] Kurz zuvor war es anlässlich einer Bürgermeisterwahl zur Beeinflussung des Wahlergebnisses gekommen. Die meisten Ratsherren sahen die Wahl zwar als frei an, ein einziger behauptete jedoch, Kern habe versucht, ihn zu beeinflussen. Ein weiterer fügte hinzu, dass einige jüngere Ratsherren nicht nach ihrer Stimme befragt worden seien. Zum Bürgermeister gewählt wurde Franz Fenninger, der aufgrund seiner Amtsführung als Förster und wegen seiner guten Beziehung zum Stadtmeier umstritten war. Er hatte jedoch – so lässt sich das Verhalten der Ratsherren interpretieren – aufgrund des Ancienitätsprinzip, das bis vor wenigen Jahren allein für die Ernennung zum Bürgermeister ausschlaggebend war, Anspruch auf das Amt.[134] Ratsherr Franz Schaltenbrand äusserte sich in der Untersuchung durch Landvogt von Reichenstein dahingehend, dass die von Nikolaus Kern durchgeführten Befragungen ihrer Ehre nachteilig seien. Durch sein Nachfragen stünden sie da, als hätten sie mit dem Stadtgut als unehrliche Männer gehandelt. Was ihn an Kern störe, so Schaltenbrand, sei, dass Kern, kaum hätten sie geglaubt, wieder in Ruhe leben zu können, alte Sachen hervorsuche, so dass neuer Aufruhr entstehe. Kern zeige seine Feindschaft, weil er sie durch seine strenge Kontrolle in ihrer Ehre verletze. «Sie hätten vermeint, ihr Stadtmeyer solle sie ehender an ihrer Ehre beschützen».[135] Bürgermeister Fenninger habe die Befragung durch Kern hervorgerufen, indem er die Ratsherren, besonders deren Rechnungsführung beim Vogt angeschwärzt habe. Für eines der hohen Baukonti sei aber Fenninger selbst verantwortlich, der ein Heuhäuslein habe abreissen und neu bauen lassen. Ein Ratsherr offerierte die Reparatur, sei jedoch, obwohl sie viel günstiger gewesen wäre als der Neubau, nicht berücksichtigt worden.[136]

Verwandtschaft und Vetternwirtschaft

1773 – zum letzten Mal vor Kerns Absetzung als Landschreiber – gelangten Rat, Gerichtssässen, Geschworene und 24 Laufner Bürger mit der Forderung an den Bischof, Stadtmeier Kern von der «Last unseres Meyerthums» zu befreien und durch einen tüchtigen, in Laufen wohnhaften Mann abzulösen. Hofrat Kern sei nun schon seit dreissig Jahren Stadtmeier. Sie hätten sich schon damals beschwert, weil er weder in Laufen wohne noch von hier gebürtig sei, hätten ihn aber, nachdem der Fürst sie mehrmals seinen Willen habe wissen lassen, «ohne fernere wiedersetzlichkeiten angenommen» und ihm aufgrund seiner persönlichen vorzüglichen Eigen-

---

133 AAEB, B 234/13, 4.11.1769–19.12.1769, S. 371–425; Gutachten und Befragung durch den Landvogt, ebd., 19.12.1769, S. 389–434.
134 Zur Bürgermeisterwahl, vgl. Kap. 8.
135 Punkte 8 und 13 der Aussage von Ratsherr Franz Schaltenbrand, AAEB, B 234/13, 19.12.1769, S. 400f.
136 Aussage von Franz Peter Imhof, AAEB, B 234/13, 19.12.1769, S. 406f.

schaften den nötigen Respekt gezollt. Kern habe sich zwar immer um die Besorgung der Stadtangelegenheiten gekümmert, doch die durch seine Abwesenheit und starke Beanspruchung in anderen oberamtlichen Geschäften bedingte Benachteiligung der Stadt habe sich nie gänzlich beheben lassen. Diese habe sich nun durch das hohe Alter des Herrn Stadtmeier noch verschärft, wodurch der Stadt Schaden und somit Kosten entstünden. Ein Beispiel dafür sei, dass sich die Geschworenen, wenn es nötig sei, Gemeinde zu halten, nach Zwingen begeben müssten, um dem Meier dies zur Kenntnis zu bringen. Auch in anderen städtischen Angelegenheiten sei dies so, und diese Gänge würden der Stadt durch die Deputierten verrechnet. Wenn Kern eine Zusammenkunft einberufe, komme es oft vor, dass er durch seine vielen Amtsgeschäfte oder durch andere Zufälle aufgehalten werde, so dass er zum angegebenen Termin nicht in Laufen erscheine. Die Bürger müssten warten und ihre Arbeit versäumen. Würde Kern in der Stadt wohnen, könne man sich morgens oder abends treffen, wenn niemand andere Geschäfte habe. Ausserdem könne sich die Stadt die Taggelder sparen, die sie für seine Benachrichtigung bezahlen müsse. Hier nahmen die Beschwerdeführer eine von Kerns wiederkehrenden Beschwerden, die Verschwendung städtischer Gefälle, auf. Kerns Abwesenheit führe im Weiteren dazu, dass die Frondienste sehr schlecht versehen würden. Nur er könne die Halsstarrigen zur Leistung der Fronen bewegen; die Geschworenen hätten dazu zu wenig Macht. Dasselbe gelte für die gute Ordnung in der Stadt. Viele würden lieber «kleine Unbilligkeit[en]» ertragen, als sich nach Zwingen zu wenden. Sie baten den Bischof um Abhilfe für ihre wohlbegründeten Beschwerden.[137] Die geografische Ferne einer Aufsichtsperson könnte durchaus ihre Vorteile haben, die städtische Argumentation belegt jedoch, dass sie dem in der Stadt präsenten Meier grosse Wichtigkeit zumass. Die Klagen des Rates gegen den Stadtmeier zielten nicht etwa darauf ab, sich dieses Amtsträgers durch Abschaffung des Amtes zu entledigen, sondern im Gegenteil. Der Meier sollte näher heranrücken und stärker in die Stadt eingebunden werden. Dadurch kann er besser kontrollieren, jedoch auch besser kontrolliert werden.

Nikolaus Kern widersetzte sich heftig und bezichtigte den Rat einer widerrechtlichen, ohne Einverständnis der Obrigkeit abgehaltenen nächtlichen Zusammenkunft, einer «Rottierung». Die Informationen, die er sich zusammen mit dem Landvogt beschafft habe, hätten ergeben, dass sich der Rat zum Aufsetzen der Supplikation nach Basel begeben habe, wo ihm der «bekannte Secretario, welcher sich für ein hessen casselisch agenten ausgegeben» die Bittschrift, wenn nicht verfertigt, so doch abgeschrieben habe. Stadtmeier und Landvogt überlegten, wie sie die Ratsherren und die beteiligten Bürger für diese «aufwiglerey» zur Verantwortung

137 AAEB, B 234/14, 1.8.1773, S. 401–407.

ziehen könnten und baten um Verhaltensanweisungen.[138] Einige Wochen später nahmen Landvogt und Stadtmeier gegenüber dem Bischof ausführlich Stellung. Den Ton der Laufner Beschwerde qualifizierten sie als völlig unpassend ab, schliesslich sei der Meier vom Bischof besoldet und ausschliesslich von Bischofs Gnaden in Laufen eingesetzt. Rat und Bürgerschaft müssten denjenigen akzeptieren, den der Bischof einsetzte, ob er aus Laufen stamme und hier wohne oder nicht. Kurz: Wer nicht zahlt, der befiehlt auch nicht. Kern und von Reichenstein hielten es für wenig wahrscheinlich, überhaupt einen Meier zu finden, der den Vorstellungen der Laufner Räte entspreche. Kern habe sein Amt immer wohl versorgt. Die Beschwerdeführer könnten keinen Vorfall nennen, der belegt, dass Kern ihnen oder der Stadt durch seine anderen Geschäfte oder sein hohes Alter Schaden zugefügt habe. Es sei vielmehr so, dass sie sich durch diese «erdicht[et]en» Vorwände verraten hätten. Sein Alter tue nur insofern etwas zur Sache, als er den Ratsherren nun schon so viele Jahre in die Karten haben sehen müssen und zu deren Leidwesen das Spiel korrigiert habe. Gänge nach Zwingen müssten auch zum Landvogt unternommen werden, sie seien also zweifellos auch schon vorgekommen, bevor Kern Stadtmeier geworden sei.

Wiederum forderte Kern Gehorsam, Respekt und seine Anerkennung als Vorgesetzter. Die Ratsherren anerkannten den Stadtmeier allenfalls als primus inter pares. Befehle, die dem einen oder andern nicht zusagten, wüssten sie durch die enge Verwandtschaft im Rat – «ihre Vettere im Rath» – zu hintertreiben, so dass der Stadtmeier ihren Vorstellungen nachgeben müsse – zum Nachteil des Gemeinen Wesens und des Wohlstandes.[139]

Kern sah die verwandtschaftlichen Verbindungen zwischen Mitgliedern des Laufner Rats als Missstand an, dem er sich schon seit Jahren widersetzt.[140] Bereits 1756 berichteten Stadtmeier und Landvogt dem Bischof, dass von den zehn Ratsherren vier miteinander verschwägert seien. Nun sei wieder eine Stelle frei und es sei aufgrund von altem Recht und Gewohnheit damit zu rechnen, dass wiederum ein Schwager gewählt würde, «und so forth der Rath successive mit lautheren schwägeren besetzt» würde. Kern sah das Gemeinwohl bedroht, da Verwandtschaft dazu führe, dass über die Fehler der Miträte hinweggesehen werde. In jedem Dorf werde deshalb darauf geachtet, dass nicht zu viele Verwandte in einer Behörde sässen. Den Bischof baten Stadtmeier und Vogt um ein Verbot der Wahl von Schwä-

---

138 AAEB, B 234/14, 3.8.1773, S. 409–411.
139 AAEB, B 234/14, 28.9.1773, S. 415–432.
140 Zur Bedeutung von Verwandtschaft als Konstruktionsprinzip politischer Allianzen und zum Diskurs über Vetternwirtschaft, vgl. Sabean 1992 und 1998, S. 37ff. Anders als in Sabeans Beispielen aus Neckarhausen kamen die Laufner Klagen über mögliche Interessenkollisionen durch die enge Verwandtschaft im Rat nicht aus der städtischen Bevölkerung, vgl. Sabean 1998, S. 38, 45.

gern und Verwandten bis zum dritten Grad. Ein Entscheid des Bischofs, oft auf der Rückseite des Schreibens vermerkt, ist nicht erhalten.[141]

Mit dem Verweis auf die Vettern im Rat machte Nikolaus Kern Verwandtschaft zu einem Thema sozialer und politischer Kontroverse. Was er als Vettern im Rat apostrophierte, waren durch Heiratsallianzen verbundene Männer. Dass Behördenangehörige miteinander verwandt waren, war keine Besonderheit des Laufner Rats, sondern in grossen und kleinen Städten genauso verbreitet wie in Landgemeinden.[142] Aus Kerns Worten spricht die Sensibilisierung für die Problematik der Parteilichkeit. Verwandte, die mit Verwandten kooperierten, würden ihr Amt nicht unabhängig ausüben und untereinander die gegenseitige Kontrolle und Meinungsvielfalt vermissen lassen. Zum einen übte er dadurch seine herrschaftliche Kontrollaufgabe aus. Zum andern beklagte sich jemand über Verwandtschaft, der ein Fremder war und sich im Alltag nur auf wenige Verwandtschaftsverbindungen abstützen konnte. Die Patenschaften seiner eigenen Kinder verbanden ihn einerseits mit politisch einflussreichen Familien im Bistum, andererseits (im Fall des Sohnes) mit Mitgliedern seiner Verwandtschaftsgruppe. Nikolaus Kern stand in den ersten Jahren seiner Amtszeit selbst mehrmals Pate. Auch seine Frau verfügte durch Patenschaften über rituelle Verwandtschaftsbeziehungen. In diesen ersten Amtsjahren galten Anna Catharina Metzgerin und Nikolaus Kern, obwohl sie fremd waren, als Personen, mit denen man Verbindungen anstrebte. Deshalb wählten verschiedene Eltern sie zu Paten ihrer Kinder. Nach 1744 kamen keine weiteren Patenschaften des Ehepaars Kern mehr dazu. Es ist möglich, dass sie die Übernahme weiterer Patenschaften ablehnten. Wahrscheinlicher scheint mir jedoch, dass sie – bedingt durch den in Laufen herrschenden Konflikt – nicht mehr um die Übernahme von Patenschaften gebeten wurden.

Kerns Einsatz gegen die «Vettere im Rath» blieb erfolglos. Dies ist insofern nicht überraschend als auch unter den Bischöfen und im Domkapitel einige wenige adelige Familien dominierten. Angehörigen dieser Familien vertraute der Bischof seine Verwaltungsämter, beispielsweise die Vogteien, an. Verwandtschaftsbeziehungen stellten im Fürstbistum ein wichtiges Konstruktionsprinzip der Herrschaftseliten dar.[143]

Den Vorwürfen der Laufner Bürger widersprach Kern. Es treffe nicht zu, dass er die Bürger habe warten lassen, Verzögerungen habe er per Express angekündigt. Die Gemeindeversammlung werde durch das Läuten der Rathausglocke angezeigt.

---

141 AAEB, B 234/13, 23.1.1756, S. 525–545.
142 Das Phänomen ist auch aus anderen Gegenden bekannt, beispielsweise aus Windsheim in Franken, wo von einem «Vetterleinsrat» gesprochen wurde, Endres 1991, S. 106. Zum Diskurs über Vetternwirtschaft in Räten und Gerichten, vgl. Sabean 1998, S. 37ff.
143 Vgl. Bosshart-Pfluger 1983; zur Familie von Blarer als einem Beispiel für diese Politik, ebd., S. 185ff. sowie Kap. 8, Anm. 55.

Nie sei es vorgekommen, dass an ihr gezogen worden sei, bevor er sich im Rathaus befunden habe. Was die Fronen betreffe, sei er immer wieder selbst zugegen gewesen oder habe einen Vertreter geschickt. Die Bürger wüssten, dass die Geschworenen Vollmacht hätten, Strafen auszusprechen. Kern suggeriert, das Problem liege im Vollzug der Strafen, da Fehlbare aufgrund verwandtschaftlicher Beziehungen verschont würden. Er verglich die institutionellen Strukturen der Stadt mit denjenigen in den Dörfern und kam zum Schluss, dass die Gemeindebürger auf dem Land dem Meier und den Geschworenen gehorsam seien. Die gute Ordnung bestehe, weil niemandem ein Vergehen nachgesehen und jeder Ungehorsam bestraft werde. Kern sagte es zwar nicht explizit, aber die genaue Beschreibung der Struktur deutet darauf hin, dass er in der vergleichsweise komplexen Aufgabenteilung in der Stadt sowie in der Anzahl der Amtsträger ein Problem erkannte. Während es in den Dörfern einen Meier und zwei bis drei Geschworene gäbe, die die Gemeindegenossen anführten und leiteten, bestehe der Stadtrat aus zwei Bürgermeistern, zwei Baumeistern, zwei Fleischschätzern, zwei Feuerbeschauern und zwei Weinsieglern. Dem Rat und besonders dem Bürgermeister müsse es doch als Schande erscheinen, wenn es ihnen nicht gelinge, die Ehrfurcht und den Gehorsam der Stadt zu sichern. Da die Ratsherren ihre Verwandten nicht zur Rechenschaft ziehen wollten, würden auch die anderen Bürger ungehorsam. Kern zeichnete das Bild intakter Dörfer, in denen Ruhe und Ordnung herrschte, während in der Stadt bedingt durch die Vetternwirtschaft alles drunter und drüber gehe. Den Ratsherren warf er Bestechlichkeit vor. Man sass doch eben noch zusammen, man zahle dem Bürgermeister oder Ratsherrn ein Mass Wein und gehe davon aus, dass ein Bürger dadurch vor Strafe sicher sei. Auch die Verwandtschaft führe dazu, dass man gemeinsam trinke, manchmal in einem Ausmass, dass ein Ratsherr nicht mehr allein nach Hause gehen könne. Die Räte, so Kern, seien die ersten, die gegen Verordnungen verstiessen und dadurch ein schlechtes Beispiel gäben. Dieses Fehlverhalten, nicht die Abwesenheit des Stadtmeiers, seien die Gründe für die Nachlässigkeit der Bürger bei den Fronen. Kern zeigte sich überrascht, dass der Rat den Meier bei den Fronen, die er gar nicht leisten müsse, dabei haben möchte, während die Geschworenen der Dörfer ihren Meiern dies nicht zumuteten. Wozu, fragte Kern rhetorisch, seien die Laufner Bürgermeister da, die, im Gegensatz zum Stadtmeier, eine städtische Besoldung bezögen?

Die Beschwerdeführer hätten keinerlei Anlass, sich über Kerns Alter oder dessen Amtsführung zu beschweren. Schädlich sei vielmehr das Verhalten der Ratsherren. Ein Mal mehr verwiesen Landvogt und Stadtmeier auf den Missbrauch der Stadtgüter. Den städtischen Supplikanten gefalle es nicht, dass Kern ihnen auf die Schliche gekommen sei und deren Verhalten unterbunden habe. Diese Verschwendung sei dem städtischen Wesen schädlich und nicht die Gänge, die Deputierte nach Zwingen unternehmen müssten. Die Kosten für die zwei Abgeordneten machten gemäss der Stadtrechnung nicht mehr als fünf Pfund pro Jahr aus.

Der Rat habe sich im Juli öfters ohne Anfragen bei der Obrigkeit versammelt. Jenen Ratsherren, die diesem Komplott ablehnend oder kritisch gegenüberständen, sei von den anderen eingeimpft worden, vor dem Stadtmeier Stillschweigen zu wahren, denn «sie Rathsglieder sollen Brüder seyn, und zusammen halten». Das viele Beraten in der Stille habe die Bürger irritiert. Sie hätten sich gefragt, was die Ursache dafür sei. Um der Bittschrift mehr Gewicht zu verleihen, seien auch die Geschworenen und Bürger zur Unterschrift gebeten worden. Die Bittschrift sei in Basel verfasst worden, um die Schrift und den «Concipienten» nicht zu verraten. Vielen zur Unterschrift aufgerufenen Bürgern sei vorgemacht worden, es gehe in der Bittschrift nicht um den jetzigen, sondern um den künftigen Meier und ausserdem um den Kartoffelzehnten. Dadurch seien Bürger zur Unterschrift überredet worden, die nun bereits ihre Reue gezeigt hätten. Kern äusserte den Verdacht, dass der Hauptaufwiegler Ratsherr Conrad Weber sei, den Kern mit einer Besoldung von vierzig Pfund zum Waldaufseher ernannt habe. Er sei jedoch nicht allein, als dessen Berater habe sich der junge Cueni, Sohn des ehemaligen Schaffners, «zimlich verrathen».[144]

Der Bischof wies die Vorwürfe des Rates als unbegründet zurück und beliess Kern im Amt. Die Beschwerdeführer wurden vorgeladen und über das bischöfliche Missvergnügen informiert; ihre Beschwerden wurden als Erfindungen abqualifiziert.[145]

Kommunikation im Spannungsfeld obrigkeitlicher Anforderungen und kommunaler Handlungsspielräume

Im April 1777 setzte der Bischof Kern wegen seines hohen Alters als Landschreiber ab.[146] Das Meieramt wurde ihm vermutlich belassen, denn der Bischof wandte sich erst nach Kerns Tod im Oktober mit der Forderungen an den Landvogt von Zwingen, das Amt durch eine tüchtige Person zu besetzen.[147] Bestattet wurde Nikolaus Kern, wie schon seine Frau zwei Jahre zuvor, an vornehmer Stelle vor dem Fridolinsaltar in der Laufner Katharinenkirche.[148] Seine letzte Ruhe fand er also in der Stadt, in der er ein Fremder blieb, vor dem Altar des Stadtheiligen.[149]

144 AAEB, B 234/14, 28.9.1773, S. 415–432.
145 AAEB, B 234/14, 15.11.1773, S. 435.
146 AAEB, B 137/29, Mappe 4, 8.4.1777, S. 459.
147 AAEB, B 137/29, Mappe 4, 19.11.1777, S. 465.
148 StABL, Kirchenbücher Laufen 2: Anna Catharina Metzgerin starb am 18.5.1775, Nikolaus Kern am 6.10.1777.
149 Laufen hatte den heiligen Fridolin 1735 auf ewige Zeiten zum Stadtpatron gemacht, um mit seiner Hilfe eine Viehseuche zu bekämpfen, vgl. Fridrich 2001, Bd. 4, S. 197ff.

Nikolaus Kern stand weit über vierzig Jahre im Dienst des Bischofs. Als Landschreiber und Amtsschaffner übernahm er Dienstleistungen für den Landvogt. Er erschien zum Wochengericht und zu den Verhörtagen und protokollierte die Verhandlungen, führte die Vogteirechnungen und waltete als Aufsicht über die bischöflichen Regalien.[150] Als Stadtmeier war er zwar Vertreter der bischöflichen Herrschaft mit beschränkten richterlichen Funktionen, nahm jedoch auch wichtige kommunale Aufgaben wahr. Die Zugehörigkeit zum Amtsgericht Laufen, dem er vorsass, repräsentierte ein städtisches Privileg. Als Beschützer des städtischen Rates und der städtischen Rechte mass die Stadt dem Meier somit hohe Bedeutung zu. Stadtmeier Kern verstand seine Aufgabe durchaus darin, das städtische Gemeinwesen vor Schädigung zu beschützen.[151] Dabei orientierte er sich jedoch weniger am Kommunalen als an der übergeordneten staatlichen Verwaltung. Er sah sich als fürstlicher Beamter. Indem er die kommunalen Institutionen beaufsichtigte und kontrollierte, nahm er eine bischöfliche Zielsetzung, die Einschränkung und Kontrolle intermediärer Gewalten, auf.[152] Kerns Haltung in dieser Frage mag erklären, weshalb der Bischof ihn trotz der vielen Konflikte, die auch den Bischof beschäftigten, nicht fallen liess.

Kerns Distanz zum kommunalen Bereich Laufen spiegelte sich einerseits in seinem Wohnort ausserhalb der Stadt. Andererseits hatte er klare Vorstellungen nicht nur von seinem eigenen Amt, sondern auch vom Funktionieren der städtischen Politik und versuchte, sein Ideal zu verwirklichen. Dass dies Konfliktpotential barg, lässt sich leicht nachvollziehen. Kerns Amtszeit war geprägt durch das Ringen um die Herrschaftsverhältnisse in der Stadt. Dass die Auseinandersetzung zwischen Stadtmeier und Rat immer wieder aufflammte, verdeutlicht, dass es ihnen, trotz der intensiven Kommunikation, mit der sie einherging, nicht gelang, eine gemeinsame Amtsauffassung zu entwickeln.

Die Konflikte belegen, dass es selbst einem loyalen Amtsträger nur bedingt gelang, die gemeindlichen Handlungsspielräume zu beschneiden. Kern informierte den Bischof wiederholt über die Missstände in der ratsherrlichen Amtsführung, ohne dass der Bischof reagierte oder intervenierte. Dass bischöfliche Entscheidungen lange auf sich warten liessen und in zahlreichen Einzelfragen fehlen, ist sicher kein Zufall, sondern weist darauf hin, dass der Bischof ausserstande oder nicht willens war, sich sämtlicher Themen und sämtlicher Konflikte anzunehmen. Wenn Kern dem Bischof referierte, dass er Wert auf seine Autorität lege,[153] bat er implizit um die Stärkung durch den Bischof, signalisiert ihm jedoch auch, dass er in der

---

150 AAEB, B 137/29, Mappe 4, S. 199.
151 Vgl. zum Beispiel AAEB, B 234/14, 28.9.1773, S. 415–432.
152 Vgl. dazu Kap. Rahmenbedingungen.
153 AAEB, B 234/11, 4.12.1748, S. 395–413.

Informationsbeschaffung und Durchsetzung obrigkeitlicher Bestimmungen vom Stadtmeier abhängig war.

Die Obrigkeit verstand den Meier zunehmend als Informationszuträger im Dienste des Landvogtes und des Bischofs. Sie beabsichtigte damit eine stärkere Unterordnung und Kontrolle auf Gemeindeebene. Auffallend ist allerdings, dass selbst ein Meier, der sich wie Nikolaus Kern explizit als Fürstendiener definierte, diese Rolle nur unter gewissen Bedingungen einnahm. Da der Obrigkeit die Mittel fehlten, den Meier und die Gemeinden zur Kommunikation zu zwingen, blieben selbständige Handlungsspielräume für die Gemeinden erhalten. Vom Geschehen in Laufen erfuhr die Obrigkeit erst, wenn Konflikte entstanden, die sich nicht mehr innerhalb der kommunalen Organisationen oder innerhalb der Gemeinde lösen liessen. Dann wurde die Obrigkeit zu Hilfe gerufen.

Als Nikolaus Kern im Laufner Rat Missstände feststellte, wandte er sich nicht an den Bischof. Er brachte seine Beobachtungen gemeinsam mit dem Landvogt und unter dem Siegel der Verschwiegenheit erst beim Bischof vor, als dieser eine Stellungnahme zu einer Bittschrift des Rates verlangte.[154] 1748 wandte sich Kern mit der Bitte an den Bischof, dieser möge ihn vor der üblen Nachrede Maria Ursula Nussbaumers schützen.[155] Die bereits Jahre dauernde Feindschaft der Familien Cueni und Nussbaumer, die, so Kern, den Hintergrund der Gerüchte bildeten, habe er dem Bischof bisher verschwiegen, um die Amtsgeschäfte nicht zu belasten.[156]

Dieses Kommunikationsmuster wiederholte sich im Laufe seiner Amtszeit, die vom Versuch geprägt war, bei den Laufner Ratsherren einem neuen Amtsverständnis zum Durchbruch zu verhelfen. 1758 berief Stadtmeier Nikolaus Kern in Laufen das Frevelgericht ein, stiess damit jedoch bei den Ratsherren auf Widerspruch. Kern meldete dem Bischof, dass das Gericht seit neun Jahren mehrmals nicht durchgeführt worden war.[157] Darauf ermahnte der Bischof die Stadt zu dessen Abhaltung, weil es auch in der Stadt von Nöten sei, die Mandate, Gebote und Verbote regelmässig zu verlesen.[158] Der Rat behauptete jedoch, das Frevelgericht sei in der Stadt nie üblich gewesen und verlangte, von der Abhaltung befreit zu werden.[159] Zudem beschwerten sie sich über die Anwesenheit des Fiskals, der nicht Laufner Bürger sei.[160] 1760 bewilligte der Bischof die Abschaffung des Frevelgerichtes, unter der Bedingung, dass der Rat Gesetzesübertretungen am jährlich stattfindenden Schwörtag «ohne Nachsehen» abstrafte und ihm Mitteilung über die Einhaltung der Man-

---

154 AAEB, B 234/1, 23.11.1746, S. 41–50.
155 AAEB, B 234/11, 8.7.1748, S. 310–325.
156 AAEB, B 234/11, 3.10.1748, S. 365–391.
157 AAEB, B 234/12, 20.6.1758, S. 671; vgl. Kap. 8.
158 AAEB, B 234/12, 10.7.1758, S. 693.
159 AAEB, B 234/12, 1.3.1759, S. 701–703.
160 AAEB, B 234/12, 30.1.1759, S. 695–697.

date mache.¹⁶¹ Die Auseinandersetzung um das Frevelgericht verdeutlicht, dass die Obrigkeit nicht von sich aus aktiv werden konnte, sondern auf die Informationen des Stadtmeiers angewiesen war. Diesen Spielraum konnte die Gemeinde innerhalb gewisser Grenzen nutzen. Die bischöfliche Entscheidung kam dem Rat zwar entgegen, bestätigte jedoch faktisch eher die Laufner Praxis, Schwörtag und Frevelgericht am selben Tag abzuhalten.¹⁶²

Besonders deutlich werden die gemeindlichen Handlungsspielräume, wenn man sich die zeitliche Dimension vor Augen führt. Das Frevelgericht fand während neun Jahren mehrmals nicht statt, ohne dass sich die Obrigkeit äusserte. Ein zweites Beispiel: Seit 1746 versuchte Stadtmeier Kern den Rat zur Einführung eines ständigen Baumeisteramtes zu bewegen.¹⁶³ Im selben Jahr informierte er den Bischof über sein Vorhaben.¹⁶⁴ 1754 entschlossen sich die Räte, nachdem sie Kerns Vorschlag 1749 erneut abgelehnt hatten, zur Wahl eines für sechs Jahre gewählten Baumeisters, ohne dass sich der Bischof zum Thema geäussert hatte.¹⁶⁵ Vier Jahre später bat Kern den Bischof um die Ratifizierung des Baumeisteramts, damit der Amtsinhaber sein Amt unangefochten ausüben konnte. Die Einführung des ständigen Baumeisteramtes legitimierte er gegenüber dem Bischof mit seinem Bemühen, dem bischöflichen Willen Nachachtung zu verschaffen.¹⁶⁶ Kern schaltete den Bischof also ein, weil die Amtsausübung des Baumeisters durch Anfechtungen behindert wurde, die der Meier nicht allein zu beseitigen in der Lage war. Das Muster, die Obrigkeit nur im Konfliktfall einzuschalten, zeigt sich auch insofern, als weder der Meier noch die Räte mit dem Funktionieren des Amtes zufrieden waren. Die Wahl eines ständigen Baumeisters führte noch lange nicht selbstverständlich dazu, dass in der Stadt einer besseren Ordnung herrschte. 1760 erteilte der Bischof dem Amt seinen Segen.¹⁶⁷

---

161 AAEB, B 234/12, 23.1.1760, S. 799–801.
162 AAEB, B 234/12, 17.8.1759, S. 787–789; ausführlich: vgl. Kap. 8.
163 AAEB, B 234/12, 30.1.1746, S. 733 ff.
164 AAEB, B 234/1, 23.11.1746, S. 41–50.
165 StadtBALaufen, Nr. 44, 29.6.1749, S. 12; ebd., 25.1.1754, S. 3 ff.
166 AAEB, B 234/12, 20.6.1758, S. 675–689.
167 AAEB, B 234/12, 7.2.1760, S. 807–829; ausführlich: vgl. Kap. 8.

SCHLUSSBETRACHTUNGEN

Die vorliegende Arbeit stellte sich eingangs die Aufgabe, eine landesherrliche Stadt aus unterschiedlichen Perspektiven zu beleuchten. Im Zentrum steht die differenzierte Betrachtung der kleinstädtischen Gesellschaft und ihrer kommunalen Organisation.

1295 erteilte der Basler Fürstbischof Laufen aus territorialpolitischen Erwägungen das Stadtrecht. Als es dem Bischof in der zweiten Hälfte des 15. Jahrhunderts schliesslich gelang, im Laufental ein geschlossenes Territorium zu erwerben und die Vogtei Zwingen zu konstituieren, wurde nicht die Stadt, sondern das Dorf Zwingen Vogteisitz und herrschaftliches Zentrum. Laufen konnte seine städtischen Privilegien zwar behalten, jedoch nicht ausbauen. Neben der Stadt, die als Sitz des Amtsgerichtes Laufen über nur beschränkte herrschaftliche Zentralität verfügte, schuf der Bischof einen zweiten, hierarchisch höher gestellten Punkt georteter Herrschaft. Seit mittelalterlicher Zeit besass Laufen zudem zentralörtliche Funktionen im kirchlichen und ökonomischen Bereich.

Sozioökonomische Strukturen

Während der Frühen Neuzeit hatte Laufen immer weniger als 1000 Einwohnerinnen und Einwohner. Die Stadt gehörte demnach zu der im Reich am weitest verbreiteten Form städtischen Lebens. Im regionalen Vergleich mit anderen Kleinstädten war Laufen mittelgross. Die Bevölkerungsentwicklung der Stadt lässt sich anhand von neun Teil- und Volkszählungen aus den Jahren 1586 bis 1786 nachzeichnen. Das Bevölkerungswachstum verlief nicht gleichmässig, sondern wurde im 16. und frühen 17. Jahrhundert mehrmals durch Pestepidemien, Missernten auslösende Klimakrisen und Fluchtbewegungen infolge von kriegerischen Ereignissen unterbrochen, woraus im ersten Drittel des 17. Jahrhunderts eine Schrumpfung der Bevölkerung resultierte. Nach der Krise um 1630 wuchs die Bevölkerung bis zum Ende des 17. Jahrhunderts an, zunächst langsam, nach der Jahrhundertmitte wohl schneller. Gegen Ende des 17. Jahrhunderts flachte das Wachstum zu einer Stagnation ab. Im ersten Viertel des 18. Jahrhunderts nahm die Bevölkerungszahl mit 13.3 Promille sehr stark zu, ging danach zurück, stagnierte um die Jahrhundertmitte und brach 1770/71 ein. Die Erholung setzte erst gegen Ende des 18. Jahrhunderts wieder ein. Auffallendstes Merkmal der Bevölkerungsentwicklung Laufens ist, dass die Stadt im 18. Jahrhundert kein rasantes Wachstum erlebte. Bereits in der Wachstumsphase des ersten Jahrhundertviertels machten sich Knappheitssymptome bemerkbar und seit der Jahrhundertmitte häuften sich die Hinweise für einen ökonomischen Niedergang der Stadt.

Die Vorratszählungen von 1698 und 1771 geben den Blick frei auf den Haushalt, die zentrale Lebens- und Wirtschaftsgemeinschaft der Frühen Neuzeit. Durchschnittlich lebten 1698 4.7 Personen in einem städtischen Haushalt, 1771 waren es – möglicherweise krisenbedingt – nur 4.1 Personen. Fast die Hälfte (49.1 Prozent) aller Laufnerinnen und Laufner lebten 1698 in Haushalten von sechs und mehr Personen (340 Personen), 1771 waren es noch 45 Prozent (354 Personen). Kaum verändert hat sich der Anteil jener Menschen, die in Haushalten von drei bis fünf Personen zusammenlebten (1698: 46.4 Prozent, 1771: 43.9 Prozent). In kleinen Haushalten von einer bis zwei Personen wohnten 1698 4.4 Prozent der Bevölkerung, 1771 waren es fast elf Prozent. Diese Zunahme ist auffallend. Bei der überwiegenden Mehrheit der Alleinlebenden handelt es sich um Frauen. Der Anteil der weiblichen Haushaltsvorstände nahm zu: 1698 waren 16 von 148 Haushaltsvorständen Frauen (10.8 Prozent), 1771 waren es bereits 29 von 192 (15.1 Prozent), 1630 waren es noch neun Prozent gewesen. Über die Zusammensetzung der Haushalte lassen sich quellenbedingt keine systematischen Aussagen machen. Fest steht jedoch, dass nur eine sehr kleine Zahl von Haushalten Dienstbotinnen und Dienstboten beschäftigten (1797: sieben Haushalte, 3.6 Prozent). Vermutlich herrschte in Laufen die Kernfamilie vor.

Laufen war eine Ackerbürgerstadt. Neben dem Handwerk, in dem die Bedarfsgewerbe dominierten, kam der Landwirtschaft eine zentrale Bedeutung in der städtischen Wirtschaft zu. Im späten 17. Jahrhundert betrieben etwa zwei Drittel der Bevölkerung Ackerbau, rund die Hälfte besass zudem Grossvieh. Allerdings konnte nur eine Minderheit der städtischen Einwohnerschaft von der Landwirtschaft alleine leben. 23 Prozent der städtischen Haushalte besassen am Ende des 17. Jahrhunderts über vier Hektaren Land, was im Durchschnitt zur Versorgung ausreichte. Bis zum Ende des 18. Jahrhunderts ging der Anteil der selbstversorgenden Betriebe mit grosser Wahrscheinlichkeit zurück, denn nur noch 14 Prozent der Haushaltsvorstände bezeichneten sich 1797 als Bauern. Rund drei Viertel der städtischen Haushalte waren schon am Ende des 17. Jahrhunderts ganz oder teilweise auf Erwerb ausserhalb der Landwirtschaft angewiesen. Ein grosser, quantitativ jedoch nicht festzumachender Teil der städtischen Bevölkerung lebte von einem Mischerwerb.

Rund die Hälfte der Laufner Haushaltsvorstände waren in der Frühen Neuzeit Handwerker. Ein Teil von ihnen betrieb als Nebenerwerb Landwirtschaft, denn 1630 besassen vierzig Prozent der Handwerker Vieh. Das Spektrum der belegten Handwerksberufe veränderte sich in den knapp zweihundert von den Quellen abgedeckten Jahren nur unwesentlich. Am Ende des 18. Jahrhunderts zeigt sich jedoch überaus deutlich, dass die zünftisch organisierten Handwerke des Sektors Bekleidung, Textil, Schuhe durchwegs stark besetzt waren. Zahlreich waren auch die Bedarfshandwerker des Bereichs Bau und Ausrüstung. Händler, die vermögend waren wie Kaufleute, gab es in Laufen meines Wissens nicht.

Über die Hälfte der städtischen Bevölkerung lässt sich am Ende des 17. Jahrhunderts der Unterschicht zurechnen, etwa zehn Prozent der Oberschicht, die Mittelschicht machte allerhöchstens dreissig Prozent aus. Laufen präsentiert sich als eher armes Städtchen, dessen Wirtschaft in den traditionellen Bahnen des Handwerks und der Dreizelgenwirtschaft verhaftet blieb. Nennenswerte Industriebetriebe entwickelten sich auch in der zweiten Hälfte des 18. Jahrhunderts nicht.

Von der nur kurzlebigen Zunft der Maurer, Steinmetze, Zimmerleute und Weber von 1601 abgesehen, entstanden die Laufner Zünfte erst im 18. Jahrhundert. Zünftisch organisiert waren die Schuhmacher, Leinenweber und Schneider, Strumpfstricker und Wollweber, Schreiner, Schlosser und Glaser sowie die Bäcker; bei ihnen handelt es sich fast durchwegs um gut oder sogar übermässig vertretene Handwerke. Die Zunftgründungen lassen sich als Krisenphänomen interpretieren. Das Bevölkerungswachstum im ersten Viertel des 18. Jahrhunderts führte dazu, dass immer mehr Handwerker auf den Markt drängten. Die Konkurrenz nahm zu. Den Wunsch nach der Errichtung einer Zunft begründeten die Handwerker mit dem Bedürfnis nach Anerkennung durch andere Zünfte auf der Wanderschaft und auf dem Markt. Ihre Argumentation macht deutlich, dass sie zunehmend Schwierigkeiten hatten, in der Stadt und ihrer Umgebung Arbeit zu finden. Viele Handwerker waren gezwungen, nach einer neuen Existenzgrundlage in benachbarten Gebieten zu suchen. Dabei konnte eine zünftisch anerkannte Ausbildung hilfreich sein. Die Zünfte versuchten, ihren Anteil am Markt zu behaupten. Durch selbst auferlegte Beschränkungen – die Verlängerung der Ausbildung, die Erhöhung des Lehrgeldes und die Verpflichtung zur Wanderschaft – wirkten sie auf das Angebot ein. Von der Regulierung des Handels erhofften sie sich, die Konkurrenten in Schach zu halten.

Auch in Laufen liessen sich die auseinander strebenden Interessen von Zunfthandwerkern, Händlern, Konsumenten und städtischen Behörden nur noch beschränkt miteinander vereinbaren. Den Handwerkern gelang es je länger desto weniger, die Konkurrenz der Händler und Hausierer auszuschalten. Letztere waren aus dem Wirtschaftsleben der Vogtei nicht wegzudenken, da sie das Bedürfnis von Kundinnen und Kunden nach vielfältigen, qualitativ guten und günstigen Produkten eher befriedigen konnten als die Handwerker. Zudem belieferten Hausierer die Kundschaft zu Hause und verlangten, anders als auf dem Markt, keine Barzahlung, was der ländlichen Bevölkerung, die nur saisonal über Bargeld verfügte, entgegenkam. Im Konflikt zwischen Leinenwebern und Krämern entschied der Bischof 1764 zwar, die Zunft bestehen zu lassen, er wies sie jedoch in die Schranken, in dem er den Bürgern den Handel innerhalb und ausserhalb der Jahrmärkte erlaubte. Damit war ein deutliches Signal gesetzt. Andere Interessengruppen konnten am Markt ihren Einfluss zunehmend geltend machen. Das zünftische System zeigte deutliche Risse.

Als sich die Laufner Leinenweber 1760 über die Konkurrenz jüdischer Händler beschwerten, lebten keine Jüdinnen und Juden mehr im Fürstbistum. Siebzig Jahre vorher war das noch anders gewesen: Die jüdischen Siedlungen, die im späten 16. und 17. Jahrhundert in den deutschen Ämtern des Fürstbistums Basel bestanden, waren mehrheitlich sehr kurzlebig. Etwas langlebiger waren sie einzig in Arlesheim (1581–1612 sowie um 1665 und 1678) und Allschwil (1567–1612 sowie zweite Hälfte des 17. Jahrhunderts), wo vorübergehend eine eigentliche Landjudengemeinde existierte. Aus dem Wirtschaftsleben waren die Juden jedoch nicht wegzudenken. Das zeigen die Bestimmungen, die der Bischof anlässlich der Vertreibung aus Allschwil, Oberwil und Schönenbuch erliess, mit aller Deutlichkeit: Er gestattete den Juden explizit weiterhin an den Jahrmärkten teilzunehmen. Gegen Ende des 18. Jahrhunderts rückte das Fürstbistum zugunsten der Patentierung von der Reglementierung der Handelstätigkeit von Juden ab. Mit der Vergabe von Handelspatenten vereinfachte der Bischof die Kontrolle und äufnete zudem eine neue Einnahmequelle. Die Beschwerden, die Weber und Krämer in der zweiten Hälfte des 18. Jahrhunderts gegen die Juden führten, verweisen darauf, dass letztere als Hausierer in der Vogtei tätig waren.

Kommunale Organisation

Die frühneuzeitliche Stadtgeschichtsforschung hat herausgearbeitet, dass sich die Stadt durch die Entwicklung des frühmodernen Staates entscheidend verändert hat. Die Städte verloren an Autonomie; selbst die innere Verwaltung gelangte unter Staatsaufsicht. Diese Entwicklung ging jedoch nicht gradlinig und ungebrochen vor sich. Im städtischen Widerstand gegen die Integration in den Territorialstaat und für die Bewahrung kommunaler Selbstverwaltung zeigen sich gegenläufige Tendenzen. Mich interessierte, welche Auswirkungen dieser Prozess in einer Kleinstadt hatte, die durch den sich verdichtenden Zentralstaat nur wenige Privilegien zu verlieren hatte, jedoch entschieden für deren Erhaltung eintrat. Mein Hauptaugenmerk richtete ich dabei auf die Wirkung und Praxis von Herrschaft im Alltag und vor Ort, also weniger auf den fürstlichen Zentralstaat oder die intermediäre Ebene der Vogtei, als auf die Herrschaftsverhältnisse in der Stadt selbst. Herrschaft sehe ich nicht als dichotomes Verhältnis, in dem «die da oben» der übrigen Bevölkerung gegenüberstehen, sondern als vielfältiges Beziehungsgeflecht, in das Menschen auf unterschiedlichen Ebenen und in unterschiedlicher Weise eingebunden sind. Sie treten als Herrschende und Beherrschte mit eigenen Handlungssphären und Wertorientierungen auf; ihre Beziehung konstituiert sich als ständiger Prozess von Kommunikation und Interaktion. Dieses Verständnis ermöglichte es, die Gemeinde nicht als monolithischen Block zu sehen und die Amtsverhältnisse in den Blick zu nehmen.

Ausgangspunkt der Überlegungen zu den Herrschaftsverhältnissen war die Beschreibung der kommunalen Institutionen Laufens. Facettenreich dokumentiert ist besonders das Meieramt. Die dichte Überlieferung ermöglichte einerseits, dem Wandel des Meieramtes zwischen 1500 und 1800 anhand der Bestallungen, die ich als quasi normative Quellen in ihrem Kontext untersucht habe, nachzugehen, andererseits die Biografie einzelner Meier zu rekonstruieren. So lassen sich Veränderungen sichtbar machen, die in gewisser Weise gegenläufig und gebrochen sind. Und es zeigt sich, in welcher Weise sich Konfliktlinien und Herrschaftszusammenhänge im Alltag und in den Lebensläufen dieser Amtsträger spiegeln. Besonders gilt dies für Nikolaus Kern, Stadtmeier von 1744 bis 1777. Die aussergewöhnliche Quellenlage aus seiner Amtszeit ermöglichte es, die Perspektive zu öffnen und mikrogeschichtliche Fragestellungen zu beleuchten. Dass kein anderer Meier so gut fassbar ist, hängt zum einen mit Kerns langer Amtszeit zusammen, zum andern jedoch mit der Tatsache, dass er gleichzeitig das Landschreiberamt in der Vogtei Zwingen bekleidete und dadurch von Amtes wegen Akten produzierte. Dabei nützte er die Gelegenheit, immer wieder auch in eigener Sache aktiv zu werden.

Als hilfreiches Werkzeug erwies sich das Modell des Kommunalismus. Unter dem Begriff Kommunalismus ist die Tatsache zu verstehen, dass Dörfer und Städte gemeinsame institutionelle, gesellschaftliche und normative Ausprägungen besitzen. Zu den Institutionen gehören die Gemeindeversammlung, eine kollegial organisierte Verwaltungsbehörde wie der Rat und das Gericht. An der Spitze der Gemeinde steht auf dem Land der Ammann und in der Stadt der Bürgermeister. Auf den ersten Blick ordnet sich Laufen gut ins Modell ein. Bei genauerem Hinsehen stellt sich der Laufner Befund jedoch als bedeutend komplexer dar. Was im Modell nach einer klaren Architektur aussieht, war in Laufen gekennzeichnet durch institutionelle, personelle und räumliche Überschneidungen. Der Meier, der an der Spitze der Gemeinde stand, war bis ins frühe 17. Jahrhundert für gewöhnlich gleichzeitig Ratsherr. Bei seiner Wahl zum Meier wurde sein Ratsmandat, soweit sich dies überprüfen lässt, nicht neu besetzt. Mehrfach bekleideten fürstliche Beamte (Schaffner, Landschreiber, Landvogt) gleichzeitig das Meieramt, woraus für die Stadt nicht unproblematische Verflechtungen mit der Vogtei Zwingen resultierten. Neben dem an der Spitze der Gemeinde stehenden Meier gab es sicher seit dem 16. Jahrhundert den aus dem Rat stammenden Bürgermeister. Er wurde bis in die Mitte des 18. Jahrhunderts nach dem Anciennitätsprinzip bestimmt. Die Quellenbasis in Laufen lässt keine Aussagen darüber zu, wie die Doppelung der Gemeindespitze zu interpretieren ist. Handelt es sich um eine gewachsene Funktionsteilung oder um eine gemeindliche Reaktion auf die absolutistische Vereinnahmung des Meiers?

Bemerkenswert ist in Laufen die Tatsache, dass der Rat ganz städtisch war, die Gemeindeversammlung und das Geschworenengremium hingegen Stadt und Vorstadt umfassten. Die Vorstadt, im letzten Drittel des 15. Jahrhunderts erstmals urkundlich erwähnt, stellte keinen vor der Stadt liegenden Teil der Stadt und keine Stadterweiterung, sondern eine eigenständige Gemeinde dar, die mit Sicherheit seit dem späten 17. Jahrhundert einen eigenen Meier hatte, den Vorstadtmeier. Die Vorstadt gehörte seit 1532 nicht zum städtischen Gerichtskreis, also zum Amt Laufen, sondern zum Amt Zwingen. Während der Umstand, dass Stadt und Vorstadt eine gemeinsame Flur bewirtschafteten, zur Kooperation zwang, führte die Tatsache, dass die Stadt von den Vorstadtbürgern Frondienste verlangen konnte, zu Spannungen.

In den Rat wählbar waren im 18. Jahrhundert nur Mitglieder des Gerichts. Der Rat schickte jedoch auch Vertreter ins Gericht. Im Weiteren entsandte der Rat eines seiner Mitglieder ins Geschworenengremium. Die Aufgaben der Geschworenen beschränkten sich weitgehend auf landwirtschaftliche Fragen, während dem Rat umfassende Verwaltungs- und Aufsichtspflichten in der Stadt oblagen. Um den Unterhalt der Stadtmauern gewährleisten zu können, verfügte der Rat seit dem Mittelalter über zwei bischöfliche Privilegien, das Monopol des Salzverkaufs und das Recht, das Weinumgeld zu beziehen. Auch bei den verschiedenen gerichtlichen Gremien zeigen sich Überschneidungen, deren detaillierte Untersuchung eine separate Studie erfordern würde.

Komplexer als bei den Geschworenen war die räumliche Zuordnung beim Meier. Der Vertrag von 1532 legte die Grenzen städtischer Herrschaftsrechte fest. In seiner Funktion im Amtsgericht richtete der Stadtmeier in der Stadt und in Liesberg sowie über einen Personenverband – jene, die zum Gericht Laufen gehörten –, der in der Vorstadt, in Röschenz und Wahlen lebte. Beim Meier wie bei den Geschworenen zeigt sich, dass sich Kommunalismus räumlich nicht nur in einer Gemeinde verorten lässt; kommunale Handlungsfelder umfassten unter Umständen mehrere Gemeinden in wechselnder Zusammensetzung.

Untersuchungen von Herrschaftskonflikten zwischen Obrigkeit und Untertanen haben aufgezeigt, dass sich die Handlungsspielräume von Gemeinden seit dem 17. Jahrhundert verglichen mit der ersten Hälfte des 16. Jahrhunderts verringert haben. Unruhen, anhand derer sich diese Entwicklung aufzeigen lässt, gab es auch in der Stadt Laufen. Erinnert sei an den bewaffneten Widerstand des Bauernaufstandes von 1525, die Kontributionsverweigerung von 1630 sowie an Supplikationen als Mittel der Konfliktaustragung (Beschwerden von 1693, 1696 und 1731) oder der gemeindlichen Interessenvertretung (Forderungskatalog anlässlich der Huldigung von 1657). Ausgehend von diesem Ergebnis dehnte ich den Forschungsschwerpunkt auf das 17. und 18. Jahrhundert aus, um Antworten auf die Frage zu erhalten, ob der Kommunalismus in dieser Zeit durch die erstarkende Staatlichkeit bereits soweit zurückgedrängt wurde, dass er sich in Auflösung befand. Dabei galt es zu klären, in welchem Mass die Durchsetzung obrigkeitlicher Normen gelang und inwiefern die Untertanen sie durch ihr Handeln begrenzen konnten. Den Schwerpunkt legte ich auf weniger spektakuläre Formen des Widerstands als auf Unruhen.

Betrachtet man allein die Bestallungen des Meiers, scheint sich das Bild der kommunalen Herabminderung durch die zunehmende Verstaatlichung zu bestätigen. Während der Bischof in den Bestallungen des 16. Jahrhunderts regelte, was der Meier zu tun hatte, legte er seit dem Beginn des 17. Jahrhunderts Wert darauf zu sagen, was sein Amtmann alles nicht durfte. Der Meier verlor an Selbständigkeit und wurde stärker in die Hierarchie der Vogtei eingebunden. Landvogt und Schaffner überwachten sein Tun. Im 18. Jahrhundert setzte sich diese Entwicklung akzentuiert fort. Der Meier wurde zu einem städtischen Kontroll- und Aufsichtsorgan im Dienste des Landvogts und des Fürsten. Mit der Zurückdrängung der meierlichen Rechte gelang es dem Bischof, den Einfluss des Vogtes und der Zentralregierung in der Stadt auszubauen. In einem eigenartigen Kontrast zur Entwicklung des Amtes, das seit dem frühen 17. Jahrhundert von einer Einschränkung der meierlichen Selbständigkeit und einer verstärkten obrigkeitlichen Kontrolle geprägt war, steht die Tatsache, dass es seit der Mitte des 17. Jahrhunderts mehrheitlich nicht von Männern aus der städtischen Bürgerschaft, sondern zweimal von Adligen, im 18. Jahrhundert zweimal von Juristen, 1790 sogar vom adligen Landvogt in Personalunion ausgeübt wurde. Letztes macht aus obrigkeitlicher Optik insofern Sinn, als das Amt dadurch faktisch aufgehoben und in die Landvogtei integriert wurde. Mit der Wahl der beiden Adligen und der beiden Juristen erhöhte sich die Professionalisierung der Amtsausübung. Dass «Verwaltungsprofis» das Amt anstrebten, belegt, dass es trotz beschränkter Entscheidungskompetenzen und geringem Einkommen attraktiv war. Die Attraktivität erklärt sich wohl dadurch, dass die Handlungsspielräume des Meiers in der Praxis zumindest verhandelbar blieben, obwohl die Bestallung seine Kompetenzen beschnitt. Die Unterordnung des Meiers unter den Landvogt war im Alltag lange nicht so augenfällig, wie die Bestallungen vermuten lassen. Demnach blieben kommunale Handlungsspielräume bestehen, auch wenn die fürstliche Absicht zu deren Beschränkung unverkennbar ist.

Im städtischen Bewusstsein war der Meier von nicht zu unterschätzender Bedeutung. Konkreter als im Stadtrecht und seinen zahlreichen Bestätigungen waren die städtischen Privilegien im Vertrag von 1532 formuliert. Der Vertrag schrieb die Ausdehnung der gerichtlich begründeten städtischen Herrschaftsrechte fest; Träger dieser Rechte war der Stadtmeier. Ging es darum, städtische Forderungen abzustützen, zogen die Laufner diesen Vertrag bis ins späte 18. Jahrhundert heran. 1778 und 1790 rekurrierte die Stadt auf die vertraglich festgelegten Rechte des Stadtmeiers und setzte sich für die Erhaltung der städtischen Gerichtsbarkeit ein. Im Engagement für Gerichtsrechte, die der Meier zugunsten des Zwingener Landvogts schon lange eingebüsst hatte und für die Erhaltung kleinster Privilegien zumindest auf dem Papier, spiegelt sich städtische Kultur.

Deshalb nahm die Stadt den Wandel des Meieramtes nicht einfach hin, sondern setzte sich für die Wahrung seiner Rechte und gegen eine Entfremdung des Meieramtes ein. Ersteres zeigt sich besonders deutlich in den «Anmerckungen» von 1778: Sie zielten darauf ab, den Stadtmeier aus der zudienenden Rolle für den Landvogt zu lösen und das Amt wieder in den Dienst der Stadt und der städtischen Gerichtsbarkeit zu stellen. Als Widerstand gegen eine Entfremdung des Meieramtes lassen sich die Konflikte des Rates mit Stadtmeier Kern interpretieren. Nikolaus Kern verstand seine Aufgabe durchaus darin, das städtische Gemeinwesen vor Schädigung zu beschützen. Dabei orientierte er sich jedoch weniger am Kommunalen als an der übergeordneten staatlichen Verwaltung im Dienste des Fürsten. Indem er die kommunalen Institutionen beaufsichtigte, nahm er eine bischöfliche Zielsetzung, die Einschränkung und Kontrolle intermediärer Gewalten, auf. Kerns Haltung in dieser Frage mag erklären, weshalb der Bischof ihn trotz der vielen Konflikte, die auch den Bischof beschäftigten, nicht fallen liess. Die Ratsherren erwarteten, dass der Meier ihre Tätigkeit nicht überwache, sondern schütze. In der meierlichen Kontrolle sahen sie ein Misstrauensvotum, das sie als ehrmindernd empfanden. Seit 1748 widersetzten sich die Ratsherren einer Definition des Meieramtes, die den städtischen Vorstellungen nicht entsprach. Dieses grundverschiedene Verständnis des Meieramtes führte nach Jahren der Entspannung immer wieder zum Aufbrechen des Konflikts. Dass sich der Rat mit der Kontrolle seiner Tätigkeit nicht abfinden konnte, zeigt auch seine Reaktion auf die Beschwerden der Bürgerschaft von 1791.

Welche Rolle dachten die Beteiligten dem Bischof in kommunalen Auseinandersetzungen zu? Die Obrigkeit sah den Meier zunehmend als Informationszuträger im Dienste des Landvogtes und des Bischofs. Sie beabsichtigte damit eine stärkere Unterordnung und Kontrolle auf Gemeindeebene. Auffallend ist allerdings, dass selbst ein Meier, der sich wie Nikolaus Kern explizit als loyaler Fürstendiener definierte, diese Rolle nur unter gewissen Bedingungen spielte. Da der Obrigkeit die Mittel fehlten, den Meier und die Gemeinden zur Kommunikation zu zwingen, blieben kommunale Handlungsspielräume erhalten. Besonders deutlich werden sie, wenn man sich die zeitliche Dimension vor Augen führt. Unter Umständen dauerte es Jahre, bevor die Obrigkeit vom Geschehen in der Stadt erfuhr und dazu Stellung nehmen konnte. Für das 18. Jahrhundert lässt sich belegen, dass der Bischof von Begebenheiten in Laufen erst erfuhr, wenn Konflikte entstanden, die sich nicht mehr innerhalb der kommunalen Institutionen oder innerhalb der Gemeinde lösen liessen; dann wurde die Obrigkeit zu Hilfe gerufen.

Auffallend ist dieses Kommunikationsmuster bei Nikolaus Kern. Es beschränkt sich jedoch nicht auf die kommunalen Amtsträger; auch beim Landvogt lässt es sich nachweisen. Die fürstbischöflichen Landvögte hatten im Vergleich etwa zu ihren solothurnischen Amtskollegen recht weitreichende Entscheidungskompetenzen; ihre Aufgabe beschränkte sich nicht auf die Umsetzung obrigkeitlicher Verordnungen. Wandte sich der Vogt an den Bischof, liegt der Schluss nahe, er habe sich mit seiner Entscheidung nicht durchsetzen können. Verdeutlichen lässt sich dies in der Auseinandersetzung mit einem kommunalen Amtsträger: Stadtmeier Cueni beanspruchte 1778 den Vorsitz bei Verhörtagen und verlangte, Schreiben des Landvogtes, die Laufen betrafen, ebenfalls unterschreiben zu dürfen. Landvogt von Blarer lehnte das Ansinnen Cuenis ab. Wäre von Blarer in der Lage gewesen, seinen Entscheid allein durchzusetzen, hätte kein Grund bestanden, sich an den Bischof zu wenden. Dieses Muster lässt sich auch in Konflikten mit Untertanen nachweisen. 1781 forderte der Vogt die städtischen Schneider- und Webermeister auf, einen Beisitzer aus den Reihen der Meister vom Land zu wählen. Als sich die Stadtmeister weigerten, der Aufforderung Folge zu leisten, wandte sich der Landvogt mit der Bitte an den Bischof, seine Entscheidung zu stützen.

Trotz der bischöflichen Zentralisierungsbemühungen blieben gemeindliche Handlungsspielräume bestehen. Der städtische Widerstand gegen die obrigkeitliche Vereinnahmung belegt, dass von einem generellen Niedergang des Kommunalismus nicht die Rede sein kann. In dieselbe Richtung weist ein zentrales Ergebnis der vorliegenden Arbeit, nämlich die Tatsache, dass nicht alle Herrschaftskonflikte Unruhen (im Sinne von Konflikten zwischen Obrigkeit und Untertanen) waren. Konflikte um die Wahrung kommunaler Handlungsspielräume und städtischer Rechte – Konflikte also, die für den Kommunalismus von grosser Bedeutung sind – spielten sich im 18. Jahrhundert in Laufen innerhalb der kommunalen Institutionen (zwischen Meier und Rat) und innerhalb der Gemeinde (zwischen Bürgerschaft und Rat) ab. Diese Konflikte verbieten eine harmonisierende Sicht des Kommunalismus. Der herrschaftlichen Durchdringung waren aus Gründen der praktischen Durchführbarkeit und durch das Handeln kommunaler Amtsträger, die sich für die überkommenen Rechte ihrer Gemeinden und für ihre eigenen Kompetenzen einsetzten, enge Grenzen gesetzt. Zudem präsentiert sich das Erstarken des bischöflichen Zentralstaates in einem anderen Licht, wenn man nach den Akteuren dieser Ebene fragt. Ratsherr und Bürgermeister Franz Joseph Cueni als Hofkammerrat und Stadtmeier Nikolaus Kern als Hofrat stellen zwei Beispiele dar für die Mitwirkung kommunaler Amtsträger in der bischöflichen Zentrale in Pruntrut.

ANHANG

Biografische Daten der Laufner Meier

Um den Haupttext zu entlasten, finden sich hier biografische Angaben zu denjenigen Meiern, über die prosopografische Informationen überliefert sind.

Bartholomäus Frey

war mit Lucia Gruenin verheiratet. Am 6. August 1589 brachten sie den Sohn Johann Jacob zur Taufe. – Zwischen 1603 und 1614 liess Bartholomäus Frey zusammen mit Anna Newerli, die er am 3. Februar 1602 geehelicht hatte, drei Kinder taufen. Anna Newerli starb am 2. Juni 1614. Am 29. Juli 1619 heiratete Frey Barbara Müller aus Oltingen. Das Paar hatte zwischen 1619 und 1625 vier Kinder. Da Bartholomäus Frey hier – anders als bei der Geburt des ersten Sohnes – nie als Meier bezeichnet wurde, lässt sich nicht mit Sicherheit sagen, ob es sich um ein und dieselbe Person handelt. – Frey starb am 27. September 1627.[1] Amtszeit: 1584–1627.

Niklaus Rym

starb am 14. Januar 1636 im Exil in Erschwil SO.[2] Amtszeit: 1627–1636.

Simon Übel

stammte aus Pfaffstetten in Österreich. Am 21. November 1633 heiratete er die Laufner Witwe Catharina Gsellin.[3] 1657 betrieb sie, erneut zu Witwe geworden, in Laufen ein Wirtshaus.[4] Übel starb vor Mitte November 1656.[5] Amtszeit: 1636–1656.

Johann Hartmann von Hertenstein

wurde am 8. August 1617 als Sohn von Veronika Rinck von Baldenstein, der Schwester des Bischofs Wilhelm Rinck von Baldenstein, und Jakob von Hertenstein, von 1607–1636 Landvogt von Zwingen, in Laufen getauft. Verheiratet war er seit dem 21. November 1645 mit Jacobea Pfirt (gestorben am 4. Juli 1691). Das Paar hatte vier Kinder, die Tochter Maria Franziska (getauft am 11. März 1647) und drei Söhne. Maria Franziska heiratete 1679 den Solothurner Bürger Franz Athanasius

---

1   StABL, Kirchenbücher Laufen 1; AAEB, B 137/30, 2.11.1627, S. 23.
2   StABL, Kirchenbücher Laufen 1.
3   StABL, Kirchenbücher Laufen 1.
4   AAEB, B 234/1, 12.9.1657, S. 361.
5   Am 17.11.1656 wurde seinem Nachfolger im Amt die Stadtmühle verliehen, StadtBALaufen, Urk. Nr. 47. Aufgrund einer Verzeichnungslücke im Kirchenbuch Laufen 1 ist das genaue Sterbedatum nicht bekannt.

von Staal (vgl. unten). Die Heirat des Paares erforderte einen Dispens. Bereits eine Generation vorher hatten sich die beiden Familien miteinander verbunden: Johann Hartmann von Hertensteins Schwester Maria Franziska (getauft am 22. August 1619) war mit Johann Jacob von Staal verheiratet gewesen. Sie war demnach die Tante sowohl von Franz Athanasius von Staal als auch von dessen Braut Maria Franziska, die deren Namen trug.[6] Von Hertenstein starb am 26. Dezember 1685.[7] Amtszeit: 1656–1686.

Franz Athanasius von Staal

wurde um 1650 geboren. Wenn die Angaben des HBLS stimmen, war Franz Athanasius von Staal der Sohn von Viktor von Staal, Vogt von Falkenstein (1591–1672).[8] 1678 war von Staal Leutnant im österreichischen Heer. Anders als in Solothurn üblich orientierte sich die Familie von Staal nicht nach Frankreich, sondern nach Deutschland.[9]

1679 verehelichte er sich mit Maria Franziska von Hertenstein (vgl. oben). Das Paar hatte zwischen 1680 und 1684 zwei Söhne und eine Tochter. Der zweite Sohn Conrad Markus Antonius (geboren 1682) war Chorherr in Moutier-Granval und bewohnte in Laufen den von Staalischen Hof, die heutige Bezirksschreiberei.[10] Die Tochter Maria Catharina Veronika (getauft am 16. April 1684) verheiratete sich am 12. Januar 1712 in Laufen mit dem Solothurner Ratsherrn Urs Joseph von Vespenleder.[11] Von Staal starb am 9. September 1721 im 71. Altersjahr. Amtszeit: 1686–1721.

Niklaus Fenninger

war Laufner Bürger. Er verheiratete sich am 16. Juli 1705 mit Maria Anna Bröklin aus Säckingen. Zwischen 1706 und 1731 gebar sie 17 Kinder, sieben Töchter und zehn Söhne. Drei Töchter hiessen Maria Catharina, woraus sich schliessen lässt, dass das Paar wiederholt Kinder im Säuglingsalter zu Grabe trug. Fünf Knaben wurden auf den Namen Franziskus und einen unter-

---

6 StABL, Kirchenbücher Laufen 1. Zur Beschreibung von Verwandtschaft in der Frühen Neuzeit, vgl. Sabean 1986, S, 197: Die Bezeichnungen geben «Linien» wieder: Man ist nicht Cousin oder Cousine, sondern ein Geschwisterkind.
7 StadtBALaufen, Nr. 4, S. 17v; StABL, Kirchenbuch Laufen 1.
8 HLS, Art. Staal. Franz Athanasius wurde um 1650 geboren, sein Vater wäre also bereits relativ alt gewesen, möglich ist es jedoch. Hans Jakob von Staal, der sich in dritter Ehe mit Maria Franziska von Hertenstein verheiratet hatte, war der Bruder seines Vaters.
9 Amiet / Sigrist 1976, S. 596, 685.
10 AAEB, B 228/51, 1753. Zum Zeitpunkt der Beschreibung war Chorherr von Staal bereits tot. Bosshart-Pfluger (1983, S. 293) nennt 1752 als Todesjahr, das HBLS (Art. Staal) 1751.
11 StABL, Kirchenbücher Laufen 2.

schiedlichen zweiten Namen getauft; drei Knaben auf den Namen Johannes und einen zweiten Namen.[12] Fenninger starb am 7. Mai 1743.[13] Amtszeit: 1721–1743.

Nikolaus Kern

geboren um 1697 in Horb, Grafschaft Hohenberg (Oberösterreich), war mit Anna Catharina Metzgerin verheiratet. Das Paar hatte zwischen 1733 und 1737 drei Kinder; zwei Töchter und einen Sohn. Die beiden Töchter starben im Säuglingsalter. Der Sohn, Judas Thadäus Nikolaus Anton Kern, getauft am 30. Dezember 1737, wurde 1771 Laufner Bürger.[14]

Nikolaus Kern starb am 6. Oktober 1777 und wurde neben seiner Frau, die am 18. Mai 1775 gestorben war, vor dem Fridolinsaltar in der Laufner Katharinenkapelle bestattet.[15] Amtszeit: 1744–1777.

Franz Joseph Cueni

geboren am 1. Juni 1739, als Sohn von Franz Joseph Cueni[16] und Maria Ursula Nussbaumer.[17] Die Ehe der Eltern wurde am 12. November 1736 geschlossen, beide Eheleute stammten aus Laufen.[18] Er hatte eine ältere Schwester und acht jüngere Geschwister, von denen einige vermutlich als Kleinkinder starben.[19] Cueni scheint

---

12 StABL, Kirchenbücher Laufen 2. Keines dieser Kinder wird als verstorben verzeichnet. Ich halte es für wahrscheinlich, dass verstorbene Kleinkinder nicht aufgezeichnet wurden. (Zur unvollständigen Registrierung verstorbener Säuglinge und Kleinkinder, vgl. Mattmüller 1987, Bd. 1, S. 43, 108.) Auch bei den Geschwistern des späteren Stadtmeiers Cueni gibt es Hinweise, dass einige als Säuglinge verstorben sind, ohne dass sich ein Eintrag im Sterbebuch findet, vgl. unten. Die in den ersten Monaten verstorbenen Kinder von Landvogt Roggenbach und seiner Frau Antonia von Andlau sind im Taufbuch verzeichnet, wo der Pfarrer auch ihr Todesdatum festhielt.
13 AAEB, B 137/30, S. 113.
14 AAEB, B 234/3, 7.11.1771, S. 285.
15 StABL, Kirchenbücher Laufen 2. Zur Biografie Stadtmeier Kerns, vgl. Kap. 9.
16 Cueni wurde am 28.9.1713 vermutlich nur auf den Namen Josephus getauft. Aufgrund einer anderen Quelle lässt sich schliessen, dass Cueni um 1714 geboren sein muss. Einen anderen passenden Eintrag gibt es im Taufbuch nicht. Seine Eltern waren Ratsherr Johann Jacob Cueni (gestorben am 17.1.1742) und Anna Maria Knaussin. StABL, Kirchenbuch Laufen 2.
17 Maria Ursula Nussbaumer wurde am 3.1.1714 getauft. Ihre Eltern waren Johann Georg Nussbaumer und Maria Ursula Müllerin, StABL, Kirchenbuch Laufen 2.
18 StABL, Kirchenbücher Laufen 2.
19 StABL, Kirchenbücher Laufen 2. Zwei seiner Brüder hiessen Franz Conrad, der jüngere der beiden wurde im Taufbuch als verstorben eingetragen. Es ist davon auszugehen, dass der ältere bereits früher verstorben war, weshalb der Name erneut vergeben werden konnte. Im Sterbebuch ist keines der Kinder festgehalten. Zur möglichen Unterregistrierung verstorbener Säuglinge, vgl. oben Anm. 12.

ledig geblieben zu sein.[20] Ein Todesdatum um 1790 ist im Laufner Kirchenbuch nicht verzeichnet.[21] Amtszeit: 1778 – ca. 1790.

Franz Joseph Wilhelm von Blarer

wurde 1744 als Sohn des Landvogtes von Pfeffingen, Franz Jacob Anton von Blarer, und Maria Josefa von Roll von Bernau geboren. Verheiratet war er seit 1769 mit Maria Anna Franziska Reich von Reichenstein. Ihre Ehe blieb kinderlos. Von Blarer starb 1808.[22] Amtszeit: ca. 1790 –1792.

---

20 Zumindest ist im Laufner Kirchenbuch weder eine Ehe, noch die Geburt von Kindern festgehalten.
21 Am 10.5.1789 starb Josephus Cueni, Hofkammerrat und Einnehmer in Zwingen, also Stadtmeier Cuenis Vater.
22 Diese Angaben verdanke ich Daniel Hagmann.

Masse und Gewichte, Münzen

Landmasse[1]
1 Jucharte (franz. Journal) = 0,316 ha

Längenmasse[2]
1 Elle = 56,22 cm

Getreidemasse[3]
1 Sester = 16,96 Liter

Flüssigkeitsmasse[4]
1 Mass = 1,47 Liter
1 Saum = 3 Ohm = 4 Eimer = 96 Mass

Kubikmasse[5]
1 Klafter Holz = 4,1 Kubikmeter

Münzen[6]
1 Pfund (lb.) = 20 Schilling (ß) = 240 Pfennig (d.)
1 Schilling = 12 Pfennig
1 Pfund = 12 Batzen
1 Batzen = 20 Pfennig
1 Gulden (fl.) = 15 Batzen = 60 Kreuzer = 1¼ Pfund = 25 Schilling
1 Louis d'Or = 1 Dublone = 160 Batzen = 13½ Pfund
1 französischer Neutaler = 40 Batzen = 3⅓ Pfund

---

1 Dubler 1975, S. 28. Vgl. auch Tables de Réduction des anciennes mesures en nouvelles et des nouvelles en anciennes, Calculées pour le Département du Haut-Rhin par François Français, Strasbourg, An X, p. 96.
2 Dubler 1975, S. 18f.
3 Dubler 1975, S. 37.
4 Dubler 1975, S. 44.
5 Nah dran, weit weg. Geschichte des Kantons Basel-Landschaft, Bd. 3, Liestal 2001, S. 218.
6 Abplanalp 1971, S. 20; Nah dran, weit weg. Geschichte des Kantons Basel-Landschaft, Bd. 3, Liestal 2001, S. 219; Körner et al. 2001, S. 177ff.

Bibliografie

Abkürzungen

AA	= Altes Archiv
AAEB	= Archives de l'ancien Evêché de Bâle, Porrentruy
AGGS	= Allgemeine geschichtsforschende Gesellschaft der Schweiz
GG	= Geschichte und Gesellschaft. Zeitschrift für Historische Sozialwissenschaft
GGr	= Geschichtliche Grundbegriffe
Grimm	= Deutsches Wörterbuch von Jacob Grimm und Wilhelm Grimm
HBLS	= Historisch-biographisches Lexikon der Schweiz
HLS	= Historisches Lexikon der Schweiz
HRG	= Handwörterbuch zur deutschen Rechtsgeschichte
HS	= Helvetia Sacra
Id.	= Schweizerisches Idiotikon
JsolG	= Jahrbuch für solothurnische Geschichte
LexMA	= Lexikon des Mittelalters
RQ	= Schnell, Johannes: Rechtsquellen von Basel
StABE	= Staatsarchiv des Kantons Bern, Bern
StABL	= Staatsarchiv des Kantons Basel-Landschaft, Liestal
StABS	= Staatsarchiv des Kantons Basel-Stadt, Basel
StASO	= Staatsarchiv des Kantons Solothurn, Solothurn
StadtBALaufen	= Stadtburgerarchiv Laufen, Laufen
SUB	= Solothurner Urkundenbuch
SZG	= Schweizerische Zeitschrift für Geschichte
Urk.	= Urkunde
VA	= Archiv der ehemaligen fürstbischöflichen Obervogtei Zwingen
VSWG	= Vierteljahrschrift für Sozial- und Wirtschaftsgeschichte
ZFH	= Zeitschrift für historische Forschung
ZGO	= Zeitschrift für die Geschichte des Oberrheins

Gedruckte Quellen

Schnell, Johannes: Rechtsquellen von Basel. Stadt und Land, 2 Bde., Basel 1865.

Solothurner Urkundenbuch, Bd. 1, 762–1245, bearbeitet von Ambros Kocher, hrsg. vom Regierungsrat des Kantons Solothurn, Solothurn 1952.

Trouillat, J.: Monuments de l'histoire de l'ancien Evêché de Bâle, 5 Bde., Porrentruy 1852–1867.

Urkundenbuch der Stadt Basel, Bd. 5, bearbeitet von Rudolf Wackernagel und Rudolf Thommen, Basel 1900.

Ungedruckte Quellen

Archives de l'ancien Evêché de Bâle (AAEB)

A 13 Basileensis Ecclesia Cathedralis

B 137 Bestallungen

B 142 Birs, der Fluss

B 185 Erbhuldigungen

B 198 Früchte, deren Verkauf, Ein- und Ausfuhr

B 209 Handwerksordnungen und Privilegien

B 216 Juden

B 228 Landständische Praestanda

B 229 Landständische Matrikel

B 234 Zwingen und Laufen die Herrschaft

B 237/38 Lehen, die adliche, in genere

B 239 Lehen, die gemeinen

B 277 Schwedischer Krieg

B 293 Zollrecht

Rechnungen Pfeffingen, 1570–1671

Rechnungen Zwingen, 1569–1694

Cod. 258 Hof- und Appellationsgerichtsprotokolle, 1692–1695

Missiven

VA Nr. 65 Verhörprotokoll, 1783–1784

VA Nr. 125 Zunftordnung 1733

MT 354

Staatsarchiv des Kantons Basel-Landschaft (StABL)

Amtsschaffneirechnungen Birseck, 1569–1694 (Mikrofilme Nr. 7451–7456)

Altes Archiv, L. 114 A Herrschaft Birseck, Bde. 611, 613, 641

Altes Archiv, L. 114 B Herrschaft Pfeffingen, Bde. 648, 650

Altes Archiv, L. 114 C Gemeine Lehen, Bd. 671

Bestand 4202, Statthalteramt Laufen, 02.01.03, Ausgehende Schreiben, 1843

Kirchenbücher Laufen 1–3, 1588–1800

Staatsarchiv des Kantons Basel-Stadt (StABS)

Bischöfliche Handlungen, D 3, 1532

Criminalia 21 K 10

Staatsarchiv des Kantons Bern (StABE)

Plan der Stadt Laufen von Feldmesser Heinrich Leonhard Brunner, AA IV Nr. 523

Album verkleinerter Pläne von Feldmesser Heinrich Leonhard Brunner, 1777/78, AA IV Atlanten Nr. 116

Staatsarchiv des Kantons Solothurn (StASO)

Aktenprotokolle Dorneck, Bd. 24, 1664–1670; Bd. 27, 1677–1701

Dorneck Schreiben, Bd. 13, 1646–1649

Ratsmanual, 1639

Stadtburgerarchiv Laufen (StadtBALaufen)

Nr. 3 Altes Stadtbuch, ca. 1470/1500–1707

Nr. 4 Neues Stadtbuch, 1596–1750 (Nachträge 1755/6, 1775, 1817/8)

Nr. 6 Verlehnungen, Verdingungen, Verkäufe, Akkörde und Verträge aller Art, 1532–19. Jahrhundert

Nr. 7 Vergleiche und Verträge, Landesfürstliche und oberamtliche Verordnungen, Verhöre, Bescheide und Mandate, 1587–1596

Nr. 8 Verschiedene Schriften 1588–1699

Bd. 9 Obrigkeitliche Verordnungen, Reglemente, Zunftbriefe, Urteile, Tarife und dergleichen, 6.5.1588–9.9.1789

Bd. 10 Protokoll über Müllerrechnungen, Jahresrechnungen der Räte von Laufen, Mühleverlehnung und Salzrechnung, 1599–1757

Nr. 11 Verschiedene alte Rechnungen und Quittungen, 1618–1697

Nr. 12 Alte Bittschriften und Hochfürstliche & landständische Rescripte und Resolutionen, 1606–1699

Nr. 18 Verschiedenes, 1659–1794

Nr. 20 Beschreibung und Schatzung der Güter, 1690–1698

Nr. 21 Verschiedene oberamtliche Bescheide, Augenscheine, Verordnungen, Verträge, Verdinge, Steinsetzungen und dergleichen, 1696–1829

Nr. 29 Zunftmanual der Wollweber und Strumpfstricker, 1721–1789

Nr. 30 Zunftbuch über die Krämer und Lehrknaben, 1722–1790

Nr. 31 Zunftbuch der Schlosser und Schreiner, 1746–1791

Nr. 33 Zunftrodel der Schuster und Rotgerber, 1707–1792

Nr. 37 Verschiedene Prozessakten, 1712–1762

Nr. 41 Verschiedene Verhandlungen und Beschlüsse der Gemeindeversammlungen, des Meiers und des Munizipalitätsrates der Gemeinde Laufen, sowie aus Abschriften eingelegter Schreiben, was alles theils auf fliegenden Bögen, theils in Heften geschrieben und hier gesammelt worden, 1727–1742

Nr. 42 Gerichts-, Raths-, Gemeinde- und Rechnungsprotokoll, 1735–1816

Nr. 44 Stadt- und Gemeindeprotokoll, 1744–1773

Nr. 58 Holzprozessakten zwischen dem Magistrat und der Bürgerschaft in Laufen, 3.6.1768–1772

Nr. 66 Prozessakten: 1. Zwischen dem Feldgericht und Joseph Götschi, 2. Zwischen dem Feldgericht und den Ämtern Laufen, Zwingen, Birseck und Pfeffingen und dem Wasenmeister, 3. Zwischen der Gemeinde Laufen und den HH. Glasfabrikanten Keller und Gresslin, 4. Zwischen den Gemeinden Laufen und Wahlen, 5. Zwischen der Gemeinde Laufen und Amtmeier Oser, 6. Zwischen der Stadt Laufen gegen die in der Vorstadt wohnenden Mitbürger, 1772–1791

Nr. 95 Mehrere Tabellen und andere Schriften über die Bevölkerung verschiedener Gemeinden des Bezirks Laufen, 1770–1829

Urkunden, Nr. 1–64, 1307–1789

Hilfsmittel

Abkürzungen aus Personalschriften des 16.–18. Jahrhunderts, bearbeitet von Frank Ausbüttel, 2. völlig überarbeitete und stark erweiterte Auflage, bearbeitet von Rudolf Lenz, Sigmaringen 1993.

Deutsches Wörterbuch von Jacob Grimm und Wilhelm Grimm, Leipzig 1854–1960, Faksimile in 33 Bänden, München 1984.

Haberkern, Eugen; Wallach, Joseph Friedrich: Hilfswörterbuch für Historiker. Mittelalter und Neuzeit, 2 Bände, München ^{5}1977.

Hillmann, Karl-Heinz: Wörterbuch der Soziologie, 4. überarbeitete und ergänzte Auflage, Stuttgart 1994.

Lexikon für Kirche und Theologie, begründet von Michael Buchberger, 3. völlig neu bearbeitet Auflage, hrsg. von Walter Kaspar, 10 Bde., Freiburg 1993–2001.

Schweizerisches Idiotikon. Wörterbuch der schweizerischen Sprache, 15 Bde., Frauenfeld 1881–1999.

Tables de Réduction des anciennes mesures en nouvelles et des nouvelles en anciennes, Calculées pour le Département du Haut-Rhin par François Français, Strasbourg An X.

Literatur

Abel, Wilhelm: Agrarkrisen und Agrarkonjunktur. Eine Geschichte der Land- und Ernährungswirtschaft Mitteleuropas seit dem hohen Mittelalter, 3. neubearbeitete und erweiterte Auflage, Hamburg 1978.

Abplanalp, Franz: Zur Wirtschaftspolitik des Fürstbistums Basel im Zeitalter des Absolutismus, Diss., Bern 1971.

Ackermann, Felix: Arlesheim als Residenz des Basler Domkapitels in Erinnerung an die Anfänge des Fürstbistums Basel vor 1000 Jahren, hrsg. von Bruno Weishaupt und Robert Piller, Arlesheim 1999.

Ammann, Hektor: Die schweizerische Kleinstadt in der mittelalterlichen Wirtschaft; in: Festschrift Walter Merz, Aarau 1928, S. 158–215.

Amiet, Bruno: Die solothurnische Territorialpolitik von 1344–1532, Bd. 1; in: JsolG 1, 1928, S. 1–221; Bd. 2; in: JsolG 2, 1929, S. 1–72.

Amiet, Bruno; Sigrist, Hans: Solothurnische Geschichte, Bd. 2, Solothurn 1976.

Appenzeller, Gotthold: Das solothurnische Zunftwesen; in: JsolG 5, 1932, S. 11–136 und JsolG 6, 1933, S. 1–91.

Armbruster, Fritz: Ichenhausen: Was war, was blieb: Steine, Papier – Erinnerung; in: Genisa – Verborgenes Erbe der deutschen Landjuden, hrsg. von Falk Wiesenmann, München 1994, S. 59–65.

Asche, Susanne; Hochstrasser, Olivia: Durlach. Staufergründung, Fürstenresidenz, Bürgerstadt, Karlsruhe 1996.

Ballmer, Roger: Les assemblées d'Etats dans l'ancien Evêché de Bâle, des origines à 1730; in: Schweizer Beiträge zur Allgemeinen Geschichte / Etudes suisses d'histoire générale 20, 1962/63, S. 54–140.

Bardet, Jean-Pierre: Skizze einer städtischen Bevölkerungsbilanz: Das Beispiel Rouen; in: Bevölkerung, Wirtschaft und Gesellschaft. Stadt-Land-Beziehungen in Deutschland und Frankreich 14. bis 19. Jahrhundert, hrsg. von Neithard Bulst, Jochen Hoock, Franz Irsiger, Trier 1983, S. 61–73.

Battenberg, Friedrich: Judenordnungen der frühen Neuzeit in Hessen; in: Neunhundert Jahre Geschichte der Juden in Hessen. Beiträge zum politischen, wirtschaftlichen und kulturellen Leben, Wiesbaden 1983, S. 83–122.

Battenberg, Friedrich: Das europäische Zeitalter der Juden. Zur Entwicklung einer Minderheit in der nichtjüdischen Umwelt Europas, 2 Bde., Darmstadt 1990.

Battenberg, Friedrich: Artikel Schutzjuden; in: HRG, Bd. 4, Berlin 1990, Sp. 1535–1541 (Battenberg 1990a).

Battenberg, J. Friedrich: Aus der Stadt auf das Land? Zur Vertreibung und Neuansiedlung der Juden im Heiligen Römischen Reich; in: Richarz, Monika; Rürup, Reinhard (Hg.): Jüdisches Leben auf dem Land: Studien zur deutsch-jüdischen Geschichte, Schriftenreihe wissenschaftlicher Abhandlungen des Leo-Baeck-Instituts 56, Tübingen 1997, S. 9–35.

Battenberg, J. Friedrich: Die Juden in Deutschland vom 16. bis zum Ende des 18. Jahrhunderts, München 2001.

Baumann, Ernst: Der Dinghof und die Stadt; in: Laufen. Geschichte einer Kleinstadt, hrsg. von der Einwohnergemeinde Laufen 1975, S. 19–59.

Baumann, Max: Orts- und Regionalgeschichte; in: Geschichtsforschung in der Schweiz. Bilanzen und Perspektiven 1991, hrsg. von AGGS, Basel 1992, S. 417–428.

Baumann, Josef: Die Blarer von Wartensee und das Blarer-Schloss zu Aesch; in: Baselbieter Heimatbuch, Bd. 8, Liestal 1959, S. 72–91.

Bender, Wilhelm: Zwinglis Reformationsbündnisse. Untersuchungen zur Rechts- und Sozialgeschichte der Burgrechtsverträge eidgenössischer und oberdeutscher Städte zur Ausbreitung und Sicherung der Reformation Huldrych Zwinglis, Diss. Berlin, Zürich 1970.

Berner, Hans: «die gute correspondenz». Die Politik der Stadt Basel gegenüber dem Fürstbistum Basel in den Jahren 1525–1585, Basel 1989.

Berner, Hans: Gemeinden und Obrigkeit im fürstbischöflichen Birseck. Herrschaftsverhältnisse zwischen Konflikt und Konsens, Liestal 1994.

Berner, Hans: Hinnahme und Ablehnung landesherrlicher Steuern im fürstbischöflichen Birseck; in: Guex, Sébastien; Körner, Martin; Tanner, Jakob (Hg.): Staatsfinanzierung und Sozialkonflikte (14.–20. Jahrhundert), Zürich 1994, S. 159–170 (Berner 1994a).

Berner, Hans: Zwischen Prädikanten und Jesuiten. Kirchliche Sonderstellung und politische Bedeutung der Stadtgemeinde während Reformation und Gegenreformation; in: Hagmann, Daniel; Hellinger, Peter (Hg.): 700 Jahre Stadt Laufen, Basel 1995, S. 123–138.

Berner, Hans: Die Geschichte des Fürstbistums Basel von seinen Anfängen bis zu seinem Untergang (999–1792); in: Baselbieter Heimatblätter 64, 1999, S. 57–73.

Bierbrauer, Peter: Die ländliche Gemeinde im oberdeutsch-schweizerischen Raum; in: Blickle, Peter (Hg.): Landgemeinde und Stadtgemeinde in Mitteleuropa. Ein struktureller Vergleich, München 1991, S. 169–190.

Bildersturm. Wahnsinn oder Gottes Wille? Katalog zur Ausstellung im Bernischen Historischen Museum und im Musée de l'Oeuvre Notre-Dame in Strassburg, hrsg. von Céline Dupeux, Peter Jezler und Jean Wirth, Zürich 2000.

Bischoff, Malte: Die Amtleute Herzog Friedrichs III. von Schleswig-Holstein-Gottorf (1616–1659). Adelskarrieren und Absolutismus, Neumünster 1996.

Blänkner, Reinhard: «Absolutismus» und «frühmoderner Staat». Probleme und Perspektiven der Forschung; in: Frühe Neuzeit – Frühe Moderne? Forschungen zur Vielschichtigkeit von Übergangsprozessen, hrsg. von Rudolf Vierhaus und Mitarbeitern des Max-Planck-Instituts für Geschichte, Göttingen 1992, S. 48–74.

Blänkner, Reinhard; Jussen, Bernhard: Institutionen und Ereignis. Anfragen an zwei alt gewordene geschichtswissenschaftliche Kategorien; in: Institutionen und Ereignis. Über historische Praktiken und Vorstellungen gesellschaftlichen Ordnens, hrsg. von Reinhard Blänkner und Bernhard Jussen, Göttingen 1998, S. 9–16.

Blickle, Peter: Kommunalismus. Begriffsbildung in heuristischer Absicht; in: Blickle, Peter (Hg.): Landgemeinde und Stadtgemeinde in Mitteleuropa. Ein struktureller Vergleich, Historische Zeitschrift, Beiheft 13, München 1991, S. 5–38.

Blickle, Peter (Hg.): Landgemeinde und Stadtgemeinde in Mitteleuropa. Ein struktureller Vergleich, Historische Zeitschrift, Beiheft 13, München 1991.

Blickle, Peter; Bierbrauer, Peter; Blickle, Renate; Ulbrich, Claudia: Aufruhr und Empörung? Studien zum Widerstand im Alten Reich, München 1980.

Bödeker, Hans Erich; Hinrichs, Erich (Hg.): Alteuropa – Ancien Régime – Frühe Neuzeit. Probleme und Methoden der Forschung, Stuttgart 1991.

Boll, Günter: Dokumente zur Geschichte der Juden in Vorderösterreich und im Fürstbistum Basel (1526–1578); in: Zeitschrift des Breisgau-Geschichtsvereins «Schau-ins-Land» 115, 1996, S. 19–44.

Böning, Holger: Revolution in der Schweiz – Das Ende der Alten Eidgenossenschaft – Die Helvetische Republik 1798–1803, Frankfurt am Main 1985.

Borst, Otto: Historische Stadtgeschichtsforschung 1980–1990. Ein Literaturbericht; in: Die alte Stadt. Vierteljahresschrift für Stadtgeschichte, Stadtsoziologie und Demkmalpflege, 1991, S. 198–211.

Boškovska Leimgruber, Nada (Hg.): Die Frühe Neuzeit in der Geschichtswissenschaft. Forschungstendenzen und Forschungsergebnisse, Paderborn 1997.

Bosshart-Pfluger, Catherine: Das Basler Domkapitel von seiner Übersiedelung nach Arlesheim bis zur Säkularisation (1687–1803), Basel 1983.

Bumiller, Casimir: Judenpolitik in Südwestdeutschland im 16. Jahrhundert: das Spannungsfeld zwischen Hohenberg, Württemberg und Hohenzollern; in: Der Sülchgau 32, 1988, S. 131–144.

Bumiller, Casimir: Die jüdische Gemeinde Hechingen im 16. Jahrhundert; in: Zeitschrift für hohenzollerische Geschichte 24/25, 1988/89, S. 159–184.

Bumiller, Casimir: Juden in Hechingen. Geschichte einer jüdischen Gemeinde in neun Lebensbildern aus fünf Jahrhunderten, Hechingen o. J. (1992).

Brakensiek, Stefan; Flügel, Axel (Hg.): Regionalgeschichte in Europa. Methoden und Erträge der Forschung zum 16. bis 19. Jahrhundert, Paderborn 2000.

Brändli, Sebastian: «Die Retter der leidenden Menschheit». Sozialgeschichte der Chirurgen und Ärzte auf der Zürcher Landschaft, Zürich 1990.

Braun, Christina von: «Blut und Blutschande». Zur Bedeutung des Blutes in der antisemitischen Denkwelt; in: Antisemitismus. Vorurteile und Mythen, hrsg. von Julius H. Schoeps und Joachim Schlör, München 1995, S. 80–95.

Braun, Patrick: Joseph Wilhelm Rinck von Baldenstein (1704–1762). Das Wirken eines Basler Fürstbischofs in der Zeit der Aufklärung, Freiburg 1981.

Braun, Rudolf: Das ausgehende Ancien Régime in der Schweiz. Aufriss einer Sozial- und Wirtschaftsgeschichte des 18. Jahrhunderts, Göttingen/Zürich 1984.

Bücher, Karl: Die Frauenfrage im Mittalalter, zweite verbesserte Auflage, Tübingen 1910 (^{1}1882).

Burke, Peter: Offene Geschichte. Die Schule der «Annales», Berlin 1991.

Burghartz, Susanna: Frauen – Politik – Weiberregiment. Schlagworte zur Bewältigung der politischen Krise von 1691 in Basel; in: Head-König, Anne-Lise; Tanner, Albert (Hg.): Frauen in der Stadt, Zürich 1993, S. 113–134.

Capitani, François de: Beharren und Umsturz (1648–1815); in: Geschichte der Schweiz und der Schweizer, Studienausgabe, Basel 1986, S. 447–526.

Clark, Peter (Ed.): Small Towns in Early Modern Europe, Cambridge 1995.

Cohen, Daniel J.: Die Landjudenschaften in Hessen-Darmstadt bis zur Emanzipation als Organe jüdischer Selbstverwaltung; in: 900 Jahre Geschichte der Juden in Hessen. Beiträge zum politischen, wirtschaftlichen und kulturellen Leben, Wiesbaden 1983, S. 151–214 (Cohen 1983a).

Cohen, Daniel J.: Die Landjudenschaften der brandenburgisch-preussischen Staaten im 17. und 18. Jahrhundert – Ihre Beziehungen untereinander aufgrund neuerschlossener jüdischer Quellen; in: Baumgart, Peter (Hg.): Ständetum und Staatsbildung in Brandenburg-Preussen. Ergebnisse einer internationalen Fachtagung, Berlin 1983, S. 208–229 (Cohen 1983b).

Cowan, Alexander: Urban Europe 1500–1700, London 1998.

Daucourt, Arthur: Dictionnaire historique des paroisses de l'ancien Evêché de Bâle, 8 Bde., Porrentruy 1899.

Davis, Natalie Zemon: Die wahrhaftige Geschichte von der Wiederkehr des Martin Guerre. Mit einem Nachwort von Carlo Ginzburg, München 1984.

Davis, Natalie Zemon: Frauen im Handwerk. Zur weiblichen Arbeitswelt im Lyon des 16. Jahrhunderts; in: van Dülmen, Richard (Hg.): Arbeit, Frömmigkeit und Eigensinn. Studien zur historischen Kulturforschung II, Frankfurt am Main 1990, S. 43–74.

Davis, Natalie Zemon: Der Kopf in der Schlinge. Gnadengesuche und ihre Erzähler, Frankfurt am Main 1991.

Davis, Natalie Zemon: Drei Frauenleben. Glikl, Marie de l'Incarnation, Maria Sibylla Merian, Berlin 1996.

Davis, Natalie Zemon: Lebensgänge, Berlin 1998.

Descoeudres, Georges: Brennöfen am Birsufer. Ein archäologischer Beitrag zur Frühgeschichte der Laufner Ziegelherstellung; in: Hagmann, Daniel; Hellinger, Peter (Hg.): 700 Jahre Stadt Laufen, Basel 1995, S. 101–110.

Deutsche Verfassungsgeschichte, hrsg. von Kurt G. A. Jeserich, Hans Pohl, Georg-Christoph von Unruh, Bd. 1: Vom Spätmittelalter bis zum Ende des Reichs, Stuttgart 1983.

Deutsch-jüdische Geschichte in der Neuzeit, hrsg. im Auftrag des Leo Baeck Instituts von Michael A. Meyer unter Mitwirkung von Michael Brenner, Band I: Tradition und Aufklärung 1600–1780 von Mordechai Breuer und Michael Graetz, München 1996.

Dinges, Martin: Die Ehre als Thema der Stadtgeschichte. Eine Semantik im Übergang vom Ancien Régime zur Moderne; in: ZHF 16, 1989, S. 409–440.

Dinges, Martin: Frühneuzeitliche Armenfürsorge als Sozialdisziplinierung? Probleme mit einem Konzept; in: GG 17, 1991, S. 1–29.

Dubler, Anne-Marie: Masse und Gewichte im Staat Luzern und in der alten Eidgenossenschaft, Luzern 1975.

Dubler, Anne-Marie: Handwerk, Gewerbe und Zunft in Stadt und Landschaft Luzern, Luzern 1982.

Dubler, Anne-Marie: Handwerkeralltag in der Schweiz des Ancien régime; in: Handwerk zwischen Idealbild und Wirklichkeit – Kultur- und sozialgeschichtliche Beiträge, hrsg. von Paul Hugger, Bern 1991, S. 37–52.

Dubler, Anne-Marie: Die Welt des Handwerks. Ein historischer Rückblick auf das Handwerk in der Schweiz; in: Handbuch der schweizerischen Volkskunde, hrsg. von Paul Hugger, Bd. 3, Basel 1992, S. 1039–1052.

Dubler, Anne-Marie: Handwerksgeschichte im Forschungsprogramm der deutschsprachigen Schweiz; in: Itinera 14, 1993, S. 9–17.

Dürr, Renate: Mägde in der Stadt. Das Beispiel Schwäbisch Hall in der Frühen Neuzeit, Frankfurt 1995.

Eggenschwiler, Ferdinand: Die territoriale Entwicklung des Kantons Solothurn, Mitteilungen des Historischen Vereins Solothurn, Bd. 8, 1916.

Ehbrecht, Wilfried: Neuere Veröffentlichungen zur vergleichenden Stadtgeschichte. Literaturbesprechung 1979–1986; in: Blätter für deutsche Landesgeschichte, 1987, S. 299–471.

Ehbrecht, Wilfried: Neuere Veröffentlichungen zur vergleichenden Stadtgeschichte. Literaturbesprechung 1987–1992; in: Blätter für deutsche Landesgeschichte, 1992, S. 387–852.

Ehbrecht, Wilfried: Neuere Veröffentlichungen zur vergleichenden Stadtgeschichte. Literaturbesprechung 1993–1996; in: Blätter für deutsche Landesgeschichte, 1996, S. 271–665.

Ehbrecht, Wilfried (Hg.): Verwaltung und Politik in den Städten Mitteleuropas. Beiträge zu Verfassungsnorm und Verfassungswirklichkeit in altständischer Zeit, Köln 1994.

Endres, Rudolf: Stadt- und Landgemeinden in Franken; in: Blickle, Peter (Hg.): Landgemeinde und Stadtgemeinde in Mitteleuropa. Ein struktureller Vergleich, München 1991, S. 101–117.

Ennen, Edith: Stufen der Zentralität im kirchlich-organisatorischen und kultischen Bereich. Eine Fallskizze: Köln; in: Meynen, Emil (Hg.): Zentralität als Problem der mittelalterlichen Stadtgeschichtsforschung, Köln 1979, S. 15–21.

Ennen, Edith: Die sog. «Minderstädte» im mittelalterlichen Europa; in: Edith Ennen: Gesammelte Abhandlungen zum europäischen Städtewesen und zur rheinischen Geschichte II, hrsg. von Dietrich Höroldt und Franz Irsinger, Bonn 1987, S. 70–85.

Epple, Ruedi; Schnyder, Albert: Wandel und Anpassung. Die Landwirtschaft des Baselbiets im 19. Jahrhundert, Liestal 1996.

Erb, Rainer: Der «Ritualmord»; in: Antisemitismus. Vorurteile und Mythen, hrsg. von Julius H. Schoeps und Joachim Schlör, München 1995, S. 74–79.

Flachenecker, Helmut; Kiessling, Rolf (Hg.): Städtelandschaften in Altbayern, Franken und Schwaben. Studien zum Phänomen der Kleinstädte während des Mittelalters und der Frühen Neuzeit, München 1999.

Fleury, Michel; Henry, Louis: Des registres paroissiaux à l'histoire de la population. Manuel des dépouillement et d'exploitation de l'état civil ancien, Paris 1956.

Flügel, Axel: Regionalgeschichte in Europa – eine Nachlese; in: Brakensiek, Stefan; Flügel, Axel (Hg.): Regionalgeschichte in Europa. Methoden und Erträge der Forschung zum 16. bis 19. Jahrhundert, Paderborn 2000, S. 275–292.

Franz, Günther: Der deutsche Bauernkrieg, Aktenband, Darmstadt 1968.

Fridrich, Anna C.: Büren vom Frühmittelalter bis zur Helvetik; in: Fridrich, Anna C. (Hg.): Büren. Einblicke in die historische Entwicklung eines Dorfes, Büren 1994, S. 17–116.

Fridrich, Anna C.: Juden in Dornach. Zur Geschichte einer Landjudengemeinde im 17. und frühen 18. Jahrhundert; in: JsolG 69, 1996, S. 7–40.

Fridrich, Anna C.: Missernten, Pest und plündernde Truppen. Vor 350 Jahren war die Not im Laufental und im Schwarzbubenland nach dem Dreissigjährigen Krieg gross; in: Basler Zeitung 17.8.1998.

Fridrich, Anna C.: Die Reformation; in: Nah dran, weit weg. Geschichte des Kantons Basel-Landschaft, Bd. 3, Liestal 2001, S. 139–162.

Fridrich, Anna C.: Glauben und Leben nach der Reformation; in: Nah dran, weit weg. Geschichte des Kantons Basel-Landschaft, Bd. 4, Liestal 2001, S. 159–182.

Fridrich, Anna C.: Konfessionelle Kultur und Handlungsspielräume für Andersgläubige; in: Nah dran, weit weg. Geschichte des Kantons Basel-Landschaft, Bd. 4, Liestal 2001, S. 183–210.

Fridrich, Anna C.: Umweltvorstellungen – Aspekte der Beziehung Mensch-Gesellschaft-Umwelt; in: Nah dran, weit weg. Geschichte des Kantons Basel-Landschaft, Bd. 6, Liestal 2001, S. 191–206.

Fritzsche, Bruno: Moderne Stadtgeschichte; in: SZG 41, 1991, S. 29–37.

Frühe Neuzeit – Frühe Moderne? Forschungen zur Vielschichtigkeit von Übergangsprozessen, hrsg. von Rudolf Vierhaus und Mitarbeitern des Max-Planck-Instituts für Geschichte, Göttingen 1992.

Gallusser, Werner A.: Studien zur Bevölkerungs- und Wirtschaftsgeographie des Laufener Juras, Diss., Basel 1961.

Gerteis, Klaus: Die deutschen Städte in der Frühen Neuzeit. Zur Vorgeschichte der «bürgerlichen Welt», Darmstadt 1986.

Geschichte der Familie, Bd. 3: Neuzeit, hrsg. von André Burguière et al., Frankfurt am Main 1997.

Geschichtliche Grundbegriffe. Historisches Lexikon zur politisch-sozialen Sprache in Deutschland, hrsg. von Otto Brunner, Werner Conze, Reinhart Koselleck, 8 Bde., Stuttgart 1972–1997.

Gestrich, Andreas: Einleitung: Sozialhistorische Biographieforschung; in: Biographie – sozialgeschichtlich. Sieben Beiträge, hrsg. von Andreas Gestrich, Peter Knoch, Helga Merkel, Göttingen 1988, S. 5–28.

Gilomen, Hans-Jörg: Stadt-Land-Beziehungen in der Schweiz des Spätmittelalters; in: Stadt und Land in der Schweizer Geschichte: Abhängigkeiten – Spannungen – Komplementaritäten, hrsg. von Ulrich Pfister, Itinera 19, 1998, S. 10–48.

Ginzburg, Carlo: Der Käse und die Würmer. Die Welt eines Müllers um 1600, Frankfurt am Main 1979.

Goubert, Pierre: Historical Demography and the Reinterpretation of Early Modern French History: A Research Review; in: Rabb, Theodore K.; Rotberg, Robert I. (ed.): The Family in History. Interdisciplinary Essays, New York 1973, S. 16–27.

Gräf, Holger Th.: Small Towns in Early Modern Germany: the Case of Hesse 1500–1800; in: Clark, Peter (ed.): Small Towns in Early Modern Europe, Cambridge 1995, S. 184–205.

Gräf, Holger Th.: Probleme, Aufgaben und Methoden historischer Kleinstadtforschung; in: Gräf, Holger Th. (Hg.): Kleine Städte im neuzeitlichen Europa, Berlin 1997, S. 11–24.

Gräf, Holger Th. (Hg.): Kleine Städte im neuzeitlichen Europa, Berlin 1997.

Graus, František: Randgruppen der städtischen Gesellschaft im Spätmittelalter; in: ZHF 8, 1981, S. 385–437.

Graus, František: Judenfeindschaft im Mittelalter; in: Strauss, Herbert A.; Kampe, Norbert (Hg.): Antisemitismus. Von der Judenfeindschaft zum Holocaust, Frankfurt am Main 1985, S. 29–46.

Graus, František: Pest – Geissler – Judenmorde. Das 14. Jahrhundert als Krisenzeit, Göttingen 1987.

Groebner, Valentin: Ökonomie ohne Haus. Zum Wirtschaften armer Leute in Nürnberg am Ende des 15. Jahrhunderts, Göttingen 1993.

Groebner, Valentin: «Gemein» und «Geheym»: Pensionen, Geschenke und die Sichtbarmachung des Unsichtbaren in Basel am Beginn des 16. Jahrhunderts; in: SZG 49, 1999, S. 445–469.

Groebner, Valentin: Gefährliche Geschenke. Ritual, Politik und die Sprache der Korruption in der Eidgenossenschaft im späten Mittelalter und am Beginn der Neuzeit, Konstanz 2000.

Groebner, Valentin: Grosszügigkeit als politische Kommunikation. Geschenke in Basler Rechnungsbüchern des späten Mittelalters; in: Slanička, Simona (Hg.): Begegnungen mit dem Mittelalter in Basel. Eine Vortragsreihe zur mediävistischen Forschung, Basel 2000, S. 165–184 (Groebner 2000a).

Gschwind, Franz: Bevölkerungsentwicklung und Wirtschaftsstruktur der Landschaft Basel im 18. Jahrhundert. Ein historisch-demographischer Beitrag zur Sozial- und Wirtschaftsgeschichte mit besonderer Berücksichtigung der langfristigen Bevölkerungsentwicklung von Stadt (seit 1100) und Landschaft (seit 1500) Basel, Diss. Basel, Liestal 1977.

Gutscher, Daniel: Laufen: Untersuchungen in der Ziegelscheune; in: Laufentaler Jahrbuch 1994, S. 59–66.

Gutscher, Daniel: Laufen, Amtshaus. Rettungsgrabung 1989; in: Archäologie im Kanton Bern, Bd. 3A, Bern 1994, S. 223–229 (Gutscher 1994a).

Häberlein, Mark (Hg.): Devianz, Widerstand und Herrschaftspraxis in der Vormoderne. Studien zu Konflikten im südwestdeutschen Raum 15.–18. Jahrhundert, Konstanz 1999.

Hagmann, Daniel: Stadtrundgang anno 1753. Wer in Laufen wo wohnte – ein Rekonstruktionsversuch; in: Hagmann, Daniel; Hellinger, Peter (Hg.): 700 Jahre Stadt Laufen, Basel 1995, S. 95–100.

Hagmann, Daniel: Grenzen der Heimat. Territoriale Identitäten im Laufental, Liestal 1998.

Hagmann, Daniel; Hellinger, Peter (Hg.): 700 Jahre Stadt Laufen, Basel 1995.

Handwörterbuch zur deutschen Rechtsgeschichte, hrsg. von Adalbert Eler und Ekkehard Kaufmann, 5 Bde., Berlin 1971–1998.

Hellinger, Peter: Freiheit zwischen Zarg und Grendel. Über das Stadtrecht, für wen es galt, was es bedeutete und was es bewirkte; in: Hagmann, Daniel; Hellinger, Peter (Hg.): 700 Jahre Stadt Laufen, Basel 1995, S. 35–44.

Helvetia Sacra, hrsg. von Albert Bruckner, später vom Kuratorium der Helvetia Sacra, Bern, später Basel 1972–1998.

Hippel, Wolfgang von: Armut, Unterschichten, Randgruppen in der Frühen Neuzeit, München 1995.

Historisch-biographisches Lexikon der Schweiz, 8 Bde., hrsg. von Heinrich Türler, Marcel Godet, Victor Attinger, Neuenburg 1921–1934.

Historisches Lexikon der Schweiz, www.dhs.ch.

Historischer Städteatlas der Schweiz, hrsg. vom Kuratorium Historischer Städteatlas der Schweiz der Schweizerischen Akademie der Geistes- und Sozialwissenschaften, 3 Bde., Zürich 1997.

Historischer Städtealtas der Schweiz, Bd. 2: Neunkirch, Kommentar von Martina Stercken, Zürich 1997.

Hochstrasser, Olivia: Ein Haus und seine Menschen 1549–1989. Ein Versuch zum Verhältnis von Mikroforschung und Sozialgeschichte, Tübingen 1993.

Hoffmann, Carl A.: Landesherrliche Städte und Märkte im 17. und 18. Jahrhundert. Studien zu ihrer ökonomischen, rechtlichen und sozialen Entwicklung in Oberbayern, Kallmünz 1997.

Hohkamp, Michaela: Herrschaft in der Herrschaft. Die vorderösterreichische Obervogtei Triberg von 1737 bis 1780, Göttingen 1998.

Holenstein, André: Die Huldigung der Untertanen. Rechtskultur und Herrschaftsordnung (800–1800), Stuttgart 1990.

Holenstein, André: Seelenheil und Untertanenpflicht. Zur gesellschaftlichen Funktion und theoretischen Begründung in der ständischen Gesellschaft; in: Der Fluch und der Eid. Die metaphysische Begründung gesellschaftlichen Zusammenlebens und politischer Ordnung in der ständischen Gesellschaft, hrsg. von Peter Blickle, ZHF, Beiheft 15, Berlin 1993, S. 11–63.

Holenstein, André: Die «Ordnung» und die «Missbräuche». «Gute Policey» als Institution und Ereignis; in: Institutionen und Ereignis. Über historische Praktiken und Vorstellungen gesellschaftlichen Ordnens, hrsg. von Reinhard Blänkner und Bernhard Jussen, Göttingen 1998, S. 253–273.

Hotz, Karl: Die Geschichte der Juden in Stadt und Fürstbistum Basel, ungedruckte Lizentiatsarbeit, Universität Zürich, 1972.

Imhof, Arthur E.: Die gewonnenen Jahre. Von der Zunahme unserer Lebensspanne seit dreihundert Jahren oder von der Notwendigkeit einer neuen Einstellung zu Leben und Sterben, München 1981.

Imhof, Arthur E.: Die verlorenen Welten. Alltagsbewältigung durch unserer Vorfahren – und weshalb wir uns heute so schwer damit tun …, München 1984.

Im Hof, Ulrich: Geschichte der Schweiz, 4. verbesserte und erweiterte Auflage, Stuttgart 1987.

Ingold, Denis: Histoire des Juifs du Sundgau: Les origines (1ère partie); in Annuaire de la Société d'Histoire du Sundgau 1997, S. 281–292.

Isenmann, Eberhard: Die deutsche Stadt im Spätmittelalter 1250–1500. Stadtgestalt, Recht, Stadtregiment, Kirche, Gesellschaft, Wirtschaft, Stuttgart 1988.

Jecht, Horst: Studien zur gesellschaftlichen Struktur mittelalterlicher Städte; in: VSWG 19, 1926, S. 48–85.

Jeggle, Utz: Judendörfer in Württemberg, Diss., Tübingen 1969.

Johanek, Peter (Hg.): Einungen und Bruderschaften in der spätmittelalterlichen Stadt, Köln 1993.

Johanek, Peter: Landesherrliche Städte – kleine Städte. Umrisse eines europäischen Phänomens; in: Treffeisen, Jürgen; Andermann, Kurt: Landesherrliche Städte in Südwestdeutschland, Sigmaringen 1994, S. 9–25.

Jorio, Marco: Der Untergang des Fürstbistums Basel (1792–1815). Der Kampf der beiden letzten Fürstbischöfe Joseph Sigismund von Roggenbach und Franz Xaver von Neveu gegen die Säkularisation; in: Zeitschrift für schweizerische Kirchengeschichte, 1981.

Jorio, Marco: Der Untergang des Fürstbistums Basel (1792–1815). Der Kampf der beiden letzten Fürstbischöfe Joseph Sigismund von Roggenbach und Franz Xaver von Neveu gegen die Säkularisation. Kurzbiographien; in: Zeitschrift für schweizerische Kirchengeschichte, 1982, S. 115–172.

Jussen, Bernhard: Patenschaften und Adoption im frühen Mittelalter. Künstliche Verwandtschaft als soziale Praxis, Göttingen 1991.

Kaufhold, Karl Heinrich: Stadt und Handwerk. Zusammenfassung der wesentlichsten Arbeitsergebnisse; in: Kaufhold, Karl Heinrich; Reininghaus, Wilfried

(Hg.): Stadt und Handwerk in Mittelalter und früher Neuzeit, Köln 2000, S. 301–308.

Kaschuba, Wolfgang: Kommunalismus als sozialer «common sense». Zur Konzeption von Lebenswelt und Alltagskultur im neuzeitlichen Gemeindegedanken; in: Blickle, Peter (Hg.): Landgemeinde und Stadtgemeinde in Mitteleuropa. Ein struktureller Vergleich, München 1991, S. 65–91.

Kellenbenz, Hermann: Hektor Ammann und die Erforschung der mittelalterlichen Wirtschafts- und Stadtgeschichte; in: Beiträge zur Wirtschafts- und Stadtgeschichte. Festschrift für Hektor Ammann, hrsg. von Hermann Aubin et al., Wiesbaden 1965, S. IX–XXXII.

Keller, Katrin: Gemeinde, Bürgerschaft und Obrigkeit. Zu Wirkungsmöglichkeiten von Handwerksmeistern innerhalb städtischer Selbstverwaltungsorgane Leipzigs im 16. Jahrhundert; in: Ehbrecht, Wilfried (Hg.): Verwaltung und Politik in den Städten Mitteleuropas. Beiträge zu Verfassungsnorm und Verfassungswirklichkeit in altständischer Zeit, Köln 1994, S. 183–190.

Keller, Katrin: Kleinstadt und Handwerk. Strukturen und Entwicklungstendenzen im 18. Jahrhundert; in: Kaufhold, Karl Heinrich; Reininghaus, Wilfried (Hg.): Stadt und Handwerk in Mittelalter und früher Neuzeit, Köln 2000, S. 61–92.

Kiessling, Rolf: Herrschaft – Markt – Landbesitz. Aspekte der Zentralität und der Stadt-Land-Beziehungen spätmittelalterlicher Städte an ostschwäbischen Beispielen; in: Meynen, Emil (Hg.): Zentralität als Problem der mittelalterlichen Stadtgeschichtsforschung, Köln 1979, S. 180–218.

Kiessling, Rolf: Zwischen Vertreibung und Emanzipation – Judendörfer in Schwaben während der Frühen Neuzeit; in: Kiessling, Rolf (Hg.): Judengemeinden in Schwaben im Kontext des Alten Reiches, Berlin 1995, S. 154–180.

Kiessling, Rolf (Hg.): Judengemeinden in Schwaben im Kontext des Alten Reiches, Berlin 1995.

Körner, Martin: Glaubensspaltung und Wirtschaftssolidarität (1515–1648); in: Geschichte der Schweiz und der Schweizer, Studienausgabe, Basel 1986, S. 357–446.

Körner, Martin: Stadt und Land in der frühen Neuzeit; in: Stadt und Land in der Schweizer Geschichte: Abhängigkeiten – Spannungen – Komplementaritäten, hrsg. von Ulrich Pfister, Itinera 19, 1998, S. 49–88.

Körner, Martin; Furrer, Norbert; Bartlome, Niklaus; unter Mitarbeit von Thomas Meier und Erika Flückiger: Währungen und Sortenkurse in der Schweiz, 1600–1799, Lausanne 2001.

Krauer, Max: Die Zunftordnungen von Stadt und Talschaft Laufen im 18. Jahrhundert. Systematische Darstellung und Geschichte der Zunftordnungen einer Landstadt und ihrer Umgebung, Laufen 1950.

Kroeschell, Karl: Die Rezeption der gelehrten Rechte und ihre Bedeutung für die Bildung des Territorialstaates; in: Deutsche Verwaltungsgeschichte, hrsg. von Kurt G. A. Jeserich, Hans Pohl, Georg-Christoph von Unruh, Bd. 1, Stuttgart 1983, S. 279–288.

Kurmann, Fridolin: Beten und hagen. Das Dorf Hornussen versuchte 1743/44 eine Viehseuche abzuwenden; in: Fenster zur Geschichte. 20 Quellen – 20 Interpretationen, hrsg. von Bernard Degen, Fridolin Kurmann, André Schluchter und Jakob Tanner, Basel 1992, S. 261–276.

Ladurie, Emmanuel Le Roy: Montaillou. Ein Dorf vor dem Inquisitor 1294–1324, Berlin 1980.

Lamprecht, Franz; König, Mario: Eglisau. Geschichte der Brückenstadt am Rhein, Zürich 1992.

Landolt, Niklaus: Untertanenrevolten und Widerstand auf der Basler Landschaft im 16. und 17. Jahrhundert, Liestal 1996.

Laufen. Geschichte einer Kleinstadt, hrsg. von der Einwohnergemeinde Laufen 1975.

Leutert, Sebastian; Piller, Gudrun: Deutschschweizerische Selbstzeugnisse (1500–1800) als Quellen der Mentalitätsgeschichte. Ein Forschungsbericht; in: SZG 49, 1999, S. 197–220.

Lexikon des Mittelalters, 9 Bde., München, Zürich 1980–1999.

Liebenau, Theodor von: Holbein der J. Fresken am Hertenstein-Hause in Luzern nebst einer Geschichte der Familie Hertenstein, Luzern 1888.

Maissen, Thomas: Die Geburt der Republic. Politisches Selbstverständnis und Repräsentationen in Zürich und in der Eidgenossenschaft während der frühen Neuzeit, Habilitationsschrift (Manuskript), Zürich 2001.

Marti, Reto: Zwischen Römerzeit und Mittelalter. Forschungen zur frühmittelalterlichen Siedlungsgeschichte der Nordwestschweiz (4.–10. Jahrhundert), 2 Bde., Liestal 2000.

Martin-Kilcher, Stefanie: Die Funde aus dem römischen Gutshof von Laufen-Müschhag, mit Beiträgen von Willfried Epprecht, Hans-Martin von Kaenel, Elisabeth Schmid und Madeleine Hummler, Jürg Tauber, Christoph Unz, Bern 1980.

Maschke, Erich: Die Unterschichten der mittelalterlichen Städte Deutschlands; in: Maschke, Erich; Sydow, Jürgen (Hg.): Gesellschaftliche Unterschichten in den südwestdeutschen Städten. Protokolle der 5. Arbeitstagung des Arbeitskreises für südwestdeutsche Stadtgeschichtsforschung, Stuttgart 1967, S. 1–74.

Maschke, Erich: Mittelschichten in deutschen Städten des Mittelalter; in: Maschke, Erich; Sydow, Jürgen (Hg.): Städtische Mittelschichten. Protokolle der 8. Arbeitstagung des Arbeitskreises für südwestdeutsche Stadtgeschichtsforschung, Stuttgart 1972, S. 1–31.

Maschke, Erich; Sydow, Jürgen (Hg.): Gesellschaftliche Unterschichten in den südwestdeutschen Städten. Protokolle der 5. Arbeitstagung des Arbeitskreises für südwestdeutsche Stadtgeschichtsforschung, Stuttgart 1967.

Maschke, Erich; Sydow, Jürgen (Hg.): Stadterweiterung und Vorstadt. Protokolle der 6. Arbeitstagung des Arbeitskreises für südwestdeutsche Stadtgeschichtsforschung, Stuttgart 1969.

Maschke, Erich; Sydow, Jürgen (Hg.): Städtische Mittelschichten. Protokolle der 8. Arbeitstagung des Arbeitskreises für südwestdeutsche Stadtgeschichtsforschung, Stuttgart 1972.

Maschke, Erich; Sydow, Jürgen (Hg.): Stadt und Umland. Protokoll der X. Arbeitstagung des Arbeitskreises für südwestdeutsche Stadtgeschichtesforschung Calw 12. bis 14. November 1971, Stuttgart 1974.

Mattmüller, Markus: Bauern und Tauner im schweizerischen Kornland um 1700; in: Schweizerische Volkskunde 70, 1980, S. 49–62.

Mattmüller, Markus: Kleinlandwirtschaft und Heimarbeit in protoindustriellen Gebieten der Schweiz; in: Studia Polono-Helvetica, hrsg. von Helena Madurowicz-Urbanska, Krakau und Markus Mattmüller, Basel, Basel 1989, S. 79–94.

Mattmüller, Markus, unter Mitarbeit von Fridolin Kurmann und André Schluchter: Bevölkerungsgeschichte der Schweiz, Teil I: Die Frühe Neuzeit 1500–1700, 2 Bde., Basel 1987.

Mauersberg, Hans: Wirtschafts- und Sozialgeschichte zentraleuropäischer Städte in neuerer Zeit. Dargestellt an den Beispielen von Basel, Frankfurt a. M., Hamburg, Hannover und München, Göttingen 1960.

Mayrhofer Fritz (Hg.): Stadtgeschichtsforschung. Aspekte, Tendenzen, Perspektiven, Linz 1993.

Medick, Hans: Mikro-Historie; in: Sozialgeschichte, Alltagsgeschichte, Mikro-Historie. Eine Diskussion, hrsg. von Winfried Schulze, Göttingen 1994, S. 40–53.

Medick, Hans: Weben und Überleben in Laichingen 1650–1900. Lokalgeschichte als Allgemeine Geschichte, Göttingen 1996.

Meier, Thomas: Handwerk, Hauswerk, Heimarbeit. Nicht-agrarische Tätigkeiten und Erwerbsformen in einem traditionellen Ackerbaugebiet des 18. Jahrhunderts (Zürcher Unterland), Zürich 1986.

Meyer, Stephan; Müller, Felix: Gnädige Herren und Untertanen. Die Herrschaftsverhältnisse vor der Revolution; in: Revolution im Aargau. Umbruch – Aufbruch – Widerstand 1798–1803, hrsg. von Bruno Meier, Dominik Sauerländer, Hans Rudolf Schaffhauser, Andreas Steigmeier, Aarau 1997, S. 249–293.

Meyer, Werner: Burgen von A bis Z. Burgenlexikon der Regio, Basel 1981.

Meyer, Werner: Spielball der Mächte. Bischöfliche Territorialpolitik und Stadtgründung; in: Hagmann, Daniel; Hellinger, Peter (Hg.): 700 Jahre Stadt Laufen, Basel 1995, S. 19–34.

Meynen, Emil (Hg.): Zentralität als Problem der mittelalterlichen Stadtgeschichtsforschung, Köln 1979.

Mieck, Ilja: Die Frühe Neuzeit. Definitionsprobleme, Methodendiskussion, Forschungstendenzen; in: Boškovska Leimgruber, Nada (Hg.): Die Frühe Neuzeit in der Geschichtswissenschaft. Forschungstendenzen und Forschungsergebnisse, Paderborn 1997, S. 17–38.

Mitterauer, Michael: Markt und Stadt im Mittelalter. Beiträge zur historischen Zentralitätsforschung, Stuttgart 1980.

Mitterauer, Michael: Das Problem der zentralen Orte als sozial- und wirtschaftshistorische Forschungsaufgabe; in: Mitterauer, Michael: Markt und Stadt im Mittelalter. Beiträge zur historischen Zentralitätsforschung, Stuttgart 1980, S. 22–51 (Mitterauer 1980a).

Mitterauer, Michael: Familie und Arbeitsorganisation in städtischen Gesellschaften des späten Mittelalters und der frühen Neuzeit; in: Haus und Familie in der spätmittelalterlichen Stadt, hrsg. von Alfred Haverkamp, Köln 1984, S. 1–36.

Mugglin, Beat: Olten im Ancien-Régime. Sozialer Wandel in einer Kleinstadt, Diss. Zürich, Olten 1982.

Müller, C. A.: Das Schloss (Amtshaus). «Der Hof»; in: Laufen. Geschichte einer Kleinstadt, hrsg. von der Einwohnergemeinde Laufen 1975, S. 208–217 (Müller 1975a).

Müller, C. A.: Die Papiermühle und andere Gewerbe; in: Laufen. Geschichte einer Kleinstadt, hrsg. von der Einwohnergemeinde Laufen 1975, S. 264–268 (Müller 1975b).

Nah dran, weit weg. Geschichte des Kantons Basel-Landschaft, 6 Bde., Liestal 2001.

Neuenschwander, Heidi: Geschichte der Stadt Lenzburg, Bd. 2. Von der Mitte des 16. zum Ende des 18. Jahrhunderts, Aarau 1984.

Nordmann, Achilles: Über den Judenfriedhof in Zwingen und Judenniederlassungen im Fürstbistum Basel; in: Basler Zeitschrift für Geschichte und Altertumskunde 6, 1907, S. 120–151 (zitiert nach Separatdruck 1906, S. 1–33).

Nordmann, Achilles: Der Israelitische Friedhof in Hegenheim in geschichtlicher Darstellung, Basel 1910.

Nordmann, Achilles: Geschichte der Juden in Basel seit dem Ende der zweiten Gemeinde bis zur Einführung der Glaubens- und Gewissensfreiheit, 1397–1875; in: Basler Zeitschrift für Geschichte und Altertumskunde 13, 1913, S. 1–190.

Nordmann, Achilles: Über Wanderungs- und Siedlungsbeziehungen zwischen elsässischem und schweizerischem Judentum, Gebweiler 1917 (Jahrbuch der Gesellschaft für die Geschichte der Israeliten in Elsass-Lothringen 1917).

Opitz, Claudia: Neue Wege der Sozialgeschichte? Ein kritischer Blick auf Otto Brunners Konzept des «ganzen Hauses»; in: GG 20, 1994, S. 88–98.

Othenin-Girard, Mireille: Ländliche Lebensweise und Lebensformen im Spätmittelalter. Eine wirtschafts- und sozialgeschichtliche Untersuchung der nordwestschweizerischen Herrschaft Farnsburg, Liestal 1994.

Othenin-Girard, Mireille: Frömmigkeit im 15. Jahrhundert: Religiöse Praxis auf der Landschaft; in: Nah dran, weit weg. Geschichte des Kantons Basel-Landschaft, Liestal 2001, Bd. 2, S. 165–182.

Peyer, Hans Conrad: Verfassungsgeschichte der alten Schweiz, Zürich 1978.

Pfister, Christian: Das Klima der Schweiz von 1525–1860 und seine Bedeutung in der Geschichte von Bevölkerung und Landwirtschaft – Klimageschichte der Schweiz 1525–1860, 2 Bde., Bern 1984.

Pfister, Christian: Fluctuations climatiques et prix céréaliers en Europe du XVIe au XXe siècles; in: Annales ESC 1988, S. 25–53.

Pfister, Christian: Bevölkerungsgeschichte und historische Demographie, München 1994.

Pfister, Christian: Bevölkerungsgeschichte der Frühen Neuzeit im deutschsprachigen Raum. Forschungsdiskussion und Ergebnisse; in: Boškovska Leimgruber, Nada (Hg.): Die Frühe Neuzeit in der Geschichtswissenschaft. Forschungstendenzen und Forschungsergebnisse, Paderborn 1997, S. 71–90.

Pfister, Ulrich: Politischer Klientelismus in der frühneuzeitlichen Schweiz; in: SZG 42, 1992, S. 28–68.

Pfrommer, Jochem: Spuren im Boden. Archäologische Erkenntnisse über das Alltagsleben im mittelalterlichen Laufen; in: Hagmann, Daniel; Hellinger, Peter (Hg.): 700 Jahre Stadt Laufen, Basel 1995, S. 65–77.

Pfrommer, Jochem; Gutscher, Daniel: Laufen Rathausplatz. Eine hölzerne Häuserzeile in einer mittelalterlichen Kleinstadt: Hausbau, Sachkultur und Alltag, Bern 1999.

Purim, Bernhard: Die Juden von Sulz. Eine jüdische Landgemeinde in Vorarlberg 1676–1744, Bregenz 1991.

Press, Volker: Stadt- und Dorfgemeinden im territorialstaatlichen Gefüge des Spätmittelalters und der frühen Neuzeit; in: Blickle, Peter (Hg.): Landgemeinde und Stadtgemeinde in Mitteleuropa. Ein struktureller Vergleich, München 1991, S. 425–454.

Quiquerez, Auguste: Histoire des institutions politiques, constitutionelles et juridiques de l'Evêché de Bâle, des villes et seigneuries de cet Etat, Delémont 1876.

Radeff, Anne; Kaufmann, Uri R.: De la tolérance à l'ostracisme: la politique des Etats confédérés envers les Juifs, 1750–1798; in: SZG 44, 1994, S. 2–13.

Radkau, Joachim: Holzverknappung und Krisenbewusstsein im 18. Jahrhundert; in: GG 9, 1983, S. 513–543.

Radkau, Joachim: Zur angeblichen Energiekrise des 18. Jahrhunderts: Revisionistische Bemerkungen über die «Holznot»; in VSWG 73, 1986, S. 1–37.

Rajkay, Barbara: Verflechtungen und Entflechtungen. Sozialer Wandel in einer bikonfessionellen Stadt. Oettingen 1560–1806, Augsburg 1999.

Rapport annuel de la Fondation des Archives de l'ancien Evêché de Bâle, 1989–2000.

Rebetez, Jean-Claude: Classer les Papiers du Prince du Moyen Age au XVIIIe Siècle. Une Contribution à l'histoire de l'archivistique; in: Rapport annuel de la Fondation des Archives de l'ancien Evêché de Bâle 12 und 13, 1996 und 1997.

Reicke, Daniel: Schloss Zwingen: dendrochronologische Untersuchungen; in: Laufentaler Museum 7, 1994, S. 34.

Reicke, Daniel: «Von starken und grossen flüejen». Eine Untersuchung zu Megalith- und Buckelquader-Mauerwerk an Burgtürmen im Gebiet zwischen Alpen und Rhein; in: Schweizer Beiträge zur Kunstgeschichte und Archäologie des Mittelalters, Bd. 22, Basel 1995.

Reininghaus, Wilfried: Gewerbe in der Frühen Neuzeit, München 1990.

Reininghaus, Wilfried: Stadt und Handwerk. Eine Einführung in Forschungsprobleme und Forschungsfragen; in: Kaufhold, Karl Heinrich; Reininghaus, Wilfried (Hg.): Stadt und Handwerk in Mittelalter und früher Neuzeit, Köln 2000, S. 1–19.

Reith, Reinhold: Technische Innovationen im Handwerk der Frühen Neuzeit? Traditionen, Probleme und Perspektiven der Forschung; in: Kaufhold, Karl Heinrich; Reininghaus, Wilfried (Hg.): Stadt und Handwerk in Mittelalter und früher Neuzeit, Köln 2000, S. 21–60.

Rennefahrt, Herrmann: Die Verstärkung der Staatsgewalt im Fürstbistum Basel unter Bischof Jakob Christoph Blarer von Wartensee 1575–1608; in: Schweizer Beträge zur allgemeinen Geschichte 18/19, 1960/61, S. 267–310.

Reulecke, Jürgen: Moderne Stadtgeschichtsforschung in der Bundesrepublik Deutschland; in: Engeli, Christian; Matzerath, Horst (Hg.): Moderne Stadtgeschichtsforschung in Europa, USA und Japan. Ein Handbuch, Stuttgart 1989, S. 21–36.

Richarz, Monika: Viehhandel und Landjuden im 19. Jahrhundert. Eine symbiotische Wirtschaftsbeziehung in Südwestdeutschland; in: Menora – Jahrbuch für deutsch-jüdische Geschichte 1, 1990, S. 66–88.

Richarz, Monika: Landjuden – ein bürgerliches Element im Dorf?; in: Idylle oder Aufbruch? Das Dorf im bürgerlichen 19. Jahrhundert. Ein europäischer Vergleich, hrsg. von Wolfgang Jacobeit, Josef Mooser und Bo Stråth, Berlin 1990, S. 181–190 (Richarz 1990a).

Richarz, Monika: Die Entdeckung der Landjuden. Stand und Probleme ihrer Erforschung am Beispiel Südwestdeutschlands; in: Landjudentum im Süddeutschen- und Bodenseeraum. Wissenschaftliche Tagung zur Eröffnung des Jüdischen Museums Hohenems vom 9. bis 11. April 1991, veranstaltet vom Vorarlberger Landesarchiv, Dornbirn 1992, S. 11–21.

Richarz, Monika: Ländliches Judentum als Problem der Forschung; in: Richarz, Monika; Rürup, Reinhard (Hg.): Jüdisches Leben auf dem Land: Studien zur deutsch-jüdischen Geschichte, Schriftenreihe wissenschaftlicher Abhandlungen des Leo-Baeck-Instituts 56, Tübingen 1997, S. 1–8.

Richarz, Monika; Rürup, Reinhard (Hg.): Jüdisches Leben auf dem Land: Studien zur deutsch-jüdischen Geschichte, Schriftenreihe wissenschaftlicher Abhandlungen des Leo-Baeck-Instituts 56, Tübingen 1997.

Rippmann, Dorothee: Arbeit, Überleben, Selbstbehauptung (Einleitung); in: Wunder, Heide (Hg.), in Zusammenarbeit mit Susanna Burghartz, Dorothee Rippmann und Katharina Simon-Muscheid: Eine Stadt der Frauen. Studien und Quellen zur Geschichte der Baslerinnen im späten Mittelalter und zu Beginn der Neuzeit (13.–17. Jahrhundert), Basel 1995, S. 69–81.

Rippmann, Dorothee: Gemeinde im Widerspruch: Soziale Unrast und Bauernunruhen; in: Nah dran, weit weg. Geschichte des Kantons Basel-Landschaft, Liestal 2001, Bd. 2, S. 197–224.

Rippmann, Dorothee; Schnyder, Albert: Regionalgeschichte und Öffentlichkeit. Das Beispiel der Forschungsstelle Baselbieter Geschichte; in: Regionalgeschichte in Europa. Methoden und Erträge der Forschung zum 16. bis 19. Jahrhundert, hrsg. von Stefan Brakensiek und Axel Flügel, Paderborn 2000, S. 253–274.

Rippmann, Dorothee; Simon-Muscheid, Katharina: Weibliche Lebensformen und Arbeitszusammenhänge im Spätmittelalter und in der Frühen Neuzeit. Methoden, Ansätze und Postulate; in: Frauen und Öffentlichkeit. Beiträge der 6. Schweizerischen Historikerinnentagung, hrsg. von Mireille Othenin-Girard, Anna Gossenreiter, Sabine Trautweiler, Zürich 1991, S. 63–98.

Rodger, Richard: A Consolidated Bibliography of Urban History, Hants 1996.

Rohrbacher, Stefan: Organisationsformen der süddeutschen Juden in der Frühneuzeit; in: Jütte, Robert; Kustermann, Abraham P. (Hg.): Jüdische Gemeinden und Organisationsformen von der Antike bis zur Gegenwart, Wien 1996, S. 137–149.

Rohrbacher, Stefan: Stadt und Land: Zur «inneren» Situation der süd- und westdeutschen Juden in der Frühneuzeit; in: Richarz, Monika; Rürup, Reinhard (Hg.): Jüdisches Leben auf dem Land: Studien zur deutsch-jüdischen Geschichte, Schriftenreihe wissenschaftlicher Abhandlungen des Leo-Baeck-Instituts 56, Tübingen 1997, S. 37–58.

Roth, Hans: Die solothurnische Politik während des Dreissigjährigen Krieges, Diss. Bern, Affoltern a. A. 1946.

Rublack, Ulinka: Reformation als Modifikation. Zum Tod des Historikers Robert William Scribner; in: Historische Anthropologie 6, 1998, S. 492–495.

Sabean, David Warren: Das zweischneidige Schwert. Herrschaft und Widerspruch im Württemberg der frühen Neuzeit, Berlin 1986.

Sabean, David Warren: Social Background to Vetterleswirtschaft: Kinship in Neckarhausen; in: Frühe Neuzeit – Frühe Moderne? Forschungen zur Vielschichtigkeit von Übergangsprozessen, hrsg. von Rudolf Vierhaus und Mitarbeitern des Max-Planck-Instituts für Geschichte, Göttingen 1992, S. 113–132.

Sabean, David Warren: Kinship in Neckarhausen, 1700–1870, Cambridge 1998.

Schib, Karl: Geschichte der Stadt Rheinfelden, Rheinfelden 1961.

Schilling, Heinz: Die Stadt in der frühen Neuzeit, München 1993.

Schluchter, André: Zur Bevölkerungsentwicklung und Bevölkerungsstruktur des Fürstbistums Basel, spätes 16. bis 18. Jahrhundert; in: Markus Mattmüller unter Mitarbeit von Fridolin Kurmann und André Schluchter, Bevölkerungsgeschichte der Schweiz, Teil I: Die Frühe Neuzeit 1500–1700, Bd. 2: Wissenschaftlicher Anhang, Basel 1987, S. 621–653.

Schluchter, André: Das Gösgeramt im Ancien Régime. Bevölkerung, Wirtschaft und Gesellschaft einer solothurnischen Landvogtei im 17. und 18. Jahrhundert, Basel 1990.

Schlumbohm, Jürgen: Familie, Verwandtschaft und soziale Ungleichheit: Der Wandel einer ländlichen Gesellschaft vom 17. zum 19. Jahrhundert; in: Frühe Neuzeit – Frühe Moderne? Forschungen zur Vielschichtigkeit von Übergangsprozessen, hrsg. von Rudolf Vierhaus und Mitarbeitern des Max-Planck-Instituts für Geschichte, Göttingen 1992, S. 133–156.

Schlumbohm, Jürgen: Gesetze, die nicht durchgesetzt werden; in: GG 23, 1997, S. 647–663.

Schmelzeisen, Gustaf Klemens: Quellen zur Neueren Privatrechtsgeschichte Deutschlands, 2. Band: Polizei- und Landesordnungen, 1. Halbband: Reich und Territorien, hrsg. von Wolfgang Kunkel, Gustaf Klemens Schmelzeisen und Hans Thieme, Köln 1968.

Schmidt, Michael: Schacher und Wucher. Ein antisemitisches Stereotyp im Spiegel christlicher und jüdischer Autobiographien der Goethezeit; in: Menora – Jahrbuch für deutsch-jüdische Geschichte 1, 1990, S. 235–277.

Schwineköper, Berent: Die Problematik von Begriffen wie Stauferstädte, Zähringerstädte und ähnlichen Bezeichnungen; in: Maschke, Erich; Sydow, Jürgen (Hg.): Südwestdeutsche Städte im Zeitalter der Staufer, Sigmaringen 1980, S. 95–172.

Schnegg, Brigitte: Frauenerwerbsarbeit in der vorindustriellen Gesellschaft; in: verflixt und zugenäht! Frauenberufsbildung – Frauenerwerbsarbeit 1888–1988, hrsg. von Marie-Louise Barben, Elisabeth Ryter, Zürich 1988, S. 23–34.

Schnegg, Brigitte: Marginal und unentbehrlich: Weibliche Erwerbsarbeit in der vorindustriellen Ökonomie an schweizerischen Beispielen des 18. Jahrhunderts; in: Cavaciocchi, Simonetta (ed.): La donna nell'economia, Prato 1990, S. 621–631.

Schnyder, Albert: Alltag und Lebensformen auf der Basler Landschaft um 1700. Vorindustrielle, ländliche Kultur und Gesellschaft aus mikrohistorischer Perspektive – Bretzwil und das obere Waldenburger Amt von 1690 bis 1750, Liestal 1992.

Schnyder, Albert: «Feine Unterschiede» auf dem Dorf. Zur Analyse der Sozialstruktur der ländlichen Gesellschaft im schweizerischen Kornland des Ancien régime; in: Tanner, Albert; Head-König, Anne-Lise (Hg.): Die Bauern in der Geschichte der Schweiz, Zürich 1992, 159–167 (Schnyder 1992a).

Schnyder, Albert: Landschaft und Landwirtschaft; in: Nah dran, weit weg. Geschichte des Kantons Basel-Landschaft, Bd. 3, Liestal 2001, S. 9–32.

Schnyder, Albert: Die andere Wirtschaft; in: Nah dran, weit weg. Geschichte des Kantons Basel-Landschaft, Bd. 3, Liestal 2001, S. 33–58.

Schnyder, Albert: Herrschaft und Verwaltung im vormodernen Staat; in: Nah dran, weit weg. Geschichte des Kantons Basel-Landschaft, Bd. 3, Liestal 2001, S. 163–186.

Schnyder, Albert: Das 18. Jahrhundert. Konsolidierung und Ende des Ancien Régime; in: Nah dran, weit weg. Geschichte des Kantons Basel-Landschaft, Bd. 4, Liestal 2001, S. 31–52.

Schorn-Schütte, Luise: Religion, Kultur und Staat. Deutungsmuster aus dem Krisenbewusstsein der Republik von Weimar. Eine Einleitung; in: Alteuropa oder Frühe Moderne. Deutungsmuster für das 16. bis 18. Jahrhundert aus dem Krisenbewusstsein der Weimarer Republik in Theologie, Rechts- und Geschichtswissenschaft, hrsg. von Luise Schorn-Schütte, ZHF, Beiheft 23, Berlin 1999, S. 7–24.

Schröder, Brigitte; Stoob, Heinz: Bibliographie zur deutschen historischen Städteforschung, 2 Bde., Köln 1986 und 1996.

Schulz, Knut, unter Mitarbeit von Robert Giel: Die politische Zunft. Eine die spätmittelalterliche Stadt prägende Institution?; in: Ehbrecht, Wilfried (Hg.): Verwaltung und Politik in den Städten Mitteleuropas. Beiträge zu Verfassungsnorm und Verfassungswirklichkeit in altständischer Zeit, Köln 1994, S. 1–20.

Schulze, Hans K. (Hg.): Städtisches Um- und Hinterland in vorindustrieller Zeit, Köln 1985.

Schwab, Dieter: Familie; in: GGr 2, Stuttgart 1975, S. 253–301.

Siegrist, Jean Jacques: Lenzburg im Mittelaler und im 16. Jahrhundert. Ein Beitrag zur Verfassungs- und Wirtschaftsgeschichte der Kleinstädte; in: Argovia 67, Aarau 1955, S. 5–391.

Simon, Christian: Hektor Ammann – Neutralität, Germanophilie und Geschichte; in: Mattoli, Aram (Hg.): Intellektuelle von rechts. Ideologie und Politik in der Schweiz 1918–1939, Zürich 1995, S. 29–53.

Simon-Muscheid, Katharina: Stümper, Zünfte und Landmeister. Einige Aspekte des Landhandwerks am Oberrhein vom 15.–17. Jahrhundert; in: Itinera 14, 1993, S. 94–110.

Sonderegger, Stefan; Zangger, Alfred: Zur Deckung des bäuerlichen Konsumbedarfs in der Ostschweiz im Spätmittelalter; in: Geschichte der Konsumgesellschaft. Märkte, Kultur und Identität 15.–20. Jahrhundert, hrsg. von Jakob Tanner,

Béatrice Veyrassat, Jon Mathieu, Hannes Siegrist, Regina Wecker, Zürich 1998, S. 15–33.

Stähli, Robert: Die Auseinandersetzung des Fürstbischofs von Basel mit Bern um das Münstertal (Berner Jura) 1706–1711, Diss. Bern, Biel 1973.

Stercken, Martina: Städtische Kleinformen in der Nordostschweiz. Vorstudie zu einem Städteatlas; in: Rheinische Vierteljahresblätter, Jg. 55, 1991, S. 176–204.

Stercken, Martina: Studie zu Städtenetz und Stadttypen in der Nordostschweiz. Kurzbericht; in: Geschichte und Informatik, hrsg. von Hannes Schüle, Bd. 5/6, 1994/95, S. 68–72.

Stercken, Martina: Die Befestigung kleiner Städte und städtischer Siedlungen in der Nordostschweiz; in: Stadt- und Landmauern, Bd. 1: Beiträge zum Stand der Forschung, Veröffentlichungen des Instituts für Denkmalpflege der ETH Zürich 15.1, Zürich 1995, S. 63–74.

Stieglitz, Annette von: Hof und Hofgesellschaft in der Residenz Kassel; in: Kassel im 18. Jahrhundert. Residenz und Bürgerstadt, hrsg. von Heide Wunder, Christina Vanja, Karl-Hermann Wegner, Kassel 2000, S. 321–349.

Stoob, Heinz: Minderstädte. Formen der Stadtentstehung im Spätmittelalter; in: VSWG 46, 1959, S. 1–28.

Stritmatter, Robert: Die Stadt Basel während des Dreissigjährigen Krieges. Politik, Wirtschaft, Finanzen, Diss. Basel, Bern 1977.

Strub, Brigitta: «Von einer Classe der Reichen kan hier keine Rede seyn, weil wir keine haben.» Sozioökonomische Veränderungen in Arlesheim (17. bis 20. Jahrhundert); in: Fridrich, Anna C.; Grieder, Roland (Hg.): Schappe. Die erste Fabrik im Baselbiet. Ein Porträt, Arlesheim 1993, S. 56–69.

Stürmer, Michael (Hg.): Herbst des alten Handwerks. Meister, Gesellen und Obrigkeit im 18. Jahrhundert, München 1986 (^{1}1979).

Suter, Andreas: Die Träger bäuerlicher Widerstandsaktionen beim Bauernaufstand im Fürstbistum Basel 1726–1740: Dorfgemeinde – Dorffrauen – Knabenschaften; in: Aufstände, Revolten, Prozesse. Beiträge zu bäuerlichen Widerstandsbewegungen im frühneuzeitlichen Europa, hrsg. von Winfried Schulze, Stuttgart 1983, S. 89–111.

Suter, Andreas: «Troublen» im Fürstbistum Basel (1726–1740). Eine Fallstudie zum bäuerlichen Widerstand im 18. Jahrhundert, Göttingen 1985.

Suter, Andreas: Absolutismus als repressive Antwort auf Probleme der Staatsbildung. Das Fürstbistum Basel als Beispiel; in: Schweiz im Wandel. Studien zur neueren Gesellschaftsgeschichte. Festschrift für Rudolf Braun zum 60. Geburtstag, hrsg. von Sebastian Brändli, David Gugerli, Rudolf Jaun und Ulrich Pfister, Basel 1990, S. 281–303.

Teuteberg, René: Basler Geschichte, Basel 1986.

Trossbach, Werner: Die ländliche Gemeinde im mittleren Deutschland (vornehmlich 16.–18. Jahrhundert); in: Blickle, Peter (Hg.): Landgemeinde und Stadtgemeinde in Mitteleuropa. Ein struktureller Vergleich, München 1991, S. 263–288.

Trossbach, Werner: Bauern 1648–1806, München 1993 (Trossbach 1993a).

Trossbach, Werner: Das «ganze Haus» – Basiskategorie für das Verständnis der ländlichen Gesellschaft deutscher Territorien in der Frühen Neuzeit; in: Blätter für deutsche Landesgeschichte 129, 1993, S. 277–314 (Trossbach 1993b).

Trossbach, Werner: «Rebellische Weiber»? Frauen in bäuerlichen Protesten des 18. Jahrhunderts; in: Wunder, Heide; Vanja, Christina (Hg.): Weiber, Menscher, Frauenzimmer. Frauen in der ländlichen Gesellschaft, 1500–1800, Göttingen 1996, S. 154–174.

Ulbrich, Claudia: Leibeigenschaft am Oberrhein im Spätmittelalter, Göttingen 1979.

Ulbrich, Claudia: Geortete Herrschaft(en). Einleitung; in: Werkstatt Geschichte 16, 1997, S. 4–7.

Ulbrich, Claudia: Shulamit und Margarete. Macht, Geschlecht und Religion in der ländlichen Gesellschaft des 18. Jahrhunderts, Wien 1999.

Ullmann, Sabine: Nachbarschaft und Konkurrenz. Juden und Christen in Dörfern der Markgrafschaft Burgau 1650 bis 1750, Göttingen 1999.

Valentinitsch, Helfried: Frauen unterwegs. Eine Fallstudie zur Mobilität von Frauen in der Steiermark um 1700; in: Wunder, Heide; Vanja, Christina (Hg.): Weiber, Menscher, Frauenzimmer. Frauen in der ländlichen Gesellschaft, 1500–1800, Göttingen 1996, S. 223–236.

van Dülmen, Richard: Kultur und Alltag in der Frühen Neuzeit 1. Das Haus und seine Menschen, 16.–18. Jahrhundert, München 1990.

van Dülmen, Richard: Kultur und Alltag in der Frühen Neuzeit 2. Dorf und Stadt, 16.–18. Jahrhundert, München 1992.

van Dülmen, Richard: Kultur und Alltag in der Frühen Neuzeit 3. Religion, Magie, Aufklärung, 16.–18. Jahrhundert, München 1994.

Vanja, Christina: Auf Geheiss der Vögtin. Amtsfrauen in hessischen Hospitälern der Frühen Neuzeit; in: Wunder, Heide; Vanja, Christina (Hg.): Weiber, Menscher, Frauenzimmer. Frauen in der ländlichen Gesellschaft, 1500–1800, Göttingen 1996, S. 76–95.

Vierhaus, Rudolf: Vom Nutzen und Nachteil des Begriffs «Frühe Neuzeit». Fragen und Thesen; in: Frühe Neuzeit – Frühe Moderne? Forschungen zur Vielschichtigkeit von Übergangsprozessen, hrsg. von Rudolf Vierhaus und Mitarbeitern des Max-Planck-Instituts für Geschichte, Göttingen 1992, S. 13–25.

Walz, Rainer: Schimpfende Weiber. Frauen in lippischen Beleidigungsprozessen des 17. Jahrhunderts; in: Wunder, Heide; Vanja, Christina (Hg.): Weiber, Menscher, Frauenzimmer. Frauen in der ländlichen Gesellschaft, 1500–1800, Göttingen 1996, S. 175–198.

Weingarten, Ralph: Schweizer Juden. Broschüre zur Wanderausstellung der Gesellschaft Minderheiten in der Schweiz und der Stiftung gegen Rassismus und Antisemitismus, Zürich 1998.

Weissen, Kurt: «An der Stür ist ganz nütt bezalt». Landesherrschaft, Verwaltung und Wirtschaft in den fürstbischöflichen Ämtern in der Umgebung Basels (1435–1525), Basel 1994.

Weldler-Steinberg, Augusta: Geschichte der Juden in der Schweiz. Vom 16. Jahrhundert bis nach der Emanzipation, bearbeitet und ergänzt durch Florence Guggenheim-Grünberg, Goldach 1966.

Wesoly, Kurt: Der weibliche Bevölkerungsanteil in spätmittelalterlichen und frühneuzeitlichen Städten und die Betätigung von Frauen im zünftischen Handwerk (besonders Mittel- und Oberrhein); in: ZGO 128, NF 89, 1980, S. 69–117.

Wiesner, Merry: Ausbildung in den Zünften; in: Geschichte der Mädchen- und Frauenbildung, hrsg. von Elke Kleinau und Claudia Opitz, Bd. 1: Vom Mittelalter bis zur Aufklärung, Frankfurt am Main 1996, S. 91–102.

Willoweit, Dietmar: Die Entwicklung und Verwaltung der spätmittelalterlichen Landesherrschaft; in: Deutsche Verwaltungsgeschichte, hrsg. von Kurt G. A. Jeserich, Hans Pohl, Georg-Christoph von Unruh, Bd. 1, Stuttgart 1983, S. 66–143 (Willoweit 1983a).

Willoweit, Dietmar: Allgemeine Merkmale der Verwaltungsorganisation in den Territorien; in: Deutsche Verwaltungsgeschichte, hrsg. von Kurt G. A. Jeserich, Hans Pohl, Georg-Christoph von Unruh, Bd. 1, Stuttgart 1983, S. 289–360 (Willoweit 1983b).

Wunder, Heide: Die bäuerliche Gemeinde in Deutschland, Göttingen 1986.

Wunder, Heide: Überlegungen zum Wandel der Geschlechterbeziehungen im 15. und 16. Jahrhundert aus sozialgeschichtlicher Sicht; in: Wandel der Geschlechterbeziehungen zu Beginn der Neuzeit, hrsg. von Heide Wunder und Christina Vanja, Frankfurt am Main 1991, S. 12–26.

Wunder, Heide: «Er ist die Sonn', sie ist der Mond». Frauen in der Frühen Neuzeit, München 1992.

Wunder, Heide: Der andere Blick auf die Frühe Neuzeit. Forschungen 1974–1995, hrsg. von Barbara Hoffmann, Renate Dürr, Ulrike Gleixner, Helga Zöttlein, Königstein/Taunus 1999.

Wunder, Heide; Hauptmeyer, Carl-Hans: Zum Feudalismusbegriff in der Kommunalismusdiskussion; in: Blickle, Peter (Hg.): Landgemeinde und Stadtgemeinde in Mitteleuropa. Ein struktureller Vergleich, München 1991, S. 93–98.

Würgler, Andreas: Unruhen und Öffentlichkeit. Städtische und ländliche Protestbewegungen im 18. Jahrhundert, Tübingen 1995.

Zünd, André: Gescheiterte Stadt- und Landreformationen des 16. und 17. Jahrhunderts in der Schweiz, Basel 1999.

Abbildungsnachweis

Einleitung: Ein Laufner Dach.

Kapitel Rahmenbedingungen: Engel mit Stadtwappen, Ofenkachel aus Laufen, zweite Hälfte des 15. Jahrhunderts, Archäologischer Dienst des Kantons Bern.

Kapitel 1: Katharinenkirche.

Kapitel 2: Plan von Laufen, 1777/78, StABE, Album verkleinerter Pläne von Feldmesser Heinrich Leonhard Brunner, AA IV Atlanten Nr. 116.

Kapitel 3: Blick auf den Laufner Wasserfall.

Kapitel 4: Jüdischer Friedhof in Hegenheim.

Kapitel 5: Bestallungsurkunde des Vogts Cunzman Egerkind, 1437, AAEB, B 137/7, Nr. 1.

Kapitel 6: Ein Haus in der Vorstadt.

Kapitel 7: Bestallungsurkunde von Bartholomäus Frey bearbeitet für Niklaus Rym, 1584/1627, AAEB, B 137/30, S. 27–29.

Kapitel 8: Rathausfenster.

Kapitel 9: Beim Schloss Zwingen.

Schlussbetrachtungen: Hydrant bei der Katharinenkirche.

Fotos, wenn nicht anders erwähnt, Karten und Grafiken: Roland Grieder, notabene, Basel.